李顿调查团档案文献集

主编 张生

《益世报》报道与评论

编者 宋书强 张雅婷 陈梦玲

南京大学出版社

本书由

国家社会科学基金"抗日战争研究"专项工程
"国外有关中国抗日战争史料整理与研究之一：李顿调查团档案翻译与研究"（16KZD017）

教育部人文社会科学重点研究基地"南京大学中华民国史研究中心"
重大项目"战时中国社会"（19JJD770006）

南京大学人文基金

江苏省优势学科基金第三期

资助

编译委员会

主　编　张　生
副主编　郭昭昭　陈海懿　宋书强　屈胜飞　陈志刚

编译者　张　生　南京大学中华民国史研究中心教授
　　　　　王希亮　黑龙江省社会科学院历史研究所研究员
　　　　　郭昭昭　江苏科技大学马克思主义学院副教授
　　　　　陈志刚　西南大学历史文化学院副教授
　　　　　宋书强　中国药科大学马克思主义学院讲师
　　　　　屈胜飞　浙江工业大学马克思主义学院讲师
　　　　　陈海懿　南京大学历史学院助理研究员
　　　　　万秋阳　南京晓庄学院外国语学院日语系讲师
　　　　　殷昭鲁　鲁东大学马克思主义学院副教授
　　　　　孙洪军　江苏科技大学马克思主义学院副教授
　　　　　李英姿　江苏科技大学马克思主义学院副教授
　　　　　颜桂珍　浙江工业大学马克思主义学院副教授
　　　　　黄文凯　广西大学文学院副教授
　　　　　翟意安　南京大学历史学院讲师
　　　　　杨　骏　南京大学历史学院讲师
　　　　　向　明　江苏科技大学马克思主义学院讲师
　　　　　王小强　江苏科技大学马克思主义学院讲师
　　　　　郭　欣　中国药科大学马克思主义学院讲师
　　　　　赵飞飞　鲁东大学马克思主义学院讲师
　　　　　孙绪芹　南京体育学院休闲体育系讲师
　　　　　刘　齐　南京大学历史学院博士后
　　　　　徐一鸣　南京大学历史学院博士研究生

常国栋　南京大学历史学院博士研究生
苏　凯　南京大学历史学院博士研究生
马　瑞　南京大学历史学院博士研究生
菅先锋　南京大学历史学院博士研究生
吴佳佳　南京大学历史学院博士研究生
张圣东　日本明治大学文学研究科博士研究生
张一闻　日本明治大学文学研究科博士研究生
叶　磊　中山大学历史学系博士研究生
史鑫鑫　南京大学历史学院硕士研究生
李剑星　南京大学历史学院硕士研究生
马海天　南京大学历史学院硕士研究生
张雅婷　南京大学历史学院硕士研究生
杨师琪　南京大学历史学院硕士研究生
潘　健　南京大学历史学院硕士研究生
唐　杨　南京师范大学马克思主义学院硕士研究生
郝宝平　江苏科技大学马克思主义学院硕士研究生
陈梦玲　江苏科技大学马克思主义学院硕士研究生
张　任　江南大学马克思主义学院硕士研究生
黎纹丹　西南大学外国语学院硕士研究生
朱心怡　西南大学外国语学院硕士研究生
杨　溢　西南大学外国语学院硕士研究生
孙学良　西南大学外国语学院硕士研究生
孙　莹　西南大学外国语学院硕士研究生
费　凡　浙江师范大学人文学院硕士研究生
竺丽妮　浙江师范大学外国语学院硕士研究生
戴瑶瑶　浙江师范大学外国语学院硕士研究生
杨　越　西安电子科技大学
曹文博　浙江工业大学外国语学院
余松琦　西南大学含宏学院

序　言

中国历史的奥秘,深藏于大兴安岭两侧的广袤原野。

明治维新以来,日本企图步老牌帝国主义后尘,争夺所谓"生存空间";俄国自彼得大帝新政,不断东进,寻找阳光地带和不冻港。日俄竞争于中国东北,流血漂杵;日本逐步占得上风,九一八事变发生,中国面临亡国灭种的新危机。

日本侵华之际,世界已进入全球化的新时代,民族国家成为国际社会的主体,以国际条约体系规范各国的行为,以政治和外交手段解决彼此的分歧,是国际社会付出重大代价以后得出的共识。而法西斯、军国主义国家如德、意、日,昧于世界大势,穷兵黩武,以求一逞。以故意制造的借口,发动侵华战争,霸占中国东北百余万平方公里土地、数千万人民,是日本昭显于世的侵略事实。

国际联盟(League of Nations)应中国方面之吁请,派出国联调查团处理此事。1932 年 1 月 21 日,国联调查团正式成立。调查团团长由英国人李顿爵士(The Rt. Hon. The Earl of Lytton)担任,故亦称李顿调查团(Lytton Commission)。除李顿外,美国代表为麦考益将军(Gen. McCoy),法国代表为亨利·克劳德将军(Gen. Claudel),德国代表为希尼博士(Dr. Schnee),意大利代表为马柯迪伯爵(H. E. Count Aldrovandi)。为显示在中日间不做左右袒,国联理事会还决定顾维钧作为顾问代表中国参加工作,吉田伊三郎代表日方。代表团秘书长为国联秘书处哈斯(Mr. Robert Haas)。代表团另有翻译、辅助人员。1932 年 9 月 4 日,代表团完成报告书,签署于中国北平。报告书确认:第一,九一八事变之责任,完全在于日本,而不在中国;第二,伪满洲国政权非由真正及自然之独立运动所产生;第三,申明东三省为中国领土。日本为此恼羞成怒,退出国联,自绝于国际社会。

《李顿调查团档案文献集》就是反映李顿调查团组建、调查过程、调查结论、各方反应和影响的中、日等国相关资料的汇编,对于研究九一八事变和李顿调查团,具有重要的参考价值。

如何看待李顿调查团来东亚调查的来龙去脉?笔者认为应有三个维度的观照:

其一,在中国发现历史。

美国历史学家柯文提出的这一范式,相比"冲击—反应"模式,即从外部冲击观察中国历史的旧范式,自有其意义。近代以来,由条约体系加持的列强,对中国社会产生了巨大的影响。中国沿海通商口岸是中国最早接触西方世界的部分,在资本主义全球化的过程中得风气之先,所谓"西风东渐",对中国旧有典章制度的影响无远弗届。近代中国在西方裹挟下步履踉跄,蹒跚竭蹶,自为事实。但如果把中国近代历史仅仅看成西方列强冲击之结果,在理论、方法和事实上,均为重大缺陷。

主要从中国内部,探寻历史演进的机制和规律,是柯文提出的范式的意义所在。

事实上,九一八事变发生、国联调查团来华前后,中国社会内部对此作出了剧烈的反应。在瑞士日内瓦所藏国联巨量档案文献中,中国各界通过电报、快邮代电、信函等形式具名或匿名送达代表团的呈文引人注目,集中表达了国难当头之时中华民族谴责日本侵略、要求国际社会主持公道、收回东北主权、确保永久和平的诉求,对代表团、国联和整个国际社会形成了巨大影响,显示了近代中国社会演进的内在动力。

东北各界身受亡国之痛,电函尤多。基层民众虽文化程度不高,所怀民族国家大义却毫不含糊。东北某兵工厂机器匠张光明致信代表团称:"我是中华民国的公民,我不是'满洲国'人,我不拥护这国的伪组织。"高超尘说:"不少日子以前,'满洲国家'即已成立了,但那完全是日本人的主使,强迫我辽地居民承认。街上的行人,日人随便问'您是哪国人',你如说是'满洲人'便罢,如说是中国人,便行暴打以至死。"辽宁城西北大橡村国民小学校致函称:"逐出日本军,打到[倒]'满洲国',宁做战死鬼,不做亡国民。"陈子耕揭露说:"自事变以后,日本恶势力已伸张入全东北,如每县的政事皆由日人权势下所掌握,复又收买警察、军人、政客等,以假托民意来欺骗世界人的耳目,硬说建设'满洲国'是中华人民的意思,强迫人民全出去游行,打着欢迎建设'新国家'的旗号……我誓死不忘我的中华祖国,敢说华人莫非至心不跳时、血停时,不然一定于[与]他们周旋。"小学生何子明来信说:"我小学生告诉您们'满洲国'成立我不赞成……有一天我在学校,日本人去了,教我们大家一齐说'大日本万岁',我们要不说他就杀我们,把我迫不得已的就说了。其中有一位七岁的小孩,他说'大中华万岁!打倒小日本!'日本人听了就立刻把那个小同学杀了,真叫我想起来就愁啊。"

经济地位和文化水平较高者,则向代表团分析日本侵占中国东北的深远危害。哈尔滨商民代表函称:"虽然,满洲吞并,恐不惟中国之不利。即各国之经济,亦将受其影响。世界二次大战,迫于眉睫矣。"中国国民党青年团哈尔滨市支部分析说:"查日本军阀向有一贯之对外积极侵略政策,吾人细玩以前田中义一之满蒙大陆政策,及最近本庄繁等上日本天皇之奏折,可以看出其对外一贯之积极侵略政策,即第一步占领满蒙,第二步并吞中国,第三步征服世界是也。……以今日之日本蕞尔岛国,世界各国尚且畏之如虎,而况并有三省之后版图增大数倍,恐不数年后,即将向世界各国进攻,有孰敢撄其锋镝乎?……勿徒视为亚洲人之事,无关痛痒,失国联之威信,而贻噬脐之后悔也。"

不惟东北民众,民族危亡激起了全中国人的爱国心。清华大学自治会1932年4月12日用英文致函代表团指出:中国面临巨大的困难,好似1806年的德国和1871年的法国,但就像"青年意大利"党人一样,青年人对国家的重建充满信心。日本的侵略,不仅危害了中国,也对世界和平形成严重威胁,青年人愿意为国家流尽"最后一滴血"。而国联也面临着建立以来最大的危机,对九一八事变的处理,将考验它处理全球问题的能力。公平和正义能否实现,将影响到人类的命运。他们向代表团严正提出"五点要求":1. 日本从中国撤军;2. 上海问题与东北问题一起解决;3. 不承认日本侵略和用武力改变的现状;4. 任何解决不得损害中国的领土和主权完整;5. 日本必须对此事件的后果负责。南京海外华侨协会1932年3月16日致电代表团:日本进兵东三省和淞沪地区,"违反了国联盟约和《凯洛格—白里安公约》,扰乱了远东地区和世界的和平。

同时,日本一直在做虚假的宣传,竭力蒙蔽整个世界。我们诚挚地请求你们到现场来,亲眼看看日军对中国人民的生命财产进行怎样的恣意破坏。希望你们按照国际法及司法原则,对其进行制裁。如果你们不能完成这一使命,那么世界上将无任何公平正义可言。在这种情况下,为了民族的生存,我们将采取一切手段自卫,决不会向武力屈服。"

除了档案,中国当时的杂志、报纸,大量地报道了九一八事变和国联调查团相关情况,其关切的细致程度,说明了各界的高度投入。那些浸透着时人忧虑、带着鲜明时代特色的文字表明:九一八事变的发生,对当时的中国社会是一场精神洗礼,每个人都从东北沦陷中感受到切肤之痛。这种舆论和思想的汇合,极大地改变了此后中国社会各界的主要诉求,抗日图存成为压倒性的任务,每一种政治力量都必须对此作出回应。

其二,在世界发现中国历史。

以中国为本位,探讨中国历史的内生力量,是题中应有之义。但全球化以来,中国历史已经成为世界历史的一部分。仅仅依靠中国方面的资料,不利于我们以更加广阔的视野看待中国历史和"九一八"的历史。

事实上,奔赴世界各地"动手动脚找东西",已经成为中国学者深化中国近现代史,特别是抗战史研究的不二法门。比如,在中日历史问题中占据核心地位的南京大屠杀问题。除中国各地档案馆、图书馆外,中国学者深入美、德、英、日、俄、法、西、意、丹等国相关机构,系统全面地整理了加害者日方、受害者中方和第三方档案文献,发现了大量珍贵文献、图像资料,出版《南京大屠杀史料集》72卷。不仅证明了日军进行大屠杀的残酷性、蓄意性和计划性,也证明南京大屠杀早在发生之时,就引起了各国政府和社会舆论的关注;南京和东京两场审判,进行了繁复的质证,确保了程序和判决的正义;日方细致的粉饰,在中国人民和全世界正义人士的揭露下真相毕露。全球性的资料,不仅深化了历史研究,也为文学、社会学、心理学、新闻传播学、艺术学等跨学科方法进入相关研究提供基础;不仅摧毁了右翼的各种谬论,也迫使日本政府不敢公然否认南京大屠杀的发生和战争犯罪性质。

国际抗战资料,展现了中国抗战史的丰富侧面。如美国驻中国各地使领馆的报告,具体生动地记录了战时中国各区域的社会、政治、军事等各方面情形,对战时国共关系亦有颇有见地的分析;俄、美、日等国档案馆的细菌战资料,揭示了战时日本违反国际法研制细菌武器的规模和使用情况,记录了中国各地民众遭遇的重大伤亡和中国军民在当时条件下的应对,以及暗示了战后美国掩饰"死亡工厂"实情的目的;英美等国档案所反映的重庆大轰炸和日军对中国大中小城市的普遍的无差别轰炸,不仅记录了日本战争犯罪的普遍性,也彰显了战时中国全国军民同仇敌忾、不畏强暴的英勇气概。哈佛大学所藏费吴生档案、得克萨斯州州立大学奥斯汀分校所藏辛德贝格档案、曼彻斯特档案馆所藏田伯烈档案等则从个人角度凸显了中国抗战在"第三方"眼中的图景。

对于李顿调查团的研究,自莫能外。比如,除了前述中国各界给国联的呈文,最近在日内瓦"国联和联合国档案馆"中发现:调查团在日本与日本政要的谈话记录,在中国各地特别是在北平和九一八事变直接相关人士如张学良、王以哲、荣臻等人的谈话记录,调查团在东北实地调查、询问日军高层的记录,中共在"九一八"前后的活动,中国各界的陈情书,日本官方和东北伪组织人员、汉奸的表态,世界各国、各界的反应等。特别是张学良等人反复向代表团说明的九一八事变前夕东北军高层力避冲突的态度,王以哲、荣臻在"九一八"当晚与张学良的联系,北大营遭受日军进攻以后东北军的反应等情况,对于厘清九一八事变真相,有着不可取代的意义。

我们通过初步努力发现,李顿调查团成立前后,中方向国联提交了论证东北主权属于中国的篇幅巨大的系统性说帖,顾维钧、孟治、徐道邻等还用英文、德文进行著述。日方相应地提交了由日本旅美"学者"起草的说帖,其主攻点是中国的抗日运动、东北在张氏父子治下的惨淡、东北的"匪患",避而不谈柳条沟事件的蓄意性。日方资料表明,即使在九一八事变发生数月后,其关于"九一八"当晚情形的说辞仍然漏洞百出、逻辑混乱,在李顿询问时不能自圆其说。而欧美学者则向国联提供了第三方意见,如 *The Verdict of the League: China and Japan in Manchuria*(《国联的裁决:中日在满洲》),哈佛大学法学院教授曼利·哈德森(Manley O. Hudson)著;*Manchuria: Cradle of Conflict*(《满洲:冲突的策源地》),欧文·拉铁摩尔(Owen Lattimore)著;*The Manchuria Arena: An Australian View of the Far Eastern Conflict*(《满洲竞技场:远东冲突的澳洲视角》),卡特拉克(F.M. Cutlack)著;*The Tinder Box of Asia*(《亚洲的火药桶》),乔治·索科尔斯基(George E. Sokolsky,中文名索克斯)著;*The World's Danger Zone*(《世界的危险地带》),舍伍德·艾迪(Sherwood Eddy)著;等等,为国联理解中国东北问题提供了有益的视角。另外,收藏在美国斯坦福大学胡佛研究所的蒋介石日记等也反映了当时国民政府高层的态度和举措。

这次出版的资料中,收集了中国台湾地区的"国史馆"藏档,日本外务省藏档,国联和联合国档案馆 S 系列藏档等多卷档案。丰沛的资料说明,即使是李顿调查团这样过去在大学教材中只是以一两段话提出的问题,其实仍有海量的各种海外文献可资研究。

可以说,世界各地抗日档案和各种资料,不仅补充了中国方面的抗日资料,也弥补了"在中国发现历史"范式的不足,体现了历史唯物主义对历史研究全面性、客观性的要求,自然地延伸推导出"在世界发现中国历史"的新命题。把"中国的"和"世界的"结合起来,才能更深广、入微地揭示抗日战争史的内涵。

其三,在中国发现世界历史。

中国历史,是世界历史的重要组成部分;中国抗战,构成了第二次世界大战的东亚主战场。离开中国历史谈世界历史注定是不周全的。只有充分发掘中国历史的世界意义,世界史才能获得真正的全球史意义。

过往的抗战史国际化,说明了中国抗战的世界意义。研究发现,东北抗联资料不仅呈现了十四年抗战的艰苦过程,也说明了战时东北亚复杂的国际关系。日方资料中的"华北治安战""清乡作战"资料,从反面反映了八路军、新四军的顽强,其牵制大量日军的事实,从另一面说明中共敌后游击战所发挥的中流砥柱作用。1937 年 12 月 12 日在南京江面制造"巴纳号事件"的日军航空兵官兵,后来是制造"珍珠港事件"的主力之一,说明了中国抗战与太平洋战争的联系。参与制造九一八事变、华北事变和南京大屠杀的许多日军部队,后来在太平洋战场上被美澳等盟国军队消灭,说明了太平洋战场和中国战场的相互支持。中国军队在滇缅战场的作战和在越南等地的受降,中国对朝鲜、马来亚、越南等地游击战和抗日斗争的介入和帮助,说明了中国抗战对东亚、东南亚解放的意义和价值。对大后方英美军人、"工合"人士、新闻界和其他各界人士的研究,彰显了抗日统一战线的多重维度,等等。这对我们的研究富有启发性意义。

李顿调查团的相关资料表明,九一八事变及其后续发展,具有深刻的世界史含义。

麦金德1902年在英国皇家地理学会发表文章,提出"世界岛"的概念。麦金德认为,地球由两部分构成:由欧洲、亚洲、非洲组成的世界岛,是世界上面积最大、人口最多、最富饶的陆地组合。在"世界岛"的中央,是自伏尔加河到长江,自喜马拉雅山脉到北极的心脏地带,在世界史的发展中具有重要意义。其实,就世界近现代史而言,中国东北具有极其重要的地缘战略意义,堪称"世界之砧"——美国、俄罗斯、日本等这些当今世界的顶级力量,无不在中国东北及其周边地区倾注心力,影响世界大局。

今天看来,李顿调查团的组建,是国际社会运用国际规约积极调解大国冲突、维护当时既存的凡尔赛—华盛顿体系的一次尝试。参与各国均为当时世界强国,即为明证。

英国作为列强中在华条约利益最丰的国家,积极投入国联调查团的建立。张伯伦、麦克米伦等知名政治家均极愿加入代表团,甚至跟外交部官员暗通款曲,询问排名情况。李顿在中日间多地奔波,主导调查和报告书的起草,正是这一背景的反映。

美国作为国联非成员国,积极介入调查团,说明了美国对远东局势的关切,其态度和不承认日本用武力改变当时中国领土主权现状的"史汀生主义"是一致的。日美之间的紧张关系,一直延续到珍珠港事变发生。在日美最终谈判中,中国的领土和主权,仍然是美方的先决条件。可以说,九一八事变,从大历史的角度看,是改变日本和美国国运的大事。

苏联在国联未能采取强力措施制止日本侵略后,默认了伪满洲国的存在,后甚至通过对日条约加以承认,其对日本的忍让和妥协,延续到它对日本宣战。但日本关东军主力在苏联牵制下不敢贸然南下,影响了中国抗日战争的形态。

日本侵占中国东北,却始终得不到中国和国际主流社会的承认,乃不断扩大侵略,不仅影响了对苏备战,也使得其在"重庆政权之所以不投降,是因为有英美支持"的判断下,不断南进,最终自取灭亡。2015年8月14日,日本首相安倍晋三在战后70年讲话中承认:"日本迷失了世界大局。满洲事变以及退出国际联盟——日本逐渐变成国际社会经过巨大灾难而建立起来的新的国际秩序的挑战者,前进的方向有错误,而走上了战争的道路。其结果,70年前,日本战败了。"从这个意义上说,九一八事变—李顿调查—退出国联,成为日本近代史的转折点。

亚马孙雨林的蝴蝶振动翅膀,可能在西太平洋引发一场风暴。发生在沈阳一个小地方的九一八事变,成为今天国际秩序的肇因。其故焉在?马克思和恩格斯在《德意志意识形态》中指出:在历史演进的过程中,人的"普遍交往"逐步发展起来,"狭隘地域性的个人为世界历史性的、真正普遍的个人所代替"。近代以来中国人民的历史,与世界历史共构而存续。

回望李顿调查团的历史,我仿佛感受到了太平洋洋底的咆哮呼啸前来,如同雷鸣。

是为序。

张　生
2019年10月

出版凡例

一、本文献集所选资料，原文中的人名、地名、别字、错字及不规范用字等，为尊重历史和文献原貌，均原文照录。因此而影响读者判断、引用之处，除个别需说明情况以脚注"译者按"或"编者按"形式标出外，别字、错字在其后以"[ ]"注明正字；增补的字，以"【 】"标明之；因原文献漫漶不清而缺字处，用"□"标识。

二、凡采用民国纪年或日本天皇年号纪年者等，为尊重历史和文献原貌，均原文照录。台湾地区的文献中涉及政治人物头衔和机构名称者，按有关规定处理，在页下一并说明。

三、所选资料均在起始处说明来源，或在文后标注其详细来源信息。

四、外文文献译文中，日本人名从西文文献译出者，保留其西文拼法，以便核对；其余外国人名，均在某专题或文件中第一次出现时标其西文拼法。不同时期形成的中文文献中涉及的外国人名、地名翻译差异较大，为尊重历史和文献原貌，一般不作改动。

五、所选文献经过前人编辑而加脚注注释者，以"原编辑者注"保留在页下。

六、所选资料中原有污蔑中国人民、美化日本侵略之词，或基于立场表达其看法之处，为尊重历史和文献原貌，不改动原文，或在页下特别说明，请读者加以鉴别。

本册说明

本册文献编纂收录的资料主要是《益世报》中关于国联调查团的报道和评论,起止时间为1931年9月到1933年3月。

九一八事变发生后,南京国民政府将中日纠纷诉诸国联。经过数月的争论,国联决议派遣调查团前往远东,调查满洲问题和中国的一般形势。国联调查团由英、美、法、德、意五国代表组成,团长是英国人李顿爵士,故又称李顿调查团。作为民国时期具有影响力的重要报刊之一,《益世报》密切关注九一八事变后中日冲突情势的发展,对李顿调查团进行了大量的追踪报道和评论,披露了许多关于调查团的重要信息。本册文献收录的资料,主要内容包括:一、九一八事变发生后,国联讨论并决议派遣调查团到远东实地调查的过程;二、李顿调查团从日本到中国后,在上海、杭州、南京、武汉、天津、北平等地的调查情况,特别是与国民政府中央和地方当局、各地民众团体和各界代表、原东北军政人员的往来与晤谈情形;三、调查团抵达东北后,在日本、伪满干扰下赴沈阳、长春、吉林、哈尔滨、大连等地,对九一八事变和中日纠纷进行实地考察的情形,以及与日本和伪满政府军政人员的往来与晤谈情况;四、调查团第二次赴日交换调查意见,以及返华后编制总报告书的经过;五、李顿报告书的发表,以及中日两国和国际社会的评价和反应;六、国联以李顿报告书为依据,处理和裁决中日纠纷的经过;七、中日两国围绕国联展开的外交折冲和政治应对,以及各国对中日争端的态度和国际舆论情形;八、国联最终决议案的出台和日本退出国联的经过;九、《益世报》社论和时事评议类文章;等等。

《益世报》对李顿调查团的报道内容非常详尽。为免芜杂以及和其他九一八事变主题的文献集重复,本册文献的部分内容以节选的方式收录,节略之处用长省略号(…………)表示。文献标题原则上采用《益世报》原文标题,其中评论类文章题名中加以原版块栏目名("社论""专载"等),以与报道类文章相区别,便于读者查考。原文大多只有简单句读,标点、断句亦有不准确之处,收录时参考现代汉语规范和习惯对其进行重新标点。文中不少异形词(如:豫备/预备、部份/部分、答覆/答复、澈底/彻底等)和通假字等使用不合于今日规范、前后字词写法不统一者,为尊重史料原貌,按照原文录入;有碍于读者理解和引用之处,加以按语说明。另外,原文中的译名与今译多有不同,甚至同篇中译名也有前后不一者,也原文照录,不再一一说明。书末索引归并了若干不一致的译名,可供读者查考检索。

目　录

序　言 ··· 1
出版凡例 ··· 1
本册说明 ··· 1

1. 国联对中日事件决澈底解决,美国空气紧张,各国舆论激昂,行政院会议展期,五强决采取进一步办法,日方依然蛮横,声明书对国联竟不提一字
   ··· 1
2. 国联竟屈服于日人之蛮横耶? 我方如不得直,决定对日宣战,日方始终反对第三国干涉,拒绝国联调查,理事会讨论无结果,外部准备第二步办法
   ··· 2
3. 国联行政院陷于僵局,日本竟公然拒绝美国参加,东京谣多盛传宇垣将组阁,行政院定昨日开大会 ··· 4
4. 国联决派员来华调查,我方已电覆竭诚欢迎 ····································· 5
5. 国联决定派中立调查团来华,限令日本撤兵之案完全作废,日竟拒绝国联请停战之提议 ··· 6
6. 政府发出紧急训令,日本必须于两星期内撤兵,否则世界和平将无法维持,行政院忙于讨论组调查团,定廿八闭会,颜惠庆到京,顾维钧长外,国际空气良好 ··· 9
7. 颜惠庆放洋前之谈话:反对国联组织不公平之调查团 ························ 10
8. 国府发告民众书劝暂忍辱,施离法京,调查团出发无期,我方提出八项保留之内容 ··· 11
9. 国际对蒋下野极注意,国联谋增加维持和平之力量,施肇基休养中,调查团组织难,美报警告日本美政策随舆论转移 ·································· 13
10. 数日内锦州一带将有恶战,日军声言攻锦将大举轰炸,日军攻海城被击

1

10. 退,法库门已被包围,外顾警告各国远东和平难保 …………… 14
11. 我国覆牒已电达华府,请美国召开九国会议,覆牒全文俟到美京后方能公布,日本覆牒强辩未违反非战公约,国联调查团三星期内开始工作 … 15
12. 颜惠庆定十六日赴欧,国联调查团工作完成须在秋后,日本再请英信赖满洲门户开放 …………………………………………………… 15
13. 调查团最后之名单白里安已签印 …………………………………… 16
14. 顾维钧昨赴京,奉召商参加调查团事件 …………………………… 16
15. 调查团成立,已在日内瓦开首次会,二月初赴美转道来华,白里安希望实行神圣决议 ………………………………………………………… 16
16. 调查团何用?日军侵占东省已为既成事实,调查委员不过草一报告而已,欧美虽不直日所为亦莫可如何!德诺蒙辞职说证实 ……………… 17
17. 国联除劝告果何能?东北问题势将搁起,行政院昨未开会,定今日举行,中日代表与调查团代表晤谈 …………………………………… 18
18. 国联调查团经由西伯利亚东来说 …………………………………… 18
19. 沪变导源于东北问题,英美强烈行动尚有待,调查团已抵美,即转轮东来,各国公使访罗商调停办法,美决拒绝要埠设中立区提议 ………… 19
20. 英、美、法三使昨赴沪视察,调查团定明日离美来华,或将先到上海一行再赴沈阳,赖敦谈话调查范围仅限满洲 ………………………… 19
21. 沪局传有局部调停趋势,孙科等请中央抵抗到底,倘停战妥协,何以对我爱国之军民?各使努力周旋,调查团月底到横滨 ………………… 20
22. 各使调停并无具体结果,和战两途数日内可判明,颜促召集国联大会,日方力持反对,行政院今公开会议,调查团将赴沪 ………………… 20
23. 哈斯新职——国联调查团秘书 ……………………………………… 21
24. 国联正式接受我国提议,大会决定三月三日举行,伦敦当局连日集议远东大局,调查团过檀香山即渡日赴沪 ……………………………… 21
25. 国联调查团昨已抵东京,日公私团体欢宴逢迎,留东十日,十四可抵沪 …………………………………………………………………… 21
26. 国联调查团将来津,当局整顿市政以壮观瞻,严厉制止工潮,刷除标语 …………………………………………………………………… 22
27. 沪案今日提出国联大会,彭可议长请日于大会前停战,调查团已开始研究远东纠纷 ……………………………………………………… 22

28. 本市欢迎国联调查团，党部今日召集会议 …………………………… 24
29. 国联调查团严质日陆相，答称伪国成立颇好，确保和平舍日不成 …… 24
30. 慰劳救济会昨开第一次干事会，讨论捐款及招待调查团问题 ………… 25
31. 国联调查团十四日可由日抵沪 ………………………………………… 25
32. 我驻日使馆招宴调查团，日陆相亦开招待会，海相大角晤委员长 …… 26
33. 国联调查团十三日到沪，特别大会尚未议有结果，调查团过沪稍留即晋京接洽，颜在大会声明我对沪案方针 ………………………………… 26
34. 招待调查团，平市府召集筹备会 ……………………………………… 27
35. 社论：关于接待国联调查团的意见 …………………………………… 27
36. 国联调查团十四到沪，中日政府各派定陪查员，中国为顾维钧，日为广田，沪公私团体招待日程已拟定 ………………………………………… 29
37. 市府昨开会，筹备招待国联调查团 …………………………………… 30
38. 国联调查团明日抵沪将视察战地，林森主席将赴京接待 …………… 30
39. 周龙光昨赴平谒张，请示招待调查团事 ……………………………… 31
40. 沪今日整肃罢市，向国联调查团表示民意，该团今午可到，顾亲迎迓，美、英、法、意合作促日撤兵 ……………………………………………… 31
41. 北平各大学成立教授抗日会，通过简章选出理事十一人，准备招待国联调查团 ……………………………………………………………………… 32
42. 国联调查团昨晚抵沪，李顿勋爵对沪休战会愿予以援助，中国官民热烈欢迎该团主持正义，日军蒙蔽嘉宾，浦江敌舰全部开走 …………………… 34
43. 欢迎调查团，各界制就标语多种 ……………………………………… 37
44. 李顿深信和平可以成功，调查团昨受我官方欢宴，在沪勾留旬日，赴京前将视察战区，林主席明日入京，各机关忙筹招待 ……………………… 37
45. 招待国联调查团，决由省市双方共同筹备，津浦、北宁两路准备专车 ……………………………………………………………………………… 41
46. 调查团斡旋和平，延期入京促成停战会，盛传伪府阻该团入境，在沪即开始工作，决减少酬宴时间 ………………………………………………… 41
47. 平市各界筹备招待调查团：招待办事处已成立，游览、宴会分订日程 ……………………………………………………………………………… 43
48. 辽吉黑三省政府代表东北人民致电欢迎调查团 ……………………… 45
49. 调查团尚未到京，下关江面日舰已全开走，京日领亦迁回领馆办公，畏国

3

联乎？欺国联乎？ ……………………………………… 46
50. 松冈大活动，拟随调查团赴沈 ……………………… 46
51. 调查团听取我各方报告，顾维钧痛心手创之盟约，上海各民众团体派代表陈述意见，李顿爵士表示公正当能战胜武力 ……………………………… 46
52. 东北各团体对调查团之希望：希得一公平合理的解决 ………… 50
53. 日如攫取满洲，全世界十五万万生命将与国联以俱殉，世界大战在目前，王晓籁欢宴调查团之警词，请倾听我公私团体之陈述，因东去调查已无真实资料 ………………………………………………………… 51
54. 停战谈判一再延宕，重光诿称未接训令屡次愆期，日方不欢迎调查团参与会议 ……………………………………………………… 53
55. 津浦备专车，备调查团北上之用 ……………………… 54
56. 市商会筹备招待国联调查团，津律师公会搜集报告材料 ……… 54
57. 昨开停战会专讨论撤兵，办法拟妥，双方代表各向政府请示，日军官指导下调查团今日视战区，前线敌军忙筑战壕，军火陆续西运 ……… 55
58. 王正廷到京，将留京招待调查团 ……………………… 56
59. 日人诡计安排已定，调查团东去枉受欺：湮没真实证据造作伪资料，伪府官吏之答案均代拟就，密布侦探网，士绅民众之口已封，调查团到时日本顾问均行回避 ……………………………………………… 56
60. 敌援益厚，前线更紧，两周中运到三万兵，调查团今日开始视察战区 ……………………………………………………………… 57
61. 威海卫罢市，原因为学生焚毁仇货，济南报界筹备欢迎调查团 …… 58
62. 首都欢迎调查团，各界民众筹商欢迎办法 …………… 59
63. 国人应注意对国联调查团之应付 ……………………… 61
64. 英海军提督昨宴调查团 ………………………………… 65
65. 调查团如此视战区：经真茹、闸北、江湾、吴淞返沪，处处由日军招待日军报告 ………………………………………………………… 65
66. 孔祥熙昨宴调查团 ……………………………………… 66
67. 徐州亦筹备欢迎调查团 ………………………………… 67
68. 京市检查户口，组纠察队随护调查团 ………………… 67
69. 调查团廿六日入京，昨开始征询中外私人意见 ……… 67
70. 欢迎调查团，鲁省府电沪 ……………………………… 68

4

71. 南京三百余团体筹备欢迎国联调查团,望其以公正态度报告真相 …… 69
72. 筹备招待国联调查团,津浦派定专员负责,钢车卧车已调集一列,并借妥花车,北宁路专车昨试行一次 …………………………………… 71
73. 调查团分两路入京,一路乘轮、一路陆行过杭州,离沪期不改,留京四日北上 ………………………………………………………………………… 72
74. 调查团昨接见宗教家、慈善家,倾听朱庆澜之陈恳,日阀侵华阴谋全被朱揭破,该团明日入京,将经汉北上 ……………………………… 73
75. 调查团专车经过路线,北宁路局拟定警备办法,市府今日召集各界开会 …………………………………………………………………………… 74
76. 调查团今晨同离沪,昨与工商代表晤谈,在沪观察惊讶华人组织能力,南京欢迎、警戒、招待一切完妥 ……………………………………… 75
77. 本市各界筹备欢迎调查团,昨假市府大礼堂开会,决另组筹备处,分配到站人数 ……………………………………………………………… 77
78. 调查团今日可抵京,昨分两路离沪,李顿乘舟行,李谈调查毕东渡,稍留返华 ………………………………………………………………… 78
79. 国联同志会电国联及调查团,请注意东省现状及调查办法 ………… 79
80. 调查团视察战区详记:李顿对日军暴行不满 ………………………… 80
81. 各界昨电调查团,请视察津变遗痕,全市民众表示热烈之欢迎 …… 82
82. 调查团昨莅临我首都,京市民团体整肃欢迎,美、德、法三委过杭时并未视战迹,李顿谈在沪晤各名流印象极佳,在京将谒主席、谒陵或往游金焦 …………………………………………………………………………… 82
83. 调查团对各方印象极佳,汪、罗昨分别作盛大欢宴,政府将送致整个意见书,李顿谈国联必不负中国 …………………………………………… 84
84. 欢迎调查团,汉口绥靖署拟定程序 …………………………………… 88
85. 中央纪念周褚民谊报告调查团之行程及国难会议 ………………… 89
86. 招待调查团,北平方面筹备就绪 ……………………………………… 90
87. 退盟空气显有作用,威胁行将出关之调查团,进一步试探国际间舆论——日内瓦、华盛顿之观察不约而同 ………………………………………… 91
88. 调查团昨觐林,晚赴林宴,汪提出我政府具体希望,五委议定经汉口赴北平,李顿表示国联帮助一会员国时,必以不伤害其他会员国为条件 … 92
89. 首都新气象:招待调查团之布置 ……………………………………… 95

90. 李顿爵士词勉遗族童子军 ………………………………………… 96
91. 调查团行程曾一度在沪成为问题 …………………………………… 96
92. 招待调查团,沪地方维持会派陈立廷来津 ………………………… 98
93. 调查团征询我政府意见,昨见民众代表,晚赴蒋宴,明后日赴汉,留三日返京,伪国拒顾问题李顿已电国联请示 ………………………… 98
94. 保护调查团,津浦路已分段警戒,欢迎专车抵徐候命 …………… 101
95. 北平招待调查团:因时间、地点关系改订日程,请童女若干人到车站献花 ……………………………………………………………… 102
96. 调查团与当局三次会谈,昨午谒陵,今晚搭轮赴汉,中委陵园设宴,叶楚伧阐述中山遗教 …………………………………………… 102
97. 国联对东案□……□,须待至十一月大会,调查团责任仅在报告事实,国联效力为造成公正舆论 ………………………………………… 106
98. 国联调查团定九、十两日过津赴平,欢迎调查团筹备会今日开会 …… 107
99. 顾维钧谈话:调查团任务在调处、婉劝、制裁,将来重莅东京、南京再作调解,日本决不敢自陷孤立 ……………………………… 107
100. 调查团昨晚乘轮赴汉皋,在京与我当局四次会谈,征询我国接收东三省后之善后措置,李顿答京记者称国联自有实力表现,该团四日抵汉,七日到浦,十日可到津 …………………………………………… 108
101. 山东民众团体向调查团递意见书,追诉济南惨案日军之暴行 …… 111
102. 调查团允在津停车,省市双方拟在西湖饭店设宴欢迎,如在津勾留,并备下榻地址 ……………………………………………………… 112
103. 调查团过皖,汉口官民筹备欢迎 ………………………………… 113
104. 国联调查团视察战区琐闻一束 …………………………………… 114
105. 国联调查团不日抵津,当局确定欢迎办法,准备款待并邀名流作陪,招待费省府已交到千元 ………………………………………… 115
106. 调查团今晨可到汉,昨晨过九江,曾登岸游览 ………………… 116
107. 招待调查团,商会函各业参加 …………………………………… 117
108. 整肃盛大之欢迎中,调查团昨晨抵汉口,此行专为视察灾区,武汉显然系一有秩序之都市,接见各界,视察堤工,今晚东返 ………… 117
109. 调查团定七日由南京启程,外部电省府妥为保护,当局定明日再开会筹备欢迎 ……………………………………………………………… 119

6

110. 调查团汉行极美满:认识华人能力伟大,参观堤工、武大,表示惊奇,眼见秩序良好、日侨安居,昨晚已原轮返京 …………………………… 119

111. 国联调查团在京与我当局晤谈经过,四次谈洽中日问题概况 ……… 120

112. 招待国联调查团程序已决定,各界定明日开末次会,欢迎人数及负责人已推定 ………………………………………………………… 121

113. 调查团定今午抵浦,伪国电京拒顾前往,调查团到平将与张开谈话会,接见入关民众,探询东北真象 ………………………………… 122

114. 中国国联同志会向调查团致备忘录,例举日本种种破坏条约行动,代表程锡庚与李顿晤面经过 ……………………………………… 124

115. 调查团北来,东北铁甲车队去德州迎候,市府昨训示要项七则 …… 126

116. 调查团今晚过济南来津,昨过京时曾入城访林、罗,李顿语人伪国拒顾事该团决不承认,我政府意见书已由顾代表交调查团 ……………… 126

117. 调查团在北戴河编报告书 …………………………………………… 128

118. 英对伪国照会不覆,在未接到调查团报告前,对伪国将不采任何行动,芳泽谈决当援助伪国保全利益 ……………………………… 128

119. 国联调查团明晨抵津,日随员行装昨已过津运平,东、西、总各站彩坊正搭设中,明午在省府公宴,民众茶话会取消 ………………… 129

120. 调查团今晨到津,八时半到下午三时去平,午赴省府宴,接见各团体,昨过济南曾受盛大欢迎 ………………………………………… 130

121. 社论:欢迎国联调查团 ……………………………………………… 134

122. 调查团在武汉之印象:认识华人能力伟大,人工造堤超越机器,武汉大学招待会尤感美满 ………………………………………… 135

123. 东马路损失灾情表将交调查团,用作津变参证而利交涉,各商民已送呈财局转递 …………………………………………………… 139

124. 国联调查团昨晚抵北平,昨晨九时到津,留六小时,原车去故都,西湖饭店接见民众代表,午赴省府宴,抵平张学良亲迎,今晚应三夫人茶会 ………………………………………………………………… 139

125. 调查团为何匆匆过津?津变果无调查必要?本报记者平浦车中访李顿,秘长代答,谓已得系统报告 ……………………………… 145

126. 徐州西人对我同情,调查团过徐时曾参与欢迎 …………………… 146

127. 北满鲜人急起抗日,与我义军联络谋韩族解放,伪国派定招待调查团专

员 …… 146

128. 日人授意叛逆公然拒顾,我已向日抗议报告国联,李顿谈反对中国代表无异反对国联,调查团日内将邀集东北各长官会谈 …… 147

129. 试看东北日人怎样欺瞒调查团:真证据毁尽,伪证据做尽,调查团东去难得丝毫真实消息 …… 149

130. 国联调查团出关在即,北宁路局筹备欢送 …… 152

131. 张向调查团致词,昨晚欢宴陈述东案真相,李顿谈话顾决同往东北,调查团不受任何人干涉,留平一周搜集重要资料 …… 153

132. 隆和轮上——调查团江行琐记 …… 157

133. 调查团在平工作极努力,昨日访张开正式谈话会,详询东案发生内幕经过,将分别接见东北各官吏及民众代表,预定十七日乘车出关,不受伪国招待 …… 160

134. 我代表出关不成问题,无人能拒亦无须保护,东京又允担保安全,益显其过去背景,外罗谈一九零五年密约真相已大白 …… 164

135. 临榆各界欢迎调查团,拟举行茶话会 …… 165

136. 北宁路关外员工准备向调查团请愿 …… 166

137. 国联特委会定后日续开,李顿盼各国在华使领协助工作,并电国联决不让本身发生问题,日提声明书回避引用第十五条 …… 166

138. 国联调查团拟明夜过津出关,招待处照料一切 …… 168

139. 北宁路改造专车备调查团赴东北之用,今日由唐山开往北平 …… 168

140. 北平文化界领袖致调查团之备忘录:痛辟日方侵略之种种藉口,长数十万言,该团极为重视 …… 168

141. 调查团即出关,北宁路饬各警务段妥慎保护,各要站欢迎人数确定 …… 169

142. 调查团路径日期生问题,是谁为祟?叛逆坚决拒顾,日本要求取道大连满铁,李顿已报告国联,待覆电方能决定,昨日接见平各大学教授、平津报界 …… 169

143. 调查团审虑东去安全,行期与路径昨均未决,某方以拒顾要挟,建议分两路前往,五委昨接见东北人士,今日游长城 …… 173

144. 调查团决定今明日离平,今晨行馆会议确定路径,顾决东去,中国代表减少,调查团或将迁就日方意见分两路前往,惟重视抵达目的地后各种工

作之自由,昨日各委员偕张主任游长城,极感美满 ············· 175

145. 国人鼓励顾出关:见嫉日人其极不过一死,身殉世界正义重逾泰山;章太炎及沪各团体均勉顾行 ······················ 177

146. 中央要人集会汤山,外部令顾决随调查团东去,林森今日可抵京,罗已不辞 ······························· 178

147. 满铁总裁内田暂留任,去职当在调查团视察东三省之后 ········ 179

148. 调查团今晚离平,决定乘车由北宁路出关,五月一日前须作一报告,马占山致调查团电原文 ····················· 180

149. 调查团昨夜过津东去,晚十时许乘专车离平,张到站欢送,顾代表与李顿由秦皇岛登舰赴连,美代表及随员逐出关,在沈阳会齐 ········· 184

150. 调查团分两路入东省,李顿与顾乘海圻舰昨夜到大连,美意二委抵山海关,定今晨东进 ························· 187

151. 极人间之丑:调查团不理伪国,谢介石居然愤慨 ············ 191

152. 调查团全体到沈,李顿保障顾代表安全,工作进行步骤尚未定 ····· 191

153. 丁超、李杜电调查团,揭发日本在东北种种暴行与我军作正当防御之经过 ································ 193

154. 调查团定期赴长春,叛逆仍恫吓顾代表,北宁专车业已开回 ······ 196

155. 调查团今日访本庄,将质问日军撤退状况,伪府电令臧式毅晋见,驻威海卫英领充该团专门顾问 ····················· 197

156. 调查团浮槎琐记:由秦皇岛至大连,日侦探名为保护实监视,汉奸走狗亦集码头欢迎 ···························· 197

157. 调查团对伪国持冷静态度,李顿对恫顾事极愤慨,伪府又致国联一照会 ································· 200

158. 调查团今后行程 ·························· 200

159. 东北民众代表秘呈调查团:暴日蛮横目无天下,友邦侨民无敢直言 ································· 200

160. 李顿一再质询本庄,顾代表行止尚未定,戈公振一度被捕旋释放,伪府声明不保护调查团 ························ 201

161. 调查团积极工作中,李顿昨又与本庄谈三小时 ············· 203

162. 调查团将离沈北行,李顿拒接见伪民众代表,义勇军曾一度两路攻沈 ································· 206

163. 调查团编制初步报告书,仅限于日军撤入附属地问题 …………… 207
164. 调查团定明日离沈,各委员及我国代表被监视 ………………… 207
165. 虹口炸弹案震动世界,日内瓦、伦敦均抱不安,众料恐怖愤懑之怒潮已向日本袭来,各国纷纷慰问,谅不致影响中日现状,调查团闻讯惊骇,警戒异常严重 …………………………………………………………… 208
166. 调查团昨晚赴长春,顾代表电报均被日方扣留 ………………… 209
167. 外交部顾问路意思返沪谈话,谓调查团对华态度甚公平 ……… 210
168. 顾代表偕调查团北上,昨晚到长,稍留赴哈,调查团初步报告书已到日内瓦,陈述东北事变原因及日军近状,我国代表处一部随员返京 …… 211
169. 东行杂记——一个随调查团出关的记者报告由北平到沈阳的经过 ……………………………………………………………………… 212
170. 国联发表调查团报告书,将提出九日行政院会议,东北在日军占领下普遍感觉不安,大批日人充"满洲国"军事政治顾问,确切之结论须待下次报告中提出 ………………………………………………………… 216
171. 调查团昨接见溥仪,李顿拟往黑河晤马占山,我国代表随员一批抵平 ……………………………………………………………………… 217
172. 调查团报告书全文特别提出东北行政组织之变更,伪国军队编组完善后日始撤兵,将如何获得合理之解决? ………………………… 218
173. 调查团晤长春日领,访询鲜农问题、中村事件,前日曾晤谢介石,顾未同往 ……………………………………………………………… 221
174. 颜惠庆分析调查团报告书,日方显然违反决议,苏联外长向国联正式声明,东省俄官吏不协助调查团 …………………………………… 223
175. 调查团今日赴吉林,罗外长对报告书昨发表意见,英报称调查团为日阀作传达,该团受日人威胁到处皆然 ………………………… 224
176. 旅津东北各民众团体誓死否认叛逆政府,昨电国联行政院暨调查团 ……………………………………………………………………… 225
177. 调查团定今日赴哈,昨曾一度往吉垣,当晚返长 ……………… 226
178. 调查团昨午抵哈埠,我代表再向国联提报告书 ………………… 227
179. 调查团初步报告书决提九月国联大会,行政院会议议决暂不讨论,日代表赞同,我方亦表接受 ………………………………………… 228
180. 伪国一阁员向调查团泄漏本庄繁之秘密:伪国组织由本庄拟定,伪国政

策由日本支配 …………………………………………………… 229
181. 所谓顾代表问题,调查团与伪外长协商解决经过 …………… 230
182. 调查团抵长春后,顾代表愈不自由,日人竟任意破门骚扰 …… 231
183. 东北傀儡丑态百出——调查团在长春质问时情形 …………… 231
184. 马占山再电国联调查团,揭露日人逼签各种伪约 …………… 233
185. 调查团十七赴黑垣,在哈开始工作后详情,顾代表漫游松花江畔 … 236
186. 调查团今日离哈赴黑,顾维钧电告同行,伪国拒绝该团与马占山会见
　　　……………………………………………………………………… 238
187. 各路工联会议今晨开首次会,各代表提出提案二十余起,将致电调查团
　　　请主持正义 ……………………………………………………… 238
188. 日人强暴威力之下调查团屈服,中止与马占山会见,定明日赴齐齐哈尔
　　　……………………………………………………………………… 239
189. 全国铁路工会代表昨开正式联席会议,电调查团否认东北伪组织,今日
　　　继续开会研讨工会法 …………………………………………… 240
190. 调查团与马占山无会晤可能,苏俄拒绝假道,该团准备离哈 ……… 242
191. 调查团返沈,一部委员昨飞黑垣 ………………………………… 243
192. 调查团归来,刻已到沈,日内返平,王正廷赴青岛招待 ………… 243
193. 徐祖善谒汪,调查团将赴威海卫 ………………………………… 243
194. 调查团行程:定昨晚赴大连,下月四日来平,在平留两周,赴北戴河作报
　　　告;东北委托国联管理? ………………………………………… 244
195. 顾代表电张主任,调查团四日乘车来平,招待会开始筹备欢迎 …… 244
196. 国联调查团行将返平,北宁备车迎候 …………………………… 245
197. 调查团明日由连返沈,定三日入关,在榆下车视察并晤何柱国,日军企图
　　　消灭辽西义勇军 ………………………………………………… 245
198. 英使晤李顿,对圆桌会议主张缓开,调查团将在平留旬日 ………… 246
199. 调查团回沈即来平,日人仍不许视察榆关,北平筹备第二次欢迎 … 246
200. 哈斯昨晚过榆来平,迎调查团专车明日开榆关 ………………… 247
201. 调查团之重要声明,否认东北实行代治地制度之传言,李顿与英公使并
　　　未成立任何谅解,哈斯昨到平,全体委员四日离沈 ……………… 248
202. 矢野返平,招待国联调查团 ……………………………………… 251

203. 调查团明日入关,宿北戴河,后日过津赴平,王广圻、顾夫人赴榆迎候 …… 251
204. 调查团明日可抵平,今日过榆关晤何柱国,宿北戴河,东北问题日本亦正焦虑,十九人委员会传将复开 …… 252
205. 调查团今晚到平,昨宿海滨,今晚五时过津,顾代表归来沉痛训国人:无忘东三省,拯地狱同胞 …… 253
206. 调查团昨晚过津抵平,将先谋山海关之安全,留平两周整理材料,东行未定,大致决定在北戴河作报告书,北平各界将大举慰劳顾代表 …… 256
207. 过津一瞥:欢迎如仪,昨晚六时抵东站,略停即去,周龙光、王一民均到站欢迎,顾代表关心津市治安 …… 258
208. 嘉宾莅海滨,夜色苍茫烟树朦胧,风和日丽野花齐放——调查团漫游北戴河之详情 …… 259
209. 社论:劳矣调查团! 劳矣顾代表! …… 260
210. 顾代表再勉国人:东北将成暴日侵略关内策源地,抗日军如笼中鸟,终难免被消灭,国际间力即是理,此外举不足恃;李顿将赴青,顾日内晋京 …… 262
211. 圆桌会议开与不开,须待李顿由日归来,沪英人称东案当然可讨论,杉坂昨就职,日军仍扰闸北安宁 …… 265
212. 李顿今晚赴青视察,作报告书地点终须在北戴河,顾代表同南下转道晋京,调查团在平正整理材料 …… 265
213. 关于调查团,英下院提出之质问 …… 266
214. 青岛筹备欢迎李顿,顾代表昨晚同车南下晋京,日方反对在北戴河别有用意,调查团副秘书长由黑垣返平 …… 267
215. 罗文干、郭泰祺、徐谟电慰顾代表:出关跋涉备历艰苦,履险弗渝使命完成 …… 268
216. 李顿与顾昨夜抵青,今日视察,当晚返平,李与顾均发表重要谈话 …… 269
217. 顾维钧将出席国联大会,对俄复交有成事实可能,圆桌会议纯系日方之片面宣传,倘专讨论沪事,列强均反对召集,调查团或将在青岛编制报告书 …… 271
218. 李顿等昨晚离青,查勘数处均未置可否,顾代表将乘飞机晋京 …… 272

219. 顾今日乘飞机晋京,李顿等已倦游归来,专车今晨过津,午刻抵平,作报告书地点决定青岛 ………………………………………………… 273

220. 顾维钧昨午乘飞机抵京,谒汪详谈即赴庐山见蒋,对记者谈应急速拯救东北同胞,使法及出席国联认为义不容辞,罗文干返京商外交,李顿等昨抵平 ……………………………………………………………… 274

221. 新雨初霁,山色秀丽,李顿等游泰山记:山巅引吭高歌,此行深感满意 ……………………………………………………………… 276

222. 中央决定东北外交方针,顾今晨飞庐山谒蒋报告,留一日返京,赴沪晤蒋作宾后北旋,调查团将东渡,拟在北平作报告书 ………… 280

223. 调查团接见青市民众代表,青大校长杨振声致欢迎词并报告日人在青违法行动 …………………………………………………… 281

224. 调查团昨整理材料,作报告书地点又变更,顾电召参议顾问赴京 … 282

225. 决收复东北失地,庐山会议决定具体方案,罗、顾昨返京,汪留商内政,顾到沪访晤各领袖,明日北来 ……………………………… 282

226. 李顿对外报记者谈,调查团报告书内容包括史的叙述及解决方策建议,东渡系与日当局讨论调查结论,双方将根据报告书进行交涉? …… 285

227. 调查团廿二日东渡,顾代表日内返北平决同行 ………………… 286

228. 日方传国联大会改十一月开,调查团又拟取道青岛乘轮东渡,日政府放出空气阻顾代表同行 ……………………………………… 287

229. 汪、罗、顾、宋昨同飞抵北平,会晤调查团,访商张主任,昨夜汪、张等在南长街开重要谈话会,今晨接见调查团诸委,明晨继续会商,东北问题、北方财政均将有具体决定 ……………………………………… 288

230. 国联调查团报告书九月中旬方能送达日内瓦,世界又恢复对东省之注意,日方宣传国联大会将延期三四月 ……………………… 290

231. 解决东北问题最低标准,汪、罗、顾与调查团洽商中,昨今连日会谈已有进展,汪、罗昨接见新闻界,畅谈时局外交 …………………… 291

232. 日方坚认访马两记者与国联调查团有关,两记者行动被监视,不追得证物不罢休 ……………………………………………………… 295

233. 调查团东渡展至十日后,我代表团已决定不同往,汪定今晚专车离平返京 ……………………………………………………………… 295

234. 蒋作宾谈外交:否认有解决东北诡计,圆桌会议说未尽可信,本人赴日招

13

待调查团 ………………………………………………… 297
235. 李顿电哈,谓两记者晤马与调查团无关 ………………… 299
236. 调查团派员来津,负调查天津事变使命? 又传七月六日东渡 …… 299
237. 李顿答记者:调查团东渡确期尚未决定,再度视察榆关尚未感必要
 ……………………………………………………… 299
238. 访马两记者,调查团声明无关系 ………………………… 300
239. 调查团廿八日东渡,接日政府电谓布置已妥,经北宁路出关取道朝鲜
 ……………………………………………………… 300
240. 哈埠叛逆与日人传讯两记者:严拒交出谈话记录,日人仍在严密监视,李顿电哈否认与调查团有关 …………………………… 301
241. 调查团决定廿八日离平 …………………………………… 302
242. 调查团、蒋作宾明日东渡,蒋招待调查团后仍回国报告,汪邸昨谈外交,郭定月初赴英,中委朱霁青谈只身出关调查经过 ……… 303
243. 调查团美委麦考易来津,迎其夫人返平 ………………… 304
244. 外部某要人之重要谈话,认定国联已无解决能力,抱武力收复东北之决心,调查团今晚离平,经辽宁、朝鲜赴日,大连海关问题亦将在调查范围内 ……………………………………………………… 304
245. 蒋作宾定四日东渡,备调查团咨询传达政府意见,否认负有解决中日悬案使命,郭泰祺与蒋同轮赴英 ………………………… 305
246. 调查团昨夜过津东去,计程下月四日可抵东京 ……… 306
247. 调查团昨晚到沈,过榆与何柱国谈山海关问题,在沈留一夜赴鲜,四日到东京,该团派员赴长春、大连调查海关 ……………… 307
248. 调查团明晨到东京,日政府对承认伪组织将有表示,内田定五日到东京,将就任外相 …………………………………………… 308
249. 调查团态度如是! 国人其猛醒:自己不努力,一切无希望,盼他人仗义执言殆梦想 ……………………………………………… 309
250. 调查团今晨到东京,内田康哉离大连返日,日本又唤起国联注意 … 311
251. 外部否认令莫赴俄京,颜、李会议说亦未证实,我国驻鲜总领事曾晤李顿
 ……………………………………………………… 311
252. 调查团再发表声明,此次赴日系为调查,并非办交涉,该团昨到东京即晋谒日皇,日当局准备作强硬之表示 ……………………… 312

253. 李顿称病未晤斋藤,内田昨日就外相职,外交政策不变,准备承认伪组织,调查团秘书长否认将警告日本,东京又放出威胁国联之空气 …… 314

254. 调查团委员长意委员代理,李顿爵士尚需静养,斋藤昨访调查团由哈斯接见,该团明日上午会见荒木陆相 …………………………………… 316

255. 对日直接交涉说又起,苏俄正考虑复交问题,调查团今日晤荒木将提出质问,日军窥平津,中央表示不敢轻视 ……………………………… 317

256. 日军部对调查团断然表示中国不能再有东北,日"满"间"国防"不可分,李顿爵士将发表声明书 ……………………………………………… 318

257. 冯玉祥无病,因为无脸晤调查团,所以当时称病不见 …………… 319

258. 斋藤强调声明无人能阻日本承认伪组织,内田将继荒木会晤调查团,满铁总裁继任人选之难产 …………………………………………… 319

259. 调查团将赴北戴河避暑 ……………………………………………… 320

260. 调查团定下周赴沪,昨与日本新外相内田会见,日政界已不再谈承认伪国 ………………………………………………………………… 321

261. 直接交涉说愈唱愈高,惟日方态度依然蛮横,内田对调查团表示无妥协余地,该团已定明日乘轮赴上海转平 …………………………… 321

262. 日仍按固定步骤吞并东北,调查团东京之行结果如是,昨与内田末次会见,今明日启程来华 ……………………………………………… 323

263. 调查团离东京过青岛来平,三种方案均被日当局拒绝,南京认日方强硬表示纯系空气作用 …………………………………………………… 325

264. 调查团二十日可到平,日对承认伪国将审慎,荒木、内田等昨举行重要协商,调查团到平后将赴海滨避暑 ………………………………… 327

265. 谋杀调查团鲜人二名在大连被捕,日人称与尹奉吉同党,并有刺杀荒木、大角企图 ……………………………………………………………… 329

266. 日当局商应付国联新策,顾维钧将奉派赴日内瓦,日将公然组织伪国指导机关,顾昨乘专车赴青欢迎调查团 ………………………………… 329

267. 调查团明午过津去平,日坚决反对国际会议,异哉日报所传之蒋使东渡使命 …………………………………………………………………… 331

268. 调查团今午过津赴平,欧洲视线又集中远东,李顿病重,由济乘福特飞机北上 …………………………………………………………………… 333

269. 调查团昨先后返抵故都,李顿病甚重,由济飞平入医院静养,报告书将分

15

別在北平、海滨编制 …………………………………………… 334
270. 调查团顾问经朝鲜赴间岛 …………………………………… 337
271. 调查团总报告书旬日后起草,现时尚在整理各种材料,李病渐痊将赴海滨休息 …………………………………………………………… 338
272. 李顿病渐愈,调查团昨开例会 ………………………………… 339
273. 李顿将出院 ……………………………………………………… 339
274. 嘉宾多病:李顿昨又微发热,克劳病势已转佳 ……………… 339
275. 李顿将出院赴海滨,报告书能否如期提出尚难定 …………… 340
276. 国联调查团中国代表处之工作,重要部分为编制说帖 ……… 340
277. 李顿病愈开始工作,报告书下月当可起草,日军部派员赴日内瓦 … 341
278. 李顿病痊,开始整理报告书 …………………………………… 342
279. 调查团八月底离平,报告书九月中寄到日内瓦,顾维钧偕德义二委赴海滨 …………………………………………………………… 342
280. 法代表赴海滨,李顿两三日内出院 …………………………… 343
281. 李顿即出院起草报告书,东京宣称日终不免退出国联,步骤已定,报告书毫不足重视 …………………………………………………… 343
282. 调查团报告书月底完成,德义二委返平,报告书结论不取销,日对满洲一意孤行,大使决即任命,各将领暂留平,日内将开军事会议 ……… 344
283. 社论:热河事件与调查团的责任 ……………………………… 346
284. 东瀛一片尽早承认伪国声,一切的一切均足表示日人思想之狂妄,一般相信李顿报告书提出前恐将实现,内田电召伊藤由日内瓦返国 …… 348
285. 调查团报告书重要部分即将起草,李顿昨曾出院参与例会 …… 349
286. 调查团报告书结论部份尚未着手,顾维钧昨赴北戴河休息 …… 349
287. 调查团定期返欧,将取道苏俄,函莫斯科请护照,李顿昨曾一度出院参加会议 …………………………………………………………… 350
288. 调查团注意汪、张辞职,昨日例会仍讨论报告书,九月二日离平返日内瓦 …………………………………………………………… 350
289. 顾维钧等昨晨返平,报告书结论何时起草未定 ……………… 351
290. 史汀生指责日本之演说显与调查团相呼应,日驻美大使出渊昨访史氏,仅对东三省大势有所讨论 …………………………………… 351
291. 国联调查团昨在德国医院开会,李顿痊,可亲任主席 ……… 352

292. 武藤誓当粉身碎骨以当满蒙问题解决之冲,日外务省不赞成调查团对满洲问题速作解决案 ………………………………………… 352
293. 调查团报告书本月底完成,顾须该团离平后赴欧,传将充我国首席代表 ……………………………………………………………… 353
294. 英首相、外相注意中日整个问题,英报重视报告书结论影响,美将藉海缩促英联合对日,刘文岛在德报痛驳日人反动宣传 ……… 353
295. 指摘调查团实行远东门罗主义,从速承认满洲伪国——斋藤、内田议会演词之要点 ………………………………………………… 354
296. 顾维钧与调查团同赴欧 ……………………………………… 355
297. 国联调查团将经海道返欧,定下月初离平 ………………… 355
298. 调查团不重视内田演说,报告书结论已开始起草,决下月初分道离平,顾代表同行 ………………………………………………… 356
299. 江省遍遭敌机轰炸,马占山军已陷绝境,马曾于墨字十井晤调查团代表,现率部退至铁丽县以东之山中,日机跟踪追炸,马将军吉人天相 … 357
300. 社论:调查团报告书的效力 ………………………………… 359
301. 调查团行程:李顿等下月廿三抵日内瓦,顾代表九月一日由平晋京,报告书决如期完成 ……………………………………………… 361
302. 李顿报告今日编竣,决定下月四日乘飞机赴沪放洋,顾代表亦定四日飞沪转京请训 ………………………………………………… 362
303. 顾今日飞京候晤外罗,定四日飞沪五日偕李顿等放洋,罗谒林后昨飞汉晤蒋,明日返京 ……………………………………………… 363
304. 日本为何提前承认伪国:谋着调查团之先鞭,认定报告书将不利于日;武藤西来、坂垣东去均为促成此事 …………………………… 364
305. 报告书完成,调查团任务终了,内容当不背其公道主张,顾昨抵京,李顿等明日行,罗已离汉返京,顾定今日飞汉谒蒋,顾谈国联大会席上誓作最后奋斗 ……………………………………………………… 365
306. 调查团今日离北平返欧,顾昨飞汉谒蒋当日到沪,我国应付国联大会步骤完全决定,汪抵沪候晤李顿,外罗今日亦赶到 ……………… 367
307. 行矣调查团!国人难忘高谊,李顿昨飞抵沪今日放洋,德法委携报告陆地返欧,汪代国府慰劳李顿,罗亦赶到送行,报告书将延至十一月特委会讨论 ……………………………………………………………… 369

17

308. 远东九月间危机难测,孰能制止日承认伪国？调查团报告书惟有激增日人疯狂,英国暂持缄默,终将正确表示态度,李顿等昨放洋,汪留沪,罗已返京 ………… 373

309. 江南两路损失制成报告交调查团 ………… 375

310. 调查团德法两委昨晚抵大连,今晨乘南满车赴沈 ………… 375

311. 国联调查团秘书长南下,与当局有所接洽 ………… 376

312. 日方一致宣传直接交涉,有吉公言无须付诸国联,日报谓调查团报告书亦如是建议,许满洲自治,承认中国微弱宗主权,外部否认直接交涉,抗议书已草竣 ………… 376

313. 调查团报告书副本俟原文到日内瓦再同时公布,哈斯昨日过京赴沪 ………… 378

314. 日承认伪国近在五日内,内田声言不受任何压迫,同时向世界发表声明宣布大纲,对调查团报告书亦将提出意见,美国暂持缄默,注视情势发展 ………… 378

315. 美决与国联采联合战线,承认伪国听日为之,惟公约必维护,英报高唱不能任满洲为第二朝鲜 ………… 381

316. 英报所传报告书结论如是！保障日本经济军事利益,维持中国主权,东省自治,明春召开远东会议谋各国妥协 ………… 383

317. 社论:伦敦所传的调查报告 ………… 384

318. 我国清偿国联会费,并付调查团经费二万五千金元 ………… 386

319. 李顿抵孟买,谈日以武力攫东省,世界将无和平可言 ………… 386

320. 法国转变对东案态度,将与美携手拥护盟约,接受我照会各国正交换意见,报告书讨论延期,公布不延期 ………… 387

321. 国联必于东案一验其力,解救亚洲方能维系欧洲,李德此行不虚,打成欧美一条战线,报告书到日内瓦,法决心拥护国联 ………… 388

322. 端纳赴杭未晤汪,引申李顿语:日难治满洲 ………… 390

323. 二十年前驹井即立志制造伪国,溥仪终有称帝之一日,驹井无忌惮暴白野心,与调查团会见一幕追溯 ………… 390

324. 讨论报告书待十一月中,一再稽延为日本造机会,理事会已开会,报告书正准备公布,颜惠庆断论日本必屈于世界舆论 ………… 392

325. 哈斯昨离沪返欧,谈报告书在三地同时公布 ………… 394

326. 报告书重要内容已流露外间,承认中国主权,主张直接交涉,日本顽强反对变更伪国形态,非中国承认伪国决不开始交涉,调查团明言日阀侵满非出自卫 ………………………………………………………… 395

327. 调查团过新加坡,侨胞热烈欢迎顾代表,报纸著论忠告调查团,十一日抵新,十二日去哥伦坡 ……………………………………………… 397

328. 史汀生演说重申美国坚强态度,保全中国领土行政完整,报告书今晚三地同公布,外部今日派飞机分向平津沪运送,日阀狂吠调查团,认其结论为越权 ……………………………………………………………… 399

329. 社论:报告书公布以前 ……………………………………………… 402

330. 社论:调查团报告书简评 ………………………………………… 404

331. 调查团报告书发表后中日当局均暂守沉默,日本将予以全部的否认与反驳,十九国委会开会讨论中国要求 ………………………… 406

332. 社论:再评调查团报告书节略 …………………………………… 409

333. 极度愤懑失望弥漫东瀛三岛,日政府决定反驳调查团,军部紧张倡议二次调查,最后势将脱退国联单独的迈进 ……………………… 411

334. 中政会将讨论报告书,本周内对外表示态度,外罗发表宣言并征询蒋、汪意见,宋子文返京会同外交当局研究 ……………………… 414

335. 宋邸昨会议研究报告书,政府期待汪、蒋电示意见,今日中政会集合各方意见研讨,大体可接受,惟对某数点有异议 …………………… 416

336. 社论:为政府借箸一筹 …………………………………………… 417

337. 胡适批评报告书:反对组织顾问会议,不反对东三省自治,对全书立论公允表示满意 …………………………………………………… 419

338. 报告书中英文合订本财政部印刷局刊印出售 ………………… 420

339. 报告书全文未经透澈研究前,欧洲各国政府均不发言,日本决采持久拖延方针,美官方甚满意,史汀生将发表意见 ………………… 420

340. 蒋昨返汉,汪昨亦到沪,汪入诺尔医院,中政会准予续假,报告书正审查并征询人民意见 …………………………………………… 425

341. 国人试自省:中国目前之纷乱状态,是否如日军阀所指陈?国内军阀不悟,如何谈到复兴?徒为调查团所痛为日人所快 …………… 428

342. 日正起草意见书,将纠弹调查团之罪,认结论无一顾价值 ………… 429

343. 伍朝枢对报告书之批评:调查团持论虽尚公平,惟制敌仍待国人努力,经

19

济绝交最有实效 ……………………………… 430
344. 李顿报告书全文译就,在付印中 …………………… 431
345. 报告书节外生枝,谓美国建议干涉西比利亚,美官方甚惊讶,将提出反证
　　　 …………………………………………………………… 432
346. 社论:缄默与高调 ……………………………………… 432
347. 宋子文携汪意见返京,西南政委亦反对报告书结论,顾维钧宣称保留考
　　　虑及批评 ……………………………………………… 434
348. 报告书全文印就,规定十三日各地同发表 …………… 435
349. 中央迄未定报告书对策,日排斥任何国干涉满洲,东京首脑会议又计划
　　　对俄取热 ……………………………………………… 436
350. 伦敦《泰晤士报》论报告书真价值在暴露满洲之情形及实际建议,少究既
　　　往,盼列强协力谋一解决 ……………………………… 438
351. 盛传汪将赴欧陆养病,宋再赴沪征询汪对报告书意见 ……… 438
352. 日对国联态度转趋积极:宁作反对投票,不受缺席裁判,驳报告书意见书
　　　已起草完毕 …………………………………………… 439
353. 社论:推敲报告书与挽救国难 ………………………… 441
354. 政府对报告书态度大致决定,反对破坏主权完整之建议,根据四原则取
　　　修正的容纳,外罗昨到汉询蒋意,再赴沪晤汪,中央极尊重各方对报告书
　　　意见 …………………………………………………… 442
355. 苏俄亦不满李顿报告书,指为造成世界对俄之联合战线,日意见书将由
　　　松冈携赴日内瓦 ……………………………………… 444
356. 李顿昨在英伦演说,以调查团之精神期国联,深信国联能应付此难关
　　　 …………………………………………………………… 446
357. 国联行政院邀请调查团参加报告书之讨论,外罗返京,今明赴沪,政府对
　　　报告书意见即将决定,颜惠庆推顾分任行政院代表 ……… 446
358. 外委会昨再开会审议报告书,罗今日赴沪征汪意见,汪出国期迫无关政
　　　局,宋子文昨夜返京,伍朝枢北上 ……………………… 448
359. 唐绍仪批评报告书:"不应该"三字岂得谓平?惟九国会议可解决东案,
　　　与其高唱联外不如联内 ……………………………… 450
360. 楼桐孙批评报告书——京党部纪念周席上 …………… 452
361. 日本如此应付国联:态度由消极转积极,澈底攻击中国弱点,要求静观伪

国进展,内田已授意松冈 …………………………………… 452

362. 专载:"不适合于公断人合法形式"的李顿调查团报告书 ……… 453

363. 蒋、汪提议定期开中全会,汪出国期内中枢不变更,对报告书意见下周中政会决定,美严重注意日本背弃九国公约 …………………………… 457

364. 专载:"不适合于公断人合法形式"的李顿调查团报告书(续昨) … 458

365. 日承认伪国不足损伤报告书之价值,李顿爵士前日又一演说 ……… 461

366. 专载:"不适合于公断人合法形式"的李顿调查团报告书(续昨) … 461

367. 汪定今晨赴德,三月为期,罗谈外交不变既定原则,应付报告书方法已定随机运用,汪昨接见各部会长及蒋、阎代表 ……………… 464

368. 日代表松冈出发日内瓦,日政府强硬之训令以退出国联相威胁,高倡静观伪国进展,何来中国接受李顿建议说? ………………… 466

369. 黑多成白——马相伯发表对报告书意见 ……………………… 469

370. 斋藤认现在之中国不足与语直接交涉,批评调查团不公认识不足,对国联总会决取独自方针,将削减各方预算以适应陆军要求 …………… 471

371. 中全会十二月十五举行,政院今日讨论山东问题,对报告书意见明日政会可决,陈独秀等移交法院公开审理 …………………… 472

372. 政府重心一时系于宋,韩意似转,当可望撤兵,宋谈必先停内战方可商善后,蒋伯诚谓中央决调刘部离鲁,今日政会对报告书最后商讨 …… 473

373. 妨害领土主权完整者不接受,中央确定对报告书态度,外部已训电代表团遵照,内战影响外交,再晓谕川鲁将领,中政会议决翁文灏长教、朱长交 ………………………………………………………… 474

374. 李宗仁亦驳报告书:事实与建议显然自相矛盾,要收复失地只有靠自己 ………………………………………………………… 476

375. 李顿爵士发表重要论文《满洲问题之第二步骤》:中日纠纷必须应用国联原则解决,日承认伪国适足增强报告书力量 …………………… 478

376. 专载:中华民国救国团体联合会为反对国联调查团建议告同胞书 ………………………………………………………… 479

377. 英上议院严重讨论东案,决谋国际合作整齐阵容,寻求一"国联政策"促中日直接协商,李顿发言报告书一致通过方有力 ……………… 483

378. 又一报告书:顾报告参与调查团经过 ………………………… 485

379. 日方所传国联解决中日纷争方式,将产生一国际委员会,结果必忐恿两

21

国直接交涉,李顿昨日出席英下外院委会演说 …………… 486
380. 上海破获惊人巨案:有人收买汉奸暗杀国联调查团,希图嫁祸中国,曾谋刺宋子文、吴铁城未遂,已引渡沪公安局 …………… 486
381. 全国律师协会今在沪开会,研究报告书 …………… 488
382. 希尼谒兴登堡,报告调查团工作 …………… 488
383. 吾民族生死存亡关头,只争未来之三四个月,国联行政院大会三日内即开幕,国际委员会成立当在来年暮春,对日经济绝交为唯一胜敌之道 …………… 489
384. 认定李顿报告书为忠实真确,国联行政院将有正式表示否认"满洲国"之存在,李顿偕四代表今日赴日内瓦,我代表报告日军在东北暴行,日本意见书定二十一日发表 …………… 491
385. 行政院今日将不举行公开会议,讨论报告书或待星期三,李顿今日演说满洲问题,日本意见书节要定今日发表 …………… 494
386. 悲观空气已笼罩日内瓦,日倔强态度无法协调,退出国联为最后手段,昨日行政院会仅听取双方演说,日方宣传结果必出于直接交涉 …………… 498
387. 对调查团报告书平教界昨发表意见 …………… 503
388. 强奸东北民意又一幕:日方胁令各团体反对"报告书",大中小学校每级均被强具反对李顿报告书文件一份,断绝民众对国联期望,华人新闻纸啼笑皆非 …………… 504
389. 顾代表与松下之舌战,国际同情已一致归我,日竟否认调查团存在 …………… 505
390. 国联当局决于廿八日(下星期一)召开十九国特别委会,全体大会下月初举行,美对战债态度势将影响东案,西班牙、捷克代表正策动排日 …………… 509
391. 中日纠纷决移交大会,日本准备最后的决心,昨今无会,明日续开,后即可移交 …………… 514
392. 西南对外交之态度,对报告书仍不变真电主张,朱兆莘发表对报告书意见,葡政府不敢侵横琴岛 …………… 519
393. 昨日行政院会议一致通过中日问题移交大会,开会期在下月五六,有主于国联外召集独立会议者,李顿调查团多归去,待开会复来 ……… 520

394. 日阀之奸计：强迫人民反对李顿报告书，组伪救国军淆惑国际观听 ······ 524
395. 黑党部通电反对调查团报告书 ······ 524
396. 小国代表群责日本，拥护李顿报告书，请大会断然处置，大会今日续开即告结束 ······ 525
397. 李顿之择箸癖 ······ 529
398. 国人评判国联调查团报告书论文索引（一） ······ 529
399. 李顿报告与中日纠纷——朱懋澄在纽约外交讨论会之讲演 ······ 530
400. 国联不甘失败一再苟延，曲徇日方要求取销美俄参加议，前日会竟熬过，今日会显又徒劳，日决不回头，调解失败已成定数 ······ 534
401. 国联对日无策，调解澈底失败，日阀恼怒将扩大战祸，不怕适用第四项最后退出国联，特委会今日续开，商讨起草报告 ······ 538
402. 十九国特委会昨日决议派定九国起草报告书，日决依据第五项以对抗第四项，外交战如失败，最后决退出国联 ······ 542
403. 国联态度渐趋显明，报告书内容分四部，前三部除两点外起草完成，措词大体根据李顿报告书，建议难着手，下星期再讨论 ······ 545
404. 国联报告书建议部份决根据李顿报告第九章，四五日内可完成，大会十三可开，十九委会昨议决拒绝日方提案 ······ 549
405. 今晨四时最后消息，国联报告书建议案已分发十九国代表，此为最近所得较详尽之内容 ······ 552
406. 社论：李顿最近的演说 ······ 554
407. 历史上一伟大公正之演说，李顿讲演亚洲之将来：日本非现代国家，政治思想行为不脱封建，只图一国私利为现代潮流所不容，军人必须受政府与国际条约支配，中国人力伟大前途有望 ······ 555
408. 国联大会正式通过报告草案，日代表堂堂投唯一之反对票，松冈偕代表团会未终即退席，我代表请政府撤回驻日公使 ······ 556
409. 李顿爵士再申正论：希望日本政变，推翻军人统治之政府，满洲应完全解除军备，赞成对日禁运军火 ······ 561
410. 李顿之演讲：如国联宣布适用十六条，彼将促英政府实行义务，自信彼等调查之建议为解决东案适当办法 ······ 562
411. 日本向国际孤立之途迈进，昨正式通告退出国联，各国均不为动，二年义

务必履行,太平洋群岛统治权将发生变化 …………………………… 562
索　引 …………………………………………………………………… 566

1. 国联对中日事件决澈底解决，美国空气紧张，各国舆论激昂，行政院会议展期，五强决采取进一步办法，日方依然蛮横，声明书对国联竟不提一字

组国际调查团尚待日方同意

【南京廿五日下午七时本报专电】 外部昨接国联代表团电称，理事会敬（廿四）晚开会时，英代表薛西尔主张国联立即派遣中立视察团赴满。芳泽对此举表示，恐日方舆情将益激昂，致解决满事更觉困难。施公使极力主张视察团之重要，并称如国联不能立即派遣，应请行政院提出中立国家或名人，由我政府聘请赴满视察。芳泽旋称，渠未知日政府对于薛西尔提案能否同意，但予可转达本国政府，惟国联如未经日本同意即行委派视察团，则日政府不负任何责任。至于日军占领区域之扩大，芳泽则称，扩大范围仅限于保障日侨生命财产之需要。施公使旋复坚持委派视察团之主张。最后理事会决定由芳泽电日政府，要求迅速答复。惟国联对于派遣视察团赴满调查真相一节，认为非常重要，希望能得日本之援助。暂定团员七人，由中立国人民组成之，国联委派三人，中日两政府各派二人。施公使对于此节表示同意，声明该视察团名义上应由国联委派，负随时直接报告行政院之责任，彼将重行向行政院要求，介绍相当人选于中国政府云。又行政院主席业已通知国联大会，略称行政院对于中日事件正在极力设法，谋获完满结果，于相当时期当向大会报告。大会主席复称中日事件未曾提出大会以前，行政院自可考虑国联章程，规定计划和解方针，惟在此情形之下，最大关键即国联一切措施当依世界舆情为转移。如国联能满足各方对国联之期望，当可博得世界同情，故不仅行政院于可能范围内须尽量公开讨论，即大会亦希望于未闭幕前得一详细报告，以便发表意见。盖国联一切会员国，均认中日事件与国联本身关系纂[綦]重云。

（《益世报》，1931年9月26日，第三版）

2. 国联竟屈服于日人之蛮横耶？我方如不得直,决定对日宣战,日方始终反对第三国干涉,拒绝国联调查,理事会讨论无结果,外部准备第二步办法

....
【南京二十六日下午八时四十五分本报专电】 据宥(廿六)日情报观察,日答覆国联,口头上允撤兵,惟对国联派员调查绝不承认。国联行政院恐坚持所定步骤,对日将陷于僵局,故认日答覆为满意。但中国政府反对与日直接交涉。国联亦深知,如行政院无第二步表示,无异日方胜利。我方惟一办法,即根据盟约第十五条,请提出行政院,转送国联大会讨论,同时由秘书长公布事实经过,要求行政院尽力使此争议得以解决。施肇基自有(廿五)日理事会宣布对日覆照表示满意后,即声言在日军未完全撤退,恢复巧(十八)日以前情形前,决不与日方直接交涉。外部决即根据盟约第十五条,要求续议。

....
【南京廿六日下午七时十分本报专电】 日内瓦宥(廿六)电。国联行政院昨日下午五时公开会议,意欲根据日本最□□会,解决满洲问题。施肇基当即宣称,日本现占领中国领土,直接交涉系为绝对不可能之事。并称中国于日军撤退以后,当负保护日侨生命财产之责。现在日军占领区域以外之日侨,莫不异常安全,即可知中国政府实具有保护之能力。并称中国现在对此事,已悉听国联之处置。英代表锡西尔谓甲国派遣军队占领乙国土地,以保护甲国侨民,实为极危险之事。嗣施肇基复声言,要求国联应令日军撤退至九月十八日以前之原驻地点,并提议组织中立视察团,考虑撤兵之办法及时期,并报告国联。芳泽则称,日本政府预备立即与中国直接交涉,并谓据个人意见,现在形势已缓和,可以实行原来所提议之双方交涉。芳泽亦递正式公文,谓日本在中国无侵略土地之野心。国联各会员国对日方反对国联调停,均表示不满,调解将感棘手。某机关接日内瓦电,国联行政院易地事系谣传,似有人以此说运动行政院,藉此可减少干预中日事件,但我方亟坚持。

【日内瓦二十五日路透电】 本日理事会开会,先讨论数年前意希旧案后,又重提满洲事件。主席对日本关于撤兵之声明,表示满意。两造宣读关于满

洲情势之声明以后，中国代表施肇基声称，中国已绝对听凭国联办理，要求理事会转请日本立即撤兵，并谓无论中国对日民气如何激昂，但数日以前，在华日人绝未受何骚扰，此足以证明中国政府之权力，足以控制其人民也。西锡尔子爵声称，为保护一方人民之生命起见，派遣军队占据城市，实为危险之举。彼请理事会组织中立国委员会，调查该地之情形。芳泽氏声称，对于控诉该国之事，业已答覆。主席谓理事会以纠纷之解决，全赖两造之善意，希望日本尽速撤退军队，中国已允许保护撤兵区域之日人。遂后宣告散会，以便与其日方商量云。

【日内瓦二十五日路透电】 昨夜日代表已接到日本政府之照会，今晨转达主席勒乐克斯。大约理事会讨论满洲事件之特别委员会，即将阅视日本之照会，再行考虑解决本问题之方法。关于此事，据云，日方将拭目以视理事会。理事会非常任理事及大会会员中，对于五国委员会办理满洲事件之少于知会，又颇不满意。其他方面表示意见，以为日本照会之口吻既如是和平，该事件现可认为实已解决矣。

【南京廿六日上午十时本报专电】 外部对东北事件交涉，除听国联处理外，对联络美国亦极注意。东省美侨被日军杀害者甚多，詹森电美政府，主张派兵救侨。美为非战公约之发起人、华会九国条约签字国，如查明日军行动显系作战行动，当然不能缄默。外部因对美关系重要，电颜惠庆，促速来京，协商具体策略，并令速启程赴美。重光有（廿五日）晚犹在沪，平传秘密到平，不确。

【日内瓦二十五日路透电】 国联理事会本日开会两小时余，讨论紧张之中日事件。日代表郑重声明该国政府政策之诚意及具有将所有该国军队退出占领区域之决心。中国代表驳斥日方之声明，并再三要求组织中立国委员会，监督日本撤兵。此外演说者，惟英代表锡西尔一人，以极调和之态度，参与其间。彼以为理事会业已按照国联规约第十一条办理，此本为两造解决纠纷之法；如属事不可能，本案可再提出理事会云云。主席宣告散会，俾各会员再考查本案。

【日内瓦廿五日新联电】 讨议满洲事变之国联理事会第二回公开会议，于本日午后五时十五分，先讨议欧洲问题后，始入于满洲事变之讨议。由议长报告两国政府之回答，次由芳泽大使根据本国之训令，对于此次事件阐明日本政府之态度，陈述日本已着着向满铁沿线撤兵，中日两国间有直接达成平和解决的希望，并言明现在尚非联盟理事会干涉之时期云。其次为中国代表施肇基反驳芳泽大使之发言,要求理事会派遣中立之调查员,并声明中国或更根据联盟规约第十五条提起事件,亦未可知云。再次为英国代表锡西尔发言,称事件应先由两国间进行交涉。最后由议长宣读声明书,并声言信赖中日两国之诚意,静候事件之解决,遂宣告闭会。次回之理事会开会期,现尚不能预测。

【日内瓦二十五日合众社电】 国联理事会拟立即同意派遣一中立调查团,赴满洲考察该处之情势,并向国联作一正式报告。该调查团将由北平英、美、法、意四国公使馆军事参赞或驻东京各国外交官组织之,驻沈德国总领事亦将被派参加。中日两国关于满洲已发生及正发生之事件之报告,冲突之点甚多,且此类冲突之点,均认为系不可避免者。中日两国政府是否允许各国武官参加调查团,已成问题。满洲事件现为国联理事会中之主要议案,中国首席代表施肇基氏及日本首席代表芳泽氏,均逐日向理事会有报告。理事会希望调查团从速组织成立,但该团将来之正式报告,拟具尚需时日。因彼等必须亲临肇事地点调查,并将与两关系方之主要人员交换意见云。

(《益世报》,1931年9月27日,第三版)

3. 国联行政院陷于僵局,日本竟公然拒绝美国参加,东京谣多盛传宇垣将组阁,行政院定昨日开大会

派远东调查团,不待日方同意

【日内瓦十四日合众社电】 国联理事会今日相信可获得一帮助解决中日两国纠纷及避免公开战争之实际方法。国联已建议并希望派遣远东调查团,对中国内地及满洲情势作一般之研究,因此项研究,足以适用于中日纠纷。东京对此建议已声明加以考虑,使国联秘书处得一极深之印象,且使此问题有实际解决之可能。此项计划可以满足中国政府正式请国联派遣调查团之一部分的要求,同时对日本反对第三者干涉之主张亦无冲突。国联代表相信,日代表芳泽□词中"当彼向理事会细述满洲中日关系之历史,并坚持目前之冲突之起

因由来已久,且谓理事会之代表在彼等把握满洲现状之前,应对上述事实加以研究"等语之时,已为此项建议留一根据。若调查团能组织成功,美政府参加有可能性,在此严重之时,足以缓和中日两国之纠纷。美政府藉正式加入国联调查团之机会,必将进一步与国联合作。国联职员已不能期待东京政府对此建议同意,因国联解决目前纠纷之力量,已发生障碍。今日之时间,大部费于理事会各国委员及中日代表间之私人聚谈。但此种晤谈之结果,对问题之解决仍无任何进步。假如日政府接受该提议,美国加入国联之问题(因国际联盟与非战公约有相互关系),将来亦必须论及。因此,本提议之重要,较之解决中日纠纷为大,盖将引起一美国将来是否成为国联一有力份子之问题故也,至少关于避免战争之行动,足以证明美国之有力。若藉目前之讨论,而发生美国参加国联之问题,国联秘书处相信自国联成立十二年以来之最重要之工作,可以完成。

⋯⋯⋯⋯⋯⋯

(《益世报》,1931年10月16日,第三版)

4. 国联决派员来华调查,我方已电覆竭诚欢迎

【南京十三日下午七时十分本报专电】 外部昨发表国联秘书处与我国外交部最近来往电文如下:

(一)白里安电。"南京外交部:奉行政院主席训令,将下列电文转达,请查照。十一月六日,本主席曾由执事转电中日两国政府,兹接准中日两国政府覆文,本主席为此特请执事向贵国政府代伸谢意。本主席详加研究各该覆文及最近所接诸牒文之后,以为应再郑重声明,两国政府前曾允诺竭力避免一切扩大时局之举动,本主席并力持应严令各军队之长官,均勿有任何新行动发生。最后本主席以为最关重要者,为对于行政院会员国派往当地之视察人员,尤其对于派往嫩江桥及昂昂溪搜集九月三十日决议案所规定诸消息之视察人员,应予以便利。行政院主席白里安。"

(二)我国覆电。"中国政府接准昨日阁下转到行政院主席来电,藉希白里安君对于远东之现有事态仍极关怀,至为感荷。中国政府对于日本之再行取意攻击,不得不采取必要之防卫办法外,仍当严格避免任何武力的行动。但

现在局势,因日本继续不断之扩大行动,愈趋严重。黑龙江省嫩江桥日军正在集中,并已声明夺取省城齐齐哈尔之意。其司令官竟要求省政府马主席,将政权移交于与日军合作之叛徒首领张海鹏。又最近日人在中国各地之各种秘密扰乱之阴谋,其已经发生于天津之事件,完全出于日人计划与指导,且以日兵营及日租界为其动作之根据地,殊令中外人民更觉疑惑。在此情况之下,中国政府竭诚盼望并欢迎中立观察人员前往日军行动各地,以得真实之消息。尤盼其前往黑龙江之嫩江桥与昂昂溪及天津与其他各重要地点。中国政府对于观察人员,决予以必要之便利,俾完成其职务。上开文件,请即转致行政院主席为荷。"

【日内瓦十三日电】 白里安曾有照会与中日两国政府,请双方切勿有轨外行动,使形势再为严重。白里安提及请两国襄助国联视察员赴东三省调查当地实情一事,此间认为是外交上绝好方法。据此可得知国联行政院开会时,国联所采取之步骤。施代表之报告谓中国已准备接待国联代表,中国政府已于十一月一日成立接收委员会,顾维钧为委员长。该委员会对国联代表,处处予以便利。

　　　　　　　　　　　　　　　　　　(《益世报》,1931年11月14日,第三版)

5. 国联决定派中立调查团来华,限令日本撤兵之案完全作废,日竟拒绝国联请停战之提议

【巴黎二十一日电】 昨日下午四时至六时,行政院开秘密会议,中日两国俱无代表参加,满洲事件和平解决之希望益见增加。该两小时会议之结果,当晚尚无正式报告,但对于芳泽昨晚提交白里安之最后提议,行政院表示同情。据可靠消息,日本同意由国联派遣特别委员会赴中国调查,但主张该项调查不应以满洲事件为限,并应考查因抵制日货所造成之局势。日本表示,若中国在原则上承认现在条约之有效,并允诺在占领地撤兵以前,将关于条约之解释开始交涉,在交涉中并应由中立国代表参加,则日本愿意放弃其五项基本原则。

据云,在今日行政院会议中新愈之白里安颇赞同上述之各提案。因白里安之鼓吹,行政院闻已赞成以日本提案为解决之方法。又挪威代表提议此项国联调查团之委员,应以彼等个人资格,向该国家代表之资格充任云,已得行政院之赞同。在行政院会议完毕后,白氏与施代表曾有长时间之谈话。据云,施代表对将派遣调查团一节,并未反对,但施曾向白里安提醒,中国原来希望系撤兵后再交涉,现在行政院之态度,与其前此意见大相径庭云。

【巴黎二十日电】 号(二十日)秘密会议之结果,使国联十月二十四月[日]所通过之议决案成为废约。该决议案之应否履行,已不成问题。将来各方舆论均攻击国联,认为无用,认为无骨气,但国联方面则谓今国联向双方之劝导,得阻止战事之发生与纠纷之扩大。日本将接受国联决议案,但有限期条件,将由二十一日及下星期会议讨论之。日本已原则上赞同该决议,国联行政院将坚持在东三省有中立区,停止战事及挑战行为。日方条件有请调查中国抵制日货反日行为及违背条约事件。日方表示调查委员须为有资望及公平人员充任之。关于中国对此决议案之态度,法外长白里安向大会谓彼觉不至于有反抗。日本代表团二十日有照会与国联,已由秘书处公布。该照会捏造事实,历数中国违背条约、压迫韩侨、公然表示收回日方权利等情,致激成现时事变。该照会并称日本态度始终如一,现时态度与事变发生时相同,毫未更改云。

【巴黎二十一日合众社电】 行政院十二国会议赞成以公正美人培兴、道威斯或许斯,为中立调查委员会会长。又中日两国对行政院所拟调查委员会之形式,在原则上已接受,即将由双方公开说明其所要保留之条件。又昨日行政院在尽量考虑委员会问题后,当于下午六时延会,并决定令中日双方代表在星期六午作公开之说明。又据可靠消息,道威斯向白里安声称,美当局认满洲□势逐渐趋于严重,并郑重主张彼将不参加行政院会议。国联行政院之性质,现虽未确实言明,但美国仍愿与国联合作。道威斯并称,国联步骤决定时,愿与白里安重行讨论中日事件云。

【华盛顿二十日路透电】 一般相信,美国将允派员参加满洲国际调查团,如被邀请参加之时。

【巴黎二十日路透电】 行政院已议决,派遣一调查团赴满洲,对于目前纠纷可谋一适当解决。据闻日本接受满洲混合调查团之建议,尚有种种条件,但因其仅原则上之接受,情势已趋和缓。从各方之观察,行政院将坚持某种中立地域及停止冲突之誓言之主张。至关于中国之态度,白里安向国联声言,彼未预料有任何无理由之反对。白氏之作是言,使吾人明了如在特定保障之下,中国定能同意此项调查团。但调查团之派遣,不能促日本撤兵,盖撤兵尚待日本自动,并以日侨生命财产之安全及中国同意交涉、订立条约为转移也。今日下午会议之结果,行政院十月二十四日之决议成为具文,而任何同意之建议已洗刷殆尽矣。行政院会议经两小时始散,一般感觉如释重负,紧张空气亦已消散,认为此次决议虽可批评,但在此环境中,实为一最聪明之办法也。星期一、二将再开会,但认为尚有严重问题者,殆无理由也。

【巴黎二十日电】 国联行政院号(二十)下午四时举行秘密会议,中日两国代表未出席。探闻国联行政院秘密会议决派调查团去东三省,为解中日纠纷之适当办法。一般人推测,中国代表施肇基将接受此办法,但或要求有相当保障。马(廿一)日有公开会议,中日两国代表均将出席。据云,若无任何争执,国联已在原则上接受日本之提议。中国之接受该提议,亦属可能。号(二十)日会议约二小时,至六时散会。散会后,各代表由法外部代备临时晚膳。散席后,各方心神略定。虽国联将受攻击与批评,一般人感觉此为比较适宜之办法。马(二十一)日不至有决议,星期一与星期二将继续开会,但将无中途发生变化之虞云。

【巴黎二十一日合众社电】 国联空气迩颇乐观,以为在本星期六公开会议,凡中日双方关于停战及调查团之承受条件如得有圆满结果,则行政院即将于下星期二闭会。德代表比罗将于星期六离巴黎,英代表西蒙于未有新困难之前,大约亦未必重返巴黎也。又行政院十二国会议讨论请中日宣告停战争,以为此系有关主义之一条款。芳泽并未送致正式公文于行政院,但对白里安曾表示日本态度之转入于温和。中国方面原则上颇赞成调查团,但亦受调查团之解决,又全视撤兵问题之如何解决。星期六公开会议时,中日两方关于撤兵问题,恐必将各有正式之声明云。

…………

(《益世报》,1931年11月22日,第二版)

6. 政府发出紧急训令，日本必须于两星期内撤兵，否则世界和平将无法维持，行政院忙于讨论组调查团，定廿八闭会，颜惠庆到京，顾维钧长外，国际空气良好

....

行政院会

【巴黎二十三日路透电】 今晨行政院集议，抱真正之热忱，拟定一解决满洲纠纷之玄妙方案，直至深夜，秘书处尚忙于起草。其内容规定，日军应可能的尽早撤退至南满铁道区域内，实际与九月三十日通过之决议案相同。该草案主张派遣一三人委员会，中日双方亦应派人加入，进行调查关于中日关系之全部情形，但措词十分空洞，意义极为广泛。并规定该委员会应不干预中日直接交涉，对于日军之活动亦不加以干涉或约束。经审议之结果，内容或有修正，但希望明晚或星期日之正式会议中，将提出一具体决议案也。

【巴黎二十三日路透电】 行政院今晨十时五十分开会，中日两国代表未参加，讨论国联秘书长德诺蒙及各专家拟就之关于组织调查团之草案。经讨论同意后，十二时十分散会。该决议案系根据行政院意见一致之日本提议而起草者。该案于今日午后交中日政府审查，定明日（二十四日）午前十一时，召集另一非公开会议。据知，该决议案将撤兵与派遣调查团二事分开，所以撤兵问题决不受调查团之派遣及其活动之影响也。

【巴黎二十三日合众社电】 今晨十一时半，在此间举行之国联行政院会议十二国代表，详细讨论行政院提出之派遣满洲调查团之草案。当该案讨论时，各国代表对之抱一种无补实际之感觉，因恐该项调查团日本不能接受，同时中国对于整个问题态度极强硬。据中国代表施肇基博士表示，本国政府对于调查团并不注意，因为国联所当解决之主要问题为日本撤兵，至国际调查团之事件，乃一比较次要之问题也。施氏继称："本人已电南京政府请训，目前正候覆电。"行政院十二时二十分散会，一班[般]传言，明晨十时三十分将开秘密会议，讨论中日两国代表团所提出关于调查团之正式节略。今晨开会之前，施氏曾与美国

派来巴黎作视察人之道威斯,又一度长时间之私人谈话。行政院今日竟日起草一种决议案,不久将提出正式讨论:第一系关于调查团者,不过为今日讨论之原案修正而已;第二为提出日军撤退之困难问题。关于此点,据可靠方面传出消息,中国政府表示愿意担负由西方各国目前派遣国际军队赴东方之军费,以期该项军队屯驻满洲,使该地区日侨生命财产能获得绝对之保证。中国代表已表示,本国政府甚愿为此,以代日本撤兵。施博士今日又致国联秘书处另一公函,唤起对锦州之注意。彼云,日军即将进攻锦州,以驱逐在山海关以南之中国军队为目标。今日行政院散会之后,施氏随即谒白里安。施氏又致另一公函于行政院,正式声明除非同时规定东三省之日军立即撤退,中国不能接受调查团之提议。

．．．．．．．．．．．．．

(《益世报》,1931年11月25日,第一版)

7. 颜惠庆放洋前之谈话:反对国联组织不公平之调查团

【上海通讯】 新任驻美公使颜惠庆,前日下午五时由京抵沪,寓外滩汇中旅馆。昨午,应沪上友好之欢宴,复接洽订购舱位等事。外交部办事处长杨念祖及科长赵铁章,纷往晋谒,代为照料一切。本报记者昨特往晤之于旅次。颜氏发已灰白而精神弥佳,自谓二十三年前伍公廷芳使美时,曾任美使馆二等参赞,今度重任,想使馆房屋依旧,而诸事当有极度变迁也。记者询以国联对于中日事件显已处于无办法状态,所谓调查团者,适成为日本延缓撤兵之工具,则今后我国究将何以自救。颜氏答称:"国联方面因十月二十四日第二次之决议案为日本所反对,现以九月三十日第一次决议案为根据。于事理固属可行,但同时应将九月三十日以后日本军事行动及侵占区域,立即恢复九月三十日□状,方是公道。今但求根据第一次之决议案,而于日军进展之事实一笔抹杀,岂得谓平?至调查团之组织,倘不能容纳我国之提议,我国自可投反对票,或竟拒绝投票。余意对日问题虽侧重于外交,但全国应先团结一致,以最大决心,牺牲一切,则对外言论庶更有力量。余深信美国对我友好素笃,此次美非国联会员,故其发言不得不特别慎重。现美国会定十二月底开会,余约二十日左右可抵华盛顿。国会空气之向背,甚足影响于美国整个外交政策也"云云。

(《益世报》,1931年11月30日,第一版)

8. 国府发告民众书劝暂忍辱，施离法京，调查团出发无期，我方提出八项保留之内容

【南京十二日下午四时五十分本报专电】 国府文（十二日）晚发表告民众书，对接受国联决议案加以说明，大意：（一）调查团来华，实负有促进日军撤退并报告国联之责任；（二）接受决议案，并非无保留条件，施已提出八项，甚鲜明。末谓我国对国联未能积极制止日本侵略，虽不能认为满意，但我国对维持世界和平，亦负有一部分责任，望国民暂时忍辱，为将来努力。

【巴黎十一日电】 起草委员会今日午后开会商议成立调查团问题，大约此事非短时期内所能办。施肇基因疲劳过度，即日离巴黎赴某处休息。

施肇基演词

【南京十二日上午十二时廿五分本报专电】 施肇基在行政院闭幕时演说，提出八项保留。兹志其演词原文如次："本席拟以诚意履行其所同意之决议案之义务，如行政院主席所解释者。此项整个办法，既为应付紧急悬案之一种实际办法，则为谋得充分了解起见，本席实有就原则上将以下数端之观察及保留，载诸纪录之必要。（一）中国必须保留并实行保留在国联盟约下，在中国为缔约分子之一之一切现行条约下，以及在公法、国际惯公认之原则例下①，中国所应行或可行享有之任何及一切权利补救办法及法律地位。（二）现在之决议案及行政院主席之宣言所证实之办法，中国认为系一种实际上之办法，包括四项，互相关连，大要如下。（甲）立即停止战事；（乙）日军占领东省，在最短时期内终了；（丙）中立人员对于今后一切发展之观察及报告；（丁）行政院所派遣之委员会，对东省全局作实地之调查。决议案之办法，在实际上精神上，均基于上述四要点而成立。此四要点中，若有一点不能如原来之期望而实现，本办法之完整性显被破坏无余。（三）中国了解并期望决议案内所规定之委员会，如于其到达目的地时，日本军队撤退尚未完成，该委员会

---

① 编者按：原文如此，应为"国际公认之原则惯例下"。

将以调查该项撤退情形,并附具建议,提出报告,为首要职责。(四)本办法无论直接间接,对于中国及中国人民,因东省事件而发生之损失及赔偿问题,均不生影响。中国关于此点,特提出特殊之保留。(五)中国于接受本决议案时,对于行政院努力□免再启战事之任何□□,或足使情势益趋险恶之其他任何行为,表示钦佩。然有须明白揭行政院力诫[戒]争端之禁令,不得藉口于现在事态所造成之无纪律情形而予以破坏,盖决议案原来之目的,即在于解除该项事态也。所应注意者,东省现有之无纪律情形,实因日军侵入,使生活失其常轨之所致。恢复寻常平安生活之惟一妥善办法,厥为迫使日军撤退,而使中国当局得负责维持治安与秩序之责任。中国不能容忍任何外军之侵略,并占领其领土,更不能容许此类军队攫夺中国当局之警察职权。(六)各国代表之中立视察及报告,现行之办法将继续改善。中国得悉此旨,颇为满意。中国并将就形势之需要,随时指示各该代表应行前往之地方。(七)中国对于本决议案,规定日军应向铁路区域撤退之一节,表示同意。惟绝非对于在该铁路区域内驻扎外国武装队伍一事,退让其向来所取之态度。(八)中国对于日本任何之图谋,足以引起政治性质之纠纷、影响中国领土及行政之完整者,如嗾使所谓独立运动或为此种目的,而利用不法份子,将认为明显的违背避免再行扩大局势之承诺。"

日官方声明

【东京十二日新联电】 外务省对于十日之行政院会采择之决议、议长宣言及日本之保留宣言正文,予以发表。同时对此之外务当局之说明,亦于十一日夜公布,其要旨如下:"帝国政府对于此次事件之解决,以其应由中日两国间直接交涉。对于当初之主张虽无变更,但此际国联方面派遣有权威之调查委员会至极东,对于包含满洲之中国各地之排外与排货运动,以及可以搅乱国际和平之原因等一切问题加以研究,俾增进国联对极东之理解。相信如是可以使国联对于世界尤其对极东之平和维持上必能予以有效之贡献。为此,日本所以正式的向理事会提出该项视察委员会之派遣案者也。然关于其职能方面,如对于此次事件之应由中日间直接交涉,以及关于帝国之军事的措置,皆于绝对的不容干涉之主张下,业于十一月二十一日之公开会议获得理事会全体之赞同。是以此次理事会采择之五项决议以及议长宣言内,对于前记日本之主张乃完全包含。委员会之派遣,中国方面意见似为不利,其实该国亦欢迎,盖因现在国际之视察中国,虽决非中国民众之幸福,然对于现实事态之如何认识及以该认识为前提,而在列国援助之下,回复坚实之合理的国际生路之事,殊不能不谓中国民众之最大利益。中国意见为不利于自国,但对于可以赋予其民众多大幸福之本案予以赞成之勇气甚大,同时对于世界和平殊可庆贺也。其次,决议之第二项表示当然属于十一月三十日理事会之范围内,在满洲现下特殊情况之下,日本军为保护日鲜同胞,而于各地行其关于别动队之警察的行为,乃系当然之事。然为该决议第二项,假使发生何项之误解,兹为防止起见,日本理事以谅解关于本决议案之受诺,特明确的行保留之宣言。又本决议案及议长宣言之任何部分,均无附有日本军撤退附属地内之期限,并欲使其明确起见,且追加于议长之宣言内。"

(《益世报》,1931 年 12 月 13 日,第一版)

9. 国际对蒋下野极注意,国联谋增加维持和平之力量,施肇基休养中,调查团组织难,美报警告日本美政策随舆论转移

············
【巴黎十一日合众社电】 施肇基氏今日离巴黎,去处不明。施氏将休息相当时日,因行政院已通过一决议,作为解决满洲纠纷之根据也。行政院起草委员会本日午后开会,讨论调查团组织问题。调查委员之人选恐为一长时间之工作,人选最后之决定,大约需数星期之久。目前计划为五人调查团,由一法律专家、一远东时事专家、一商业家、一工程师及一经济家。因由五国推荐之候选专家中选择之困难,势将延缓。如美国之代表人选,目前在巴黎之中国代表赞成委派纽约银行家罗曼大卫氏。彼曾任欧洲各国之财政顾问、欧战休战委员会之美国代表。大卫氏现年五十五岁,为美民主党党员。
············

(《益世报》,1931 年 12 月 16 日,第三版)

10. 数日内锦州一带将有恶战，日军声言攻锦将大举轰炸，日军攻海城被击退，法库门已被包围，外顾警告各国远东和平难保

....

调查团人选

【巴黎二十一日路透电】 日内瓦电。满洲调查团内定名单如下：（一）赖敦爵士 Lord Lytton（前任印度孟加拉国总督，现印度代理总督）；（二）格老德尔将军（法国军官）Claudel；（三）西里博士 Schnee（前任德国东非洲总督）；（四）辛里斯 W. D. Hines（前任战时法国美国铁道督办）；（五）布兰第里伯爵 Aldo Brandini（意大利驻德大使）。该团大约声明□□月末出发，闻该团将以赖敦爵士任主席云。

【伦敦二十一日路透电】 据路透得到消息，前电日内瓦预测之调查团人选，仍认为未□□□时期。因一部分代表虽已接洽，但彼等尚均未正式承认，代表名单亦尚未提交中日政府，在调查团为正式组织成立以前，须事先获两国同意。但无论如何，明年一月以前，调查团不能出发。辛里斯氏为候选代表之一，似极可靠。辛氏系为凡尔赛和约中国于□□问题之国联公断员，且曾代表国联视察莱因河及多脑河之航运。日驻土大使吉田忠一将赴巴黎。在彼未返东京充任调查团日本代表以前，将解决关于调查团一切问题云。

【巴黎二十一日合众社电】 国联行政院起草委员会自行政院休会以来，在巴黎集议，对调查团人选今日已宣布。据目前计划，该团由英、意、德、法、美五国代表组织，代表各国之人选，内定为赖敦爵士、马勒斯哥的大使 Aldrovandi Marescotti、西里博士、格老德耳将军及辛斯。目前国联行政院正候上述诸氏之答覆。彼等接受邀请与否，在正式被任命以前，必须宣布也。据悉，意国驻德国大使马勒斯哥已接受行政院之委任，格老德耳将军已表示愿赴满洲之意。格氏为法国殖民地军队总检阅官。赖敦及辛斯尚无表示。辛斯氏

富有调查经验,在一九二五年曾作有视察来因、多脑两河河运之报告。一般相信调查团于新年后,即取道西伯利亚赴满云。

....

(《益世报》,1931年12月23日,第一版)

11. 我国覆牒已电达华府,请美国召开九国会议,覆牒全文俟到美京后方能公布,日本覆牒强辩未违反非战公约,国联调查团三星期内开始工作

....

【巴黎十一日路透电】 中日现已同意国联行政院满洲调查团人选,此事已通告各国代表。中日既同意,调查团即将正式成立,出发赴远东。据预料,欧洲各国代表数日内将在日内瓦集合,殆[迨]到齐后,即经美约同麦克可将军赴远东云。

【巴黎十一日合众社电】 法外部今日宣称中日两国政府均同意国际满洲调查团人选。该团将于可能范围内早日起程赴远东,依行政院之命令先调查满洲之后,再赴中国各地调查。一般相信该团将于三星期之中开始工作云。

....

(《益世报》,1932年1月13日,第一版)

12. 颜惠庆定十六日赴欧,国联调查团工作完成须在秋后,日本再请英信赖满洲门户开放

....

【日内瓦十二日合众社电】 据确讯,国联行政院委派之调查团,须经相当时期,始能抵远东。该团在英代表赖敦爵士主席之下,最近将在日内瓦开一预备会后,即起程赴美,会同美代表麦克可将军。在美稍作勾留,即经太平洋赴满洲,不一定三月末四月初方能开始调查工作。国联运输交通部部长罗贝海

士现在中国,已被任为调查团秘书。国联秘书处法籍职员伯鲁特、卡勒来及巴唐乔夫等三人,被派襄助该团事务。该团系根据去年十二月十日行政院决议案而成立。当时相信该团将立即赴远东,但因人选致久延时日。在决案通过以后、该团出发以前,目前似需四个月整个之时间。决议案之规定,需一大规模之调查,故该团全部报告,直至秋季方能完成云。

....

(《益世报》,1932年1月14日,第一版)

13. 调查团最后之名单白里安已签印

【华盛顿十四日路透电】 白里安与国联秘书处秘书长,对满洲调查团正式签印。该团最后人选名单如下:科第(意)M. COTTI,格老第将军(法)CLAUDEL,赖敦爵士(英)EARL OF LYTTON,麦克古将军(美)MCCOY□……□。

(《益世报》,1932年1月16日,第一版)

14. 顾维钧昨赴京,奉召商参加调查团事件

【平讯】 行政院决议委派顾维钧为国际调查团中国委员,并电召顾氏赴京商洽一切。顾奉召后,即于昨日(十九日)下午五时十五分乘平浦快车赴京云。

(《益世报》,1932年1月20日,第二版)

15. 调查团成立,已在日内瓦开首次会,二月初赴美转道来华,白里安希望实行神圣决议

【日内瓦二十一日合众社电】 满洲中日纠纷国联调查团今日组织成立,二月初将离欧,经美赴华。日内瓦美国视察人曾代表美代表麦克可将军,出席

此间该团之预备会议,但不随该团赴美,而麦将军届时在美与该团会合。英代表赖敦氏已如所预期被选为主席,且愿就斯职。该团约三月时抵满洲,调查工作需三个月云。

【日内瓦二十一日新联电】 国联之对华调查委员会,本日午前于日内瓦开首次会议。英国代表赖敦被选为委员长。

【日内瓦二十一日路透电】 白里安宣称,调查团将开始工作,但目前之情形与上次国联行政院闭会后选派调查团团员时所预想之情形不同。但白氏坚谓,上两届行政院一致通过之决议,目的在保持一正式担保,防止任何方面在满洲领土野心。本此决议之神圣义务,行政院应严加保持此临时的及例外的情势,依据九月三十日之决议,尽速谋一通常之解决。波兰为避免目前办法成为先例起见,向行政院对于未选派非常任理事国加入调查团,正式表示遗憾。

············

(《益世报》,1932 年 1 月 23 日,第三版)

16. 调查团何用？日军侵占东省已为既成事实,调查委员不过草一报告而已,欧美虽不直日所为亦莫可如何！德诺蒙辞职说证实

【东京二十五日合众社电】 据此间外交界观察者之意见,数星期后,调查团行抵中国东三省时,所遇者殆为一既成之事实。该团之调查报告,对日本之将来外交政策影响甚微。日人统治满洲,藉手日军势力所产生之华人政府,迨调查团到时,其目的大部分已达到。至于最后之结局,调查团将无所措手足,不过藉此旅行东北,将所见所闻之结果作一报告而已。日本将依然进行工作,以稳固其地位也。一般相信欧美列强之政策,将不致受国联调查团意见之若何影响。美国之政策,已在史汀生致中日照会中决定,而此政策将继续由新政府维持。英国之政策虽未有具体之形式,亦大致表示同样态度。如英国曾有宣言,赞助史汀生之照会,并要求日本保证门户开放,此点英国驻日大使业已答覆。葡萄牙为九国公约签署国,又因英葡同盟关系,故已宣言葡国外交政策与英国一致。荷兰更表示一种较稳健态度。比意两国对美国意见,大体表示

同情。东京方面之外国观察之普遍之感觉,仍极力反对日军之行动,虽日本为九国公约签署国之一,自辩并未破坏中国领土完整之言,列强不能承认。此间各国外交人①官郑重声言,美国及其他各国能对满洲事件不能超过目前之行动,仅能反复声言不承认日军之行动,然日军方面在满洲仍不顾一切,为所欲为云。

【巴西尔二十四日新联电】 国联创设以来任秘书长之德诺蒙博士,传将于今年底辞职之说,其事实本日已于此间证实,与一般以非常之冲动。该氏之引退,虽云完全私人之事,然各方面目下正敦促其再行考虑。

(《益世报》,1932年1月26日,第二版)

17. 国联除劝告果何能?东北问题势将搁起,行政院昨未开会,定今日举行,中日代表与调查团代表晤谈

....

【日内瓦廿六日新联电】 本日之理事会十二国代表议决,请调查团派遣国之英、法、德、意四国代表与中日两代表恳谈。二十六日午后六时,西锡尔(英)、彭考(法)、韦尔齐克(德)、鲁佐(意)四代表乃与中国代表颜惠庆、日本代表佐藤分别会见,交换意见。会谈结果,空气极为平稳。四国均希望日本出于和平的手段。颜代表希望国联积极的取有效的措置,佐藤代表则要求理事会劝告中国方面,即时终止排日行为。

....

(《益世报》,1932年1月28日,第二版)

18. 国联调查团经由西伯利亚东来说

【日内瓦卅一日新联电】 国联对华调查团之路径,委员长有经由西比利亚

---

① 编者按:原文如此,"人"为衍字。

之提议。此事将俟二月二日调查委员全部集合于巴黎之际,即作最后的决定。

(《益世报》,1932年2月2日,第三版)

19. 沪变导源于东北问题,英美强烈行动尚有待,调查团已抵美,即转轮东来,各国公使访罗商调停办法,美决拒绝要埠设中立区提议

....

【日内瓦九日路透电】 赖敦爵士及其他东北调查团团员,今日可抵纽约。原定二月十二日自旧金山开行之商轮顾理治总统号,奉国务院令,将延期二十四小时离埠,等候调查团员。

....

(《益世报》,1932年2月10日,第二版)

20. 英、美、法三使昨赴沪视察,调查团定明日离美来华,或将先到上海一行再赴沈阳,赖敦谈话调查范围仅限满洲

....

【纽约十日合众社电】 满洲调查团欧洲各国委员及秘书处人员,今日均抵此间。该团主席赖敦爵士向合众社记者声称,最近虽发生上海事件,本团工作仍仅限于调查满洲事件。因鉴于远东情势极端严重,该团团员将改变原定计划,与胡佛总统及国务院官吏交换意见之事包括在内,其他约会亦将变更,以期迅速经过新大陆,赶上星期六(十三日)开行之顾理治总统号邮船,起程赴东方。美国代表将在此间同行。该团将在横滨或神户下船,直接乘车赴沈阳,抑先赴上海一行,尚未完全决定云。

【纽约十日特电】 国联所派之东省事件调查团,已抵纽约。当迅即横过美洲,于元(十三日)日乘柯立芝总统号轮船东渡。据该团主席赖顿氏所言,该团所调查之范围,仍将以东省为限云。

(《益世报》,1932年2月12日,第二版)

21. 沪局传有局部调停趋势,孙科等请中央抵抗到底,倘停战妥协,何以对我爱国之军民？各使努力周旋,调查团月底到横滨

【旧金山十三日新联电】 国联对华调查委员团一行由纽约横断美大陆,已于今早抵此间。当即搭乘由此间出帆之顾理治号轮,一路赴东洋。该团委员长赖敦爵士于出发前对联合社记者谈,称"刻下极东之事态未许乐观,随情势之发展,不至引起世界大战亦难豫测。惟对此防其未然,乃系我等委员之希望"云。又顾治理号于二十九日或三十日到横滨之豫定。

(《益世报》,1932年2月15日,第一版)

22. 各使调停并无具体结果,和战两途数日内可判明,颜促召集国联大会,日方力持反对,行政院今公开会议,调查团将赴沪

【旧金山十四日合众社电】 国联调查团今日由此间乘顾理治总统号出发赴远东,美代表马可将军亦与其他四国代表同行。英代表兼主席赖敦爵士临行前语往访之记者云,该团计划先到横滨下船,倘届时上海纠纷和缓,即将赴中国。此间认此项声明足以表示国联行政院或已训令该团,在未赴东北以前,调查上海情势并向国联报告。然据正式宣称,该团仅限于调查东北,不负报告上海纠纷之责云。

(《益世报》,1932年2月16日,第二版)

23. 哈斯新职——国联调查团秘书

【南京十五日专电】 国联交通运输组主任哈斯，刻已被任为沪案调查委员团秘书，将于三四日内赴东京，迎迓国联满案调查委员团来华。

(《益世报》，1932年2月16日，第二版)

24. 国联正式接受我国提议，大会决定三月三日举行，伦敦当局连日集议远东大局，调查团过檀香山即渡日赴沪

…………

【檀香山二十日电】 国联所派遣之调查团，十八日过檀香山前往东京，将于三月十八日乘亚当士总统号赴沪。

…………

(《益世报》，1932年2月21日，第二版)

25. 国联调查团昨已抵东京，日公私团体欢宴逢迎，留东十日，十四可抵沪

【东京二十九日路透电】 国联调查团今晨抵此间，并准备今日谒日首相犬养。

【平讯】 某方消息，国联调查团已定昨日抵东京，日本公私机关团体已预备届时竭力招待，以获该团好感。其日程如下：三月一日总理午宴；二日新闻记者团午宴，外相晚餐；三日日皇午宴，午后外相夫人茶会，国际联盟协会晚餐；四日德法大使午宴，午后实业团体观览及晚餐；五日海军大臣午宴，午后太平洋问题调查团茶会，义大使、大□男爵分别晚餐；六日游箱根、日光，□馆晚餐；七日陆军大臣午宴，外务次官晚餐；八日离东京；九日游京都；十日游大治；

十一日乘亚当总统号离日。十四日可抵沪。

(《益世报》,1932年3月1日,第二版)

26. 国联调查团将来津,当局整顿市政以壮观瞻,严厉制止工潮,刷除标语

本市最高机关昨日奉到上峰紧急电令,大意谓际兹国难当头,全国人士皆宜精诚团结、共谋对外。不期竟有迭次工潮发生,并时有反动者从中操纵。况国联调查团将来津,若不设法制止,将予国际间一种不好印象,于地方治安亦殊关重要,应即严行禁止。奉令后,省府主席王树常、市长周龙光昨曾一度讨论,闻将训令公安局,转饬所属,凡现在各马路粘贴之驱某、拥某及各项工潮标语,一律刷除,并自即日起严禁工潮发生,违者决行惩处云。

又讯。市政府刻以国联调查团已抵东京,不日即将来华出关调查,本市适当其往来要道,市府拟俟该团抵津时,邀其参观各机关,予以指导批评。该府昨并通令市属各机关,对于市政加意整顿,并调令公安、工务两局,注意整理路政,藉壮观瞻,而示敬意云。

(《益世报》,1932年3月3日,第六版)

27. 沪案今日提出国联大会,彭可议长请日于大会前停战,调查团已开始研究远东纠纷

【日内瓦三月二日路透电】 为处理中日事端召集之国际联盟特别大会,将于明晨十时三十分举行,该会议事之程序如何,须视最后两三小时之事态而定。午前之会,将选举议长及副议长等事。讨论沪案之公开陈述,可望于明日下午行之。

【日内瓦二日新联电】 三日之国联临时大会,因中国之要求,已变更为三日午前十一时(日本时间午后七时)开会。

【日内瓦二日新联电】 接到上海战局急变之报告后,彭考议长本日急以

书面送致佐藤代表,称"二十九日之公开会议,余提议之开上海圆桌会议一案,乃系以停止战斗行为为条件"云,以全力要请日本于总会开会前停止战斗。

【日内瓦二日路透电】 中国首席代表颜惠庆据盟约十五条,向国联行政会提出照会。其原文已于今日交给各报发表,大意谓:"现吾等已至歧路,非战争即和平,无折衷办法之理。若日军理直,则日本军人及残暴之武力即可处置一切国事,否则,现应即速制止之。日本之采用武力,系与文明国家所信赖之条约不能融洽。中国信赖经一千万人之死亡、三千万人之伤害所促成,并经五十五国所拥护之国联盟约,当然不能认为错误"云云。日代表亦于今日下午向行政院送出照会,并注明为"解释备忘录",谓日本不能承认引用国联盟约第十五条为合法云云。至照会原文,并未发表。代议长彭古尔已函代表佐藤,谓日方所提议之圆桌会议,应在停战后始能举行,故请佐藤努力设法在明日大会开会前促成停战云。

调查团在东京之酬酢忙

【日内瓦二日新联电】 国际联盟总会明日之形势混沌。中国代表已向国联提出陈述书,极力主张包括满洲问题。日本自初即断然反对提出此次事件之说明书,以促各国明了此事属于地方问题。再者,此种事件已成国联之试金石,国联之态度非常慎重。惟当地对日本攻击甚盛,已充满险恶之空气,日本前途亦不容乐观云。

【东京三日电通社电】 日本外相芳泽于昨日午后八时在外相官邸招待来华国联调查委员并举行晚餐会,同时有永井外务次官、陆海铁道各省次官及石井子爵出席作陪。芳泽外相会于席间演说,兹将内容录下:"保持东洋和平,系帝国根本主张,在国联席间所表示者,不亚于任何国家,此为各国所公认者也。然不幸邻邦中国,自明治四十四年间革命以来,内乱频仍,危害远东和平。其各党各派为谋本身利益,利用外交问题,冀获人心,始终采取革命外交及过激的直接手段,不但未能给与中国福惠,反使各国蒙受重大困难。尤其我国因近邻关系,影响重大。虽屡次唤其注意,均听若罔闻。近因排外风潮波及满洲,不幸事件相继而起,朝野感情受莫大刺激,我方于去年九月不得已自卫措置,遂采保护国民、拥护权益之手段。要之,中日两国关系虽属复杂,中国若能改变其排外态度,则两国关系复旧,并非难事"云云。

【南京三日电通社电】 芳泽外相于晚餐会席上演说毕,调查团主席莱顿博士①演说,大意如下:"吾人对外相之演说,因无批评之立场,只有旁听之地位。故我等非为发表意见而来,目的不外采取双方之意见,得到中日两方意见后,再行实际调查,以明真象,然后以最善方策,保持和平。此即我等之任务"云云。

【东京三日电通社电】 国联调查委员会等于昨日午后五时接到吉田大使手交之满洲、上海事变英文报告书,即行开始调查研究。彼等来华后,在上海勾留数日即赴南京,四月前后起程赴东北,预定六月间调查完毕云云。

(《益世报》,1932年3月4日,第三版)

28. 本市欢迎国联调查团,党部今日召集会议

市党部为欢迎国联调查团,于定今日(五日)下午二时,召集各民众团体代表讨论办法,省市政府亦即开始筹备。兹觅录其召集会议训令如下。"为令遵事:查国联调查团来津在即,届时应准备欢迎。本会定于明日(五日,星期六)下午二时,召集各团体讨论欢迎办法,并征集暴日对华之种种残酷材料。即令行外,合亟令仰该会,届时派代表一人来会出席为要。此令。"

(《益世报》,1932年3月5日,第六版)

29. 国联调查团严质日陆相,答称伪国成立颇好,确保和平舍日不成

【东京五日新联电】 对华调查委员一行本日午前十时二十分访问陆相于官邸。陆军方面田渡、古城两大佐及枥渊秘书官参列。主由李特[顿]爵士关于满洲询问感想,尤其对于满洲"新国家"日本承认与否,与以种种抽象的深酷的质问。陆相答称:"对于满洲,于军事上不能简单说明,乃系日本国家存亡之生命线问题。即由东洋和平确保上言之,则东洋和平究何人可以确保?满洲

---

① 编者按:疑为"莱顿爵士"之误。

治安若搅乱,则东洋和平不能确保。总而言之,若想确保东洋和平,舍日本外则不成"云。其次对于满洲"新国家",若向日本表示好意、要求提携之际,则日本对之将如何之推测的质问。陆相答以"若以余个人之意见,则'新国家'之立颇好"云。继又答覆对上海事件之质问,称"我军既已声明停战,但败残兵又复出于逆袭,中国行动不能认定真实"等语。马柯将军亦有二三之质问,然系以书面质问。一行至午后零时二十分辞去。

(《益世报》,1932年3月6日,第二版)

30. 慰劳救济会昨开第一次干事会,讨论捐款及招待调查团问题

本市沪战慰劳救济会,昨(六日)下午三时假盐业银行开第一次干事会,王文典主席。开会后,首先讨论捐款问题,当决定推举经济干事四人,计为卞白眉、李宏章、朱虞生、屠培成,负责集中款项及储款事宜,并代表大会负财务收支之实际重任。次讨论进行劝募捐款问题,决定采用公函或由各干事分向亲友知交进行劝募。即订印公函六百本,每本十张,分散各干事。最后讨论招待国联调查团抵津前之筹备事项。□以原提议人杨豹灵,现已去平,与北平方面有所接洽,决定返津后再行开会,同时通过星期四下午三时,仍在原址开第二次干事会,讨论会务及欢迎国联调查团应行筹备事项。议毕散会。

(《益世报》,1932年3月7日,第六版)

31. 国联调查团十四日可由日抵沪

【上海六日下午九时专电】 国联辽案调查团,将于寒(十四)日乘大来公司之雅达士总统号抵沪。沪各团体及市府各机关于该团抵沪时,决分别招待。该团在沪约有一周勾留,并对沪案将附带实地调查云。

(《益世报》,1932年3月7日,第三版)

32. 我驻日使馆招宴调查团，日陆相亦开招待会，海相大角晤委员长

【东京七日新联电】 中国驻日江代理公使，六日午后八时于麻生狸穴之公使馆招待国联对华调查团一行晚餐。出席为该委员一行及随员，陪伴员为吉田大使、盐崎书记官等。

【东京七日新联电】 大角海相本日午前十时与对华调查团委员长莱顿爵士等一行会见，对于南京事件以来之中日纷争事件，详细说明海军方面之态度，并以之质问调查委员。

【东京七日新联电】 本日陆相官邸之国联调查委员招待会，席上荒木陆相有下列之致辞："满洲无和平，则东洋不能和平，满洲若再度搅乱和平，殊非国民所能堪，故国民为存续其和平，具有极坚之决意，此点希为谅承"云。

(《益世报》，1932年3月8日，第二版)

33. 国联调查团十三日到沪，特别大会尚未议有结果，调查团过沪稍留即晋京接洽，颜在大会声明我对沪案方针

【南京八日下午八时本报专电】 哈斯电京，国联调查团约元（十三日）可到沪。在东京时，我使馆曾设宴欢迎。该团寒（十四）日在沪登陆后，稍停即来京。如无变故，在京沪二地调查，以十日至十四日为限，再由京去东省。

【上海八日下午九时十分本报专电】 国联调查团八人刻已离东京，准真（十一日）由神户乘大来公司阿丹穆斯总统号轮船来沪，约于元（十三日）可到。

【东京八日电】 鱼（六日）晚中国使馆招待国联调查团，英委员谓十三日晚可抵沪，十四登岸，抵沪后视情形如何，即赴南京与中国政府接洽。该团秘书哈斯氏并发通知，称该团如无特别事故变更，除沿途行程外，拟在南京、上海共住十日至十五日云。

……………

(《益世报》，1932年3月9日，第三版)

34. 招待调查团，平市府召集筹备会

【平讯】 国联调查团日内由日抵沪，即行来平。北平市政府为届时招待，特定于今晨十时在市府招集各界代表开会，筹备一切。昨日发出通知如左："迳启者：国联调查团行将来平，关于招待各事亟应先事研究，俾臻完善。兹定于三月十一日（星期五）上午十时，在本府会商一切，相应函达，即希准时惠临，至为企盼。此颂台绥。北平市政府启。"

（《益世报》，1932年3月11日，第三版）

35. 社论：关于接待国联调查团的意见

国联满洲调查团定于本月十三日抵上海。该调查团在上海稍有停留，而后由沪往宁，由宁再经平津往满洲，着手实地调查。数日来，调查团所将经过之各地，正在筹备接待。调查团员为中日纠纷，跋涉重洋，以来远东，即以主客关系，我方亦应稍尽东道之谊。况将来中日问题解决，又有待于该团之秉公调查，忠实报告。我方供给该团方便机会，俾该团得以征询意见，采集事实，一切有顺利之进行。在此点上，我方亦应有筹备妥善接待之必要。惟在接待上，我辈有意见数则，谨为贡献，以备参考。

在接待态度上，我辈认为有一重大原则：毋过事铺张，毋过分逢迎。此次调查团过日本时，日方极其包围宣传之能事。我国接待，无取于此。今日满洲事件，我辈自信理直气壮。我辈立场，与日本纯然不同。我方在事事露布真象，日方在处处掩盖内幕；我方贵公开，日方贵秘密；我方在坦白，日方在弥缝。接待方法，我方贵守真，日方贵作伪。在手续上言之，我方守其易，日方取其难。故铺张一层，日方有不得不取此之苦衷，我方则为之有害而无利。故在接待上，我方尽可出之以简单质朴，处之以诚恳忠实，我方切戒包围，切忌宣传。盖大规模之宣传事业，本为西方新起之广告技术，我国人忠朴老实，不惯于此。我辈在此手段上后起国家，为之不慎，求巧反拙。进而言之，调查团各团员均

曾周游各国，饱经事变。调查团委员长黎顿，在欧战时曾任英国宣传委员会委员长，对宣传一技，不止此中能手，且为专家。故在宣传上，一有不慎，实成班门弄斧。况在理直气壮之国家，实事求是，即得胜利，不善大规模宣传，亦不用其大规模之宣传。所谓毋过事铺张者，其义在此。

其次，我辈亦慎勿过分逢迎。今日满洲事件，我为无辜受侮、无故受欺之国家，此为事实。压迫摧残之民众，颠连无告，怨忿填胸，急于得一机会，吐此不平之气，此又人情。然我辈又须认清，调查团之责任，固在采集纠纷事实，不在测验民众情感。惟其如此，在我方亦只能凭事实争是非，不能用感情论曲直。此项调查员，固非我国小说上所传说之包文正、施不全可比拟，中国对此项团员，亦应保持国家之身分，固非呼冤告状之地位。故在接待时候，我方正当态度，即在据情说理，绝不在乞哀求怜。我辈只望他人主持公道，不望他人俯视哀怜。中国国民恭敬知礼，为世界所称誉，守此不渝，即为已足。过之，则为逢迎。逢迎一点，我辈不善为，亦不用为。

此原则明白以后，我辈认为在接待手续上，更有数要点应为注意：第一，我方应注重人民自动的招待，而不趋重官方的正式招待。日本此次招待调查团时，口口声声指责中国为缺乏现代组织之国家，此实表示日本人对中国文化绝无认识。中国文化，其重心在家庭与社会之组织，而不在政治之组织，此点西方之有识者都能言之。尽管中国政治如何紊乱，中国社会组织之系统依然存在。惟其如此，中国之民意，绝非政府所可完全代表，更非政府完全可以伪造。目前自号有现代政治组织之日本则不然。彼方之民意，为政府一手包办，政府权力，又把持于军阀之手。故调查团在日本时，一切招待出之官方，所谓官方，即系军阀指挥。故调查团在日本，绝无与日本真正民意接纳机会。中国应反此而为之。我辈政治组织上，对现代式的国家虽系新进，然民族意识实深厚，民众意志实一致。我们欢迎调查团与中国民众接近，我们亦敢于让调查团与中国民众直接接近。第二，在民众团体招待上，我辈切宜取分工合作办法。以往历史上，对外来团体，我方曾经有过民众招待办法。然偶有各自为谋、彼此重复之现象。此其弊，则主客双方，时间都不经济。此种举动，只求周到，不在虚煌，只在尽地主之谊，不在出锋头，此又为应注意之点。第三，在接待时，对事实之报告务求简节，不在烦重，务求真确，不在夸张。曾记英国历史上有一选举舞弊案，原告所控者，为被告某以二辨士收买选票。被告以款目太小，不为违法。法官则谓苟为违法，则千万金买一票，与二辨士买一票，其罪相等。

裁判官所问者，为违法不违法，固不在款项之多少。我辈向调查团报告事实时，即应明白此义。我辈今日对日本问题，只在揭穿真象，宣布事实。真象事实明白，则是非曲直自定。烦重之请求，夸张之报告，倘不幸彼此冲突，又陷自露马脚之咎。上列所言，为招待之手续。

今兹筹备之方法，我方有数事亦应急于注意。第一，应认清总题目，切不可本末颠倒。调查团所负调查责任，为满洲事件；日方所注重者，为满洲事件；我国今日向调查团报告，所应趋重者亦应为满洲事件。凡上海问题、天津问题、青岛问题，均为满洲支节问题。故我方所搜集材料，均应以满洲问题为主体，处处应证实并吞满洲为日本真实之野心，满洲一切变动为日本人主动之傀儡戏。上海、天津、青岛这一切变动，我辈均须证实为日本掩护满洲问题之支节。而在筹备上，我方尤宜搜集确切可靠之佐证，切不宜凭空构造。凡有此项佐证材料者，在此时际，国民应自动通知各地筹备接待之团体。盖当事者恐有搜集不周之处，遗漏实为可惜。其次，在筹备上，我辈更应留意日本此一周来对调查团反宣传各要点之所在。调查团因路程关系，先经日本。日本固已抱定先入为主之做法，然虚构伪造之议论，终不能受事实之反证。我辈应对日本所提各点，搜罗材料，为之反证，使敌方一切诡计，不攻自破。

上列所谈，为我辈在本题上偶然想到之几点。谨为提出，以备参考。要之，今日满洲问题，事实具在。日本有掩耳盗铃之胆量，绝无一手遮日之技能。真象既明，是非自辨。作伪者难，守真者易。我方舍难就易，当无不胜之理。惟负责者慎之。

（《益世报》，1932年3月12日，第二版）

36. 国联调查团十四到沪，中日政府各派定陪查员，中国为顾维钧，日为广田[①]，沪公私团体招待日程已拟定

【上海十一日下午九时三十分本报专电】 国联调查团寒（十四日）可到沪，中日政府均已派定陪查员，中为顾维钧，日为前驻土大使广田。顾真（十一

[①] 编者按：原文如此，日本陪查员应为前驻土大使"吉田"，下同。

日)晨赴前方晤蒋光鼐、蔡廷楷[锴],当晚返沪。郭泰祺定删(十五日)午宴该团,邀英、美、法、意各使及蔡元培、孔祥熙、宋子文、顾维钧、吴铁城等陪座。吴亦定铣(十六日)在华懋饭店设宴欢迎。

【上海十一日下午八时本报专电】 国联调查团定寒(十四)抵沪,国府派顾维钧为代表欢迎。兹录已定宴会程序如下:删(十五日)午郭泰祺宴,晚顾维钧宴;铣(十六)午各大学校长宴,晚吴铁城宴;篠(十七)午新闻界宴,晚宋子文宴;巧(十八)晚市府宴;皓(十九)晚银行公会宴;号(二十)晚经济学会宴;马(廿一)午律师公会宴,晚孔祥熙宴;养(二十二)午西教士宴,晚太平洋学会宴。

(《益世报》,1932 年 3 月 12 日,第二版)

37. 市府昨开会,筹备招待国联调查团

市政府为研商欢迎并招待国联调查团之办法事,于昨日(十一日)下午二时,特召集各科局处长开会协商。周市长龙光、帮办陶坚亦均出席,至四时二十分始散会,日内将再召开。

(《益世报》,1932 年 3 月 12 日,第六版)

38. 国联调查团明日抵沪将视察战地,林森主席将赴京接待

【上海十二日下午十时三分本报专电】 国联调查团预定到沪后,住华懋饭店,留沪十日后再赴京。国府主席林森将返京接待。定皓(十九)日视察闸北战地,赴前方与蒋光鼐、蔡廷楷[锴]会晤。

【神户十一日电】 联盟调查团于昨夜宿六甲饭店,已于今日(十一)下午二时同乘汽车由阪神国路直赴神户,即登泊淀[碇]于第四堤之奥波达姆斯号轮船,于午后四时向上海出帆。临别时调查团员莱顿曾向日本欢送者致词如左:"余甚希望再有来访日本之机会。此次在日得与日本风土国情相接,非常愉快,并自日本官方民间得到各种参考事项。余将赴华,完成重大使命第一

步。对于此次贵国之欢迎表示莫大感激"云。国联调查团行将抵沪，闻中日双方政府为便利该团调查及监视本国政府利益计，均已任定陪查员。我方为顾维钧，业已在沪，正筹备欢迎该团事宜；日方为前驻土耳其大使广田，由东京随同该团来沪云。

（《益世报》，1932年3月13日，第一版）

39. 周龙光昨赴平谒张，请示招待调查团事

市长周龙光于昨(十二)晨七时三十分，搭第二零二次平浦通车赴平，谒张绥靖主任，请示招待国联调查团事宜，并报告最近津市地面情况。

（《益世报》，1932年3月13日，第六版）

40. 沪今日整肃罢市，向国联调查团表示民意，该团今午可到，顾亲迎迓，美、英、法、意合作促日撤兵

【上海十三日下午十时四十五分本报专电】 国联调查团寒(十四)日午抵沪。市民联合会各路商联会元(十三)日议决通知全市，明日整肃罢市，向该团表示民意，并送国联调查员暴日侵华节略。

【南京十三日下午十时五十分本报专电】 京方接沪电，谓调查团将于皓(十九)日由沪来京。京各团体业于昨日在市党部议决，确定励志社为调查团下榻之所，并通知市卫生局及警察厅在今日起，将下关车站以至华侨招待所扫除清洁。与各团员谈话人员，由中央指定，外部及各级党部分任。

【上海十三日下午九时十六分本报专电】 国联调查团寒(十四)日午可到，顾维钧预定偕重要代表十人，乘小轮至白莲泾大来码头迎迓。各机关代表在新关码头欢迎登陆。招待日程，重订如下：删(十五)日午郭泰祺宴，下午顾维钧茶会，晚吴铁城宴；铣(十六)日午大学联合会午宴，下午宋子文、孔祥熙两夫人茶宴，晚英、美、法、意四使宴；洽(十七)日午报界宴，晚顾维钧宴；巧(十八)日午经济学会及其他学术团宴；皓(十九)日午朱庆澜宴，晚宋子文宴；号

(二十)日英海军提督宴;马(二十一)日午律师公会宴,晚孔祥熙宴;养辛博生宴,晚太平洋学会宴。

【上海十三日下午九时专电】 国联调查团乘轮预定寒(十四日)午可进淞口,吴铁城元(十三)代表全市市民致电欢迎该团全体委员来沪。又吴接南京市党部来电,请尽量引导国联调查团,参观沪战区域及文化机关损失焚毁惨状。

【南京十三日下午九时专电】 国联调查团寒(十四)午后二时可抵沪,我国陪查员已派定顾维钧。顾氏并以王广圻为秘书长,张祥麟为总务兼宣传主任,钱泰为议案主任,严恩槱为招待主任。顾氏及各团体代表已准备于调查员到埠时,前往欢迎。

....

(《益世报》,1932年3月14日,第一版)

41. 北平各大学成立教授抗日会,通过简章选出理事十一人,准备招待国联调查团

【平讯】 北平各大学教授抗日救国会,于昨日上午十时在欧美同学会开成立大会,通过简章,选出邱昌渭等十一人为理事,并议决准备招待即将抵平之国联调查团。兹纪详情如次:

到会人数

出席各校教授刘家驹、赵延泰、余景陶、崔维周、韩续初、李幼椿、黄绍良、刘馥、宋介、杨汉辉、刘百昭、李翔灼、励平、刘永清、杨堃、秦瓒、邱椿、周书□、吴西平、郭甄泰、贡□刚、王德周、梁傅玲、杨□功、樊际昌、董时进、郭瑞璋、胡石青、王慎明、谢似颜、赵鹏翥、罗湘、罗听宗、孙宗钰、刘世传、赵之远、朱希真、徐辅德、邱昌渭、陈振鹭、严济慈、徐治、丁乃刚,以及上海各团体代表王造时、左舜生等约四十余人。

主席致词

公推邱昌渭主席。□会后主席致词,略谓:"日祸益急,辽沪同胞之惨状,

难以形容。国家前途危险,不堪设想。凡属国民,应剑及履及,急起直追,共赴国难,于情于理,两不容缓。吾侪忝主席于学府,日祸发生时将半载,迄今尚复散漫孤立,毫无足以发挥自由意志之组织,思之殊觉汗颜。爰用发起北平各大学教授抗日救国会,秉良心之主张,为救国之工作,报国之道在即是"云云。

筹备经过

胡石青报告筹备经过,略谓成立本会之原因:(一)远因上海各大学教授抗日救国会王造时、左舜生两代表之来平;(二)近因邱昌渭君与友人等发起,于上星期四清华同学会筹备会中提出,而推定邱昌渭、刘百昭、李孝同、徐治与本人等五人为筹备员,从事筹备云云。继王造时致词,略谓:"上海各大学教授因感觉会增加抗日救国力量,故□抗日须之组织,其工作大要如下:(一)从事国际宣传;(二)联络各团体作大规模之组织;(三)发行日刊,鼓动士兵及民众。希望此间教授抗日会成立后,与上海教授抗日会联络,共同努力"云。

通过简章

王氏词毕,主席提出大会简章,经讨论通过如下:(一)本会定名为北平各大学教授抗日救国会。(二)本会以联合各大学教授抗日救国为宗旨。(三)本会会员以个人为单位,与所在学校无关。凡在北平各大学院任教职者皆得为本会会员。(四)本会设理事会,由全体大会选举理事十一人、候补理事五人组织之。理事缺席时候补理事依次迁补,候补理事得列席理事会,有发言权但无表决权。(五)理事会得分设各组担任会务,于必要时得设立特种委员会,延请会内外人士加入。(六)本会理事任事半年。(七)本会经费由下列各项充之:(1)会员入会费每人二元;(2)会内外个人捐款;(3)会外团体捐款。(八)本章程由会员五人以上或理事会之提议全体大会三分二之通过,得修改之。

....

通过提案

选举完竣,通过以下之提案:(一)电中央政府、各省军事长官,对日积极抵抗,万勿妥协案,决议通过;(二)国联调查团行将抵平,应如何招待案,决议交理事会研究办理后,并与市政府接洽。至下午一时散会云。

(《益世报》,1932年3月14日,第二版)

42. 国联调查团昨晚抵沪，李顿勋爵对沪休战会愿予以援助，中国官民热烈欢迎该团主持正义，日军蒙蔽嘉宾，浦江敌舰全部开走

【上海十四日下午十一时本报专电】 国联调查团李顿勋爵一行，乘亚丹士总统轮寒（十四）晚六时过吴淞口，七时二十分抵浦东白蓬［莲］泾大来码头。顾维钧、郭泰祺、吴铁城等七时半由江海关码头乘小轮渡浦欢迎，公安局军乐队及警察大队，亦在码头奏乐欢迎。八时十分，顾代表等登亚丹士轮与调查团员握手寒暄。约十数分钟，即导引各团员换乘小轮渡江，九时在江海关码头登岸。时在码头欢迎者，有军政部代表张汶、海军部代表郑礼庆、张学良代表周守一及各界代表袁履登等，计二百余人，日外相代表松冈及日使馆秘书堀内亦与焉。团员登岸后，即由市府秘书长俞鸿钧等分别陪乘汽车至华懋饭店下榻。李顿勋爵在小轮中语记者，在沪勾留日期现尚不能决定，匆匆不能详谈，约删（十五）晚六时，在华懋与报界晤见云。寒（十四）全市遍贴欢迎调查团及拥护盟约公约、制裁日本暴行等中西文标语。市商会巧（十八）晚宴调查团，并陈述商界对该团之热烈希望。

【上海十四日下午十一时二十分本报专电】 国联调查团乘阿丹穆斯轮，寒（十四日）晚七时半抵浦东白莲泾，市公安局乐队、警察在码头列队奏乐欢迎。八时，国府代表顾维钧、张学良代表周天放、吴铁城、郭泰祺及中外各界，乘海关特备小轮，迎至该处登船，与各团员握手寒暄，相见甚欢。时芳泽代表松冈、重光代表堀内已先在，见我欢迎人员，即退处一隅，甚觉局促。旋即由顾维钧、吴铁城、郭泰祺导李顿爵士一行及队员于军乐声中换乘小轮，九时在新关码头登陆。民众千余，摇旗欢呼迎接。李顿在码头与军部代表张汶、海部代表郑礼庆会见后，即分乘汽车赴华懋饭店下榻。李顿约删（十五日）晚六时接见报界，表示此行愉快，不觉舟行劳顿。

【上海十四日下午十二时专电】 李顿爵士与路透记者谈话时，称中日双方如欲委员会对结束战事、举行圆桌会议等事加以援助时，则各委员亦乐于合作云云。该委员会预定十九日启程赴京，但有否更改，尚难预料。各中国报

纸满载欢迎委员会之言论,并希望委员会以第三者之地位,将中日纠纷加以公正之解决云。

【上海十四日下午一时三十分本报专电】 郭泰祺午在华懋饭店宴英、美、法、意四使,宾主尽欢。重光昨照会郭泰祺,提议完全撤退不能同意,希望根据第一次来照,开始交涉。

【南京十四日下午九时本报专电】 外部以国联调查团抵沪,瞬将来京,特设招待该团委员会,派总务司长应尚德为委员长,刘迺蕃、王光、许念曾、葛祖广、王祖年为委员,与地方当局筹备招待事宜。

【南京十四日下午九时专电】 蒋光鼐、戴戟元(十三)由京赴杭转沪,临行谈:"此次出席和会,一切谈判,以不损中国丝毫主权为原则。如日占方有霸上海或东三省之不平等条件提出,当严拒。蒋公使斡旋在前,自不能接受调停之诚意。如日不变武力政策,致战事重起,我军当力抗。衅由彼开,一切责任,日方负之。"

【上海十四日下午九时本报专电】 日方已将淞沪铁路修复,并由大连运到机车两部,寒(十四)已通车,专供军用。并声称俟将江湾、吴淞等处危险物除去,即售客票。该路现由满铁上海事务所管理。

海外侨胞对调查团殷望

【南京十四日下午九时专电】 国际调查团来华,中外瞩目。在外华侨纷电外部转达对该团表示诚意之欢迎者,计有代表二十万华侨之泗水各团体、代表四万九千六百四十五人之望加锡华侨各团体、代表六十个分会之加拿大中国国民联合会,以及温哥华中国商会中华公会等,均一致请求该团维护正义,拥护盟约,抑制强暴。

【南京十四日下午五时本报来电】 旅外侨胞对调查团来华,非常注意,连日纷电外部,请求该团维护盟约,主持正义,秉公澈查暴日侵略破坏我国领土行政之真象,报告国联,以期切实制裁强暴,而伸国际公理云。又财长宋子文以国际调查团业已抵沪,寒(十四)晨乘飞机赴沪。

掩蔽调查团,日宣传撤兵

【上海十四日下午九时专电】 日方宣传撤兵,暗中布置甚忙。据接近日方某外人谈,国际调查团即到沪,日方为掩饰计,除表示与华和平外,并将下关至吴淞口之大批日舰,驶往武汉方面,以避国际调查团之耳目。

【上海十四日下午七时本报专电】 军讯。南翔、黄渡一带,日兵大部元(十三)、寒(十四)向真茹、闸北撤退,仅留小部骑兵、步兵在前线侦查。黄渡之敌十四师团司令部全部未移,刘嘉关敌九师虽后退,而换以十师、十六师新到援兵。长江自吴淞口至汉口,每隔十启罗米(合二十华里)驻日舰一,各舰间有小轮巡弋,图断我军后方接济。日撤兵纯为敷衍国际调查团情面。太仓各地无战事,日机每日仍向我阵地侦察。

【上海十四日下午九时五分本报专电】 苏电。敌方碍于国际调查团之来华,对于炸弹炮火炸毁之物,亟派人设法消灭,真(十一日)已将在嘉定、浏河附近搭盖之兵房拆除,并派人强迫华商开市以图掩饰。

【上海十四日下午九时专电】 连日前方沉寂,日军因国际调查团到沪,为掩饰计,全线均未进攻。据军讯,日军仍暗中积极备战云。报载关于和平问题,日方已向我外交当局提出二次照会。但据外部办事处称,最近两日我方并未收到日方来文云。

【东京十四日路透电】 参谋次官今晨谒见日皇,一般人料系请日皇批准撤回金泽第二师团以及久留米混成旅之命令。该项命令,预计今日下午即可发下云。

敌大批援军仍陆续抵沪

【上海十四日下午九时专电】 日运输船加南丸载陆军二千余,元(十三)午二时到沪,在黄浦、汇山两码头登岸,当即开赴吴淞、江湾驻防。寒(十四)午后又有交趾丸、筑前丸两轮,由一日舰护送,载陆军二千数百及大批军械抵沪,泊汇山码头上陆,分别开赴浏河、娄塘一带前线。日皇派侍从武官出光来沪,慰劳侵华军阀,铣(十六)可到。英使偕英、法、美各领,赴闸北、江湾、浏河、大场一带视察日军阵地及驻兵数目,以备供给调查团参考。

【上海十四日下午十时十分本报专电】 元(十三日)到日援军二千余,开吴淞、江湾,寒(十四日)续到二千余开浏河、太仓、真茹增防。日方为蒙蔽国联调查团,将泊浦江之鱼雷舰六、炮舰一,分开长江上游各埠。元(十三日)英使偕英、法、美、意各领,赴闸北、江湾、大场视察日军阵地,并查日兵确数,以备报告调查团。

(《益世报》,1932年3月15日,第一版)

43. 欢迎调查团，各界制就标语多种

津市各界欢迎国联调查团筹备委员会，以该团行将来津，昨特制就各项欢迎标语如下：一、欢迎和平使者国联调查团；二、欢迎公正严明的国联调查团；三、中华民族为争生存而抗日；四、中华民族为拥护国际公约而抗日；五、抗日决非排外；六、中华人民宁为玉碎，不作瓦全；七、中华人民宁为抗强权而死，不受强权屈辱而生；八、侵我国土之日军不撤，无谈判余地；九、中华人民绝不接受丧权辱国的条件；十、上海问题应与东北同时解决；十一、拥护主张正义、维持和平的国际联合会；十二、希望国联调查团主持公道云。

（《益世报》，1932 年 3 月 15 日，第六版）

44. 李顿深信和平可以成功，调查团昨受我官方欢宴，在沪勾留旬日，赴京前将视察战区，林主席明日入京，各机关忙筹招待

【洛阳十五日下午四时本报专电】 国府主席林森，定篠（十七）晨赴京一行。铁部已令路局备花车。传林氏此行，将在京接待国联调查团。

【南京十五日下午八时二十五分本报专电】 卫戍部、海军部、外交部及京市府等机关，为招待调查团，删（十五日）在外部召集会议，讨论筹备事项。林森日内来京，代表国府接见调查团。林、汪将于该团到京之日，设宴欢迎。

【上海十五日下午十二时专电】 李顿爵士本定删（十五）晚六时半，在华懋饭店招待中西各报记者，嗣因出席顾维钧茶会，七时半始克举行，中外记者到者甚多。李氏作一简单之谈话云：此次调查东省，完全出于公正态度；在沪约有一星期或旬日之逗留，然后赴南京，再转道赴东北，希望舆论界能信赖该团及国联确能成功；大约在离沪前，尚须赴吴淞、闸北等战区，作一度之视察；至沪案和平运动，为双方邀请则愿努力，但不自动参加云。

【上海十五日下午九时专电】 国联调查团五委员及秘书哈斯，删（十五）

上午至宋子文、郭泰祺、吴铁城宅访谒,下午访顾维钧。均系答拜性质,略事寒暄,即辞出。中午赴郭泰祺宴。下午五时,顾维钧假程霖生宅,招待调查团茶会,邀各国使领、海军界领袖作陪。晚吴铁城在华懋饭店设宴,由顾、郭等作陪。铣(十六)午大学联合会在华安大厦设宴该团,下午孔祥熙、宋子文两夫人在孔宅茶会招待,晚英、美、法公使设宴。李顿爵士语人,该团拟于离沪前赴前方作一度视察云。

昨午首次宴,郭致欢迎词

【上海十五日下午九时专电】 外次郭泰祺删(十五日)午十二时在何东寓所宴国联调查团,到调查团员及随行秘书、专家等及顾维钧、吴铁城、各界代表共六七十人。郭致欢迎词,李顿爵士答谢,二时许尽欢而散。郭氏欢迎词云:"最近数星期,上海区域发生空前之非常状态,鄙人因此驻沪时较多,而国联调查委员团诸君今日莅临,鄙人因得代表国民政府首致正式之欢迎,曷胜荣欣!今日欢迎诸君,并邀本市商学及各界领袖参与,鄙人敢信在诸君勾留沪上期间如有所咨询,吾人视能力之所及,无不尽量赞助。自一九二七年国民政府在南京成立以来,吾人视线移注于日内瓦,以观国际联盟会机能之发展。盖世界道德及物质幸福,相依相继,日甚一日,实有赖于大战后之伟大机关以增进之也。自一九二八年以来,吾人对于国家之建设计划,亦曾时常□询国联之意见及其合作。最初国际劳工局局长汤麦斯君来华,不数月又继以国联副秘书长亚符诺君,嗣后年复一年,国际与吾人无不诚挚合作。我人每年得国联所派有关于卫生、教育、劳工、工程及财政专家等之协助各计划,或则已经实行,或则已经着手。去年春间,政府决定设立最高经济委员会,志在与国联密切合作,由国联派遣专家协助实施一广大及可行之国家建设计划,俾我国可获迅速进步之效。去夏大水为灾,亘古罕见,富庶之区多被淹没,国联专家亦莅止协助,应付巨灾。对于国家之善后工作,我人已得寻觅国联之具体密切合作,为一主要之政府政策,向受民众之竭诚赞助,今日在会之各界领袖,可资证明。吾人始终期在谋和平方术上,我国与国联间有切实之合作,现虽因去年九月东三省可惊之事变以来相继而起之各种事变所阻碍,但亦仅暂时之不幸耳。吾人恳切之希冀与愿望,即系诸君之克己工作,其结果可恢复远东之和平,并在国联及《白里安—凯洛【格】条约》保障之下,可以获得一永久之了解。俾四万万人民所组之中华民国,能与各邻邦在相互尊重平等之地位,敦睦相处,自由发展其国家生命。俾得尽其力之所能,于各种和平事业足以促进人类进化者,有所贡献焉。"

吴铁城晚宴,沥陈日暴行

【上海十五日下午九时本报专电】 吴市长铁城删(十五)晚在华懋饭店宴国联调查团,欢迎辞云:"诸位国际联盟会所派调查满洲事件之调查委员会各委员道经上海,本市长今夕得藉此机会设宴招待并表示欢迎之诚意,感觉非常荣幸。调查团诸君皆为世界伟大之领袖,故国联委派诸君来此调查,本市民众皆共庆得人。中国现时所希望者,只求本案之事实得有坦白确实之表示,虚伪之宣言及捏造之事实得有澈底之暴露而已。现在诸君以一秉大公之态度进行调查,中国自极端信赖。在过去一月余,上海所经历之惨状,即君等在旅途中亦必洞悉。全上海民众皆早已渴望君等之光临,尤其本市内闸北、江湾百余万之人民,亟盼君等能及时莅临,满望君等之努力及工作,可以阻止日本海陆空军之惨暴行为。鄙人等本希望诸君来华之日,能见到兴盛之市区及日即发展之村镇,但此刻不幸只可请诸君观察为日本摧残之灾区。之君等他日行至闸北、江湾时,自可洞观日本武器肆意摧残之成绩矣。日本并未向华宣战,然君等将来所视察当地,必能使君等不期而然回念以前欧战之余怖也。千万间之屋厦被摧为平地,文化机关如商务印书馆、东方图书馆及多数之大学校,皆被日本军队恣意视为飞机、野炮及纵火之目标,无论妇孺强弱,皆不获免。夫日本军队之以飞机毁炸人烟稠密、绝无防卫之城市,毁炸水灾难民收容所及无辜平民,已将世人所认为文化基础之原则破坏无余,而日本自己所签订之条约,亦撕毁已尽。抑犹有进者,当鄙人等在此欢迎和平之使者之际,亦正日本继续占据远离上海二十公里以外之城市之时。日本在上海及附近于七星期中所造成种种恐怖,犹以为未足,虽中国军队已奉令在前方各线停止军事行为,日本尚且每日增加援军,深入内地也。中国和平之希望,既因日本所提完全无理之要求变为幻影,而中立国人士之友谊的努力,亦不能稍减日人之野心,上海外国代表设法使上海暂时和平,亦因日方不时变迁之要求,而终归无效。盖日本自去年九一八事件发生以来,其侵占中国之野心,未曾丝毫稍变也。诸位,自中日事件发生以来,中国政府与人民完全信任国联,深信公理与和平必得最后胜利。以前国联在技术方面对中国屡加襄助,中国当深感激。此次感受惨痛之余,仍希望由国联中能获得其盟约所赋予之公理。吾人绝不信武力终能战胜公理。日本之占据满洲及占上海，可谓为日本向条约之神圣挑战。吾人对于此种挑战，果能不闻不问乎？诸位今夕宠临，又聆听鄙人之陈述，至深感谢。鄙人敢为诸君告者，即中国必尽力与列强合作，以谋世界之公理与和平之实现也。"

李顿致答词，深信能和平

【上海十五日下午十一时本报专电】 李顿勋爵删（十五）日在郭泰祺午宴、吴铁城晚宴，代表调查团答谢，词意略同，谓此次该团来华赴满洲调查，负有和平使命，抵沪后，蒙郭次长等及其他各界欢迎招待，甚为感谢。国联为一世界和平机关，自成立以来迄已十余载。在此十余年中，所经过办理之和平事件，均有相当之成功。深信此次中日事件，亦可得相当之成就，俾远东及世界，均得以和平，而使中日两国归于友好云云。

国联调查团任务与态度

【上海十五日下午四时本报专电】 外讯。国联调查团寒（十四日）晚抵沪，并无谈话发表。主席委员李顿称，该团在有机会考查沪上情形之前，未能作概括的宣言，至在沪调查之范围及勾留之久暂，亦待与各方接洽后，始能确定。但若经当事方面之请，该团自将尽力协助沪地和平谈判之进行。又称渠希望删（十五日）晚可对各报纸发表一宣言。调查团在日时，李顿曾对日本各报表示，调查团之任务，不仅在调查，其主要点实在将国联全部能力奉献中日两国之前，俾能获得永久之妥协。该团目前尚无确定之主见，对华、对日同样友视。其抵沪以后之行程，将完全在沪商定。如沪事渐趋平靖，当即赴宁，与政府当局接谈；否则，如沪局严重，将在沪进行和平工作。在沪宁两地作初步调查后，再北上赴满洲调查。调查团虽由英、美、法、意、德五国团员各一人组成，但各该团代表实共同代表国联，并仅对国联负责任。美籍团员麦考益于调查工作完毕后，亦将不另作报告于华盛顿。该团第一步进行步骤，为向中日两政府搜集官方材料，然后再至实地考察。国联对远东方面，除维持和平外，绝无其他企图。其所希望于中日两国者，亦仅为信任而已云。

（《益世报》，1932年3月16日，第一版）

45. 招待国联调查团，决由省市双方共同筹备，津浦、北宁两路准备专车

国联调查团业经由日抵沪，闻两星期内外可由沪北上。关于本市招待该团办法，前日曾由省市政府会同讨论，决定由省市双方共同筹备。至北上时是否在津停留，或直赴北平，尚无所知，当局业派人南下接洽。关于津变两次详情、损失数目，业由省市政府详细调查，汇送北平绥靖公署，预备该团到平时提出报告。至市党部所组织招待国联调查团筹备处，由各界推选两代表参加会共同筹备，尚有一二界未经推出。昨商界代表卞白眉、王文典赴党部，特访市整委邵华，商洽一切。并闻铁道部指令津浦、北宁两路局准备专车，以备该团乘用云。

(《益世报》，1932年3月16日，第六版)

46. 调查团斡旋和平，延期入京促成停战会，盛传伪府阻该团入境，在沪即开始工作，决减少酬宴时间

【上海十六日下午七时本报专电】（一）《大美晚报》铣（十六）晨官息。国联调查团删（十五）晚已接受关系方面之请，将参加沪案和平谈判，协助停止敌对行为及撤退日军办法。调查团原定漾（廿三）进京，刻已改宥（廿六）起程，希望届时中日谈判可得一最后协定。调查团以为双方确定停战办法至为重要，否则该团行后，沪地难免不再发生敌对行为。故铣（十六）和平前途顿见乐观。闻蒋光鼐、戴戟寒（十四）抵沪，即加入和平谈话。（二）李顿勋爵及其团员，铣（十六）晨迭访我方当局及各国使领代表，作私人谈话。

【上海十六日下午十一时本报专电】 和平运动英使斡旋结果，已得有一折衷办法，即开始交涉。对撤兵问题，日坚主分期撤退，由第三者监视。郭泰祺电政府请示，迄无复。停战会议无期，闻李顿将被邀参加。调查团决延期北上，斡旋和平，促开停战会议。吴铁城谈，和会日来似由黑暗中渐发曙光，日方

倘能顾全我所提保留条件,似甚有望。至调查团是否参与和议,未有所闻。但悉该团已请驻沪各领努力进行。

【上海十五日路透电】 因此间盛传"满洲新政府"正在设法阻止国联调查团团员前往满洲,即不拒其入境,至少亦阻其调查之说,路透社记者今晚为证实此种消息,往访该团主席李顿爵士。据李氏称,彼尚未得足以证实此种消息之报告云。

【上海十六日下午八时本报专电】 招待调查团日程变更,将巧(十八日)午经济学会宴、皓(十九日)午朱庆澜宴、号(二十日)晚银行界宴、养(二十二日)午辛博森宴均辞谢。孔宅茶会,并有国乐娱宾,合奏《汉宫秋月》《浔阳夜【月】》及琵琶独奏。

各大学公宴,宋、孔夫人茶会

【上海十六日下午九时三十分本报专电】 午各大学在华安宴调查团,席间黎照寰、王景岐致词。李顿答词,略谓:"顷闻黎博士所云,前途黑暗。英谚谓黑暗在光明之前,故余以为中国前途之黑暗,即为光明之起点。国联系一代替武力机关,为各会员国尽力维护正义,吾人当倾心拥护。如仅口头拥护,则国联将为其毒害。世界非知识阶级合作不可,希望大家为和平奋斗牺牲。"席间李并声明,亦以大学教授资格发言。宴毕,王景岐赠各团员以劳大风景及炮火后照片各一套。下午孔祥熙、宋子文两夫人在孔宅茶话会招待,到百余人。两夫人以粤式茶点款客,历两小时散。晚英、美、法、意四使宴李顿等。筱(十七)日记者会午宴,顾维钧晚宴。因该团即将开始工作,巧(十八)日起将招待日程变更,改少宴饮时间。

【上海十六日下午十一时专电】 孔祥熙夫人宋霭龄女士与宋子文夫人张乐怡女士,铣(十六)下午五时在孔宅举行茶会,招待国联调查团。该团只意德两委员未到,其余有丹使高福曼、义代办齐亚诺、捷克公使费芝尔、英美领事及英美各国海军武官等。我国方面,计到顾维钧、郭泰祺、孔祥熙、宋子文、吴铁城、许世英、郑毓秀等,各要人均到。席用中式,席间并奏国乐助兴,至晚七时许始尽□而散。英使蓝浦生、美使詹森、法使威礼敦及意代办齐亚诺,铣(十六)晚八时假华懋饭店设宴款待国联调查团委员等,并邀英美各领事及海陆军武官,我外次郭泰祺、市长吴铁城与代表顾维钧等作陪。席间随意谈述,未有何重要讲演,至晚十时许即散。

调查团表示痛惜沪民受祸

【上海十六日上午一时四十六分本报专电】 删(十五)晚吴铁城宴调查团。吴致辞后,李顿致答谢,后谓:"本人可代表同人略表意见。同人昨到沪后,立感沪地位重要,交通繁盛。本日又见人口之众,各国人民相处之洽,以及社会各种情况,深觉上海市长责任重大,而又有多少问题乃本地特有,治理极为不易。顷闻市长演词,同人对于上海最近发生之事变,虽不能立断责任之谁属,但于无辜市民之受祸,实深痛惜。市长期望同人一秉至公,同人自信必能做到。关于此事,国联现有种种报告,将来历史更有记载。记载如何,虽难预知,但必视为极不幸事件。同人深望此极不幸事件,早日告终,不再发生。同人于市民尤于商民深为关怀,盼早复业"云。宾主酬答时,旁摄有声影片。宴毕,联华公司放演战地影片。

(《益世报》,1932年3月17日,第一版)

47. 平市各界筹备招待调查团:招待办事处已成立,游览、宴会分订日程

【北平通讯】 国联调查团抵沪后,日内即将来平。北平市军政当局及民众团体,现正积极筹备欢迎,并组织招待办事处,函聘鲍毓麟、蔡元、汪申、周学昌、娄学熙、关蒨麟、王家瑞、于学忠、周大文、邵文凯、朱先[光]沐、沈能毅、高纪毅、汤国桢及外界各名流等为委员,筹备一切招待事宜。该会昨特函知各委员,除加聘外,并请随时贡献意见。至该委员会之组织及招待办法,业经拟定,兹特一并分志如左:

招待委会组织章程

(一) 本员委会①办理招待国联调查团一切事务。
(二) 本委员会设委员若干人,以左列各项人员充任,均名誉职:(1) 旅平

---

① 编者按:原文有误,应为"委员会"。

外交界名流若干人；(2)北平政务委员会指定之委员；(3)平津卫戍司令；(4)北平市市长；(5)北平宪兵司令；(6)北平绥靖公署总务处正副处长；(7)北平绥靖公署副官处处长；(8)外交部视察专员；(9)外交研究委员会指定之委员；(10)外交部档案保管处处长；(11)北宁铁路局局长；(12)北平市各局局长；(13)省市党部代表一人；(14)各机关团体代表(各一人)。

(三)本委员会设常务委员若干人，并以北平财务委员为主席。

(四)常务委员须常川到会，遇必要时，得开常务委员会议。

(五)本会全体委员会议，由主席召集。

(六)重要招待事项，由本委员会公推委员若干人担任。

(七)关于招待所用演词及致送调查团之一切文件，应召集全体委员会议决定。遇必要时，得延请专员到会办理。

(八)本委员会附设招待国联调查团办事处，承本委员会之命，办理一切招待事宜，其办事规则另定之。

(九)本委员会议定事项，随时由常务委员交办事处办理。

(十)本委员会附设于北平市政府，俟调查团离平后撤销之。

(十一)本章程自议定日施行。

招待办法业经确定

(一)组织招待国联调查团委员会，并附设办事处，办理招待一切事宜。

(二)招待处由绥靖公署总务处、副官处及北平市府外交部档案保管处、北宁路局、外交研究委员会、平津卫戍司令部、北平宪兵司令部、北平市公安局等机关人员组织之。

(三)招待处内计分四股：文书、庶务、会计、接待。其办事规则另定之。

(四)调查团到平及离平日期确定后，应用绥靖主任名义，电知沿途省市政府，饬属妥为照料接待。

(五)请领招待费若干元，以便随时应用，事后核实报销。

(六)预向北京饭店订房若干间，以备住宿，并随时供给饮馔。

(七)预备新式别克汽车五辆，并预雇汽车若干辆，以备乘坐。车上均插标帜(格式另定)，以资识别。

(八)招待处接待股遴派委员常住北京饭店随时照料。

(九)调查团抵平及离平时，应请绥靖主任或派代表及各机关领袖、各团体代表前往欢迎欢送。招待处届时选派委员前往车站照料,并委音乐队赴站迎送。所有车站秩序、沿途警卫,由宪兵司司部及公安局维持之。

(十)调查团在平游览各处名胜及各机关团体宴会,另为排列日程。

(十一)招待处应延请旅平外交界名流帮同招待。

(十二)游览各处名胜时(如故宫三殿等处),由招待处通知免费,妥为招待,并派员导行。

(十三)车站及宴会场所并北京饭店等处,应先装饰电灯及悬挂万国旗。

(十四)调查团在平期内,由宪兵司令部及公安局负责保护。

(十五)调查团在平期宴,各机关团体遇有与该团会晤内请事项,须先与招待处接洽。

(十六)调查团来平时,应预派委员前往相当地点迎接,陪同来平。其离平时亦派员陪送,以便沿途照料。

(十七)调查团来平时,均由路局特备专车。

(十八)招待及办事各员办事时,得酌支必需之车马费及饭费。

(《益世报》,1932年3月17日,第二版)

48. 辽吉黑三省政府代表东北人民致电欢迎调查团

【平讯】 辽吉黑省政府秘书彭济群、李锡恩、臧启芳等,昨联名致电已抵上海之国联调查团,代东北民众表示欢迎之意。原文如次:"上海国联调查团主席李敦爵士勋鉴:余等谨代表东三省政府欢迎调查团员莅华。自调查团由国联理事会产生后,中国人民无日不盼其早日前来,最甚者莫过于成日本'自卫'政策牺牲品之东北人民。吾等深信贵调查团能以国联及开洛克非战公约之根本原则,求得永久和平解决之途径也。辽宁省政府委员兼秘书长彭济群、吉林省政府委员兼秘书长李锡恩、黑龙江省政府委员兼秘书长臧启芳叩。"

(《益世报》,1932年3月17日,第二版)

49. 调查团尚未到京,下关江面日舰已全开走,京日领亦迁回领馆办公,畏国联乎？欺国联乎？

【南京十七日下午八时十分本报专电】 日驻京领事上村,顷以中日和平渐趋接近,特于洽（十七日）晨十时,由下关军舰仍迁回城内领馆办公。日停泊下关各舰,以国联调查团即将来京,故于洽（十七日）晨将挹江丸舰开泊汉口,余舰亦他调,一俟该团过京后,仍行来京。

(《益世报》,1932年3月18日,第一版)

50. 松冈大活动,拟随调查团赴沈

【上海十七日下午八时本报专电】 日人松冈,前衔日内阁总理犬养毅命,在沪向各方接洽。近自国联调查团抵沪后,该氏亦颇为活动。闻松冈决随该团来京,并将随从北上,前往东省。又驻京日领事馆现已准备接待日方随国联调查团来京之人员云。

(《益世报》,1932年3月18日,第一版)

51. 调查团听取我各方报告,顾维钧痛心手创之盟约,上海各民众团体派代表陈述意见,李顿爵士表示公正当能战胜武力

【徐州十七日下午十一时二十七分本报专电】 林森专车洽（十七日）晚十时过砀山,十二时抵徐,当即南下赴京。

【上海十七日下午九时三十分本报专电】 调查团连日访各使及接见各领,着手搜集材料,征求意见,将于离沪前参观战地。意代表柯迪伯爵病,洽（十七日）体温高,右手疼痛,谢绝各种宴会。吴铁城午后三时答拜调查团。市

商会,银行、律师两公会及学术团体派定代表要求谒调查团陈述意见,该团允定期接见。

【上海十七日路透电】 国联调查团为避免酬应,以便分出时间赴各处视察沪战之状况起见,已将多数中外人士召宴之请求拒绝。但今晚该调查团将赴顾维钧之宴会,明后等日将赴孔祥熙、宋子文、律师公会、太平洋协会及美国亚细亚舰队司令台乐之宴。最近调查团主席李顿爵士曾表示彼对于国联会之观念,彼谓国联固应防阻侵略行为及予各会员国以公平之待遇,但各会员国亦应遵守不侵略之政策,而避免向其他会员国进攻。各会员国均应有和平之心,非口头上之和平也。若先造成国际间之仇怨及冲突,然后希望避去因此种仇怨而发生之结果,殊不可能也云。

顾维钧昨晚之欢宴

【上海十七日下午十时十分本报专电】 顾维钧于筱(十七日)晚八时半,假西糜路一百二十号荣宗敬宅宴国联调查团,陪宴者有各国海军司令、英总领事及宋子文、孙科、孔祥熙、陈策、郭泰祺、吴铁城、虞洽卿暨英法工部局华董、各团体领袖、报界代表约百余人。席间由顾致词云:"鄙人奉命为参与国际联合会调查团代表,今日有机会欢迎诸君,不胜欣幸。诸君或系政治家,或系军事家,或系外交家,著名于世界,国联指派诸君来华调查中日纠纷,可谓人选确当。鄙人欢迎诸君,因诸君系正义及和平之信徒,国难期间虽不能作盛大欢迎,然欢迎却是诚恳的、热烈的。诸君来自国联,国联的基本原则与中国历代理想诸多符合。自孔子到宋儒,鼓吹民吾同胞、物吾同与的理想,不遗余力。国联的精神,即是中国文化的精神,所以创议设立国联时,鄙人为首先赞成设立是项联合会之一员。当时盟约起草委员会主席为美国前大总统,鄙人亦曾参末议。国联成立之初,鄙人亦曾为行政院理事参加大会。此皆鄙人生平之幸也。诸君初入中国国门,想已察及中国国家之新运动及新生命。诸君行踪所至,当益能明了中国版图之广大、人口之繁庶及问题之复杂。于中国之邻近者,不无忽略。但诸君来自远方,胸无成见,定能用公平眼光,观察中国。中国现在处于过渡期间,国家正在改造,新陈代谢进行极速。近来外兵侵入事情逐渐扩大,中国所受的损害暂且从缓全盘托出,但中国改造的前途因此受到极大打击,政府的行动亦因此受有严重的阻挠,盖无庸赘述。诸君调查期间,当能发现中国人民对于中日关系的问题,民气极为激昂。但是诸君作更进一步的研究，便知中国人民的愤慨，实在是武力政策对付中国的反响。表示愤慨之方式虽各有不同，或用语言，或用文字，或在购买外货上表示区别，但无论用何种方式表示，原因却都在中国以外，且均非中国政府所能控制者。换言之，九月十八日以后各种事变，影响尤为重大。贵调查委员会的使命，不但中国重视，世界各国亦深为关切。具有远大眼光之政治家，苦心孤诣，用国联盟约及非战公约，导世界于和平。然而此项约章是否能为国际关系之健全原则，是否有保障和平之效力，现在已成绝大疑问。和平公约能否实行，世界前途如何实现，均成为问题。然而国联对于现在远东问题异常关切，对努力于维持和平，力图一种永久之解决，加之美国对于维持和平，亦表示诚挚之合作。贵国诸君就地调查真相，鄙人深信对于尊重中国领土行政之完整，必有相当办法，和平公约尊严，必能重新恢复也。"

沪报界痛陈被压迫

【上海十七日下午九时专电】 筱（十七）午沪新闻界在万国体育会宴国联调查团，邀各西报代表及顾维钧、郭泰祺等作陪。史量才主席致欢迎词云："国联调查团诸位先生、诸位来宾，我们新遭遇强权劫持的严重情势中，于遭遇炮火荼毒的惨烈环境中，能得与携来公理与和平之曙光的使者——国联调查团诸位先生见面，实在感到非常的荣幸与愉快。在这里，我们谨以挚诚敬致欢迎之忱。调查团诸位先生此次膺受国联郑重的付托，远涉重洋来实地调查中日间不幸的争执，很显然的是负有庄严而伟大的使命。此次的工作，是为中日、为国际。诸位此行，是为全世界爱护公理与和平的人士所共同热望瞩目，在人类文明史上，将保有永久不灭的光荣。由去年万宝山惨案、韩人屠杀华侨案，以至九一八日军突然袭取我沈阳及此次上海祸变所造成的中日间不幸的局势，显示世界和平已遇到了巨大的暗礁。此事责任谁属，待诸位先生实地调查之后，必能获得公正而显明之答案。调查团诸位先生是正直的，全世界还有无数正直的人们，在以正直的眼光致无限的热望于诸位此行。在诸位实地调查之下，我想必能于全世界热望和平的人们以正直的答复。事实与理论，都显呈诸位的眼前，我们不必详加陈述，然而我们还有不能不加以说明的，即日本不仅是亲手做下了不正直的行为，并且极力压抑一切正直的呼声，我们是新闻界同人，我们深知我们的责任是共谋人类的和平与福祉，同时对于迫害人类和平与福祉的行为，应当以严正的揭露。然而青岛的《民国日报》竟被日人焚烧了，上海的《民国日报》竟在日人威胁之下停刊了。此外，在福州、在长沙、在北平，都有同样的情事发生。本月十五日天津电，《大公报》又因为刊载一张插画，遭日本领事的威胁。诸位，日本既多行不义，复欲一手抑止我们正直的呼声，掩尽世界人士的耳目，可是世界舆论不早已同样发出正直的呼声吗？最近不是更形一致了吗？以世界人士的耳目，决不能一手掩尽，而这种行为，更决不能为世界正直的人士所原恕。对于国联调查团诸位先生，我们不愿有何要求，但是国联的责任，是维护公理，维护和平。我们唯一的要求，亦即公理与和平。但我们认为应当持公理争和平，绝不能以和平牺牲公理。和[合]乎公理的和平是光荣的，是永远的；背乎公理的和平，事实上既绝不能维持其永久，抑亦决不为全世界正直的人们所希望。十年来国际联盟调□国际间的纠纷，曾积下了不磨的光荣。我们热望国联常保此荣光，国联的荣光即是全世界的光荣，即是全人类的福祉。调查团诸位先生，我们谨为世界人类和平，祝诸位康健。"

公正能战胜武力？

【上海十七日下午九时专电】 李顿勋爵筱（十七）在新闻界招待席上，代表调查团答谢，略谓："鄙人等得参与言论界之盛宴，甚为荣幸，但对于言论界人发言必须慎重。余等闻中日均有军阀，但其力量究不如在此舆论界宴会中主席之大。昨日余等应各大学宴会时，余亦如是说，盖因言论界与教育界全为领导人民与指导人民者，余等调查团，亦须言论界之指导。顷所告余等者，中国并无如何之奢望，只求与以公正之判断耳。公正与判断字意不同，判断是经法庭之判断，公正非一国判断别一国即公正也。余每次谈到和平，余均以为公正将战胜武力，惟有将此意申述，祝中国言论界之健康"云云。吴市长筱（十七）午三时偕秘书长俞鸿钧赴华懋饭店答拜国联调查团，晤谈甚欢，四时许始辞出。

沪市民拟具报告书

【上海十七日下午十一时专电】 国联调查团对于沪商开市问题非常关怀，市民联合会等六团体特将罢市事实拟具报告书，函送调查团。报告书详述一·二八后日军凭藉租界作战，破坏租界警权，强占捕房，擅捕良民。工部局及防守委员会迫于武方，不敢发言。纳税华商因工部局不能保障安全，不得不有罢市之举。继谓现工部局尚未完全恢复警权，且对于恐怖区域现仍受害之纳税商民毫无办法,故迄未敢开市。仅有少数商店,因协助公众需要之便利,有为戒备之营业。故上海今日之罢市状态,乃日军破坏工部局警权,扰乱工部局行政秩序,非法行为所造成。甚望国联调查团能劝勉参加防守委员会之各国在沪军事领袖,根据防守原则,用其力量,作责违背防守责任之会员,以维公共租界整个安全及秩序。否则,上海各国发展商业之进程,将因之留一可以破坏之恶例云云。

南京招待程序已定

【南京十七日上午十二时二十分本报专电】 林森巧(十八日)可到京,欢迎调查团程序,最后决定如下:到京第一日罗外长宴,在联欢社;第二日汪行政院长在励志社宴;第三日林主席在国府宴;第四日蒋委员长在励志社宴;第五日谒陵,在陵园宴会;第六日中央党部宴;第七日驻京外侨宴。此外民众团体,如报界、工会、学校、商会等,或举行茶会,时间分配在该七日中之下午。

【南京十七日下午一时二十分本报专电】 此次京各团体招待调查团,拟据日本侵华危害世界和平实况,唤起调查团注意,予以同情,决不作乞怜语。中央党部以日方在国际宣传国民党主政以来,以排外为国是,为外交政策,特向调查团解释,叙述国民党历史、对内对外政策、党与政之关系。对外政策虽有取销不平约主张,但纯为独立国正当要求,且对条约向极尊重,修改亦以外交方式行之,并无所谓排外。次叙述日本阻碍中国统一真相。原文在起草中,拟推一中常委报告。

(《益世报》,1932年3月18日,第二版)

52. 东北各团体对调查团之希望:希得一公平合理的解决

【平讯】 东北各民众团体、学术团体代表昨致电上海国联调查团,代表东北三千万民众表示欢迎,并申明希望使东省问题得一公平公理的解决。原文如左:"上海国联调查团利顿爵士勋鉴:吾等谨代表东三省三千万人民,欢迎公等莅此多难之邦。孔子云:'有朋自远方来,不亦乐乎。'吾等欢迎公等所万分抱歉者,竟不克欢迎公等至吾人卑陋之庭舍,以其为吾人邻人所毁坏占领也。请视日人加于上海之残暴,日人称为自卫,然其'自卫方法'竟否认吾人之生存权;请视日人加于满洲之欺人'乐园',不止使吾国千万民众流离失所,而且'保护'之使之死亡。凡稍表示国家思想者,日人皆称之为贼匪,而杀戮之。然日人则继续制造土匪,恫吓百姓,一面作长久占领之口实,一面藉以强迫民众,请求保护。吾等谨郑重宣言,反对日本野蛮侵略,其行为既蹂躏国际条约,复灭绝人类基础正义。所谓'满洲国'者,完全为日本军人之傀儡,为达到分隔中国、实行吞并之阴谋。吾等之缺陷与过失,吾等自知之,吾等承认之。但吾等三千万中国人重新宣誓:吾等之决心,即吾人乡土东三省与吾人自身,必永久一致为中国一部,与其命运相终始。国际联盟及合众国之关注与劳苦,请公等代表前来作和平正义与国际公道之努力,吾辈中国人莫不同深感佩。吾等本四海兄弟之心,深深信赖贵调查团,希望能得一公平合理的解决,然吾等并不盲于公等前途之困难。国际联盟既以人类最大之牺牲与希望而成立,吾等静候其证明,强权在今日非即公理。同时吾人惟有毅然准备奋斗到底,使公理之终胜强权也。"

(《益世报》,1932年3月18日,第三版)

53. 日如攫取满洲,全世界十五万万生命将与国联以俱殉,世界大战在目前,王晓籁欢宴调查团之警词,请倾听我公私团体之陈述,因东去调查已无真实资料

【上海十八日下午十一时本报专电】 国联调查团主席李顿,巧(十八)晨在寓接见日外相代表松冈及日舰队司令野村,晤谈约半小时。巧(十八)晚市商会在华懋饭店宴调查团,顾维钧、郭泰祺、吴铁城及各界领袖作陪,主席王晓籁致欢迎词,李顿答辞。欢迎词甚长,略谓:"国联历年处理国际纷争,虽未能充分发挥权威,尚有相当效果,使人知除武力外,别有解决争端之途径。不幸自去年九一八以来,日本武力侵华,着着进逼,国联盟约、九国公约、非战公约均为之破坏无余。国联开会一次,则日军在华之暴行进展一次,直接予全世界以威胁,间接即予国联以威胁。国联遂遭遇从来未有之困难,不得以乃有调查团之派遣。诸公此来,任务非常重大。按国联派遣调查团本以满案为主,然日人之肆据东南,本为欲巩固其在东北窃据之势力而起,故沪事仍当纳于东北事

件之中。现在东三省无一中国能自由行使政权之机关，既无中官吏可以访问，又无公家档案可以参考。敝会敢断言，诸公在东三省调查所得之资料，必均为已经遭日人修改或出于日人制造之资料。故敝会以为欲求明了事实之真相起见，对于东三省以外我国公私各团体之叙述，诸公实有竭诚倾听之必要。

日人指摘中国最大之理由，第一为不尊重条约。以敝会观察，则不尊重条约者当在日本，不在中国。日本今日在东三省酿成中日外交史上稀有之恶化，皆由于：（一）设置所谓满铁守备队；（二）设置所谓满铁附属地；（三）于辽吉两省设置日本警察。查满铁设置守备队，本系援照中东路俄人先例。至日俄议和后，日本曾与中国订约，一俟俄人将东铁守备队撤退，日本即当同时撤退。然俄国东铁道守备队民七即已撤退，而日军则据守满铁如故。由此言之，究系日本不尊重条约乎？抑系中国不尊重条约乎？其次，所谓满铁附属地，按照中俄所定东省铁路合同，只有铁道用地免付地租之权利，他无规定。而宣统元年中俄所定哈尔滨公议会办事大纲，明认铁道用地治理之权属于中国。至中日两国所定东三省善后条款，对于所谓满铁附属地者，更属毫无规定。而日本则以满铁视为关东租借地之延长，行政各事无不攫夺净尽。由此言之，究系日本不尊重条约乎？抑系中国不尊重条约乎？日人在辽吉两省遍地设有日警，曾于郑家屯案件结束时，令其照约撤退。日人虽毫无可以藉口之根据，而设警区域迄今依然如故。由此言之，究系日本不尊重条约乎？抑系中国不尊重条约乎？

其指摘中国最大之理由，第二谓悬案延不解决。此层可分下列三点说明：（一）悬案延不解决，系国际间常有之事。即以中国论，与其他各国亦有历时许久未能解决之案。惟不诉之外交方式，突用兵占据，则显系蔑视国联盟约之暴行。（二）中国提出向日本交涉之案，日本延不解决者，据我国外交部所宣布，亦有数十起之多。假使中国亦效日本之举动，日本是否容忍？（三）日本于东三省自由行动，如安东铁道改筑宽轨、鲜农之强占华人田产，皆以军警为护符，为事实上进展。故悬案延不解决，系日本之益，中国之苦痛，中国自始并无延不解决悬案之意思。其所以延不解决者，实由于日人之播弄手段，欲以地方政府为对手，而不愿中央与闻，以致迄今成为僵局。

其指摘中国最大理由，第三即所谓铁道平行线问题。此层吾人亦可以下列四点说明：（一）中日所定东省善后条款，只承认日本继承俄国所割让之满铁权利。关于平行线之问题，该约并未提及。嗣后只有两国使臣交换商谈之照会，未经政府批准，不能作为根据，此层即日本学者亦予承认。(二)即照两国使臣互换之照会而论，关于平行线之距离，亦以俄国借款所办之正太铁道为标准。而我国所办之打通、沈海各路，距离南满线已在三百华里以外，绝无发生平行线争议之可能。(三)东三省当局以洮昂路向日本借款之时，日人以该段属于北满范围，既得此借款利益，自愿将打通、沈海之争议置诸不论，日后何能再行藉口？(四)中国在东省新筑各路，实际上并未足以威胁满铁之生存。

根据以上事实，可得下列结论：(一)日本所谓东三省权利被中国侵害至不能容忍之地位，多系张大其词，按诸事实，绝对相反。(二)争论不诉之于外交手段，而令武人穷兵黩武，自由攘夺其邻国领土，按照国际盟约，实为决不可恕之罪恶。更有一层吾人应注意者，日人初占辽吉，犹谓一俟侨民生命财产能确保安全，即当撤兵，犹未敢公然认东三省为彼国领土，提倡永不撤兵也。嗣见占据黑省国联不能制裁，占据锦州国联不能制裁，于是以其一手制造之傀儡国家，公然出现，大开其所谓伪国会议，列席者有日本领事、关东州属员，而海陆军人员靡不莅止，今尚有何辞以自解乎？从前虽不愿撤兵，而不敢公然谓不撤兵，今则竟主张移植内地三师团或五师团于满洲，以充伪国之国防矣！诸公尚以日本历次对世界之宣言为可信乎？诸公应知现在国际间含有无数危险之种子，辽东事变纵可得一强国之意旨，敷衍了结，而世界大战之动机，或且由此加增速率。国联威信如因辽东一役而全被破坏，势必举全世界十五万万生命以殉之。凡在人类，当不忍见此惨祸。故敝会所望于诸公者，惟求此行能得一详确之报告、公平之记述，使国联为最后之措置而已。"

(《益世报》，1932年3月19日，第一版)

54. 停战谈判一再延宕，重光诿称未接训令屡次愆期，日方不欢迎调查团参与会议

【上海十八日下午十时三十分本报专电】 重光巧(十八日)晚访英使蓝普森，商定皓(十九日)午中日代表在英领署会见，议停战问题。日仍有类似中立区要求，我决坚拒。

【南京十八日下午七时十分本报专电】 外部息。中日代表二次会晤，原

约定洽(十七日)午后三时在英领馆举行。铣(十六)日重光忽声明未奉到训令,洽(十七)日不能参与,请延期。英使不得已,通知我方改期。在重光未撤销其诿托词前,二次会谈商尚不能决定。洽(十七日)、巧(十八日)报载将开正式会,均系日方空气。闻调查团在沪请示国联参与督促开成沪和会办法,我方已表示欢迎调查团参与,唯日方藉口未奉训令,默不表示。调查团抵沪后,不能十分积极,即因日方态度冷淡之故。

【上海十八日下午九时专电】 国联调查团定有(廿五)或宥(廿六)乘海军部特备之轮船入京,马(廿一)上午九时,出发赴战区视察。孔祥熙、宋子文均定皓(十九)晚各在本宅邀宴。各省市民众团体纷电沪市府,请转国联调查团,表示热烈欢迎,并望以公正态度,戢暴日凶焰。

....

(《益世报》,1932年3月19日,第二版)

55. 津浦备专车,备调查团北上之用

【南京十八日下午六时本报专电】 津浦路派钱宗渊、赵国栋等为招待调查团专员,随车北上,派护路队十六人,铁甲车压道,花车、饭车向北宁借用。

(《益世报》,1932年3月19日,第二版)

56. 市商会筹备招待国联调查团,津律师公会搜集报告材料

市商会昨开执监会议,兹将议决各案择要录下:一、皮货业同业公会函请张主席即日销假视事,并希□政公开,将近数年来账目作成帐略公布各业案。决议张主席前因患病辞职,曾经执监会议决将原函退还,请其安心调养,迄已日久,尚未销假,兹□该同业公会函请前情,除账目一项业经执监委会议决定办法,不久即可公布外,其关于主席销假一事,可再据情函转,务请允如所请,并一面函复该会查照。二、国联调查团不日到津,关于招待事项,应如何办理

案。决议对于招待一事,俟将来察看调查团行期久暂,或加入官厅方面,或联合民众团体另行办理,应按实际情形再行决定。并推举王晓岩、赵聘卿为官厅方面接洽代表,王文典、卞白眉为党部及各民众团体方面代表,杨晓林、杨西园担任内部一切筹备。王晓岩动议,本会此次规定会费,各业方面似应分别下一通函,方觉郑重。决议照办,并将会费表册各附一份,请其正式答复。

天津律师公会以国联调查团业已到沪,不日来津,特召集临时会,筹备招待事宜。决议一方向市府询问到津日期,同时并搜集材料,汇□一编,译成英文,于该团到津时分散,并限于本星期前汇齐,藉以宣传日本侵华真象。市府因此曾电沪□问行程,昨接覆电,该团尚无北来确期云。

(《益世报》,1932年3月19日,第六版)

57. 昨开停战会专讨论撤兵,办法拟妥,双方代表各向政府请示,日军官指导下调查团今日视战区,前线敌军忙筑战壕,军火陆续西运

....

调查团今日勘战区

【上海十九日下午十时本报专电】 国联调查团准马(二十一)赴战区视察,我国陪往视察者前拟九人,现日方提议至多五人,且须代表团中人。调查团视察战区用汽车由华方预备,日方则每车派军官引导。闻大学联合会向调查团请求,派代表随往云。李顿勋爵语记者,渠自到沪后,除报告抵埠情形外,尚无关于沪案事宜电致国联。现拟自各处战地返后,将详电日内瓦,藉作在沪调查之一结束。至中日停战会议,现正开始,余信不久有好消息报告于诸位云云。

【上海十九日上午十时本报专电】 国联调查团到沪后,经各方面之招待,对上海事件认为异常重要,拟从中调解,最短期间使和平实现。日人遂乘机施其诡计,一面示和平成功有可能性,同时故出难题,回避交涉,一面撤退小部残兵掩人耳目,一面布防备战,造成欲和不能、欲战不可之僵局,以逗留调查团之

行程。俾伪国于最短期间在东北布置一可观瞻之舞台，备调查团参观。

………………

（《益世报》，1932年3月20日，第一版）

58. 王正廷到京，将留京招待调查团

【南京十九日下午六时本报专电】 王正廷皓（十九日）抵京。冯参谋长李兴中皓（十九日）由徐抵京。王将暂留京招待调查团。

（《益世报》，1932年3月20日，第一版）

59. 日人诡计安排已定，调查团东去枉受欺：湮没真实证据造作伪资料，伪府官吏之答案均代拟就，密布侦探网，士绅民众之口已封，调查团到时日本顾问均行回避

【沈阳时讯】 日本方面因国联调查团行将来东北调查满洲事件，为掩饰日本侵略东北、用暴力威迫组织满洲伪国之种种真面目，以蒙蔽国联调查团，期遂其吞并满洲之野心计，已完成种种应付调查团之准备。就中最称毒辣而应唤起政府国民以及世界人类，尤其是国联调查团诸公之严重注意者，厥惟日本方面已将东北真正舆论置诸日人白刃之下之事实。换言之，即国联调查团对于完全在日本武力下之东北，若不能了解其真正之立场，而向不抑且不敢代表东北人民说话之伪官吏口中调查满洲事件真相，不特将毫无所得，其结果且将为日本之一有力之辩护也。兹据最可靠消息，日本方面事先已将东北各伪官吏届时应付国联调查团咨询之种种答案预备妥当。最重要者，即日本之出兵东北纯为日本正当自卫，其挑衅完全出自中国政府，而诡称"满洲国"之实现为东北三千万真正之民意，纯为民族自决，日本确未加以任何强制云云。其他种种反宣传之资料，则已由日本方面准备齐楚。日本并向东北各伪官吏严重警告，不得泄露任何不利于日本之报告资料于调查团。但日人对于东北伪官吏，因市惠及威胁并用，相信此辈有可为日方利用之把握。其引以为虑者，厥

为地方上较有声望之人士,诚恐彼等供给调查团何种有关满洲事件真相之报告,暴露日方横暴阴谋之内幕,乃极力施行威逼利诱之手段。凡在东北稍有声望之人士,已派人四出,一一加以警告,暗示顺日本者有利,背日本者必予以最严厉之膺惩。此事已经记者调查,明确此种受日方警告之官绅,若不以身家性命为殉,则惟有俯伏日本淫威之下,而不敢吐露暴日在东北横行之真相一字。彼等纵欲不卖国,亦不可能。又日本方面已密布便衣侦探网,以防民之口,以瞒过调查团离开东北为止。观此,则国联调查团在暴日高张面罩下之东北,而欲得睹满洲之真面目,盖非易易。除以极公正之态度,锐利之目光,从欧美各国领事及欧美国公正人士方面搜集真确资料外,若向伪政府官吏或毫无保障之华人取得伪膺之报告,不第国联调查团根本失其调查之真意,抑且徒为日本造成侵占中国领土之口实而已,愿政府、国人共起而注意。尤望调查团诸公,以其为世界人类企求和平、皎洁无私之大公至正态度,放其敏锐之目光,对满洲情形作深刻之考察,勿为日本狡计所蔽也。又据各伪官处消息,谓国联调查团到东北后,各机关之日本顾问将一律回避,以免予调查团以口实云。

(《益世报》,1932年3月20日,第二版)

60. 敌援益厚,前线更紧,两周中运到三万兵,调查团今日开始视察战区

【上海二十日下午十时本报专电】 调查团参观战地,定马(二十一)晨八时四十五分,由外滩华懋饭店乘我方预备车辆出发,先至闸北,再到真茹、江湾、吴淞,沿途由日方负责保护安全,饮食亦由日方供给。同行人员调查团方面为团长英李顿爵士、美麦考益少将、法克劳德将军、德希尼博士,至意柯迭伯爵,因在病中,如马(二十一)病愈即同行,又秘书长哈斯等六人。我方为代表顾维钧,随员王景岐、张祥麟,其他二人临时决定。日方为代表吉田、渡大佐、盐田崎[①]书记官、佐藤大佐、澄田炮兵中佐。至我方各大学代表,以日方限制,

---

① 编者按:原文如此,应为"盐崎"。

不能同往。闻记者要求参加,亦被拒绝云。

【上海二十日上午十时本报专电】 国联调查团定马(二十一日)由日人引导视察战区,日方今日在八字桥一带掩埋尸身,工作甚忙,希图消灭其残杀华人之痕迹。和会刻俟政府训令,日方似不能放弃其附带之条件,前途难望圆满。

【南京二十日下午九时三十分本报专电】 国联调查团定宥(二十六日)来京,此间已将招待日程拟定:第一日,调查团到京早晚无从揣测,暂不规定;第二日拜访,下午外交部长晚宴,用西菜;第三日晋谒主席,午宴用中菜,下午中央党部茶会,南京市长晚宴,用西菜;第四日行政部长午宴,用中菜,下午民众团体茶会;第五日军会委员长晚宴,用中菜;第六日上午参观名胜,在中山陵午宴,用西菜,下午外侨团体茶会。

(《益世报》,1932 年 3 月 21 日,第一版)

61. 威海卫罢市,原因为学生焚毁仇货,济南报界筹备欢迎调查团

【济南二十日上午十一时三十分本报专电】 威海卫学生举行三一八纪念,捣毁贩卖仇货商店,法院亦被波及。交部将青岛旧电话机运洛阳安置。韩因中央慰留,已打消辞意,报界公会筹备欢迎国联调查团。

【济南二十日下午十一时本报专电】 威海卫学生焚烧仇货,商家自巧(十八)日起罢市,现正调停中。

【济南二十日下午九时四十分本报专电】 报业公会今日开会,对国联调查团过济时,决全体赴车站欢迎,准备中英文字旗帜、标语、宣言、传单,并推代表致词。今午廿九师长曹福林由济回周村,定马(廿一)出发,沿胶济线视察防务。

(《益世报》,1932 年 3 月 21 日,第二版)

62. 首都欢迎调查团，各界民众筹商欢迎办法

市党部拟定宣言原则

【南京通讯】 国联调查团于二十日左右可抵南京，各方准备热烈欢迎，各情迭志前报。南京特别市党部昨特拟定原则六点，作草拟欢迎该团宣言之标的准则，原文采录如次：（一）表示欢迎调查团莅华之诚意；（二）将日本侵略中国之事实及违反国联盟约、非战公约及九国公约之罪恶尽量举发；（三）过去中国对于沈阳事件之容忍与此次上海事件之抵抗，系中华民族争生存及维护世界正义与公理、拥护国际联盟条约与国际决议案之表示；（四）须说明日本破坏东亚和平，即所以破坏世界和平；（五）国际联盟会应站在正义公理与本身职务之立场上，制裁日本之暴行，以维持国际之神圣盟约；（六）如国联对于日本侵略中国之暴行，不能依据国际盟约及世界正义迅采有效之制裁时，中华民族惟有取自卫手段，继续抵抗，宁为玉碎，不为瓦全云。

教工学界等请主公道

首都工界于昨（十六日）上午十时在报业工会会址，召集全市第四次代表大会。计到二十二工会及代表三十人，推定临时主席。王树藩略谓，国联调查团行将来京，该团负有主持公道责任，本会应即热烈欢迎，详述日军暴行及民众意见等语。旋即通过议案如下：（一）通过欢迎国联调查团来京办法。（甲）人数以两千至三千五百；（乙）各会会旗一律白布黑字，长五尺，宽两尺；（丙）指挥、纠察各会自推二人，并推程秉智、井振亚担任总指挥及总纠察；（丁）茶水等各会自备。（二）公宴调查团时，推王树藩、陆拱之、林云亭、曹家秀、井松□出席报告。（三）电国联调查团，表示欢迎。（四）本会发出犒劳将士募捐簿，有人指为捏造，决交工界抗日会办理。京市各校于昨下午三时召集联席会议，当经决定，俟国联调查团抵京时，各校学生全体整队，出发欢迎。自下关至新街口由中校列队迎候；新街口至励志社一段，由各小学担任。同时推派代表致欢迎词，并发表宣言，要求该团对此次调查事件予以重视云。又讯，京市教育全体同人经会商决定，公宴该团，推金陵女大校长吴贻芬代表致欢迎

词，并请该团于调查后，根据实地情形，向国联详为报告云。

国民外交会陈日暴行

本京中国国民外交后援会执行委员蒋宸予、董葆谦、杨镇华、向曦、纪晋开、张长海等，业经根据旧案积极筹备就绪。刻因国联调查团不日至京，该会昨（十六日）特开全体大会，公推代表董葆谦、程浩吾、杨家腾、李秉恒等四人参加欢迎，并拟公宴调查团，陈述日军烧杀、轰炸、掠夺之残暴，并表示全国国民誓死不受丧权辱国之任何条件，请该团转达国联，为公理正义之有力制裁云。兹录其致行政院外交部及外交委员会等机关之公函如下："敬启者：敝会当此外患紧张、国难万急之时，所有敝会原有会员纷集首都，藉群策群力，合全国国民力量，以为政府外交之后援。业经根据旧案，呈递市党部、市政府、警察厅、警备司令部查照在案。刻因国联调查团不日即将由沪至京，敝会以国民立场为合□组织，所有此次暴倭侵掠之酷、轰杀之横，文化慈善机关之毁□，以及目下佯假和平之形式、暗增兵力之实情，亟应痛切陈诉于各委之前。而我国民为自卫抗争，宁死不受任何丧权辱国之条件，此乃全民意志，尤应充分表示。鄙会连日开会议决，对于此次国联调查团到京，实有参加欢迎之必要，并议决以敝会名义，定期公宴。用特函请钧院贵部会，于国联调查团到京之日，先期通知，以便派全权代表参加欢迎，俾上下一心，表现团结，幸祈鉴核，不胜叩祷。（下略）"

市府及报界定期招待

市政府昨（十六日）举行第二零零次市政会议，议决要案多点，兹择要采录如下：（一）市长交议教育局签呈核复社会局科员卢誉等呈请，在停薪期间，豁免市立中小学费一案情形，请提会讨论案，决议不准。（二）市长交议社会、教育两局及参事室，先后审查南京自治区区立民中学校办法报告案，决议修正通过。（三）市长临时动议，国联调查团来京时本府应如何招待案，决议关于本府招待事宜，指定秘书长、参事及各局局长负责筹备。又首都新闻界为欢迎国际调查团，于昨日下午二时假平江府街《新闻报》驻京办事处举行谈话会，届时到各报社记者二十余人，由余树立主席。议决该团抵京后，定期举行本会招待，并拟定赖琏、余树立、石信嘉、朱虚白四人负责筹备一切云。

童军八百余参加服务

京中童子军团长,于昨十六日下午三时在市党部图书室举行团长会议,出席者马幼镛、王炼钢等二十余人,主席张其清。讨论事项:(一)各团参加欢迎国联调查团服务人员,规定如下:(甲)小学方面。(1)西区两小队;(2)汉西门四小队;(3)船板巷两小队;(4)卢妃巷两小队;(5)崔八巷三小队;(6)考棚两小队;(7)升平桥两小队;(8)兴中门三小队;(9)三牌楼两小队;(10)督□厅三小队(余略)。(乙)中学方面。(1)钟英六小队;(2)中实三小队;(3)育群十小队;(4)遗族(女)二小队(余略)。(丙)中山路沿线各段指挥人员,计中山码头二人,鼓楼二人,新街口至励志社三人。(丁)议决推马幼镛、朱翰题担任下关段指挥,推刘克刚、夏士杰担任鼓楼段指挥,推王叔渊、徐治亚、尹鳌担任新街口段指挥。至五时散会。

(《益世报》,1932年3月21日,第三版)

63. 国人应注意对国联调查团之应付

暴日于去岁九月十八日晚十时十分至次日午后五六时顷,以二十个小时之期间,占领我辽吉两省沿交通线千余里之土地,惨杀我无辜同胞以数万计,抢掠我公私财务约值二十五万万元,人民间接蒙受之损失,亦不下此数嗟嗟。查暴日之欲藉万宝山及中村各事件而实现其田中满蒙政策也,在事变一两月前,则已甚嚣尘上。吾人一本良心为之批评,当其时也。设使中央不过信东北,出之于外交方法,防止危害之发生,一面暗示东北当局,一旦有事相机抵抗,则东北之损失绝不至如此之大,而沦胥亦万不至若是之速也。设东北当局不过信辽宁之留守人员,亦必有相当之应付方法。留守人员果如张作霖者,暴日亦绝不敢以千万人犯沈阳。再东北边防长官公署,若非由庸碌者代行职务,则辽宁兵工厂制成之军火,绝不能悉为日人所有。最小限度,我东北数十百架防敌利器之飞机,亦万不至悉落倭寇之手。凡此各种亡国痛史,当另为文以告国人,兹不详赘。今所必须唤起国人注意者,厥为目前国联调查团之应付一事耳。

查暴日占领辽吉之后,浸假而出兵延边,浸假而占领辽宁,浸假而占领辽河两岸各地，又浸假而轰炸天津，又浸假而驱逐辽宁临时省政府，占领关外十县。由是攻黑省、下哈埠、窥热河，不三月间，我东北八百余万方里之大好河山（由辽东半岛南端至黑吉北边，南北长三千余里；由黑龙江省西端至辽吉东边，东西宽一千五百余里），遂悉为暴日所占领。此种侵略行为，国联业已熟知。然而各会员国竟无一主张适用有力之处置，经三数会议之结果，仅有国联调查团之派遣者。何故？在一般人之观察，咸以为国联为避免世界第二次大战，不得不以此为缓冲，而求暴日之反省。始吾亦以为必国联为日人宣传保侨护侨之邪说所惑，故不肯立予以有效之制裁。乃于国联调查团派定之后，暴日又无端出兵淞沪，该处并非日人所谓特殊权益之所在，国联果有制止暴日之力也，此正其采取有效处置之时矣。然各会员国仍缩颈敛翼莫敢动，于以知国联调查团之派遣，适为国联无法制止暴日之特征，且将来未必不以之为袒日抑我之工具。然则国联调查团之调查，其有关于我国国运之休戚也，至为重要。盖国联而果有制止暴日之心，则此调查团无异乎国际法庭之检察官，而日人在吾国狰狞丑陋、残暴不仁之状，当悉被其摄照而去，以为公判之根据。国际若无力以制暴日也，则此次之调查，又不啻为宣告我国死刑之审判官，此后我国应如何割裂，应如何分剖，亦胥于此调查定之。观夫我之淞沪正被暴日铁蹄践踏之际，而国联调查团方从容于九州三岛之间，倍受色壮作人之倭奴热烈之欢迎，谄邪之鼓荡，迟迟其行，益足见国联调查团到来之一刹那间，实吾人为国运争生死存亡之利害关头。吾五万万同胞为人为奴，亦即决之于此斯须之间矣。今国联调查团行且至矣，反观吾国同胞，竟鲜注意，岂非大惑不解者欤？《诗》曰："待天之未阴雨，彻彼桑土，绸缪牖户。今此下民，谁敢侮余？"①愿我国人三复斯言，于国联调查团将来之顷，赶筹应付之策，是为至要。

夫调查团之目的地，为我东北。兹我东北八百万方里之土地，□被倭寇占领，三千六百万之民众，且无日不在腥风血雨熏蒸之中，其继续死于枪弹轰炸之下者，日且无虑其万千也。凡此凄苦悲哀种种惨状，果将何由得以报告于调查团之前乎？至所谓欢迎团体，在此狰狞鬼怪之暴日压迫之下，尤无组织之可能。然则若必待吾东北民众组织盛大欢迎团体之后，方能得调查团进而为忠实公正同情之调查，是吾人岂非唯有坐以待毙之一途乎？且调查团之所欲知

---

① 编者按：原文如此，通常版本作："迨天之未阴雨，彻彼桑土，绸缪牖户。今女下民，或敢侮予？"

者，厥为日人宣扬之华人之蹂躏其既得权益一事。考吾东省自民国四五年以后，十□年以前，所有外交事宜悉由地方自决，而历来所用之交涉人员，率为奸贪无识之辈，其受外人之赂私结密约之事难保其必无。况在张大元帅执政时期，日人且有伪造条约之传闻（此由日人炸张作霖而又迫张学良承认其各种密约各事可以证明）。调查团到达东北，日人若提示此类非法证件，吾方果无相当抵制方法，便足以断送东北而有余矣。故吾人于调查团之应付，不可不加以万分之注意也。敢就管见所及，分陈于左，请爱国同胞一参酌焉。

甲、查暴日此次之侵略东北，我国既为被害者，当调查团到达时，应将被害事实，无论公私，无分巨细，均须一一详述，而要求其逐细调查。故于调查团实地调查之前，吾国人有应先向声明者数事。

（一）调查团出发东北之前，应准我中央派员，会同东北政府委员及地方人民团体代表各若干，随同调查，随时随地报告公私损失状况。并得召集各处被害人民，陈述生命财产各种被害情形，要求并查。

（二）在调查团进行调查之际，我东北官民报请调查被害实况，应禁日人对面，以免发生障碍，藉期调查之翔实。

（三）我国官民报请调查之事件，调查团不得拒绝其接受，接受后并应迅即进行其调查。

（四）我国官民报告被害情况，日人如加干涉，调查团应加以阻止。

（五）日人以占领者资格媾合而成之满蒙伪国，其官吏之言动为机械的，倘欲有所陈述，调查团应即予以拒绝。

乙、查暴日此次之侵略行为，乃本于明治天皇之遗策。吾国人并无违反条约、蹂躏其既得权益之事，故吾人于调查团调查时，应有如左之提供或声明。

（一）应将田中义一侵略满蒙政策，本庄繁上年八月三日及其与土肥原贤二等本年一月六日上其天皇之条陈，一并抄给调查团查阅。

（二）应声明我国并无排外运动。现在之抵制日货，实因暴日侵占东北而生之反感。

（三）应声明中国向日之不统一，概由日人利用无知军阀作乱，以便于中获得不法利益。

（四）应声明东北之土匪，悉为日人所豢养，以为藉口保侨、实行侵略之张本。

（五）应声明暴日由侵略而得之一切利益，须一律交还我方。因其侵略蒙受之损失,并须赔偿。

(六)暴日以占领者之资格,在我领域内与三二汉奸媾合而成之满蒙伪国,我国自应视为叛徒,加以讨伐。

丙、查暴日所以为侵略东北之口实者,厥为吾人蹂躏其既得权益。究竟其所谓既得权益之为何,此为吾人必须究诘之点,而亦调查团所欲知者。故吾国人于调查之顷,必先有左列之主张。

(一)凡辱国丧权之条约合同,我中央政府无案可稽者,一概不能承认,日人自不得主张既得权益。

(二)日人由满铁公司及其连带机关与东北政府所订之一切合同,凡未经我中央批准备案者,一概不承认其为合法,自不生条约上之拘束力,日人亦不得主张既得权益。

(三)关于逾期条约,未经与我中央政府用外交上之正当方法续订者,应一律失其效力,日人更不得再主张所谓既得权益。

(四)"二十一条款"根本即不成立。日人果据该约主张既得权益,绝无理由,吾人万难承认。

丁、调查团此次之调查,关系既大,则调查方法,吾人应有左之预备及主张。

(一)于调查团未到以前,吾国公务机关及民众团体应赶速搜集材料,编造损失统计表,以备提请调查。

(二)自九一八事变发生之后,凡经日人占领各县,消息即已断绝,其人民生命财产之被害,政府无由得知。此次调查团到来,于吾国政府提请调查者外,并应准各该处之被害人民自由报请调查,故调查范围绝不得仅以政府之报告为已足也。

(三)关于暴日惨杀情形,应准官民将被杀情状详细报告,以求澈查。

以上所述,乃不佞一隅之见,疏漏之处,在所不免。邦人君子,幸各努力,为周密之讨究,作有力之主张,务使我神明之胄,不致因我疏忽而沦亡于此次调查团之手,是所至祷。尤有进者,夫调查团之来,必须由我国人陪同调查,已于甲款一项述明之矣。惟陪同人员,除中央派遣者外,最宜由我民众所组之救国会中,推选明达事体者若干人,并聘约通晓外国语言者若干人,各本其见闻,并到处召集被害民众,陈述惨遭祸变之事实。总以使调查团能明白了解倭奴之狰狞暴戾、残酷不仁、极端违反人道正义为第一义,千万不可一任东北丧心病狂之官绅敷衍了事,陷我东北于万劫不复之地也。吾之为此言也,非无端侮蔑东北官绅也。试观事变之际,素称达官贵人者,除已逃亡者外,其不为日人傀儡及走狗者几人?吾友某君有言,现在寄居平津之东北大老,其操守知识,不及臧奉九者实多,异地以处,其行为或更甚于张海鹏、张景惠辈。又谓,现有多人,目睹赵欣伯、冯涵清等之得充鬼国"部院长",深悔当日逃亡之孟浪无识。嗟乎!某君之言,虽近于谑,然冥想东北官僚,当此国破家亡之时,尚复泰然自若者,实繁有徒。此吾所以不能不叹某君为言之深痛。吾所以不愿国人专信东北官绅陪同调查团调查东北失陷之原因,亦正为此也。此所以深望吾爱国同胞,对于调查团之应付,须加以万分之注意也。

(《益世报》,1932年3月21日,第三版)

64. 英海军提督昨宴调查团

【上海二十日下午七时专电】 英海军提督甘莱,号(二十日)晚八时半在华懋饭店宴调查团,被邀者共二十七人,我方为顾维钧、郭泰祺与吴铁城,席间无演说。

(《益世报》,1932年3月21日,第三版)

65. 调查团如此视战区:经真茹、闸北、江湾、吴淞返沪,处处由日军招待日军报告

【上海二十一日下午十时二十分本报专电】 调查团马(二十一日)晨九时在华懋饭店出发,由日司令派员引导,团长李顿与德希民[尼]博士坐第一车,顾维钧与法克劳德将军坐第二车,美麦考益少将与日代表吉田坐第三车,中国代表处总务主任张祥麟与日代表处秘书长盐崎共乘一车。华方陪往者尚有参议王景岐,专委戈公振、张廷荣,国联华秘书吴秀峰亦偕行。先后至真茹、闸北、江湾、吴淞视察,详情如下。

第一线出华懋饭店,经北四川路、宝兴路、宝山路、宝通路、中兴路至真茹。

宝山路一带满目瓦砾、了无人烟,凡交通要口,均驻日兵,真茹则防御工事处处可见。调查团下车后,入暨南大学,即由日军官每人授以英文日军作战地图,并说明华军退后,日军即来驻。及入致远堂及洪年图书馆,略观馆外侧门。适贴有反对调查团来华标语。日人特举以示调查团中人,以为宣传资料。第二线由暨大出发,经大统路、新民路至北站。日军预在站内月台布一小室,案上呈一大地图,由一日军官说明当时作战情形。李顿询问颇详,历一小时始退出。乃经界路、宝山路而至商务印书馆,墙垣犹存,乃登东方图书馆略观。第三线由东方图书馆出发,经北四川路底天通庵车站、青海路、水电路、体育会路而至江湾跑马厅。日人引调查团至屋顶,说明附近作战情形。又往劳动大学及江湾车站一观,跑马场内有四美商团驻守。时已午一时半,乃经黄兴路、衾段[翔殿]路、宁国路、平凉路至公大纱厂。全体盥洗后,入客室小憩,白川招待下楼进冷食。白川问李顿尚须往吴淞否,爵士不置可否。顾维钧力争,以吴淞地势重要,必须一行。白川无言,爵士乃意决。三时辞出,沿军工路至吴淞沿江一带,纯为防御遗迹,镇上房屋全毁,如大地震后,较闸北尤惨。三时五十分抵炮台,炮基多炸毁,炮管多击断,旧炮且有移去者。经一小时退出,乃经军工路、平凉路、百老汇路,五时半回华懋。是日因便于观览,除麦考益少将微恙乘轿车,余皆蓬[篷]车。沿途风沙大作,故回后对镜,均仿佛黑人。

【上海二十一日下午九时专电】 调查团马(二十一日)视察战区,汽车由我方准备,但日方均加以检查。每车有日本军一名,为担任□导。并另有两卡车,满载日军随行,谓系保护调查团。

【上海二十一日下午八时五分专电】 外讯。国联调查团视察战区,预拟如马(二十一日)未能毕事,将于养(二十二日)继续考察。三日来,日军数万人在战区赶筑汽车路及桥梁等,并将华军尸骸埋葬,以灭战事之残酷痕迹。

(《益世报》,1932年3月22日,第一版)

66. 孔祥熙昨宴调查团

【上海二十一日下午十一时卅分本报专电】 孔祥熙晚八时在宅宴调查团,中菜西吃,顾维钧、吴铁城、郭泰祺各夫人及郑毓秀二十余女士陪座,宋蔼龄亲自招待,历三小时散。宋美龄定养(二十二日)晨乘飞机来沪。

【上海二十一日专电】 孔祥熙夫妇马（二十一）晚在本宅宴调查团及秘书长，意代表因病缺席，顾维钧、吴铁城、郭泰祺等夫妇及郑毓秀等作陪。

（《益世报》，1932年3月22日，第一版）

67. 徐州亦筹备欢迎调查团

【徐州二十一日下午九时三分本报专电】 各界筹备欢迎国联调查团，推定王均等十一人为欢迎代表，通知各机关、团体、学校于调查团专车到徐时，全体赴站欢迎。

（《益世报》，1932年3月22日，第二版）

68. 京市检查户口，组纠察队随护调查团

【南京二十一日下午七时五十分本报专电】 京市马（廿一）日起检查户口，韩厅奉令组便衣纠察队，于调查团抵京时，任随护责。

【南京二十一日下午八时本报专电】 京市民欢迎调查团，自下关码头至励志社分三大班，机关人员以民众资格参加，军警负维持责，不参行列。

（《益世报》，1932年3月22日，第二版）

69. 调查团廿六日入京，昨开始征询中外私人意见

【上海二十二日下午九时二十分本报专电】 调查团决宥（二十六日）乘轮赴京，东（一日）北上，过津不停，预定住北京饭店。团员五人或将转杭入京，便道游览。晚八时太平洋学会在华懋饭店宴调查团。各省旅沪同乡团体推派代表十余人，养（二十二）晨九时赴华懋饭店谒国联调查团，陈述对该团之希望，并面递中英文正告书。

【上海二十二日下午九时专电】 外讯。国联调查团晋京期暂定为下星期

一,养(二十二)日各委员开始向此间中外当局作私人谈话,期得真相,颇为忙碌。大致该团在本周内,尚须与当地各有关系方面会议多次,末次会议暂定星期六举行,星期日休息。调查团进京路由尚未定,但杭州方面颇望该团能假道该地,可一一目睹日机在杭掷弹之成绩,先由专车赴杭,再由杭地乘汽车进京。但该团或将乘船直接赴宁,亦未可知。抵京后,将转赴北平,并不在天津停留。

【上海二十二日下午十时五十分本报专电】 调查团今晨接见华商刘鸿生、聂路生、王云五、陈立廷等。刘等退出后,由吉田引见日商脑京等七人。李顿决偕意代办,宥(二十六)日水行赴京。美、法、德三代表陆行过杭入都。

【南京二十二日下午十时专电】 外部所组织之招待国际调查团委员会,于养(二十二)下午四时,会同地方机关代表在该部开会,讨论筹备招待事宜,一切办法大致均已决定。又闻国际调查团在沪调查战区,稽延时日,有改宥(二十六)或俭(二十八)来京消息。政讯,国府主席林森、行政院汪兆铭,以国联调查团将于本月宥(二十六)日来京,为表示欢迎该团,定于第一日由林主席在国府欢宴,第二日由汪院长在铁道部欢宴,以敦友谊云。

【上海二十二日专电】 (一)据国联调查团某秘书语人,该团现决定仍于宥(二十六)晨离沪入京,杭州之行恐将作罢。(二)养(二十二)晚太平洋学会在华懋饭店宴调查团。

(《益世报》,1932年3月23日,第一版)

70. 欢迎调查团,鲁省府电沪

【济南二十三日零时五分本报专电】 省府电沪欢迎调查团,文曰:"衔略:贵团莅华调查团,主持正义,维护和平,周□贤劳,良深钦佩。顷接京电,得悉行将北上,取道津浦,经过济南,翘瞻旌旗,无任欢迎。先此布臆,诸希公鉴。"

(《益世报》,1932年3月23日,第一版)

71. 南京三百余团体筹备欢迎国联调查团,望其以公正态度报告真相

【南京通讯】 国联特派调查团一行,将于本月二十四日由沪乘轮来京。在京留约四天,至二十八或二十九日即将离京北上,经平津而往山海关外,调查东北辽案之真相。本京各界以调查团此来之使命重大,并希望其将沪案、辽案实在情形,用公正之态度以报告国联,同时使中国之民族性及国家之组织情况,得以介绍于世界各国,因此极力筹备欢迎。

参加极踊跃,欢迎队将沿途排列

闻本京参加筹备欢迎之各界团体已有三百零九个,内分党部及农、工、商、学、妇女暨各机关。工商界参加之团体为最多,计有一百八十余个。其次为学界。本京共有大中小学校一百余,学生在一万以上,除各大学尚未开学外,中小学生之可以参加欢迎者约有七千余人。商界方面,拟每一商店推派一人欢迎,在调查团到京时,自三北轮埠或中山码头起,至励志社为止,沿途将有继续不断之欢迎队排列。学界尚决定选择年龄幼小而极其聪慧之小学生二人,届时往轮埠欢迎,以点缀此盛大之欢迎会云。南京市政府为筹备欢迎国联调查团起见,特令社会局会同首都警察厅通知各商店住户,所有悬挂党国旗须重新更新。尺寸大小亦须一律,并于是日各商店均派代表一人参加欢迎云。

国民外交会驰电,申诉所抱希望

中国国民外交后援会致国联调查团欢迎电云:"上海市政府吴铁城先生转国联调查团各委员鉴:慨自欧战以后,世界各国受战祸之惨毒,备尝痛苦。贵会为谋制止野蛮武力之再现而重苦人群,应运产生,以公理正义之主张,促进人道之光明,全球人士同声钦感。而非战公约、军缩会议所以消弭人类危机者,筹划尤为缜密,本会代表中国国民表示敬谢无量。岂料际此非战公约签字以后、军缩会议将开之时,东亚之日本竟倾其全国之海陆空军,于一九三一年九月十八日起,用强暴之武力占领我国东三省土地九万余方里,损失人命财产

不可数计。尚以为不足,更以海陆空重兵十余万占领我淞沪,轰炸我文化慈善机关。综计上海闸北一隅,被惨杀老幼人民,殆无一幸,极地狱之惨酷,灭人道之光明。直接受害者为我中国之无辜人民,然间接不啻与主张人道公理之贵会对抗。中国国民深知贵会维护世界和平之苦心,故自闻诸公来华调查之信,人人欢忻仰望。盖以制止日本野蛮武力之扩大,免除我国人民之横遭杀害及保障一切中外人士、工商各业之安全,全赖诸公今日以公明之观察,定平正之判断;世界上之公理正义能否存在,人类和平之能否永保,亦当视诸公对此次事件之判断而决定。本会系四万万人民所结合,为政府对外之后援机关,谨代表全国国民致其希望,并热烈表示欢迎诸公之诚意。特此电达,伏维公鉴。"

欢迎之标语用中、英、法三国文字

首都各界欢迎国联调查团准备事宜,连日经由京市党部召集各界代表一再集会磋商,大体业已就绪。如欢迎时参加团体行列之排列、路线之规定、参加欢迎者服装旗帜之准备及指挥纠察事项之布置等,俱已一一筹划妥善,一俟接得该调查团抵京确期时,即行分别通知各团体,整队前往欢迎。至关于宣传方面,近亦拟定欢迎标语数十条,概用白布书写中、英、法三国文字,于该调查团到京时,即张悬各街要道,以表热烈欢迎之意云。

励志社下榻,内部业已布置就绪

预备国联调查团下榻之励志社,经数日整理,内部已布置就绪,焕然一新。正楼之大厅陈设中国柚木、檀木椅桌及北平国货出品最华贵之地毯。四壁遍悬总理遗墨,琳琅满目。东楼布署与正厅无异。寝室用中国制之国货钢床,一切应用物品悉具。餐室则中西兼备。门外花场满植美丽之鲜花及翠柏,天然彩色映入眼帘,尤觉赏心悦目。此外,网球场亦加以整理,内部外观极为富丽堂皇云。

(《益世报》,1932年3月23日,第三版)

72. 筹备招待国联调查团，津浦派定专员负责，钢车卧车已调集一列，并借妥花车，北宁路专车昨试行一次

　　国联调查团业已抵沪，本月内即可北来。津浦路局曾以该路为调查团必经之途，除各大站地方官民分别准备招待欢迎外，决定派专员负责筹备招待事宜。昨据该路办事处消息，本路管理委员方面业经邱委员长等拟定办法，计推定该路委员钱宗渊为本路招待主任，机务处工事课长赵国栋、总务处材料课长程宗阳、总医官陈琰英、工务处副工程师陈德苓等为招待专员，协助钱主任办理一切，派庶务课长杨圣波担任车上设备及清洁事宜。刻以事关招待含有和平使命之外宾，应尽地主之谊，而本路现有车辆除已由洛阳调集蓝钢车八辆外，已派委员龚柏龄北上，与北宁路局高局长接洽，借用优美之花车二辆、饭车一辆。龚氏业经前日来津，闻接洽已告圆满，不日即可运送浦口，并入钢车，以备应用。届时另有铁甲车司令部发铁甲车一辆压道，并选精壮之护路队十六人随车保护。邱委员长亦拟偕同各员，亲自随车迎送，至北平后或可乘原车转赴东北。又北宁路局预备欢迎国联专车计十九辆，业经该局准备就绪，车内外点缀一新，均现由各处调来，车身是否坚固尚难知悉，特于昨日下午二时开赴北平，先行试车一次，俟得该团北上消息，即行南下云。

　　天津律师公会昨日下午四时，为讨论招待国联调查团，特召开临时会议，李洪岳主席。大致决定一方致函党政两方，说明本会派员参加准备欢迎，同时并派员前经省市政府及党部各方接洽。另外更由会拟制宣言，由各委参加意见，由高六吉汇说起草，务希于短时间内完成，以便译为英文，分送该团云。

....

（《益世报》，1932年3月23日，第六版）

73. 调查团分两路入京，一路乘轮、一路陆行过杭州，离沪期不改，留京四日北上

【南京二十三日下午八时专电】 铁部漾(二十三)令平浦车备招待调查团北上。外部息，调查团俭(二十八)到京。又传调查团到京后行程，将先赴汉，由平汉路北行，以掩饰津变痕迹。外部梗(二十三)接平、津、济、徐各地电告，欢迎调查团，并请示该团北上日期。

【南京二十三日下午七时专电】 外部招待国际调查团委员会连日筹备甚忙。该会现分总务、接待、宴会三组，如须有与地方机关接洽事宜，临时派员分头接洽。又闻国际调查团拟在京勾留四日，关于政府及各团体招待日程，已经招待委员会暂时配定，惟俟该调查团抵京后，或须修改。

【上海二十三日下午八时专电】 国联调查团现决分两组入京：一组为主席李顿、义代表马柯迪及秘书长哈斯等九人，宥(廿六)日晨乘怡和公司德和轮赴京；另一组为法代表克拉德、美代表麦考益及德代表希尼等，则于宥(廿六)日晨专车赴杭游览，再换汽车入京。我代表顾维钧及张祥麟则与第二组同行，由杭入京。调查团预定四月五日抵平，我方已预定北京饭店为调查团寓所云。日使重光葵漾(廿三)日在礼查饭店宴调查团，我方顾代表亦被邀。顾适有他约，复函辞谢。旅沪粤人以广肇公所名义，漾(二十三)日下午招待调查团茶会。

【南京二十三日下午九时本报专电】 国联调查团分两组离沪，定感(二十七)日同抵宁。京欢迎国联调查团筹备会已通知各团体，准备欢迎。其行列，乘轮来者照前定办法，乘车来者，由中山门为起点，至励志社为终点。

【上海二十三日下午九时五分专电】 日军此次在沪作战，始终以保护日侨为理由。但战祸一开，我国人民受重大之牺牲，而日侨商业停顿，亦蒙极大之影响。然事态险恶，解决非易，徒恃日军威力，欲压迫我国人民，事实上已不可能坐视不图补救，其自身之痛苦，将与日俱进。漾(二十三)下午，在沪日侨实业界代表福岛(三井洋行经理、公共租界工部局董事)、船津(在华纺织同业会总理事)、米里(上海日本商工会议所主席)诸人往访国联调查团，陈述中国

排日情形,讳言日本军阀对华侵略之无理,而强称东北及上海战争,其责任全在中国,日本所受损失非常重大,极愿恢复原状,希望各国为东亚商业计,共同制裁中国等语。

(《益世报》,1932年3月24日,第一版)

74. 调查团昨接见宗教家、慈善家,倾听朱庆澜之陈恳,日阀侵华阴谋全被朱揭破,该团明日入京,将经汉北上

【上海二十四日下午十时五十五分本报专电】 调查团晨接见吴牧师及朱庆澜,咨询两小时。宥(二十六)日李顿、柯迪、顾维钧及日代表十二人,决乘怡和德和轮及招商江新轮入京。张祥麟伴彭考益、克劳特、希尼赴杭转京。该团尚拟由京赴汉视察,改由平汉路北上。华代表处议案组主任钱泰等数十人,宥(二十六)日乘定升轮来津。

【汉口二十四日下午九时本报专电】 国联调查团约月底由京过汉转平。省府奉外部电后,已分令汉市府准备招待,公安局妥慎保护。

【上海二十四日下午十时专电】 敬(二十四)上午九时半,有牧师数人与国联调查团谈话,声述日军暴行之残酷与此次日军根本无出兵之必要,因上海无论如何决不致危及日本居留民之安全也,至十时半始告退。朱庆澜将军于敬(二十四)上午十时半与调查团谈话,由陈立连[廷]君为之翻译。朱君略谓:"余本吾三十年从政之经验,一论日本侵略行为:(一)日本在东三省之行为全同强盗。彼之所欲者攫取而经营之,待我方与之一再交涉,则被攫者已非我有。例如抚顺煤矿,迄今犹为中日悬案之一。(二)日本在东三省之经济势力,完全取控制行为,外人不得投资,华人亦不许投资也,投资权限,几为日方所独有。例如锦爱铁路,美人投资,即为日所制。日人动指华人排外,实则日人在我东省之排外势力,比我尤甚。(三)日本有坚决肯定之主张,为破坏我国政治之完整。如北伐军进抵济南,而被演成五三惨剧,继复炸死张作霖,恐吓张学良,不许悬青天白日旗等,则其例不胜列举"云。嗣由调查团提出质问,谓:"日人方面力言中国极端阻挠日本在东省发展交通事业,先生(指朱庆澜)亦有所闻乎?"朱君当谓事诚有之,例如吉会铁路日方名为发展东省之经济,实

则别具心肝,试一展日本文部省昭和四年印行之教科书中,有日本在东三省膨胀势力之一课,自可了然一切矣。调查团当表示相见憾晚,并询朱君有何办法。朱君答以"办法两字,现在尚谈不到。日本如尊重条约,诚意和平,自应立即撤兵,我国方面对国际联盟会之公允办法,无不诚意接受也。最后尚有一言奉告,即日军侵略我国之人,均为曾充我国顾问等类之人员"云。谈话时调查团全体团员均有特殊之注意。

(《益世报》,1932 年 3 月 25 日,第一版)

75. 调查团专车经过路线,北宁路局拟定警备办法,市府今日召集各界开会

北宁路局以国联调查团将来津平,前赴东省调查,对于该路沿线警备事宜,该局已有周密布置,业经令饬各警段暨分函沿线各军宪查照办理。关于防止无知幼童抛弃砖块一项,该局昨分函沿线各县府严密防止。文称:"迳启者:现查国联调查团业经抵沪,行将转程来津,前赴东省调查,道经本路,所有该团之保护,自应缜密,以期安全而敦睦谊。当经拟定该团经过时警备办法,除饬令本路各警务段队遵照办理,并呈请北平绥靖公署察核,暨分函河北省政府、本路沿线军宪查照外,查该项办法甲项第六款规定防止抛弃砖块,由地方政府转饬各村长注意办理等语。相应函请贵县长转饬本路沿线各村长,于该团专车经过时,严密防止匪人或无知幼童向车抛弃砖块,以免危害为荷"等语。又该路警务课昨日召集保护国联调查团之押车长□二十名训话,以期临时调动灵便云。

市政府以国联调查团行将北上,关于招待事宜急待筹商,兹定于本月二十五日下午三时,在市府大礼堂讨论一切。昨分函各机关各团体请推派代表,届时出席,以资集议,而利进行云。

(《益世报》,1932 年 3 月 25 日,第六版)

76. 调查团今晨同离沪，昨与工商代表晤谈，在沪观察惊讶华人组织能力，南京欢迎、警戒、招待一切完妥

【南京二十五日下午十一时本报专电】 国联调查团分两批来京：一批乘德和轮船，宥（二十六）晨十一时开，感（二十七）可到，计有主席李顿，义委员马柯迪，日代表吉田，我代表顾维钧、宋子文等；又一批则由杭来京，计有德委员希尼、美委麦考益、法委克劳德等，感（二十七）晚在京会齐。欢迎办法已决定，招待日程如次：俭（二十八）上午拜访当局，汪院长午宴，罗外长晚宴；艳（二十九）上午与当局谈话，谒见主席，主席晚宴；三十日蒋委员长晚宴，世（三十一）上午游览名胜，中央委员午宴。

【南京二十五日下午九时本报专电】 国联调查团分道来京，外部以麦考益等由杭来京，诸多不便，有（廿五）派轻快汽车十辆前往欢迎。中央、金陵两大学拟于调查团到京后，开联合欢迎会。励志社油漆辉煌，贴中、英、法文标语，如"抗日并非排外""上海与东北问题要同时解决"。

【南京二十五日下午九时专电】 国联调查团感（二十七）晨十时可到京。各界欢迎筹备会有（二十五）已通知各团体，务于是日按照规定地点先期集合，参加人员务须整齐，以壮观瞻，并各手持二号国旗一面，工界、农界行列沿江边马路站立，党部及行政机构行列一律沿中山马路站立，学校行列以新街口为起点，沿向励志社站立。

【上海二十五日下午十时十八分本报专电】 调查团今晨分别接见各界代表，王晓籁、虞洽卿、刘鸿生、袁履登等谈话。李顿表示，目睹战区悲惨情形，当更努力阻其再行发生。美代表表示：据闻人言，中国政府无统治全国之能力，但沪变发生后，民间对救济灾民工作极有组织，表示惊讶。次由王等详述：因日本武力压迫之错误，致激成抵货运动，我国赞同东省门户开放，只须不破坏领土及行政之完整；至沪案更出人意料之外，对暴日将沪国际贸易置诸死地，极痛心。市民大会代表任矜苹并向该团提出沪七十万市民意见书。该团调查沪案工作已完成，决宥（二十六）晨离沪。李顿、柯迪、吉田、顾维钧及副秘书长派尔脱及宋子文等，定宥（二十六）晨十一时乘德和轮入京，各国随员附江

新轮同行。麦考益、克劳特、希尼,由我方办事处秘书长王广圻于晨九时陪同,乘车赴杭游览转京。秘书长哈斯留沪,办理结束。钱泰改宥(二十六)日随行赴都。议案组人员决定即乘轮来津。

接见工商代表谈话

【上海廿五日下午十一时五分本报专电】 调查团李顿有(廿五)在华懋饭店接见市商会、总工会等团体代表王晓籁等。各代表以代表上海七十万市民之意见书一份,送陈李顿爵士。兹纪调查团与商会及工会代表谈话大要如下。(一)商会代表谈话。王晓籁问:"视察战区,对此空前浩劫感想如何?"李顿答:"极为悲惨。吾等视察后,当更努力以阻止此等惨事再见。至详细报告,须俟回日内瓦时,始可公布。"美代表麦考益问:"据人谈,中国政府无统治全国能力。但此次事变,华人领袖办理救济难民事宜颇有组织,收效甚广,并闻有市民维持会等团体组织。此种良好成绩,抑由人民自动,抑经政府指导发生?"王晓籁答:"中国人民向极统一,无分省界,虽政潮起伏,政见各有不同,但对外始终团结一致。"李顿问:"前承市商会招宴,兄弟曾说过,假设中日两国商会主席能被委为议和全权代表参加会议,结果必极良好。此语曾在旅途中对日商人谈及。为诚有此事,则阁下等被推为代表,开会时将代表中国如何发言?"贝淞荪答:"和平议案不能受任何人操纵。双方应开诚布公,结果当然良好。不过年来日本铸成大错,图赖武力解决东方问题,不知更易引起敝国人民恶感。敝国年来爱国思潮澎湃,日本如用武力压迫,万不可能。如欲谈判有良好结果,则须废除武人干政。中国近年来军阀渐次消灭,军事领袖颇重民意,已入民治途径。"又王晓籁答:"中日问题谋根本解决,须日政府履行屡次国际声明所负之责任,尊重中国领土行政完整。至东省问题,中国甚赞同门户开放,但须声明以不破坏中国领土行政完整为标准。"(二)工会代表谈话。首由工会代表傅德衡致词,对于日人卵翼下满洲伪国之背景与工人失业影响之严重,均有恳切之申述。末由李顿致答词,谓此次调查决以事实为重,对于所陈各点,表示欢迎接受云。

(《益世报》,1932年3月26日,第二版)

77. 本市各界筹备欢迎调查团，昨假市府大礼堂开会，决另组筹备处，分配到站人数

本市各界昨（二十五）日下午四时假市府礼堂召集会议，讨论招待国联调查团到津时之欢迎事宜，到市长周龙光，科长沈迪家、张锐，党部整委邵华、时子周，教育局长邓庆澜，省府代表黄宗法、陈□，律师公会李洪岳、赵泉，商会代表卞白眉，工会代表陈文彬、张广兴，自治监理处刘孟扬，士绅雍剑秋，北宁路徐股长及各报记者二十余人，由周龙光主席。开会后，首由主席宣布开会意义，略谓："国联调查团不日北来，闻□迳赴北平。关于本市欢迎事项，应如何筹备，请今日出席各界代表共同讨论，以便该团抵津时，能□整齐严肃之精神到站欢迎，俾免紊乱。人数方面应如何规定，亦应事先讨论"云云。复次，周宣读中央来电，略谓中央特派丁惟汾、罗家伦、张厉生三人北来，协办平津招待事宜，并以丁为主任云云。电文报告毕，即讨论严智怡提议之招待计划，当经逐条议决，到站人数以一千人为限，人数由党政工商学、慈善团体、自治界、新闻界共同分配详细数目。决另组织欢迎国联调查团筹备处，由省市政府及市党部三机关各推代表两人组织之，负责筹划各界到站人数之分配及其他与各团体间接洽事项。其筹备委员，除省方已指定严智怡外（其余一人另待推定），市府方面推定科长沈迪家、张锐两人，党部方面推定邵华、刘宸章两人，办公地点暂设市政府。所有到站欢迎旗帜及代表符号，均交筹备处精细规定，用资划一。至该团抵津时，欢迎人员□难一一登车，并经决定省委主席、市府市长、党部整委，率同外交人员暨民众总代表、新闻界总代表、名流代表若干人上车，表示欢迎之意，以免拥挤，用维秩序。其民众总代表，当场推定张伯苓、卞白眉两人，将来如有必要，可酌量增加。关于津变材料之搜集及民众方面发表之意见，经决定按照前议送交张伯苓氏汇总审核，整理编译，作成整个报告，将来即由民众总代表提交该团。同时并以津市曾遭极大变乱，决电邀该团来津一行，至下午五时散会。

（《益世报》，1932年3月26日，第六版）

78. 调查团今日可抵京，昨分两路离沪，李顿乘舟行，李谈调查毕东渡，稍留返华

【上海二十六日下午十时五分专电】 国联调查团宥（二十六）晨分两批离沪，美麦考益、德希尼、法克劳德及各秘书随员，中国代表团王广圻、张祥麟、朱少屏、朱凤千、魏文彬、萧继荣，军政部代表张汶等数十人，于宥（二十六）晨八时半，分乘汽车数十辆，驶往南站。华界沿途武装警察密布，保卫异常周密。街道亦扫除清洁，断绝交通。车站上有武装警察保护，公安局军乐队奏乐欢送。顾代表及市长吴铁城秘书俞鸿钧、公安局长温应星等，均莅站欢送。调查团与欢送人员稍事寒暄，即登特挂之花车，九时十分开行，欢送者均脱帽致敬。又一批为英李顿、意马柯迪及我代表顾维钧暨刘崇杰、王景岐、金问泗、颜德庆、严恩枢、张歆海、吴秀峰、钱泰、赵铁章，日代表吉田，秘书长□宾等数十人，宥（二十六）晨十一时在怡和码头登德和轮。事先捕房已派有武装中西探捕，在码头防卫。十二时该轮启碇，欢送人员纷纷致敬。顾夫人临时中止，未偕行。李顿在船中仍披阅往来文件，并谓："此次同船者，大多均为昔日国联中邂逅老友。今日旧雨重逢，觉有无限感慨。"言毕即散步船头，态度殊闲逸。又秘书长哈斯因事，改俭（二十八）乘轮入京。

【上海二十六日新联电】 今早李顿爵士由上海出发之先，谈话如下："吾等为中日两国及世界认为必须达到合理的解决，故而来此努力。抵上海以来，并未接到日内瓦何项之指示，然随情势之变化，而对国联总会负责任。吾等之日程，若遇必要时，随时可以修改。现在决定者，为今早离沪，滞留南京二三日及北平三四日，满洲约留三四星期，即赴日本滞留三四星期后，再返中国。然后即觅一清静之海滨居住，俾整理调查报告书之预定。回归日内瓦约在八月间。"

【山海关二十六日上午十时专电】 沈讯。日方为蒙蔽国际调查团，已将关东军司令部牌卸下，并强迫民意设立满蒙同盟会，贴附日标语。本庄又假造东北民众附日宣言。现沈市已布置许多附日证据。经日军抢掠一空之沈兵工厂，日方已予以整理，实行开工。

【杭州二十六日下午四时五分专电】 国联调查团美委员麦考益、法克劳德、德希尼等来杭专车,今晨八时十五分由沪开出,下午一时十五分抵省站。偕三代表来者,有随员及中国招待员等十余人。专车抵站时,欢迎军乐齐奏,党政各要人即上车与三代表握手言欢,各机关团体欢迎代表约二百人,高呼欢迎口号,并挥舞欢迎旗帜。三代表下车脱帽,笑颜与欢迎者为礼,并在月台上摄影后出站。站外又有欢迎群众约千人,狂呼"请调查团主持正义""打倒暴日"等口号。三代表旋即登汽车,直趋市府茶会。会后预定西湖游程,饱览湖光春色。晚应省府欢宴,夜宿西泠饭店,明晨七时由京杭国道入京云。又日机轰炸杭市死伤实情,省府已拟就系统报告交代表。

(《益世报》,1932年3月27日,第一版)

79. 国联同志会电国联及调查团,请注意东省现状及调查办法

【平讯】 中国国联同志会主席熊希龄昨电国联及国联调查团,说明东省情形,请其注意调查,大意译志如次:"中国东北三省自被日军强行占据后,官吏俱失其自由,所有表现尽由日人策动。最近溥仪就'满洲国'执政,亦日人胁迫所演成。据路透社消息,溥仪就职典礼之日,来宾百分之七十为日本人,可以证明一切。其尤足以证明东三省之民众不满伪国成立者,即各地义勇军之奋起是。如黑河、满洲里、沈阳、哈尔滨附近等地,已有风起云涌之势。按东三省居民自山东、河北、河南各省迁徙而来者,为数极多,已占过半,绝不容与中国分离。国联调查团抵东三省调查时,可毋向当地华人官吏方面询问,因彼等已受人监视,言语绝对不能自由,有名之绅士等亦早经来平,故进行调查时,最好避开日人,而询诸一般普通民众商人等,当较为翔实可信。敝会对国联保障世界和平深表同情,不过日人永远占据东省,终将演成世界最危险之一幕。因□如此,中国人将来势必以武力以收复失地,然又未免不合国联维持和平之宗旨,故甚望国联以最大的精神压迫,不用武力,使日本将东省驻兵撤退,将东省还诸中国。否则,中国惟有一战,或抵制日货,以与奋斗到底"云云。

(《益世报》,1932年3月27日,第二版)

80. 调查团视察战区详记：李顿对日军暴行不满

【上海通讯】 国际联盟调查团于昨日视察战区，上午九时在华懋饭店齐集，乘车出发，由日军司令部派员引导。团长李顿爵士与德国希尼博士坐第一车，顾维钧代表与法国克劳德将军坐第二车，美国麦考益少将与日本吉田代表坐第三车，中国代表处总务主任张祥麟与日本代表处秘书长盐崎共坐一车，意国马柯迪因病未去，秘书长哈士亦因事未去，由副秘书长贝尔脱前往。华方陪同者尚有参议王景岐及专门委员戈公振、张廷荣，国际联盟中国秘书吴秀峰亦偕行，先后视察真茹、闸北、江湾等处。兹将详情分志如下：

第一线

由华懋饭店出发，经北四川路、宝兴路、宝山路、宝通路、中兴路而至真茹。宝山路一带满目瓦砾，了无人烟，凡交通要口，均有日兵驻守，真茹则防御工事到处可见。调查团入暨南大学下车后，即由日军官每人授以英文日军作战地图，并声明华军退却后日军即来此驻扎。乃入致远堂及洪年图书馆略观，馆外侧门适贴有"反对调查团来华"标语，日人特举以示调查团中人，以为宣传资料。

第二线

由暨南大学出发，经大统路、新民路而至北火车站。日军预在站内月台栏布作小室，桌上陈一大地图，由一军官说明当时作战情形。李顿爵士询问颇详，历一小时之久始退出。乃经界路、宝山路而至商务印书馆，凡钢铁水泥之屋，墙垣犹存。调查团乃登东方图书馆各层详视，多为太息。

又讯。当国联调查团一行人等车抵北火车站时，日方已派植松少将等候立招待。各团员等下车后，植松取出先时预备之地图，向李顿爵士等作相当之解释。是时李顿爵士突以庄严之态度，询问植松曰："贵军何以向闸北无辜平民所居之房屋，作极端惨无人道之破坏？"植松答曰："因彼等所居之房屋住有不少华军，为炮火所不及，故用飞机轰炸之。"问："房屋中所居者必非尽为华军，日方何故不分皂白，一律残害之？"答："日方彼时用飞机侦察，以分别平民与华兵之所居，然后从机上以炸弹轰掷之。"问："飞机离地甚高，日方何以能分别孰为平民，孰为华兵所居？"答："日机能侦察清楚。"问："闸北平民所居之房屋，何故均为焚毁？"答："因其中藏有兵士及弹药甚多，故焚毁之。且华兵退时,亦曾纵火焚烧。"(按我军全师而退,秩序之佳,有西报可证。此言实诬我辱我。)最后爵士又问:"贵军此次作战,其目的□□□,贵军何以进攻?"日方闻言,支吾不能作答。爵士乃表示不满曰:"休矣!谢君之惠,请自此止。"

第三线

由东方图书馆出,经北四川路底天通庵车站、青云路、同济路、横滨路、三阳路、西宝兴路、柳营路、水电路、体育会西路而至江湾跑马厅。日方引调查团至屋顶,说明附近作战情形。又往观劳动大学及江湾车站。跑马场内现有美商团四人驻守。时已下午一时有半,乃经黄兴路、翔殷路、宁国路、平凉路而至公大纱厂,日军司令部在焉。调查团盥洗后,先入小客室小憩,旋由白川大将招待,至楼下进冷食。白川问李顿爵士须往吴淞否,爵士未置可否。顾维钧、张祥麟均谓吴淞地位甚重要,必须往观,爵士乃意决。至三时许辞出。

第四线

出公大纱厂,即沿军工路而至吴淞。军工路上日本军队往来频繁,沿江一带纯为防御遗迹,而镇内房屋已全被轰毁,有如大地震以后,较闸北为尤惨。三时五十分抵炮台,炮基多炸损,炮管多击断,旧炮且有移去者。经一小时退出,仍经军工路、平凉路、百老汇路而回华懋饭店,已五时有半矣。是日因便于观览,除麦考益少将有微恙乘轿车外,余皆无蓬[篷]。适沿途风沙大作,各人回沪对镜,几与黑人无异云。

贝尔脱谈话

调查团于昨日下午五时半返寓后,六时半秘书贝尔脱博士语中外记者云:"本团于九时后出发,午前视察闸北、真茹等,中午在日司令部午膳,下午视察吴淞炮台。以时间匆促,未视察被毁之大学。炮台中各物均毁,无一完整者。"记者问:"以君观之,此为战争行为乎?抑冲突性质乎?"博士答:"颇似战争行为。"问:"君之此行,有何感想?"答:"目之所睹,均是破坏。其惨伤之景象,一似昔年大战时之欧洲西部战场。"问:"李顿爵士曾详加询问乎?"答曰:"然。中以关于建筑物之破坏等问题为多"云。

(《益世报》,1932年3月27日,第三版)

81. 各界昨电调查团，请视察津变遗痕，全市民众表示热烈之欢迎

市政府于前日召集党工学商各界开会，讨论招待国联调查团办法，并推定各界负责人员，已志昨报。兹查昨日各报载称，据沪电报告调查团行程，将于二十六日离沪赴京，二十七日抵京，将来由京赴汉，北上抵平，由平赴东三省，过津时将不停留。该代表等以去年十一月八日及十一月二十六日两度津变，损失綦重，咎在日方，应请该团抵京时，有停留之必要，以便观察津变遗痕，特于昨日由市政府致电该团，请其过津时小住数日，津市全体民众当以十二万分之诚意欢迎招待。该电已于昨晚发出云。

（《益世报》，1932年3月27日，第六版）

82. 调查团昨莅临我首都，京市民团体整肃欢迎，美、德、法三委过杭时并未视战迹，李顿谈在沪晤各名流印象极佳，在京将谒主席、谒陵或往游金焦

【南京二十七日下午十时本报专电】国联调查团主席英国委员李顿、意委员马柯迪、我代表顾维钧、日代表吉田暨各秘书、随员等数十人，由沪乘德和轮来京，于今晨十时半到达下关江面，当即停泊江心。政府欢迎代表外长罗文干、海长陈绍宽、军次陈仪、京市长谷正伦等，已先时在江边迎候。迨德和轮停泊后，罗等乃乘预先备好之澄平轮驶至德和轮旁，登轮与李顿等一一寒暄，代表政府致欢迎之意。旋即分乘澄平等轮傍岸，海军部军乐大作，李等亦脱帽为礼。当乘汽车赴励志社，计第一辆李顿，由外部招待主任应尚德陪坐，第二辆马柯迪，由王光陪坐，日代表吉田乘第三辆，我代表顾维钧乘第四辆，顾夫人偕该团秘书眷属同行，其余人员亦分乘汽车随行。旋我方随行人员王景岐、金问泗、顾[颜]德庆、严恩樾、张歆海、吴秀峰、钱泰、赵铁章等，亦追从随至励志社。沿途各机关、团体、学校列队持旗欢迎者甚众。李等于十时许抵励志社休憩，

由徐谟等招待茶点。至赴杭之该团美委员麦考益、德委员希尼、法委员克劳德等，今晨由杭乘京杭国道汽车来京，正午过宜兴，即在该地午餐，沿途及汤山一带，我国均派有欢迎人员照料一切，今晚亦可到京云。

【南京二十七日下午九时本报专电】 李顿等到励志社后，京各界代表进见，李约定期详谈。外罗、顾维钧均往访，招待委会午晏李等。李在轮次向新闻记者谈："在京时间与北上行程，尚不能确定。际此欢迎者拥挤时，不能与报界交换意见，至歉。在沪时晤各界名流，印象极佳。中日争端，信当有公平解决。此来在聆华当局言论，俾作调查途径之遵循。"该团以旅途劳顿，沁（二十七）未晤客，艳（二十九）谒林，陷（三十日）休息，世（三十一）谒灵。闻该团将往镇游金焦。津浦路备钢车八、花车二，铁甲车压道，备调查团北上。

【南京二十七日下午十时本报专电】 国联调查团李顿等一行，感（二十七）晨来京。首都警厅为维持沿途秩序起见，特挑选精干警察一大队，自九时起，由励志社沿中山路至下关三北码头，加派步哨，另派巡逻队往来巡逻。励志社门首由宪兵司令部派干练宪兵负责站岗，沿途并有各中小学校男女童子军维持秩序。各界欢迎团体于八九时即分别整队，手持国旗鹄立马路两旁，静待欢迎。其行列秩序，为妇女团体、下关学校、社会团体、工人团体亦及农人团体，站立于中山码头至挹江门一带。顺挹江门内至鼓楼一带，则为党部、行政机关、商人团体等行列。再由鼓楼至励志社一段，则为大中小等行列。共计到学校及各界数百团体欢迎人员，约数万人。至本市各商店住户，俱高悬国旗，以表欢迎。沿途各处均竖有松牌中英文之欢迎标语。海宁门及新街口广场更搭欢迎大牌楼各一座，悬欢迎标语，如"欢迎公正严明的国联调查团""欢迎和平使者国联调查团""中华民国决不接受丧权辱国条件""中华民国绝不接受强权屈辱""抗日决非排外""中华民族为求生存而抗日""中华民国宁为玉碎不为瓦全""上海问题须与东北问题同时解决"等。

【杭州二十七日下午一时二十分专电】 国联美、德、法三调查员暨秘书及中国招待员等二十余人，及省府特派沿途卫队约二十人，分乘特备汽车二十余辆，于感（廿七）日晨八时四十分，由西冷[泠]饭店出发，循京杭国道晋京。杭市长、省府要人多至饭店欢送。预定在宜兴午餐，由外交部招待，本晚到京。三委员在杭除游览西湖外，并未察看日机暴行损害情形。又省府昨晚八时欢宴，鲁主席因病由曾养甫代表致欢迎词。美麦考益将军致答词，略谓："中国民族素称和平，吾人对中国极愿以和平方法解决纠纷。中山先生之主义原与国联精神吻合。吾人相信中国此种和平之期求,必得全世界之同情"云。又调查团秘书美人勃兰克思礼语记者:"此次中日事件实系全世界之事件,故国联为维护全世界之和平起见,务必努力以达最后成功。"

【南京二十七日下午九时三十分本报专电】 调查团美麦考益、法克劳德、德希尼三代表及秘书随员,偕同中国代表团王广圻[圻]、张祥麟、朱少屏、朱凤[凤]千、王文彬、萧继章[荣],军部代表张汶等三十余人,由杭分乘外部派往欢迎之汽车十辆来京。京杭国道由军队警备森严。该代表等于感(廿七日)晚七时半抵京,经中山门至励志社。军校乐队奏乐欢迎,我方顾总代表及罗外长亦在励志社门前迎接。麦考益等下车与顾、罗握手为礼,相偕入社内休息。顾维钧感(二十七日)午一时在铁部六号官舍宴调查团,晚八时又在励志社宴该团。

【南京二十七日下午九时本报专电】 自杭来京之调查团德、美、法代表,沁(二七)晚七时由京杭国道乘汽车抵京,即赴励志社。

【南京二十七日下午九时三十分本报专电】 调查团北上专车,顷津浦路委员会业已备妥,并由该路委员长拟定办法,推委员钱宗渊为招待主任,赵国楠、程宗阳等为招待员。除现有车辆外,另调集蓝钢车八辆,借用优等花车二辆、饭车二辆,届时由铁甲车司令部拨铁甲车一辆压道,并派路警十六人随车保护。

(《益世报》,1932年3月28日,第一版)

83. 调查团对各方印象极佳,汪、罗昨分别作盛大欢宴,政府将送致整个意见书,李顿谈国联必不负中国

【南京二十八日下午十时本报专电】 李顿答罗词,谓:"承京杭一带人民热烈欢迎,可见中国民众对国联信赖之殷,国联必不负中国期望。中国领土之完整、主权之独立,载在条约、公约中,国联自当保证其有效。予并敢代表国联,决不能任国际条约破坏,开未来纠纷之先例"等语。该团定四月一日离京,至是否经汉,迄晚尚未决。

【南京二十八日下午十时本报专电】 王广圻谈:"各委抵杭,曾游灵隐寺、

玉泉观鱼,经岳坟,过刘庄,最后赴市长宴及省委宴,各省委陈述日机扰杭经过。归途法委谓西湖之胜,名不虚传。美委抵励志社语李顿,谓'予等杭行,影象绝佳,不仅饱受景色,并得诚厚民风,途次辄念不能与君共游为憾'。"

【南京二十八日下午八时十分本报专电】 顾维钧谈:"此次调查各委,留沪十二日,对我各界陈述意见,甚注意,印象颇佳。政府拟有一整个意见书并日本侵华各种证据,现正复印中,日内可送交调查团。各委日内亦欲与我当局经一度正式商议,拟请我尽量表示意见,详明症结所在。"

访林、汪、蒋

【南京二十八日下午十时本报专电】 调查团李顿等俭(廿八)日晨由顾维钧陪行,自励志社出发,先往国府谒林。寒暄片刻,辞出。十时半,去铁部官舍访汪兆铭。十一时至陵园访蒋,双方互致钦仰之意。每处谈十余分即出。定艳(廿九)日午前十一时觐林,并将定期延见各界代表。又李等由陵园回励志社休息后,即赴汪兆铭宴,有宋子文、顾少川及各部长作陪,汪致辞(见另条),李致答,二时散。又李等午后乘车赴夫子庙一带游览,并购土产。

【南京二十八日下午九时本报专电】 俭(二十八)日上午八时,由顾维钧陪同李顿、马柯迪、麦考益、希尼、克劳德,由励志社往华侨招待所谒林森,九时往外交官舍谒罗文干。

汪欢迎词

【南京二十八日下午七时本报专电】 汪院长俭(二十八)日午宴请国联调查团致词,原文如下。"各位先生:各位先生负国际联盟之重大使命,远来中国,鄙人代表政府,谨致无限之敬意。各位先生为调查中日事件而来。各位先生于抵上海后,不辞跋涉,亲赴淞沪一带,查看战迹。日本海陆空军所加于中国人民土地之破坏,一切文化上经济上之建设为飞机炸弹及重炮弹击伤,荡为灰烬。从枪林炮雨之中逃命而出之难民,彷徨无所依归,学生失学,工人失业,社会问题益臻严重。至于因战事而致此辈之家属,孤儿寡妇,凄惶无告,又触目皆是。此皆一月二十八以来淞沪一带所受日本侵掠的战争之一幅写真,亦各位先生所亲接于目、闻于耳者。至于东北的情形,也就可以推想而知了。各位先生,中国与日本同为国际联盟的会员国,负有遵照国际联盟公约保障和平、杜绝战争义务,而今竟不幸,两国之间俨然发生战争的行为。鄙人今者郑重声明,此次战争行为之发生,中国方面实无何等之责任。中国方面实因受日本不断的攻击,始不得已而出于正当防卫。自去年九月十八日日本进兵侵占东北以来,中国遵守国际联盟会员国之义务,以此重大事件求决于国际联盟,行政院之决议中国无不诚恳接受。而日本则于国际联盟行政院之决议毅然违反,最近且以其陆海空之兵力蹂躏及于东南,本月国际联盟特别大会之决议,亦不值其一顾。所以日本方面不仅是中国领土主权之破坏者,而且是国际联盟公约之破坏者。鄙人于今代表政府,以中国人民之希望及志愿,奉告于各位先生,国民政府奉行中国国民党总理的遗嘱,努力于求中国之自由平等,所谓求中国之自由平等,其意义与排外全然不同。盖中国之自由平等,皆为中国国家及民族生存上之必要条件。中国曾将此等要求于民国八年间巴黎和会诚恳披露,接着又披露于翌年之华盛顿会议,其后十四、五、六年间,中国国民党的政府及其所组织的国民革命军由广州出发统一全国之际,更将此要求充分表现。因为这是任何一个国家为其生存上所不能不具有的条件,而其意义绝非排外,这一点鄙人不能不请求各位先生加以注意。中国不但没有排外的意义,而且对于和约国所订立的条约,亦无不尊重维持。中国固然有废除不平等条约的要求,但中国绝没有由单方面进行废除的意思。中国深知不平等条约之废除及平等条约之订定,不但为中国生存上所需要,而且于关系各国间亦有共同之利益关系,各位必能予以援助。鄙人于今举一例为证,这一次日本侵占淞沪,系以公共租界为陆海军作战根据地,此于中国防卫方面,实蒙极大之不利,而中国因尊重条约之故,始终不肯妨害公共租界之安全。当日本军队据公共租界而向中国军队发炮射击之际,中国军队因恐损伤及于租界,至于不肯还炮。举此一例,则中国政府及人民之忍耐程度,可以想见了。各位先生来自日本,或者听见说过中国人民有排日的事实,如抵制日货等等。鄙人如今附带说明,中国人民之有此等事实,乃日本对于中国侵略行为所激成。例如民国四年间日本以哀的美敦书强迫中国签订'二十一条',曾因此而引起中国人民抵制日货的事实;十七年间,济南惨案亦是如此;至去年九月十八日以后,则中国人对于日本之恶感,随日本的侵掠行为而日益扩大。如欲消除此等排日的事实,其唯一有效之方法,在日本消除其侵略行为。因为中国人民本来没有排日的意思,中国人民对于现在时局所抱的希望及志愿,为领土与主权之完整,所以对于东北最近的傀儡政府的出现,认为与日本当日吞灭朝鲜同一手腕,决不能容忍。至于在东北从事于经济的开发,则中国人民亟愿与各友邦携手进行,而其希望得有和平以遂其发展,亦与各友邦维持商务之热望,无有异致。兹者各位先生受国际联盟之重大使命来华调查,鄙人深幸得此机会,贡献其所见,以供各位先生参考,并愿尽其能力,协助各位先生完成此重大任务。敬祝各位先生为公理为和平有所成就。谨满举一杯,以祝各位先生之健康。"

罗欢迎词

【南京二十八日下午十一时本报专电】 罗外长俭(二十八)晚八时宴国联调查团于华侨招待所,并致欢迎辞如下。"诸君:诸君是代表全世界最高的权威(即国际联合会),本部长现在代表中华民国国民政府欢迎诸君,非常欣幸。这次事变发生之始,我们就立即诉诸国联,深信各国正式并自由签订的国际条约,必能为我们作正义的保障。对于国联行政院及大会殚心竭力的工作,以求缓和此次事端或缩小事变的范围,本部长深幸得此机会,明白表示中国感谢的热忱。尤其使我们不能忘怀的,即曾充国联行政院主席的一位大政治家的溘然长逝,引起全法国人民的哀悼和人类的同情。诸君莅临中国,适当中国历史上一个最悲惨的时期。当诸君离欧时,东省事变的勃发,已足危及中国领土的完整;随后日本在上海的军事行动,更使中国社会和政治组织的基础濒于危殆的境地。诸君都知道中国自宣布共和以来,想法适应政治上和社会上的近代观念,希望由和平而渐进的发展,中国对于全世界的繁荣和进步可以有充分的贡献。我国完全明了这种事业的前途横布着许多的困难,在幅员辽阔的国家,差不多占全世界五分之一的人口,加以交通不便以及其他种种原因,致智识阶级对于民众的努力,未免迟延而少功效。中国政治与行政的组织,与诸君本国不同。中国所有关于领导和发展共和政体的大业,至为艰巨,因此各种障碍,亦在所难免。我们有时不得不尝试新试验,以促进实现我们的新理想,但我们至少希望没有外来的危险,并获得各国的同情和友助,尤其是土壤相接的邻邦的同情和友助,以继续我们的努力。在我们正在试行解除各种阻碍的时候,不意竟有一邻邦于事前不为预告,也不诉诸国际公法上与中日两国共同签字的条约上所规定的和平解决国际纷争的方法,而突然用军事力量攻入我国,先袭我东省,继攻我天津,复攻我上海。我们对于这个邻邦,本来希望和他依据平等、互相尊重主权独立的原则竭诚合作的,乃不料他竟有此种出乎寻常的举动。我们是最爱和平的国家,所以自始即采取最和平的态度,满望着以我和平的态度来改易他侵略的行为,不料此种希望终归泡影。而此次在沪时,对于自一月二十八日以来关于上海事变的经过，谅已能搜集适当的情报，尤以诸君公平的眼光，来估计一般无辜的民众所受的痛苦。我们为保护领土起见，对于侵略者曾经加以抵抗，并为自卫计，将继续抵抗。但我们深愿和平，并愿根据国联决议案及现行条约，缔订任何公正办法，以解决时局。我们对于诸君调查的结果和诸君对国联的建议很为信赖，我们深知诸君具有大公无私的精神，在调查时所需各项材料和各种情报，自当尽量供给。我们毫不隐蔽，深信坦白无私最足表现我方理由的公正。鄙人谨举杯，祝诸君的康健和诸君使命的成功。"

李顿答词

【南京廿八日下午九时专电】 外交部长罗文干俭（廿八）晚宴国联调查团。罗致词后，李顿代表该团致答词，略谓："适聆罗外长讲到白里安为世界和平努力，现已溘然长逝，此诚为全世界足资痛悼之一事。但余认为白里安虽不幸与世长辞，然世界和平决不因之而中止。国际联盟为世界和平之柱石，对此次中日间不幸问题，决负责解决。中国由旧国家一变而为新国家，中间必经若干困难，若能万众一心，努力做去，必能迅速的达到预期的成功"云云。李顿发言时，态度极为诚恳。至十时，宾主始尽欢而散。

【南京二十八日下午七时五十分本报专电】 李顿答汪欢迎词，谓蒙招宴，甚感，国联最大使命，在和平解决国际争端，消弭人类敌对战争。对中日争端所引起惨战，殊觉不幸，定当遵照行政院大会决议案，秉公调查，使争端能和平解决，纠纷早日消弭。调查团对报界茶会谢却，惟云愿分批接见各报记者。闻京报界以招待调查团非徒系探询消息，实欲将舆论界所欲言之事实供该团参考，拟将意见书送去，派代表晤调查团解释。

(《益世报》，1932年3月29日，第一版)

84. 欢迎调查团，汉口绥靖署拟定程序

【汉口二十八日下午十时本报专电】 绥靖署俭（二十八）日议决欢迎国联调查团程序，宴会分两天举行：第一日午省府欢宴，晚何成濬宴；次日午民众团体公宴，晚市府宴。

【汉口二十八日下午七时专电】 绥靖署俭(二十八)日召各界代表会商欢迎国联调查团事宜。决设招待处,由陈光组负责,下设总务组、交际组,吴国桢、席德炳分任主任,并聘王世杰等二十余名流任交际,住所设法界中央、□明两饭店。

【汉口二十八日下午五时五十五分本报专电】 日界各处沙袋,俭(廿八)日全部撤除,艳(廿九)日可撤完。

(《益世报》,1932年3月29日,第二版)

85. 中央纪念周褚民谊报告调查团之行程及国难会议

【南京二十八日下午八时本报专电】 中央南京办事处俭(二十八日)晨十时纪念周,到中委居正、邵元冲、陈肇英、张道藩、谷正纲、杨虎、陈立夫、褚民宜[谊]、邓飞黄等,居正主席。褚民谊报告,略谓:"国联调查团昨已到京,东(一日)离京赴汉。此次调查团在上海吴淞、闸北一带调查战区状况,对日军毁坏中国建筑物及文化机关甚为注意。尤其英代表李顿爵士、意代表马柯迪伯爵,对中国文化机关之被摧残更为关心。上海在全国文化的地方可算第二位,综计有大学二十、中学八十、小学七百,学生五万余人,现在均已失学。将上海这次所有的损失统计起来,有十五万万元之多。就中商务印书馆和东方文化图书馆占四分之一,其余是纱厂、商店、市民房屋,现在恢复甚是不易。调查团到京,是顺便来参观,并谒见主席和各要人,因为他们在日本时也曾经见过日本天皇。现在政府虽是已迁至洛阳,先是林主席和汪院长、蒋委员长等均在南京,因此他们来京,并且将往汉口。汉口水灾情形很重,他们见了这种情形以后,就可以想见去年日本乘我国水灾机会,不顾邻国的危难实行侵略。当日本地震时,各国和我国都竭力救济援助,而日本反于我国水灾甚重的时候占领东北,并进侵上海,调查团看见这个情形,当作何感想?此次中日事件,重要地方□是东北。调查团在南边耽搁不久即将北上,在东北作详细调查,并拟重到东京,到暑假时再来中国,并在北戴河避暑。四全大会决议召集国难会议,由一中全会决议,交行政院召集,并决定讨论范围为御侮、赈灾、绥靖等三大事项。国府已发表会员四百零八人,国内硕学知名之士都在延聘之内。现定四月七日在洛阳举行,还有人主张国难会议在南京开的,但是二中全会决议国难会议应在政府所在地举行，无论何人不能变更二中全会的决议案。现离开幕日不远，如各同志有向国难会议提案，希望集中于御侮、赈灾、绥靖三大问题。"

（《益世报》，1932年3月29日，第二版）

86. 招待调查团，北平方面筹备就绪

【北平电话】 北平欢迎国联调查团之种种设备，均已拟定，兹将各项情形分志于后：

调查团及随员共三十人，日本代表及随员十四人，中国代表及随员三十八人。该团到平后，共备房二十三间，除客厅七间外，有会议室一所、日代表及随员十四间、中代表及随员四十间。办事处定北平饭店，计房八间，六国饭店十四间，及中央饭店、长安饭店。已定备乘汽车，计绥靖公署四辆、刘翼飞一辆、张学铭一辆，不敷用时，由各汽车行雇用。所有茶艺由外交保管处预备四十六名，计二十二名着燕尾服，二十四名着蓝布大衫。调查委员及秘书长乘别克车六辆，车夫各着新制服一套。以怀仁堂、居仁堂、迎宾馆三处为招待宴会及茶会之所，所有房屋均已鸠工修葺。

车站及北京饭店前各搭彩牌楼一座，各机关、学校、商店，届时一律悬旗。专车到后，由武装宪兵警察随车保护。所用音乐队，由绥靖公署、公安局、卫戍司令部三处调用，并向青岛沈市长调拨海圻乐队欢迎。计乐队一百人、军队二百四十名、警察八十名、宪兵二十名、各机关代表二百六十名、报界六十人、各团体二百五十人、各使馆四十人、招待人员四十人，以上计一千一百人。该团到平时，陪伴代表大员亦已拟定：英代表由顾维钧、萧成章、张昶云陪伴，美代表由萧成章、赵健堂陪伴，法代表由陈任先、唐俊夫陪伴，德代表由王叔勤、蒋志汉、徐迅言陪伴，义代表由唐心畬、沈贵基陪伴，秘书长由唐心畬、徐迅言陪伴，此外尚有沈祖同、王健尧、沈能毅、杨居奇、蔡元、王旭波等陪伴。

招待日程刻已拟定，此外如有参加招待茶会或宴会者，在轮空时定之。第一日未定。第二日上午游览三殿古物陈列所，正午未定，下午游览雍和宫、孔庙、国子监，晚宴张学良。第三日上午未定，正午北平文化机关及学术团体宴会，下午游故宫博物院、景山，晚宴北平市长周大文。第四日上午未定，正午国际联盟同志会、全民救国协会、中华民众救国会、北平国难救济会，在银行工会

举行,下午平津新闻界宴请,晚辽吉黑三省政府宴请。第五日上午游西山,正午游览颐和园,下午参观清华大学及燕京大学,并举行茶会。第六日上午游览天坛、中山公园、北海公园、北平图书馆,正午北平总商会自治委员会宴请,下午顾维钧夫人、张学良夫人、周大文夫人茶会,晚青年会、妇女协会宴请。

(《益世报》,1932年3月29日,第二版)

87. 退盟空气显有作用,威胁行将出关之调查团,进一步试探国际间舆论——日内瓦、华盛顿之观察不约而同

【日内瓦二十七日合众社电】 今日传来日本有意退出国联之消息,使国联职员及各会员国如坠[堕]五里雾中。数日来,一般盛传,倘行政院或国联大会对上海及满洲中日纠纷,坚欲实行其历次决议案及国联盟约各条,日本决退出国联。国联职员认日本退出国联之威胁,不啻一试飞之轻气球,目的在进一步试探国际舆论。出席国联之中国代表声言,日本之作用在暗示国际调查团勿调查满洲,然此项工作系调查团之使命也。李顿领导之调查团,目前拟取道杭州、南京、汉口,北上过平赴满洲。此间均相信,日本仍将为国联之一员,仅日本少数军阀愿退出国联云。

【华盛顿二十七日合众社电】 美政府当局今日对日本将退出国联之威胁的消息,复表示深切之注意。然退出之步骤,须经二年始能完成。是日有共产党约三十人,在日本使馆举行示威,高呼反对日本帝国主义之口号,并企图冲入日使馆。彼等要求,将使大使出渊驱逐出境。当事件发生时,出渊镇静如常,继续进餐。殆[迨]警察赶到,攻击群众,并将群众驱散,夺取共产旗帜,有数人头破血流。在秩序未恢复、反日示威未平静以前,共党有二十人被捕。此间当局云,日本退出国联之威胁,可以认为系达到"亚洲人的亚洲之政策"的一种步骤。然华盛顿方面一般相信,仅少数日本军阀主张退出国联云。

【东京二十七日路透电】 当地日本报纸宣称,日本政府行将通告国联,声明倘关于满洲纠纷使用盟约第十五条,日本则退出国联。此项报告尚未证实,但此消息有相当根据,亦有可信之理由。因闻国联秘书长德诺蒙氏,两三日前曾通告佐藤氏云,国联不顾日本屡次之拒绝适用第十五条,仍拟适用该条云。

【华盛顿二十七日路透电】 今日共产党在日使馆门外示威,数人受伤,示威群众手持旗帜,大呼反对日本帝国主义对华侵略口号云。

(《益世报》,1932年3月29日,第三版)

88. 调查团昨觐林,晚赴林宴,汪提出我政府具体希望,五委议定经汉口赴北平,李顿表示国联帮助一会员国时,必以不伤害其他会员国为条件

【南京二十九日下午七时二十五分本报专电】 调查团艳(二十九)日午前,由顾维钧伴往国府谒林主席。事前府派宪兵一排,站守二门,国府乐队奏国乐欢迎,二楼主席会客室点缀一新。调查团到府时,由典礼科长刘迺蕃领登二楼主席会客室,罗文干先到府迎迓。林与各委晤谈约半小时,由顾维钧翻译。至午辞出,返励志社。

【南京二十九日下午九时专电】 艳(廿九)午后汪至励志社答拜调查团,除寒暄酬酢外,关于远东和平问题,亦各有谈及。汪行后,蒋中正亦至励志社答拜。晚八时,林森在国府第一会议厅欢宴调查各委,并邀汪、蒋、宋、罗、顾代表等作陪。席间林致欢迎词,李顿致答如仪。九时一刻始上菜。

【南京二十九日下午九时三十分本报专电】 调查团在励志社开会结果,决定去汉口停留三日,由汉乘平汉车去平。散会后,旋同乘车至铁道部一号汪行辕,参与我方召开之谈话会。主席为汪,左蒋右顾,此外,如罗文干、陈公博、朱家骅、陈铭枢等亦到。五委在长桌右侧,我方在左侧,汪居中。席间由汪提出中国政府具体希望,与调查团五委交换意见。至六时许始散会。

【南京二十九日下午八时专电】 调查团、我国代表团,定三十日前由顾维钧代表召集全体委员顾问开一会议,专讨论该团北上各项工作之进行。又我政府向调查团提交之意见书,再经一度审查,即可送出。

国府晚宴,主席致词

【南京二十九日下午十时本报专电】 国民政府林主席于艳(廿九)晚八时,在国府第一会议厅宴请国联调查团,并请我国参加代表团顾代表暨重要人

员及各院部会长官等作陪。当调查团进国府大门及至第一会议厅时,各电影社记者均摄取有声电影。宴会时,林主席即席致欢迎辞云:"本主席代表国民政府暨中国人民,谨致极诚恳之欢迎于李顿爵士及团员诸君。吾人之热烈希望与志愿,即在诸君之使命得告成功,庶几远东之重大国际危机得以避免,并对于因维护某种主义而为此后世界所乐于随从者创一先例。中国人民酷爱和平,吾人认为时至今日,国际和平尤为重要,各国间之敌对与不和行为,足使各国同蒙损害而一无所获。吾人深愿与远近各邻邦和平相处,是以虽在此以往及现时最难堪情势之下,吾人仍竭力容忍,完全信托国联,因其不但为宽大与文明之世界舆论所拥护,且为和平主义之具体表现。即此一端,已能导世界各国人于未来进步与兴盛之域。至此项友好关系之增进,赖所有条约之相互尊重,凡属文明国,自应有尊重条约之精神,且此为盟约基本原则之一。吾人确信,耐久之和平非军事力量所能保持,必须出诸公正与善意,方能奏效。竭诚希望诸君经此次调查之后,得一公正与永久之解决,藉以整理中日关系,保全远东和平,此不仅中日有利,即有关系各国亦均有裨益焉。兹敬再向诸君致欢迎之意。"

李顿答汪、罗词全文

【南京二十九日下午十一时本报专电】 国联调查团首席委员李顿俭(廿八)日答复汪院长、罗外长之演说词,全文译志如下:

(一)答复汪院长之演说词:"贵院长代表中华民国国民政府,予敝团以诚恳之欢迎,鄙人谨代表调查团同人表示感谢。鄙人等昨晨莅止贵国首都,民众既热烈欢迎表示信任,即由杭来京之同人,沿途亦感受民众之热血的表示,鄙人等实觉印象甚深。现在贵院长又复以代表全中国之名义,予鄙团以欢迎,且声明信任国联,希望国联以有效之赞助解决此次纠纷,殆对民众之所表示者,更加以征信。敝团蒙贵院长款待,实觉非常荣幸。敝团承认中国已于情感煽动极端困苦之情形下,表示极度之含忍,而中国政府又复以具有勇气,将此次纠纷,完全交由国联处置。鄙人敢保证敝团必将尽其能事,实现该项结果。凡被人信任者,则必设法无负其信任,此盖为人类所公认。国联对于各会员国,固承认负有此种不负信任之义务,但其帮助某一会员国时,又必以不伤害其他任何会员国为条件。国联决不能帮助一会员而伤害其他一会员国,但却有许多方法,国联可利用之以帮助任何会员国,惟必以无损其他会员国之权利为前提耳。顷闻贵院长云：'中国人民只有一愿,即愿保持领土行政之完整。'鄙人今敢立即保证,无论国联如何之解决,要必以此点为一条件,良以国联决不能向其会员国提出任何与各该国条约上所负义务相冲突办法也。在上述条件之下,国联特派敝团事前来贵国,其任务即在于国联权力范围内,尽量帮助且保证获得一公正无偏之判断焉。"

（二）答复罗部长之演说词："顷蒙贵部长致词欢迎,非常感谢。鄙人等此次来贵国首都,诸蒙款待,而民众对敝团之工作又觉极感兴趣,鄙人等实觉愉快非常。今午汪院长宴会席上,鄙人已代表将此意即席申述。白里安君之死,实为世界之损失。贵部长顷已说及,且已表示非常痛悼。知努力于国际和平之政治家,实以白里安为最,增进世界对国联之信用者,实又以白里安为唯一之功臣。鄙人犹忆日内瓦某次国联大会开会时,有一代表曾对鄙人云：'白里安实为现代和平之主要柱石。'现在此项柱石已不幸不复存在,然白氏毕生之工作,要绝不因其★①逝而相随以俱亡。国联曾遭遇多次之困难,白氏故能便宜渡过,惟是此次之困难,则较从来所经历者,为更严重、更复杂,且难解决,现已使国联所赖以存在之各原则,呈极端紧张之状态。以白氏领导之天才、悬河之妙舌,前此所以为吾人之领导,且更遭遇困难之国家得有心理上之安慰者,今时不可复睹,能勿使人凄恻？且也本团之派遣,即系白氏任行政院长时所为。白氏今乃于国联最感困难之时期,溘然长逝,其为不幸,岂有涓涘［埃］？惟白氏之工作既已,成绩未著,鄙人敢信国联终必能证明其实能承担其所应担之重任。吾人深悉中国当此过渡时代,应经过种种特别之困难。中国幅员既如此之广袤,交通又如此之不便,则因谋民国之统一而发生种种之阻碍者,实属无可避免之事。此种种之困难,原应获得其他各国之同情与扶助,即将来解决中日争论时,亦为绝不忽视。国民政府果能具有决心与毅力,则自能战胜此种种困难。国联方面,要亦必尽其能事,使中国得有国际之和平以达到此项目的也。"

（《益世报》,1932年3月30日,第一版）

---

① 编者按：原文如此。

89. 首都新气象：招待调查团之布置

【南京通讯】 国联调查团一部份委员及中日双方参加调查团人员，于昨晨由沪乘轮来京，约今日上午十一时左右可抵下关三北码头。闻外交部招待委员会已会商地方军警机关，调查团未到以前，自下关至励志社止，沿途加紧戒严。除外交部、军政部、市政府等机关代表，政府欢迎人员及外交部接待员所乘汽车有特别标识可至江边外，其余人员概不准乘车停泊江边。

清除怡和码头

本京方面因接沪电，得悉调查团一批乘英国怡和公司德和轮今日到京，故于昨日起将怡和码头一带派员清除，并将浮摊及停车场移开，地面亦均铺以沙土。趸船及跳板，由公司派人洗涤。各街冲要路口，加派宪兵站岗。由怡和码头起，至海陵门一带街道，均已由工务局铺平，并举行清除。城内各街道，亦均整齐划一。海陵门及新街口所搭之欢迎牌楼，昨日下午已经竣工，高约十余丈，上面亭式，用绿布扎成，四柱均用蓝边白布环绕，中间交接处则用柏叶扎成长匾衔接，绿白相间，颇为美观。此外，京杭国道及中山门一带欢迎布置，昨晚亦已竣事云。

励志社之布置

预备国联调查团下榻之励志社，昨日已经布置竣事。大门对面悬中西文标语两则，用白布书写，华文绿色，英文红色。右边文为"中华人民宁为公理而死，不受强权屈辱"，左边文为"欢迎主张正义的国联调查团"。大门外之铁栏杆短墙上，每墙垛上交悬国旗两面，中挂励志社徽磁碑，墙上并缀以红绿电灯。大门置有门岗二，由宪兵担任，呢衣皮靴，极为整齐，每人并手持指挥刀一柄，以便致敬或指挥之用。门内广场柏油路及中间花圃，亦均整治竣事，遍植美丽鲜花及葱茏翠柏。广场西之网球场，布置一新。门内秩序由一零九团之遗族学校童子军担任，并在正厅之东，搭行军布棚七座，为童子军休息之地。励志社正厅陈设，用中国柚檀木桌椅及国产高贵地毯，四周挂总理遗墨。其东厅会客室布置亦如是。楼上卧室悉用西洋式布置，钢床、桌椅、洗面台均用国产，一切日用品悉具。侍役均衣白衣蓝边，左方署"励志社"三字。此外该社各干事亦分任招待职务。

宴会中之余兴

闻政府宴请该团，均吃中国菜，海味八珍，无美不备。又因该团远道来京，不无劳顿之苦，宴会时奏中国乐，八音具备，委婉悠扬，届时调查团诸公必当凝神以听东方大国爱好和平之声矣。我国拳术向著于世，欢宴时并请老人舞剑，以示国术之妙。老当益壮、年富力强者更可想知，其有裨于身体精神，当更为调查团诸公所深信也。

（《益世报》，1932年3月30日，第一版）

90. 李顿爵士词勉遗族童子军

【南京廿八日下午十时十分本报专电】 革命遗族学校童子军俭（廿八）日排队至励志社谒李顿。李致训词，谓："此次见诸位，使予回忆与童子军鼻祖鲍尔威同在一队服务时光景，□对诸君格外兴□。望汝等按照童子军服务精神，不论时间空间，尽量发挥出来，使全世界人类得到服务好处。"

（《益世报》，1932年3月30日，第二版）

91. 调查团行程曾一度在沪成为问题

【上海通讯】 上海哈瓦斯社本日发表廿二日日内瓦电，上海租界中有特别利益之列强代表所送之第十二次及第十三次报告，顷已由国联秘书长转交大会。中国代表于三月十九致函国联秘书长内开："顷接国民政府行政院宋副院长电称，国联调查团之留沪不便延长，该团如变更态度，实非中国政府所能赞助。该团之任务原系调查满洲，故中国政府盼其从速前往满洲"等语。中国代表请将此电通知希孟主席及十九代表委员会之各委员。国联秘书长答称，来电接悉，渠意中国政府意见，可由中政府自行设法或交由中国之助理员（指参加满洲调查团者而言），或以其他方法直接通知调查团，并请中国注意于三月十八日送达大会之文件，该文件内载明已经采取之办法。秘书长复文又谓，调查团之任务于十二月十日之决议案中所规定者，毫无变更。秘书长当将中国来函及其复文一并通知大会之特别委员会及日本代表。国联调查团具报后，当向该社有所解释，谓"敝团留沪时日与行程，系与中国代表共同商定"云云。同时，外交次长郭泰祺特为声明如下："今晨见报载中国向国际联盟抗议调查团□迟赴满消息，深为骇异。查中国并未有训令致颜惠庆博士，令其抗议调查团对于任何问题之态度，且更不欲抗议其小驻上海，以受各界之欢迎。刻已致电中国代表团查询报载消息，是否确实。按东三省事态之迅速发展，使局势纠纷日甚，中政府之焦虑固为人人所共知。此种发展与政府方面之意见，亦曾时常电中国代表团。设果有此类意旨之公文送至国联，定必全系电文传递之际字句有衍误所致。盖调查团之行程，完全与中国代表商榷而定，中国方面自无不满意之理"云云。哈瓦斯社亦发表声明云："日昨本社由日内瓦接得关于国民政府财政部及行政院副院长宋子文致电中国驻日内瓦首席代表颜惠庆之消息，今晨上海各报均经登载。顷本社得悉，此项消息传出之后，中国人士颇以为异。本社认为日昨所接日内瓦消息，应补充说明如下，以明真相。先是数日以前，英国驻华公使蓝博森曾电达伦敦，先向英政府，次向国联会秘书处征询是否赞成现在上海之满洲调查团参与解决上海事件之谈判。因此，伦敦、日内瓦及其他政治中心自然各有意见表示，而中国出席国联会代表团以此事向南京政府电讯意见，自属意中之事。宋子文氏可以代表中国政府意见，自无可疑。渠因中国代表团请示，乃复颜惠庆一电，谓满洲调查团之行程及程序，均经一九三一年十二月十日国联会行政院决议案予以规定，中国政府不愿其有变更。宋氏此电经颜惠庆以公函送达国联会，而秘书长德鲁蒙即对此公函答称，中国政府意见有法向满洲调查团直接声明，特别可由中国助理员顾维钧为之转达。并云调查团之任务，经上年十二月十日国联行政院决议案规定之后，并无任何变更"云。

（《益世报》，1932年3月30日，第三版）

92. 招待调查团，沪地方维持会派陈立廷来津

上海市民地方维持会为招待国联调查团，特派陈立廷来津，昨业电市商会介绍，原电如次："市商会鉴：国联调查团来津，关系非常重大。此间统由陈君立廷周旋招待，兹为接洽起见，特请陈君即日北来，面陈一切，以备顾问，特电介绍。上海市民地方维持会叩。勘。"

（《益世报》，1932年3月30日，第六版）

93. 调查团征询我政府意见，昨见民众代表，晚赴蒋宴，明后日赴汉，留三日返京，伪国拒顾问题李顿已电国联请示

【南京三十日下午七时十分本报专电】 陷（三十）午后四时，在铁部一号开第二次会议。我方到有汪、蒋、罗文干、宋子文、陈铭枢、顾维钧、陈公博、朱家骅、褚民谊等，调查团方面李顿等五委全到，仍由汪主席。续将中国政府意见提出，供调查团参考，详细内容未公布。闻调查团曾提出意见，谓万一如日方将军队悉由东省撤去，华方将如何接收，办理善后。调查团意似探寻我政府对整理东省意见。我方如何答覆，官方未宣布，但知多数负责人均表示此系内政问题，中国政府必尊重既订条约，使东省能依照门户开放主义，欢迎各国共同投资，中国政府绝不能使东三省为一二国所垄断，更不能承认丧失领土主权契约。调查团对我方意见殊谅解。

【南京三十日下午七时十分本报专电】 调查团如东（一日）不能成行，冬（二日）决离京乘轮去汉，勾留三日，仍原轮返京，再由京去平。自外电传伪国反对顾维钧以参与代表资格去东省消息到京后，官方无意见发表，惟认系日方所嗾使，喧宾夺主。但中日两国派员参与调查团，系国联决议，故顾之地位亦为调查团一份子；我方汪、罗、林宴调查团时，兼邀日代表吉田，即系认吉田为调查团一份子，而非敌对国家之人员。现伪国既有此表示，我方当静候国联处置。至顾代表行动，仍如原议筹备进行，绝不因伪国反对中止。惟我报界随调

查团去东北事,因吉田无表示发生问题。又顾维钧陷(三十)日午前十时去励志社,访李顿等,商谈伪国反对其去东北问题。闻李顿尚未接伪国正式表示,仅见于报端,已电国联请示办法。

【南京三十日下午十一时本报专电】 调查团各委为明了我政府对中日问题之态度起见,连日在京集会,非正式讨论,并交换意见。至政府向调查团提出之意书,已脱稿,三十日我代表专开会审查后,世(卅一)由顾正式递送李顿。又调查团决改道赴汉,在汉至多勾留三日回京,再循津浦路北上。闻铁部电令津浦路局知照招待处与怡和公司接洽,世(卅一)由沪出发之陵和轮①包定舱位,东(一日)前可抵京,供调查团乘坐。预计庚(八日)由京北上,过津时大致不再下车,在平拟作一星期勾留,即出关。

调查团听取民众之意见

【南京三十日下午八时二十分本报专电】 京教育界代表陈裕光、刘振东等,陷(三十)午去励志社晤调查团,由美委员麦考益接见。该代表等陈述教育界对中日案意见及日本破坏文化机关情况,麦允转该团。午后一时,国民外交后援会代表亦往见,仍由麦接见。该团定世(三十一日)晨接见其他团体代表。

【南京三十日下午八时五分专电】 世(三十日)②前调查团各委游览名胜,其地点首赴总理陵墓,转灵谷寺、明孝陵,如时间可能,尚拟往游五洲公园。十一时返励志社,接见首都各界代表暨对日外交委员会谈话。首都新闻界代表届时亦拟往谒。中午应中委宴会。

【南京卅日下午十时专电】 艳(二十九)晚林主席宴调查团时,日代表吉田亦被邀赴宴。宴毕,吉田与汪院长略有酬答,陷(三十)晨吉复往访汪于行政院,彼此表示望早日解决纠纷,恢复和平,以立东亚及世界安宁之基础。国联调查团陷(三十)午接见中国国联同志会理事程锡庚、陈登皋,李顿询问东三省及上海事件及中日外交历史甚详。至我国代表参加调查团,系遵国联决议,当不致有何问题。首都农工商教等团体代表定明晨晋谒调查团,请速赴东北调查,早日解决中日纠纷。又国民外交协会委员李夏庚等亦将谒该团,有所表示。

---

① 编者按:疑应为"隆和轮"。
② 编者按:原文有误,"世"为"三十一日"。

蒋夫妇昨晚欢宴调查团

【南京三十日下午十一时十五分本报专电】 军事委员会委员长蒋中正暨其夫人宋美龄女士,于三十日晚八时假励志社中山堂欢宴国联调查团,并邀各院部会长官及我国参加调查团代表等作陪。计到调查团主席委员李顿爵士、委员克劳德将军、麦考益将军、希尼博士、马柯迪伯爵,秘书长哈斯夫妇暨随员秘书,暨我国顾代表、各院部会长官等约四十人。菜用中餐,共分五桌。调查团五委员分坐五席首坐,由励志社总干事黄仁霖等殷勤招待。蒋委员长及各招待人员均服我国常礼服,蓝袍黑马褂,并燃蜡烛。一切布置,纯取我国古式。席间并有夏奇峰先生之七丝琴及由沪聘来人人笑之口技等,以助余兴。蒋委员长于席间致简单之欢迎词,顾代表维钧翻译,略谓:"今日得与国联调查团诸委员欢聚一堂,甚为欣快。当此春光明媚之时,得与诸委员见面,本想陪同各委员游历各处,为更热烈之欢迎,但现值中日发生不幸事件,诸委员责任重要,不便稽延。中国素为仁义之邦,向以忠厚真诚为交友之基础,不特个人交际为然,即国际交礼亦复如是。中国乃有悠久历史、有优美文化之古国,人民众多,地大物博,由旧国家一变而为新国家,在过渡时期,进化自较迟缓。惟政府人民均有决心,前途实有无限希望。诸委员此次周游各地,以考察有历史有文化的国家,我国政府极愿予诸委员以种种之便利及帮助,务使诸委员不致感受任何困难,以尽地主之谊。至关于调查方面,中国政府更愿尽量供给材料,以供诸委员之参考"云云。蒋委员长致词毕,调查团主席委员李顿起致答词,略谓:"今日承蒋委员长盛意招待,十分感谢。吾人深悉蒋委员长为中国现代之英雄,在未到中国以前,已谂知蒋委员长之名,盖因蒋委员长不仅为中国现代之英雄,抑且为世界上一有本领之军事家,同时亦为一有名望之政治家。此次敝团奉国联命来到贵国,调查东省事件,自当尽力做去,以期勿辱使命"云云。致词毕,各来宾随意谈话,至十一时许始散。

【南京三十日下午八时二十分本报专电】 蒋夫妇陷(三十)晚八时,在励志社宴调查团,欢迎词原由罗家伦起草,嗣因过冗长,由蒋临时致词。

中国代表处对报界谈话

【南京三十日下午十一时本报专电】 参与国联调查团中国代表处陷(三十)下午三时,在华侨招待所招待报界,到中外各报记者及外部情报司帮办李迪俊、亚洲司帮办许念曾等五十余人。顾维钧临时因参加我国政府领袖与调查团各委员之谈话会，未能亲到，由代表团总务主任张祥麟及参议朱鹤翔，专委朱少屏、戈公振等招待。茶点后，由张祥麟说明中国代表之地位及责任在协助国联调查团，并极愿与报界合作。自调查团到京以来，已由颜[顾]代表偕同与政府当局接谈数次。前日吾国当局与调查团已开第一次圆桌会议，讨论二小时之久，本日下午四点，仍继续交换意见，对中日问题作详密之讨论。至调查团到京后之言行，就该团主席李顿爵士在汪院长席上答词可见一斑，李氏是日曾表示国联决不能有侵犯中国行政独立及领土完整之主张。又美国代表麦考益将军在杭州鲁主席宴会答词，亦曾云中国以顾维钧博士为代表，顾氏外交能手，调查团深所欣仰，中国付托得人，将来陈述中国案由，必能作有利于中国之辩论云云。现调查团定东（一日）或冬（二日）赴汉，因长江乃吾国著名区域，故拟往一游，仍由南京北上。日代表吉田大使此次随同调查团来京后，我国罗外长及林主席宴会，该氏均被邀请，盖该氏乃调查团一份子，自当优待，以符国际礼仪云。次由李迪俊、赖连[琏]、俞树立、赵敏恒等相继发言。同于报界代表晋谒调查团事，张氏已允为接洽。约五时散会。

（《益世报》，1932年3月31日，第一版）

94. 保护调查团，津浦路已分段警戒，欢迎专车抵徐候命

【徐州三十日下午三时三十分本报专电】　路息。国联调查团定东（一日）北来，王均、韩复榘奉命警备津浦全路治安，王负责南段，韩负责北段，车站内由路警戒备，车站外由军队警戒。王已通饬南段各站筑军，会同地方长官妥筹保护警戒办法。

【徐州三十日下午五时十分本报专电】　北宁路所备欢迎国联调查团列车，陷（三十）日开徐候命，车共十六节。

（《益世报》，1932年3月31日，第二版）

95. 北平招待调查团：因时间、地点关系改订日程，请童女若干人到车站献花

【北平通讯】 招待国联调查团办事处连日以来各股积极筹备招待事宜。调查团在沪之日程，前此虽已决定，但因时间及地点关系又重行改订。张学良、顾维钧、周大文三夫人原定于第六日宴请，现提前于第一日宴请；平津新闻界茶会原于第四日，现改于第二日下午四时，第二日晚间为绥靖主任张学良宴请；其余再由参加团体之时间及地点之适宜而改定之。至茶会及宴会时所需酒饭、茶点等项，为求精美起见，酒饭已向北京饭店预定，茶点则有外交大楼厨房及撷英两处预备。宴会所用请帖菜单、座□图签、入站欢迎欢送证、招待徽章标志，均由财政部印刷局印制。宴会及茶会地点原规定为怀仁堂、居仁堂、迎宾馆三处，现复增添欧美同学会、同福夹道沈公馆等地为招待地点。怀仁堂内之电灯、厕所、暖气原均损坏，业已招工兴修完毕。迎宾馆出沙发椅三堂，共四十七件，缎面破损，已一律更换缎面。该团到平时之欢迎欢送各机关学校团体代表，其服装凡军人应着军服，文人应着早礼服、戴高帽或蓝袍青马褂，并特请童女若干人届时到站，由市长周大文率领献花。民众各团体及商店等于该团到达时，不免有张贴标语等情事，但以该团尽系外人，对中国文字或大多数不认识，同时并为注意市容起见，应一律禁止云。

(《益世报》，1932年3月31日，第二版)

96. 调查团与当局三次会谈，昨午谒陵，今晚搭轮赴汉，中委陵园设宴，叶楚伧阐述中山遗教

【南京三十一日下午九时本报专电】 国联调查团委员及全体随员，世(三十一)午十一时二十分，由外部招待委员及励志社干事等引导，分乘汽车二十余辆，晋谒总理陵。十一时四十二分先至明孝陵，各委员暨随员下车步行，游览名地胜迹。且值春光明媚，万花争发之际，各委员面现欢欣之色。约留三十

分钟,遂乘车赴总理陵墓。十二时半齐集墓门,各电影公司摄影记者争摄活动电影,旋由管理该墓人员领导,各委等脱帽步入祭堂,相继题名后,乃排行于总理像前,供献花圈。遂入墓道,瞻仰总理大理石像及墓道。一时零五分,各委乃循级而下。适汪院长、罗部长、顾代表赶至,与调查团各委员相遇,陪同而下。照原定路程,原拟再游中央运动场一带,以时间已晏,不及前往,乃驱车赴总理陵园,应中央党部之午餐云。

【南京三十一日下午十一时本报专电】 中央党部中央委员世(三十一)午宴调查团委员,因各委员游览名胜,延至一时二十分始开始宴会。计到调查团主席委员李顿爵士,委员克劳德将军、麦考益将军、希尼博士、马柯迪伯爵,秘书长哈斯夫妇暨随员秘书等。中央委员到叶楚伧、蒋作宾、汪精卫、曾仲鸣、褚民谊、张道藩、萧吉珊、罗家伦及罗外长、顾代表、刘瑞恒,外部次长、各司长等五十余人。席次由中央党部秘书长叶楚伧致欢迎词云:"诸公远道来兹,致敬礼新中华民国国父、本党总理孙中山先生陵墓之前,本党谨答诸公以诚挚之感谢。本党总理创造中华民国,并手定《建国大纲》《建国方略》,规模宏远,巨细毕举,以为中国建设之楷范,而本党及国民政府奉之以为圭臬者。然总理不仅为革命家及实际政治家已也,其手定之《三民主义》,不仅用以救中国,且以复兴中国民族为阶梯,而促进全世界之和平,期共臻于大同之盛治。犹忆总理于民国元年就任第一届临时大总统之时,首先即以'吾民睦邻之真旨',通告世界各友邦,郑重声明愿与各国交相提携,勉进世界文明于无穷,认为当世最大、最高之任务,实无过于此。又总理对于中国物质之建设,无时不愿与各国合作,即文化事业,凡可以融会东西文明,即综合中国固有道德与西洋近代文明,以促成世界新文化者,亦无不竭诚与各国提携合作。总理复谓:'中华民族和平守法根于天性,非出于自卫之不得已,决不轻起战争。'现虽处于国难严重之时期,仍守此遗训,未尝或渝。诸公抵陵墓之前,过一大石牌坊,上刻总理手书之'博爱'二字,此亦即孔子所谓'四海之内皆兄弟也'之意。盖国际本一家庭,各国相处有如兄弟,在中国有组织家庭中,苟兄弟间有一人肆虐于其他兄弟者,必有家法予以制裁,家庭方能辑睦,吾人理想中之国际家庭想亦如是。此无他,为求和平正义与国际家庭中之安宁也。诸公为国际和平而努力,吾人非常钦佩,故谨述总理之遗教,并欲诸公及国际间明了本党实为总理遗教之忠实奉行者。谨祝诸公伟大使命之完成,与诸公之健康。"叶致辞毕,李顿爵士代表该团致谢意,略谓:"秘书长先生、各位先生,今天承诸位热烈欢宴,甚为感谢!适才瞻仰总理陵墓,见其建设之庄严,而念及孙中山先生之伟大,同人等不幸未能聆晤孙中山先生于生前,然敢断定孙中山先生确为创造政治者之有数伟大人物,凡学政治者读孙中山先生遗教,无不景仰其人。观孙中山先生陵墓庄严伟大,固为建筑家及工人所创造,殊不知孙先生实为建设今日之中国与明日之中国之创造者,犹建设中国之工程师,而诸位乃建设中国之工作者。今日承秘书长指示孙中山先生遗教,对国际本诸和平正义,尤觉钦佩"云云。嗣举杯表示谢意,至二时十五分,尽欢而散。

【南京三十一日下午十时本报专电】 调查团到京后,艳(廿九)、陷(三十)已与我当局两度晤谈,关于中日纠纷之真相及其解决之方法,彼此交换意见甚多。世(卅一日)下午仍将第四次会商。我方当局在历次会谈中,均尽量贡献意见,以供该团之参考云。

【南京三十一日下午十时四十分本报专电】 调查团李顿等东(一日)休息,决晚九时乘隆和轮赴汉。我方代表顾维钧、日方代表吉田及代表团秘书等均同行。我政府拟派舰送行,□……□派警保卫。

【□□三十一日下午八时五十分本报专电】 闻国联调查团东(一日)乘隆和轮由京来汉,即在轮中接见各界。留汉二十六小时,原轮东下,再由京浦路北上。

【南京卅一日下午十时本报专电】 国联调查团及随员定东(一日)晚九时乘隆和轮赴汉视察,我方代表将派一部分人员偕往。该团约下星期一晨抵汉,定星期二晚搭轮回京,即转车北上。首都报界代表要求谒见调查团,现由中国代表处代为约定。该团准东(一日)晨十时半在励志社接见,交换意见。

【南京三十一日下午十一时本报专电】 首都新闻界及全国各报社驻京记者,顷发表敬告和平使者国联调查团一文,其要点如下:

"首都新闻界及全国各报驻京记者,谨以诚恳热烈之情绪,欢迎惠然莅止之和平使者国联调查团。自九一八至于今日,日本如中疯狂,既以暴力占据东三省全部,后于一月二十八日挑起上海之战事。我东北与东南同时被日本铁蹄所践踏、所蹂躏,生命财产之损失不可以数目计,而日本军队之屠杀民众,暴厉恣睢,尤为全人类所未前闻。日本固未尝对中国绝交宣战也,然而我之土地被其占据,我之房屋被其焚毁,我之文化机关被其轰击,我之经济基础被其摇动。国联与友邦虽曾一再劝告,而日本之凶焰反与日俱增,毫无忌惮,势非达到田中所谓征服世界之目的不中止也。诸君负有伟大使命来华,全世界所期望于诸君者亦至殷切。抵沪之日,我繁盛富庶之淞沪已在日军炮击弹轰中化为灰烬,我民族生命所寄托之东北,则正由日本制造傀儡登场之伪满洲国,以朦蔽世人之耳目。诸君目击闸北、吴淞间之恐怖遗迹,不知其感想何若;他日亲履日本以暴力向我夺去之东省,不知其感想又将何若也。诸君亦知日本何故必欲侵略东省乎?日人所谓人口过剩,所谓满洲为日本生命线,均为不值一笑之虚伪宣传。日本所以必用全力攫取东省者,盖以东省有食之不尽、用之不竭之粮食、矿产、森林。日本获此无上之宝藏,一面固可伸张势力于中国北部与中部,企图实现大陆帝国之迷梦;一面即可用之为对世界作战之根据地,不致有军事上及经济上的封锁之顾虑也。诸君又知日本既夺东省之后,何故复进占淞沪乎?日本所宣传之日僧被殴及抵制日货,均为表面上之藉口,实则日军攻沪之真因,在彼而不在此。简略言之,约为四端:一、转移世界注视东北之目标也;二、破坏中国文化事业及经济中心也;三、威胁中国政府,使其承认丧权辱国之条件也;四、破坏各国在长江流域之贸易,以对世界各国示威也。诸君道经日本,必曾闻日人污蔑中国之种种宣传。现诸君来华亦既二周,当已十分明了中国之真象。中国从未排外,即以对日经济绝交言之,中国人民因不堪日本压迫而拒绝与日人贸易,此实为合理而亦至可悲哀之举动,岂可目之为排外?苟日本觉悟前非,撤退日军,交还失地,赔偿一切损失,中国固愿与之立刻恢复经济关系也。中国自信为一爱和平、重信义之国家,一切合法之条约义务,中国从未蔑视,在平等互惠的原则上,与友邦合作通商,尤为中国人民所欢迎。中国今日在危难困苦中,一面御日,一面防共,必将排除万难,抗拒暴日,为世界保障和平。诸君目光如炬,观察入微,想决不至为日本宣传所蒙蔽也。总而言之,中国无论如何,决不以寸土尺地让人,东三省尤为中国绝对不肯放弃不能分离之一部。沈案、沪变及中日全部纠纷之责任,全在日本。倘公理未灭,正义犹存,国联必可尽其道义上之职责。中国对国联尊重公约,但决不向人乞怜诉苦,亦不问世界有无制止大战之决心,惟知中国之生存,必赖我人自身之奋斗与努力。东三省一日不收回,在华日军一日不撤退,中国人民即一日不停止其抵抗暴日之行动,任何牺牲在所不惜。我人敢以此敬告诸君,深望诸君辨别是非,判定曲直,使世界和平不为日本所破坏也。"

(《益世报》,1932年4月1日,第一版)

97. 国联对东案□……□,须待至十一月大会,调查团责任仅在报告事实,国联效力为造成公正舆论

【南京通讯】国联调查团莅京后,关于该团详情,想为全国人士所欲知。远东社记者特于昨(二十七)日晚九时,往励志社访谈该团主席李顿爵士,蒙允于九时三十分赐见,记者即在该社大厅候至十时半,始得与李氏晤。时李衣黑色大礼服,身躯高长,态度庄严,与记者握手后,当以英语告记者云:"适因赴顾维钧先生晚宴,致未能准时相见,请原谅。"随即引记者至位置于厅堂东南隅之房内,坐定后,享记者以英国名烟一支,即问记者曰:"君知此为何人之房乎?"记者据实告以不知,李乃曰:"此蒋公介石之办公室也。"复问记者曰:"贵国人民对国联知识如何?"记者答曰:"敝国智识阶级对国联皆有充分了解,例如本人对国联组织有数年之专门研究。至一般人民,知识虽较短薄,然经政府及党部之领导,对国联亦有相当认识。"言至此,记者即反询李氏曰:"先生奉国联命令,调查中日事件以来之经过与感想,可得闻乎?"李氏答曰:"本团到日本时,即向该国政府询问事实及其要求。抵上海后,鉴于东亚巨埠,中西人士荟萃之地,所有伟大建筑、繁盛商业,惜乎因受战争影响,反呈萧条之象,生命财产之损失,诚足令人惋惜痛心。抵南京后,曾与由杭来京之团员晤谈,所经途中均受贵国人民热烈之欢迎,足证贵国人士对于国联信仰之充分。余(李自称)敢谓国联对于贵国人们此种信仰,当有极适当之表示,决不使贵国受重大损失。不过国联调查团之责任,应有解释之必要,以免发生误会。调查团所负之责任,为调查事实,报告国联,至于如何处置,则为国联之责任,调查团实无权涉及。而国联本身亦非超国家之组织,其效力之最大者,即为造成世界公正有效之舆论。至于调查团本身之责任,尚有一点,认为有解释之必要,即调查团本身所负之责任,在调查东三省方面事实,采询中日政府方面意见,然后作一合乎实际之报告及可行之建议,报告国联。至于最近上海方面战事,本团实无权过问。不过此次敌对行为,幸由各国公使从中调停,始得双方政府应允,于是停战会议得以开成,而战争得以停止。此次上海事件之负责调查者,却为上海各国公使,因彼等受国联所委托,吾人诚希望其有良好之结果也。"记者问:"君

等在京勾留几日？是否经汉赴平往东北？"李氏答云："在京约留一星期，后赴汉口，再经北平，询问东北行政长官之事实，然后始赴东北，在东北进行工作。预计本年七月间可起草报告书，八月返日内瓦，将报告书交国联特委会，或者十一月之大会，可作最后之处置。"李氏复言，彼极希望中国之新闻界能介绍国联知识，使中国民众与国联发生极密切之关系。谈至此已十一时矣，记者当即致谢，兴辞而出。

(《益世报》，1932年4月1日，第三版)

98. 国联调查团定九、十两日过津赴平，欢迎调查团筹备会今日开会

国联调查团不日北来，业志本报。昨闻市方业接京方来电称，该团在京事毕，先赴长江上游一行，约至汉口为止，旋再由汉返京，由津浦路北上，预定本月九、十两日可抵津，不停车，即迳赴北平。拟离平时，过津下车，赴各处视察一周。关于本市招待该团过津办法，前次开会，由党政双方推定委员六人，组织欢迎国联调查团筹备处。现定今日下午召集省府严智怡、黄宗法，市党部邵华、刘宸章，市府张锐、沈迪家六委，在市府开筹备委员会议，讨论一切进行办法云。

(《益世报》，1932年4月1日，第六版)

99. 顾维钧谈话：调查团任务在调处、婉劝、制裁，将来重莅东京、南京再作调解，日本决不敢自陷孤立

【南京一日下午九时十分本报专电】顾维钧谈："国联本身全赖以和平方式，造成国际间公平舆论，维系公道。调查团东来，根据事实，以调处、婉劝、制裁种种和平之手段，斡旋于中日间。该团待东省调查毕事后，尚须重莅东京、南京，再作一度调解，以冀中日能以和平方式结束斯案。关于沪会，深愿日方诚意谈商，庶几和平有望，不然前途殊难臆测。在我于不丧权辱国之下，最当

趋赴和平。否则,我本保全国土与主权之旨,自当继续抵抗。日因国联引用盟约十五条,曾声言退出国联,不过企图威胁国联,免除采用强硬制裁。须知一国在国际间关系,因彼□协和而造成,谁有甘愿离弃国际,自陷孤立?是无异自行颠覆在国际间所有地位。日人之心,路人皆知也。"

(《益世报》,1932年4月2日,第一版)

100. 调查团昨晚乘轮赴汉皋,在京与我当局四次会谈,征询我国接收东三省后之善后措置,李顿答京记者称国联自有实力表现,该团四日抵汉,七日到浦,十日可到津

【南京一日下午七时三十五分本报专电】 调查团东(一日)午后二时复去铁部,与我当局续谈。据参与该会某委谈,上月艳(廿九)日第一次会中,由我方叙述中日问题真相,调查团仅聆听,未参加意见。陷(三十)日二次会,分拆各问题,由调查团各委列举各项假设问题,听取我方答案,以便探刺我方意见。世(三十一)日三次会,我逐项答复各问题,例如日本撤兵后东省沪地善后之处置、日侨之保护、东省铁路及租地杂居权等,凡日方声明要求保障者,均由该团提出,征询我意见。东(一日)会仍继续三次会谈商。

【南京一日下午九时本报专电】 国联调查团全体委员及秘书长哈斯等,东(一日)下午三时,在铁道部汪院长公馆,与我政府当局作第四次之晤谈。彼此交换意见,对连日所洽商调查中日纠纷及东省日军撤退后我国将如何接防等点,作最后之结束讨论云。

【南京一日下午四时三十分本报专电】 政府递与调查团意见书,内容计分七节:(一)中日甲午前之国交;(二)中日历年悬案;(三)东北铁道关系;(四)辽案突发真相;(五)沪变经过;(六)和议谈判进行;(七)政府意见。据顾维钧谈:意见书全部已脱稿,俟调查团由汉返京即可送交,内容纲领昨已送该团参阅。至伪国拒其去满事,顾谓尚未接官讯,我方接情报后,即提交调查团注意,李顿表示深信所传不确。

【南京一日下午十一时本报专电】 东(一日)晨李顿语记者,上海问题与东北问题最好一并解决。调查团一行及中日陪员等,东(一日)晚九时登轮赴

汉,欢送甚盛。预计支(四日)晨到汉,仍住船中,微(五日)晚原轮回京,阳(七日)午抵浦口,下午四时专车北上,佳(九日)晨抵北平。

【南京一日下午八时四十五分本报专电】 东(一日)晚六时起,由励志社至下关怡和码头,临时戒严,添加岗位。调查团一行由顾维钧等陪送,九时由励志社登舰,汪派褚民谊、蒋派高凌百欢送。外部招待委员全部赴码头照料。

【南京一日下午十时十分本报专电】 李顿东(一日)临行,对合众社记者谈:"予等抵京后,与中国当局共晤谈四次,除财政、海军二长未出席外,余每日均与会。此与予等在东京与日内阁会谈情形相同。中方已将整个意见向调查团提出,予等所得材料至丰富。现中日双方对东省纠纷既各提具体意见书,将来予等到东省,即可资为参考,根据当地事实,设法证明何者为正当。至报载中方将提书面意见书,予迄未收到,或到平后交来,亦未可知。"

【南京一日下午十时本报专电】 国联调查团李顿等一行,东(一日)晚八时许与中日代表顾维钧、吉田及秘书随员等,由下关三北码头乘澄平轮改登隆和轮,于九时上驶赴汉。外长罗文干、海长陈绍宽及外部招待人员,均亲往下关登轮欢送。该团预定支(四日)晨到汉,仅上岸视察,仍宿船上,微(五日)晚九时仍乘原轮返京。定阳(七日)午抵浦口,下午上岸,即于四时乘平浦专车北上,约佳(九日)晨到津。我代表处一部职员未赴汉,即在京候乘专车北上。

调查团秘书三人先到汉

【汉口一日下午十时五十分本报专电】 东(一日)到汉之国联秘书,据查一为李顿之秘书阿司特,一为该团法律顾问杨威特博士,一为我国首席代表顾氏之秘书端讷,均寓德明饭店。记者往访时,阿、端因疲均卧,由杨威特接谈半小时。据云,彼三人此行纯为游历,故提前来汉,并询记者汉市中日商业最近情形及我军驻汉数目与三镇治安现状,以及平汉路沿途秩序与行车现状。该团到汉后是否仍回京由津浦路北上,尚须最后决定。记者询以停战会议是否有新的进展与希望,杨博士因立场关系,不愿有所表示。

【汉口一日下午九时五十分本报专电】 调查团准支(四日)晨七时到,此行目的为视察灾情。欢迎筹备处定德明饭店、太平洋饭店招待该团。鱼(六日)晚离汉,由浦赴平。东(一日)到秘书三人。定冬(二日)飞渝,支(四日)飞返汉期,鱼(六日)同时东下。

首都新闻界与李顿谈话

【南京一日下午十一时本报专电】 首都新闻界东（一日）上午十时半，访晤国联调查团主席李顿于励志社。计到各报记者赖连［琏］等，由中国代表团宣传组主任张祥麟等代为介绍，李顿与各报记者一一握手，晤谈约三刻钟。首由记者代表面致《敬告和平使者国联调查团》一文及日军在东北与上海暴行实地写真一厚册，当承接受，继由赖连［琏］代表新闻界表示欢迎之意，并提出问题九则，请李顿一一答复。据其表示云："顷聆诸君所提出各项问题，现愿就概括之见解，与诸君一谈。在诸君所提出各问题中，最重要者莫过于国联对会员国制裁之能力。中日争端之是非曲直，在贵国人士固认为已甚明显，但国联应依法定手续妥为处置。例如两人相斗，旁观者虽能确证孰是孰非，但法院须经法定之侦察程序，方可据以判决。国联派调查团赴东北，意即在此。中日争端，世界舆论之制裁已表示无余。此种制裁并非出于武力，但舆论制裁至穷尽时，国联自有实力表现，其实力须各会员国得调查报告，认为必要时方能表现耳。余深信本团调查后，忠实之报告必可申诉于世界之舆论，甚或可援引盟约第十六条，使其发生实效。至诸君所提各问题，本人愿择其可立即答复者，为诸君告：（一）至去年十二月十日国联行政院第三次决议案后，中日情势日趋恶化，已属不成问题，因东北问题尚未解决，而上海事件又不幸发生矣。（二）上海事件为中日全部纠纷中之一部，余以为国联自当本中国之提议，援用盟约第十一条及第十五条，一并讨论。（三）本团到东省后，是否将与所谓'满洲政府'接洽，现时不能预定，俟届时斟酌情形再定。（四）抵制日货问题，是否为中日争端之原因或其结果，系一历史的问题，须充分搜集关系材料详加研究后，始能得一结论。（五）本团赴汉，外间颇有误会。实则本团职权在调查东北事件，忠实报告于国联，最后如何处置，仍在国联会。本团行动只须有利于调查工作者，任何地有需要时即须前往。"最后李顿对于此次莅临首都之印象，作以下之表示，谓："南京地域广阔，风景优美，于建设计划必易实现。欧洲各国现正致力于花园城市，以求美化。南京关于美化城市之条件俱已具备，前途当无限量"云云。兹将各报记者所提出各问题附志如下：（一）至去年十二月十日国联行政院通过第三次决议案后，中日情势是否变好，或变坏？（二）依贵团之观察，上海事件与东北事件是否为一整个的问题？（三）对于日人一手制造之所谓"满洲国"，贵团有何意见？（四）贵团到东省后，是否与伪政府接洽？（五）国联行政院对中日纠纷前后共有三次决议案，每次决议之后，战争是否继续扩大？国联对破坏决议案者，究有何种制裁方法？（六）东北伪政府及人民在日本暴力压迫之下，毫无自由可言，贵团到达后，将何以进行其调查工作？（七）在日本武力占领下之东北所建满洲伪国，可否认为人民自决？（八）贵团亦认东北义勇军为爱国人民自动组织之抗日军队否？贵团亦认抵制日货为日本侵略中国之结果否？结果而非原因否？（九）当东北人民渴望贵团北上之时，贵团忽有汉口之行，愿闻其故。

（《益世报》，1932 年 4 月 2 日，第二版）

101. 山东民众团体向调查团递意见书，追诉济南惨案日军之暴行

【济南通讯】 国联调查团不日将由京过济北上，此间官私各方纷纷筹备欢迎，民众团体方面并准备一意见书，届时交中国代表转□调查团，兹志其原文如次：

国联调查团委员诸公均[钧]鉴：窃忆国联成立，原为应世界之需要，制止武力政策，维持人道正义，十年以来成绩昭著。我国素重礼让，人民酷爱和平，与国联之主张尤相符合。诸公受国联大会之委托，负公理和平正义的使命，不惮劳瘁，远涉重洋，莅沪调查，切实认真。关于日军之残暴状况，谅诸公早已洞悉。鲁省民众久受其害，欣闻之下，曷胜感谢！查日本前于一九二八年五月三日无端进兵济南，以重炮攻城，枪毙外交特派员蔡公时，杀死商民六千一百二十三人，被炸伤商民一千七百零一人，损毁建筑财产计达五百万零八万一千八百五十三元，占据经年，任意宰割，残暴情形不胜枚举。迄今悬案未决，言之殊觉痛心。彼竟认中国人之和平为柔弱可欺，遂于一九三一年九月十八日开始进兵，以暴力占领我辽吉黑三省土地，杀戮我无辜人民，一切损害难以数计。欲壑难满，野心愈炽，又以十余万众之兵力占据淞沪领土，炸毁文化慈善等机关，杀伤无抵抗力之商民，人命财产更难计算，其惨无人道之行为，较诸济南五三惨案尤过百倍。是日本直接违背中日两国之条约，即间接破坏国际联盟之组织。前闻诸公行将抵沪，彼即尽力消灭残暴证据，藉以表示逊顺态度，实际

增添重兵，加紧军事工作，居心险恶，殊难预料。切盼贵团诸公贯澈主张，注意下列各点：

一、日本对中国素持侵略政策，自一九二八年五三惨案发生后，尤显露其强暴蛮横行为。今则先占东北三省，后据淞沪一带，藉口因排斥日货被迫出此，抑知此系中国人民受日本武力蹂躏之反感，乃自动爱国之表示，以昔时考之无此举动，以他国论之无此对待。日本现以排货罪名加诸我国，实属欺人之谈。

二、日本此次以武力占领我国东北三省，犹以为未足，复动重兵十余万，占据淞沪，本属一事，断难分别谈判。乃日本于占领三省之后，嗾使叛国份子组织"满蒙政府"，标名独立，而日人实操大权，并百般宣传，昌言东北三省与淞沪战事分而为二，狡诈手段至此已极。

三、日本素不尊重人道，更不讲究信义，是以来华经营商业，率多海罗英、吗啡、鸦片诸毒品，以及贩运军火、违禁物品，私售匪类，扰乱治安，荼毒生灵。今日淞沪战起，暗用毒质炮火残害商民。如蒙贵团制止战争，消弭祸患，务须酌留代表监视，以免托词迁延，或再寻隙用武。

四、中国人民酷爱和平，凡以公正平等待我之国家，无不相亲相善，以敦邦交之好。若以武力压迫，致使无屈服之余地，不得不抛弃和平，趋于最后奋斗之一途。窃恐战祸扩大，影响愈烈，不但妨害东亚和平，势将牵动世界。想贵团诸公必有挽救制止之法，俾中国之主权领土完全保存，以维持永久之和平。

据上所述各节，敬乞诸公一本平素和平之主张，保持公正之光荣，维持远东之安宁，增人类之幸福。从此战祸消弭，世界大同，是皆诸公之赐。谨代表鲁省四十万民众，热诚致祝贵团诸公万岁，国联大会万岁，世界和平万岁。山东各界代表。

(《益世报》，1932年4月2日，第三版)

102. 调查团允在津停车，省市双方拟在西湖饭店设宴欢迎，如在津勾留，并备下榻地址

国联调查团现已由京西上，不日北来，预定在津并不停留，嗣经本市各界电邀，请求该团在津下车，对因东北事件连带发生之天津事变，详细予以调查。

该团接电,旋电复本市,决于本月九、十等日来津,且下车稍停。本市招待国联调查团筹备处,为此特于昨(一日)上午十一时,假市府礼堂开临时会议,出席筹备会委员沈迪家、刘宸章、张锐、邵华及省府代表陈涘、黄宗法等数人。席间对于该团到津时之招待方法,有详细讨论。人数方面,民众团体即由市党部督促分配,其他如车站警备视察地点,均约略谈及。并定是日由省市双方假西湖饭店热烈欢宴,设该团在津勾留日多,并妥备下榻地点。其余详细办法,凡未决定事项,即由各委遵照上次大会决议,分别进行筹备。下午一时,始行散会。此外该处最近致函各机关团体,请各酌定到站人数,原函略称:"查国联调查团不日北来,关于本市欢迎事项,自应妥为筹备。并经开会决定,该团抵津时,各界人士应以整齐严肃之精神到站欢迎,其人数以一千人为限,由各机关团体共同分配。相应函达查照,迅予示知,以便斟酌分配,俟决定后再行通知"云云。同时复致函各界,请在最近期间,各选定总代表一人,以便上车欢迎。至车站秩序方面,除由军警维持外,并决由童子军协同服务。市整委邵华为此,于昨日下午四时在本部会议室召集本市各学校童子军服务员讨论一切。结果决定于该团到津时,童子军出发服务,凡中等以上学校童子军担任警备事宜,其余临时检选小学中成绩最优之一队加入欢迎行列,共同欢迎。同时,市党部并定本月四日在本部礼堂召集各团体讨论参加之仪式及其人数问题云。

…………

(《益世报》,1932 年 4 月 2 日,第六版)

103. 调查团过皖,汉口官民筹备欢迎

【安庆二日下午九时专电】 隆和轮载调查团冬(二日)下午六时过安庆西上。

【汉口二日下午九时本报专电】 招待调查团筹备处,冬(二日)在绥靖署开四次会:(一)推周泽春赴浔为代表欢迎,即晚启程,便与顾维钧接洽一切,电汉报告。(二)中学生六百人,童子军尽量参加,武大、中大等大学共派代表百人,参加欢迎。(三)欢迎团体各持国旗一面,不带其他旗帜。(四)调查团离汉欢送仪式,与欢迎同。(五)拜会办法俟到汉后决定。(六)其他。据该团来汉秘书谈称,调查各委到汉后,拟作两次演说(何主任与省主席),留一宿

仍返京北上。此间仍令平汉路备车,视该团决定用否。

(《益世报》,1932年4月3日,第一版)

104. 国联调查团视察战区琐闻一束

【上海通讯】 国联调查团前天到闸北、真茹、江湾、吴淞一带视察情形,已经各报披露。记者昨日复详询当日经过情形,颇多各报所未详者,兹笔录如下:

上午九时出发,一行人等分坐利利公司出差篷车十辆。美国代表麦考益少将因微冒风寒,独坐轿车。第一车为日司令部引路军士,各代表的车中并无日军作陪。风驰电掣,经北四川路、宝兴路,直达真茹。在中兴路及青云路上,有日人赤十字会车停在路上,似乎在做救护的工作。车旁有日本妙龄少女,向代表团□微笑,表示亲善的神情。

日方反宣传阴谋,颇为周到。调查团前往真茹参观时,在暨南大学内发现许多"反对国联调查团"标语。日方指该种标语向调查团,诬称中国学生多被"赤化",然调查团中人均不信其言。暨大被日军占据,当无一学生留在校中,岂有敢贴标语者? 一行皆笑日人无稽宣传。

在暨南大学,日人预先印就英文战军地图多张,分送各代表。上绘红蓝粗线,表现中日两军作战的情形,红线代表中国军队的阵线,蓝线则指日军。李顿爵士不厌详细,提出许多问题。日方代表常现窘急惶恐的样子,言语支吾。李爵士听报告时,常□地极说:"不可能,不可能。"

国联调查团一行赴北车站参观时,日陆战队指挥植松向调查团说明战迹,竭力申述日军暴行及其保障租界安全之苦心。当时李顿爵士突向植松质问:"一月二十九日晨一时,最先开枪者果系何方?"植松答谓:"我军(日军)担任虹口区域警备巡回防线时,十九路军先向我军开枪轰击。我军遂不得已还枪追击,进入中国军阵地,驱逐开枪之一队中国军队后,立即退入原防地。但中国军队大举攻击,我军故不得已使用爆击枪,开始破坏租界相近处之中国军阵地。"植松竭力辩明其利用空军演成浩劫,李顿便问:"贵国空军轰炸中国市街时,何以分别军队与平民?"口如悬河之植松,至此语塞,仅谓"否",再不能讲,面涨通红。

在闸北,最引起调查团注意的为商务印书馆及东方图书馆,断垣残壁,仿佛到了罗马的废墟。在图书馆门口,满地都是散乱的书籍和纸片,好比城隍庙里的旧书摊。各代表不辞辛苦,拾级登楼,逐层视察。日方代表们发表炸毁东方图书馆的理由,据谈因为当初有中国军队驻扎在内的缘故。

正午时,日方招待国联调查团及我方代表在平凉路日军司令部午膳。白川大将居长桌中央,身穿黄色制服,襟悬大实星两座,身材肥胖,不谙英语,谈话均由翻译□传达。右为李顿爵士、顾少川,左为法代表克劳德将军、日代表吉田及美代表麦考益少将等。桌右端为日代表秘书长盐崎,我国代表王岐景〔景岐〕、戈公振等则坐日美代表的正面。餐式非常简单,菜只有一道"龙虾冷盆",此外小碟内有牛肉一片,香肠二条,鸡片少许,水果茶点俱全,并有太阳啤酒任便取饮。席上李顿爵士和白川大将谈话很少。王景岐和吉田驻使欧洲时本属旧识,两氏操法语闲谈。吉田无意中知道王氏是被毁劳动大学的校长,不觉表示出一种抱歉的神情。

午膳后,白川问李顿爵士:"吴淞还去不去?"李顿表示两可的模样答道:"五点以前,我们要回到上海。"顾少川摸出时计一看,说道:"现在才三点钟哩。"张祥麟接说:"时间还来得及。吴淞的地位很重要,不妨去看。"李顿爵士乃决意到吴淞去。

走出日军司令部,在公大纱厂旁,见有飞机场所,停着四架飞机及大批油箱,场上架设帐篷数处。一行人等向着吴淞前进。军工路上有不少日军的辎重车辆往来驰行,道旁并见日军阵亡纪念木牌多处,上置有花圈。

到了吴淞炮台,则见炮台后的防御石块粉碎无完好者,炮身都已中断,装弹及发射机关也都卸去。李顿爵士到每一门炮前详加察视,毫没有疲劳的样子。一小时后,视察既毕,各代表都由原路回来,脸上为风沙所吹,个个好像通烟囱的黑鬼。只有美国代表一人,坐的是轿车,所以还保存他的本来面目。

(《益世报》,1932年4月3日,第一版)

105. 国联调查团不日抵津,当局确定欢迎办法,准备款待并邀名流作陪,招待费省府已交到千元

省市当局为筹备招待国联调查团事宜,业于前日会同开会,讨论一切办法。闻该团约于九日晨可到津,拟在津勾留半日赴平。王主席意拟由省市双

方公宴一次，民众方面茶话一次。至应行筹备事项，业经筹备处会议决定者：一、茶话地点，拟在西湖饭店。二、公宴地点，先电南京外部询明该团人数：如在七十人以下，即在省府设座，以免往返拜会之烦；如在七十人以上，则在西湖饭店。俟回电再夺，暂不决定。三、西湖饭店一切布置，由省府陈补楼、方振东担任。四、是否约请在野外交名流陪座，亦由陈补楼商请主席酌定。至人名单，亦请陈君拟定，呈阅后交会，即为确定。五、演说词问题。演说由主席担任，演说词由省府撰拟，用英文稿发表。六、欢迎牌楼，在新车站及老车站各搭一座，应用词由秘书处拟定，由陈、方二君负责办理。七、调查团休息处所，由西湖饭店、利顺德安置要员，中日代表可住裕中饭店，由陈、方二君担任接洽事宜。八、需用汽车问题。拟雇用汽车卅辆，先期编号，由陈、方二君担任。九、招待程序。拟调查团下车后先到店休息，次外出参观，再次公宴，最后茶会。照此程序先行电商南京，再作定夺。临时即制英文秩序单，分发各团员备阅。十、欢迎旗及标语问题，由市党部办理。十一、茶役及厨役，由省府方君负责商借用北平外交部茶役及厨役，以资熟手。十二、军乐队问题，用公安局军乐队奏欢迎歌。十三、调查团来去经过路线问题。由新车站下车，经大经路、大胡同、东马路入日、法、英各租界，至马场道西湖饭店。去时由租界经万国桥、特三区□入车站。所有中国地界，令公安、工务两局负责清洁及戒备责任，并由市党部负支□童子军出勤协助。十四、民众团体代表人数。各民众团体代表人数因党部负责分配，其人数单早期交会。十五、招待经费已由省府交到一千元，交方振东存储备用。十六、欢迎人员佩带符号，照拟定式样印制二千份，编号分发佩带，由方君负责办理。十七、调查团来津时，由沈科长通知各国领事及各国武官参加欢迎云。

(《益世报》，1932年4月3日，第六版)

106. 调查团今晨可到汉，昨晨过九江，曾登岸游览

【九江三日下午七时专电】 国联调查团冬(二日)晨过芜湖，各界代表登轮欢迎。晚过安庆，未泊岸。江(三日)晨抵九江，各界均有代表至埠欢迎并款待。轮停四小时，顾代表陪李顿，萧继荣陪克劳德，颜德庆陪麦考益，王广圻陪马柯迪，张祥麟陪希尼，朱鹤翔陪吉田，严恩棫陪哈斯，登岸游览。途中各团员

与我国顾代表日有会谈。

【汉口三日下午十时三十分本报专电】 欢迎调查团筹备处江(三日)会议,决定招待程序如下:支(四日)上午十日半为该团拜会时间,正午市长欢宴,下午答拜,并与各团体代表谈话、外国商会茶会,晚何主任欢宴;歌(五日)晨视察灾区堤工,午市商会欢宴,申初参观武汉大学,并赴该校茶会,酉时夏主席欢宴,晚十时离汉。

【徐州三日下午六时三十分本报专电】 欢迎国联调查团专车,江(三日)晚五时由铁部派钱宗渊押赴浦口,候迎国际调查团由汉返京时乘坐北上。

(《益世报》,1932年4月4日,第一版)

107. 招待调查团,商会函各业参加

市商会日昨发函至各委及各业主席云:"迳启者:兹以国联调查团行将过津,关于招待等项,曾经当局成立筹备处,并经本会推举代表参加筹备。兹据出席代表抄录开会纪录,内载'本市欢迎人数定为一千人,由各机关团体共同分配'等语,当于本月一日提出。第十六次执监委员联席会议已决,商界代表定为七十人,即以本会常执委并各同业公会主席充任参加,应即分别函达各同业工会,纪录在卷。除分函外,合亟函达,即希查照。烦为转告贵会主席知照,届时到站欢迎为荷。此致。"

(《益世报》,1932年4月4日,第六版)

108. 整肃盛大之欢迎中,调查团昨晨抵汉口,此行专为视察灾区,武汉显然系一有秩序之都市,接见各界,视察堤工,今晚东返

【汉口四日上午十时二十分本报专电】 调查团李顿及我代表顾维钧等,支(四日)上午七时五十分到汉。何成濬、夏斗寅及各国领事武官均首先登轮欢迎,由顾向李顿介绍,何、夏均致欢迎词。旋登岸,由招待员分别招待,乘车

分赴德明饭店、太平洋饭店等处休息后,当赴绥靖署拜会何、夏,另持名片至市府表示拜会之意。午赴市长宴后,即接见各团体代表。此次欢迎代表达数千人,为空前盛况。

【汉口四日下午五时三十分本报专电】 何市长十二点半在普海春欢宴,计到李顿等全部委员、秘书,英美各国领事作陪,我军政领袖等均参加。由市长主席,致欢迎词,略谓:"武汉自去岁水灾后,元气大伤。旋东省被日本占领,进攻上海,致市府一切建设计划完全失败。希望和平早日实现,恢复市政繁荣。"李顿答谢,谓:"此行来汉,完全为视察灾区。武汉遭此大灾,故各项建设均难进行。调查团为实现和平计划,将来华赴各地调查。汉口尚有三十余万灾民,而秩序尚能如此,实属令人欣佩。"该团决歌(五日)下午七时半离汉,商会及省主席宴均已谢绝。

【汉口四日下午五时三十五分本报专电】 调查团十一时拜会何、夏后,曾约水灾善后会常委徐维荣,详询去年大水情况及商业事项。

【汉口四日下午七时四十分本报专电】 顾维钧语人:此次汉市欢迎调查团时,极为整齐,堪称快慰。该团已定歌(五日)晨九时至十一时,分向工商学及报界谈话,下午视察堤工。西商会茶会,何、夏等均被邀参加,仅交换情谊,毫无其他表示。

【汉口四日下午十一时专电】 调查团支(四日)晨十一时赴绥靖署拜何、夏,日代表吉田同往。何对水灾、匪情有所说明。正午赴市府欢宴,由何葆华主席致词,谓:"汉市水灾后,损失甚大。正值救灾不暇,而东事发生,上海相继发生战事,致计划不克实施。敝国人民酷爱和平,且深信公理主张,并深信诸君对调查所得,必有公正报告。"李顿答词,谓:"汉市水灾重大,至今仍有三十万人待哺,各国正设法救济。国联派敝团就便视察,以谋解决。"即时赴外商联合会茶会。并定微(五日)晨接见各界代表,十一时视察灾区堤工,下午赴武汉大学茶会,七时三十分登轮离汉东下。

【汉口四日下午十一时本报专电】 外商联合会支(四日)晚五时,在西商跑马厅举行茶会,欢迎调查团及中日代表暨何成濬等,六时散会。何成濬当晚八时假德明饭店欢宴,何致词,李顿答词,尚在整理中。至招待程序,经数次改订,接见各界代表:商界微(五日)九时至九时半,新闻界九时半至十时半,学界十时半至十一时。顾维钧告记者,调查团到汉,见民众欢迎,秩序整齐,至表愉快。

(《益世报》,1932年4月5日,第二版)

109. 调查团定七日由南京启程，外部电省府妥为保护，当局定明日再开会筹备欢迎

　　河北省政府昨接外部来电：国联调查团一行于本月七日由京启程，预计九日可抵北平。所过各地，希饬军警妥为保护。省府已具电转饬所属各县，一体遵照。原电文云："（上略）省密，顷准外部冬电开：国联调查团定七日乘平浦车北行，约九日抵平。经过贵境时，希饬军警妥为保护。特电查照，即希饬属严密保护，特别注意，毋稍疏忽"等语。省市当局得讯后，定明日（六日）下午仍在市府开会，讨论筹备事宜云。又河北省教育厅以国联调查团行将抵津，一切欢迎事宜虽由省市府召集各界组筹备会进行，惟关于教育界本身应如何欢迎及欢迎人数均须确定，故该厅昨日（四日）下午三时，召集各大学院长及市教育局局长等开会，讨论一切进行方针云。

（《益世报》，1932 年 4 月 5 日，第六版）

110. 调查团汉行极美满：认识华人能力伟大，参观堤工、武大，表示惊奇，眼见秩序良好、日侨安居，昨晚已原轮返京

　　【汉口五日下午十一时本报专电】　调查团午后三时三刻，因大风乘海关小轮，于惊涛骇浪中过江赴武昌。先参观水灾孤儿收容所，约有男女八百，均照常读书唱歌。约二十分钟，赴武汉大学参观。由副校长王星拱、教授周鲠生等招待茶点，李顿详询该校现状，并甚赞该校建筑伟大。六时半留影离校，返汉。当登轮，各界欢送较欢迎时尤盛。李顿莅轮前，曾赴英领署一行。

　　【汉口五日下午十时五十分本报专电】　记者与调查团同轮返汉，经顾维钧介绍，与李顿谈十分钟。问："视察堤工与参观灾儿收容所及武大，感想如何？"答："此次汉水灾，损失极大。官民合作救济，精神实堪钦佩。即社会一切表现，不似受过水灾，实足快慰。晨间视察堤工，见工人以手作此伟大工程，实为生平仅见。甚望早日完成工作，并愿永久再无水灾。收容所之灾儿所唱各

歌,令人兴感。武大建筑宏大,学子优秀,实属惊人。此行所得结果极圆满,真不虚此行。"记者与李谈时,麦可及希里两代表,亦迭称武大建筑伟大不置。

【汉口五日下午十时五十分本报专电】 记者在武汉大学茶会室内,得贺衡夫介绍,与顾维钧谈五分钟。问调查团到汉印象与感想如何,及离汉后行程。答:"在京沪时,所得汉口种种报告,均经证明不确。据昨晚何主任欢宴席上演述,武穴、大冶及其他无日舰等内地日侨生命财产均极安全,足证我保侨周密。极盼日方立即澈底觉悟,与我酷嗜和平之全国人民开诚相见,共图生存。全团准晚九时半东下转津,留一日即赴平。约留平十日,赴东北。至少须三周后赴日本,约一月再到平避暑。想彼时距完成之期当不远。"末并云,武汉遭水灾后,全省秩序如此安静,诚出一般意料之外。

【汉口五日下午四时本报专电】 调查团今晨十时先召商界领袖贺衡夫、唐笙堂等谈话,由贺陈述抗日运动并非御侮之政策,且此种运动纵达到目的,亦决不致养成排外心理。东北伪国成立,不特违反国际公法,且足为日人干涉内政之表示。旋召新闻记者谈话,由邹允中、蔡咸发言,对东案发生后及民元以来抵制日货经过叙述甚详。再见学界代表陈时等,由陈面交书面报告,徐并交日报攻击国联画报数种。最后见工人代表王锦霞等后,即至戴家山查勘张口堤工,由徐维荣、陈光组、贺衡夫、马登瀛等分别说明毕,正午我代表团赴周泽春、陈光组欢宴。

【汉口五日下午九时五分本报专电】 调查团微(五日)上午九时至十一时,分别接见各民众团体代表谈话。商界九至九时半,新闻界九时半至十时,学界十至十时半,工界十时半至十一时。由李顿分别询问,各代表均陈述意见。原定午后三时过江赴武汉大学茶会,惟风大,是否前往,截至下午八时尚未定。

(《益世报》,1932年4月6日,第一版)

111. 国联调查团在京与我当局晤谈经过,四次谈洽中日问题概况

【南京通讯】 国联调查团莅京六日,业于昨晚搭轮赴汉。最后四日,每日下午均在铁道部汪行院长官舍,与我国军政各当局交换意见,筹商解决中日纠

纷之办法。连日报端虽有纪载,而对于讨论情形,即往询参加会议之中西代表,咸不愿举实以告。记者昨自某方探得四次会谈之概况,大致如下:

第一次会议时,调查团首先提出问题,约三十余项,逐条征询我国意见。由我国各当道择其可以答复者,先行答复,其不能当场答复者,均将问题录出,经过一度讨论后,于第二及第三两次会谈时补行答复。

第二次会议时,我国对中日纠纷症结之点,由汪院长作极详细之陈述,关于此后欲求解决之道,亦有非正式的启示。旋由代表团将日方当局之意见作概略的报告,次将不明了各点提出,重行追问。最后并以第三者资格,对中日问题作否定意见的表示。此次会谈时间最久。

第三次会议时,最初双方将发现问题互相征询意见,最后乃将三次谈话记录重行归纳整理。席间并论及上海事件。当由汪院长、顾代表等先后将我国意见郑重表示,并希望日方经国联调查团之努力后,及时觉悟。

第四次会议系于昨(一日)日下午四时一刻,仍在原地举行。此次会议,我政府将全部意见书由顾少川代表正式递交李顿爵士。其意见书直至昨日上午十一时方始脱稿,另备副本四件。旋又继续交换意见,至五时五十分即告散会。彼此声明对于四次会谈纪录均有重加考虑之保留权,盖恐前途局势或有变迁故也。

综观四次会议,以侧重于意见之陈述,以故彼此发表意见时,态度均甚恳挚。调查团方面发言人为李顿爵士,我国发言人为汪院长,而顾代表及罗外长任翻译,其他中西人员仅作补充式的提示。并悉此项意见书俟调查团第二次赴日本时,即向该国政府征询态度,乃将对方答复并入,重征我政府最后之表示,而后汇具调查事实、两国意见及调查团之意见,报告国联,作为公平解决之张本云。

(《益世报》,1932年4月6日,第一版)

112. 招待国联调查团程序已决定,各界定明日开末次会,欢迎人数及负责人已推定

国联调查团莱顿等一行,约于本月九日晨可抵津,拟作半日之勾留。欢迎

筹备处方面,业在西湖别墅及利顺德饭店备妥房间,以为该团各委员及随来人员休息之所。计西湖别墅定房五间,莱顿等五委员即寓该处,利顺德饭店定房二十五间,由中日代表团及各秘书随员等分寓之,汽车共备四十辆。并决在津浦西站,北宁总站、东站各扎彩坊一座,以示欢迎。闻该筹备处日内将更名为招待处云。又该筹备处于昨日(五日)下午三时开会,到严智怡、邓庆澜、邵华等十余人,议决各项要案如次:一、公宴决在省政府举行。二、规定各界前往欢迎调查团之人数,计工会二四零人,商会二零零人,教育界二零零人,妇女界三零人,律师公会十二人,新闻界五零人,自治区八零人,童子军三零零人(以上均为最多数)。三、推定各界负责人,计工界陈文彬、张广兴,商界王文典、王晓岩、卞白眉、徐卓然,教育界邓庆澜、李琴湘,妇女界阎淑蕙、濮舜卿,律师公会李洪岳,新闻界胡政之,自治区蒋志林、刘道平。四、推沈迪家会同赵舰唐[鉴堂],名于团抵津时,赴西站迎迓。五、西湖饭店方面,由段茂澜、陶秘书负责招待;利顺德方面,由张锐、沈迪家负责招待。六、推定严智怡、第二军部刘参谋长、王一民分担总指挥,在车站维持秩序。七、定七日下午三时召集各界负责人开会,并分发欢迎证。八、拟订招待调查团程序单:(一)由总车站下车后,调查团各委员赴西湖别墅,中国代表及各随员秘书赴利顺德饭店,休息至上午十时;(二)西湖别墅民众代表招待调查团各委员茶会;(三)省政府午宴;(四)下午在省政府摄影,至西湖别墅休息,三时由饭店出发,赴老车站登专车赴平。议毕,至五时散会。

(《益世报》,1932年4月6日,第六版)

113. 调查团定今午抵浦,伪国电京拒顾前往,调查团到平将与张开谈话会,接见入关民众,探询东北真象

【南京六日下午七时本报专电】 外部接汉电,调查团微(五日)晚乘隆和轮东下,鱼(六日)午过九江,约阳(七日)午后二时可到浦口,拟不进城。外部招待委员会均登澄平轮,一俟隆和到后,即迎接登岸,稍息即乘特备专车北上。

【南京六日下午八时四十分本报专电】 调查团因张学良为东北长官,对东北问题必较详悉。到平后拟与张开谈话会数次,以便面询东北真相及日方

所提证据。同时对东北民众逃入关者,亦拟分别接见询真相,以便参考。关于东北不许敷设与满铁平行线日方所提条约证据,李顿允到平后,将在东京所摄之影交我方辨别。此外,我方对东省具体意见书,拟于李等出关前交调查团。

【南京六日下午七时本报专电】 伪外长谢介石电京,仍反对顾维钧以参与国联调查团中国代表名义去东省。其理由谓满洲已脱离中国独立,满事与中国无干。对新闻记者去东省亦不允招待。中央宣传委员会拟派鲍静安以代表团随员名义去东省视察。日报记者均留沪,未随调查团北上,将俟调查团抵东省后,单独组织视察团,免我方记者援例。中国记者曾与日方接洽,无结果。

【上海六日路透电】 沈阳电讯。"满洲国"将通告南京政府,反对顾维钧随国联调查团赴满洲,理由为中国与"满洲国"间无外交关系之存在云。

【南京六日下午九时本报专电】 罗家伦偕中宣会秘书萧同兹歌(五日)去平,与当局接洽招待调查团及宣传办法。军部电令王均及津浦沿线驻军,严密保护调查团专车。

【济南六日下午八时本报专电】 调查团庚(八日)下午四时过济赴平,本市各界筹备盛大欢迎。以津浦站头等客厅为礼厅,届时韩及军政长官均到站欢迎,各机关、各团体亦均派代表参加。省党部、省政府、新闻界、各校、各民众团体均备有欢迎词意见书,由我外交官转交调查团。

【北平六日路透电】 国联调查团昨晚离汉,明日抵浦口,即乘专车北上。除非不变更行程,星期六清晨(九日)可抵天津,勾留数小时,预定下午三时离津赴平,是日晚抵平。但令人注意者,即参加调查团之外人总数为十三(外人认为系倒霉之数字),日本参加该团之人数即为十三。十三外人中,计团员五人、秘书五人及其他职员三人。该团主席为李顿爵士,其他四国代表为麦可将军(美)、斯加蒂(意)、格老得耳将军(法)、西尼(德)。日本代表为前驻土耳其大使吉田,其他随员为顾问伊藤,四秘书一华文秘书、一军事代表、一海军代表。中国代表顾维钧偕随员六人或七人。据悉,招待委员会已奉令为调查团准备房间七十,计北京饭店卅一间,李兹饭店十五间。除中国方面之一切宴会招待外,日人方面准备邀宴一次、欢迎会一次。各中外记者亦随该团出发。每一团员有包房一间。北平方面对顾维钧如何赴满之事,均甚注意云。

(《益世报》,1932年4月7日,第二版)

114. 中国国联同志会向调查团致备忘录，例举日本种种破坏条约行动，代表程锡庚与李顿晤面经过

【平讯】 中国国际联盟同志会前于国联调查团到京时，曾派会员程锡庚到京欢迎。程氏昨特将其在京与调查团晤面经过及其致调查团之备忘录寄平，兹特分志如后：

晤调查团经过

"秉老理事长尊鉴：在京亲承教益，至深欣感。□从北上，未及走送，良以为歉。锡庚遵示，代表同志会在京欢迎国联调查团。今日上午十二时由该团全体委员在励志社接见，首代钧座及全体会员表示企慕之忱及欢迎之意，随由主席莱顿伯爵询问本会组成及会员人数、有无分会及出版物、是否出席于各国同志会之大会等因。锡庚当将本会组织与历史择要说明，并谓会员约五百人，南京有分会，上海分会即将成立，其他各处现在着手筹备，北平总会备有出版物多种，俟团员到平时有分赠。至各国同志会大会，本会向系每届派人出席。民国八年第二届大会，即由锡庚与张君嘉森同到伦敦出席。嗣后在意大利及捷克等处开会，均经派人列席。惟民国十六年后，因本会人员不敷分配，未经派人赴会。自中日事变后，中国人民对于国联工作倍加重视，对本会之进行，尤觉兴奋，此后当每届赴会。锡庚为谈话便利起见，曾备有英文备忘录一份，晤谈时□作为根据。由莱顿伯爵逐条宣读，并逐条询问。兹将该项备忘录译成中文，附请察阅。莱顿伯爵及其他团员对于各条均表同意，惟对于第四条所载日本由'引认''沿用'所得之权利，举例说明。锡庚当谓南满沿路中国并未允许俄国驻扎守备队，日俄和约虽有每基罗米突驻队不得逾十五人之规定，但一九零五年北京条约中国只承认租借地及铁路之移转，并未承认驻队。不过同约附条曾声明中国希望撤兵起见，日本允于俄队撤退及中国能保障安全时，即将日队撤退。此项安全系指日俄战后之安全久经保障。俄队已于一九一七年撤退，日本自无在南满沿路驻兵之根据。此外，如领事馆设置警察及日人在南满租地上由日警保护，皆系'沿用'及'片面行动'所得之权利。至第六条所

谓由国联在远东设置永久委员会一节,据莱顿伯爵在南京教育团体中,亦有此主张。该团定于四月一日由京赴汉,或由汉乘平汉车来平,或折回浦口由平浦北上,现尚未定。所有本会会章及印刷品,务祈惠寄二十份,以备分散,实所企盼。专此,敬请勋安。程锡庚顿首上,三月三十日。"

再,对日引用盟约十六条对日裁制一节,据莱顿伯爵申称,中日曲直,会员国尚有不甚明了者,此时难以实行,须俟案情大白,行政院方能考虑第十六条之可否引用。

备忘录之译文

(一)日本以中国为牺牲而对外发展之政策,系现今事变之根本原因,实即四十年来中日纠纷之根本原因。若不阻遏,必常致两国纷争,且使国联会员国间之友好关系发生间断。(二)日本以中国为牺牲而要求生存权,实无理由。因日本由发展其对各国之工商关系(包括对华在内)常能生存也。日本在中国争取出路,以安置其过剩人口,亦无理由。因日本本国之一大部尚未发展,尤以北海道为甚。日本之人口密率,不如德国之甚,即在其人口最繁之处,亦不如比国之甚。且日本人非善于殖民者,日本管理关东租借地及南满铁路区域已二十五年,除政府及铁路雇用人员外,日本移民仅数千人,可以为证。(三)日本现在满洲之地位,系以中日间条约旧约借款之合同及照会换文为根据。对日纠纷,多以解释该公文之纷歧而起。如调查团对于该公文,加以□密之研究,如有必需,并移交国际法庭,请求法律意见或解决,可以助解纠纷。国际公约第十九条本有考核条约及研究危及和平之情形之规定。(四)在条约合同或其他公文所给与之权利外,日本在满洲以"沿用"及"片面行动"要求并使权利,实侵犯中国政治与行政之完整。如调查团加以考核,可于解决现有困难有所裨益。(五)中国人愿与日本和平生存,抵制日货系日本对华行动之结果,而非其原因。(六)一九二二年华盛顿会议有一决议案:在华设立咨询委员会,由友邦参加以讨论中日问题。该委员会迄未成立。现在事变严重,将来解决后,效果必多。如国联考虑在中国或日本设一永久委员会,以处理危及远东和平之紧急事宜,当甚有益。(七)为证明日本诚意,无在华有领土野心及无侮抗国联之意思,应于最短期间内从上海、满洲两处将军队撤回。上海至迟在两星期内,满洲至迟在一个月内。

(《益世报》,1932年4月7日,第三版)

115. 调查团北来，东北铁甲车队去德州迎候，市府昨训示要项七则

国联调查团行将北上，北平绥靖张主任为保护安全起见，特派东北铁甲车第一大队第六中队第十一分队负责沿途保护，以免不虞。该分队队长刘兴宇带兵七十余名、山炮三门，特由平乘车，昨晨五时四十分过津去德州，迎候该团北上，届时压道先行，以资警备。本市警备处定今日（七日）下午三时召集各界代表开最末次会，并闻□入站欢迎人员之应配徽章，业由处方制就，共四千枚。将来该团由津赴平时，亦决派专员陪往，以便沿途照料一切云。

又讯。市政府以国联调查团定于本月九日晨抵津，特于昨（六日）晨训令公安局应办事项七条，规定如下：一、该团抵津时，在新站下车，由该局派警沿途保护，负戒备责任。二、是日通知商民一律悬旗。三、经过时应静街。四、军乐队用欢迎歌。五、商同各租界工部局一律静街。六、沿途小铺应□□，使其整齐。七、调查团路过□□□，上午八时，由新车站至西湖饭店；十二时，由西湖饭店至省政府；二时，由省政府回西湖饭店；三时，由西湖饭店至老站登车。合行令仰该局，迅速遵照办理，勿误为要云。

（《益世报》，1932年4月7日，第六版）

116. 调查团今晚过济南来津，昨过京时曾入城访林、罗，李顿语人伪国拒顾事该团决不承认，我政府意见书已由顾代表交调查团

【南京七日下午十时本报专电】调查团李顿爵士一行，阳（七日）下午一时由汉乘隆和轮抵京，泊海军码头江心，在轮午膳。李顿等似有与外罗再作一度会谈必要，即通知外部。二时十分，李顿、马柯迪、麦考益、希尼、克劳德各委，秘书长哈斯及我代表顾维钧、朱鹤翔等，乘专差小轮登岸，乘外部所备汽车赴萨家湾外交官舍。罗外长及次长徐谟均在官舍等候，会谈达一小时。闻该

团认调查迄今所得印象极佳,再度谈话,极为满意。三时四十五分,各委离官舍,李顿赴英领馆稍谈。四时乘英舰小轮过江,意、法、德、美各委及哈斯,由外罗于四时陪乘澄平轮过江,赴浦口车站。车站满贴欢迎标语,并有大牌楼,缀以彩灯,军警严密戒备,国府乐队在月台守候。四时十分,各委及我代表顾维钧、日代表吉田,均陆续登车。十五分,于军乐奏声中,离浦北上。预计齐(八日)晨四时抵济,七时离济,晚九时过津,停二小时,佳(九日)晨六时抵平。勾留一星期,与东省长官详细接谈后,即乘北宁车赴东省实地调查。我方职员尚有一小部今晚北上。记者于一时二十分访李顿于轮上,询此行结果及东省问题,当承发表谈话,谓:"此次赴汉甚有意味。赴汉理由因恐在京沪调查未周,故扩大范围,并视察水灾后恢复能力。在汉视察,沿江一带及张公堤悉已恢复,深觉中国毅力伟大,能力甚强。嗣又往收容所,见对孤儿寡妇收容周到,诚为不易。故吾等印象极佳,不虚此行。外传满洲方面反对顾维钧前往,余方尚未得报。如有此事发生,调查团决不承认。"记者叩以迄今已否觅得新途径解决东省问题,李答:"所见所闻,对调查工作颇得补助。在东京、南京与两国当局接谈及人民接触,精神异常奋发。尚希两国人民信赖政府,信赖调查团,俾工作易于进行。现工作已完成一部分,俟与东省以前长官接洽后,即实地调查。至满洲方面招待调查团与否,为另一问题,调查团只承认中日两国政府"云云。又张祥麟谈,调查团各委与顾代表在轮次每日上午十一时会谈一次,讨论调查事宜,下午四时调查团开会讨论进行事务。该团除每次就调查所得报告国联外,将来尚拟编一总报告。我方意见书已由顾代表面交该团。将来编总报告时,日方拟请在日整理,现尚未定,或将在我国北戴河整理云。

【南京七日下午七时二十分本报专电】 调查团阳(七日)午后一时乘隆和抵京。原拟过江北上,嗣因尚有要公须与我方接洽,二时乘小艇登岸,去萨家湾外交官舍访谒林主席与外长罗文干。其余调查团随员及中日代表团,均乘澄平轮过江。李代表调查团向林致告别谢词,林代表国府致慰劳意,晤谈约半小时,辞出。顾偕美法各委登一小艇,李偕哈斯等另乘一艇,分别渡江至浦口。李等到后,奏乐欢迎,旋即登专车。林派罗文干莅站欢送。至四时,专车开行,李等倚窗点首,奏乐欢送如仪。专车分二列,首为压道车,上载卫兵等。李顿等五委各坐一辆车,油漆一新。卧车置有大铜床,室内有沙发,并有小图书室。余为各委及中日代表所乘。津浦路派钱宗渊、赵国栋等随车护送。专车行程如下:庚(八日)下午四时抵济,七时车开;佳(九日)晨九时到津,午后二时半由津开,五时半抵平。闻我方对调查团提出文件,先后送去甚多。至平后,将更有较详尽意见书提出。

【徐州七日下午十时三十五分本报专电】 国联调查团专车阳(七日)下午四时三十四分由浦口北来,以两机车拖驶,行甚速,十时零四分到蚌。庚(八日)晨三时三十四分抵徐,停一句钟,北开。至浦由铁甲车第三队压道,抵徐后换第一队压道北上。

(《益世报》,1932 年 4 月 8 日,第一版)

117. 调查团在北戴河编报告书

【平讯】 确息。国联调查团即将抵平,闻由平转往东北调查后,将在华从事编制向国联之报告书,编制地点已择定北戴河,时间定为一个月云。

(《益世报》,1932 年 4 月 8 日,第二版)

118. 英对伪国照会不覆,在未接到调查团报告前,对伪国将不采任何行动,芳泽谈决当援助伪国保全利益

【伦敦六日合众社电】 英国对"满洲独立国"要求英政府承认之照会,尚未置答。外部次长今晚代表外长西门问下院报告此项消息,西门现出席讨论多脑河经济合作之四强会议。据此间传说,英国尚未准备答覆此项要求。此间一般预料,英政府在未接到调查团报告之前,对"满洲国"将不采任何行动。该调查团现在正在南京至北平途中。英外部已接到国联秘书处通告,谓调查团约四月第三星期可抵满洲云。

【伦敦六日路透电】 英外交次长艾登氏本日出席下议院宣称,西门爵士已接到自命为"满洲国政府外交总长"来照,内容系关于与英国发生外交关系,而英外部并未置答。艾登爵士又称,国际联盟调查团李顿一行,可望于四月下旬行抵东三省。有人提出质问,谓英政府对于"满洲国"请求承认一节迟迟不答,其理由安在。当蒙艾登氏答覆,关于此事并无所谓耽延,只迄今未致任何答

覆云。

【巴黎六日路透电】 巴黎《小巴黎人报》刊载日外相芳泽在东京与该报记者特别谈话。芳泽云：日本将退出国联之传说系谣传；至于承认"满洲国"问题，须视环境及"新国家"所表现之智慧与强固而定；"满洲国"既能尊重现存条约，无论如何日本决计援助。芳泽又云：日本借予"满洲国"之债款，非出自政府，乃系三菱及三井两银行；日本决不放弃其在满洲之巨大利益及侨民，其意在保持赤血精力及金钱牺牲之结果云。

（《益世报》，1932年4月8日，第三版）

119. 国联调查团明晨抵津，日随员行装昨已过津运平，东、西、总各站彩坊正搭设中，明午在省府公宴，民众茶话会取消

国联调查团莱顿等一行，准于明日（九日）上午九时乘专车抵津。本市欢迎筹备处方面已接到南京来电，着即赶行备置一切。其东、西、总各车站之欢迎彩坊，刻已动工扎设中。所有北宁工会及由党部所制之英文白布欢迎标语，亦决于今日分站张挂，由第二军部刘参谋长负布置之全责。该筹备处昨（七日）并召集各界代表，于下午三时在市府礼堂开最末次会，以期策划周密。计到王文典、刘宸章、卞白眉、邵华、严智怡、段茂澜、雍剑秋、刘孟扬、邓庆澜、王晓岩等四十余人，由严智怡主席。议决各项要案如次：（一）入站欢迎证当场分发各界负责人，以便转散（计发工界二四零、教育界二零零、妇女界三零、律师公会一二、新闻界八零、自治区八零）；（二）调查团在津仅勾留半日，因时间匆促，西湖饭店民众茶会决取消，但请调查团接见各界代表；（三）整理津变写真照片，装成卡册，俾赠调查团为参考之用；（四）各界欢迎人员须于九日上午七时三十分齐集总车站指定地点；（五）增推邵华为车站指挥；（六）各界欢迎人员添制布旗以为标识，而免混杂。议毕，至五时十分散会。并闻该处对于搜集津变之资料事，业经办妥。至于损失数字及其他详细情形，决根据公安、社会两局之精确调查，汇报该调查团。关于调查团来津时间，亦已分别通知各国总领事武官，准备欢迎。又国联调查团日本陪查员之行装四十余件，昨（七日）

晨八时由日随员二人自京运津,寓常盘旅馆,下午四时即乘北宁车赴平。并闻明日(九日)午间公宴国联调查团,决在省府餐厅举行。冀主席王树常暨津市长周龙光,已分将演辞拟妥。会宴时,由民众总代表张伯苓,副代表黄宗法、卞白眉等作陪。朱家骅、罗家伦等奉命至平,指导招待国联调查团事宜,特偕秘书萧同兹,乘平浦二零二次通车,于昨(七日)晨过津赴平云。

据交通界消息,国联调查团压道车已于昨日下午一时,由浦口开行。四时十五分调查团专车亦离浦北上,今日下午四时可抵济南。抵该站时,闻尚拟下车游览。如途中无耽搁,明日晨八时当能到津云。

(《益世报》,1932年4月8日,第六版)

120. 调查团今晨到津,八时半到下午三时去平,午赴省府宴,接见各团体,昨过济南曾受盛大欢迎

各委熟睡过徐州

【徐州八日下午二时本报专电】 国联调查团专车阳(七日)晚六时过滁州。滁各界欢迎代表二十余人向国联请愿,秉公处理中日问题,由德代表接见,答用公开方法继续调查,冀中日问题有相当解决。六时十分北来,庚(八日)晨三时三十分到徐,各代表及随员等已入睡乡,记者无从谒访,仅登车与津浦路所派随车招待主任钱宗渊略谈。据云:调查团此行抱绝大毅力,冀得圆满结果;乘此专车,沿途感觉极安适,惟出关后,日方能保安全与否尚是问题,俟到平后与张学良郑重接洽再定。专车内除调查团及中日代表等外,尚有美报记者霍何及沪《新闻报》顾执中等。四时半北开。

又国联专车抵蚌埠时,徐各界代表闻讯,均集徐站候迎,并备欢迎词。旋接钱宗渊由蚌来电:奉顾代表谕,专车抵徐正在深夜,各代表业已安眠,祈即免除一切迎见,惟盛意殊感谢。各代表乃相继返城。津浦路派钱宗渊等随车,沿途照料。

【徐州八日下午五时本报专电】 国联调查团专车阳(七日)晚八点十五分离浦北上,过滁州、蚌埠,均停二十分钟,接见欢迎人士。地方代表面陈日本对华种种横暴及破坏东亚和平罪恶,当由李顿爵士及麦考益将军致答,谓国联决

以和平方法解决中日一切纠纷。接见谈话时,代表吉田、盐婴[崎]等六七人不离李顿左右,意在监视伊等谈话态度,故李、麦等不便多谈,对欢迎者仅微笑点首。

专车庚(八日)晨三点三十四分准时到徐,各界欢迎代表因事先得顾少川电免除一切进见,故多遄返,即军乐亦临时免除。当专车抵站时,除站台内外临时戒严外,异常寂静。铁部特派津浦路委钱宗渊随车沿途照料。据钱谈,日方拒绝我顾代表等陪调查员到东北去。

阳(七日)晨该团在隆和轮会议表示,所有随行中日代表,均系本团邀请,已属本团范围,任何方面不得反对,否则等于拒绝本团。议决后故逕北上。惟日方刻又提出调查团所乘列车及我国陪行人员,出关后日方不负保护责任。如此情形,候抵平后再讨论,否则恐不便就道云。

过济南赴宴游湖

【济南八日下午九时三十分本报专电】　国联调查团专车,由北平□钢甲车在前压道,于下午三点五十分到济。韩复榘之代表及各军政长官、各机关各团体代表、新闻记者数百人,在站欢迎。调查团李顿一行五委员,我代表顾维钧,偕日代表吉田,秘书长王广圻,招待主任严恩梱,参议朱凤千、颜德庆,女秘书陈凤春、赵玉瑛下车。李顿与欢迎者寒暄,即分乘汽车赴省府,沿途警备甚严。到省府珍珠泉客厅西间休息十分钟,即到东间进茶点,会见军政各界。建设厅长张鸿烈代韩致词,谓:"今日省府及人民均极荣幸,与国联调查团诸公欢聚一堂。韩主席因病不克来,极为抱歉,命鄙人来说几句话。诸公远来,已在京沪各方考察,所有情形,想均已明了。过京时与中央当局会见,中央政府之希望,想诸公亦已明了。今日诸公来山东,山东为中国数千年和平公义之地,孔子即生在此土。彼一生学说,讲忠孝信义仁爱和平,所以山东人最信服仁让和平。惟仁让和平,可使不和平礼让者消灭,世界之所以能和平,即在和平礼让一点。贵团诸公为和平之使者,负有解决中日纠纷之责。中国人民深信诸公可以解决中日纠纷无疑。鄙人代表韩主席欢迎,并祝诸公前途顺利与完全成功。"至此举酒致敬,由盐务稽核所长李植藩翻译。

李顿倾听仰屋作深思,即于掌声中致答词,仍由李翻译,略谓:"今日与各界欢聚,非常荣幸。惟听说韩主席有病,很觉难过,请为转达此意。方才张厅长代表韩主席演说,山东人非常希望本团秉公办理。本团在沪参观各处,悲惨情形不必细说。将来作报告送到国联时,不是为报告所见惨状,是报告各处和平气象。本团在纽约集中时，许多美国人对本团抱无限希望。到日本、中国各地，均有极多欢迎者。处处是求和平气象，不像有深仇的。本团代表五十四国，很不愿任何两国有战事。看见各处都希望和平，故希望以大多数和平心理牵制不和平的"云云。语至此，即举酒答敬。又对济南新闻界所提问题：一、对沪停战会议意见若何？李顿谓："适已圆满答复，我见各地均希望和平，必很能帮助中日二国永久和平。"二、在沪各地战区调查经过，对中国之认识如何？李顿谓："山东是孔子故乡，数千年前国联尚未成立，孔子学说已很有益于世界，现在应从孔子学说中研究维持世界和平办法"云云。

至五点二十分同乘汽车游大明湖。五点二十分，该团一行及欢迎者游大明湖。乘船二十四只，全湖戒严，湖滨观者如堵。先至古历亭，该团见孔子像，亟表钦敬。继至图书馆，见宋元本书与古瑟，甚钦佩，谓雕刻、音乐均系由中国传入西方。顾维钧引该团参观五三日军炮弹遗迹，李顿颇惊讶。顾语记者："东北反对余前往，并无正式表示。余当然前往，东北不愿余去，是意中事。"旋又乘船赴北极阁，改乘汽车游城头马路。七点五分回车站，各界在站欢送如仪。十分开车北上。

本市隆重之欢迎

【本市特讯】 国联调查团七日下午四时由浦北上，昨日下午到济，当日晚七时十分由济开行，预计今（九日）晨八时三十分到津。省市当局事前关于筹备事项，大致研究妥当，但细目尚待顾维钧到津为最后决定。现车站方面，已分别由路局派工□除。总站及东站站外，并各搭高约数丈之彩牌楼一座。昨晚业经竣工，额缀"欢迎"，红地金字，极为鲜艳。专车决停第一股道第一月台。界欢迎人员之位置现已画清，计最西为军乐队，依次而东为军队、警队、童子军、绅界、慈善团体、中央各机关、教育界、妇女界、男青年会、女青年会、市党部、市政府、省政府、工界、商界、银行公会、新闻界、律师公会、自治界、北宁路局、津浦路局各席。省市政府两席，适当调查团下车出站门口。各席均以细线为界。各该界欢迎人员须于晨七时半集齐，各按本界，不得紊乱。全站满悬万国旗，上缀电灯。站台天桥悬有白布标语，市党部为"欢迎和平使者国联调查团"，北宁路特别党部及北宁工会为"欢迎公正严明之国联调查团"及"中华人民宁为公理而死，不受强权屈辱""中华人民宁为玉碎，不为瓦全""中华人民决不接受丧权辱国条件"等中英文标语。车站欢迎人员，总指挥严智怡、邵华、刘家鸾及筹备委员沈迪家、张锐,昨并亲赴车站,视察一切。该团团员下车后,业经派定专员,偕赴西湖饭店休息,计黄约三或赵鉴堂陪同英国李顿爵士、段茂澜陪同德国希尼博士、沈迪家陪同法国克劳特将军、陶秘书陪同意国史高蒂伯爵、张锐陪同美国麦考益将军,分乘特备汽车五辆,直趋西湖饭店。沿途由公安局妥派干警,实行警戒,水陆均自上午八时起,同时实行。第二军部并派干探负责侦查,藉防奸宄。各冲要路口,市党部备有中、英、法三国文字标语十二种,悬挂各处。各团员到达休息处所后,由段局长、陶秘书在西湖饭店担任招待及传达事宜,张科长在利顺德饭店担任招待及传达事宜,以免前往晤见有秩序紊乱。午时在省府欢宴,由王主席致词,黄宗法翻译。除当然主人外,并邀驻津各国领事作陪。现省府已将大客厅摒挡整洁,省府二门并搭置欢迎彩牌,以示隆重。下午三时前赴平,在津勾留约六小时,除接见民众代表及欢宴、视察外,如有余暑,并将接见津市各记者。至津变损失及写真册,均由民众总代表负责赠交该团,用备参证。另外,北宁路局关于该路所蒙直接间接之各种损失,单独印有报告书,由该局送呈该团备查。东三省旅津学生会且草拟致国联书,准备届时递交。该团赴平,预定在东站登车。该站内外,已加紧布置。离津时,仍由各团体到站欢送,沿途由路局督察长王振声率警卫护。专车前有压道车。过丰台车站时,全体职工代表五十人在站迎候,同时并以书面报告该团,自东北事变发生后,日军所予中国善良工人生命财产之种种危害云。

今晚六时抵北平

【北平快讯】 国联东北调查团已定今日上午九时抵津,应津市各界招待后,下午二时离津,五时半抵平。北平市招待专员宁向南、蔡元两氏,已于昨晨八时先行赴津迎候。又平市招待国联调查团办事处为维持车站欢迎秩序起见,特规定印发欢迎入站证千余枚,于昨日分发各机关,并规定欢迎须知及入站排列程序,兹分录如次:一、通知各方。平市招待国联调查团办事处特制定欢迎入站证,昨日分发各机关。通知原函云:"迳启者:查国联调查团定于本月九日下午五时抵平,在东车站下车。相应检同入站证□份,欢迎须知□份,函请查收,并希届时前往欢迎为荷。此台颂祺。① 北平招待国联调查团办事处启,四月八日。"二、欢迎须知。办事处规定欢迎须知如下:(一)欢迎人员应于

---

① 编者按:原文有误,应为"此颂台祺"。

专车到站前,齐集前门东车站各向指定之地点站立;(二)欢迎人员在月台之位置,应依照附图规定之地点,务须整齐;(三)欢迎人员衣帽务须整齐,文职到站着礼服戴高帽或蓝袍青袿,武职着军服,学生着制服;(四)国联调查团到站时,应行礼致敬;(五)欢迎人员到站后,车马应一律停于站外规定地点,随时由警察指挥;(六)欢迎人员不得携带标语旗帜及呼口号;(七)调查团等下车后,欢迎人员除有招待职司者外,务勿离开规定地点,以维秩序;(八)欢迎人员应俟调查团外宾等出月台登车后,再行依次出站,务勿争先,以维秩序;(九)无入站证者不得入站。

(《益世报》,1932年4月9日,第一版)

121. 社论:欢迎国联调查团

国联调查团团员诸君三月十四日抵沪。到沪以后,即从事工作。在沪与各方面交换意见,且亲往吴淞、闸北一带战地视察。此外,又亲往南京、杭州、武汉各区域进行调查,跋涉奔走,备极辛苦。在团员诸君,为远东和平、世界正义而勤劳,此正所谓劳而无憾;然在我国国民,既为中日案件当事人之一方面,对团员此番辛勤劳苦,理宜敬致谢意。团员诸君今日由宁北来,便道路过天津,本埠市民因时间限制,对诸君不能有盛会欢迎、从容就教的机会,私心引为恨事。我辈今惟有藉此机会,在文字上默祝旅途健康、和平事业成功而已!

诸君所负使命,为调查满洲事件。从此往北,即将到达调查目的地点。满洲真象,诸君未曾身亲目见以前,我辈不愿烦渎听闻,希望诸君以耳代目。西谚有"天下绝无隐瞒事件终久不被发现"的训诲,我辈除信赖诸君公正无偏之品格外,同时以上项格言自慰。我辈始终认定真相既明,是非自□。

凡一切可以贡献、应该贡献之意见,我国政府及沪宁汉杭各地民众,均已尽情向诸君贡献。此方市民今兹向诸君唯一重要之要求,即对于旧年十一月八日起至卅日止之天津事变特别注意。诸君在上海所见者,为日本侵略的残暴;在天津事变诸君所当留意者,为日本手段的奸狡。残暴乃外表的事迹,易于侦察;奸狡为居心的险恶,难于检查。日本此次侵吞满洲,处心积虑,由来已久。旧年十一月八日天津事变,即为日本处心积虑,由来已久之证据。日本旧年九月十八进兵沈阳以后,向国际间佯为宣言,为日本对满洲绝无领土野心。

日本当日敢于为此宣言,彼方实另有吞灭满洲的长期计划。彼方诡计即在制造今日满洲的伪国,以为吞灭满洲的过渡。天津事变,即日本制造伪国的整个轨迹中之一幕。今日满洲伪国之傀儡领袖,为前清废帝溥仪。日本制造天津事变,其目的即在偷绑溥仪。在十一月十一日,溥仪被日本浪人挟持出走之内幕,今已成公开之秘密,此间市民,类能言之。即溥仪本人离津后之一切宣言、谈话,处处可以证实溥仪由天津而大连,由大连而长春,再由废主而成为今日"满洲国"之领袖,着着都为日本处心积虑之阴谋。今调查团诸君既然便道天津,对此日本浪人偷绑溥仪之地点,希望详加征询,以得真实内幕,以一类百,盖日方奸狡手段,大都如此。看破此点,即可推知今日所谓满洲伪国内容之一斑。

抑又有进者,诸君今日北来,离调查之目的地固日趋接近,然此后调查之工作,亦日增困苦。自九一八以后,东北三省大部份在日本武力挟持之下,逾平津以北,一切都成欺朦装饰之虚伪局面。当地的真实材料,不但我国政府无从供给,即真实民意,屈于淫威之下,恐亦无从表现。故在诸君涉迹满洲以前,此中情节,即应先期辨别清楚。日本奸狡伎俩,应有尽有。今后当有不可思议之虚伪事端,排演呈现于诸君之前。惟冀诸君始终坚持公平明锐之判别力,不为日人所欺耳。

其实此次中日事端,虽在欧美之孩提幼童,本其良知良能即可判其是非曲直。所谓调查,诚如诸君所言,特法官判案,搜集人证物证之类以完形手续耳。我辈今兹对法官之请求,固不在感情上对弱者之怜悯矜恤。我辈惟一要求,即在从诸君之调查中,俾世界人士对中日案件得一真确之是非而已。是非既明,公理自在。最后,我辈敬告诸君:对诸君之调查,我辈有充分之信仰,无丝毫之倚赖。天助自助者,依据公理之奋斗,我辈当继续努力自为之。此又我辈开诚明告诸君之点也!

(《益世报》,1932年4月9日,第二版)

122. 调查团在武汉之印象:认识华人能力伟大,人工造堤超越机器,武汉大学招待会尤感美满

【汉口快讯】 国联调查团五日由京抵汉,一切欢迎情形业经连日电告,六

日晨接见各界民众代表亦详电报，均不赘述。兹就该团视察堤工、孤寡收容所及武汉大学情况，略记于后，盖可一觇该团之态度与其对武汉之感想为何如也。

视察堤工

国联调查团委员长及各委员于六日午接见各界代表后，即于十一时四十五分前往视察张公堤兼补工程。陪往者计有我国顾代表维钧暨代表团全体、李晋、陈光祖［组］、贺衡夫等及各报记者数十余人。分乘汽车廿八辆，由德明饭店马路向上，折过法捕房前马路，经一元路转第十署汉中街，经日租界中街，转大正街，经分两街，出铁路单洞门，沿马路至张公堤横堤。十一时五十五分，车抵戴家山。全体人员同时下车，四出视察。是日峭风逼人，但各委员并不退缩，惟有某君礼帽为风吹落堤下。各委员均用手管束礼帽，不随风而去。该堤工正在加厚堤身，工人分组工作，精神焕发。各委员陪往，□□□以手□□入。水灾会诸君对于武汉地势及防水工作，就地图上加以说明，详细指告该团。修理该堤之第五区工赈局长何幼良正在指示工作进行，当将施工情形详细申述，并略用茶点。至十二时二十五分钟，始乘汽车经原路回德明饭店休息。当各委视察完毕后，记者曾请顾代表代向李顿【爵】士询问此行之感想，当承答复如下："贵地遭此浩劫后，迄今仅半年，所有冲溃之房□、庐舍、田园、堤浣［垸］，现已渐次恢复，至为欣羡。且际此国际交涉日见紧张之时，贵国人士尚能以从容不迫之态度努力进行，此种精神，当为贵国他日兴强之张本。前途光荣，正不可限量也。再，贵地修复堤工以人工为主，对于机械运用甚少，此亦为贵国之特殊精神，虽世界诸国亦难及此。或谓现代为机械世界、机械工作，机械工作较人工工作省时节费，此在欧西诸国尚能适合□批评，如在贵国则尚欠偏颇。因贵国以人工工作相调济，有时视与欧洲各国之机械工作，有过之无不及。"

出发武昌

昨日下午三时五十分，李顿爵士、麦考益将军、克劳德将军，皆由各该国驻汉领事署宴会毕，来旅舍会齐，一同往武昌参观。唯德代表希纳博士，因晨间往张公堤，稍感不适，意代表马考迪伯爵亦为要公所阻，皆留汉未去。另有该团副秘书及专员等，陪往者有代表团顾代表维钧，总务主任张祥麟，专门委员朱少屏、戈公振等，此间绥靖署参议陈光祖［组］，汉商会主席贺衡夫，水灾善后会马登瀛、陈经畲，以及招待员席德炳、周钟歧［岐］、李祖芬、周苍柏等及各报记者,共三十余人。由德明饭店分乘二十四辆汽车出发,经两仪街、南皮路至三北公司码头下河,乘招待处筹办之盐务稽核处海洲巡舰及江汉关小轮渡江。四时启缆,四时二十五分到武昌汉阳门轮渡码头。有四十八师特务营及公安局武装警士维持秩序及警备责任,并有省政府军乐队奏乐欢迎。上岸即分乘招待处所备之汽车十五辆,经汉阳门街、察院坡,赴抚院街旧抚署。

参观孤寡

四时三十七分到达灾民收容所,全体入内参观。该所为水灾善后会所主办,现收容孤儿寡妇四千余人,分居二十余棚。孤儿占三分之二,分共①班受课,其课如初级小学所用之课程。妇女占三分之一,学习工艺,以课生活之技能。调查团各委依次沿棚察看,并赴各班教室参观。勾留半小时有余,即于五时离所,乘汽车经武昌路、东厂口、大东门,过长春观洪山,五时五分行抵武大。

行抵武大

该校当局事前已悉该团将到该校参观消息,故已筹备招待欢迎,并成立招待委员会。以工学院院长邵逸周为委员长,其余教授任招待。以校会议厅为招待室,大门外交竖党国旗,并横悬白布标语,题曰"欢迎国联调查团",门口并设军乐队。至校外警备,则自武昌汉阳门起,沿长街、大东门街至该校止,均由八十九师三十七旅及武装警察负责戒备。校内则由第十军特务连负责。调查团一行车抵该校大门前,即有欢迎乐队奏乐。调查团委员、我国代表等全体下车后,即由招待委员长邵逸周、副校长王星拱、教授时昭瀛等迎接,并行握手礼互道寒暄,即由邵等引导入招待室。稍事休息后,即举行茶会。

个别谈话

李顿爵士当询邵逸周以该校过去历史、最近情况及将来计划甚详,当由副校长王星拱逐一答复。李氏对于该校沿革经过甚表钦佩,随即由该校教职员代表周鲠生与李氏接谈。首由周君表示欢迎后,即提出问题三条:(一)贵团将来北上往东三省实地调查,但该地现为日军占领,将来恐其为遮盖其行为计,对于贵团在该地之行动,加以种种阻扰,使贵团不能尽量调查。李答:"我

---

① 编者按:"共"疑为衍字。

们自有相当方法,使他们(指驻东三省日军)不能阻扰。"周问:"贵团行抵东三省后,对于日本一手造成之满洲伪国,将予以何种表示？是否认为一个国家,予以接谈？"李答:"我们对满洲伪国没有什么表示,也不予以接谈。"周问:"贵团调查以后,国联会将根据贵团报告处理中日事件,如日本绝不接受,国联是否将依照盟约及公约予以制裁？"李答:"此时尚谈不到。"另有一代表高君珊与克劳德将军接谈,当由高君问:"贵团来汉后视察两日,所得印象如何？"克答:"贵国物质建设甚好,尤其是贵校优美俱备。此外,对于灾难之救济及防卫工作,皆甚完备。"最后该校招待委员长邵逸周向李顿爵士递送武大全体教授共同拟定之英文意见书,由该校高君珊女士代表全体面递李顿爵士。兹译其大意如后：(一)非法占据东三省及伏在上海之日本军队,应立即撤退。(二)中日一切悬案,应全部解决或提交国际参与。(三)国联为履行盟约第十条,国联调查团及国联任何代表不得与所谓满洲伪国有任何承认行为。(四)国联历次议决案不能圆满执行,应请国联实行约章第十条。六时十五分在该校前院共摄一影,以留纪念。二十分全体上汽车,由该校招待员引导围绕武大校舍驰行一周,至六时四十分始尽兴而返。至七时到汉阳门,复乘原轮返汉。七时四十分抵汉口,三北公司码头上陆,李顿爵士及麦考益将军、克劳德将军皆回至各该领事署休息。

登舰欢送

各委登轮后由何主任、夏司令、何市长、周泽春、陈光组上船致欢送意,该团各委员并与何等握手告别。何主任向各委员声述:"此次来汉招待不周,殊为歉怅。武汉情形诸君已经二日之观察,当能尽悉,希望诸位委员对于招待不周之处,尚祈予以包涵。"最后何主任、夏司令并赠送该团各委中国特产湘绣山水画屏一套,每套四副。该团各委欣然接受后,并有李顿博士答复何主任云:"此次来汉,所得印象极佳,并承何主任、何市长、夏司令诸位隆重招待,极表谢意。"何主任、夏司令、何市长均于九时二十五分下船,临行复向顾代表维钧表示道劳,顾代表则表示感谢。何主任等下船后,至九时半遂启碇,预计七日十二时可抵浦口转车北上。各界欢送人员有立于万足船[①]上,有立于岸上者,均脱帽举手,表示敬意。该团各委分立船顶,点首含笑告别。此主张正义、维持

---

① 编者按:原文如此,报纸印刷有误,应为"趸船"。

人道之国联调查团,遂离汉矣。

(《益世报》,1932 年 4 月 9 日,第三版)

123. 东马路损失灾情表将交调查团,用作津变参证而利交涉,各商民已送呈财局转递

本市两遭变乱,东马路各商号损失奇重。兹各商号以国联调查团即将抵津,近特拟具详细损失灾情表,呈送财政局,请转递该团,以资参证。原呈如下:"窃为呈请将津变实情呈复财部,并请将损失灾情表就近转递国联调查团,以资参证,而便交涉事。窃前为本市两项变乱,商业萧条,曾经两呈市政府,请予酌免营业税,均蒙批以通盘计划,实难照准各在案。顷又造具损失灾情表,呈请财政部核免。旋奉赋字第九七号部批内开:'呈暨附件均悉。所请各节,除关于印花税部分应候另外办理外,其营业税部分,已训令天津市财政局核议具复,再凭查夺矣。此批,等因奉此。'想此训令,已行到贵局。为此,呈恳务赐据津变实情,婉密议复,财部准予酌情减免营业各税,以恤商艰。又闻国联调查团于本月九日来津,并请将附呈损失表转递该团,以作津变参证,而利交涉,实为公私两便。谨呈天津市财政局,附呈损失表一百三十张。天津市第一区第四所东马路全体商民谨呈。"

(《益世报》,1932 年 4 月 9 日,第六版)

124. 国联调查团昨晚抵北平,昨晨九时到津,留六小时,原车去故都,西湖饭店接见民众代表,午赴省府宴,抵平张学良亲迎,今晚应三夫人茶会

【本市特讯】 负有东方和平使命之国联调查团,自纽约集合渡日来华后,由沪而杭而京,分别调查。旋溯江西上赴汉,留二日,原道东返,过京北来。七日下午四时离浦,深夜过徐,次日午后四时到济,昨(九日)晨九时抵津。省市军政党各机关人员及各界民众事先齐集车站,热烈欢迎。该团一行下车后,与

众稍周旋，即赴西湖饭店休息，并依次接见各界代表。午后一时同赴省府欢宴，主宾相继致词。宴毕稍事休息，即于下午三时二十分由省府迳赴车站，登车去平。在平勾留约一星期，然后出关。预计十八日左右到沈，即分批实地调查，需时约两周。事毕将赴日本奈良，同时即将调查所得与中日两方所报告者相印证，以便制作报告书，于返华后寄交国联。兹将该团过津抵平情形，分别志后。

过津情况

车站欢迎情形

省市各界自经欢迎国联调查团筹备处会议议决发给欢迎证分配人数后，昨日上午七时半，各界欢迎人员即陆续齐集新站第一月台，按预先划定之位置行列，鹄候欢迎。站台方面，刘家鸾、邵华、严智怡临时并加派王一民等四人为总指挥，分任指挥之责，公安局复派保安第十五中队全队、第二军部卫队一连、宪兵一队在站警备，另有五校童子军加入维持秩序。各方要人到站欢迎者，有主席王树常，市长周龙光，市整委刘宸章、邵华、时子周，及省府委员、市府局长、民众总代表张伯苓等，并驻津各国武官领事、中外记者、工商学妇女交通慈善宗教各界民众达两千人。其时微风荡漾，尘土飞扬，工务局喷水车往来喷水。车站附近街市，自八时起即实行戒严，凡无欢迎证者一概不准入站。

专车到津一瞬

调查团专车八日晚由济南开后，欢迎筹备处所派之专员黄宗法，即由该地致电津方，赶行准备。昨晨拂晓，该处遂派沈迪家、赵鉴堂赴西站迎候。原定八时半到京，嗣车站据报，沿途小有耽搁。八时过静海，三十分过杨柳青，四十五分始抵西站，略进早点，越五分即达总站。一时军乐大奏，铿锵悦耳。欢迎者一律脱帽，军警行注目礼。专车共挂十七辆，各团员分号居住，计行李车二、三等车二、三等卧车一、头等饭车二、头等卧车四、头等包车三、守车一。车停，军政要人及民众总代表张伯苓，赶行至最后一车，登车欢迎，互相握手，并由黎女士绍芬献花。旋即于军乐悠扬声中，相将出站。李顿爵士前行，精神甚佳。当由北宁工会及市党部发放五彩纸条，上书"上海问题需与东北事件同时解决""欢迎公正严明的国联调查团""拥护国际联盟会""抗日并非排外"等中英文字样,随风飘舞,颇为美观。该团员下车,李顿即偕顾维钧同乘一车,直赴西湖饭店,其余各团员随行。沿途加岗戒严,禁止闲人,电车亦暂行停开。各机关商民,均悬旗表示欢迎。车经日租界,戒备气象,颇为严肃。

调查团题名录

此次到津之国联调查团名单,兹觅录如下:

委员长莱顿爵士(英国枢密顾问官),委员克劳尔德将军(法国军事参议官)、麦克考易将军(美国陆军少将)、希尼博士(德国旅外德人同盟委员长)、马列斯可特伯爵(美国前任驻德大使),秘书长哈斯,法律顾问杨华特,随员皮尔特博士、查利尔、潘斯杜考夫、考斯、爱司韬、铁勒、毕特尔校官、瞿维莱博士、利乔尔史、罗勃脱、勃拉克、司利、华尔、哈力斯、瑞那、黑西、蕃寿、鲁意丝等二十四人。①

日本参预委员名单:代表吉田伊三郎(前日本驻土耳其大使)、伊藤述史参事官、法律顾问白潘博士、盐崎观之[三]书记官、堀内千城书记官、森乔书记官、好富正臣书记官、渡久雄上校、澄田宾四郎中校、佐藤市郎上校、汤野川忠一上校、河相达夫事务官、贵布根康吉事务嘱托、陈斩座书记生、木村勇佑书记生、金井清随员、江间江守随员。

中国参预委员名单:代表顾维钧,秘书长王广圻,招待主任严恩樾,参议颜德庆、朱鹤翔、张祥麟、金问泗、张歆海、钱泰,秘书陈凤春、赵玉瑛等。

接见各界代表

调查团到达西湖饭店后,略事休憩,即首先接见东北旅津同乡三元老及东北旅津学生团代表邱连岱、倪文凤、张敏□、白永兴、李文伯、李固枝等九人,关于东省事变情形垂询甚详。由同乡会三代表及学生代表分别答覆,学生代表并面递致国联书,该团对之颇为重视。退出后,依次接见驻津各武官领事,复次接见民众代表张伯苓、王文典、张品题、卞白眉、胡政之等数人,仍由黄宗法翻译,垂询事件。均经分别答覆,同时并由各代表面递报告书节略。当由该团指出二条反诘各代表,谓日人对东北不好,有何证明。比由代表声述,如东北日人扣报事件及宪兵之无辜逮捕华人、教科书之被删改与吉林商会主席因写

---

① 编者按:原文有误,应为"二十五人"。

信被拘致无下落等事，相继报告。各代表辞出后，该团遂赴省府之午宴，时已下午一时许。至所有随员则由市府另备中餐，在市府午膳，由陶帮办、沈科长等作陪。旋复在省府集合。

王主席欢迎词

主客入席后，首由省主席王树常起立致词云："李顿爵士及调查团诸君，诸君联合莅临斯土，本主席非常荣幸，谨略供数语以表衷诚欢迎之意。诸君此次来华，负庄严重任，为谋远东及世界和平而努力。贵团之工作，将留世界和平历史上重要之一页。中国人民为酷爱和平之民族，其和平之动机，与保持世界稳定秩序、保障人类共同安全之根本法律之国联盟约、九国公约、非战公约精神，实完全符合。甚至自去年九月十八日不幸之沈阳事变，天津、锦州、哈尔滨及最近上海事变相继发生以来，中国政府及人民仍本素爱和平之意，始终信仰国联足以解决上述之种种纠纷，因此坚决实行国联通过之历次决议案。中国人民同时信任诸君之调查研究结果，并信任国联能本根据真正事实作成之报告，解决中日纠纷，以期谋世界永久和平。本主席认此不特为中日人民之希望，同时亦为全世界一切爱和平之民族同深愿望。鄙人举杯，请同饮一觞，祝君康健及诸君事业最后之成功。"

李顿爵士答词

"敝团此次过津，承省府殷勤招待，盛意至足感谢。窃吾人自蒙国联派充调查员以来，吾人眼光无时不集视满洲。起初我们看满洲，系以欧美人眼光看满洲；到日本以后，以日本人眼光看满洲；到中国后，以中国人眼光看满洲；待将来到了满洲，将以中国人与日本人及全世界各国的眼光合起来看满洲。今晨敝团行抵天津，辱荷贵主席暨地方当局以上宾待遇。汽车所过之处，临时施行警备，光荣甚矣。或谓此等荣遇非加之吾人个人，余曰非也。盖敝团系代表以强有力者，系由强国之法律组织而产生，其为力也，较吾人个人代表之五大强国更有权威。窃想贵主席今日所赐之荣宠，系以此也。本主席为此，谨代表敝团所代表之权威，举此杯祝贵主席健康"云云。

三点二十离津

席散后，全体在省府二门合摄一影。下午二时五十分，遂由省府乘车，迳赴新站。各界人员复在第一月台□宅地点齐集欢送，各国驻津领事、武官亦均赶到送行。铁甲车首先开出，三时二十分，专车遂于军乐悠扬声中展轮西去。车行时行驶甚稳，故李顿曾表示乘坐极舒畅，甚愿仍乘原车东去。闻北宁路局昨日下午为此曾召开会议，讨论一切。随该车去平者，除原来之蔡元、沈祖同、宁向南三人外，省委严智怡、段茂澜亦将去平云。

抵平一瞥

【北平快讯】 国联调查团专车于昨日（九日）上午九时到津后，略事耽搁，当于下午三时离津来平，六时一刻到北平东车站。平市各界及民众团体千余人，均到站做热烈之欢迎。兹将详情分别志之如后：

北平市盛大欢迎

平市以国联调查团来平，全市机关、商店昨日皆悬党国旗一日，以示欢迎。各大学校则因前日起已罢课、罢教，景况凄凉。大部分学生等对调查团此来，保守沉默态度，无多表示。东车站搭好松枝彩牌楼一座，上缀欢迎字样，站内亦满悬万国旗。调查团一行下榻之北京饭店与将来游览、宴会处所，皆于大门前悬挂白布横幅之华英文标语，兹择录数则余下：（一）北京饭店欢迎标语为"欢迎公正严明的国联调查团"；（二）天安门为"中国人民愿为公理而牺牲，绝不为强权屈辱"；（三）中山公园门前为"中华民族为争生存而抗日"；（四）中南海门前为"中国人民绝不接受丧权辱国的条件"。

东车站盛况一斑

东车站自昨晨即布置欢迎。绥靖公署卫队一连、公安局保安队一连在站担任警卫，乐队则有海圻、公安局、卫戍部等三队。欢迎人员于下午四时后即络绎到站，依次排列。计到绥靖主任张学良，北平市长周大文，绥署参谋长荣臻，总务处长朱光沐，副处长沈能毅，副官处长汤国桢、张作相、张焕相、张学铭，各局局长，陪伴专员刁作谦、陈任先、王述勤、赵鉴堂等，德国公使陶德曼、法参赞韩德威、日代办矢野真及各使馆重要职员，各团体代表则有银行公会曹沨、商会高伦堂及中国国联同志会会员等千余人。大多数着礼服，颇整齐严肃。

调查团抵站情形

调查团专车于昨日下午三时十分由天津新站开来平,沿途各站皆未停留。下午六时,压道车之东北铁甲车先行抵站。六时十五分,专车入站,乐声大作,车头上交叉国旗与北宁路旗,欢迎人员一律脱帽致敬。车停后,张主任登车与李顿、克劳尔德、麦克考易、希尼、马列斯可特五委员会见,仅作寒暄语。五分钟后即相偕下车出站,张氏乘汽车返顺承王府,李顿由顾维钧陪伴,麦克考易由刁作谦陪伴,克劳尔德由陈任先陪伴,希尼由王荫泰陪伴,马列斯可特由唐心畬陪伴,分乘汽车赴北京饭店休息。沿途经过公安局街、东长安街等处,军警皆举枪为礼。

今明日茶会宴会

调查团以来平时间须专致力于搜集各种资料,对平市各界之招待宴会,除张、顾、周三夫人之茶会与张主任之宴会外,余皆谢绝。其游览名胜之时间,亦随时规定。两次宴会之时间地点如次:四月十日(即今日)下午六时至七时张主任夫人、顾代表夫人、周市长夫人在迎宾馆招待茶会;四月十一日(即明日)下午八时半,张绥靖主任在居仁堂宴请。又闻调查团五委员定明日(十日)①正午十二时,赴顺承王府拜访张主任云。

顾维钧在平谈话

【北平电话】 记者于昨晚七时二十分在北京饭店晋谒顾维钧博士,志其谈话如下:"予等系七号下午四时三十分由浦口启行北京。国联调查团对张主任此次预备专车,甚为满意,一路极为舒适。今(九日)日上午九时至津,接见民众代表,预定半小时谈话,而延长至一小时以上,其满意可知。李顿代表表示在南方接到理论的材料甚多,到北方来接到事实的材料甚多。此次事件,重在证据,故彼等甚为满意。在平预备勾留一星期或十日。因两月以来,对中国各团体、各民众之热烈欢迎甚为感激,兼因各方应酬颇多,非常劳顿,希望应酬减少,多做实际工作。此次来平除顾夫人、张夫人、周夫人及张主任之宴请外,各团体之应酬一律谢绝,以便作实际工作,并将各方报告加以详细整理研究。

---

① 编者按:原文有误,明日应为十一日。

国联对上海事件异常注意。调查团决定在五月以前,上海事件将作一报告交与国联,第二次报告在五月以后。该团并希望须由铁道往东北去,以便于沿途各处加以调查。对于满洲伪国拒本人往东北事,七日下午三时在浦口见罗外长,据谈国府现尚未接到满洲伪国此项文件,我方绝不承认。中国代表与日本代表全为代表团之一部份,不受外人干涉,余决定去东北调查团之主张亦如是。到中国以后,该团印象甚好。中国虽经水灾、内战、外患,而对建设事项仍努力进行,甚为钦佩。到武汉调查时,对堤工甚为赞美。武汉在大灾之后,武汉大学仍全体上课,表示钦佩。至于将来整理报告是否在北戴河,刻尚未定,不过想到清净地方做详细报告"云云。

(《益世报》,1932年4月10日,第一版)

125. 调查团为何匆匆过津?津变果无调查必要?本报记者平浦车中访李顿,秘长代答,谓已得系统报告

【本报特讯】 本报记者随调查团专车来平,于昨日下午三点半由津启程,六点半到平,于车上晋谒李顿爵士,由顾维钧博士介绍。爵士因谈话过多,患喉病甚重,派副秘书长代表接见。记者问:"津变亦中日交涉重要案件之一,调查团似有略作勾留、从详调查之必要。今日匆匆过去,将来是否仍来津工作?"据该副秘书长答称:"调查团刻急于赴东省,但须于出关以前,与张绥靖主任作重要接洽,故未能在津久留。且津市民众团体对津变已有极有系统之报告书递交调查团,足可供本团有力之参考,故无再事调查之必要。将来如有机会,或再派员来津,亦未可知。"记者问:"东北伪组织有拒绝中国代表顾维钧博士赴东北之说,调查团之意见如何?"据答称:"本团在京时,尚未接到关于此事之正式报告,仅于报纸上略有所闻,故不便表示意见。李顿爵士现患有喉病太剧,实在不能接见,甚为抱歉。好在留平时间甚久,李爵士病愈,当择期接见"云。

(《益世报》,1932年4月10日,第一版)

126. 徐州西人对我同情，调查团过徐时曾参与欢迎

【徐州八日下午三时专电】 齐（八日）晨国联调查团过徐北上时，有某西人亦至车站参加欢迎，鹄候甚久。某西人云："此次国联调查团到华，赴各地调查实际状况，备受政府及民众之热烈欢迎，并贡献日本对华之种种残暴劣迹及日人狡诈之反宣传，足征华人拥护国联、酷爱和平之诚意，深为钦佩。"并谓："日人嗾使东北叛逆反对顾代表赴东北参加调查，不负保护责任之举动，查系反对调查团，间接即系反对国联，益增国联之恶感，并暴现其做贼心虚之弱点，国联决不承认。日本完全以强暴轻视华人，不见乎美之抵制日货、经济绝交，日人未敢作一语乎？予来华颇久，情感甚笃切，望华人努力自强，誓雪此莫大奇耻"云。

（《益世报》，1932年4月10日，第三版）

127. 北满鲜人急起抗日，与我义军联络谋韩族解放，伪国派定招待调查团专员

【哈尔滨九日下午三时三十分本报专电】 伪国派谢介石、沈瑞麟、郑垂、金璧东、阎传绂、李绍庚、鲍观澄、凌陞为招待国联调查团专委，谢介石兼委员长。日授意伪国改组中东路制度，并由日贷资金收买哈长段，东路亦改称为北满铁道。刘振邦之救国军九千名，庚（八日）进抵哈绥线横道河子，熙洽军三旅与日军协防，珠河、一面坡、穆稜［棱］、宁安、密【山】各地民壮，纷组大刀会，援助救国军。远东俄军组织宣传队，宣传对日战备，并印发《战士之道》一书，专载日军备内容。

（《益世报》，1932年4月10日，第三版）

128. 日人授意叛逆公然拒顾，我已向日抗议报告国联，李顿谈反对中国代表无异反对国联，调查团日内将邀集东北各长官会谈

【南京十日下午十一时本报专电】 外部确息。灰（十日）由电报局递来长春谢逆介石电报一件，内容与本月四日东京传出消息大致相同。当即由该部拒绝收受，饬由原局退回。一面报告国联及国联调查团，请其严格执行十二月十日之决议案；一面向日本政府提出严重抗议，重申中国历次声明各点，即在日军完全退出东三省恢复九一八以前状态之前，所有东三省一切叛逆行为，应由日方负其全责。而此次谢逆电报在未发出五日之前，其内容已由东京遍传各国，其为日本政府授意指使，毫无疑义。将来国联调查团或中国代表如在东北不能完全行使其职权，或发生意外，其责任应完全由日本政府负之。至中国代表顾维钧，仍当遵照国联决议，随同国联调查团前往东北各处视察云。

【南京十日下午八时二十分本报专电】 长春伪外部灰（十日）电外部，由电局送来，外部因不承认其地位，原电未收，由电局退回。闻其内容略如东京、沈阳所传表示拒顾，且有不赞同调查团去东省之表示，谓"满洲国"系依东北四省民众公意成立，与各友邦尚未成立外交关系，认调查团无前往视察必要，至对中国代表团，尤不能负招待责任等语。外部除将情况电国联秘书处外，并要求贯澈实行去年十二月灰（十日）决议案，同时向日提严重抗议：如我方代表团到东省后，不能进行工作或有意外阻隔，日应负其责。

【日内瓦九日路透电】 中国代表团将李顿爵士在最近访问南京时在各宴会席上之演说辞，汇交国联秘书长德诺蒙氏。在汪精卫欢迎席中，曾向汪氏保证维持中国领土及行政之完整，决为国联对中日纠纷之任何解决条件之一云。

【长春十日新联电】 "满洲国外交部长"谢介石本日午后七时半，发表通告南京政府外交部长拒绝顾维钧入境之事，云："对于顾维钧以国联调查委员之资格入'国'，因鉴于南京政府对'新国家'之态度，诚恐该氏之入'国'，与不逞之徒以种种之机会，致阻害将来相互之亲善，希即予以中止"云。

【北平快讯】 国联调查团一行业于前晚抵平。该团已距赴东北调查时期

不远,故在平拟多致力于搜集材料之工作。对于招待宴会,除昨日张、顾、周三夫人之茶会与今晚张绥靖主任之宴外,余均谢却。昨晨访谒张主任,系普通拜会性质,对东北问题,未作深谈。据顾维钧氏对记者谈称,该团以原任东北官吏现多在北平,为将来进行东北调查之参考,实有相互交换意见之必要,决定共同作一较长时间之会谈,参加人数较多,即举行谈话会,惟须视情势而定,举行日期已商定在今明两日内云云。此外,该团并决定由今日起接见平市各界代表谈话,详细日程业经规定,但事前不公表云。

昨日上午访张主任

国联调查团委员长李顿爵士、委员麦考易将军、克劳德尔将军、希尼博士、马考蒂伯爵五人,由顾维钧、唐心畲、王荫泰、刁作谦等陪伴,赴顺承王府拜会北平绥靖主任张学良氏。李顿与麦考益两汽车先行,十时一刻抵顺承王府。张氏亲出迎接,相偕入大客厅,略作寒暄,旋希尼偕马考蒂两氏亦到,即开始会谈,只由顾维钧氏一人陪座。克劳德尔氏因赴法使馆,于十时半后始到顺承王府,即加入谈话。李顿向张氏询问关于东北之各种情形颇多,张氏答复极为详尽。谈话历一小时,李顿等五人遂于十一时许兴辞出府,同返北京饭店午餐。张主任并于下午五时乘汽车至北京饭店答拜,晤谈四十分钟。于五时三刻,张氏偕李顿等五委员及顾维钧等,分乘汽车六辆,赴迎宾馆出席张、顾、周三夫人之招待茶会。又日本代表吉田伊三郎,于昨日下午二时赴顺承王府拜谒张主任,于二时半辞出。

晚出席三夫人茶会

张学良夫人于凤至女士、顾维钧夫人黄蕙兰女士、周大文夫人高女士,于昨日下午五时至七时,在外交大楼招待国联调查团李顿爵士等五人,并约平市军政学界要人夫妇与会。下午四时即络绎到会,计有熊希龄、于学忠、荣臻、陈箓、王正黻、夏贻庭、张学铭、徐淑希、丁文江、曾广勤、罗家伦、梅贻琦、袁同礼、陈石泉、陈访先、曹浤、陈任先、戴春霖、刁作谦、王荫泰、江朝宗、沈能毅、宁向南、沈祖同等。各使馆被邀出席者,计到德国公使陶德曼、美参赞巴克斩、比代办嘎瑞夫,以及其各使馆全体职员,共达三百余人。三夫人皆着中式长袍,张夫人为黄色、顾夫人粉红色、周夫人白底黑花,往来招待周旋,颇忙碌。下午六时,李顿、克劳德尔、麦考易、希尼、马柯迪五氏,由顾维钧引导,先至大客厅,介绍与三夫人晤面。旋张主任亦偕朱光沐、周大文诸氏入客厅,与李顿等接谈。复相偕入另一大厅,而举行茶会。所备系香槟酒与各色糕点,布置极精洁,宾主甚欢。会中张氏并介绍荣臻氏与李顿谈话。荣氏当东北事变发生之初,即在沈阳,故李顿□……□关于事变情况,极详。荣氏据实以答,李顿颇表满意。六时五十五分,李顿等五人兴辞,返北京饭店,其他与会人员亦相继散去。又今晚八时半,张主任在怀仁堂设宴招待国联调查团,陪席者除平市各界要人外,各公使、代办等亦均被邀与会,宾主仍在三四百人之间。届时张主任将有重要之致词云。

李顿接见各国记者

李顿爵士由外交大楼返抵北京饭店后,即约中国、欧美及日本记者十数人,作极短时间之谈话。李顿爵士首先说明由日来华经过,次有日本记者出长春来电,谓"满洲国"拒绝中国代表入境各情形。李顿爵士当答称,中国代表为国联代表之□□,反对中国代表,无异反对国联。中国代表团系国联之规定,故中国代表顾维钧□□赴东北之必要。次李氏又言及在平耽搁约旬日左右,即往东作实地调查。中国代表团□□准于礼拜三日特别介绍指定之记者三数人,与李顿爵士晤面,当时之接见情形,即由指定记者之各该□□表。平津一般记者认为国难新闻不应秘密,甚愿公开宣布,以免向隅。又李顿爵士定今日接见民众团体代表熊希龄等云。

(《益世报》,1932年4月11日,第一版)

129. 试看东北日人怎样欺瞒调查团:真证据毁尽,伪证据做尽,调查团东去难得丝毫真实消息

【本报特讯】 顷有某君自沈阳来津,谈东北近事甚详,兹亟录之于后。

日人此对于调查团行将东来,深恐数月以来各种措施,若为调查团所闻所见,揭开黑幕,则不利于彼,故近来调集各种人材,进行掩饰工作,甚为周密忙碌。日昨经设法向其内幕日人探得一二,虽一鳞半爪,苦不完全,然举一反三,亦可知其大概矣。

关于伪国之成立，以做成民意推戴为目的。从前举行之请愿、庆祝、游行等项，虽经日本警察宪兵之尽力指挥领导，拉夫极多，行列尚整，然因纯由日人主办，不明中国风俗，行列之间列入禅经、番经、道经各一排，而吹鼓手虽披红衣，所奏乃是丧音，遂使庆祝游行成为举殡仪式，更经西人摄影。事后由吴恩培向日本军部之久间猛说明，深为后悔。故此次筹备应付调查团计划，诚恐再蹈前此覆辙，关于辽宁部分，已指定于冲汉、吴恩培、阚铎三人，备随时咨询顾问。于、吴、阚三人，对军部受知较深，于一般汉奸之中，亦可称心计最工，老奸巨猾。兹将三人所献之策及所担负之责任，分列于下：

于冲汉所担任为总务及政事部份。于所经办之自治指导部，容纳大批日人，已一一派往各县各局，有指导员、秘书、顾问、咨议等项名目，共达日人四百名左右。本已握定全省出卖之权，此次为遮掩耳目计，临时将省城自治指导部总机关取消，以掩盖调查团耳目。于本人回归辽阳□□，招集书手数十名，赶造拥戴名册。凡稍有名望不肯附逆之人物，无不为之写入，并于每人之下盖印名章。名章为沈阳、辽阳两地日本图章店包刻，即以金光堂一家所镌刻者，已在二百块以上，为数之多，可想而知。其请愿呈文为于所起草，又经过各奴隶文人之修改，不日完竣，送存本庄繁处，备交调查团阅看，作伪国成立确系民意之证据。至于一月前在省城各戏园唱戏，招致愚民看戏，每人发给小洋两角、军用饼干一包，骗令各自签名之名册，则作为第二种证据矣。历来日军部对于各伪机关所发之盖印公文指挥一切者，亦由于发出私人具名之通函，令各机关之日本指导员一律收回，消灭证据。省城各伪官厅之此项公文，则由伪省府顾问收集，锁入顾问室之铁箱中，其意尚恐臧式毅左右将其取出供调查员之参考也。三月十日庆祝"新国家"成立大会，省城满街所张贴之标语，所悬挂之布联、所扎之牌楼，第一次由官银号支出八万元，第二次支出十二万元，共二十万元，闻实用亦达五六万元，其余则由于之子静远所笑纳。此次则由于本人包办，所有费用不准其子经手，当然可以老夫独享矣。

吴恩培所担负为金钱供应、包办商界等事。日人占领东三省之后，闻结[截]至现在，在官银号所用之款已达两千六百余万元。此项用款由吴恩培献计，将各机关及从前军阀要人在官银号存款没收作抵。其非军阀要人，以堂名别号在官银号之存款，亦由吴恩培在手册上批明军阀字样，提取时只付三分之一，其余则纳入私囊，与日本顾问、咨议朋分。最近有某君成记存款六万余元，吴恩培批作汲金纯字样，遂吞没不少。近日吴暗中通知各大商店，逼令听其指挥，作种种应付调查团传讯之预备。先从逼索各领袖商号欠款为武器，各商号无力归还，遂均俯首帖耳，供其愚弄。此因三月十日庆祝时，上午各商店一律关门，不肯悬挂伪旗，后经日本宪兵督同本地巡警逐家敲门，逼令开市悬旗，虽武力之下，无不可成之事，但终未能一律。诚恐调查团来时，再有此种现象，则于民意组织之"新国家"信用大有妨碍。日人正苦无计可施，吴恩培自告奋勇，条陈办法。日人大喜，即派其子代理沈海铁路局长，表示酬报。吴大喜过望，矢竭心力，并允将中银行及交各钱庄军政界存款，一律以伪官厅势力逼提至官银号，由其支配，供给日军之用。前数日将边业银行所存生金，向朝鲜银行换取不兑现之朝鲜行金票。其对于搜括献媚之手段，真属无孔不入，受知军部，良有以也。闻其对于军部浪人拉拢，均以代为捣把（即买空卖空）入手，获利则朋分，蚀本则由官银号弥补，故军部日人对之感情甚好。吴亦藉此自重，见人说话，口口军部，亦似从前之声声口口不离总司令也。

阚铎为安福系之余孽，阴谋诡计，比较辽宁土人为多。事变后，由土肥原引作四洮铁路局长，不数月即将四洮路签字卖去，并献夺取北宁路办法，日人对之非常欢迎。此次担任由山海关迎接调查团来沈阳之任务，已将由沈阳至山海关各站所用之日本人一百五六十名，一律改穿中国衣服。在吉顺丝房、新新商店等店铺大做老蓝布棉袍，黑缎马褂之日人一律改装。若不开口，无论何人，不能知其为日人也。又以奉山路顾问参议名目，写就聘书七八十份，邮至各地。稍有名望之交通界人物，不问对方接受与否，即先开出名单，向各国领事方面宣传，作为各该人等虽并不在此亦是归顺"新国家"之人物，以壮伪国之声势。此间各领事均称阚为日人，其伛偻矮小，状固极相似也。伊并献计军部，将大连大和旅馆茶房日人多数调来，安置于此间旅馆及前往山海关，俟专车出关时，换往车上，以便探听消息，遇便偷窃文件。将来调查团经过东三省各地时，一切掩饰阴谋计划，暗中均已一律布置齐楚，总指挥为土肥原，参谋则于冲汉、阚铎是也。前数日阚专车巡视各站，并赴四洮、洮昂、齐克各路宣传训练，教唆口供。闻以上三种布置，于下星期起当由军部分别派人秘密考验一次，以免临时不能应手，致出漏洞。日人之布置，亦真可谓不辞辛苦矣。

此外尚有一事，为外间所未知者，即赵欣伯忽然失宠之原因。赵与日人之契合，虽不及于冲汉，实在吴、阚二人之上，一时伥鬼声光，远非旁人可及。乃忽被监视，一日不得自由，卒将要差交出，担任徒拥虚名之立法院长，遂至秋扇见捐，暗中流泪。实际原由，乃为鸦片烟之祟作耳。自九一八事变以后，日军查抄得汤玉麟父子所藏热河烟土六十余万两,经赵欣伯献计,由日本宪兵队招商拍卖,每两收洋一元,包上盖用日军官印,准其通行无阻。彼时适阎泽溥来,为吉林前某巨公运动投降事,携来运动费二十余万元,宴请日本重要军官,当面各各许以贿赂,所许不下七八十万元,已有眉目。阎忽发财心盛,将所携来现款,先向宪兵队尽量购入鸦片烟,收存于其所开之大中银行中。迨日军官向之索钱时,阎已无现钱在手,遂至为日军部所拘禁,现已被杀。此人可谓忠于某公者矣。赵至此一次生意做后,因分赃者太多,各军官均不能满意,遂又生一计,派出多数巡警,分向大中银行等买鸦片者,作第二次之查抄,共又抄得卅余万两,收存市政公所,重定高价,作第二次之拍卖。又因各土贩上当在前,裹足不往,久无办法。日本军官则疑赵独吞巨款,不肯分肥,遂向本庄繁诉苦。本庄亦与此事有关,不免震怒,遂于赵赴长春之时,派宪兵二人看管,监视出入,并将其沈阳各差缺分别委人接收。赵家中儿啼女哭,奴隶星散,一时混乱不堪,外间遂有赵已被杀之谣传。赵被监视后,即运动驹井(伪政府之总务厅长,日军部之中将顾问)为之向本庄缓颊,本庄亦自悔孟浪。次日本庄过长,即恢复赵之自由。惟对此事亦不能无声无臭下台,恐于军部面子有关,遂将与赵同谋之赵葵电召赴长,加以监禁。李代桃僵,而赵葵生苦矣。

(《益世报》,1932年4月11日,第一版)

130. 国联调查团出关在即,北宁路局筹备欢送

国联调查团定下周间离平出关,刻北宁路特别党部正会同该路工会妥筹沿线欢送办法中。前所制就之白布标语,业经分发榆关以西之各大站张挂,并在沿线粘贴五色纸条,上印"中华人民为拥护国际联盟会而抗日""欢迎和平使者国联调查团"等中英文字样。闻塘沽、古冶两车站均拟各派代表四十人,在月台迎送。唐山站欢迎人员则定为五十人,届时并将另派代表请谒该团,面陈暴日自九一八以来破坏北宁东段交通之情形,并请主持公道,以永维和平。至于山海关站工人,亦拟有所表示。又北宁工会所汇编之《日军暴行所予路工损失之报告书》,决日内派员赴平,送赠该团备查云。

(《益世报》,1932年4月11日,第六版)

131. 张向调查团致词，昨晚欢宴陈述东案真相，李顿谈话顾决同往东北，调查团不受任何人干涉，留平一周搜集重要资料

【北平今晨电话】 调查团到平后之翌日（十日），曾在北京饭店举行全体会议。中日两方代表均出席，讨论条约问题，空气异常紧张，争辩之烈，前所未有。昨晚顾代表将南京转来之东北叛逆电报送与调查团，并附有罗外长之电文，大意谓中国派遣代表随调查团东去，系根据国联大会之议决案，绝不因任何方面之恫吓而中止云云。

【北平快讯】 北平张绥靖主任于昨晚八时在怀仁堂设宴，欢迎日前抵平之国联调查团。届时出席者，调查团一行为李顿爵士、克劳尔德将军、麦考易将军、希尼博士、马考蒂伯爵、秘书长哈斯等，日本代表吉田伊三郎，中国代表顾维钧。陪席者外宾有德国公使陶德曼及英、美、法、意等国代办，中国方面为前吉林主席张作相、前辽宁主席米春霖、前黑龙江主席万福麟、前东北边署参谋长荣臻、平津卫戍司令于学忠、北平市长周大文、朱光沐等。宾主共八十人，庄严盛大，为平稀见之集会。香槟之后，张主任起立致欢迎词，并用英法等国语翻译，最后由李顿致答词，散席。兹录张主任演词原文如左：

张主任欢迎词全文

"李顿爵士、国联调查团诸君：今日对诸君来临，极表欢迎，因诸君所代表者，乃以国际和平及互助为宗旨之国际联合会。贵会自成立以来，十二年间无日不以增进国际平和［和平］为职志。中国国民处此国难之中，深信国联及各邦必能竭力用平和公正方法，解决中日纠纷，使两国关系入于正轨，故对于诸君之来，皆极为欢忭。诸君之成功，即远东与世界之成功也。中国为素爱和平之国，自日本无端侵略以来，仍绝对遵守国联盟约，而日本对于一切盟约、公约悍然不顾，既夺东北，又扰上海，其经过情形，已为诸君所熟知。关于外交上事项，自有国民政府与诸君言及，无待余之赘言。余因久在东北，仅将少数重要事件向诸君声述：第一，东三省向来为中国之一部，已有悠久之历史，在人种

上、政治上、经济上皆与内地有不可分离之关系。四万万中国人民向来视东三省为中国之一部,与河北、山东无异。凡谬称东三省非中国之一部,或嗾之设立非法政府与中国他部分分离者,乃包藏领土之野心,而违反九国公约尊重中国领土完整之原则。第二,中国现在正处于改革期中,政治上、经济上、社会上皆发生种种变化,正与十九世纪时德、义、日本之革新无异。在此改革期中,必有种种纷乱现象,各国皆然,中国不能独外。且中国国土比全欧为大,人口与全欧相等,经过政治上、经济上、社会上之全部改革,其中必经过种种困难。然现在各方面,皆在进步之中。日本人诋毁中国非统一国家,乃故意朦蔽事实,以混惑世界视听。第三,中日纠纷之真正原因,由于日本嫉视中国社会经济之进步与政治渐趋统一。日本历来思将东三省攫为己有,而其主要政策为铁路政策。东北人民知欲保全领土,非恃发达铁路不为功,故自行筑路。中国愈修筑,日本愈嫉视。加以近年东北工商教育日就发达,内地移民每年在百万以上,而政治上亦完全服从国民政府,日本尤为嫉视,遂出于武力侵占。今者诸君代表国联身赴东北实地视察,必能坚中国人及世界爱好和平者对于和平正义之信仰。为国联计,为世界计,及为中日两国计,中日人皆盼望能有一公平之解决。因必解决方法公平,而后平和[和平]乃能稳固。余信中国政府及人民,将来对于调查团及行政院所拟定之解决办法,必能坦白接受也。至诸君此来,凡有调查事项,余必竭力援助,开诚讨论。希尼博士为调查员之一,其关于德国殖民之著作中,尝言虚伪虽可一时成功,然真理与正义终不能隐蔽,亦决不能阻止一平和勤勉之民族之向上发展也。今举杯祝诸君之康健。"

李顿爵士答词全文

【北平今晨电话】 张主任致词后,调查团主席李顿爵士起立致答词,原文如下:"主席及诸位先生,余敬代表调查团同人,致谢诸位招待之盛意。适间主席所发表重要之演词,鄙人德薄能鲜,深有愧忝居调查团主席,且自觉绌于词令,恐不能尽量表现敝团同人之意见。且贵主席演词中,引用希尼博士之大著,故今日答词,实以希尼博士发表为较宜。生存与发展,为任何国家所有权主张之条件,以为世界各国于上次大战结局后所郑重签订之规约,而各个国家间应相互保障其实行也。上星期六日,鄙人在天津曾言及国际联盟为世界新生之势力,为一种法律所组成之势力,且由各个国家之合作,已成为公共享受之一种保险机关。对于弱国,此为防御被强国压迫之保证;对于强国,此为禁止施用自动暴力之规程。惟欲使国联盟约充分发生效力,各个会员必须将其争执原由完全诉诸国联,而受其劝告。同人等欲以国联委任人员之资格,实行考察中日双方所陈述之理由,虽深觉任务重大,同人等复感材轻力薄,然终必能指示此二大国家永久和平之坦途。敬谢贵主席今晚所发表贵重之意见,因此项意见,发自争执双方之一造,其价值固极为重大也。中国今日在争端中所处之地位,贵主席已以诚恳之态度说明,而解决中日争端之成功为维持远东和平之要着,尤为扼要之言。同人等固极愿解决之早日成功,且当以国际联盟之力量,竭诚以促其实现也。"

李顿对外记者谈话

【北平十一日路透电】调查团主席李顿爵士,星期日晚与外国记者作一度重要谈话。爵士声称:"顾维钧博士决偕调查团赴满洲。顾君为中国政府委员参加调查团之代表,故顾君为吾人调查团之一员。"谈话地点系北京饭店,有日本记者及外记者数人参加。记者中有以"新满洲国"拒绝顾博士赴满洲之消息相询。李顿答称,南京是否接到此项消息,彼尚有疑问,当调查团上星期四自汉口过京北上时,中国政府尚未接到此项通告(谈话之后,此项照会已到南京)。李顿氏又答覆其他询问时,再三声言,彼等认顾博士为调查团之一员,并谓:"吾人不许任何人对调查团之任何团员是否有赴满洲之权利发生疑问。拒绝一团员入满洲,已不啻拒绝全部调查团。"李氏又答覆进一步之问题云:"倘调查团全体离此赴满洲,而'满洲国'拒绝顾博士入境,则全部调查团决不入满洲。"李氏又云,彼等预料在北平约有一星期之勾留,在中日已受过度招待,目前感觉此种应酬,应即中止。据氏之暗示,除赴星期日晚张学良之宴会外,其他一切宴会,一概谢绝,调查团应从事工作,在北平可以获得在别处不能获得之证据。彼等对于天津事变,听取两方报告之事实,同时亦可听取东北官吏领袖之表示,彼知彼等大多数现在北平也。调查团计划自平乘车赴沈阳,小作勾留,搜集事变材料,将向日内瓦作一短简之初步报告,尽言满洲目前情势之事实。此项报告,须于五月一日以前递达日内瓦也。调查团在满洲当继续调查工作,该团将尽在可能之范围内周游,视察当地情形及研究问题之真相。调查范围不限于铁道区域,将深入内地,尽量观察。调查团不受任何期限之限制,但应从事工作,目前能奉告者,在满洲约有三四星期之勾留。在赴日本以前,先返北平征求意见,并改正报告后,再赴日,对于所搜集之材料,与日本交换意见。此后，彼等将择一清静凉爽地点，在七八月时起草其最后报告。其地点在中国抑在日本，尚不能定，须数日后方能决定。李氏相信南京及北京气候太热。有人以调查团是否赴马尼剌或别处起草最后报告相询。李顿氏云，必须在中日择一而居，因在作报告时，可与两国政府通消息也，故须择一方便之地点。李氏希望八月国联开会时，将报告送至日内瓦云。

【北平十一日路透电】 一般预料北戴河将择为调查团今夏起草报告之地点，据云中日两方对此已同意云。

昨日接见两个外侨

调查团李顿爵士等五人，于昨晨十时延见英美烟公司总经理克因氏。克氏当东北事变发生之初即在沈阳，李氏咨询当时情况极详，谈约一小时半。下午四时至五时，接见前东北矿务局总办王正黻。王对东北中日路矿交涉加以详述，并面致调查团以参考之书面材料。下午五时一刻接见北宁路车务处长史梯理，问答皆关于九一八事变后北宁路被破坏情形。史氏为英人，事变先后时往来沈榆间，所知当极正确。又美国代表麦考易将军于昨晨九时赴美使馆访问，十时即返回北京饭店。

南京转来叛逆电报

调查团秘书长皮尔特氏昨晚六时对记者谈称，调查团于本日（即昨日）接到南京中国政府转来"满洲国"电报一件，文略谓："敝'国'闻顾维钧氏将随国联调查团前来，不胜欢迎。惟因中国对'满洲国'时有不好之批评，诚恐有激烈份子，对顾君加以危害影响将来邦交，故希顾君不来敝'国'"等语。电中谓中国政府已拒绝接受此种电报，将原电退回长春，特抄电一份，以作贵团参考云云。调查团接电后，已于即日将该电转电国联，但无所表示云云。

今日接见民众代表

国联调查团李顿爵士等，原定昨日起接见平市民众团体代表，并定昨晨十时先见熊希龄、陈任先诸氏，临时又改定今晨接见。此外，平市商会、农会、工联会、教育会、银行公会、会计师学会、中华工程公会、国医公会、佛教会、国民外交协会、律师公会、河北省党部、北平市党部、平绥铁路特别党部等十四民众团体，拟于日内会晤调查团陈述意见。现已由各团体招待委员会致函中国代表顾维钧氏,请求向调查团接洽会见。

(《益世报》,1932年4月12日,第一版)

132. 隆和轮上——调查团江行琐记

自南京至九江

【南京通讯】 中山路上的交通,一时又告断绝了。下关怡和码头上的彩色电灯,在沉沉黑色的夜里更觉光明灿烂。两旁道路的军警都穿着清洁整齐的服装,威武地开始站立。海军部的军乐队,持着十分光亮的乐器,很静穆地忍耐地等待奏欢送曲。江边行路的老百姓,时时受着警告道:"旁边走,旁边走!"岸上呜呜的汽车声,刻刻使招待员提心吊胆,心神忐忑不安。夜未阑而人声寂,月光明而鸟不飞。人心惴惴,江水潺潺。这是四月一日的晚上,国联调查团行将离开南京,乘轮赴汉口的情形。

不多时间后,行政院长汪精卫、秘书长褚民谊都到了。他们是本着国际的礼仪来欢送调查团的,可是因为他们在沉寂的音乐队面前走过,所以未触动着一般普通人们的注意。褚先生平日和新闻界交接最多,当然和记者是很熟悉的。汪先生初时仿佛与记者点首,等到数分钟的谈话之后,他说:"我们在上海会过了多次,我当然还认识先生哩。"我和褚民谊先生在渡轮上套了好几个圈子,日代表吉田和外长罗文干先生也先后来了。讲到罗外长,我一到了南京,便有友人告诉我道,近来他老先生蒿目时艰,身当国难之冲,一到晚间,便饮酒浇愁。我们读唐诗"斯人独憔悴"之句,不禁替他老人家生怜了。

九时三刻,有铁道部的人员鞠躬似的向着心焦的汪先生报告道:"调查团已出门,不久行将到埠了。"果然不到片刻,岸上的音乐声十分神神气气的奏起来,渡轮上的闲谈声立刻停止,各人面部都表现出一种又庄又严的态度,准备着李顿爵士等一行人等的到临和握手。果然那时适有经验的招待员说,他们的意中人到了。在音乐声尚未停止的当儿,顾代表维钧领导李顿爵士、麦考益将军、克劳德尔将军、马可迪爵士和希尼博士等上轮。当时虽然没有"送君南浦,伤如之何"的现象,但彼此终不免有些照例的寒暄。澄平渡轮的头等大菜间里,也打扮得十分漂亮,好像新房一样。

在澄平渡轮机声轧轧向江心等候着隆和轮进发的时候，我发现了调查团所以迟到的缘故。那天晚上，是中委戴季陶宴请调查团。他是中国现时代的一个哲学家。他在席间谈话的时候，乘兴将中国哲学精神作了有力的宣传。一时李顿爵士等，尤其是德国的希尼博士，为戴先生引动了兴昧，侧耳静听，所以不觉上轮时间之晚。俄顷之间，渡轮已傍着隆和，大家很有秩序的走上大轮去。汪精卫代表匆匆和李顿爵士等握手之后，便告别，复乘原轮入城。我们所乘的隆和，也就呜呜数声，努力地向着西天进发。

在黑暗的晚，遥望两岸，一无闻见。十一时后，各人渐渐很安舒着的睡去。记者和朱少屏、戈公振两先生同室。朱先生起身最早，但是二日黎明时芜湖各团体的热烈欢迎，因为尚在甜梦中，也没有看到。依着我的记者生涯的经验，内心中觉得芜湖代表在天方破晓中的欢迎，是何等辛苦，但是因为免不了惊破若干人的好梦，终至于背后受着不识相的挨骂。实在的空前盛大欢迎，是都已司空见惯了，非有特别的表现，决不能刺动他们麻木的心灵。早起来吃早饭，和新认识的朋友彭立可君（铁道部代表）等谈话，颇觉有兴。偶在船上散步，见绿柳遍垂两地，似乎袅袅地向人低首而过，引起船中不少人的春意。

傍晚过安庆，因未停舷，只闻着岸上悠悠的音乐声，向着我们轮上李顿爵士等所在地吹来。晓[晚]餐后人言：翌晨（三日）将到九江，隆和将停泊三小时，以便调查团等上岸游览当地风景。船上的生活，有人非常暇豫，有人非常忙碌。李顿爵士终日在船侧坐而批阅稿件，历数小时之久，未稍释手，其余各人亦各有工作。事涉琐细，不为之描写。记者作稿至此，已深晚一时，逆料五六小时后，便可到九江。蓦地里闻茶房说道："先生睡罢，明天还要一早起身哩。"

自九江抵汉口

三日晨八时半，隆和抵九江。看见沿岸都满悬国旗，军警和童子军等都整整齐齐的在岸上排列等候。自船首望庐山，白云片片，在山峰的高处，时隐时现，往来自如，很足引起不自由人们的欣羡。可惜我们在九江只有三小时的勾留，距离二十余里的庐山，因时间上不能前往瞻览，只好留待下次了。

九江对调查团的欢迎，虽然没有像上海和南京那样规模的伟大，但却令调查团中人，得到了不少特殊的印象。第一，当隆和乍靠近码头的时候，就有县长蒋仲雅等上前欢迎，同时有年龄不满十岁的三位小妹妹、二位小弟弟，手中持着艳丽的桃花，向着李顿爵士等行着赠花的典礼。他们带了脸上天真烂漫的笑涡,不慌不忙的先和爵士等握手,然后将手中所持的花献上。这种举动,真使爵士等心花怒放,赞□不止,比较他国以美丽成年女子的赠花,似乎大方得多了。第二,李顿爵士等上岸的时候,抬头一望,看见岸□白布上写着:"Chinese people are ready to□……□"(中国民众已准备他们生命,为正义而牺牲),字句中包含无量的英武精神,比较南京的"抗日非排外"等标语,其效力真不可同时而语。那时外国人走过的时候,都各低声诵读一遍,都为之怦然心动。九江的同胞们,伊们已得了宣传上最大的效能了。第三,调查团和中日代表等受九江人士招待的时候,县长蒋先生的措辞既极适当,翻译熊祥江君之英语又极流利,极得听众的赞誉。九【江】虽小,可见未尝□人煦。第四,调查团在街中散步的时候,有一须髯都白之老年乞丐踟蹰道旁,为警士所驱逐。那时适为麦考益将军的秘书勃拉克史里博士所瞥见,他很快止住警士道:"不要骂他,不要骂他!吾们美国也有乞丐哩。"九江只有一条大街,完全以水门汀造成,其余的道路,也尚不坏。一小时我们业已走完,就返程上船。十一时半,隆和的轧轧机声,又报告它的乘客它又取道往汉口去了。李顿氏在九江欢迎席上演说道:"我们对于今日在九江码头上、道路上所看到的印象,当永志不忘。吾们很希望以最公正的方法,求一中日双方永久安定的解决。我们希望中日双方都为我们帮忙。今天我们在这里得到了许多参考的资料,使我们的工作得到相当的成功,真是感激之至。"他的表示,我相信□真诚的,因为国联的责任和愿望,确是这样呀。爵士行将上船的时候,对道岸精神充足的童子军表示一种赞美之意。希尼博士最欢喜散步,他在道途中得到不少的学问。他指着市肆中所悬的雨天钉鞋,问道:"这种鞋子是什么用的?"又指着苦力所有的藕道:"那是什么东西?"经招待者一一为之说明,他很为满意,因为他走的路比较得多一点,所以上船的时间是迟了。

  九江虽有磁器[①],因为途中不容易携带,各人都没有购买。午餐后有人讲起南京招待调查团的轶闻。据说那时励志社方面每天□饭食,大约要一千六七百元一天。汽车有五十辆,是由外交部包定的,每辆每天二十四元,其数也可观了。水是从上海等处买来的,价很高贵,本来可充饮料,这次却为外国□宾们盥洗之用。下午三时后,□事人员都很忙碌起来,因为汉口快到了,他们必须将招待方面的事情一一办妥,免得临时慌乱。隆和一路行来,两岸都是重

[①] 编者按:即"瓷器"。

重叠叠的高山,翠峰如画,舟行万山间,江鸥点点,水波不兴,风景之佳,真是一时无二。那时调查团中人都在舱外,一方面批阅草稿,一方面浏览风景,很觉舒适。六时舟过黄石港,大冶铁厂已入眼帘。舟子告我们道,大冶铁厂的□魂,他们拿了我们的铁矿,铸造枪炮以攻击我们,真是伤心。唉!一个普通的舟子竟有如此的识见和感想,返[反]顾在舱内一般[班]不知亡国恨的人们,对之当汗颜无地呢!南京地方天气比较上海冷些,但自九江以西,天气不觉逐渐的热起来。据云汉口的天气比九江还要热,人们夏季在汉口所感到的炎热,真是十分难受。晚餐时间汉口方面加入欢迎调查团之周先生道,汉口的大水目下虽已完全退去,但他二日临走的时候,得到了江水又涨高了一丈的报告。假使今年再来一次,前途的危险,真是不可设想。

四日清晨时候,大家知道不久将到汉口,所以起身很早。八时匆促地吃完了早餐,隆和已是靠近了码头,而汉地重要当局,如何成濬君等,早在码头上等候。船既傍岸,欢迎□便依次登轮,和李顿爵士等互道寒暄。数分钟后,调查团各团员便在万人空巷中,乘汽车疾驰而去。汉口的天气的确是热一些,汉口的市街,比数年前更觉热闹些。汉口的欢迎,当然和上海、南京等地一样的大规模,我不必再为细述。而汉口日租界的战垒,已于调查团驾到的前几天拆去了。

(《益世报》,1932年4月12日,第三版)

133. 调查团在平工作极努力,昨日访张开正式谈话会,详询东案发生内幕经过,将分别接见东北各官吏及民众代表,预定十七日乘车出关,不受伪国招待

【北平电话】 国联调查团五委员及秘书长皮尔特,昨日下午四时赴顺承王府访张学良,作正式谈话会。有顾维钧及张之顾问达拿在座,对东北事变发生经过及发生后之种种情况,详细访问,内容不明,至七时许始散。该团预定在最近期内与万福麟晤面,交换意见。又前驻东北之英美烟公司经理克因氏,于下午七时在北京饭店宴请国联调查团,计到有国联调查团五委员及调查团秘书长,并张学良夫妇、顾维钧夫妇、沈能毅夫妇、朱光沐夫妇等,而无日代表在内。宴毕乃举行跳舞会,至十一时,宾主尽欢而散。张学良与顾维钧同乘汽

车往顾宅,有所磋商云。

【北平特迅】 调查团抵平后,除出席三夫人及张主任之宴会外,其他酬酢概行谢绝,甚至以前平方所规定之日程,如游览故宫、颐和园、西山等等,亦已完全取销。将来虽不免略瞻古都风光,惟前定计划,则已全部放弃。现时该团人员终日在北京饭店工作,情形甚为紧张。工作内幕,虽不得闻,但不外下列三事:(一)分别接见北平及东北民众代表,探询东省以往及目前情形,谈话极郑重,且极慎重;(二)研究到东北去之安全问题;(三)向国联秘书处报告到华后之经过。关于安全问题,调查团到平后甚为注意,对我国代表顾维钧氏,尤认为有先谋妥善办法之必要。伪组织虽不能拒绝调查团,但已严拒顾少川,深恐伪组织受某方指使,于中国代表到达东省后发生异变,故调查团对此事,正与日内瓦及我国当局商应付办法。此外尚有一事颇堪注意者,即该团由日本归来后,究在何处拟具整个报告书。当该团过日时,日方曾百般建议,请在大连避暑并起草报告书,然无结果。该团之意,似欲在北戴河工作,惟迄今尚未确定。我方刻已进行筹备以北戴河为该团避暑之地点。

【北平快讯】 国联调查团与原任东北军政高级官员交换意见之谈话会,于昨日下午四时在顺承王府第一次举行,出席李顿、克劳德尔、麦考易、希尼、马考蒂、张学良、万福麟、米春霖、荣臻、顾维钧及调查团秘书长哈斯等。关于东北问题,作详细之恳谈,至七时始散。第二次谈话会定今日在顺承王府举行,日本代表吉田亦参加云。

调查团拒伪国招待

国联调查团离平日期,迄至昨晚所得消息,十五日抑十六日尚未定,惟十六日起程成分较多。一行仍乘北宁专车出关。中国代表顾维钧氏之同行,不因伪国之电拒而有所变更。调查团抵东北后,即从事实际的调查工作。对所谓"满洲国"之招待,因世界各国皆未承认"满洲国",故决予拒绝。前一度盛传顾维钧氏出关是否接受招待问题,殆不决而决。但调查团对日本关东军方面之招待,则可以接受。北宁路专车因该团不受伪国招待,已着手改造添车,包括浴室、养病室、冷藏室、洗衣室等,为前所未备,今明日完成,藉供该团出关长期使用。

昨晨接见熊希龄等

调查团昨日起接见各团体代表。昨午十二时,在北京饭店接见中国国联同志会代表熊希龄、陈振先、叶叔衡、廖世功、王文显等。首由代表等提出书面之报告，计欢迎信一□、《中日之冲突》一册、备忘录一本。继谈话，提出下列各点：（一）贵团不日到东省进行调查事宜，但该处之民众在日本占据之下，一切之报告不能自由发表，请予注意；（二）此次国联受严重之试验，希望国联与各重要国家合作，以维盟约之尊严；（三）请贵团抱定国际联合会盟约第十条之主张（即尊重并保持所有各盟约国负领土完整及现有政治上之独立云云。按此与华盛顿条约第一条意义相同）；（四）关于各盟员国条约问题，请贵团根据国联盟约十八、十九、二十三条之原则，废除威胁利诱所成立之不平等条约；（五）请根据国联盟约第二十三条第五项，采有效之办法，保障及维持各联盟国交通之自由与商务上之公平待遇（此项与九国公约第三项在中国门户开放、各国商务机会均等之原则意同），请参考同志会在一九二零年十月于意大利米良城各国国际联盟协会大会，根据该国际盟约而通过关税、交通、经济三大问题之自由自主案，以求解决强弱国间之纠纷；（六）请贵团向国联建议，在国联内添设一常川监察机关，以便施行国联盟约。

李顿对该会之主张，颇表满意。谈至下午一时，代表等始兴辞。

北平报界书面问答

【北平电话】 北平报界曾作成书面之几种问题，请求国联调查团答覆，由中国秘书吴秀峰转递。昨日由李顿答覆，请吴转告各记者。以下系记者问，李顿答。

问："调查团与东北高级长官举行之谈话会，开始谈话否？"

答："自今日起已开始谈话。今日下午四时已与绥靖主任张学良交换意见，约有三小时之久。"

问："调查团到平三日以来，对东北事件所搜集资料，印想[象]如何？"

答："到平三日以来，所得资料不少。须整理之后，方可知晓，印想[象]现尚不能谈。"

问："调查团对于满洲伪国态度如何？伪国如若招待，是否接受？"

答："现对满洲伪国决不承认。至其招待，受与不受尚不能定。即受其招待，亦不承认'满洲国'。"

问："调查团到东北后，行程如何？"

答："现不能言，须到东北以后方可定。"

问:"调查团在东北调查以后,是否在北戴河作总报告书?"

答:"现尚未定。"

问:"在五月一日国联大会之时,调查团有无报告东北事件之责任?"

答:"去年十一月国联大会决议:在五月一日以前,应有报告书报告国联。调查团系根据国联议□……□成一报告,关于调查团到中国以后各处搜集之材料。"

问:"调查团离开北平到东北日期定妥□……□?"

答:"□……□六(十六)或星期日(十七)即可去东北。"

问:"调查团去东北时,是乘火车,抑由海道?现与东北当局有无接洽?"

答:"将来决乘火车去东北,与东北当局现无接洽。"

日人所传东去日程

【长春十二日新联电】 国联调查团赴东北之调查日程,此间已接到:十五日晚由北平出发,经由奉山路赴奉天;十七日晚抵奉天,留六宿;二十三日离奉,经由吉海线赴吉林,留吉二宿;二十五日离吉林赴长春,留长三宿;二十八日离长赴哈尔滨,留哈六宿;五月五日离哈赴齐齐哈尔,留齐三宿;八日离齐,经由西[四]洮线回奉天,留奉五宿;十三日离奉赴大连,留大连五宿;十九日离大连,由海路回北平,二十一日抵北平;六月五日由北平赴日本,然后于日本滞留至六月三十日。

备忘录已陆续送达

我国送至国联调查团之备忘录,内容包括东北中日路矿交涉、万宝山及鲜民排华等三百余件悬案,皆有详细说明。此种备忘录已制订完成,由我国代表顾维钧氏分为数大部份,交与李顿。截至昨日止,只差东省铁路平行线问题之一部份尚未送达。大约一两日内,即由顾氏面致,供将来赴东北调查时之参证。

(《益世报》,1932年4月13日,第一版)

134. 我代表出关不成问题，无人能拒亦无须保护，东京又允担保安全，益显其过去背景，外罗谈一九零五年密约真相已大白

【北平电话】国联调查团到北平以后，认为最重要之问题，即对于满洲伪国拒绝顾维钧赴东北事。前日国联调查团与中日代表合开会议，商洽拒顾事，讨论许久。调查团方面认满洲伪国拒顾赴东北为不当，因国联不承认有满洲伪国，仍认东北为中国领土之一部，顾赴东北系根据国联大会议决，派五委调查，加入中日两代表陪往，方能组织成为国联调查团。故顾赴东北，系根据国联大会议决，满洲伪国方面若不承认顾赴东北，即系不承认国联。在开会时，调查团方面坚持维持国联决议，我方亦坚持原议，不容第三者干涉。日代表初认为满洲伪国举动与彼无关，及至会议以后，日方代表看各方形势紧张，虽怂恿满洲伪国拒顾，不得各方之同情，恐愈坚持愈使人知伪国之有背景，故日代表乃电东京外务省，报告开会及各方之情形，并请回训。今日日外务省已有迅电致日代表吉田，大意谓顾去东北，系根据国联大会议决，无反对理由，将来顾同国联调查团去东北时，日方在势力所及之地方，可能范围以内，加以保护云云。日代表即以此意与调查团商洽，在一二日即可决定云。

【东京十二日下午一时路透电】日本政府发言人表示：日本不能使满洲改变其已定政策，撤回拒绝顾维钧入境之主张；但因日本前既负维持东三省治安与和平之责，已正式通告国联调查团，如顾维钧偕同调查团赴东三省，日本决尽力担保其生命之安全。日方发言人表示：为日方利益起见，日方希望调查团去东三省视察当地情形；日本与国联并未承认"满洲新政府"，故日本此次与顾维钧以方便，并非破坏"满洲国"主权。

【南京十二日下午九时本报专电】罗文干对记者谈："适接顾少川电，我方代表团决不能因伪府恐吓即不前往。日内尚须与李顿等详商，大约不出两途：非全团同往，即全团同不往，决不能令我代表单独不去。或则取折中办法，中日代表均不往，由调查团五委等前往视察，现尚未全决定。当调查团去东京时，日方取出一九零五年所谓密约之摄影，意欲证明我方违约筑平行线。调查

团由汉回京,该约原文由我方检出,交调查团参阅。按该约签订时,双方言明须保守秘密。正文及附件系签字盖章,当然发生效力,但在正文及附件中,并无不许我方沿南满铁路筑平行线之规定,惟在会议纪录中曾提平行线问题。在纪录后,双方代表并未签字盖章,仅各出姓名之第一字,故不能视同正文签字盖章,其在公约上为无效,盖不待辩。日方所指秘密,盖指此。予等将该条约原文、附件及纪录,交调查团阅后,事已大白。当时日代表吉田亦在旁,亦无他表示。故日方责我违约一节,在国际上已难宣传掩盖事实,我方对此点极能站得住。又日方宣传美将撤消华使馆,史汀生虽曾表示紧缩,但并未言撤使署,此事已有合众社电,证明不确。沪会僵局,系因日方无诚意,现我方已向洛阳请示进一步办法。"

【南京十二日下午九时本报专电】 外部对伪组织拒顾往东事,曾电李顿报告。闻李等在平连日会商,拟定三项办法:(一)调查团及中日全体赴东;(二)全体不去;(三)中日代表退出。将来趋势采用第一种办法为可靠。顷外交部负责人谈:我代表赴东,自可秉持大无畏精神,偕调查团同往;现因某种关系,故须候调查团决定后,再定行止。

【北平十二日路透电】 国联调查团秘书伯诺特博士昨晚与外记者谈话,指陈报载"满洲国"已拒绝顾维钧博士入满洲,颇不正确。伯氏云:"'拒绝'二字,殊用之不当,因'新政府'仅表示一种顾维钧氏应不赴满洲之希望。据'满洲政府'致南京之原电(曾由南京政府原件退回)中措词,系竭愿贵部长设法不令顾博士前来'满洲国'。调查团不承认此种措词系实际拒绝顾博士前往满洲,但仅表示不愿而已。"顾氏现已准备随调查团赴满。该团本星期末可以成行。

(《益世报》,1932年4月13日,第一版)

135. 临榆各界欢迎调查团,拟举行茶话会

【秦皇岛十一日电】 国联调查团即将出关,经临榆县时,拟有小留。临榆县各界准备热烈欢迎,十一日就县府会决要点:举行茶会,会址拟设北宁路第二材料厂;各界推代表一人参加欢迎;车站及茶会门前搭彩牌楼,全市悬旗。

(《益世报》,1932年4月13日,第二版)

136. 北宁路关外员工准备向调查团请愿

九一八后,日人大欲已遂,乃强夺关外干支各路,设立伪奉山路局,或合并出卖于南满路,以实行其"融为一体"之政策。北宁路及各支线被逐员工共有二千余人,均由关内各大站收容,维持生活,数月以来窘迫殊甚,日方所赐之痛苦无日忘之。兹以国联调查团抵平,行将出关,此辈失业员工以日人强夺我路政时,员工等均曾亲历其境,见闻较切,虽迄今日方宣传一切系"满洲"人之自决行为,但彼时目睹施行强暴行为,则纯为日人,一部分员司且获有种种铁证,无容狡辩者。闻丰台站收容之关外员工发起集合,全体失业员工检齐证物,赴平大举请愿,向调查团面陈经过情形,以供参考,请主持公道而维世界和平。另一办法,则由各站失业人员于该团不日出关经过各站时,各站分别组队请谒,藉免往返。刻在相互征求各关系者之意见中,并准备一切云。又北宁路锦朝支线北票等旧有员工路警,最近因日方于本月初强夺各路被逐者,昨有三十余名抵津,向总局报告一切,并请予安置。闻不日尚有大批员工续来云。

(《益世报》,1932年4月13日,第六版)

137. 国联特委会定后日续开,李顿盼各国在华使领协助工作,并电国联决不让本身发生问题,日提声明书回避引用第十五条

【日内瓦十三日路透电】 此间各方目标复集中于远东问题。国联全体大会主席比外长海门斯,定寒(十四)抵日内瓦参加十九人委员会议。外间谣传,谓该委员会将指定日本为侵略者,并有引用第十六条经济制裁之说。但此种消息,官方尚未证实。同时又有传说,谓该委员会将继续对地方交涉表示信任,希望能根据国联调查团考察结果解决中日纠纷。顾维钧事颇引起一般人对东三省事之注意。关于日方传出消息国联秘书处曾劝中国继续参加上海和平会议一节,国联秘书处并无意见发表。据一般人推测,国联秘书处决无此种表示,因十九人委员会已定星期六(十六)开会讨论此事,或将用非正式方式劝

中国仍继续参加上海和会云。

【日内瓦十二日新联电】 法总理达迪已抵此间。议长西姆斯于十四日、美国国务长官史汀生于十五日可到，各国代表至此皆到齐。

【日内瓦十二日路透电】 法代表达迪氏在本日下午国联行政院开会时，宣读李顿爵士来电。内称，回忆上年十一月二十一日行政院席上义大利代表声称，义大利政府对于在肇事地点于国联调查团所至之处，愿竭力予以种种便利，而所有义国官商侨民对于该团之调查，甘愿勉作贡献。故调查团深信国联会员国，其在中国有驻在使领者，自必对于本国职责之完成，予以同样之便利，于必要之场合，请各该国训令其驻北平各该使馆及驻满各该国领事查照办理。达迪当通告行政院，略谓法国政府对于此项请求已允照办云。

【日内瓦十二日新联电】 国联日本代表团提出国联事务局之声明书，已于本日公布。先述日本于"满洲国"所行之事，完全与去年九月三十日及十二月十日国联行政院议决之案相副。次对于去年九月十八日以来之事件予以历史的叙述之后，声明满洲无论由历史的、经济的或者由政治的，皆与中国本土有区别，且该地方反对张作霖及其子学良之军事独裁制，故有树立非军事政府之运动发生。又中国政府不但不取缔排日运动，且有奖励之倾向，现此项运动已达暴行之域等语。国联方面对于日本所以发表此项声明书之目的，视为系回避对于满洲事件适用规约第十五条之用意。

【日内瓦十二日路透电】 李敦爵士通知德诺蒙电文如下："本团见报载，某方不准本团中国代表顾维钧博士入满洲云云。本团当即加以讨论，并通知本团中日代表，谓倘该项消息果经证实，彼以为必发生严重纠纷。因本团不能让本身组织发生问题，倘对中国代表加以任何拒绝，当视为系反对本团自身，届时当立即通知国联"云。

【南京十三日下午七时二十分本报专电】 日内瓦电。日代表致国联照会，说明中日争执上时局概况，诬中国继续在东省酝酿纷扰，在各省鼓吹排日。日本因仍惧东省境内续起纷扰，故目下仍须驻兵满洲。日军将续与新政府和好合作，因系恢复与维持和平所必要。

(《益世报》，1932年4月14日，第二版)

138. 国联调查团拟明夜过津出关，招待处照料一切

国联调查团李顿等一行，有于明（十五）夜过津出关之消息。关于本市方面欢迎事宜，昨闻决由招待处负全责办理，对民众团体□再召集，其原因系调查团专车在津仅有数分钟之停留，为时甚短促云。

（《益世报》，1932年4月14日，第六版）

139. 北宁路改造专车备调查团赴东北之用，今日由唐山开往北平

北宁路局此次为国联调查团备乘之专车，内部设备整洁异常，已为该团所满意。兹调查团不日将赴东北调查，决定不受伪国招待，北宁路局为备该团起居起见，业电令唐山机厂改造特别专车一辆，内有救护室、沐浴室、理发室、洗衣室、冷藏室等，由头等改造，以便调查团长期使用。昨闻该改造专车业经工竣，并由北宁路特派专员赴唐山检验，均甚适宜，定今日由唐开赴北平。至专车上所有服务人员，前经高局长派定，均属精干人材。兹因赴东北日期较长，特将内部分为车务、机务、匠务三部，每部各指定两人负责办事，车务定黄爵臣、庞永选，机务定王广忠、沈文翰，匠务定李允怡、宁守身等六人，以专□□云。

（《益世报》，1932年4月14日，第六版）

140. 北平文化界领袖致调查团之备忘录：痛辟日方侵略之种种藉口，长数十万言，该团极为重视

【北平特讯】北平各大学教授及重要教育文化机关领袖，日前交调查团备忘录一册，以事实为根据，痛辟日方侵略东北之种种藉口。原文系英语，长

数十万言,签名者有蒋梦麟、胡适之、任鸿隽、丁文江、蒋廷黻、宁恩承、徐淑希、陶孟和、易培基、冯友兰、沈兼士、陈达、张东荪、张忠绂、周作人、李石曾、李书华等百余人云。调查团对此种意见极重视,除接受外,并约各教授代表面谈云。

(《益世报》,1932年4月15日,第二版)

141. 调查团即出关,北宁路饬各警务段妥慎保护,各要站欢迎人数确定

国联调查团专车拟明日(十六)上午沿北宁路线开赴关外,往东省实地调查。路局方面昨特电饬各警务段长加意保护,并须不时查勘轨道,俾期安全。另闻关于沿线欢迎办法,大体业由北宁特别党部会同工会缜密确定。其办法之主体,系在以热烈的精神表示,使知中华人民对于"和平"期望之殷切。至于各要站之欢迎欢送各事宜,则完全由各该工会分事务所负责办理。各分事务所拟派之欢迎代表人数,前经一度发表,但不详尽,兹得其确数如次:丰台五十人,天津东站五十人,塘沽四十人,唐山五十人,古冶四十人,山海关四十人。又该路工会所编拟之报告国联调查团书,其中要点已于路局所辑之损失调查,参酌汇述,故决不单独送致,以免重复云。

(《益世报》,1932年4月15日,第六版)

142. 调查团路径日期生问题,是谁为祟？叛逆坚决拒顾,日本要求取道大连满铁,李顿已报告国联,待覆电方能决定,昨日接见平各大学教授、平津报界

【北平今晨电话】 国联调查团昨日下午三时在北京饭店举行例会,四时赴顺承王府与张等开谈话会,列席者张学良及东北各要人,仍讨论南满平行线问题及天津事变事件,恐仍不能告一段落。据顾谈,日代表吉田对于一九零五年秘约仍坚持有效。我方加以辨正,根据法律认为无效,刻仍无结果。关于出

关问题，现调查团方面已去电请示国联，截至昨日国联尚无复电，故出关期间须俟复电到后方能决定，昨会改定十八日，届时有无变更，尚不能断定云。马占山已有电致国联调查团，大致与通电相仿，昨由张学良当面交李顿云。

昨晨接见各方，下午访张开会

调查团李顿爵士等，昨日接见各代表谈话，极忙碌。上午十时一刻至十时三刻，接见东北各法团民众代表卢广绩、苏上达、金恩祺、王化一、赵雨时，咨询九一八情形。代表等除详为报告外，并正式代表东北民众否认东北现时之非法组织。十时三刻至十一时一刻，接见北平各文化机关及学术团体代表丁文江、傅斯年、徐淑希三氏，何基鸿、王化成未到。代表所陈述者皆关于东北问题，徐淑希氏为对东北问题最富研究者，谈话后并将其所著关于东北铁道条约各种著作面致李顿，以供该团调查参考。十一时一刻至十二时三刻，接见北平各大学教授代表邱昌渭、萧恩承、张嘉森、刘百昭、生宝堂等五人（详后）。十二时三刻至下午一时一刻，接见平津新闻记者陈博生、罗隆基、潘仲鲁、萨空了、尹述贤、孙瑞芹、胡政之等七人，所谈系日人占据东北后强行扣留中国报纸及压迫各地舆论之种种事实。又原定继报界谈话之东北大学教授代表及逃难民众代表，李顿等因极感疲劳，决改至今日上午十时三刻接见。下午四时，李顿等五委赴顺承王府与张主任开第四次谈话会，因征询之资料业已完竣，昨日会中，只听取东北方面之意见，会谈至六时许始散。

北平大学教授与调查团谈话

北平各大学教授代表邱昌渭、张嘉森、刘百昭、生宝堂、萧恩承等五人，昨晨与李顿五委谈话之详情如次。代表问："在报告未成以前，日本又有增兵七万五千到东北之计划，调查团是否设法阻止？"麦考易答："日本在东北用武力，中国应诉之于国联。不论日本派兵八万或十万，凡用武力之取得，将来总归国联解决，不必顾虑。目前日本军事计划之进行，中国驻日内瓦代表已向国联提出报告。"代表问："中国系在过渡时期，贵团调查宗旨在搜集事实，然事实需全部事情会通观察，始能得到。"李顿答："只要有关于此种可以会通观察之材料，甚愿接受。本团中并有各专家，时备咨询也。"代表问："东北问题发生，基于一强一弱。中国虽无实力，宁与日本一战，然亦绝不屈伏于日本武力之下。此问题不独为东方祸根，且为世界之障碍。"李顿答："本团深知此事之重大性。"又代表刘百昭氏为东北大学文法院院长,事变初生正在沈垣,昨日并向调查团致词云:"贵团考察中日纠纷,应注意事实与历史的背景。日本欲占领满洲,为其五十年之传统政策。本人留英伦时,英国首相麦克唐纳请余为文论东方政治,当以中日关系与世界和平一文应之,载于一九二一年六月《社会报》社论。当日所言,现已成为事实。不幸中国至今军备仍未充实,而日本为世界强国,横行武力侵略。斯时余正在沈阳,于一月前即闻知此事之将发动。迄九月十八日下午二时,曾电询边署秘书长吴家象,是否已准备对付。不料是晚十时半,日军即以大炮猛轰北大营,约三小时许。当局有电嘱东北大学保持镇静,勿得与日人冲突。翌日本校交通完全为日军断绝,其后遂致于不能继续上课。现在日强中弱,如国联能秉公正态度解决此次纠纷,然后始能保远东与世界之和平"等语。李顿对刘氏所言极注意,并请刘以书面详告该团云。

报界陈述日本钳制中国舆论

【平津新闻】 记者代表于昨午与调查团会谈时,代表首谈关于东省问题发生后之政治问题,各方向调查团所谈已多,兹愿就舆论方面一陈之。李顿爵士当询九一八以前东北报纸情形,代表答复后,并说明自事变而后东北原有各报名目虽存在,而实际已由日人强行支配,举凡言论纪载,早经失却自由;平津报纸到达东北者,亦莫不被其扣留,东省民众看中国报纸尚无自由,则其所受痛苦之深,盖非所能想象者矣云云。代表复面致天津事变日军暴行照片多种,一一加以解释。其未附注英文者,将再加注英文,以唤起该团之注意云。

今日开四次会,接见东北人士

调查团今日之日程已规定者,上午十时三刻接见东北大学教授代表宁恩承等五人与东北逃难民众代表陶光裕等二人,共七人。第五次谈话会仍将于今日下午四时在顺承王府举行。据调查团副秘书长皮尔特昨晚七时谈称,第四次会是否即视作一段落,殊难预定,第五次会视情势之需要,明日(即今日)或仍须开会云云。又北平市长周大文昨日下午一时半,在颐和园宴请日本代表吉田、日代办矢野真等,汤尔和等作陪。当晚七时半,吉田在日使馆宴周大文及中国代表顾维钧等全体,顾因有早约定赴荷兰使馆之宴,故谢却。张绥靖主任偕夫人于凤至女士,昨晨十时与义代表马考蒂及义代办齐亚诺夫妇赴颐和园游览,约一小时,马氏即返北京饭店。又美国协会昨午宴美代表麦考易。

叛逆坚拒顾入境

【长春十五日新联电】 "满洲国外交部长"谢介石对于致调查团委员长李顿爵士之电报，本日"外交部"发表声明如下：一、"满洲国"对调查团衷心的欢迎，不惜与以便利，然对于顾维钧一行，则绝对的拒绝其入京之意思强硬；二、为与主权国以新的认识而拒绝旧军阀之残党，乃治安维持上所必要，且又为独立国当然之权利，殊可承认；三、若派顾维钧以外之参与员而征求"满洲国"承认之际，则"满洲国"对于本问题将不惜与以再考虑；四、承认问题与顾维钧之入"国"问题，乃系两个问题。

【东京十五日路透电】 日政府已电令国联调查团日代表吉田，忠告李顿爵士由大连入满洲，首先视察铁道区域，日军在该处对调查团及顾维钧能负完全保护责任。倘该团及顾氏由山海关赴满洲，殊难保证该团之安全。

【南京十五日下午九时专电】 据某方息，我国派顾维钧襄助国联调查团往东省调查，既系根据国联决案，亦以顾为我国最适当之人选。现日方吓阻顾氏出关甚力，闻顾顷电京，仍决遵中央命令随调查团同时出关调查，设不幸中途发生意外，应完全由日本负责云。

日劝告取道大连

【东京十五日新联电】 国联调查团一行，似坚决的希望偕同中国方面参与者顾维钧经由山海关赴满洲之模样，故外务省十四日训令日本方面参与员吉田大使云："经由山海关入满洲之事，曾经'满洲政府'强硬的拒绝，日本方面对彼一行，难期充分的保护，故请其经由大连入满，先视察满铁沿线。因若视察日本方面担任维持治安之各地，则可以澈底保护彼等一行"等意。命吉田转达李顿爵士，并谓彼等一行若希望视察锦州及山海关方面，请询问其可否于视察满洲各地之归途视察之云。

李顿已报告国联

【北平十五日新联电】 吉田大使接到外务省训电后，午前九时与盐泽书记官及渡大佐根据该训电种种协议结果，乃于午前十一时访问李顿爵士，以"'满洲国'之态度强硬，若与顾维钧同道由山海关入'国'之际，殊难保其安全，故请其经由大连而视察满铁沿线，则如何"等语，将外务省之意思转达。李顿爵士对此，即于正午与各国委员协议，尚无何项之结果，故将日本方面之意向报告日内瓦。而顾维钧亦同样的报告南京政府。

（《益世报》，1932年4月16日，第一版）

143. 调查团审虑东去安全，行期与路径昨均未决，某方以拒顾要挟，建议分两路前往，五委昨接见东北人士，今日游长城

【北平今晨电话】 国联调查团原定十六日起程出关，嗣以受日方种种要挟，迄今尚未确定日期，至十八日能否成行，颇难逆料。现该团与各方所交换之意见已告一段落，搜集各方之材料亦颇不少，由昨日起开始整理。目前最重要之问题，即为出关问题。日方用种种方法阻止调查团由北宁路去东北，同时以外务省之训令在可能范围以内加以保护之空洞论调，为阻止调查团东去之秘诀。此外并附带：（一）须更换我方代表顾维钧氏；（二）须由海道经大连由南满路前往，否则不负安全之责任。国联调查团方面认为日方所提之办法殊为不妥，坚持初意，我方亦力主遵行国联议决案，调查团乃电日内瓦请示。昨日已有覆电到平，大意为斟酌办理。调查团接电后，昨日下午三时即在北京饭店开会，商洽去东北问题。日方对此事，依然无确实表示，久久不决。嗣日代表提出折衷办法，即中国代表与一部调查团由海道东去，日方代表与一部调查团由北宁线出关。我方代表以调查团系整个的，不应分离，坚持原案。故至晚九时，仍无结果。

【北平快讯】 国联调查团抵平后，征询资料之工作虽大部告竣，但因以前时间所限，不及接见之代表与须待作详谈之各方人物尚多，故昨日仍继续接见，会谈一日。昨晨十时半，首先接见前吉林主席张作相与前黑龙江主席万福麟两氏，详谈吉黑两省情形。盖因顺承王府谈话会中，与张作相等所谈皆东北地方最重要问题，未暇及此也。谈话历一小时许，张、万始辞出。闻谈话中李顿颇注意于马占山此次反正之事实，万福麟氏对此亦有详细之说明。十一时半至十二时半，接见东北大学教授代表宁恩承、赵明高、杨挚奇、赵鸿翥、曹国卿等。代表所述皆关于九一八事变及东北大学遭变之损害情形，宁恩承氏并

将其所著之《东北沿革考》一书,与东北条约问题、东北铁路问题、东北形势各书,一并面致李顿氏,备作参考。谈话间,东北逃难民众代表关光裕①亦到,陈述九一八事变后日军在东北之种种暴行,最后并交该团备忘录一种,原文系英文,主要之表示绝对否认东北现时伪组织之存在。十二时半,接见北平日使馆武官永津及天津日本驻屯军代表竹内。永津、竹内日前曾询矢野真谒李顿报告天津事变经过,昨日再度谒见,当然仍对此事只有陈词矣。十二时三刻,李顿等五委员赴铁狮子胡同顾维钧宅午餐,为非正式之宴会,至下午三时始返北京饭店。美德两代表原定赴颐和园游览,因天阴雨,临时终止。四时后义代表等出饭店购买土物,至六时方回。又张绥靖主任及夫人于凤至女士,今日招待调查团委员及重要职员十九人、中国代表顾维钧等十九人、日方代表吉田等十人,赴青龙桥及万里长城游览,并有平市军政学各界名人二十人陪同前往。专车昨已备妥,定今晨九时启行,约下午五时后返平云。

又讯。马占山致调查团之电报,该团昨日已陆续接到,系本月十五日自俄边海兰泡所发出。全文甚长,为中文明码,内容详述满洲伪国内幕及日军侵黑龙江经过各情形。昨日已接到之电文共十页,约二千五百余字,此仅为全电四分之一,余俟今明日即可到全。调查团收到该电后,即交与秘书吴秀峰,译竣后再译成法文,交与委员长李顿参阅。俟各委员审查后,如认为可以公布时,即当公布云。

【秦皇岛十六日下午八时电】 沈讯。日方因国联调查团将出关调查,为强奸民意、遮避事实计,本庄繁特派员赴长春邀溥仪力疾赴沈,布置一切。叛逆集团竟奉本庄密令,分电各县及各蒙旗,令即选派代表,限三日内到沈集齐。并雇大批汉奸,俟国联调查团抵沈时,举行民族自决之示威运动大会。日军部并制定一种民族自决书,备交国联调查团,以为东北民意之表现。

(《益世报》,1932年4月17日,第一版)

---

① 编者按:前文为陶光裕。

144. 调查团决定今明日离平，今晨行馆会议确定路径，顾决东去，中国代表减少，调查团或将迁就日方意见分两路前往，惟重视抵达目的地后各种工作之自由，昨日各委员偕张主任游长城，极感美满

【北平今晨三时电话】 国联调查团因急于东去，已决定今明日内离平。中国代表团昨晚在铁狮子胡同顾宅开会，讨论出发一切准备事宜，顾氏并嘱全部随行人员整装待发。行期既已确定，惟东去路程问题昨尚未决，是否泛海，抑系出关，抑或依日方要求分两路前往，须待今晨调查团在北京饭店开会后，方能为最后之决定。微闻日人方面仍坚持分两路东去，调查团方面认为此事不成问题，且日内瓦覆电亦只命其斟酌办理，足征国联与调查团对东去途径并不重视，所重视者乃在抵达目的地后各种工作之自由，如调查案情、搜集材料不受任何方之朦蔽牵制，而期获得本案之真象。至日方所允许之安全担保，在调查团亦绝不介意。预料将迁就日方意见，以分两路成分居多。在中国政府方面，原本希望调查团由北宁路出关，沿路调查，但仍尊重调查团之意见，如该团决定泛海东去，中国方面亦无异言。至派卫队护送事，我方曾有此拟议与准备，此亦视调查团之需要与否而定。如该团决定由北宁路出关，向我方作此要求时，我方自当派队护送；果该团由海道前往，无此要求，自作罢论。又中国代表因东去安全问题，人数不宜过多，至多当以二十人为限，闻亦将待今晨北京饭店会议确定，恐将以十五人为度也。

【南京十七日下午十时五十分本报专电】 伪国以顾维钧任接收失地委会委员长，且与张学良接近，深通东事，阻顾出关。既因我方坚持未收效果，且顾不问安危，仍决随调查团出发，为进一步恐吓计，铣（十六日）竟下伪令通缉顾维钧。此虽滑稽，可想见日本嗾使伪国捣乱之技能。闻政府对代表人选决不更易，出关问题正与调查团商酌进行。郭泰祺洽（十七日）午后四时去外部，谓数日内仍返沪。

【北平电话】 国联调查团昨日游览长城及明陵一带。事前中国官方已将各种招待事宜布置妥当，专车当于前夜由前门东车站开往西直门车站备用，计

客厅车三辆、卧车两辆、饭车两辆、机车一辆。车上陈设非常美丽完备,西餐、香槟酒、茶点、纸烟、鲜花等无一不备。昨早九时三十分,李顿偕法德意四委、副秘书长及随员等,乘汽车到站。张主任夫妇已于前半小时到站迎候,招待一切。各委每人分带鲜花一枚,佩于胸前。我方陪游人员,有张主任夫妇、汤国桢夫妇、沈祖同夫妇、顾维钧夫妇、高纪毅、曾广勷、张学铭等。美代表及日代表因到西山游览,未同去。全体上车后,即开行,沿路警备颇为周密。十时五十分到南口,稍停换扒山机车后,仍前进。十一时半至青龙桥,各委员及随员等均下车,分乘平绥路所备之四人小轿及小驴等,登山游览。各轿夫均着白边蓝衣裤,甚为整齐。李顿将登小轿,瞥见铜像一座,乃急下轿,往观此像,即修葺平绥路之詹天佑君也。看毕,徒步与张学良登万里长城,有北平同生照像馆在此摄影,狐狸影片公司随行摄取有声电影。张与李顿先行握手礼,张用英语说明长城之历史,李顿对该城工程之浩大,极为赞美。二人所谈之话,均为影片公司收去。游览后,张与李顿一面相谈,一面下山。二时半游毕,张与各委员在饭车用饭,车即向原路开回。三时许抵南口,乃下车,改换汽车去十三陵,四时始达。各委员等由陵道大门入内游览,在该处亦曾摄取有声电影。李顿对所见之石人石马,颇为惊奇,审观再四,深叹中国古代艺术之精巧。游毕六时始回,七时四十分车抵西直门,张即乘汽车回顺承王府,各委亦返北京饭店休息。是日天公虽不作美,大风狂作,而各委游览颇饶兴趣,印象甚佳云。

【北平特讯】 调查团到平业已一周,除两三次必要之酬应外,举全力进行搜集材料与征询意见之工作,迄日前(星期六)已大致告竣。昨日为星期,各委特作青龙桥之游,以怡心神。关于材料之搜集中,集于国联决议案中所称"中日双方对决议案已履行至何种程度"一语,此项工作自非到东省后不能完成。惟东北现在日方武力占据之下,我方所能供献之材料,只能在北平方面充量提出,故该团连日与张主任及东北重要官吏如荣臻、万福麟、张作相开会或谈话,内容均极重要。同时由我方制就日军侵略之真相及损失报告书,亦已递交该团,内容有叙述及各种表格并证据等。至于民众方面,调查团注重与九一八事变有直接经验者,故所接见者,如难民代表及东北教育文化机构各领袖,均与调查团有详细之谈话。此外如北平各界代表以及燕京大学、清华大学外籍教授,虽均曾一再请求与该团晤谈,而该团以所谈无非人道正义种种舆论,此种舆论已经普遍化,无需各方一再陈述,故均经谢绝。惟如有书面建议,如备忘录之类,则尽量接受,以供参考。对于"证据"之供献,最所欢迎。统计该团到平后所接各方意见书,已达五六十份之多。本报日前将日军在东省扣留及焚毁本报之证据,摄影并加说明,递交该团。该团对于此种材料极表满意,当即接受。此外尚有一事极可注意者,即全国天主教华籍主教,亦已连名向调查团提出申请书,原文系法文,调查团已接受。该申请书大意系说明日方破坏远东和平,蹂躏正谊人道之事实,请调查团以正大公平之态度,处理此项纠纷,措词委婉而有力。该团方面以公教主教地位超越,所陈各节悉本良心,故极为重视,以时间关系不能约各主教面谈,颇引为憾。又该团法国代表昨特访问西什库天主堂某司铎,有所征询,足见公教与国际政治之关系矣。关于调查团行程,日方刻仍坚持分两路出发,大致如昨报所载。我方顾代表随该团之一部,由津乘轮赴大连,转往长春;其他一部委员,则由我方备车送到山海关后,改乘东北伪府所备之专车,赴各地视察。如此办理,日方始能保障其安全,否则不能负责。惟李顿爵士则以调查团行动须完全自由,不受任何方面之干涉,且随时随地可以停车视察,但东省现时既在非常状态之下,对于安全问题亦不能不有所顾虑,日前与中日双方代表交换意见,谋妥当办法,并电国联请示。国联已有复电到平,令斟酌办理。惟日方对于所谓折衷办法,认为已达最低限度,尚无让步之表示,调查团行程因而一再延展。今日外传星期二出发,不过揣测之词。我外部方面对于该团经大连赴长春之议,绝对不能承认,已电顾代表,令与调查团交涉。该团定今日(十八日)上午再开会讨论此事,或可有最后之决定也。再,我国代表金问泗等,因安全问题已中止随调查团出关,惟顾代表则无论如何决定前往云。

(《益世报》,1932年4月18日,第一版)

145. 国人鼓励顾出关:见嫉日人其极不过一死,身殉世界正义重逾泰山;章太炎及沪各团体均勉顾行

【上海十七日下午十时三十分本报专电】 各团体联合会筱(十七日)电顾维钧,有"一身系世界之重,倘此行竟遭不测,则殉公道正义、世界和平,重逾泰山,全国及世界必有以慰之。行矣勉之,刀锯鼎镬,其甘如饴"之语。

【北平通讯】 章太炎最近因日人恫吓顾维钧,冀其不能出关,章氏诚恐顾

因此气沮,中辍此行,致辱国体,昨致顾维钧一书,勉其冒险前往,文曰:"少川先生足下:日人无赖,唆使伪满洲政府拒绝足下出关,且以种种危词恫吓。闻国际调查团诸君与足下誓同进退,宣言足下不行,各调查员亦即不往。此种态度,虽似强硬,其实反堕日本术中。仆谓服务外交者,非徒以辩论坛场,亦当稍存节概。洪皓、左懋第或囚或杀,未尝有悔,岂徒不爱躯命而与今之奉使者异情哉?见危授命①,义如是也!足下此行,为日人所忌,不[其]极不过一死耳!牺牲一身,而可以彰日人之暴行,启国联之义愤,为利于中国者正大,岂徒口舌折冲所可同比耶?日人常言,日人服官者性如石,中国服官者性如绵。其言中否,即以足下行止之。足下往矣,慎勿朝受命而夕饮冰也。章炳麟鞠躬。四月十七日。"

(《益世报》,1932年4月18日,第二版)

146. 中央要人集会汤山,外部令顾决随调查团东去,林森今日可抵京,罗已不辞

【南京十七日下午十时本报专电】 汪将筱(十七日)召集罗文干、陈铭枢、顾孟余、何应钦、李石曾、张静江等,同赴汤山俱乐部,研究外交问题。讨论要点:(一)收集材料,供献大会参考;(二)表明我方最低限度之让步;(三)调查团出关被阻之实际情形;(四)报告最近日军在沪之行动。至于国内党政问题,亦有所商榷。

【南京十七日下午七时本报专电】 林森巧(十八)晨六时可抵京。郭泰祺今晨出席汤山秘密会议,明日出席中政会后,即返沪。某外交要员向人表示:(一)日撤兵问题,当以国际决议为原则,同时须不碍独立国家主权;(二)国联特会未有决议前,我人对之不必作任何空论;(三)顾出关事,李顿表示很坚决,派兵护卫为防伪国之不正当行为,但尚未决定人数多少,尚待考虑。

【南京十七日下午十时本报专电】 军委为切实整顿军旅起见,特划定区域,分派高级人员前往各区点阅。李石曾协同张静江、吴稚晖,于前夜由杭乘

---

① 编者按:即"受命"。

汽车返京,当晚宿汤山,今晨始入城。罗文干辞外长职,顷经国务会决议慰留,并将辞呈退回。

【南京十七日下午九时本报专电】 外罗洽(十七)语记者:"余二十年来致力司法,外交本非专长。今春中央命余暂时负责,余念国家兴亡,匹夫有责,毅然就任,无时不恐失职,有负中央重托。时向汪院长请辞而不得,在中央未定继任人选前,仍当勉尽绵力,以渡国难。"

【南京十七日下午十时五十分本报专电】 罗文干谈:"沪停战会议,我方已将停顿经过,由颜惠庆报告国联,请特委会讨论。我政府方面,希望国联能遵照三月十日决议案施行,对于沪撤兵日期,能确实规定,同时并希望沪撤兵与停战同时办到。对我代表团出关问题,外部顷已电顾维钧,仍遵原定计划,随同调查团出关。至路途,仍拟由北宁路较为妥当。调查团委员长李顿对出关以后办法,尚未接国联最后训令。"

【南京十七日下午十一时十分本报专电】 外交某要人谈,我国对沪日兵撤退问题,当以国联决议案为原则,同时在不妨碍独立国家精神中,求解决途径,否则任何艰难在所不辞。国联特委会解决中日纠纷力量如何,实难预测,在其未表示办法前,亦不愿作任何空论。顾出关,政府派兵护行,系防伪国为不正当行为,但多少问题尚费斟酌,多则日方见疑,少亦于事无济,现正慎密考虑。

(《益世报》,1932年4月18日,第二版)

147. 满铁总裁内田暂留任,去职当在调查团视察东三省之后

【东京十七日新联电】 内田总裁之拒绝留任,已表明极为坚决。结局该氏之去任,由国家之见地言之,将在国联调查委员视察满洲之后实现之模样。

(《益世报》,1932年4月18日,第三版)

148. 调查团今晚离平，决定乘车由北宁路出关，五月一日前须作一报告，马占山致调查团电原文

【北平今晨电话】 日方向调查团建议两路出关问题，经我方代表之坚决反对，并向中央去电请示。复电昨已到平，我代表特将该电转交调查团参阅，调查团认为，北宁路所备之专车为国联调查团专车，日方不能拒绝该车出关。昨日商洽结果，决定今晚（十九）起程，因调查团必须在五月一日以前对东北事件向国联作一报告，故急于东去调查。对路径问题，已大致决定舍海道而由北宁路出关。我方除顾代表陪同东去外，随员定为十五名，多系北平绥靖公署职员，以伊等对东北情形较为熟悉，便于咨询，外交部人员较少。至于出关换车问题，须待今日下午四时之会议解决。由平动身，大约在今晚六七时。出关后对伪国之各种招待、接见等项，一律不承受。并拟对东北民众无作用者，予以接见访问，凡有作用者，一律拒绝。

【北平快讯】 国联调查团以在平征询资料之工作业告完竣，连日除讨论出关问题外，暇时则赴各处游览。昨日上午九时该团开会，正午法代表克劳德尔将军与义代表马考蒂伯爵赴苏州胡同顾维钧顾问赫赛宅午餐。下午二时，马考蒂赴颐和园游览，克劳德尔返北京饭店。李顿爵士于下午二时赴英使馆，旋赴天坛参观，因天气不佳，打消颐和园之游。美代表麦考易于下午四时半乘汽车游览皇城紫禁城一带风景，迄七时始返北京饭店。又晚六时至七时，赫赛在私宅举行茶会，招待五委员与张绥靖主任、顾维钧、吉田等四十余人，除吉田因病未到外，余皆到会。该团人员今日仍赴各处游览。另讯，据调查团发言人昨晚宣称，调查团连日整理文件及报告，出关行期有在明晚（即今晚）之准备云。

【北平电话】 驻平日军二百余人，昨晨九时许在东交民巷日兵营至长安街一带演习巷战，如临大敌。一时交通断绝，行人奔避，迄十一时方行收队。国联调查团对此事非常注意云。

【北平电话】 马占山自日前通电反正后，复自黑河发出一电至国联调查团，申述满洲伪国之背景及日方之暴行，兹将原电志后：

上海中国电报局转洛阳国民政府北平张绥靖主任钧鉴：兹以通告国联调查团一电，谨恳译转。查自满洲人民与我汉族混合，三百年来居处满洲，相安无事，政治、文化、习俗、语言、宗教，无不相同。故一九一零年政治革命，虽将君主政府推倒，改制共和，而汉人与满人之间，不特无丝毫仇恨之表现，且满人与汉人之名辞上之分别，亦随之而消灭于无形。此固世界人士略明中国情势者所共见共闻，当非占山一人之私见也。故所谓满人与满洲者，已成为历史上之名辞，绝无引用于今日之价值。而日人必欲居为奇货，窃用此字典上之陈旧名辞，而以分裂我民族，割据吾土地，不图于二十世纪之文明世界，尚有蔑视国际正义、惨无人道之行为，成为破坏东亚和平之导火线也。查国联盟约第十条，联合会会员担任尊重并保持所有联合会各会员之领土完整之规定。又依一九二二年华盛顿九国条约，有保证中国领土行政之完整及东三省门户开放、机会均等各规定，此皆不利于日本并吞东三省之企图。乃假借民族自决之名义，用绑匪手段强劫逊帝溥仪，自天津挟赴旅顺。又威迫利诱原有东三省之官吏，以演成其一幕滑稽剧。溥仪尝于途中屡次图谋自杀，均为监视之日人所发觉而阻止之。求死不得，是其所处之境遇，亦云苦矣。占山奉国民政府命令，出任黑龙江省政府主席，兼任东北边防军驻江副司令官，凡黑龙江之省防，占山责无旁贷。乃自客岁九一八事起，而日军先后占领辽吉两省，复蓄意图黑，以修复嫩江桥为名，偷袭吾军。占山当即身立前线，力图自卫，互相以炮火周旋者，计阅二周，以器窳弹尽，退守海伦。而日本军司令部屡遣人来，谓辽吉两军政当局现已议定组织两省"新政权"办法，自"新政权"成立，日本即当退兵，绝无干涉行政之意。今惟黑龙江一省为梗，致限全部于杌陧不安，为东三省治安，希即回省，黑龙江政权当无条件交还，到省后日军即时撤退等语。同时并有辽吉两省伪长官，由日本授意，派员来言，谓军政权确系独立性质，因即允予回省，藉以查看情形，再行定夺。讵晋省后，日人以堂堂大国家，罔顾信义，顿食前言，不但一兵未撤，转利用三省一致为名，成立一伪国家，以为实行侵吞之梯阶。于是"政务委员"也，"黑龙江省长"也，"陆军总长"也，伪令累牍而至。占山藉此窥暴日之肺腑，伪国之真相，以供献于吾维持世界和平、主张国际公道，当此惟一机关之贵会，是亦不幸中之大幸也。兹将一月以来占山实地经历之日记，摘要披露于贵调查团之前，以资参考，幸垂览焉。

二月十六日，勉循日人要求，乘飞机赴辽会议。二月十七日，晤本庄繁，据称日军已占东三省大部，仅黑龙江一小部份决难抵抗，请与日人合心。是晚在赵欣伯宅开会,凡占山所提取消伪国家产生之方案,统被日方板[坂]垣严词拒绝。是日会议无结果而散。二月十八日,托病乘车返海伦,旋接赵仲仁报告。十九日,日军司令部命张景惠成立"新国家"筹备委员会,又迫命张景惠、赵仲仁统率辽吉黑三省由日人贿买之伪代表十二人,同赴大连,敦请溥仪为伪执政。并授意溥仪,必三次推辞,代表三次敦请,始完使命。三月八日,日人复再三邀赴长春,占山本拟托故推诿,又恐转生猜疑,不得已赴长春迎接溥仪。九日,溥仪就伪执政职,一切仪节均由日人主持。傀儡登场,此之谓也。最可恨者,是日本庄繁来长春监视溥仪就职,预命溥仪必须恭往车站迎迓。经一再恳请稍留体面,当允由伪国务总理郑孝胥代表,足见本庄实自居统监之资格,其所谓共存共荣者,完全欺骗之伎俩也。三月十日,日本方面由掘[堀]井、坂垣持日军部命令,开伪国国务会议,同时并发表满洲伪国政府,设总务厅长,由日人充任,掌管各部一切实权。凡不经该伪厅长签字盖章,一切政令不得执行。三月十一日,大佐参谋坂垣、伪总务厅长崛[堀]井在伪国务会议席上声称,日政府原拟在"新政府"及各伪省府官员中参加半数,现经竭力减少,仅在长春"新政府"加入日人百数十名。又称,日人住居东三省者,即属"新国家"国籍,凡一切公权,均与满人一律享受,至是否脱离日本国籍,自有权衡,他人不得过问。当派定辽吉两省应由日人充任之总务厅长及警务厅长,掌管各该省一切实权,凡不经签字盖章,一切政令不得施行。并议定黑龙江省暂缓三月,再行派定。三月十六日,本庄繁来齐齐哈尔,并视察大兴地方,于途次谈话云:(一)日本全国已具决心,宁作任何牺牲,决不放弃东三省;(二)无论何人有反对"新政府"者,当由日本军队负完全扫灭责任;(三)如有任何第三国出而干涉,已下与之宣战最后之决心;(四)关于一切政令自可按步进行,惟须经过驻在地之日本军部与特务机关许可方能执行。又伪国务院议决:(一)凡东北之土地已经出放者,若地主为官吏或军阀,则全数没收,若民户亩数较多者,则以官价收买其半数。其未经出放者,悉数收归伪国所有,以备日政府殖民之用。(二)呼海铁路为黑龙江省粮运之枢纽,日人与张景惠定约,以十分之一代价三百万元强迫抵押,定期五十年,实无异于永久占领。恐占山不承认,商补签字,虽经严词拒绝,近又向伪国交通部强迫进行矣。(三)筹设满洲伪国家银行,如朝鲜银行之办法,以为操纵金融吸我脂膏之企图。(四)摧残我学校,侵略我文化。凡学校除驻军外,将我原有部定各级启发爱国之教科书悉加翻改,参以亲日意旨,以尽其消灭我民族之能事。又驻哈特务机关长土肥原及铃木旅团长,曾声称日本既得东三省,一俟经费充足,即将凭之以为作战之策源地,始能北侵苏俄、东抗美国,渐及其他各国。以上为占山所亲历事实之经过情形。现辽吉二省各县,均派有日人两名办理特务事宜,凡事不经其许可者,不能执行。所有东三省各报馆、电报、电话,均由日人在背后主持。而报纸除顺从日本意旨外,实无真正之舆论。现因贵调查团行将东来,日人对于知识阶级分子均已警告。凡有不利于日本之言论者,即予以断然之处置。凡有反对日本之人,均被日人在黑夜间闯入家中逮捕杀戮,并警告其家,如将消息泄露,即同样对付,阎廷瑞、张魁恩等悉遭杀戮。即所谓东三省庆贺伪国成立之名义,均悉为日人伪造。现又收买无赖奸民,宣传其德政。

  以上为占山调查所得之事实。兹闻贵调查团业已惠临吾国,占山为救国计,遂决然冒最大之危险,设计自日军严密监视下之齐齐哈尔,潜来黑河,执行黑龙江省政府职权,一切政务秉承中央,照常执行。用将满洲伪国组织之实情颠末,供献于特奉使命来华之贵调查团及世界欲明此事真相人士之前。兹敢以十二万分诚意,立誓宣告曰:吾东三省实无一人甘愿脱离本国,即今从事伪于[于伪]政府之官吏,均被日军严重之监视,已失却其自由。务请贵调查团对于此层特别注意,加以实力之调查,以作诚实之报告,则世界人类和平之前途方得保障,贵调查团之有功全世界人道,亦得永垂不朽焉。再,占山犹有进者,客岁秋间,我华侨在朝鲜被杀死者数百人,财产损失数百万,吾国政府何尝借口于保侨遣一兵一将入朝鲜?近年以来日侨在吾国境内,并未发生若何危险,而该国政府竟藉口保护侨民生命财产,悍然出兵,侵占我东省,攻击我淞沪,两相比较,世界主持公道者,自有公论。且日本侨民遍于五洲各国,倘该政府有事亦藉口保护侨民利益,派兵遣将,侵略其侨民所在地,则吾实为世界和平危焉。尚祈贵调查团三思之。除敬电日内瓦敝国颜代表外,特此通告,顺颂公祺。黑龙江省政府主席马占山,文(十二日),发自黑河。

(《益世报》,1932年4月19日,第一版)

149. 调查团昨夜过津东去，晚十时许乘专车离平，张到站欢送，顾代表与李顿由秦皇岛登舰赴连，美代表及随员迳出关，在沈阳会齐

【本报特讯】 国联调查团在平调查完毕，定于昨晚离平，已志昨日本报。兹该团及我代表顾维钧等，已于昨晚十时半乘专车启程，今晨一时许过津东去。兹将详情分志如次：

分两组赴沈阳，决拒伪国招待

调查团所以迟迟动身，自与所谓安全问题有关。惟该团留平十余日，对于搜集材料、征询意见之工作，始终紧张。北平当局所预定之游览与宴会日程，殆已全部取销。除星期日曾一度作青龙桥之游外，各委殆终日在北京饭店工作。纵使不发生安全问题，事实上亦难提早出关。且调查团使命重大，对于安全问题，自始即未加以任何之重视，实因料定某方不敢有何种越轨之举动也。至于伪国之拒顾，不过为日方之一种恫吓手段。顾之随调查团东去，实处于该团中一员之资格，所谓拒顾，即是拒调查团，故调查团对此亦不甚介意。此所以能说走就走，行动如此敏捷也，惟日方既提出安全问题，调查团自不能不作相当之考虑，以敷衍日方之面子。结果采取妥协办法：一部分乘北宁车出关，一部分则偕我国代表到秦皇岛乘舰赴大连转沈。计此次东去者，共四十余人：调查团五委员及随员等十余人，中国代表及随员二十一人，日本方面十人。预定专车到达榆关后，李顿、克劳德尔、希尼三委与中日代表等赴秦皇岛，经海道赴大连。李顿与我代表顾维钧同乘海圻舰，日代表与克劳德尔、希尼乘日舰，同时到达大连，再循南满路到沈阳。麦考易、马考蒂两委员及秘书长哈斯等，则由榆关通过，直放沈垣。惟是否乘坐北宁原备专车，尚未决定。调查团会于沈阳后，即开始调查工作，但对伪国招待，决不接受云。

平市筹备欢送，专车设备完全

调查团决定启程后，即于昨晨通知北宁路局，报告行期，请备车候用。路

局方面因事前业经声明，须于二十四小时以前通知行期，以便筹措一切，易于着手，今既未按规定，则赶速于八时前将专车调集东车站。共十八节，计有饭车、卧车、卫生车、行李车等等。卫生车系日前始赶制，迄昨晚九时尚未竣工，内部设备极完全，重要药品及外科用具均齐备，由绥靖公署派前天津市立医院院长李允恪氏随行充医官，车上所备食品，如酒肉菜蔬甚夥。卧车内有写字间、会客室等。设此项备可称中国自有铁路以来破天荒之创举。至于平市方面，自昨日下午四时起即准备一切欢送事宜。车站电光璨耀，军警密布，各商号均悬国旗，所有欢送人员，均须佩带绥靖公署所发之入站证，并规定欢送办法如下：（一）欢送人员应于调查团专车开动前一小时，齐集在东车站指定地点站立；（二）欢送人员衣冠务须整齐，文职着早礼服，戴大礼帽，或蓝袍青褂，武职着军服，学生着制服；（三）国联调查团进站时应行礼致敬；（四）欢送人员在月台站立位置，应按照附图指定之地点整齐排列；（五）欢送人员车马到后，应一律停于站外指定地点，随时由警察指挥；（六）欢送人员不得携带标语、旗帜及呼口号；（七）调查团进月台上车时，欢送人员除有招待职司者外，务勿离开站立地点，以维秩序；（八）欢送人员应在调查专车开动时行礼致敬；（九）欢送人员应俟调查团专车开出站台后，再依次出站各散。

专车离平过津，各方欢送如仪

调查团五委员及全体随员，于昨晚九时四十分乘汽车由北京饭店赴东站，顾代表同行。我方随行人员已先到站登车，万福麟、于学忠、周大文、朱光沐、邵文凯及各团体代表约四百余人到站欢送，均衣制服。东交民巷各国使馆，亦均派员莅站欢送。张学良主任于九时五十分乘汽车到站，即登李顿专车，握手致欢送之意，旋与顾代表密谈良久。至十时廿分，又登日代表吉田专车欢送。十时二十五分专车开行，欢送人员一致脱帽致敬，军乐大作，一切如仪。专车开行后，张主任首先登车回顺承王府，欢送人员相继散去。据顾代表临行谈称："本人此次东去，所负使命与调查团各委员相等，虽系代表我国政府，然亦系为正谊而行，故一切危险，在所弗计"云云，态度极其堂皇镇定。按顾现年四十余，英俊魁伟，神色庄重，与年事俱增。其在国际政治舞台之资望，不在调查团任何委员之下，周旋酬应以及外交手腕，颇为调查团所称道。且顾为国联盟约起草人之一，历任行政院理事，中央此次派其陪随调查团，可称得人。又调查团出关行程决定后，昨晨即拟就致日内瓦国联理事会电文一件，报告在平事毕,即日出关调查。该电系启程前一小时拍出。该团预定在东北耽搁四周,然后回北平,将第一次报告书赶于五月一日前寄往日内瓦。再往日本,停留约一月,再到南京,与我国府当局商洽一切,再择地编全部报告书。又意代表华梦蒂昨晨往故宫,因未届游览时间,当返北京饭店,下午一时复往西山八大处、碧云寺等处游览,五时返城,再一度游故宫后,即返饭店。美代表仅于昨晨赴美使馆辞行,旋亦返饭店。德代表午时赴何宴夫妇宴会,余均未外出。李顿爵士并于昨晨离平前,接见渤海舰队司令沈鸿烈、汤玉麟外交代表关承葆二氏云。

【本市特讯】 国联调查团专车,于今(二十)日上午二时开抵东站。东、新两站附近,自昨晚十一时起即实行警戒。专车到站时,有公安局长王一民、省府陶秘书、市府陶帮办及日军司令、日记者等十数人莅站欢迎。车站方面灯彩辉煌,但禁止各界欢送人员入站,即中外记者,除日记者外,亦均被拒绝,直至专车开行十分前,始允许入内。时调查团各委均已入睡乡,故并未接见欢送人员。专车上水后,二时三十五分当即开车东去云。

榆关准备欢迎,丁、李亦电该团

【秦皇岛十九日下午十二时二十分本报专电】 榆关我军政当局,因国联调查团准于二十日晨过榆东行,关于欢迎招待事项,业已布置就绪。伪奉山路局所备欢迎该团专车,十九日晨已开抵锦州待命。

【秦皇岛十九日下午十时二十分专电】 沈讯。日军部以国联调查团委员一部由北宁路出关,为掩饰关外段榆沈间之驻军实况,特令沿线日军分段,再向铁道外一英里各村屯驻扎。自十八日起,大部已分别调动,各站警备只留少数日守备队,偕同新编之路警负责。据传张景惠有被日军部拘押说。

【北平电话】 东省护路军总司令丁超、吉林自卫军总司令李杜,昨自伊[依]兰电平,欢迎国联调查团赴东北实地调查,并报告日军蹂躏各地暴行,原电如次:"北平国联调查团李顿爵士委员长及各委员赐鉴:自贵调查团为维持世界和平、主张正义人道,远涉重洋来华实地调查,我全国军民无不额首[手]相庆。查暴日侵华,我东北受害最巨,欢迎之情尤深。特派王上校志荣代表吉林自卫军全军赴平欢迎,并呈递报告书,谅邀鉴察。吉林自卫军兴,原为保国卫民。乃暴日以武力摧残我民族,轰灭我阵地,风行所至,大施淫威。尤以利用空军轰炸为能事,滨江伊[依]兰道区如方正、延寿、伊[依]兰各县城,甬子沟、高力帽子、会发恒、罗乐密各村镇及东铁沿线海林站之民房,多被炸毁或被燃烧，人民荡析离居，惨不忍睹。务请贵调查团早日东来，实地调查，力主公道，制止暴行。凡我军民，不胜欢迎企盼之至。东省护路军总司令丁超、吉林自卫军总司令李杜及全军将士同叩。铣(十六)。印。"

(《益世报》，1932年4月20日，第一版)

150. 调查团分两路入东省，李顿与顾乘海圻舰昨夜到大连，美意二委抵山海关，定今晨东进

【秦皇岛二十日下午三时三十分专电】 调查团号(二十日)晨十时抵秦皇岛，顾维钧与李顿即乘海圻军舰，于十一时四十分启碇。日代表吉田及德法代表，则乘日栩颜、芙蓉驱逐舰，预定号(二十日)夜十时抵大连。顾谈此次赴东北具有决心，不计任何牺牲，到东北后行程尚未定。李顿谈此次到平，承各方盛意招待，实为愉快，预定五月前返平，在中国作报告书。意美两代表号(二十日)午一时乘北宁专车赴山海关，候车出关调查。

【山海关二十日下午五时四十五分专电】 意美代表乘北宁路专车于号(二十)日下午三时抵山海关，各界欢迎甚盛。二代表旋游长城，由何柱国旅长陪往。伪奉山路迎美意代表专车，今晚三时可到，定马(二十一日)晨八时东去。惟代表是否乘此车尚未决定。又顾代表与李顿离秦王岛时，曾立船头向送行人摇帽示别，海圻舰及凤号日舰在尾后启碇。

【秦皇岛二十日下午十一时三十分本报专电】 国联调查团李顿等一行，于号(廿)晨十时廿分由津到秦皇岛，各界欢迎甚盛。临榆县行政官、北宁路榆关段各段长均来秦皇岛参加欢迎，开滦矿局经理英人齐耳顿亦到场，第九旅长何柱国协同参谋长先于晨七时由榆关到岛迎候。中国军舰海圻舰皓(十九)晚由大沽开来，日海军十六舰队朝宴、芙蓉两驱逐舰十九晚由青岛驶来，三舰均停泊开滦码头，海圻舰长江[姜]雨生亦到站欢迎。专车抵站后，由北平绥靖公署所派护送专员宁向南等引导各欢迎人员，向李顿一一介绍，表示欢迎之意。何柱国将已译成之英法文沈变后榆关概况书，分致各委员以便参考。专车随即开至码头，李顿与我代表顾维钧偕行下车，同在江岸徘徊，片刻后海航组即分别登舰，并装载行李。李顿与顾及我国随员廿一人(内有女秘书一名)乘海

圻舰,法委克劳德、德委希尼、日代表吉田乘朝宴舰,一部随员及日记者乘芙蓉舰。十二时海圻舰先启碇,预计航十小时可抵大连,日舰随即开行,因其舰小,速率较大,可望先到。美委、意委及秘书长哈斯一行,因经榆关东行,仍登车用餐。旋即开回秦皇岛站,稍停。三时由甲车压道东驰榆关,何柱国偕二委等下车同游天下第一关,叙谈史迹,且行且谈,极饶兴趣。美意二委并详问地方情势,至五时许始返车休息,哈斯与何氏单独谈话良久。六时原车回秦皇岛,应开滦经理齐耳顿之邀,宴毕将在岛过宿,拟马(二十一)出关。伪奉山路所派之专车昨晚八时已抵榆关迎候,今晨黎明驶入榆关,事先并未向我方声明。各委员因有不受伪国招待之议,故今日仍有购票乘奉山车东去之意,现时认此问题尚有考虑之必要,但曾一度集议。至于北宁专车能否出关,须待李顿抵沈与本庄商洽后方能决定。又吉田于登舰时,仍向李顿申述拒绝华代表之意,李以谈非其时,深滋不快云。

【南京二十日下午七时电】 大连二十日路透电,日本驱逐舰二艘,载有法国与德国调查团代表,今日下午六时抵大连。

【北平通讯】 某君顷自沈阳返平,谈伪国近况及日人掩饰形迹,希图欺骗调查团之准备情形,兹分志如左:

灭行迹,图骗调查团

(一)日人以国联调查团行将抵沈,乃虚构谣言,谓北平派来便衣队及寄来秘密函件等情。竟于十四日起,由日本宪兵队协同警察挨户搜查,翻箱倒柜,情势极为严重,甚至将室内灰棚刺破,以便检讨。据闻大东关一带,搜查结果逮捕二十余人,至今未闻如何发落,其他各关亦如此,一般住户,惊恐已极。

(二)沈阳警察前由日本宪兵发给臂章,已有数月,上盖有日本宪兵队印。兹以调查团不日来沈,乃将警察臂章一律撤去,以图掩饰。

(三)日方拟于调查团到时,将城内凡该团经过各处之日军警届时撤去。

(四)伪沈阳市署已拟定商工界一千人,各机关五人,各学校学生、农人一千,编为请愿团,将请调查团赞助伪国。此外,并拟举办运动会,假用日本站之国际运动场,于本月调查团莅沈时举行,而称其名曰"建'国'纪念运动会"。该会由满洲体育协进会日人包办,贼首溥仪为名誉总裁。

颁戒严令，滥捕行人

（五）自去年九一八以来，沈阳在日军占领之下，无日不在军事戒严期中，除日本增三百名日警外，更派日本宪兵，二人一班，巡行各处。中国警察每分局抽出二百名，编为临时便衣警，藉便侦察，情形有甚于交战时者，出入城门均须检查，并详加盘问，稍涉可疑，即被拘押。

（六）自上月底，兵工厂内日兵获偷枪贼数人后，门前警戒逾形森严，并声言系便衣队所为。故此后凡经过兵工厂前后之行人，即时有被日本守卫兵拘留者。据附近住户云，先后不下二三十人，至今生死不明。现在行人皆视该地为危险地带，裹足不前。

（七）兵工厂、被服厂、粮秣厂等处，均有日兵驻守。小东关靠近粮被二厂之住户，日兵二三时闯进屋内，久坐不去，青年男女，均得暂避，不然必遭其侮辱。日前魏家胡同某宅新婚，为日兵所见，竟一连数日，无日不光顾新娘深闺，结果该姓只好搬家。

（八）沈阳邮局某局员，于日前甫出门，即被人架走，据云系日本侦缉队所为。

日人把持伪辽省府

（九）伪辽省府改组发表，民政厅长赵鹏第、总务厅金井章次、警务厅三谷、实业厅徐绍卿、教育厅韩秀石。金井、三谷均为日人，警务一厅日籍职员竟占七八人，均居重要地位。该厅计设秘书、督察两处，警政、治安、特务、司法、卫生五科，下设十三股。

（十）沈市伪警察局副局长原为赵欣伯之人，因赵去职，随行辞职，刻由三谷委鲁绮为副局长。鲁为大连人，充日本警署听差多年。又委郑子奉为督察长，郑为日宪兵队翻译，前在本溪充巡捕。该伪警局最近并施行指纹法，刻已拨开办费八万余元。

（十一）伪辽警务厅自日人任厅长以来，令所属机关，凡往来公事均得一律用日文。

二千万借款即成立

（十二）日本借与伪国二千万巨款事，约在五月上旬可成立，系以盐余为担保,期限为十年。

（十三）日本为移日鲜人经营东北计,刻授意伪国,颁布《限制中国劳工入满条例》,不日实行,今后取缔,当更严厉。

（十四）伪国拟于五月举行国民籍登记。登记后,出入伪国即不得自由矣。

（十五）伪国为加重人民课税,特变名为"储金"。凡在伪国内,每人均按其财产及收入之比例,纳国民储金。如被夺公权者及出伪国者即没收之,对于甫入伪国者,则课以尤重之储金及保证金,以示限制。

（十六）日人在长春考取监视警察员二百人,其中五十人为鲜民。第一批分配在山海关,此后尚拟再招,以便分配于绥芬河、满洲里等处。

（十七）日军部近又下禁种令:1. 满铁沿线在五百米突内,不许种高粱、包米等;2. 新京市(长春之伪称)附近五百米突内,不许种高杆五谷;3. 县与县之往来通衢大路,凡二百米突以内之地,亦不许种植上述之五谷。

伪国居然亦有政党

（十八）伪国务会议于十四日通过成立协和党,溥仪并颁下日本味十足之命令如下:"为谋统一民意,期作兴建'国'精神及施政之畅达,着即制定颁布满洲协和党。"伪协和党规定:一、基于满洲协和党法,为设立满洲协和党计,设置设立委员会,使之担任设立事务。二、设立委员会,以满洲协和党组织完成之时,认为撤消。协和党法:第一条,"满洲国"使"满洲国民"设立满洲协和党,担任作兴建"国"精神及施政之畅达。第二条,"满洲国民"无论种族身分,从党则所规定得为党员。第三条,关于满洲协和党之诸规定,则以党则制定之。第四条,满洲协和党费由"国家"补给之。第五条,满洲协和党得营达成第一条目的上所必要事务。第六条,满洲协和党得利用"国家"营造物。附则:本法自公布日起实施之。

（《益世报》,1932年4月21日,第一版）

151. 极人间之丑：调查团不理伪国，谢介石居然愤慨

【长春十九日新联电】"满洲国"方面对于国联调查团关于一切事务均与日本总领事交涉，而对于"满洲国"则不闻不问，极为愤慨。本日谢介石以"外交总长"名义致电莱顿爵士，促其反省。

(《益世报》，1932年4月21日，第二版)

152. 调查团全体到沈，李顿保障顾代表安全，工作进行步骤尚未定

【北平电话】 某方确讯，调查团两路赴沈，昨晚九时前后同时到达，留东工作计划须与日方协商后始能决定。李顿对于顾代表之安全，愿负保障责任。另据交通界消息，国联调查团李顿、克劳德尔、希尼三委员偕中国代表顾维钧、日本代表吉田等一行，前午分乘中日军舰离秦皇岛，于前晚十一时半抵大连，定昨晨乘南满路车赴沈阳。又该团麦克易、马考蒂等两委员及秘书长哈斯等，前日下午抵山海关游览长城，当晚仍返秦皇岛，昨晨六时由秦皇岛再回山海关，于九时换乘伪奉山路所备专车出关赴沈。伪路业派车务处长律长庚随行招待，计程昨晚可抵沈。北宁专车昨仍停榆站候讯。又顾维钧氏昨有电致在平之东北舰队司令沈鸿烈氏，报告业已安抵大连，并称一路海程风平浪静，海圻行驶亦极平稳，特表谢意，将来如需乘该舰时，当再奉达等语云云。

【大连二十一日上午九时半路透电】 国联调查团主席李顿爵士昨日受感冒，今早仍未起床，但调查团决今日由大连去沈阳。长春来电，谓满洲伪国疑以武力拒绝顾维钧入境，至必要时或将顾维钧扣留于普南店（译音）。顾对路透记者表示，彼决与调查团偕行，不为任何恫吓所阻。谢介石向国联调查团主席李顿爵士抗议，质问国联调查团为何将满洲意旨置之不理云。

【秦皇岛二十一日下午十时电】 沈电。调查团及同行各员于马（二十一）日下午八时许，平安抵沈。伪外长谢介石向李顿抗议顾入东北事，谓李不应置

"满洲国"之抗议于不理云。

【秦皇岛二十一日下午七时十分本报专电】 国联调查团美意代表及哈斯一行,马(二十一)晨午时乘北宁专车抵榆,旋换乘伪满奉山路专车出关。该车共十一辆,系沈变后日方扣留北宁关外车辆加以改造者。车首交插伪国国旗,专车职员皆系服务于奉山路者,每员均有日人紧随监视,故彼等与北宁路员虽属旧日同事,相见仅有握手形式,不克交谈。伪国派员多名于二十日晚随车到榆,以示欢迎,乃各代表登车后,态度沉默,迄无周旋。二委出发前,特电驻锦日军依田旅长,以示此行不与伪国有何接洽。六时专车于我方盛大欢送中出关赴沈,预定晚八时可以到达,日军铁甲车则先开压道云。

【大连二十一日下午三时十五分无线电】 调查团定今午十二时五十分由大连赴沈。中国代表仅刘春[崇]杰、严恩棪、萧继荣等四人登岸,住大和馆,顾代表等则宿舰上。马(二十一)满洲报载,伪国对顾代表之行动将加严重监视,若顾始终与李顿同行,待抵普兰店时即拒其入境,若有机会即将顾逮捕或监禁。按普兰店在大连北境。一般人谓该项消息纯系恫吓性质,顾决与李顿乘午车赴沈。

【大连二十一日上午八时三十分电】 李顿因劳顿略受感冒,体温三十六,马(二十一日)晨稍愈,哿(二十日)晚就寝,至马(二十一日)七时稍进牛乳,马(二十一日)安息,所有宾客概未接见,定午十一时专车北上。海圻昨夜进港,日记者数十人登舰摄影,并包围顾代表请求谈话,皮鞋声、嘈杂声震动全船。舰长姜鸿滋因李顿病,再三交涉,日记者始怩怩而去。现舰上警卫周至,码头上由日方负责保护。

【大连二十一日电通社电】 国联调查团法代表克劳德将军、德代表希尼博士与日本代表吉田大使,分乘日本驱逐舰朝颜与芙蓉两号,与昨日午后六时抵大连。日关东厅代理长官及大连市长等,均到港头欢迎。调查团各代表往星浦大和旅馆休息,拟于本日乘特别列车赴沈阳云。

【山海关二十一日上午一时二十分专电】 美代表及意代表在榆游览毕,马(廿一)晨九时乘伪奉山路所备专车赴沈。何柱国等均到站欢送,伪路局派车务处长律某招待,马(二十一日)晚九时可到沈。北宁专车暂停榆站,日内开回。

(《益世报》,1932年4月22日,第一版)

153. 丁超、李杜电调查团，揭发日本在东北种种暴行与我军作正当防御之经过

【北平快讯】 东铁护路军总司令丁超、吉林自卫军总司令李杜，日前电致国联调查团报告书，陈述自九一八以来日军在东北之暴行，极为详尽，原文如左：

北平张绥靖主任钧鉴：兹拟致国联调查团报告书一件，谨恳译转。窃自九一八事发生，中国政府因尊重国联，保守盟约，望日人之悔祸，期国际之仲裁。乃国联决议日方迄未履行，且更扩大事态，造成今日之险恶局面。中国领土与主权之完整，已为日本破坏无余，保障世界和平之信条，日本且公然违背矣。然吾人仍信赖国联之权威，可解决不平之纠纷，虽日人尽欺朦之能事，而事实俱在，中外人士所共见也。兹者贵团诸公，不辞辛劳，东来调查，盖为促进实行国联决议，以防止暴力之摧毁世界组织。其主持公道与维护和平之本意，凡属人类，同深感佩，矧在吾人为当事国之一方，能不感谢。超、杜守土护路，镇守吉江，谨将日军北犯及我军为自卫而作正当防御之经过，略陈诸君之前，以资参证。

（一）吉林自卫军之组织。日军既占锦州，东北最后之壁垒已失，仅有吉林省政府统治下宾县等二十八县，为一块干净土。而哈尔滨一埠，为三省北部重心，日欲取之以北窥，乃嗾使熙洽派于深澂等出兵，于一月十六日攻榆树、阿城等县。张作舟、冯占海各部，力与敌抗。同日土肥原赴哈任日方特务机关长，秘谋北侵。时冯占海军因众寡不敌，于二十五日自阿城绕道至哈东，二十六日晨攻入哈埠。杜部马团同时开到，遂据哈尔滨，以拒于深澂军。二十七日与于部在距哈十五里之处交战，于军败溃阿城。同时日机三架飞哈，向王兆屯二十六旅旅部掷三弹，被骑兵击落一架。超等以日军北犯，违背中日条约，破坏国际交通，职责所在，必作正当之防卫。杜所率二十四旅，超所率二十八旅，与二十二旅旅长赵毅，二十五旅旅长马宪章，二十六旅旅长宋文俊，二十九旅旅长王瑞华，暂编第一旅旅长冯占海，骑兵旅长宫长海、姚殿臣等，成立吉林自卫军，推杜为自卫军总司令，超为东铁护路军总司令，同时合超、杜所部组织联合军，设总部于宾县。遂于一月三十一日电告中外，说明护路抗日卫国卫民之宗旨。

（二）日军破坏东铁与我军防卫之情形。日军为进占哈埠，谋假道东铁，为东铁所拒。日军取直接行动，于一月二十八日强占东铁宽城子站，拘禁站长，枪杀路工，扣留货物车辆，强迫路员开车，输送军队。晚九时日军铁甲车两列及拖车二十辆，载满日兵离长赴哈，占领窑门以南各站。至蔡家湾站，有自卫军陈德才团扼守，日军仍欲前进，即向我军压迫。我军为护路计，遂采取正当防卫，自一月二十六日起至二月四日止，与敌激战于双城堡、三间堡、三姑屯、顾乡屯一带。直至五日，日空军复来掩护陆军前进，投弹多至数百枚。我军遭受轰炸，损害重大。日军长谷旅团、多门师团仍继续攻击，几至发生巷战。我军因虑中外侨民生命财产濒于危险，退出哈埠。至四时四十分日军滨本联队入据哈埠车站，超等率部分退宾县、阿城、依兰、巴彦等处，徐图规复失地。

（三）义军蜂起与自卫军协力抗日。超等率部撤退后，日方复于二月十八、十九等日，由长春派出日机六架，轰炸宾县、巴彦，自卫军总部因移方正。时日军迫同熙洽军四出攻击自卫军，民众愤激，义军蜂起。王德林部首先加入我军，二十日与日军在延吉、敦化激战。超等率部收复东铁哈绥线，二十二日克乌珠河，进展至一面坡，二十四日占苇沙河，二十六日杜复率部向哈推进。时日方正酝酿伪组织，恐为击破，又派天野旅团开向一面坡、海林一带，超等不得前进痛剿。三月一日王德林部袭宁安、海林，击败日军，三月二十一日，超等率部击破熙洽日军，围攻下城子，时扶余各地义军蜂起来投，声势大振。乃日军欲消灭国军实力，掩饰中外耳目，又由宾县、珠河两路猛进。我军复作正当防卫，自三月二十六日至四月三日止，以全力抵抗，将日军击退。日复以飞机二十架掩护作战，并在方正、延寿、依兰各县，与夹板站、高力帽子、会发恒、夹信子各村镇轰炸，投掷重二百五十磅之炸弹多枚，烧毁房屋，炸毙多人，损失极重。本军总部因由方正移依兰。四月五、六、七等日，日飞机又飞依兰轰炸，我方损失尤重。

（四）暴力下之伪组织。日本铁骑纵横蹂躏三省，其目的在树立"新政权"，与中国脱离关系，以实行其并吞之步骤。溥仪原居天津日界，早在恶势力包围之下。此次日方挟之以出，利用为傀儡，表演作双簧。三月九日，日人摆布就绪，代溥仪发表荒谬宣言，关于伪国之组织及人员之指定，均系日人之伪造与强制。溥仪乃前清皇帝，中国革命时已自行退位。东三省虽系满清室肇基之地，三百年来已为纯汉族之所居。此举不特三千万民众所不愿，即溥仪本人亦非出乎自由意志。日本因愿藉溥仪以遮掩世界人之耳目，为其完全吞并东三省之准备行为，绝对不能以民族自决欺骗国际。当溥仪在长春就职之日，各地民众皆有反对表示。三月十日吉林各法团，即通电否认伪国，请出师讨伐。又本庄于返沈途中，复遭便衣队三百人之袭击。此种日本人之所谓"匪"，实即愤恨日本侵略，不惜挺而走险、拼其生命以为中国民族表现正义之志士也。此中真相，尤望贵团诸公有切实之认识。至于伪政府行政院中日所谓总务厅者，行政院之权集中于总务厅，而总务厅之权则操之日本官，一切伪政，均由日员指挥之，各省政府之各机关亦然。三月三十日吉林伪省署增设总务厅，日人原武为厅长。降至各县，情形亦然，县之权在地方自治指导部，而指导部之权在日人。所有军警行政各权，均直接为日本所操，三千万人民之生杀与夺，属于关东军之自由。此诚可痛心也。

（五）东北民众之痛苦。自日军进占东北之后，强收各交通机关，施行严厉之检查，行旅困难，消息隔绝，稍涉嫌疑，即遭捕杀。四月二日在吉林九龙口锯杀之商农会长盖文华等十三人，即均被诬为匪者也。至如随地捕杀不知姓名者，更时有所闻。其不幸而居战地者，则庐舍为墟，妻子离散，辗转沟壑，血殷原野。年来世界经济已极臻恐慌，其能维持远东之经济而不至破产者，实惟东三省是赖。乃自九一八以还，东北各地受日暴力之扰乱，农村经济已实行破产，商业为之凋敝，财源因之枯竭。经济为社会之动力，经济告罄，社会愈呈不安，此皆日本使之然也。况今春耕期至，而暴力之压迫未除，农者不得耕其田，贾者不得营其业。一切停顿，危机立至，则此危机必由东北而波及远东以至全世界，故此尚不仅为东北民众之痛苦与不幸也。

（六）自卫军之决心。东三省为我汉族胼手胝足所开发，人口三千万，纯粹汉人占其十分之九五焉。又为中国人过剩人口之消纳地，且为华北物质建设一切原料之取材地。超等为保存中华领土之完整与夫中华民族之生命财产计，日本以强力夺去，如不遵国联决议即予退还，我必强力取回之，不拘年限，不得不止，此应向贵团诸公声明者也。东北三千万人民，未入日本势力范围尚得自由者，现只依兰、勃利、方正、桦川、富锦、穆棱、密山、宝清、同江、抚远、饶河、虎林等十二县仍悬中华民国国旗。我人民已丧失意志之自由，而贵团尚欲于其中搜求民意，藉资研究，则直成一滑稽的悲剧矣。现可断言，贵团一旦出关，所至必遇欢迎，而欢迎队中必有我丧失保护的同胞，持日本直接间接所领发之标语。倘问其人曰："君等愿独立乎？脱离中国为本心乎？"则其人者必将嗫嚅以答曰："愿在日军组织之下。"凡在公式机会上晤见之中国人，将一致的答覆曰:"愿脱离中国。"何则?苟一语违犯,灭家亡身之祸立至矣,乌能窥得真正之民意?今日本包办伪国,垄断政权,盐税关税,均已宣言独立;归并各路,接收邮电,举凡一切,均入其掌握。侵略事实,已大暴露。诸公出关之后,即见九一八事变真像[相]陈列于前。就有真实之情形,为研究之对象,于实行国联决议上,必有最大之补益。则东北三千万人民之所切望,而诸公将告使命之成功矣。超等率部对日作正当之防卫,军事紧急,未能祈谒诸公,详陈一是,谨电陈述我军自卫经过,兼致欢迎之意也。东铁护路军总司令丁超、吉林自卫军总司令李杜同叩。

(《益世报》,1932年4月22日,第一版)

154. 调查团定期赴长春,叛逆仍恫吓顾代表,北宁专车业已开回

【东京二十二日路透电】 长春来电称,满洲伪国已决意如顾维钧及其他中国代表出南满铁路区时,立即将彼等拘捕,并处以极刑,以侵害满洲主权、危害地方治安罪论。

【长春二十二日新联电】 国联调查团一行将于二十六日到长春。满洲伪政府对于顾维钧以下中国随员,设若踏入附属地外一步,则认为无视"满洲国"主权、有害治安,决与以逮捕,处以极刑。

【北平通讯】 北宁路为国联调查团特备之专车一列,自国联一部份代表乘坐至榆关后,因国联代表须换乘伪奉山路之所备车辆始能开行赴沈,故北宁路特备之专车开至榆关后,即行放空折回。现已开回天津车厂,所有随车服务人员并绥靖主任卫士等,于昨晨回抵北平。该车将备调查团返平时搭乘之用云。

(《益世报》,1932年4月23日,第一版)

155. 调查团今日访本庄，将质问日军撤退状况，伪府电令臧式毅晋见，驻威海卫英领充该团专门顾问

【沈阳二十三日电通社电】 国联调查团本日午刻赴日本总领事馆，访问代理总领事森岛氏，由森岛说明事变前后满洲之状况。该团并定于二十四日午后五时访问日本本庄司令官，关于日军撤退状况将有所质问云。

【沈阳二十三日电通社电】 伪奉天省署接伪满洲政府训令，国联调查团访问时由臧式毅接见，应说明"国家"之现状。再者对于无通告之来者无迎接之必要，顾维钧若迈进"新国家"行政区域一步，即行逮捕。伪政府态度异常强硬，故顾维钧若与李顿同行，则必与伪国家发生纠纷，则调查团能否完成工作，颇为疑问云。

【威海卫二十三日路透电】 英国驻威海卫总领事莫士氏，奉英使馆训令，已乘轮赴大连，参加国联调查团，充专门顾问。莫士兼任驻南京英领，去年十二月始调任威海卫，曾到锦州任视察员，一月中旬始抵此间视事云。

【东京二十三日新联电】 陆相本日午前九时回京，十时于官邸召集真崎、小矶、山冈等首脑者开会，关于抵满洲之国联调查委员一行与顾维钧问题，北满情势及其他问题，协议种种之对策。

(《益世报》，1932年4月24日，第二版)

156. 调查团浮槎琐记：由秦皇岛至大连，日侦探名为保护实监视，汉奸走狗亦集码头欢迎

【北平通讯】 国联调查团一行于二十日十时抵秦皇岛后，即分三路转赴东北。记者亦搭乘海圻舰，随李顿及我代表团转往大连，在大连耽搁一昼夜，于昨日（二十三日）返抵北平。沿途经过及大连，一般之触目伤情景况，实难尽述，兹特就记者目睹之实况，志之如后。

调查团一行原拟乘北宁路所备专车同行出关，作实地调查工作。嗣因日本严重拒绝，不得已始徇日方之要求，将行程分为三路：一路为美代表麦考易、

意代表阿尔特华梦蒂与秘书长哈斯,由山海关乘伪奉山路所备专车东去;一路为法代表克劳德、德代表希尼与日本代表团吉田林出及日本记者四人,分乘日本海军驱逐舰"朝颜""芙蓉"两号,由秦皇岛转赴大连;其次则为调查团委员长李顿、秘书吴秀峰、皮尔特及我国代表顾维钧、陈立廷等二十余人,乘我东北海军舰队之海圻巡洋舰,由秦皇岛转赴大连。其行程为遵海道者于二十日午由秦皇岛先行,美意代表在山海关等候,俟我海圻及日本之两驱逐舰到达大连后,即同时换乘日本南满路所备专车,分由大连、山海关两地齐向沈阳进发,以便同时到达。当二十日之上午九时四十分专车到秦皇岛后,遵海道者即下车,分登中日兵舰,我海圻舰于十时二十五分首先离港,日本之两驱逐舰亦相继开行。专车俟各舰离港后,即载美意代表赴山海关。李顿及顾维钧与我代表团离港时,均齐立舱面,举帽与欢送者致别。舟行稍远,李顿即登舱面之瞭望台,与顾维钧并坐,畅谈海上春光。斯时海圻舰长姜雨生与东北海军司令部派往招待之参谋鲍宜民等,率全体人员布置房间及准备午餐。该舰舰体极大,内有官佐、水兵、水手等五百余人,此外尚有房间三十五座,布置均极精美。调查团一行共三十四人,均有床位,计李顿住一号房,顾维钧住二号房。该两房间中,除钢床及办公桌外,尚有浴室一间及厕所等。船中士兵对一行人员均彬彬有礼,茶役之侍候尤为周到。一时许,舰长导各团员入餐厅午餐。该舰有餐厅二,李顿、顾维钧、皮尔特及顾之代表河赛等,由舰长陪至小餐厅,该厅布置尤为精致,其他各团员则入大餐厅,由参谋鲍宜民及舰副姜西园陪餐。餐罢,李顿登甲板散步,斯日天气清和,水波不兴,舟行极稳,李顿流连舱面至三时半始入室,忽觉身体不适,周身发热,因彼年近六旬,工作劳累,不堪舟车之颠波[簸]所致。当由我代表团随行大夫谢恩增诊体视温[诊视,体温]为三十□……□时并亲拟电报一件,致大连日本民政署长,交由海圻舰拍发。其大意谓途中微感不适,夜抵大连仍宿舰上,请勿烦招待,如有下舰必要时,请复电斟酌等语。下午七时过老铁山晚餐,李顿已在梦中,未起床。十一时进大连港,当停泊于第一码头岸上,由日本警察戒严,我海圻之水兵亦武装登舱同戒备。时日本关东军司令本庄繁及满铁总裁内田康哉之代表大连民政署长、日本记者数十人,事先均至码头欢迎。此外尚有类似走狗而身着大礼服之华商会会长、汉奸、流氓等十余人,均尾随登舰,要求李顿晤面。李顿因不适,业经就寝,遂由其舌人挡驾。斯时日记者十余人均佩白布臂章,上书新闻记者数字,在船之上下,有争照像片者,有围顾维钧谈话者,一时镁光闪闪,人声嘈杂,秩序大乱。李顿之秘书及舰长姜雨生因李氏不适,再三交涉,始各散去。当夜除我代表团中之陈立廷、严恩棜及调查团秘书吴秀峰、皮尔特下榻大和旅馆外,均住舰上。次晨(二十一日)七时记者与代表团数人登岸游览,甫下舰,我东北之同胞数十人一拥而来,将记者等包围,殷殷探询调查团是否能主张公道,东三省能否要回来,大连是不是也能一并归还中国,并缕缕陈述我东北民众所受之痛苦。另有一人并小声说道:"你们耽心点,他们天天宣传说要杀顾维钧呢。"记者等视其形状,殊深可怜,遂将调查团之任务及我政府决心收复失地之主张,一一为之说明。而该民众等犹依依不忍记者等之即去,出码头不散伍。忽有着西装之日人一名上前,问余等何往,当告以随便游览,而该日人复谓:"此地距热闹街市甚远,你们尤恐不识路程,请你们雇辆汽车,我随你们去做向导,不然我给领路走也可。"余等察其意,系拟随同监视,不便与之争辩,遂雇车由彼指导而行。经过山县通至浪速町一带绕行一周,该日人向余等谈称大连各大街市之名称,均取名于日俄战阵亡日军官佐之名而名之,如山县通即系日俄战阵亡上将参谋长之名,其他各街亦均如此。该日人复指示谓此为日本民政署,即所谓警察署,此为英领馆,此为美领馆,此为中国银行,此为交通银行。余等复问其何处卖报,彼遂导余等至满洲报馆。甫下车,该日人谓此乃中国报。余问其既是中国报,因何取名满洲。彼谓"这是他们自己的意思"。进门后见柜台中均为日人,余复问其既是中国报,因何工作者均系日人。彼答称"这都是雇佣者"。余等置之一笑,遂购报数份返舰。当日满洲报用大字载称,满洲伪国拟以武力拒绝顾维钧入境,至必要时或将顾扣留于普南店(普南店在南满线大连北五站)。有以该报示顾者,顾置之毫未介意。九时许,日代表吉田导克劳德、希尼至海圻舰,访李顿与顾维钧晤谈。此时李顿□起床,病势稍愈,略进牛奶,谈少顷,吉田等即去(吉田等所乘之日驱逐舰系于海圻舰之前三小时到大连,各代表均住于大和旅馆)。十一时南满路专车已备妥,即由脚行将一行人员之行李运往车站。十一时二十分李顿与顾维钧出船舱,海圻舰长并以鲜花一束赠李顿。时日记者十余人群集摄影,李顿一手执花,一手执杖与伞,与顾维钧并坐谈话。十二时半,吉田与德法代表均已到站。李顿闻讯,始与顾维钧及我代表团等相继下舰,乘日警署所备之汽车四辆赴车站,搭南满车北上。调查团离舰后,码头解严。一般民众均齐集海圻舰旁,探寻消息。记者因急于返平,未暇探及详情,即乘乾利舰西归矣。

(《益世报》,1932年4月24日,第三版)

157. 调查团对伪国持冷静态度，李顿对恫顾事极愤慨，伪府又致国联一照会

【沈阳二十三日电】 国联调查团对满洲伪政府仍持冷静态度，惟对伪政府受某方指使，于顾维钧离满铁附属地时即予逮捕监禁事，李顿氏表示异常忿慨，伪政府若逮捕顾维钧，调查团即退出东北。闻顾氏现尚困居于旅社内，问题恐愈难解决云。

【长春二十三日路透电】 "满洲团[国]"曾致一照会于国联及英美政府，关于顾维钧问题，即现时在满洲之调查团，未曾通知该伪政府之事云。

（《益世报》，1932年4月25日，第一版）

158. 调查团今后行程

【大连二十四日下午七时十分专电】 国联调查团一行抵沈后，预定行程如下：二十一日晚抵沈，停留四天；廿五日下午离沈经长春赴吉林；廿六日抵吉，稍留，即于当日午后离吉，折赴长春，停留二日；二十八日晚离长春赴哈；二十九日晨抵哈，约留五日；定五月四日离哈，经中东路赴齐齐哈尔，停留二日；六日离齐齐哈尔，经洮昂、四洮、南满各路回沈；七日抵沈，拟留六天，即赴抚顺，视察煤矿；十三离沈赴大连，中途拟在鞍山下车视察铁矿；抵连后再留五日，即回平津。

（《益世报》，1932年4月25日，第二版）

159. 东北民众代表秘呈调查团：暴日蛮横目无天下，友邦侨民无敢直言

【北平通讯】 某机关昨接沈阳来函报告，东北国民代表吴家兴等在沈秘

密呈递邀请公正书于国联调查团,请求主持公道,原函如次:"具邀请公正书人吴家兴等,曾受我东北民众之委托,出任代表,请贵团来辽调查。今日本之蛮横,目无天下,志吞五洲,不独我东北官民处于强权之下,不敢违命,即各友邦驻辽之领事,亦不敢与彼犯颜。不然自九一八事变以至于今日,其间经过,日本如何无故出兵,如何任意杀人,如何树立伪政府,种种行为,历历在目,假使各友邦驻辽之领事侨民,不畏暴日,直言报告作证,则国联之评判早决,何必又劳贵团跋涉风尘,辛苦调查哉?以此而言,贵团调查我东北官民,则我东北官民决无有敢以直言应对者,贵团调查各友邦驻辽领事侨民,则各友邦驻辽领事侨民,亦决无敢以直言作证者。且彼日本营蝇苟狗[蝇营狗苟],不如盗贼,国联来则潜影敛迹,国联去则纵意肆行。例如贵团此次来辽之前(即本月十五日),日本口谕各机关所驻之日人管理员均归日站,城内所驻日本军旅与警察派出所亦迁日站。余如奉天名称仍易辽宁,奉天省令警察所着盖印日本宪兵队印之臂章全数缴回,兵工各厂内容完全损坏,现在假装封锁,以免调查。至于日本建设满洲伪国,胁迫溥仪执政,成全无知党徒,高唱'满洲'独立各情形,无须我东北民众辩白。须知我东北军之取无敌【对】主义,撤退关内,确为遵守国联公约,因遵公约,始有今日。然而国联如以今日伪满洲国有存在之必要,则我东北存亡与否,固不足论,惟为国联前途计,诚有不可言者。是否有当,尚祈鉴核,实为公便。此致国联调查团公鉴。东北国民代表吴家兴、李子珍、刘梦卿、李兆奎、陈希博等谨书。四月十七日。"

(《益世报》,1932年4月26日,第一版)

160. 李顿一再质询本庄,顾代表行止尚未定,戈公振一度被捕旋释放,伪府声明不保护调查团

【北平通讯】 参与国联调查团之中国代表在平办事处,自顾维钧等赴沈后,所有该处事务现由秘书长王广圻[圻]负责处理。该处昨晚曾接顾维钧来电,报告抵沈后之行程,并谓"本人现尚住大和旅馆,是否将同调查团前赴吉哈,尚未决定"云。

【上海二十五日下午七时十分本报专电】 国联调查团中国代表团员戈公

振在沈被捕,沪日方已接沈电,证实。

【沈阳二十五日路透电】 敬(二十四)日,中国代表团团员某君无意间离南满铁路区,入满洲境,被满洲当局拘捕,但随即释放云。又长春电,因国联调查团事先未正式通知满洲当局,决以寻常旅行者待遇之,并表示如调查团去东三省各地,遇有意外时,满洲当局不能负责云。

李顿迭访本庄

【沈阳二十四日新联电】 国联调查委员今早十时,赴日军司令部正式访问本庄司令官。出席者国联调查委员方面为李顿爵士、克洛特尔将军、希尼博士、马列斯柯地博士、马考依将军及黑亚利书记长,日本方面为本庄司令官、桥本参谋长及吉田大使等有关系者。本日之会见系质问目下之军事情况,皆由李顿爵士质问,本庄司令官对此以所有之资料为基础,恳切与以说明。约会谈二小时半,至零时二十五分始行辞去。

【沈阳二十四日新联电】 调查委员定二十五日午前十时与本庄司令官作第二回之会见,对事变以来之经过状况,详细的听取说明。又调查团将较预定之日期迟延二三日,始行离沈北上。

【沈阳二十三日电】 国联调查团委员长李顿爵士等,于本日午后二时赴日本总领事馆内访问日本代理总领事森岛,约谈三小时,关于东北事变详加询问。日本总领事代表森岛曾发表谈话如次:"今日会见内容暂不能发表,因与调查员约定,故不便谈及。惟内容不外调查员对联盟报告事项,以前曾自中国方面有所听取,此次系与日本方面会见,将依此完成第一次调查报告"云。

行动当能自由

【上海二十五日下午七时十分本报专电】 外部顾问美人路义思博士,此次任国联调查团中国代表团顾问,随调查团北上。该团出关,路氏未偕往,敬(廿四)日由平抵沪。记者有(廿五)日晤路氏于外部办事处,路氏谈称:"调查团在平,虽蒙平市各界热烈招待,但为注意调查,仅赴宴会、茶会各一次,余均婉谢。对于各界所递说帖报告等,均译成英法文,悉心研究,不独注意政府官员之陈述,即平民之声诉,亦乐予接受。至满洲伪国拒顾入满,绝对无法律根据,因该伪国未经各国承认,拒顾之举,殊堪诧异。调查团出关时亦未通知伪国,自不能与之发生任何关系。调查团拟在东北勾留若干日,现尚不能预定。

东北自被日本占据后,地方治安情形太坏。闻本年三月份发生匪案达四百余件,上年同月仅有四十余件,可为明证。调查团对于此等实在情形,亦须详细调查。调查团预定于九月一日以前,作成报告书,将来或以青岛为撰制报告之地。近传调查团在沈已失自由,但调查团在平时,日方再三声明,予该团以种种便利,俾完成其任务。余意调查团在东北,当能行动自由,不致受牵制"云云。

(《益世报》,1932年4月26日,第二版)

161. 调查团积极工作中,李顿昨又与本庄谈三小时

【东京二十五日路透电】 据报载长春电,国联调查团刻将该团入满洲事正式通告满洲伪政府。此项通告,咸认为有重大意义。

【长春二十五日新联电】 "满洲国外交部"公布本日国联调查委员长李顿爵士致谢介石之"满洲国"入"国"之正式通告电报,其公布之内容如下:"谢介石系本日午后一时,接到沈阳李顿爵士之电报云:'当抵奉天,接到尊电,所用之言辞,余谨代表国联调查团,对于阁下之给与我等调查团之行动及完成使命上以最善之便宜事,确言为信赖我等者也。'"

【沈阳二十五日新联电】 国联调查员方面对于北大营、柳条沟等之现地调查,若时日有余,极欲前往,但彼时决定不与顾维钧同伴。

【沈阳二十五日新联电】 国联调查委员本日午前十时,于日军司令部司令官室,与本庄关东军司令官第二次会见,由李顿爵士质问事件发生当时之经纬及战斗行为等项。日本方面提示所有之证据物,加以详细说明。质问至微细之点,会谈至二小时四十分之久,午后零时四十分始散会。

到沈后情形

【北平通讯】 沈阳来人谈,国联调查团一行于二十一日晚八时,分海陆两组先后抵沈,下榻大和旅馆,其详况如次:

车站之警备

伪国与日方知调查团于二十一晚到沈,故命军警全体出动。日本更增派

军队一中队，担任车站及附近临时警备，气象森严，如临大敌。到站欢迎者，有各国领事与各国侨民代表、日本军部代表及日领森岛等，伪国方面则有沈阳伪市长阎传绂以及农商工学各团体代表共百余人。八时十分美团员麦考易、意团员马考蒂偕秘书长哈斯等，乘伪奉山路车抵站。八时二十分，委员长李顿爵士、法团员克劳德尔、德团员希尼与中国代表顾维钧、日本代表吉田及随员等，乘南满车到达。当同行出站，分乘汽车赴大和旅馆休息。站上及附近各处，直至晚十时后始解严，恢复通交。

抵沈后行止

调查团一行抵沈后，当日因时间过晚，均就寝休息，并拒绝接见新闻记者。翌晨（二十二），李顿因舟车劳顿，稍感不适，仍未接见各界人士，只在午间往访英国驻沈领事一次。其余各委亦外出拜访或游览，但均未作正式调查工作。调查团在沈预定之程序，大致如下：廿三日各国侨民代表欢宴；廿五日各国领事宴请；二十六日伪市长拟设宴欢迎，该团因不受伪国招待，已谢绝；二十七日日关东军司令部宴请。该团并随时视察日本所谓炸车处、北大营、兵工厂、张副司令私邸、东北大学等处。此外除个人接见，尚拟秘密调查工作。

顾代表声明

我国代表顾维钧抵沈，即声明以前活动均按调查团所规定，个人无何意见可表示等语。故到沈后，迄未作一字一言之表示，廿二日亦未外出，新闻记者往访，均派秘书代见。伪国及日本方面，均急切欲知顾氏之表示及行动，迄今未得要领，颇为懊丧。但伪国最近又声明，顾氏如赴北满，即加以断然之拘捕，盖仍不脱恐吓性质也。

日方监视严

日方以调查团来沈，当令伪国加派便衣侦探监视。沈阳各警察分局均抽派百名警察为便衣侦探，总数共达一千三百人之多。此外日方除派军警以外，更派高等刑事四十名、便衣探二百名监视调查员及随员行动，并严重监视当地人士与调查团之接触。又日人为向调查团证明不能撤兵计，密派朝鲜浪人六百名，着中国服装，充作土匪，预定日内暴动，而得造做东北匪患未清之口实云云。

日方之布置

【北平通讯】 沈阳来客谈，调查团抵沈前之沈阳情况如下：（一）伪国拒顾之真况。伪国现时所处之地位实不如傀儡，故此次拒顾，实纯为日人一手行之，伪国多不得而知。况谢介石为台湾人，日人之技俩更可明白。拒顾之原因虽多，总之不过藉此试探国联调查团对伪国之态度耳。况顾在东北甚久，东北情形亦极为熟悉，与张汉卿主任又有特殊关系，故拒顾之事，实在意中。但东北人则甚愿顾往东北。（二）欢迎专车。伪国令伪奉山路赶备专车一列，开往锦州车站，欢迎国联调查团。该列车系由南满借用，随车迎接者，计有郑垂（郑孝胥之侄），沈阳警察局派督察长郑子东偕带督察员四人及警察等照料。（三）沈阳戒备。调查团到沈前，沈阳已于十五日起即颁特别戒严令，不但随时检查行人，即各处住所，不分昼夜，随时加以检查，故人心更形恐慌。（四）侦骑四布。日军部及宪兵队为防反日起见，特命警察保安局，在此期间，各分局均得抽一百人，为便衣侦探。此外更调日警二百人住在城内，命日本、朝鲜及中国汉奸之侦探等，加紧工作，对于西人及接近西人之中人，予以严重监视。各领馆附近，亦布满侦探。此外更由旅顺调日军来此增防，其数约一师团。（五）爱国运动。虽日方万分布置，但爱国份子依然照常活动及工作，并有惊人之活动。此种精神及工作之机警，甚可钦佩。（六）省府主席。伪省府主席臧式毅，自恢复任职后即被日人监视。除公馆常驻之日本宪兵二人外，尚有日人桉山协川，坐卧不离左右，故主席实不如聋瞽之人。对于调查团来东北事，而臧氏事前丝毫不知，只知按日人预定之方案进行而已。（七）学校方面。教育厅韩厅长已奉日顾问之命，于调查团抵沈时，如在白日，各学校即应派学生二百人，手持小旗（市政公所代备）在大和旅馆前集合。或时在晚间，每校可去学生六十人，女生免去，但须有女生六人，手持鲜花，以备向国联调查团行献花礼（并指定女师附小三人、第三女小三人），不得有误。各校教职员亦得派六人至九人，前往欢迎。（八）法团方面。甲、农会。该会于数日前收到日军部发给日金三千元，名为开办费，实为该会欢迎调查团费用，命该会雇农夫三百至一千人。如不足数时，可由该会会长吴景山会同警察，赴四乡抓人。乙、商工会。商会已通知各商号欢迎调查团，通知原文如下。"奉天市商会为传知事：国联调查团即到奉，本会奉命筹备欢迎。业经召开会董团及各区商董联席会议，规定各区应出人数，商号每家由一人至五人。城内东部二百五十人，城内西部二百五十人,南关三百人,西关四百人,东关三百人,北关三百人,南市场二百人,北市场三百人,工业区二百人。届时由本区各商董召集代[带]领出发,合即通传各商号。大同元年四月十九日。"丙、教育会。该会尚未奉到明文,故刻下尚无若何准备。(九)一般商民对于调查团皆有极大之奢望,因日本之重重压迫,不敢明言,近日大有偶语弃市之概。(十)各处抓人。日本积极调查与调查团有关系者,即予以逮捕。近日已有此事发生数起,如邮政总局之张某,十九日早前法库县长李泽如,不知何故被日宪兵捕去,至今并无音信。据日站人云,近日时有中人死尸,被火焚炼云云。

(《益世报》,1932年4月27日,第一版)

162. 调查团将离沈北行,李顿拒接见伪民众代表,义勇军曾一度两路攻沈

【哈尔滨二十七日下午六时十分本报专电】 国联调查团中国团员戈公振,敬(二十四日)晚在沈商埠地散步,为某方授意警察逮捕,后经调查团交涉释回。中国团员因此均居旅舍内,不敢外出。伪国以调查团不与直接接洽,如果北来时,不加保护,以旅行团视之。沈鲜人及新农商团体代表见调查团时,李顿均派代表接见,未亲出面谈。伪国取消一切招待调查团仪式,并拟于该团到长时,上下人员均不到站欢迎。

【秦皇岛二十七日下午八时电】 沈讯。调查团即将离沈阳北上,日程尚未定。二十五日晚九时,义勇军千余人分两路袭沈阳。一路包围小西便门,距伪奉山路总站仅十余里;一路绕袭老道口拟拆毁南满路轨,为日军察觉,双方发生冲突,一时炮火甚烈。守望台日军,以小钢炮轰击,义勇军为避免损失,即行退却。此役闻日军死伤二十余名,附近民房毁于炮火者甚多云。

【沈阳二十六日电通社电】 国联调查团自昨夜十一时至今晨二时,在大和旅馆内举行委员会,关于五月一日必须提出第一次调查报告书,有所协议。尚有李顿爵士通告伪外交总长谢介石,关于顾维钧问题亦有所讨论。闻伪总长谢介石,对于顾维钧仍采逮捕手段云。

【沈阳二十七日路透电】 国联调查团主席李顿爵士病已痊愈,调查团各

代表今日再晤日本关东军司令本庄，有所商谈。此行日程仍未定。又长春电，满洲伪外长谢介石电告李顿爵士，表示满洲欢迎调查团去长春，并可予以种种方便云。

【沈阳二十六日电通社电】 国联调查团于今晨十时赴日军司令部，与本庄司令官作第三次会见，关于事变当时东北状况有所询问，依此完成第一次调查。本庄司令官于今朝九时赴大和旅馆访问调查团，作为正式答礼云。

【东京二十六日电通社电】 日本政府自午前十时半举行定例阁议，犬养总理以下各阁僚均出席。关于临时议会召集书奏请副署后，即由芳泽外相报告李顿爵士与伪满洲国最近情报，次由陆相报告东北北部情形云。

（《益世报》，1932年4月28日，第二版）

163. 调查团编制初步报告书，仅限于日军撤入附属地问题

【东京二十八日路透电】 沈阳来电称，国联调查团已着手起草初步报告书，于五月一日前交国联。据云，初步报告书专包括日军撤入南满铁路区问题。

【沈阳二十七日电通社电】 日本本庄司令官，于午后二时在军司令部内，对国联调查团提出当时事变之证物，由满铁技术员加以专门的说明后，由联盟调查团铁道顾问哈穆实行检查。次由攻击北大营之日军部队平田联团长及岛本大队长，对于事变后城内设施加以说明。调查团遂即辞别云。

（《益世报》，1932年4月29日，第一版）

164. 调查团定明日离沈，各委员及我国代表被监视

【南京三十日下午七时十分本报专电】 据沈阳来客谈，日方对于参加国联调查团之中国代表团在沈之动作，百计阻碍，使之不得自由。代表团住所当地侦探密布，状极离奇。顾代表住房外，常有六七人轮值，虽至饭厅或至他室，亦必尾随，出门散步，更不必说。职员诸人亦受严重监视，卧房时被侵入，彼此

谈话有时且被干涉。来访之人多被阻止，且有因此被逮者。某晚该代表团速记员某君饭后遄返住室，见有一日人已在房内，立奔门外，乃门外亦有数人站立。该速记员大声呼喊，某委员到场，该日人等始皆逸去。推其用意，或系意图劫取重要文件。现调查团各委员亦未能避免监视，此与国联决议案所云双方政府应予各种便利之语，完全相反云。

【沈阳二十九日电通社电】 国联调查团定于五月二日自此地出发，视察公主岭后，赴长春勾留三日，拟与伪执政溥仪会晤，五日晨即往吉林，六日赴哈尔滨云。

【沈阳三十日新联电】 国联调查委员与本庄司令官，于本日午前十时会谈，至午后零时十五分。此次之会谈，系对于奉天省之施政、旧军阀之私有财产及银行会社之处理问题，以北平方面所得之材料为基础，提出质问。日军司令部对此一一与以明了之回答。

(《益世报》，1932年5月1日，第二版)

165. 虹口炸弹案震动世界，日内瓦、伦敦均抱不安，众料恐怖愤懑之怒潮已向日本袭来，各国纷纷慰问，谅不致影响中日现状，调查团闻讯惊骇，警戒异常严重

【日内瓦二十九日合众社电】 昨日上海之炸弹消息今日传到日内瓦后，致国联方面大为震惊。中国出席国联之首席代表颜惠庆博士声称，上海虹口花园之惨剧，实为一极不幸事件。颜氏复谓，此事之发生更足证明，一国以武力占领另一个国之领土，不能永远保持。国联十九人委员会今日匆促开会，通过一决议，慰问昨日在上海被炸受伤之日使重光、驻沪日总领村井及植田、白川。日内瓦日本代表团一舌人已宣告，重光之创伤至少非一月之后不能痊愈。全欧洲之报纸，对上海炸弹事件均大登特登。各报并郑重刊载，抛弹者系一名朝鲜人。国联理事以及各代表深恐虹口之炸弹事件，将使上海中日停战会议延期，同时将影响已定星期六晨召集之国联大会，许多国际政治家对上海炸弹案之罹难者，均表示同情云。

【日内瓦二十九日路透电】 上海虹口所发生之炸弹案，已引起此间各方

面不愉快之印象，但尚不致影响会务之进行。明日国联会议席上举行总讨论时，或须偶然提及此事，亦未可知。对于此事，两方面必努力反驳由该案发生之宣传。中日两方面业已试行利用虹口偶发事件，各自引为口实。据日方非正式发言人，引该事件为上海形势依然不稳之左证，并断言反日恶感极高，而华方正在详述日本军队之挑衅行为云。

【伦敦四月二十九日路透电】 英国政界与中日两方面一经闻得虹口炸弹案之消息，均大为震动。施肇基氏经路透社传来此项消息后，当即取阅该电文，亦表示惊愕并深致遗憾。日本人士对于此项怯懦的犯罪，颇为惊惧。英国官场颇抱不安，实因正在中日停战及日本撤兵谈判显然达于有望之程度时，而竟发生此事，恐将增加中日间之困难。众料因恐怖愤懑怒潮向日本袭来，并将上海回复繁荣早日实现之机会耽误，故日本之态度或变强硬，亦未可知云。

【上海二十九日路透电】 因虹口花园之事件，远东空气顿趋紧张。此种情形，与一九一四年七月二十八日奥太子菲地南在沙拉兼阜（赛比亚境内）被刺后之欧洲紧张情形相似。例如本社驻南京记者将此惨案之消息告知政府方面时，彼等以为尚与三月初旬白川、植田阵亡之谣传相同，表示怀疑。迄南京接到续报时，虽人人均表示惊讶，然不过疑信参半云。

【沈阳卅日电通社电】 国联调查团接到上海不幸事件之消息后，非常惊讶忧虑，因此问题导致上海事变之解决发生障碍，则非常困难。又中国代表顾维钧于昨日午后四时，已向日方代表□……□述其慰问之辞。再者，因顾维钧事件所蒙之刺激，调查团身边警戒尽常严重云。

【伦敦三十日路透电】《伦敦电讯报》论上海惨案云，除一九一四年奥太子菲地南德在赛比亚沙拉坚阜被刺事件外，目前政治暴行之惨，无有甚于此者。并希望各方当局极力避免使此次个人之犯罪行为，影响过去二月中未竟之调解及促进和平之艰难工作云。

(《益世报》，1932年5月1日，第二版)

166. 调查团昨晚赴长春，顾代表电报均被日方扣留

【东京一日电】 长春来电称，国联调查团准明晚抵长春。

【哈尔滨一日下午六时十分本报专电】 国联调查团东（一日）晚自辽启

程,到长留二日,江(三日)晚去吉,微(五日)晚来哈。伪国方面委伪哈市长设招待所,各机关欢迎人员限定数目,并由该所发给徽章。

【北平通信】 日人对顾维钧及中国代表团人员监视甚严,顾之电报,除平安电外,多被检扣。一、二日,平方未接得顾氏来电云。

【秦皇岛一日下午八时电】 国联调查团在沈有接见臧式毅说,日人山谷所长之警厅,以东北人民代表之名义,以书面向调查团声叙希望,要求各国援助伪国。

(《益世报》,1932年5月2日,第二版)

167. 外交部顾问路意思返沪谈话,谓调查团对华态度甚公平

【上海通讯】 外交部顾问美人路义思,前奉外交部命令,任国联调查团中国代表处顾问,最近调查团业经出关赴东北实地调查,路氏因事返沪。昨日上午十一时,路氏赴外部驻沪办事处,访邓中莹秘书,国闻社记者亦适在座,由邓君之介绍,与记者作下列之谈话。

记者问:"先生何日返沪?"博士答:"昨日乘轮由平返沪。"问:"返沪有否任务?"答:"并无特别任务,本人但愿协助中国。"问:"先生对国联调查团感想如何?"答:"余在平时,目睹调查团态度非常公平,对于中国人民所贴之欢迎公正标语十分满意。言论方面,不特官场,虽平民亦极注意。在平除赴大宴会及茶会各一次外,余均谢拒。各界所送之说贴[帖],均译成英法文,以便各团员传阅,并作成与各方所谈言论之记录。该团各国代表皆带有政治法律顾问,凡有研究之点,均以历史条约为根据,作长时间之讨论"云。问:"满洲伪国拒绝顾维钧氏出关,对法律上之关系如何?"答:"伪国拒绝顾代表,毫无法律之可言。满洲伪国现在各国均未承认。最令人不解者,即日本代表在华时,曾受中国各方优待,而伪国拒顾,实为万分惊异之事。"问:"国联调查团对伪国将是否发生关系?"答:"调查团出关时,并未通知伪国。"问:"国联调查团在东北,约有几时之勾留? 其任务何日可了?"答:"日军自侵入东三省,各处交通均被破坏,致该团行旌颇感不便,勾留几天,该团目下尚未决定。大约在九月一日以前须完成报告书,事前觅一清静地方拟撰报告书,闻颇有意于青岛。"问:"国联调查团在东北已失自由,该团在平时是否拟有应付办法?"答:"该团在平时,日方代表曾

再三声明,予该团□种种便利,并完成任务,中国方面当亦希望如此。余意该团旅沈,当能□……□发生抢劫案四百余次,而去年同月则仅四十余次。"博士又云:"有人谈国联调查团所乘花车化①费太巨,余知并不化巨额款项,实则此项花车,实为旧身。"按博士现年六十一岁,三四十年前即来华,旋又返美。至一九二九年再来中国后,即分赴山西、河南、江西及东三省等处考察政治,后又赴埃及与毗连俄国各国研究政治法律。旋应出席国联大会之吴凯声氏之召,往日内瓦协助吴氏。后接南京外交部电令,返华任顾问之职。时适日军进攻沈阳,奉命前往调查,将调查所得报告外部,转电国联大会。博士曾赴锦州调查,当时日机正在轰炸锦城,此时博士亦在车上,旋即返京。而一·二八惨案发生,又参与吴铁城市长关于上海事件机宜。最近国联调查团来华,任中国代表处顾问。

(《益世报》,1932年5月2日,第三版)

168. 顾代表偕调查团北上,昨晚到长,稍留赴哈,调查团初步报告书已到日内瓦,陈述东北事变原因及日军近状,我国代表处一部随员返京

【哈尔滨二日下午七时十分本报专电】 国联调查团冬(二日)抵长春,决鱼(六日)晨抵哈。

【长春二日路透电】 伪国外交部长谢介石本日接到报告,正式宣称国联调查团李敦爵士一行,于五月二日晚抵长春云。

【大连一日电】 国联调查团我国代表随员三名,受顾代表之命令,向中央政府有所报告,并协议今后态度,已于本日午后一时,乘天潮丸赴津转京云。

【沈阳一日路透电】 调查团今日离沈赴长春,在该处停留二日,顾维钧博士亦偕行。调查团拟在吉林勾留一日,哈尔滨七日,齐齐哈尔一日。顾氏主张赴大黑河,但调查团对此尚未决定。此后该团即返沈阳,赴大连勾留二日,再赴北平,研究在满洲所搜集之材料后,即赴日本,然后再返北平,准备提交国联

---

① 编者按:"化"旧同"花"。

之报告。调查团中之华代表有六人赴长春,其他返大连云。

【日内瓦一日新联电】 李顿爵士之中间报告,三十晚已到国联事务局,将于三日左右发表。该项报告完全以客观的立场陈述,仅对于满洲之日本军之驻扎状态与以简单的报告,毫未加入委员方面之意见。事务局亦颇为乐观。

【沈阳一日电】 国联调查团已发出第一次报告书,今明日即可到日内瓦,不日即可发表。其内容系自中国方面听得者及与本庄军司令官第四次会见,网罗其详细始末,作为蓝本,不外述明东北事变之直接原因及变后日军之行动状况云。

【沈阳一日电通社电】 联盟调查团满洲事变的军事调查,已告一段落。于本日上午十时与本庄作最后的会见,午后休息,明日(今日)出发北上。再者关于满洲条约上之调查及铁道问题,俟视察哈尔滨及齐齐哈尔后,即在沈日总领事馆内搜集材料进行调查云。

【沈阳一日新联电】 本日午后六时,李顿爵士会见新闻记者。调查团抵沈以来,此次乃首次接见新闻界,约谈话四十分钟之久。彼答覆记者之质问如下:"我等单携追求和平之使命而来此。对于日本有退出国联之传说,余个人之意见,日本若退出国联,并非可得多大之利益。我等调查团一行之任务,对于日本有用与否之判断,请俟诸我等之任务告完后。解决中日纷争种种之道,依调查而发见①之事,乃我等之使命也。"

(《益世报》,1932 年 5 月 3 日,第二版)

169. 东行杂记——一个随调查团出关的记者报告由北平到沈阳的经过

今晚(二十日)我们到了大连,这是我们走入日本势力圈的第一步,各人的心坎中都充着一种不可思议而莫名其妙的感想。回忆昨夜我们离开北平的时候,我们的老友很忠实地诚恳地告诉我说:"别说这一次的走入东北一点儿危险也没有,他们是为所欲为的。唯一的安全方法,便是你们的足迹一踏入东北

---

① 编者按:今作"发现"。

境,就要谨谨慎慎的不必有所活动。出大门的时候,是要刻刻和调查团的外国人混在一起,万一不测,他们便是强有力的证人。"在皎洁的月光之下,在一切欢迎人等杂沓大家走入海圻的当儿,我不禁将我老友离别的谈话,一句一句的重新回忆起来。

我们于十九日晚十时半,乘着专车,和李顿爵士等一行人离开北平。启行前十余分钟,路局得到报告,谓秦皇岛附近破获了一种便衣队,他□藏有炸弹和手枪,想在北宁路线中,等着国联调查团所过的地方,加以残酷的破坏。□□我们发觉了之后,立觉冒险夜行,责任重大,想展迟至二十日晨间开驶。但当时有勇气有毅力的李顿爵士却悍然不顾,他斩钉截铁似的对着顾代表说:"我们一切都预备好了,我们业已上车了,让我们走上我们应走的道路吧。"为了他的这种令人起敬的决心,专车便按照着规定的行程,不顾一切的向着前方迅疾的驶行了。

我们静悄悄地于半夜一时到了天津。那时我们都已熟睡,虽有欢送人员,却很相识[识相]地未曾大吹大擂来惊醒我们。早上一刻醒来,盥洗既毕,匆匆早餐之后,听见路局的人说,我们快将到秦皇岛了。果然专车似开足了他的速率,拼命前进。十时左右,我们便到了秦皇岛。我们本可由山海关入沈,但卒因阻挠横生,未能达到目的。最后经过了数度无效的交涉,大家都不得不在秦皇岛下车,转由海道赴大连。

秦皇岛的天气,似比北平凉爽的多。我们到了,都携杖相继下车,非常高兴的看见了我们的海圻军舰,十分神气的停泊岸旁。它虽然年纪有些大了,精神却似和李顿爵士有同样的充足。它的后尾装有八吋口径的大炮,两旁装着不少口径较小的炮和高射炮。虽然不能和他国最大军舰相比,但是靠着它,我们便可不坐着对方的军舰,心中不致十分□颜、局促不安了。

当时日本方面有第十六号□驱逐舰停在海圻的前面。一小时后,我们一行人分着三处向东北进发:李顿爵士和顾代表等是乘着海圻;克劳台尔将军、希尼博士和日代表吉田是乘着日本驱逐舰;美国麦考益将军和意国马柯迪爵士,仍乘着专车遵陆出关。假使我们的专车不准出关,他们二人便换乘对方所预备的车辆赴沈阳。他们这样的走法,麦将军曾告诉我说,因为他们希望多看见些关外的风景和状况,所以才是这样的。

十一时,海圻便鼓轮驶行。李顿爵士在舰面浏览风景,精神似很愉快。但究竟他的春秋高了,加以一月以来的酬酢、演说和旅行,所以身体颇感着疲乏。

下午听见谢医生说,他已是感冒着风寒,有些发热。入晚他老未进晚餐,各人都很为他担忧,不过据他的秘书说,他老的病是没有大碍的。七时后,一轮皓月慢慢儿从海面上升起来。它好像是一面悬于天空的明镜,各人看见它,便不由不各各引起了思家的悠思。咳!"千里共明月,低首思故乡"①,我们到了此时,和古人不禁发生同样的感想。因为对方的驱逐舰吨位比海圻为小,所以行驶的速率比海圻为大,听说他们于八时左右到达大连,而我们于十时半左右也到了目的地。

聚集的时候,大家呜咽地谈着中国的海军。既然感受着目前痛苦深刻的压迫和刺激,我们很诚恳地希望政府努力地省却一切□……□械的补充。我们所需要的是大批的潜水艇、战斗机和大炮,是要用强有力的武力来保护和平,不愿用乞怜哀告式的外交来呼吁和平。愿在我们的本身,不久目睹我们的陆海空军为着正义和真理有所努力,也愿自己肩荷着维持和平的使命,而不愿将这重大的责任传之子孙。咳!触类而思,我们在海圻舰中吃饭的时候,不能不有这种的感想呀!

前途如何,还是渺渺茫茫的在乌有之乡。关于调查团的一切行动地点,听说大家到了沈阳后方可决定。十时半,海圻军舰才到大连旁岸,欢迎人员和新闻记者照例的大家一同上舰,向李顿爵士问候。当时因为李顿爵士的体气还没有恢复原状,不能登岸,所以我们和顾代表大家在舰上住宿一夜,将乘着上午(二十一日)十一时的专车,由大连直赴沈阳。

二十一日,因为彼此多以为我们将于九时乘车赴沈阳,大家都从东方初白时起来。早餐之后,才知专车定午时十二点由大连开赴沈阳。时间既很充裕,我们便上岸至各地散步,并购买当地报纸,研究各项纪载的消息。最令人注意的,就是各报不约而同的载着"对顾维钧自大连上陆以后之行动,'满洲政府'必加以严重之监视。若始终与李顿爵士一行共同行动,则于普兰店则峻拒顾氏入关,或相机加以逮捕与监禁"。故其□行,颇甚注目,据一般□测,顾氏恐不能自大连北上云。

当时大家看着这种消息,明知系一种恫吓,却不能不替顾氏寒心。但顾氏始终抱毅然不顾的态度,于十一时半偕同李顿爵士从容出舱,十二时乘着汽车赴南满路大连车站,启程赴沈。他明知前途未尝没有潜伏的危险,不过既然受

---

① 编者按:原文如此。

命加入调查团,命运如何,只好置之度外。其他各代表处全体人员,也都笑容可掬,慷慨就道,没有一些畏缩的表示。那天的专车共有十一辆,第五、第六两辆为餐车,李顿爵士和克劳台尔将军、希尼博士等乘第十辆,日代表吉田及随员等乘坐第九、第八两辆,中代表顾维钧及随员等乘第七辆,日本记者团乘第四辆,其余则为铁路职员办公之用。我们所处的地位适在中间,大家都说假使途中如有不测,我们一行二十人便大家同归于尽,倒也十分快乐。一二小时我们驶到了大连北境的普兰店,就是载着满洲当局要逮捕顾代表的地方。当时我们很平安地沉静地过去,丝毫没有如晨间报纸所预测的危险。

过了大连境,便驶入"满洲国"(?)[1]的境地。各站都有人,持着右上角红、蓝、白、黑四色横条而黄地的新旗帜,向着专车乱挥,表示欢迎。车站上也都贴有"合作使'满洲国'成为东方的日内瓦""看看东方的征兆""光明从东方来,和平从日内瓦来"等英文标语。调查团中见着这种和往昔口味大不相同的招贴,每一停车,大家争相下车摄影,以示奇异。七时我们勉强在车中进晚餐,八时半专车很准时地到了沈阳。

我们走入了沈阳的大和旅馆,知道麦考益将军、马柯迪爵士等,已于数十分钟前先我们而到。他们在山海关换车出关,在锦州略行视察后即来沈。当时嘉宾云集,以大和旅馆不敷居住,我们中国代表处约三分之二的人员,就寄宿于俄人所开的东方旅馆,场面虽不十分伟大,内部却甚清静。日本记者们那天是太辛苦了,在清晨六七时的时候,已到了海圻军舰,晚上夜阑的时候,还在沈阳我们所住的旅馆刺探消息,努力为着他们的国家服务,国家也诚恳地需要他们的服务。反观我们自己的国家,官是官,新闻记者是新闻记者。有事之秋,十分恭恭敬敬地请记者吃饭,请他们宣传些不尽不实的东西;等到事过境迁,目的达到,就将记者挥之门外,拒而不见。唉!我每次看见了这种情形,我不禁悲从中来:我们要效忠于政府而不可得,是政府负了我们,非我们有负政府。

自海圻军舰上岸,一直到车站的时候,途中旗帜飞扬,聚而观者甚众。我们在汽车中向着两旁细细观察,只见太阳旗触目皆是,英、法、美、德等国旗也不少,但于千万人丛中,绝对找不出一面我们自己的国旗来。我们至此,物质上的待遇不算不为舒适,而精神没有一处不受着惨痛的创痕。

(《益世报》,1932年5月3日,第三版)

---

[1] 编者按:原文如此。

170. 国联发表调查团报告书，将提出九日行政院会议，东北在日军占领下普遍感觉不安，大批日人充"满洲国"军事政治顾问，确切之结论须待下次报告中提出

【伦敦二日电】 日内瓦已接到国联调查团关于满洲问题之第一次报告。该报告将提交五月九日举行之国联行政院会议，国联全体大会或将于十八日召集，讨论此问题云。

【日内瓦二日合众社电】 国联调查团之初步报告书，今日已由国联秘书处发表。全部报告书中称"满洲国政府"之处，均用引号。该报告书对日本军官已与"满洲国"订立训练"满洲国"军队一年契约之事实，特别注意。该报告书由英代表李敦爵士、美代表麦可将军、德代表锡尼博士、法代表格老得耳将军及意代表阿□勒樊第签字。该报告声称调查团尚不能作具体之建议，觉得此时只可将满洲军事情势作一陈述。据该报告所云，满洲目前之情形与完全无政府相同，并谓满洲有日军甚多，以资敌对十万所谓之中国非正规军，"满洲国政府"之军队计有八万五千人，受日人之训练与配备，目前满洲之各种军队，彼此继续战争。据报告所云，满洲无论何处均无安全保障，故欲确定目前满洲战争之责任，实不可能，日本认为系华人之责任，然华人则谓日人应负责任，因日军侵入中国领土也。该报告书最末云，调查团在此种情形之下尚不能获得一确切之结论，必须保留其建议于下次报告书中也。一般预料，调查团最后之报告，须迟至八月或九月初行政院下次会议时方能公布。今日此间公布之报告，将提交五月九日举行之行政院会议，但行政院对于中日纠纷，不会采取进一步之行动，须待接到调查团第二次报告书之后也。

【日内瓦二日路透电】 国联调查团四月三十日之初步报告，此间业已接到，行将于星期三日发表。该报告书所言者，专注重日方所供给截至四月底止关于满洲军情之消息。该报告称，南满铁道区域内屯驻之日军总数为六千六百人，在铁道区域以外者为一万五千八百人。"满洲国"之军队，包括去年九一八以前之驻满中国正式军队改编者在内，总数计八万五千人。日本士官现充"满洲国"军队顾问者甚多，且日有增加，甚至有一日本军官，被任为"满洲国国

防部"顾问。"满洲国"军队,截止[至]三月底止,大抵在沈阳、长春、洮南、齐齐哈尔、敦化及东铁沿线,抵抗不承认"满洲政府"之军队、土匪之侵袭。"新政权"下之军队与反"新政权"之军队之战争,时时发生,普遍感觉不安。日方坚持此时不能撤兵,倘无驻军,即将危及日侨生命财产之安全,中国政府在满洲已不能行使统治权云。

【日内瓦二日路透电】 国联秘书处已接到调查团自沈阳寄来之初次报告书。此项报告,大约□于满洲军事性质,不久将在日内瓦及沈阳同时发表云。

(《益世报》,1932年5月4日,第一版)

171. 调查团昨接见溥仪,李顿拟往黑河晤马占山,我国代表随员一批抵平

【哈尔滨三日下午七时十分本报专电】 国联调查团改于阳(七日)午后七时到哈,顾维钧与随员六名由沈偕行,余已由大连返京。顾等到长后,续向北来否,尚未定。

【长春三日电】 国联调查团于昨午七时抵长,即下榻于大和旅馆。经一夜之休养后,李顿爵士于今晨九时半,往访伪执政溥仪氏,复于午后接见伪外长谢介石。唯我国代表顾维钧保持沉默态度,谢绝一切面会云。

【长春三日电】 国联调查团视察东北北部后,订于本月十六日仍归返沈阳,勾留四日。其中除赴奉山线视察大凌河及锦州外,再往抚顺参观煤矿,于十九日即乘车赴大连,停留一星期,然后转海路,直赴日本云。

【北平电话】 国联调查团在长春约勾留二三日,即往哈尔滨、齐齐哈尔调查。李顿爵士及我方代表顾维钧等,主张到黑河视察,访问马占山,关于满洲伪国内容之种种,欲有所咨询。日方极力阻止,能否前往,刻尚不得而知也。

【北平通讯】 国联调查团一行已于前日(二日)由沈阳专车赴长春。中国代表因被日方限制,同行者仅顾维钧及秘书杨承基、施肇夔,专门委员刘崇杰、陈立廷,顾问何赛、端纳等七人。此外则分二批,于上月三十日及本月二日先后南返。第一批之招待主任严恩樾,秘书杨景斌,委员刘广沛、顾执中、谢恩增等于一日晚抵大连。刘广沛因事暂留大连,严恩樾则由大连登轮直返上海,顾

执中、杨景斌、谢恩增等于二日抵津,顾、杨则于昨日搭津浦车返沪,谢恩增氏则于昨日(三日)上午十二时十分返抵北平。此外如戈公振、鲍静庵、陈宜春等,途中如无耽搁,今明日即可到平。据闻调查团到东北后,受日人之监视甚严,而对中国代表尤无礼貌。当由大连专车赴沈时,其车中所备房间,将李顿与各委员分配于最前之车辆中,中国各代表则居于最后,日代表居中为之隔绝,以免我代表与调查团之接触。抵沈后,日方即声称已在大和旅馆备妥房间,而中国代表二十余人彼仅代订房四间。我代表不得已,遂大部自觅东方饭店居住,但所有一切房饭费用,即彼代订之房间,亦均由我代表自行付款。抵沈之次日,即有大批日探分别监视一行人员。有以侦探二人监视一人者,稍重要者则由侦探四人监视。我代表之行动尤感困难,每出入均有侦探紧随左右,如与当地朋友在途中交谈或稍有往来,其朋友必当时即行被捕。调查团之离沈赴长春,我方代表原拟同去,但以日方之再三拒绝,始限定除顾维钧外,只有六人同行。其不克同行者,本拟在沈等候,俟一行人返沈时,再同行返平。而日方复以我方代表如有一部在沈,犹须加以监视之麻烦,极力反对,该一行不得已,遂先后转道大连南返。调查团在沈之调查工作,除与本庄作五次之谈话外,对中国官吏均未能接见,故所得之材料,除与各国领事及外国商人中之接见外,其他所得之比较真确者甚少。李顿本极欲与臧式毅一谈,但日方不欲使臧一人与调查团单独晤面,遂未果。此外尚有冒充商农代表之汉奸份子谒调查团,亦均一种媚日之陈词。一日,李顿拟赴北陵打球,日方闻讯,即雇大批流氓,每人给日钞五角,手持请愿小旗,在北陵等候。结果李顿因事未能前往,日方之滑稽手腕亦未克成功云。

(《益世报》,1932年5月4日,第三版)

172. 调查团报告书全文特别提出东北行政组织之变更,伪国军队编组完善后日始撤兵,将如何获得合理之解决?

【南京四日下午七时十分本报专电】 国联调查团初步报告支(四日)发表,全文如次:

第一节 本调查委员会曾经依照行政院十二月十日决议案第五节指派成

立,已于四月二十一日抵沈阳,现正从事于就地调查。自抵远东以来,本委员会已将关于中日两国之最近情形,就其与本身工作有关者,加以调查。本委员会曾赴东京、大阪、上海、南京、汉口、天津及北平等处,与两国政府人员晤商,并接见两国中与此事有关系之各界代表。自抵沈阳后,会晤日本代理总领事、关东军司令官本庄繁。根据二月十日决议案,令本委员会于到达当地后,将现有情势,就其与中日两国政府是否履行九月三十日决议案所包含十二月十日决议案重述之数项保证有关者,尽先作一初步报告,提交行政院。该数项保证如下:(一)日本政府当以日本人民生命财产之完全得有切实之保证为比例,继续将其军队从速撤退至铁路区域以内。(二)中国政府对于该区域以外日侨生命财产之安全,在日军继续撤退时,中国地方官吏及警察再行恢复时,当负责任。(三)双方政府当采取一切必要步骤,以防止事变范围之扩大或情势之愈加严重。关于此三点,本委员会尚未能提出充分报告。关于防止事变范围扩大或情势之愈加严重,双方所负保证之考虑,必须留待以后报告。但行政院对于上述(一)(二)两节中日两国所负保证之最近形势,等候早日报告,是以兹将下列报告第二节,送请查照。

第二节　东省之实际情形。关于东北三省军事情形之消息,已由日本军事当局供给者共计五章。前三章述日本军队以及其他与日军合作之军队,后二章述及反对日军之军队。关于第四章消息,亦有得自华人方面者。兹应注意者,于所陈之各款中发现一种新特点,此为去年九月本案进展中行政院所未经计及而为此次调查之目标者,即当地之行政组织,业经变更。治安维持委员会由日方协助,初成立于公历一九三一年末数月中,该委员会已由一九三二年三月九日所成立之政权号称"满洲国政府"者暂代之。为说明日本军事当局用"满洲国军队"等字样,此项解释,系属必要也。

第一章　日本正式军队。据称,九月十八日南满铁路区域内日军之数为一万零五百九十人;十二月上半月,南满铁路区域内四千人,南满铁路区域外八千九百人,计共一万一千九百人;四月下半月,南满铁路区域内六千六百人,南满铁路区域外,齐齐哈尔、洮南、辽长铁路、沈阳山海关铁路、中东铁路、哈尔滨以东以及吉林敦化铁路北段各地方,计有一万五千八百人,总共二万二千四百人。

第二章　"满洲国"军队。(一)经日本军事当局所指为"满洲国"军队者,其中一部分闻系九月十九日以前驻满之中国正式军队已经改编者。此项军队,乃由日军事当局协助创设,多数退位之日军官或现仍在日军服役之日军官,已被聘为军事顾问,其数目日见增加,并有订定全军合同者。日本参谋本部某军官,被认为长春"满洲国政府国防部"之顾问。(二)此项军队大半在沈阳、长春、洮南、齐齐哈尔、敦化及沿中东铁路区域驻防或作战。此项军队以前在铁路东段与不承认"满洲国政府"政权之军队作战。据云,截至三月底止,总数为八万五千人。现在关于此项军队,报告不甚翔实,尚未确知其实数。(三)地方警察。此项警察之数目约十一万九千人,其中六万人系地方警备队。据称此项警察队大部分系九月十八日以前已有者继续存在,经日官员协助改编。(四)反对日军及反"满洲国军"之军队。本调查委员会在北平时,由张学良将军告知,九月十九日事变前时,其军队在关外者,包括非战服员,计驻辽宁者六万人,驻吉林者八万人,驻黑龙江者五万人,共计十九万人。其中驻辽宁之军队已有五万人撤入关内,故剩留关外者有十四万人。据日本军事当局所述,现在关外军队之数为十一万人,其中八万人已加入"满洲国"军队,三万人则在吉林之东北抗击日军及"满洲国"军队,约有二万人或已加入所谓义勇军。据彼等所述,情形如下:(一)旧有军队之一部不承认"满洲政府"之政权:(A)在哈尔滨东北之一军,当有三万人,为中国正式宣称,系由李杜将军指挥之吉林自卫军及丁超将军指挥之中东铁路护路军组织之;(B)义勇军在辽宁省之西部,东北反日义勇军大部分在锦州之南,约有在一万五千人至二万人之间。(二)所谓东北国民义勇军,大部分系吴庆所指挥,大部分在沈阳四周活动。此项军队曾与日军冲突数次,现在兵力未详。(三)热河义勇军。此项军队纪律较佳,由汤玉麟指挥,约有三千人,包括有张学良将军之第一、第二两师之一部在内。据报,现在热河、辽宁边境活动。(四)动力较小之义勇军数队,一部分在山海关一带,一部分在敦化及天宝山间作战。彼等在该处势力甚微,但与反"满洲国政府"之正式军队连成一气。本节第一项第四段所述之正式军,据称约有四万人。(五)土匪。土匪原非为政治目的,因乱益增。据日方报告,彼等散处于满洲各地,在中东铁路沿线尤多,日方估计其总数为四万人。此外,吉林之北部及东部约计有一万二千人。据云,与驻在哈尔滨东北之中国军队合作,以反抗"新政权"。其结果则为生命之丧失,财产破坏,咸感不安焉。

第三章 本调查团委员会在此时期,对于上列之数目,不予加以批评。日方当局主张目下不能撤兵,以免铁路区域以外日侨之生命财产发生危险。彼等似以为撤兵必须视其所称为"满洲国"军队改组进步如何以为定准。中国政府在满洲任何部分现不施行政权,并以近日事件之发展,故履行其责任乃实际问题,尚未发生。本委员会在最后之报告中,对于足以恢复和平安全之可能,及公正办法与造成完满好感之合理办法,当予以考量。本委员会当于下星期前往长春,然□再赴各地继续调查。

(《益世报》,1932年5月5日,第一版)

173. 调查团晤长春日领,访询鲜农问题、中村事件,前日曾晤谢介石,顾未同往

【长春四日新联电】 李顿爵士等五委员,本日午前十时赴日本领事馆访问田代领事。同时十分,听取田中副领事及冈屋书记官说明以万宝山事件为中心之一般鲜农问题、铁道问题及其他。质问之事,颇涉微细。约会谈二小时余,至午后零时三十五分始行辞去。

【长春四日新联电】 伪满洲国外交部总务司长日人大桥氏,本日午前十一时赴大和旅馆访问调查团书记长哈斯,对于"外交部长"谢介石之重要提议交换意见。协议仍继续中,视推移如何或将招来重大结果,亦未可知,殊堪重视。

【长春三日电】 调查团委员长李顿爵士,今晨十时许访伪外长谢介石等,会谈约二小时。关于伪国成立经过、现在状态及将来之方针,由谢加以说明。同时伪国方面对调查团之态度,要求谅解云:关于顾维钧问题,调查团委员等有所希望。唯逮捕令之取消,因事态重大,不能即时回答,希望与调查问题分离。惟李顿并无表示云。

【沈阳三日电通社电】 国联调查团于昨夜同日代表讨论会晤伪国首领事宜,遂于今晨九时半,携同日本代表吉田大使,往晤伪外交部长谢介石。惟顾维钧等均留于大和旅馆。

【长春四日电通社电】 国联调查团向伪外长询问各种经过详情后,复往日本领馆,访问田代领事,并与土肥原、桥东[本]关东军参谋长等交谈,约亘五十分钟。关于万宝山事件、中村大尉事件及东北抗日运动事件,听取日方之说明。李顿爵士即行告辞,返回大和旅馆云。

【北平通讯】 沈阳来人谈国联调查团抵沈后，被日人监视之情形，多为外间尚未闻者，兹详志如次：调查团到沈后，即被严重监视，行止莫不有日本侦探追随其间。大和旅馆中，一庑一廊，无不有若辈足迹。窥伺觊觎，尤为若辈惯技。出入者均严加稽问，对华人尤甚。顾代表及其随员均被严密关防，囹圄生活，不是过也。有张光圻者，现为荷兰治港公司职员，与调查团顾问英人端那有旧，闻端来，即造大和旅馆访问，盖私谊耳。归途即为日探尾随，及抵商埠地与附属地交界处，即将张扣留与警察分驻所中，遍身搜检而外，复诘以何自而来，何为而往，张一一答复，始放其行。及夜十时许，忽来一日探，偕警察四五，到张所寓凯宁饭店，力促张偕行，问所往则以到自知之对。张无奈，暗示仆人，通知治港公司荷人德华司，而故迟其行。及德氏抵凯宁，对日探大加诘驳，并谓如必逮捕张，愿与偕行，日探始不敢施强迫，一场风波始告平息矣。乃翌晨复来一队华警，谓必挟张与俱。时治港公司荷人士丹勃根适自葫芦岛来，亦寓此饭店，闻讯即往张室中，力为解释。华警告以奉日人之命而来，食禄忠事，计非得已，卒挟张以行。同时复搜检张之箱箧，□细靡遗，片纸只字皆挟与俱。闻其中有张之夫人去南中有"某教授行将去沈"一语，日人即据以为谳狱，现正研讯此教授为何人，以便加以注意。而张氏下落，迄今犹未探悉也。又有齐大夫者，将往大和旅馆晤调查团随行医生谢大夫，为日探所拘留，经两小时研讯，迄无所获，末复拟加齐以反对"满洲国"罪，经力加解释证明，仅乃豁免，频行复谆谆以嗣后不许踏入附属地，说话不许反对"新国"为戒也。邮局职员魏某，亦以到大和旅馆访友，横被拘捕，迄今尚未释放云。总之，日人作伪，心劳日拙，调查团中人罔不洞烛其奸，其严禁局外人与调查团接近，尤予所谓"新国"以致命伤。所谓捕顾策动，似已收回成命。日人操纵于后，傀儡奉行维谨，心愚术拙，多见其愚不可及耳。调查团到此，迄未参加正式宴会，而所接收各项伪组织说帖，皆千篇一律，如出一人。调查团不乏明达，岂易受愚，黔驴技穷，可怜亦复可笑。其间尤堪发噱者，调查团中人一行一动，无不有日人为作起居注。某夕有调查团秘书四人偶往妓馆寻欢，次晨日本报纸即大书特书某秘书招呼某妓，给资若干，小费若干，一篇细账，详晰无遗。其注视调查团中人行动，于此略见一班[①]矣。

(《益世报》，1932年5月5日，第三版)

---

① 编者按：今作"一斑"。

174. 颜惠庆分析调查团报告书，日方显然违反决议，苏联外长向国联正式声明，东省俄官吏不协助调查团

【哈尔滨五日下午六时本报专电】 伪国委李绍庚、沈瑞麟为哈市招待调查团专员，顾维钧可随行到吉哈。哈招待调查团，定马迭尔旅馆住调查团李顿诸人，格兰德旅馆住华员，巴拉斯旅馆住日员。迎调查团专车微（五日）开长春，由长至哈时，日方组特种队随车扈行。

【日内瓦四日路透电】 中国首席代表颜惠庆，今日送交国联秘书处备忘录二件。对国联调查团之初步报告，颜代表向路透社记者谈：该报告书表示，日本不但并未履行国联行政院十二月十日决议案所规定（即日军应撤入南满铁路区内），日本并阻止中国政府履行该决议案之条文（即日军撤退后中国政府应保障铁路区外日侨生命财产之安全）。颜代表复称，日本一向表示日军在东三省军事行动均为剿匪，但调查团之初步报告书，已证明日军现攻击反"满洲"之中国有组织军队。颜代表觉形势非常严重，深恐此问题将愈趋复杂，但对前途仍未失望，谓此问题终久可有完满解决办法也。

【日内瓦四日合众社电】 据今日此间宣布，满洲苏俄官吏不能予调查团正式援助。苏联外长李特维诺夫函覆国联秘书长德诺蒙云，苏俄政府未加入国联，调查团中亦无代表，在满洲之苏俄人员不能协助调查团。苏俄在原则上极愿协助调查团工作，但对国联正式请求协助不能允诺，因苏俄对国联及调查团之地位不同也。一般预料苏俄之满洲人员，将重要之报告，特别关于中东铁路者，送交李顿及各团员云。

【莫斯科四日路透电】 据发表之国联秘书长德诺蒙与俄外长李特维诺夫间之往来函件，可知苏俄已拒绝允许其在满洲之官吏协助调查团。李氏谓苏俄本愿极力协助调查团，报告满洲真正情势，解决中日军事纠纷，但惜苏俄既非国联会员，未参加上海休会谈判，又无代表在调查团，故对于苏俄在满洲官吏供给材料或报告一事，不能表示适当态度，且对调查团将来所引申之结论不能负责云。

【莫斯科四日新联电】 关于苏联政府对于国联调查团之协力问题，外务

人民委员长李得韦夫与国联秘书长德留蒙之间交换之公文书，本日已于莫斯科发表。据该发表云，李顿爵士曾呈请国联要求获得驻扎满洲之苏联政府官吏之情报及证言，俾促进调查团之任务，德留蒙秘书长为此已发出介绍书于外务人民委员长李得韦夫。对此，苏联政府以该国并非国联委员，而且又未参加委员会之构成，故假使提供情报，能得妥当之处理与否，不得而知，故予以拒绝云。

（《益世报》，1932年5月6日，第二版）

175. 调查团今日赴吉林，罗外长对报告书昨发表意见，英报称调查团为日阀作传达，该团受日人威胁到处皆然

【南京六日下午十一时四十分本报专电】 罗文干解释国联调查团报告书，谓该报告书可证明：（一）日军不惟未能按照去岁十二月灰（十日）行政院决议案撤退至铁路区域以内，且于各该决议案通过后，占领东省全境，增加军队数目，积极为种种活动，使事态愈趋严重。（二）叛逆军队全为日方一手创立，且受其扶助与指挥。（三）多数人民对于窃取政权现正积极反抗，东北方面在日军撤退之前，殆将无治安可言。（四）中国政府虽充分准备履行上述各决议案责任，但现在东省之任何部分，均属无法行使职权，即对生命财产之保护，亦属无从行使。现切望调查团以中国代表之协助，在东省各地调查工作完成后，将必发现更多事实，足使国联各决议案所规定者从速见诸实行，使彼原属中领土一部之东省，得完全恢复治安，并使中国在各地安全恢复统治权。

【伦敦五日路透电】《曼撒斯德导报》今日社论云，国联调查团"迄今所执行之唯一职务，不过为满洲日军阀作传达而已"。又谓，调查团之初步报告，关于驻满日军兵数及其处置一切消息，完全得自日方之报告，倘令本庄繁直接报告国联，彼实优为之，无劳该团远地跋涉云。

【长春六日新联电】 国联调查团一行之日程，本日决定如下：七日午前六时离长春赴吉林，同日午前九时抵达吉林，同日午后三时三十分离吉林，同日午后七时抵长春一宿，翌日离长春赴哈尔滨。

【长春五日路透电】 伪执政溥仪接见调查团，并设宴招待，该团定明日赴

万宝山,今日并访熙洽及日领云。

【北平通讯】 西人某君昨由长春抵平,对记者谈称:"调查团抵长后备受日方掣肘,中国代表被监视尤严,即外国顾问外出,亦有日警强同登车,复有'电驴'跟随,形同押解囚犯。有德国记者某与代表团同往者,一度被拘。本月三日下午,中国代表顾维钧博士,正在房中会西教士二人,突有长春日警五六人,夺门闯内,坚问来客姓名及所谈何事。正抵拒间,适李顿秘书阿斯德赶至,加以斥责。该日警等竟反诘代表见客是否得有警厅许可,并言满属人等来访,均须事前请准警厅等情。阿君斥以代表见客,经李顿委员长许可即可,警厅无权干涉,彼等悻悻散去。日人处处依仗实力横加胁迫,调查团备受掣肘,不能自由行动,北满之行,在本人离长前尚未确定。如此情形,随时皆可决裂,所谓调查,殆成画饼,世界和平,殊为可虑"云云。

(《益世报》,1932年5月7日,第二版)

176. 旅津东北各民众团体誓死否认叛逆政府,昨电国联行政院暨调查团

旅津东北民众抗日救国会、东北难民学生抗日会及东北留日归国学生抗日救国会等三团体,昨联衔致日内瓦国联行政院及现在长春之国联调查团各一电,誓死反抗暴日卵翼下之满洲伪府。该电昨已拍发,兹探志原文于后。

电行政院

日内瓦国联行人①政院公鉴:窃日以武力强占我东北,杀戮我人民,凶横残暴,无与其比。犹复劫持溥仪废帝,并收买汉奸及地痞流氓,组织伪国。一切大权,皆操诸日人之手,生杀予夺,为所欲为。我人民生命财产被其损害者,不可以数计。敝会同人之父母妻子幸存者,亦散而之四方,不得团聚。盖庐舍多成灰烬,财产荡然无存,仅自身得脱离虎口,幸免□戮。嗟乎!现留东北数千万同胞,在日人铁蹄及伪组织双重压迫之下,日处于水深火热之中,实属求

---

① 编者按:原文如此,"人"为衍字。

生不得，求死不能。同人等一息尚存，决誓死反抗暴日，并誓不承认日人卵翼下之东北伪组织，务必收复失地，拯救数千万被难同胞。尚祈贵院主张公道，维持国际正义，依盟约予暴日以制裁，摧彼凶焰，则日人卵翼下之伪组织，亦必消灭于无形，还我河山，复我自由。是所望于贵院，有以援助□也。临电不胜恳切盼祷之至。

电调查团

钧鉴：溯自客岁，日人捏造口实，以暴力实现其传统阴谋。我三省人民，或转于沟壑，或散之四方，或含垢忍辱，偷生苟活于铁蹄之下。而八月以来，生命财产惨遭蹂躏，吞声饮泣，欲诉无门，幸而逃身虎口，寄身异域，亦苦流离转徙，无以为家。所惟一希望者，惟待国际公判，冀获重现天日已耳。兹□钧团出关调查，适日人利用伪组织，欲以舞台式之宣传，朦蔽诸公视听。敝会有不得不郑重陈明者，我东三省向为中国完整之一部，日人包藏祸心，破坏中国领土完整，以实现其殖民政策。挟持溥仪，强奸民意，三省无告同胞，在日人范围以内，早已失却一切言语行动之自由。积威之下，除铤而走险、揭竿举义而外，自惟有私衷饮泣之一途。敝会为保全祖宗邱墓及整个中华民族生存并伸张国际正谊计，谨代表避难来津及被迫无告之东北难民，誓死绝不承认离开中华民族任何伪组织之存在。窃和平运动为国际共同努力之目标，"谁生厉阶，至今为梗"，钧团高明，幸垂察焉。

（《益世报》，1932年5月7日，第六版）

177. 调查团定今日赴哈，昨曾一度往吉垣，当晚返长

【长春六日路透电】 国联调查团明日赴吉林，晚返长春，定星期日赴哈。

【长春七日路透电】 "满洲国"已正式同意顾维钧博士入"满洲国境"，并将逮捕顾氏令取消，但须在尊重"满洲国"主权条件下，方许入境。"满洲国"刻派代表三人伴调查团同行，该代表有日人名大桥者（前哈尔滨日领）在内云。

【长春七日电通社电】 联盟调查团于昨日午后三时许往伪国务院，访问伪长官驹井，因彼为日人，于东北事变后，曾偕同廿七名随员参加。李顿爵士首先质问其就任伪国务院总务长官之理由，麦可益将军等质问伪国建"国"理

由及行政组织。当由驹井答辩后,调查团于五时四十分辞出。兹将答辩内容录次:"余二十年间对东北关心甚切,第一回大正五年宗社党事件,第二回大正十三年郭松龄倒戈事件,第三回即此次东变事件,今已达东北建'国'之理想。'满洲国'虽排斥第三国之干涉,惟以门户开放、机会均等之对外方针作为'国策',并理解建'国'之精神,故'满洲国'之独立,实非得已"云。

【沈阳七日电通社电】 伪政府与国联调查团间关于顾维钧问题,经折冲后,已许可顾在境内旅行,并予适当保护。昨日午后十时许,发表交换文件之誓约,故顾维钧问题,已告一段落矣。

【沈阳七日新联电】 国联调查团按照豫定,本日午前九时安抵吉林,于严重警戒里分成三班,视察吉林地方。一班赴日本总领事馆,访问石井总领事,听取详细之报告,午后三时三十分回长春。

(《益世报》,1932年5月8日,第三版)

178. 调查团昨午抵哈埠,我代表再向国联提报告书

【哈尔滨九日新联电】 国联调查团一行,九日午后可抵哈尔滨。

【长春九日电通社电】 国联调查团偕同专门委员哈穆,于昨日午前十时在伪交通部内与伪总长丁鉴修会谈,关于伪奉山铁路及邮政事件有所询问。后于十一时赴伪立法院,质问赵欣伯建设伪国之动机及伪立法院内部组织,约谈二小时。当于本日午后五时半,乘特别列车赴哈。

日内阁秘书长倡言盟约无用

【横滨九日电通社电】 日内阁森书记官长于政友会关东大会席间,对联盟态度曾有强硬演说,力主日本退出联盟,故引起重大视[①],兹将内容录后:"我等不变与列强协力贡献世界和平之方针,唯对认识不足之非理压迫必须排斥。只依据国联盟约及非战公约之空文,则相信不能确保世界和平。实因举世各地均伏有战争之因素,若不能除此弊害,和平交涉等于无效"云。

---

① 编者按:疑为"大重视"。

我国提报告书，揭穿暴日野心

【日内瓦二十五日合众社电】 国联今日发表中国代表四月十二日之报告书，长十二页，题为《满洲之傀儡政府，日本在满洲之野心》。该报告云，凡一国家执行其国策，显然实行侵犯另一国家及一友邦之主权者，实不多见。然日本对中国之政策，正复如是。特别当环境允许时，日本之欲望，在将占中国大部分领土之满洲，实质上受其政治之支配。继谓自日俄战争以来，中国政府无时不怀疑日本俟时机成熟，即抱攫取满洲之野心。该报告书复申述满洲之历史及满洲为中国领土一部分之理由。末又声称，满洲仍有日军万人，并追述美国及国联各会员国之政府，不承认满洲政治地位由破坏条约或国联盟约之规定所引起之任何变更之声言。该报告云，自去年九月十八日以来，日本在满洲之举动，除日本之外，无人否认其破坏条约及国联盟约。同时可以断言，日本欲利用在满洲之武力，破坏中国行政之完整，故就满洲而论，无一国际法之原则承认日本在中国之各种举动为正当，此无须再加以说明也。末对日本在满之非法行动，有详细之报告云。

(《益世报》，1932年5月10日，第二版)

179. 调查团初步报告书决提九月国联大会，行政院会议议决暂不讨论，日代表赞同，我方亦表接受

【日内瓦九日新联电】 本日之国联行政院会议，其议题中揭□审议国联调查团之第一次报告事件。

【日内瓦十日路透电】 国联行政院本日开会时，主席马托斯宣称，国联调查团初步报告书已由东三省寄到，但该初步报告书仅将事实报告国联，行政院此时暂不讨论，决将该报告移交九月间国联全体大会讨论。日本首席代表长冈对主席马托斯之意见表示赞同，但对日本关于东三省事，曾向行政院作一度之申明。中国代表胡世泽接受马托斯之意见，并无若何保留之声明云。

【日内瓦九日新联电】 国联行政院对于李顿爵士等之第一次报告将如何处置，极可注目。行政院万一对于该项报告出于移牒总会之时，恐难保再惹起

日本对国联之正面冲突。以此，长冈大使根据该国政府之训电，历访德留蒙秘书长及理事会有力国代表，努力折冲。为此行政院方面正在考虑缓和策，似拟采取非由行政院之决议，而由于议长西姆斯之意见，因欲参考李顿爵士之报告，故而提出总会等方法之模样。但该缓和策将取如何形式，尚未判明。因此视行政院方面之举动如何，恐将发生相当之纠纷。

【日内瓦九日新联电】 长冈大使本日午后四时访问秘书长德留蒙，根据该国政府之训电，力说反对行政院将国联调查团第一次报告移牒总会之事，以唤起秘书长之注意。因此德留蒙力唱，十日之行政院公开会议最好不要过于议论，庶几于实际之解决有效也。

【哈尔滨九日新联电】 国联调查团一行，于本日午后五时三十分抵哈尔滨。

(《益世报》，1932年5月11日，第二版)

180. 伪国一阁员向调查团泄漏本庄繁之秘密：伪国组织由本庄拟定，伪国政策由日本支配

【节译上海大陆报云】 沈阳二十七日电，最近伪国一内阁阁员（姓名保守秘密）将本庄繁拟定之伪国组织及日本支配伪国之政策之根本原则，作成一中文报告书，已秘密递交国联调查团。其中重要各点如下：

（一）日本为支配"新满洲国"之太上机关，享有无上威权，"新国家"应绝对服从日本之监督。（二）废除共和制度，实行君主式之制度。（三）"新国家"元首对内有绝对权利，但须受日人监督。（四）为达到上述目的，元首须有充分权利治理满蒙。（五）政府一切政制及机关，应以日本为模范，即人民风俗习惯亦须与日本同化。（六）中国人民忠君意志不坚强，元首应为国家主权所在，以便得人民崇拜。（七）如需要宪法，亦须取法日本。（八）立法行政权□诸元首及其监督者，但司法独立。（九）法律应取法日本。（十）关于行政权，人民习惯应加考虑。（十一）应有强有力之警察及军力，足以剿匪。（十二）中俄为"新国"之二敌国，"新国"恐不能抵抗，故国防由日本负责，日本同时享有支配"新国"外交权利。（十三）元首有日本军为后盾，"新国"无须重

兵。如需要时，可求援日本，则日本能秘密得有维持"新国"秩序之权。（十四）南满株式会社享有管理铁道全权，如建筑新路时，与日本合作。（十五）日本在满蒙除享有与"新国"人民同等权利外，并有殖民政策之特权。（十六）"新国"顾问须慎重委派，庶能实际谋"新国"发展。（十七）军事组织应审慎，并聘日军官练兵及指导军事教育，日军官之进退为日本之权。

（《益世报》，1932 年 5 月 11 日，第二版）

181. 所谓顾代表问题，调查团与伪外长协商解决经过

日报载称，国联调查团到平时，即发生伪国拒绝顾维钧入境问题。调查团抵长春后，即由秘书长哈斯与伪外交部总务司长日人大桥忠一协商三日，似仍无解决希望。及六日午后十时，调查团与伪国间交换文书发表后，遂将此多日之纠纷问题解决。顾维钧当即携同随员五名及差役二名，于七日午前六时随同调查团向吉林出发。兹将双方公布文书录后：

李顿致伪外长书

长春"外交部长"谢介石阁下：五月六日哈斯与大桥氏关于中国代表问题协议结果，余已接得报告。调查团乃根据国联理事会之议决所组织者，同时中日两国政府均有任命代表、援□调查团之权利，故中日代表吉田大使及顾维钧博士不外由适应以上之决议而被任命者也。彼等仅属陪伴之资格，且调查团因中日代表之力，方能保持中日两国政府之相互□□，以达国际协调及和平使命等重要事项，故无指摘之必要。尤其顾维钧博士，与调查团同行，只含有上述之意义，并无其他关系。顾维钧博士之活动，亦限于其为调查团代表之义务范围内。余可证明，彼与其随员绝无何等政治的活动。再者，调查团之使命，则为和平之使命。调查团于满洲内更有中日代表及其他事务员，其所经过地方，绝无紊乱和平及秩序者，故何等公益皆不致感受危害。假如代表者行动之结果有何威胁，余唯有接受阁下之所请，顺应事态，请求必要之手段。再根据阁下之要求，兹将顾博士选择之人员名单附后：顾问刘崇杰，代理秘书长萧继荣，秘书施肇夔，顾问哈芝西、唐纳。余确信阁下在此困难情形之下，为促调查团达其目的起见，必予以便利，更能施以相当之保护也。

伪外长致李顿书

兹答覆五月六日贵翰：余因阁下所给与之保证，"满州国政府"遂对顾维钧博士入境问题撤回异议。为援助贵团之事业，余深愿派代表一人，参加贵团，随同视察。余确信顾维钧博士于适当场合，应纠正其对"满洲国"之不幸言语。惟"满洲国"政府于此种事态下，对贵国之保护上非常困难，尤其顾维钧同行，更加甚焉。然当贵团在"满洲国"内旅行中，于可能范围内，当设法尽量保护云。

李顿再致伪外长书

长春"外交部长"谢介石阁下：余已接读阁下六日之回答书，对于阁下派代表及所有提议，并无何等异议。此牍为陈述者也。

（《益世报》，1932年5月11日，第三版）

182. 调查团抵长春后，顾代表愈不自由，日人竟任意破门骚扰

【日内瓦十日路透电】 中国代表颜惠庆接到中国政府五月九日电称，自调查团抵长春后，日方对于顾维钧愈加监视。刻已由颜氏将此电转达国联秘书处。该电又云，当顾维钧接见数位美传教士时，突有数日本暴徒破门而入，坚欲知来宾之姓名及谈话之内容。此次日人对顾氏之突加干涉，曾有李顿爵士秘书目睹其事，该秘书当时对日人加以斥责，并经声称警察无干涉团员会客之权，日人始退去云。

（《益世报》，1932年5月12日，第一版）

183. 东北傀儡丑态百出——调查团在长春质问时情形

【北平通讯】 某机关昨接长春报告，国联调查团在长春曾分别与伪国总理郑孝胥、伪吉林省长熙洽谈话，有所质问，录志如左：

质郑孝胥

调查团委员长李顿与伪总理郑孝胥,于本月四日下午二时半在伪国务院秘书室晤面,至三时四十分始谈毕。谈话内容,郑不发表,但对日本记者作左项之谈话:"今自'国家'成立之后,由旅顺寓所来京出席。而今李顿问以成立之历史,余未能作答,只答以前事请问委员会可也。关于'国家'之行政,余观民国二十年以来政策,悉为不适当。'满洲国'行政决不采民国之方法,所谓以王道为基础,为我三千万民众之幸福与安宁计,并以国□百年基础巩固为存心。最后李顿谈及委员会成立方法,如质问委员会依民意而产生抑或由强大机关督促而成立,吾将无若答语矣,应请其再问委员会诸公也。"

质熙洽氏

五日下午二时,李顿、克劳德尔、麦考易、希尼、马考蒂五委,秘书长哈斯及顾问杨华特等,接见伪吉林长官兼伪财部长熙洽。调查团对熙洽有严重之质问,其问答语如下:

问(李顿):"九一八事变后,出任伪吉林省长之理由安在?"答(指熙洽):"因被民众推举,固辞不得,乃出面膺为省长,维持治安。"问:"反吉军首领为谁?"答:"全部已反。彼乃因一时不知'新国家'之实体,而行反对,全系误解。"问:"反吉军之目的如何?"答:"彼等殆无目的,虽于表面上声称尽忠报国,惟其实则不过欲求把握政权而已。"问:"所谓'满洲国'建'国'运动如何?"答:"依民众之意志。"问:"民众之意志,果何以证之乎?"答:"农商工各界代表,对本人恳求速行脱离旧军阀,而新建国家,然该代表□可以为三千万民众之代表。"问(指熙洽):"入满洲后之感想如何?"答(指李顿):"现尚不到发表时间。"问:"几时赴吉?"答:"未定。"

谈至此,熙洽不再发言,李顿乃出一册关于财政问题之详细质问书,手交熙洽,请其逐项答复。熙当时无法问答,乃约以改日以书面答复。

质张燕卿

调查团五委于五日上午十一时,特接见伪实业部长张燕卿,以下为该团质问之情形。

问(指调查团):"中华民国时代之产业上既得权如何处理?譬如中日合办

事业,或中国与欧美各国合办事业,或纯粹日本经营事业等事项。"答(指张):"以中国时代之合法手段处理之,既得权利在现时亦无别种处理法。"问:"各国商人如向满洲投资之场合,应平等处理之耶?"答:"妨害国家治安之商品,例如武器类,或有害卫生之商品,如雅片、海洛英等以外,均平等处理之。曩日曾宣言满洲门户开放事项,阁下当能知悉也。"问:"关税一项完全与中国分离,归'满洲国'直接管理,而其收入之款,归外债担保部分者何如?"答:"满洲已成为独立国家,与中国分离,至外债担保之详细事件,请询财政部方面。"问:"汝个人对于在满洲之产业政策如何,曾于新闻纸上所载者,吾愿得详闻若何。"答:"并无此事。此乃新闻记者之误传,目下正同各方面调查。俟调查完了,即作成真实政策。"

(《益世报》,1932 年 5 月 13 日,第二版)

184. 马占山再电国联调查团,揭露日人逼签各种伪约

【北平电话】 马占山到黑河后,闻调查团已抵平,除发出文日之电(已见前报)揭穿日人侵略东北之种种阴谋及制造伪国之经过外,复有一长电到平。声明中国官厅并无仇视日人情事,尤无与苏联合作之事实,并揭穿日人强迫东北伪当局签订之各种契约合同。内容极有关系,顷已经北平方面发表,兹志之如次:

致调查团电

张绥靖主任钧鉴:请转国联调查团李顿委员长及各委员长勋鉴:文电既邀澄察,电文简略,辞意未详,兹再为贵团陈之。查日人侵犯东北,自知强暴侵凌,不容于二十世纪之文明国际,强词夺理,以朦世人。观其一再宣言,不曰出兵保护侨民,即曰中国无制止苏俄赤化之能力,不得不出为防止,以遏世界之乱萌。而按之实际,日侨之在我中国者,各地方官对于保护侨民,不遗余力。纵民众心理与日人种种横暴无理仇恨至深,时有抵货运动,然以官厅随时制止,防其稍逾范围,因之未能杀一日侨,即去年九一八事变,对于非战斗日人亦仍保护如常。可见中国向以正谊人道为重,不怀报复主义,能忍人所不能忍。此种事实,国联远在日内瓦,或未能详悉,而英美各国派遣使馆参赞及驻哈领团实地调查,使节所至,西至满洲里等处,当有秉公之报告。反观日人对我华

民，如济南惨案及万宝山、朝鲜等案，杀戮我无辜华民动辄数以千计。去年辽宁之屠杀，与夫本年上海江湾、闸北等处之杀及平民种种惨无人道之举，当为国际间所共见共闻。至对于赤化，我中国政府向取积极防止之宗旨。东北地邻苏联，尤以黑龙江省边界，在在接壤，以防范之密，对于赤化书籍印刷品等检查极严，不任流入通商一节，亦复考虑，至今仍取封销政策。占山治军延边多年，对于赤化既严嘱禁止，即延边人民亦以赤化为可畏，莫不避之如蛇蝎。即如嫩江桥战役，日方宣传我军得苏联之协助，其实全军中不但无苏联之军官参加，即白俄人亦无一加入者。苏联方面已觉自顾不暇，极力避免与我方携手之嫌疑。可见日人所宣传者，纯系欺骗世人之谈，而防止赤化，我方具有真实之把握，不劳日人越俎代谋。此次占山窥破日人阴谋，为救国计，统率军队，急来黑河，作正义之抵抗。日人又复宣传谓与某国有关，蔑视我民族直无敢抵抗者，有出而抵抗，则谓必有外力。堂堂大国，竟出此无赖宣传，以朦蔽世人，侵扰和平，不知中国近年以来，民众之世界观念、国家思想，已非卅年前团匪扰乱之时可比。凡列国人士，苟稍明中国情势者，当能详悉日人之饰词狡辩，无非藉以为侵略之工具，不攻自破。国联为维持世界和平惟一之仲裁机关，贵团负重大之使命，来华调查，无非欲详悉内容真相。尚望作真确之观察，为公正之报告，使野心国家不得逞其狡展，则不仅中日问题可得解决，世界永久和平实利赖之。除将日人强迫而未与以签字之各项契约合同，分列如左外，并请察鉴。黑龙江省政府主席马占山。

黑龙江官银号复业资金借款合同

对于黑龙江省官银号复业资金借款合同，黑龙江省政府与南满洲铁道株式会社，兹关于黑龙江省官银号复业金借款订立合同。第一条，会社借与省政府日金三百万元，以为官银号复业资金。第二条，借款期限为五十年。第三条，借款利率定为年利七分五厘，即每百元一年为七元五十钱利。自本合同签字之日起，由呼海铁路收入项下每半年交付一次。对于不能按期交付之利息，不付利息，但该延滞利息以交付该年度利息之余款尽先交付。第四条，借款元本按另订偿还表由呼海铁路收入项下，按年摊还一次，但未满期限以前，不得全部还清。第五条，现在及将来属于呼海铁路一切动产、不动产收入，为借款本利之担保，不得为本合同以外债务之担保。第六条，省政府将呼海铁路一切经营委托会社。第七条，本合同于签字时发生效力。第八条，本合同缮写中日文各二份，省政府及会社各存一份为证。关于本合同之解释，如有疑义时，据日文决定之。中华民国二十一年□月□日，昭和七年□月□日。黑龙江省政府省长马占山，南满铁道株式会社总裁内田康哉。

呼海铁路经营合同

黑龙江省政府与南满铁道株式会社依据黑龙江省官银号复业资金借款合同之规定，缔结经营呼海铁路合同如左：第一条，省政府将经营呼海铁路一切事宜委托会社。第二条，省政府应派局长一名，担任本铁路监督之义务。第三条，会社应派代表一名，担任经营本铁路之一切事务。第四条，局长及会社代表之薪俸，由省政府与会社决定之。第五条，局长随员之薪俸以及其任免黜陟，由局长决定之。但所需之该经费之额数，由局长及会社代表协议之。第六条，本铁路之总收入倘不敷该年度之营业支款时，由会社无偿补填之。但对于因事变及其他不可抗力之特别支出，届时决定之。第七条，本铁路之利益金，以其百分之五（以下数字有错落）为马占业费，除保存既成设备以外之新设备及改良等费用外，一百分之三十分配省政府，一百分之二十分配会社。各项利益金即指总收入内之利息，至支出该当年度之利息与延滞利息及当该年度应付之本金之余款而云。第一项左定之省政府收得金，不满黑龙江省官银号复业资金借款合同之债款总额之千分之六时，会社填付省政府之差额，以千分之六为止。第八条，本铁路须连接吉会铁路，将来以哈尔滨为起点或终点，惟新设之铁路，将两路合并经营之。第九条，建设本铁路之接续线或延长线时，均由会社请工程师一名担任，建设之事务所需要之基金，由会社借与之。第十条，左定事业费不敷时，可由会社借与之。本二项之借款，作为另外借款，其利息按照黑龙江省官银号复业资金借款合同之借款之利，同一办理。第十一条，关于本合同成立时，呼海路旧有债权债务，另协议办理之。第十二条，本合同于黑龙江省官银号复业资金借款合同成立时发生效力。第十三条，本合同缮写中日文各两份，省政府及会社各存一份为证。关于本合同之解释，据日文决定之。中华民国二十一年□月□日，昭和七年□月□日。黑龙江省长马占山，南满株式会社内田康哉。

中日合办航空运输营业条例

中日合办航空运输营业缔约，马占山甲，林义秀乙。甲乙之间，关于以飞行机运输旅客及货物营业缔约。第一条,本航空运输营业,依照中日商民之合资办理之。第二条,以"支那"方面于本航空营业,须供给凡属必要之一切设备及航空机。第三条,关于本航空事业之经营方法,甲乙两者之合议决定之,至业务之执行,得由乙担任之。第四条,因本航空营业所生之损益,由甲乙两者折半分担。第五条,本缔约之存续期间自"大同"元年三月一日起算,先定为五年,至期满时经过甲乙两方之协议,得增定之。第六条,本缔约以中日两国文字纪载之,各保存一部。以双方署名盖章后,即作试验飞行。"大同"元年三月一日立。马占山,林义秀。

航空运输营业缔约说明书。(一)中日合办航空运输营业缔约第二项所规定之须供给凡必要之一切设备及航空机者,其意系指由甲方供给飞机场。(二)营业所生之损益,虽谓两方分半云云,但一切损害由乙方负担之,不使甲方负担。(三)航空路途开哈尔滨,经过齐齐哈尔至满洲里线,由哈尔滨至满洲里即设飞行场,再相机在齐齐哈尔经嫩江至(电码不明,中略五字)黑河沿线及哈尔滨经海伦至黑河线。建设时,先由嫩江、黑河及海伦设飞行场,左说明书交换。"大同"元年三月一日。马占山,林义秀。

村田公函。江顾问总第一号,昭和七年三月一日省政府顾问村田。黑龙江省长官马占山阁下:拜启者:今后当于政务执行之时,必须实行左记各事项,敬盼加以注意左记事项,事前必须得顾问之承认。(一)关于重要法令规则及制度之改废事项;(二)关于重要政务事项;(三)关于用人事项;(四)关于预算及决算事项;(五)关于预算以外支出事项;(六)关于他省及外国交涉事项;(七)关于各厅间权限义务分掌之疑义事项;(八)其他重要事项。急速应作事项,关于财政厅者:(一)由奉天因借款所得资金之使用,预定明细表,必须即刻提出;(二)民国二十年度实行预算之编成,须即为之。

(《益世报》,1932年5月14日,第一版)

185. 调查团十七赴黑垣,在哈开始工作后详情,顾代表漫游松花江畔

【哈尔滨十四日下午八时专电】 国联调查团自九日抵哈后,休息两日,即

开始工作,访问中日当局。惟所得材料,均属片面宣传。闻该团已决定十七日离哈赴齐齐哈尔,留黑垣两日,即沿洮昂路南下云。

【京城十三日新联电】 国联调查团之赴朝鲜,曾经预定,现已决定调查满洲完了,一度回归北平之后,赴东京途中,经过朝鲜。

【哈尔滨十二日通讯】 昨日为国联调查团一行开始正式工作之第一日,上午十时往日军司令部访问日广濑师团长,下午赴伪哈尔滨市筹备所访鲍观澄。晨八时,各委相继起床,盥漱后,即各进咖啡、牛乳及茶点之属。十时许,由英代表李顿委员长率领各委员及随员三十余人,李顿乘第一号车在前,其次为意代表,再次为法代表,后为美代表、德代表、日本吉田大使,余者均为随员所乘之车,□贯前行。每小汽车内,除司机一人,尚有便衣警士一人随同护卫。每二小汽车间,则有一三轮小汽车,乘武装队警。小汽车之前后又置安保之大汽车各一辆,满载武装保安队警,在前者为手枪队,后者为持大枪者之队警。十时抵南岗日军司令部,日广濑师团长亲自出迎。当即引入与大客厅,相互寒暄后,由委员长李顿首先质询,依次美代表及法代表均有质询,其主要中心问题为北满一般状况,并吉军与旧吉军之现状并布置情形。后又询及马占山最近态度,作极长时间之质问式的会谈,其主要者为马之行动、军队数目及各指挥官之氏名。最后关于共产党策动问题,亦略有质询,旋又略进茶点。及时至十一时四十分许,各委即返归马迭尔旅馆。英代表李顿出日军司令部后,即乘车赴英领馆,德代表亦赴德领事馆。各代表及随员等归旅馆后,略事休息,即进午餐,并分至街头闲游。及午后三时许,英代表李顿由英领馆归来,未下车即约各委及随员等,同赴往南岗伪哈尔滨市筹备所,访问鲍观澄。车抵该所时,新闻记者率先拍照。当由招待员□入该所二层楼会客厅,鲍亲出招待。入客厅后,首先摄影,以志纪念,然后由李顿爵士以下诸人与鲍氏倾谈。至四时五十分,始行辞去。又昨晨九时,有白俄籍文人(大多为前满洲研究会会员)托尔马切夫等多人,赴马迭尔谒见调查团俄秘书巴斯都合夫,互谈颇久,并作某□详细报告。嗣又有数白俄居民代表与调查团中人谈话,述旧当局时代与目下"新政府"之情形。以上报告,由该团尽行记录。调查团各委员,无论何人,未得委员长李顿之许可,不得与记者谈话,且或始终不能对任何人有所表示。至极惹各方注目之中国参与员顾维钧氏,抵哈后即定购本埠所有之中外报纸及欧西报纸,不下二十余份。早餐后即行批阅报纸,批阅时间极长。当五国代表及随员等往日本军司令部及哈尔滨市筹备所时,顾均未参加。前(十日)日下午五时，顾曾偕随员杜纳里特走出马迭尔。当时各国记者，甚为惊奇，金谓中国代表第一次不携护卫到伪满州国街上。对顾氏走往何处，尤为一般记者所注意。顾出馆后，仅与杜纳里特一人向松花江畔步行而去，沿中央大街漫步后，又折入市立公园。一小时后，返回旅馆。又昨（十一日）日下午四时四十分，顾又会同英代表之随员某，出马迭尔旅馆，漫步赴松花江岸远眺。顾氏头戴青呢帽，身着青呢大氅，内衬青西服，灰色围巾，下持白色手杖，态度颇为沉着。

（《益世报》，1932年5月15日，第三版）

186. 调查团今日离哈赴黑，顾维钧电告同行，伪国拒绝该团与马占山会见

【北平十七日路透电】 今日此间接到顾维钧一电，称"调查团将于明日（十八）离哈尔滨赴齐齐哈尔，本人将同行"。惟是否将赴大黑河，则未提及云。

【长春十七日新联电】 国联调查团似非经书记长哈斯与马占山会见之后，不离开哈尔滨之意向。然伪满洲国决定取断乎拒绝会见之态度，以此，两者间之正面冲突，似可预想。

【长春十七日新联电】 伪满洲政府对于国联调查团与马占山会见之要求，业已发表，与以严拒。

（《益世报》，1932年5月18日，第二版）

187. 各路工联会议今晨开首次会，各代表提出提案二十余起，将致电调查团请主持正义

国有各铁路工会在津开联席会议一事，经前日一度召集预备会分配工作后，大致已就绪。兹悉平绥路工会代表杨德九、韩庆然二人，昨（十八）亦已抵津，并订今日（十九）上午九时开第一次正式会议。兹志其详情如左：

出席代表。此次出席者，以正太路未及加入，故只有七路，计平汉谢斌、崔广正，津浦李振和、李庆义、徐治国、陈文彬，北宁曾昭顺，道清王士存、程修业，

胶济孙义昌、武考三、陶恩九,平绥杨德九、韩庆然,陇海王光临(昨夜可到)等共十五人,中央民众运动指委会代表程中一。

提案通知。该会秘书处昨已发出通知各代表参加。其文云:"兹定于明日(十九)上午九时在津浦工会第十三分事务所开第一次会,请各路代表届时出席为荷。此致"云云。又各路代表已有提案二十余件提出,较重要者,计:一、电致国联调查团,声明否认东北一切伪组织(草案附后);二、请中央修改普通工会法中之员司不准加入公会等项;三、共同拟定特种工会法原则,请中央迅速采取拟定,限期颁布,俾一切特种工会之成立;四、全国各路团结组织事宜;五、统计各路员工数目、车辆数目;六、讨论各路工作改进方案等。余案俟公布。

电调查团。代表四十万路工电国联调查团草案,略谓:"九一八后,日人一手促成伪组织,藉傀儡而掩世界耳目,侵略野心因以得遂,我中华民族岂甘承认?试观东北民众揭竿蜂起,到处反抗,伪组织已乏人拥护,复无自主权力,仅由日帝国主义者以武力代支局面,谁谓国家,孰信?矧东北乃吾领土,更不容破坏。日人强占,已违反公理,本会势率全国各路工人,为政府后盾,否认东北一切伪组织。望主持公道,使日人交还我东北"等语。惟闻中央方面恐发生误会,已电令制止开会云。

(《益世报》,1932年5月19日,第六版)

188. 日人强暴威力之下调查团屈服,中止与马占山会见,定明日赴齐齐哈尔

【哈尔滨十九日新联电】 国联调查团一行已中止滞留哈埠,将于二十一日由东铁西部线赴齐齐哈尔之模样。

【哈尔滨十八日新联电】 十八日国联调查委员方面声明中止与马占山会见,以此重重纠纷之该问题,因调查团方面之让步,已见解决。又该团随员十七日于傅家甸视察中,被一华人殴打,调查团对此事付诸秘密。又哈尔滨市民对于调查团之反感渐高。

(《益世报》,1932年5月20日,第二版)

189. 全国铁路工会代表昨开正式联席会议，电调查团否认东北伪组织，今日继续开会研讨工会法

全国铁路工会代表，昨（十九）在京浦工会第十三分事务所礼堂举行联席会议。上午九时至十二时开第一次正式会，下午二时至五时开第二次正式会，通过重要提案共十八项，其未议各事，定今日（二十）继续开会研讨云。兹将昨日两次会议情形，分录如次：

第一次会议于上午九时举行，出席者有道清路代表王士存、程修业，胶济路代表孙义昌、武考三、陶恩九，平绥路代表杨德九、韩庆然，津浦路代表李庆义、徐治国、李振和、陈文彬，北宁路代表曾昭顺，平汉路代表谢斌、崔广正，中央民训会特派员程中一亦莅会指导，主席孙义昌。开会如仪后，首由主席报告，略谓："今天举行联席会议，为全国铁路工人总团结开一先声，至可□幸。我们召开此次大会之意义，不外三点：一、抗日救国；二、革新路政，增加生产；三、团结实力，谋工运之发展。望各代表尽量参加意见，则前途光明无限"云云。次由中央民训会特派员程中一致词，略谓："此次各路代表为救国而举行联席会议，中央是表同情的。希望各代表多多贡献意见，决定办法，呈报中央，以便采纳施行"云云。继即议决各项要案如次：一、津浦工会提拟由本会通电国联及国联调查团，反对东北伪组织，可否请公决案，决议通过，电稿俟印发各代表审核再议。二、北宁、平汉二工会提电请政府迅速以武力收复东北失地案。三、胶济工会提呈请中央武力收复东北国土案。决议二、三两案合并，案由修正为"电请中央迅速以武力收复东北失地案"，通过。四、胶济工会提呈请中央在国难期间，按月征收铁路员工所得捐，以充实国家财政，可否请公决案，决议否决。五、胶济工会提国难期间，应由各路工会协同路局，特别督率各路员工，努力工作增加生产，可否请公决案，决议通过。至十二时散会。

同日下午二时仍在原地点开第二次会，除津浦工会代表陈文彬因事缺席外，余出席人员如前，主席孙义昌。议决各项要案如次：一、电国联调查团文稿，已印发审核，可否照拍，请公决案（大会秘书处提），决议修正通过，即日拍发。二、北宁工会提各路不运日货案。三、道清工会提拟请各路工会通饬全体

工友,誓不装运日货,且不购运日货,可否请公决案。决议二、三两案合并,一面呈请中央核示祗遵,一面通知各路工会转各工友照办。四、胶济工会提呈请中央设法救济战地及曾被"共匪"蹂躏之各地灾民,可否请公决案,决议通过。五、胶济工会提呈请铁部淘汰各路冗员以资撙节案,决议通过,办法修正为二:(一)呈请中央转铁部派员协同各路工会赴各路确实考察后,函知各该路当局施行;(二)呈中央转铁部根据各路营业情形,规定各路职员数额,以免浮滥。六、胶济工会提呈中央转国府铁部,缉查各路私卖车皮,以重路章而除积弊案,决议通过,办法修正为二:(一)由各路工会切当调查,如有上项弊端,即呈中央转铁部核惩;(二)建议中央转铁部通饬各路,遇有客商请求车皮,各站须即日将姓名依先后次序登记公布。七、胶济工会提呈请中央在国难期间,严饬全国文武官吏,卧薪尝胆,奉公守法,以作民众表率,而救中国危亡案,决议通过。八、胶济工会提呈中央转铁部,对各路购置材料时应严加注意,以杜流弊案,决议通过。九、胶济、平汉、平绥三工会提呈中央转国府饬铁部,将各路机车及车辆从速收还原有各路,以便运输案,决议通过。十、平汉工会提救济各路失业工友案,决议案由修正为"救济北宁路因东北事变失业工友"。办法由北宁工会负责调查该项失业工友,登记成册,再呈中央转铁部,饬各路尽先雇用。十一、北宁工会提划一国有各路员工待遇案,决议通过。十二、平汉工会提凡属国有铁路服务员工及眷属,所发给之联运票免于缴纳半数及四分之一票价案,决议通过,呈中央转铁部办理。议毕,至五时散会,定今日(二十)上午九时,仍在原地点续开第三次会,研讨特种工会法等要案云。

电调查团

又各路工会联席会议昨电国联及国联调查团,否认东北一切组织,原文如下:"南京国际劳工局中国分局转日内瓦国际联盟秘书处暨东北国联调查团公鉴:日本帝国违反国联盟约、非战公约及九国公约,不惜破坏世界和平。突于一九三一年九月十八日兵占我东北,驱逐我官吏,侵我主权,杀我同胞,置国联决议于不顾。竟又一手造成东北伪组织,藉傀儡而掩世界耳目,冀遂侵略野心,中华民族宁甘承认?试观东北民众揭竿蜂起,到处反抗。该伪组织本无人民拥护,复无自主权能,仅由日本帝国以武力代支局面,诿谓国家,其谁信之?矧东北乃我领土,更不容破坏完整,日本武力强占,实已违反公理。本会誓率全国铁路工人,为政府后盾,否认东北一切伪组织。尚希主持公理,伸明正义,使日本交还我东北，以维和平，东亚幸甚，世界幸甚。中华民国全国铁路工会联席会议。"

(《益世报》,1932 年 5 月 20 日,第六版)

190. 调查团与马占山无会晤可能，苏俄拒绝假道，该团准备离哈

【莫斯科二十日合众社电】 苏俄政府今日拒绝允许国联调查团假道俄境会晤马占山。调查团因所谓"满洲国政府"反对该团访问马占山故，曾请求俄政府允许假道俄境前往。李顿请莫斯科当局发给调查团代表护照，乘车经赤塔转海兰泡。一般相信李顿之代表自海兰泡往见马占山甚易也，因马氏所在地离海兰泡不远，即在海兰泡与马氏会晤，亦有可能。莫斯科既绝对拒绝徇调查团之请，故马占山欲直接给予调查团报告，殆不可能。一般相信苏俄政府以为，倘马氏在俄境内接见调查团代表，是不啻藉俄国助力在满洲会晤，恐引起纠纷云。

【莫斯科二十日路透电】 苏俄政府拒绝允许现在哈尔滨之国联调查之团员经俄境赴沙哈连①晤马占山，目的在遵守对满洲内政不加干涉之原则云。

【哈尔滨廿一日路透电】 国联调查团或将于本日离哈，有某某数团员，倘为现势所许，行将赴齐齐哈尔，而其余团员则返长春。张景惠昨日访问国联调查团，关于满洲法律、财政各项改善问题，有所讨论。兹悉现在调查团已无与马占山会晤之可能云。

【南京二十一日下午九时专电】 顾维钧马(廿一)电外部，报告调查团不能赴黑晤马经过，日内返沈，再定行程。

【哈尔滨二十日路透电】 调查团因中东路西段有兵士骚扰之危险，亦取消齐齐哈尔之行，明日或将离哈返沈阳。然该团有专家十人将乘飞机赴齐齐哈尔，代表调查团调查该地情形云。

(《益世报》,1932 年 5 月 22 日,第一版)

---

① 编者按：疑为"萨哈连"。

191. 调查团返沈，一部委员昨飞黑垣

【哈尔滨二十一日路透电】 国联调查团在哈之工作大致完竣,大部分团员返沈,少数待星期一成行。某某数团员星期日晨乘飞机赴齐齐哈尔,调查当地情势,预料该团在沈勾留五日后即返大连。该团关于欲晤马占山事,曾致伪国政府一觉书,谓:"调查团欲晤马占山,致引起报纸及各方面之批评,殊有解释之必要。对满洲情势,各关系方面之意见不同,目前既不能接受片面辞,故调查团有听取一切意见之必要。'满洲国'之官吏业获晤面,应予马占山一供给报告之机会。因北满战事未已,而敝团派遣之时,有不能干涉军事之明白规定,故调查团特将欲见马占山之意,通告中日两国团员及'满洲国'随敝团代表。"该觉书末称关于欲见马占山一事发生实际困难,固在调查团意料之中,但其意旨被误会,则殊非意料所及云。

(《益世报》,1932年5月23日,第一版)

192. 调查团归来,刻已到沈,日内返平,王正廷赴青岛招待

【济南二十五日下午七时本报专电】 朱光沐本日过济返平。据谈,张日内不赴京,此行系代张向中央报告调查团到东北情形。该团已返抵沈阳,日内到平,将来作报告之地点尚未定,青岛亦不甚完善。又王正廷定宥(二十六日)由京来济,转青岛,传为筹备招待调查团。

【齐齐哈尔二十四日新联电】 国联调查团本日午前九时,由此间经由洮昂线赴沈阳。

(《益世报》,1932年5月26日,第一版)

193. 徐祖善谒汪,调查团将赴威海卫

【南京二十五日下午八时本报专电】 徐祖善有(廿五)日午谒汪,报告一

年施实[实施]情形,请示调查团抵威海卫招待事宜,并请发积欠。汪甚嘉许,允饬财部速拨。

(《益世报》,1932 年 5 月 26 日,第二版)

194. 调查团行程:定昨晚赴大连,下月四日来平,在平留两周,赴北戴河作报告;东北委托国联管理?

【北平通讯】 国联调查团业由哈尔滨返抵沈阳。我国代表顾维钧氏,昨有电到平报告:该团一行已定六月四日离沈,经陆路乘北宁车返平,如届时无事故发生,可望如期成行。在平共留两星期,然后再赴北戴河避暑,从事报告书之编制云云。惟该团前定离平后赴日,而报告书编制地点则在青岛,观顾氏来电,或已有变更。惟据另一消息,调查团离北戴河后,仍将赴日,再来南京云。

【北平二十六日路透电】 国联调查团昨晚可离沈赴大连,在该处略有勾留,至五月三十日再返沈阳,将于六月四日来北平云。

【南京二十五日路透电】 关于报纸所载国联调查团将对国联建议将东三省委托国联管理一节,中国外交部尚未由日内瓦接到此□……□。

(《益世报》,1932 年 5 月 27 日,第二版)

195. 顾代表电张主任,调查团四日乘车来平,招待会开始筹备欢迎

【北平通讯】 北平市招待国联调查团委员会,近接张主任交来顾维钧代表来电,以调查团定于六月四日由沈返平,人数与来时略同,并转饬路局派专车于六月三日前开至山海关迎候。该会据情,特定于后日(三十日)上午十时,在市政府会议厅开会,讨论招待事宜,通知昨已发出。兹分录顾代表来电及开会通知如次:(一)顾代表电:"北平张主任勋鉴:漾电计达。调查团二十一日赴大连,三十日返沈,拟六月四日乘车赴平,人数与来时略同。并饬路局,将前用专车于六月三日前开至山海关等候为祷。弟顾维钧叩。漾。"

(二)开会通知:"径启者:招待国联调查团事务,亟待讨论。兹定于五月三十日准上午十时,在市政府会议厅开常务委员会。务乞莅临,公同讨论为盼。此颂勋绥。"

【北平通讯】 国联调查团订下月四日离沈阳,经北宁路来平,已志昨报。闻该团经山海关时,拟稍留视察,五日由榆动身,六日即可抵平。北宁路原备该团乘坐之专车,已定下月一日开至山海关候用云。

(《益世报》,1932年5月28日,第二版)

196. 国联调查团行将返平,北宁备车迎候

国联调查团在东北工作完毕,即离沈西返。北平绥靖公署接我代表顾维钧来电,急令北宁路局备车前往迎接。路局即饬津唐两厂将停放各该厂内之欢迎国联调查团专车集齐,定下月一日由路局车务处长王奉瑞、营业课长周贤颂率领,前往山海关迎候。闻调查团如无耽搁,下月四日可返平云。

(《益世报》,1932年5月28日,第六版)

197. 调查团明日由连返沈,定三日入关,在榆下车视察并晤何柱国,日军企图消灭辽西义勇军

【秦皇岛二十八日下午八时电】 沈讯。国联调查团一行在大连旅程中,拟往旅顺视察要塞,及与日关东军山冈长官会见后,再赴□长参观制铜所。陷(三十日)返沈,江(三日)搭伪奉山路专车入关,过榆关下车,晤何柱国旅长后,换乘我方预备之北宁路专车西行,歌(五日)下午可抵北平。又由平返国之英使蓝浦森途次大连,与国联调查团首席代表李顿爵士晤见,对斡旋上海会议经过有所报告,旋转南满路赴沈。闻蓝使在沈拟小作勾留云。

【秦皇岛二十八日下午八时电】 据传日方鉴于辽西一带义勇军之活跃,拟乘青纱帐□起前,调兵一师团进驻绥中,从事扑灭义勇军工作,同时并威胁榆关。此项计划,国联调查团入关后即可实现。又日前锦州日军第八师团部

主开之辽西会议,已决定扩充辽西各县地方自卫团,并组织督统公所,指挥协攻义勇军军事云。

(《益世报》,1932 年 5 月 29 日,第一版)

198. 英使晤李顿,对圆桌会议主张缓开,调查团将在平留旬日

【哈尔滨二十九日下午四时本报专电】 英使蓝浦森过哈回国。该使过连时曾与李顿会见,并对外报记者言,沪圆桌会议以缓期召开为宜。张景惠俭(二十八日)赴长春。

【南京二十九日下午八时十分本报专电】 调查团支(四日)由沈返平晤张,勾留旬日,即赴北戴河整理报告书。李顿将赴威海卫,行期未定。

(《益世报》,1932 年 5 月 30 日,第二版)

199. 调查团回沈即来平,日人仍不许视察榆关,北平筹备第二次欢迎

【北平通信】 国联调查团决于六月四日由沈乘车来平。此次调查团来平之路线问题,□前几经交涉。调查团委员长李顿因前赴沈时取道大连,深以未得视察铁道沿线情形为憾,坚持由沈乘车出发,日方极力反对。迭经交涉结果,日方提出条件两项:(一)乘车来平,并无不可,惟一切行动须尊重日方意思;(二)沿途经过大凌河、锦州、打虎山①等处,不得停留下车视察。国联调查团对于此项条件,最□表示容纳,始行决定。现李顿等为实际视察上便利起见,先派秘书长哈斯由沈启行,以便沿途可以调查一切。哈氏定于今日(三十一)离沈,当日下午八时可抵山海关,在该处略行视察后,即行来平,计程后日上午可以到达。昨日顾维钧有电来平,中国代表团随员刘崇杰、游弥坚及英人

---

① 编者按:也称"大虎山"。

端纳等六人,三十一日下午七时先由大连乘轮到塘沽,转车返平,本人则随同调查团由铁道遄返。北平方面因该团即将到平,积极筹备欢迎。北宁路所备之专车,决于六月一日由天津开赴榆关。高纪毅派定董金寿为管理列车长,随车照料一切。车上服务人员,前晚(二十九)日已由平到津。卫生车仍挂专车之后。车上警备事宜,由绥靖公署派卫队四十名协同路警担任。调查团卫生顾问谢恩增业已赴津,随从专车赴榆。北平市府招待处主任宁向南,亦即前往。调查团来平以后,仍寓北京饭店。所有警备招待事宜,市府及军警机关现已筹备就绪,较上次招待该团时,尤为周密云。

【哈尔滨二十九日新联电】 英公使蓝浦森偕同其女公子,二十九日午后三时由哈尔滨出发,经由西比利亚回国。

【大连三十日新联电】 滞留四日调查完竣之国联调查团一行,本日午后九时二十分搭乘特别快车,由此间出发,途中将视察鞍山制铁所,豫定翌日午后七时抵沈阳。

【青岛三十日下午七时二十分本报专电】 顾维钧电青胶路局转颜德庆,谓调查团不日到平,促颜速赴平布置一切。颜陷(三十)晚乘胶路车北上。

(《益世报》,1932年5月31日,第一版)

200. 哈斯昨晚过榆来平,迎调查团专车明日开榆关

【秦皇岛三十一日下午八时电】 沈阳日人鉴于国联调查团行将过榆赴平,对图谋榆关之真相力加掩饰,并连日在沈大造谣言,如称我何柱国旅在榆关编便衣队、筑阵地及华方在河东增兵等等。又国联调查团哈斯秘书长偕一随员,世(卅一)日晚八时搭伪奉山车到榆,当于十一时乘北宁包车赴平。何柱国旅长到站接待。李顿等支(四日)或微(五日)可到平。

【本市消息】 国联调查团随员,专门委员杨菰德、开特安基林诺、潘旭佛,秘书泡克罗维斯基、马兰诺、兰伯等六人,前日由大连乘长平丸动身,业于昨晨十一时抵塘沽。北宁路局代备车辆,先于昨晨由营业课长周贤颂率领,赴塘沽迎候。该员等上陆后,即换乘火车,于十二时四十分抵津东站。各员均下车,赴各处休息,将空车开至总站。同车者有我方外交部档案保管处处长刘承传、科长刘酒蕃,系事先赴大连迎迓者。至三时左右,各员等均赴总站上车,三时

十分开赴北平。国联秘书长哈斯业已离沈,准明晨六时乘一零二次车来津。至欢迎国联调查团专车,北宁路昨经预备竣事,开至总站,定二日晚开赴榆关,约四日返津赴平云。

【北平通讯】 外交界讯。国联调查团日内由东北返平后,除与北平最高长官之会见外,将不接见任何人员及团体代表。北戴河编制报告书一节,尚未确定。因日方拟请在青岛,结果何往,将俟该团抵平后再议。又中国代表随员游弥坚等一行六人,昨晨十时由大连搭轮抵塘沽,午后转乘北宁车返平,昨晚七时一刻可到云。

【满洲日报载称】 国联调查团一行,于五月二十七日午前十时四十分,自沈乘车抵连。山冈关东长官、林丙局长,均迎接于白玉山麓之长官官邸内。由高田外事课翻译,山冈长官陈述日本在满二十三年间开发之结果,所有设施,均自信有文化之发展。并说明关东厅内之行政、殖产、土木、卫生、教育各项,日本曾以多额费用,努力于发展,且对于中国人之生命财产,保障安全,然一切租税费用,较他处中国人负担为轻。关于日本警察制度,不惜牺牲,力谋满铁附属地内警备之安全。最后述及关东厅行政大要,以供调查团之参考。会见约达一小时后,调查团即赴大和旅馆,更换便装。同日十一时往关东厅,于客室内首由林警务局长说明警务状况,继由日下内务局长讲述施政方针,河相外事课长关于涉外事项加以说明。调查团遂于零时三十分告辞,午后由日人陪同,游览大连名胜云。

(《益世报》,1932年6月1日,第一版)

201. 调查团之重要声明,否认东北实行代治地制度之传言,李顿与英公使并未成立任何谅解,哈斯昨到平,全体委员四日离沈

【沈阳三十一日路透电】 国联调查团主席李顿爵士,对外间所传调查团将有意建议在满洲实行国联代治地之制度,以张学良为代治地政府主席之传言,绝对否认云。

【沈阳卅一日新联电】 目下滞沈中之国联调查团,本日发表重要声明书

如次:"日前李顿爵士与英公使蓝浦森之间,对于满洲问题解决案成立谅解之传说,本委员会以其为完全虚构之流言,感觉有声明之必要。对于委员长传布此种流言,即对于本委员会亦大感有碍,希望将来此种事不再发生"云。

【秦皇岛一日下午八时电】 沈阳电讯。国联调查团一行,决定支(四日)由沈首途入关。日方虽阻该团在锦州下车,但经李顿爵士强硬抗议之结果,过锦时决下车作一度之视察。过榆仅作三五小时之勾留,谒何柱国旅长后,即换乘北宁专车去平。沈垣世(三十一日)起暴风,自晨迄晚未息。

日方忙于掩饰

【北平通讯】 国联调查团定于四日由沈乘车到榆,略行停留,即转乘北宁路所备专车西来,途中拟至北戴河视察,以便将来在彼草作报告书,预定五日下午到平。日人鉴于该团即将到榆,掩饰耳目起见,在榆伪国警察业已减少,日兵亦稍敛迹。秦皇岛方面,原有日舰八艘停舶海面,计驱逐舰五艘、巡洋舰二艘及航空母舰一艘,陆战队并时登陆滋扰。日来日方已将航空母舰及驱逐舰调往大连,仅留巡洋舰二艘,其用心之苦,可想而知。国联调查团秘书长哈斯奉李顿之命,先行入关,视察沿线。前夜由沈启程,前日(三十一)下午一时二十分,抵山海关,与何柱国旅长及日本驻榆守备队队长松下会面,接洽调查团到榆时一切事宜。当晚九时五十分,乘北宁路三一五号□车离榆来平,昨日上午十时一刻到达东站。中国代表团办事处秘书长王广圻、外交部档案保管处长王承传及绥靖公署副官长汤国桢等到站欢迎。哈氏下车后,即至北京饭店三零五号下榻。因舟车劳顿,略事休息,今日拟与招待处及军政当局有所接洽。与哈氏同来者,有加拿大太平洋铁道副经理海姆斯氏。海氏在东北调查铁道情况,对于东北情形颇为熟悉,国联调查团对彼多所垂询。日来平方筹备招待调查团,又形忙碌,所有要员亦陆续来平。汤尔和及铁部参事颜德庆衔命北上。汤氏到津下车,今明由津来平,颜氏则于昨日上午十一时到达。胡若愚亦奉张命,由津到平,对于招待调查团事宜,有所协助云。

在大连之工作

【满洲日报载称】 联盟调查团于五月二十八日午前九时五十五分,访问满铁本社。由八田副总裁引导,先入客室内休息,俟□与内田康哉、山崎总务长及各理事等略行寒暄后,即于午前十时正式会见。出席者,调查团方面为李顿委员长、麦考益将军、马斯可基等委员,其他哈斯书记长、杨库条约顾问、哈穆铁道顾问,日方为内田康哉、八田、任堂理事、金井顾问及其他随员。首由内田说明中日外交问题及满洲铁道问题,原联盟调查团提出质问要项于二十七日李顿与内田重要会见中已由李顿述明,并将质问条项之书面交与内田。日方原拟于二十七、二十八两日招集各关系者整理资料,但调查团非常希望内田之说明,故本日之会见根据书面条项,逐条施以说明。最初内田以日俄战后之北京条约及满洲条约之直接关系者之资格,详述一切。原来内田乃签订此两项条约之日本全权,现与此有直接关系者,其生存者,中日两国只内田一人,故联盟委员对其谈话非常注意。内田谈至铁道问题时云:"余任满铁总裁之最大理由,乃求铁道问题之解决,此乃余之重要事务。方努力解决期中,竟有九月十八日之事变。"内田谈其就任时之心境后,复谈就任以后之情形,渐转至铁道问题。彼竭力给与调查团以充分之满足。在谈话中,委员长及各委员屡有质问。及午后一时五分,会见完毕,双方均集于满铁社门前摄影。及一时五十分,调查团即行辞去云。

在旅顺之工作

【满洲日报载称】 国联调查团旅顺访问时,山冈关东长官担任各项说明,其内容大要如次:(一)关于李顿爵士所质问关东州内匪贼状态,即由林警务局长说明州内产业及文化均甚完备,住民无不安生乐业,彼等生活非常平和,故无匪贼,亦从无遭遇危害者。(二)李顿根据风传所谓四头政治弊害提出质问。山冈长官答称并无此事,关东军根据统帅权发动,关东厅依据行政权,满铁于其监督下,而外务机关处于外务省指挥下,故日本对满方针均系一贯,并无何等抵触。(三)麦考益将军提出满洲人民在日本行政机关内有无任官吏之质问,答称关东州内日本行政权确立,官吏均属日人,唯中国人仅属巡捕、书记、教师之使佣,且州内与州外之性质完全不同。最后李顿对于关税问题,质问大连海关与"满洲国"内地不同,则由河相外事课长就经济的及法律之根据施以说明云。

(《益世报》,1932年6月2日,第一版)

202. 矢野返平,招待国联调查团

【上海一日下午十时专电】 日使馆参赞矢野,因调查团将返北平,定冬(二日)搭大连丸取道青岛返平,准备招待。俟调查团离平后,再返沪。又日本领馆参赞横竹亦将返□报告云。

(《益世报》,1932年6月2日,第二版)

203. 调查团明日入关,宿北戴河,后日过津赴平,王广圻、顾夫人赴榆迎候

【北平通信】 国联调查团来平行程,现经商协结果,业已决定。准于四日上午八九时由沈启程,当日下午七八时抵山海关,勾留两三小时,即转乘北宁路所备之专车,赴北戴河。北戴河方面业已租妥房舍,布置完善。该团到后,在彼过宿,翌晨至海滨视察。十一时左右,由北戴河乘车来平,五日下午八九时,即可到达东车站。在平勾留两星期,整理一切稿件。作报告书地点,我方主张在北戴河,日方坚持在青岛。调查团方面并无成见,惟亦不欲以此细小之地点问题,惹起任何一方之不快,将来万一不能在北戴河作报告时,决不至青岛,或另觅适当地点,亦未可知。调查团人员,李顿因在调查上便利起见,业已添请专门人才数员,以备咨询。现在该团人员共有二十七人之多,日本代表团人数亦已增加,计二十一人,内中满铁社派有四人参与其间。北平方面,对于招待国联调查团事宜,业已会□数次,咸意该团为中日问题不辞辛苦,颇着勤劳,此次远道来归,应加慰劳,与上次欢迎性质不同,一切布置,亦略有别。中国代表团办事处秘书长王广圻、铁部参事颜德庆、中央代表刘迺藩[蕃]及顾维钧夫人等,均于今晚乘车赴榆迎候云。

【北平电话】 国联调查团秘书长哈斯,昨夜与王广圻晤面,对调查团到平后一切事宜,有所商洽云。

【本市消息】 国联调查团一行,决定四日离沈乘车赴榆关。北宁所备专

车,经该局检验后,已于昨日下午一时开榆。省市政府刻亦妥筹欢迎办法,惟不过事铺张,以节糜费。昨(二日)并据省府秘书谈,顷榆关来电称,调查团在津不拟停留,故对招待上当可从简,亦无拟定程序之必要。严智怡委员特为此事赴平请示,明日(即三日)可返,当能确定。

【山海关二日下午八时电】 日军将绥中、前所一带驻军暂调锦朝及葫芦岛两支线,以避调查团耳目。仅留少数步队警备铁道线,绥中一百余人、前所五十余人,伪警及白俄警则在各小站警戒。伪奉山路近仿南满路制度,改全路为三区管理:一、自沈阳至大虎山;二、自大虎山至锦州,包括营沟、大通两支线;三、自锦州至榆关。

(《益世报》,1932年6月3日,第一版)

204. 调查团明日可抵平,今日过榆关晤何柱国,宿北戴河,东北问题日本亦正焦虑,十九人委员会传将复开

【北平通讯】 国联调查团一行,定于今日(四日)离沈西上,过锦州视察后,即到榆晤驻军旅长何柱国,再换乘昨日抵榆之北宁专车至北戴河,预定明日(五日)上午十一时半再西上,晚八时可到平。谢寿康昨已到平,将协同招待调查团各委员。又北平绥靖公署为国联调查团到平后保护事宜,昨特饬所属机关,原文如下:"为令遵事:国联调查团到平后之保护,由各主管负责机关,仍照以前所定办法,协力负责。关于警戒及迎迓一切组织事项,以前规定綦详,应各查照遵行。事关保护国际团体,各该军政长官务须妥慎办理,勿稍疏虞,是为至要,并将办理情形,先行具报为要。此令。"

【秦皇岛三日下午九时电】 国联调查团定支(四日)晨八时由沈阳首途,过锦州时约留二小时,计程当晚八时到榆关,拟与何柱国旅长一晤,即换乘北宁路专车,赴北戴河休息。榆关各界已在车站搭欢迎彩牌。北宁专车及中山号铁甲车,江(三日)午到榆试道,旋仍开回秦皇岛候用。张绥靖主任派朱光沐、宁向南届时到榆欢迎。

【南京三日下午十一时专电】 外部息。王广圻江(三日)由平赴榆,代表中央慰劳顾维钧。闻顾到平后,将来京报告。调查团编报告时,顾仍前往招待。

(《益世报》,1932年6月4日,第一版)

205. 调查团今晚到平，昨宿海滨，今晚五时过津，顾代表归来沉痛训国人：无忘东三省，拯地狱同胞

【今晨一时北戴河电语[话]】 调查团于今晨（四日）六时，由沈阳启程进关。日本铁甲车一列先开压道，车上警备由沈至锦县由伪国警察担任，由锦县至榆关由日兵廿名及日警四十名沿路护卫。专车经皇姑屯、沟帮子各站均略停，抵锦县后，全体委员下车，赴交通大学及各地视察，我方顾代表及随员则未下车。旋登车西行，下午六时到绥中。六时半日铁甲车到山海关，该铁甲车计炮车两辆、铁闷车两辆，车上有日兵二十余人、伪警察十余人。七时半调查团专车开到，全列共二十辆，车头悬挂伪国国旗，车上日军由驻锦县之第八师团参谋某带领，日方派藤田领事在车上招待，伪奉山路车务处长律长庚亦随车照料。山海关车站由何柱国旅长派兵戒备，事先与日方商妥，由我方维持，原驻车站之伪警亦临时撤去。日铁甲车到榆后，日军均未下车，仅随行之日军官多名均则下车视察。伪国警察于调查团专车到站时，曾在附近民房之墙壁上悬挂极大之伪国国旗，计四尺长三尺宽。我方因系临时悬挂，且恐因此小节发生纠纷，故置之不理，惟调查团对此则极注意。榆关车站搭有彩排楼，上书"山海关各界欢迎国联调查团"字样。各界代表三百余人，届时均到站欢迎。至我方所派迎接调查团之专车，于今日（四日）下午四时由秦皇岛开榆关。南京政府所派慰劳代表王广圻、张主任代表朱光沭、平市府代表蔡元及顾夫人，均乘该车前往。北宁专车到榆后，当会同何柱国旅长登伪奉山路专车，与全体委员晤面。调查团当即下车，略事周旋，即登北宁专车。何旅长复与李顿在北宁专车上谈二十分钟，对榆关情形有详细之报告，李顿亦有所咨询。晚七时三刻，专车即由榆关开往北戴河，由中山号铁甲车压道，沿路并有我方军警戒备。调查团于专车开行后，即用晚餐。八时二十分到秦皇岛，停三十分钟。九时二十分到北戴河，九时半由车站开往海滨，调查团即宿车上。调查团全体人员，现已增至二十七人，除哈斯等已到北平外，此次同行者共二十人，日代表团亦已增至二十二人。北戴河海滨有我方楚豫、永翔二舰停泊警戒。调查团预定明（五日）晨八时半下车游览，十一时半登车来平，下午五时到津，停半小时，晚八时

半抵平，何柱国亦随车同来平云。

顾维钧谈话

据顾代表在北戴河车上对记者谈话云："此次与调查团赴东北，取道大连赴沈阳，由沈赴长春，由长春赴哈埠，由哈埠返沈，再到大连，由大连赴旅顺，折回大连，到鞍山，然后回沈阳，再由沈阳赴抚顺，折返沈阳，今日由沈关返平，沿路各站，均略有停留。此行感触极深，不愿多说话。在东北所闻所见，无非伤心惨目之事。东北面积有我国沿海长江一带九省之大，法德两国之土地，合并且由不及。如此锦绣河山，膏腴土地，三千万人口，勤苦耐劳之同胞，现已完全落于异族之手。我三千万同胞，已深受亡国之痛。每到一处，即感觉说不出来之悲痛，所以有许多话要说，但不知从何处说起。我内地全体同胞，应将东三省三字深刻的时时记在心上，不要忘记，我三千万同胞，现时已成为亡国之民。希望国内各方面放大眼光，牺牲个人的一切，共谋规复东北。要知内部无办法，对外断难有办法。不要以为土广人众，就不会灭亡，据本人此行所得，土广人众，一样可以被人灭亡。东省人口达三千万众，而日军不过五六万，以三千万对五六万之差，而我东省同胞竟无可奈何，宁不令人伤感？调查团在东北所到各处，均有我青年同胞欲与调查团及我国代表团晤面，然而终不可能，即本人欲与我同胞会面，亦所不许。东北青年同胞因此被日军逮捕者，不可胜计。现时东省同胞，已处于欲诉无门之苦境。我关内同胞，今后要人人以拯救此无告之东北同胞为己任，必使达到收复故土、出我民于水火而后已。否则唇亡齿寒，国家民族之前途，将更不堪设想矣。本人回平后，决晋京向政府报告此行经过及东北现状"云。

何柱国谈片

何柱国旅长对记者谈称："山海关附近情形，当调查团前次出关时，即已有详细之报告，此次事先已有充分之准备。哈斯秘书长日前过榆返平时，曾对本人谈，俟调查团进关时，可将最近状况，尽情向李顿爵士报告，并可作一书面报告，以期无所遗漏。此次在车上，晤李顿谈甚久，内容不便宣布。刻下山海关附近，绥中有日军三百，锦州五百，九门口已无日军，秦皇岛只有日驱逐舰一艘，地面尚称平静。本人到平，系备供调查团咨询，并晋谒张主任，有所请示，事毕即返榆坐镇"云。

何来东渡说

【东京四日新联电】 国联调查团为编成最后的报告书,预定本月底再度赴日,至时有偕同顾维钧及中国方面之随员同往之意。日外务省首脑对此颇为重视,事前若不明了中国方面之随员同往之实际的必要性及真正的目的所在,则不能应诺接待等之强硬论已见抬头。时节关系,殊堪注目。

【东京四日新联电】 关于调查团偕同顾维钧赴日问题,斋藤外相三日夜间于下记诸点唤起李顿爵士加以注意,业已训令日本方面之参与员吉田大使:"日本政府根据行政院之决议,调查范围仅限于中国本土及满洲地方之解释,严重的坚持。故调查委员此次再度来日之际,中国参与同伴之事,关于其自体并无异议。然若以调查范围扩大及日本为目的,则断难容忍"云。

北平之欢迎

【北平通讯】 交通界消息。国联调查团以在东北调查工作终了,于昨日晨七时由沈乘伪奉山路车西下。定昨日下午七时抵山海关,换登北宁专车晚餐,约留一二小时,即启程赴北戴河,在该地度宿一夜,今日上午十一时半离海滨来平,下午八时即可抵平。国府派往慰劳顾维钧代表之王广圻与招待专员颜德庆、朱光沐、蔡元、刘崇杰及顾夫人等,业于昨晨六时半乘北宁一零一次车到达山海关,今晚与调查团一行同车返平。又北平招待国联调查团办事处昨分函各方,送致入站证以及欢迎须知,以便各界届时到站欢迎。兹录函文如下:(一)招待处通知:"迳启者:查国联调查团定于本月五日下午八时抵平,在东站下车,相应检同入站证□份,欢迎须知,函请查收,并希届时前往欢迎为荷。此颂台祺。北平招待国联调查团办事处启。六月三日。"(二)欢迎须知:(1)调查团等下车后,欢迎人员除有招待职司者外,务勿离开规定地点,以维秩序。(2)欢迎人员应俟调查团外宾等出月台登车,再行依次出站,务勿争先,以维秩序。(3)无入站证者不得入站。

国联待报告

【南京四日下午八时三十分本报专电】 日内瓦电。十九委员会本月中旬可开会,考虑沪及东北时局最近发展,同时将讨论中国所请各国当地外交代表及国联调查团随时报告北满军事情形。颜代表函秘书处,报告日军在北满大举进攻华军。总备忘录内曾建议由各委员国当地外交代表及国联辽案调查团,随时报告军事情形,俾国联可确知真相。

【日内瓦三日路透电】 斋藤子爵以日本首相资格,昨日发表之初步声叙,复引起此间对远东之注意及若干之风说。至就国联而论,据审慎之调查,已证明现无新发展,足为阻碍或修改国联大会程序之理由,自上海日军撤退以来,更无藉口。李顿报告书一时尚不能希望,自五月三十一日颜惠庆博士曾向国联请求,告以日军撤退至南满路区域至若何程度后,中国方面对于李顿报告书或满洲情形,并未作进步之请求。有人探询李顿曾建议东三省委托日本统治一节,兹据负责方面答覆,李氏并未提出此建议云。

(《益世报》,1932 年 6 月 5 日,第一版)

206. 调查团昨晚过津抵平,将先谋山海关之安全,留平两周整理材料,东行未定,大致决定在北戴河作报告书,北平各界将大举慰劳顾代表

【北平电话】 国联调查团于昨(五日)日上午十一时许,由北戴河海滨登车西上,六时到津(过津情形详另条),停半小时,即开往北平,当晚九时五十分到达北平。该团自海滨启程以前,曾有电到平,请勿作扩大之欢迎,故平方一切布置均甚简单,仅于车站门前悬挂欢迎国联调查团及欢迎顾代表之标语。张学良、于学忠、周大文及各机关各团体代表于专车到站以先,均莅站恭候,驻平德法二公使、意大利代办、各使馆武官及调查团秘书长哈斯亦均到站。专车进站后,由公安局乐队奏乐,张学良首先登顾代表专车晤谈,并致慰劳之意。旋与顾代表夫妇同赴李顿专车,略事寒暄,全体委员及随员即相偕下车,迳赴北京饭店休息。张及顾代表则分返私邸,欢迎人员亦同时散去。调查团拟在平留两星期,在此期间内,专致力于解决山海关问题及整理材料之工作。至赴日之行,尚未决定。避暑地点大致已定在北戴河。又我国代表顾维钧,此次与国联调查团冒险同往东北调查,忍辱负重,备尝艰辛,精神上所受刺戟[①]尤多。

---

① 编者按:原文如此,今作"刺激"。

今卒得完成使命,重返旧都,平市记者拟联合发起大规模之慰劳会,刻已着手筹备云。

注意榆关局势

【北平电话】 调查团对山海关之情势,极为注意。专车离津后,李顿即召集各委员及我方顾代表维钧、何旅长柱国,在车上开谈话会。过榆时因时间仓促,未及与何旅长详谈,此次对山海关最近状况,另有重要之咨询,比由何一一答复。调查团认为,榆关目前之局势,仍有随时发生纠纷之可能,亟应谋一适当办法,以策万全。大多数意见仍趋重于缓冲之方法,惟此事关系中日双方及列强,须俟到平征求各方意见后再定。其次,关于榆关车站发现之伪国国旗,调查团亦极重视。当该团前次出关是[时],中日双方本以长城为界,今榆关车站突发现伪国国旗,可见日方得寸进尺,实行蚕食之计划,甚为不妥。到平后,对此亦将与日方有所商洽,以免引起其他误会。

李顿发表谈话

【本市消息】 调查团专车过津时,李顿发表英文书面谈话,兹译志如次:"本调查团现在返北平途中。此次在满洲,自四月二十日至六月四日,共逗留六星期之久。在此期间内,调查团之工作,在搜集一切必要之报告,以期能明了目前之情势及去年九一八以后经过之事实。调查团之意见,将拟提交国联之报告书内发表,事先不便宣布。当调查团在满洲工作时,日政府或满洲之日军事当局,未加阻碍,故在满洲一如在中日两国时受同样之招待与援助。至因其他个人所发生之种种困难,以容忍之态度处之,但经接洽后,终告解决。调查团未获与马占山晤面,因北满仍有战事,如无满洲或苏俄当局之合作,不能达此目的。但此项合作终未获得,殊为遗憾。调查团今晨北戴河之游极为愉快,海滨风景绝美,果不出吾人所预料。调查团将来计划尚未决定,在未做最后决定以前,将赴他处一行。调查团自始至终,将尽量利用中日两国政府所表示之善意,并希望国联特有之协调精神,足以助此两会员国解决彼此间所发生之不幸纠纷"云。

(《益世报》,1932年6月6日,第一版)

207. 过津一瞥：欢迎如仪，昨晚六时抵东站，略停即去，周龙光、王一民均到站欢迎，顾代表关心津市治安

【本市消息】 国联调查团李顿爵士等一行，于昨（五日）上午十一时四十分，搭北宁路专车，由北戴河海滨启程西上。三时过唐山，四时二十分过塘沽，五时过新河，五时五十分抵天津东站，停留二十分，六时十分开往北平，总站未停，计程当晚九时可以抵达，兹将该团过津详情志之如次。车站布置，东、总两车站月台及天桥均预经悬挂万国旗帜及五色电灯。第二军部、公安局派遣警宪，分队维持秩序。河东河北大经路临近车站处，均宣布临时戒严，断绝交通。省市各机关欢迎人员，于五时许即齐集东站，计有周龙光、王一民、第二军部刘参谋长、黄宗法、陶坚等五十余人，日领桑岛亦到站欢迎。五时五十分，专车开入第一台。当由第二军部及公安局乐队奏乐，莅站人员亦均脱帽，致欢迎之意。王广圻、颜德庆等首先下车，继该团各委员及顾代表维钧、日方代表吉田等亦次第下车，与欢迎者晤见。顾代表卸褐色西装，精神颇佳，面微带沉郁之色，一望而知为仆仆风尘，而受重大刺戟者。各委员下车后，由省府秘书长黄宗法介绍，与省市各要人握手。李顿态度极和蔼，较第一次来津时略现清癯，并语人彼极感愉快与荣幸云云。时各报记者纷纷拍照，并请顾代表发表谈话。据顾称："本人在北戴河时，就感想所及，已有一次谈话发表。专车在此地停留甚暂，明日（即六日）在平，当与诸君一聚。"并殷殷以地方情形相问，经记者告以大致平静，复叩以赴京日期及对日方拒绝赴日之意见。据答："本人决日内赴京一行，请示一切，并报告赴东北陪查经过。至日本拒彼赴日一节，本人曾未前闻，仅于今日（即五日）报纸读悉，量不致成为问题。本人之随同调查团赴日与否，完全以中央之命令为转移，任何人及任何方面均不能阻挠。再，调查团准于二十日前后离平，但是否往北戴河，则尚未确定"云。谈至此，汽笛初鸣，专车预备开行。各委员及中日代表等均登车，频频摇帽与欢迎者辞行。至六时十分，汽笛再响，车遂蠕蠕开动，驶往北平云。

（《益世报》，1932年6月6日，第一版）

208. 嘉宾莅海滨，夜色苍茫烟树朦胧，风和日丽野花齐放——调查团漫游北戴河之详情

【北戴河特讯】 国联调查团由东北调查归来，事先来电，拟至北戴河游览以后，再行返平。当局接电，即派宁向南、周贤颂在北戴河略事布置，以便招待。前晨（四日）绥靖公署总务处长朱光沐及平市财政局长蔡元，特由平到北戴河视察，有所指示。北戴河为华北避暑胜地，有山有水，景色绝佳，分东西两山。东山一带，外人多筑别墅，以为消夏之所，西山则为前国务总理朱启钤所□营。朱氏认此地乃北方胜地，有兴筑必要，乃于民国六年集款建设。迄今已十五年，道路平坦，林木荟葱，蔚成巨观。此次当局布置周密，车站树立欢迎彩牌，马路排列红色烛灯，警备事宜陆有军警，海有楚豫、永翔二舰。国联调查团于前晚（四日）九时廿分专车到北戴河车站，朱光沐及招待处人员在站欢迎，略事停留，即开至海滨。时已九点又半，夜色苍茫，烟树朦胧，马路列灯，俨如火龙，别有一番胜景。各委员以天色已晚，在海滨车站略行流览①夜景，即在车中渡[度]夜，预定昨晨八时半再至各处游眺。昨日拂晓，法[意]委员马克蒂爱海滨风景，单独先至海边闲眺。七时许，各委员均起身用餐。八时朱光沐及蔡元访李顿，略谈片刻。北宁路局将北戴河风景照片汇成精册，分赠各委。九时各委及中日代表团人员出发游览，由朱光沐、蔡元、宁向南等招待，分坐皮车登山。先至西山之麓同功堂别墅，次游莲花石公园。园在半山，有石岩二，成莲花形，因以为名。各委员登石巅远眺，海滨景物历历在目，均怡然称快。九时三刻，抵乐山堂。堂为二层西式楼房，外有园亭，室内陈设精洁。各委员在彼小息，略进茶点。旋过海滨公园，至段芝贵、田中玉等别墅，复折而南行，参观巴贝大楼等处。预定参观之别墅精舍，为数一十有四，以为时过晏，恐误行程，乃沿海滨游览一周，即返车站。十一点五十分，开车西行。各委员对于北戴河风景之佳，均极赞赏，认为避暑之绝好处所，大有流连不舍之意。昨晨调查团在北戴河游览时，各处均悬旗志庆。何柱国与朱光沐行至半山小息，遥见山巅

---

① 编者按：原文如此，今作"浏览"。

青天白日满地红之中华民国国旗迎风招展。何谓朱云:"此光辉灿烂之国旗,为河山增色不少。"言下爱国之心,油然而起。前夜北戴河天气陡变,大雷电继以急雨,昨日拂晓,尚阴云四起。乃八时以后,天忽放晴,风和日丽,山色增黛,野花竞放。各委员游览之际,均为秀色所醉。美委员麦考益喜野花鲜艳,摘而为佩,返车时,尚佩诸襟,以留纪念云。

(《益世报》,1932年6月6日,第一版)

209. 社论:劳矣调查团! 劳矣顾代表!

国联调查团于四月十九日夜离平,分海陆两路出关调查,于六月五日夜重返北平。在关外留驻时间,约四十余日。此行工作的成绩如何,于远东和平前途补救的程度如何,在调查团正式报告书未发表,整个中日问题未解决以前,我辈不敢先期估价。然此次出关,长途跋涉,长期奔走,备受疲劳,备尝辛苦,此在调查团重返北平之今日,我中国国民极应敬致慰劳之忱。调查团诸君在沈阳、长春、吉林、哈尔滨各处留驻时候,物质上供应闻极丰厚,精神上打击闻极深重。以国联代表资格,而一切语言行动均受严重监督,无礼干涉;以身居和平使者之上宾,竟至失却个人自由。此一月半以来,精神上之不舒适畅快,一切自在我辈想象中。待遇失当,责有所归,固无需我中国国民为之歉仄。好在此次调查团之目标为远东和平,为人类幸福,数十日来之辛勤牺牲,乃高远伟大目标之代价。他日精神上之安慰,当足补偿前此精神上之一切损失。

此后调查团工作,即在整理调查材料,草拟报告书。今后事务,其艰难,前[其]重要,当不在过去工作之下。调查团点此所交国联报告,舆论颇感不满。此其不止中国人民态度如此,欧美各大报纸之言论,类多如此。第一次报告,英国《孟克斯脱导报》即谓调查团为日本军人充译员,盖其所陈军事情形,不过根据日本军人说帖转译而成。第一次报告成于仓卒①,时间及材料均不充分,此种缺点固不敢为调查团深责。我辈惟一希望,即今后比较重要报告,当不蹈此种覆辙。调查团职责既在实地调查,一切工作求其审慎周详,此为正当态度,然中日事件,调查上不可大题小做,此亦为我辈一再贡献之意见。据

---

① 编者按:原文如此,今作"仓促"。

我辈看来,中日问题上,倘此荦荦数端果有事实上之真是真非,则调查团之职责已尽,调查团之功德无量。(一)九月十八事变,开衅之责汪[任]果在何方;(二)满洲伪国成立,是东北真正民意,抑系日本幕后操纵主持;(三)国联九月三十号及十二月十号之一切决议,日本已承认接受并已承认履行者,事实上是否已经履行;(四)目前日本在东北一切举动,是设法避免武力冲突,抑增进武力冲突。此四大问题之事实既明,则是非曲直自定。

以我辈观察所及,国联所代表者为道德力量。仅凭此道德力量,能否使中日问题得到公平正当之解决,实为疑问。国联制度本身尚在试验期中,国联在国际纠纷上之强制力十分有限,东北问题之最后解决,中国人当自求多福,此点确为多数中国人今日之觉悟。国联既代表道德力量,则调查团之工作,亦应于此方着力。东北问题上,调查团今后报告书着眼之点,即在澈底露布正象,切实主张公道,双方顾全。折衷妥协之态度,恐于事无济,于道德力量有损。此则在调查团起手草拟报告之日,我辈希望其注意之点。

顾少川氏此次陪伴调查团一番工作,忠诚勇敢,功在国家,口碑载道,不待表扬。十年前顾氏为中华民国最可矜夸之外交家,十年前顾氏且为全世界所敬仰赞誉之少年政治家,后因牵涉内政,声望稍衰。此番关外劳迹,不止恢复顾氏以往一切地位,且为顾氏政治生活创造新历史。倘顾氏本此次忠诚勇敢精神,继续努力国事,此不止顾氏前途绝有希望,国家前途实利赖之。报章所发表顾氏之谈话,爱国情重,忧国心切,一字一泪,实今日举国人之针砭木铎。国民慰劳顾氏最好办法,只有牢记下列数语:

"我内地全体同胞,应将东三省三字深刻的时时记在心上,不要忘记,我三千万同胞现时已成为亡国之民。希望国内各方面放大眼光,牺牲个人的一切,共谋规复东北。要知内部无办法,对外断难有办法。不要以为土广人众,就不会灭亡,据本人此行所得,土广人众,一样可以被人灭亡。东省人口达三千万众,而日军不过五六万,以三千万对五六万之差,而我东省同胞竟无可奈何,宁不令人伤感?我关内同胞,今后要人人以拯救此无告之东北同胞为己任。必使达到收复故土、出我民于水火而后已。"

(《益世报》,1932年6月6日,第二版)

210. 顾代表再勉国人：东北将成暴日侵略关内策源地，抗日军如笼中鸟，终难免被消灭，国际间力即是理，此外举不足恃；李顿将赴青，顾日内晋京

【南京六日下午九时三十分本报专电】 汪鱼（六日）召罗文干、陈公博在私邸商要公，旋访蒋。午后罗复谒汪，请示调查团到平后我方应准备事项，汪电召顾来京。

【北平电话】 中国代表团昨日上午十时在外交大楼开会，到顾维钧、王广圻及重要职员，至十一时散会。顾维钧预定星期三四日赴京，向政府报告此次去东北之经过。昨晚八时晋谒张学良主任，有所报告云。

【北平通讯】 国联调查团前晚由沈返抵北平，一行仍寓北京饭店。此次来平专为整理调查东北所得材料，故对外间一切邀约皆行谢却。昨日上午十时，该团开会商内部事务。午间法代表克劳德尔赴法使馆，应法使韦礼德之宴，美代表麦克易与德代表希尼同赴美使馆，义代表马考蒂赴义使馆，分别午餐，李顿爵士则于下午一时十分赴英使馆，皆于下午二时左右返北京饭店。即于二时起开始整理工作，迄下午五时休息。马考蒂于五时一刻赴义兵营操场作网球戏，麦克易六时十分赴马大人胡同访友。闻该团今后每日工作大致俱如昨日。李顿爵士为视察避暑地点，拟日内赴青岛一行，需时数日，仍行返平。又我国代表顾维钧氏，昨日上午十一时在外交大楼接见平市记者，除所述东行印象外（见另条），兹将其答覆各记者所问之要点，汇志如次："调查团工作尚未全部告竣，返平后，先将东北调查所得之材料加以整理。留平约两星期，即首途赴日本，离平时仍乘火车，经过东北转道前往。调查团最后报告，俟由日本再返中国时，始能开始编制，在我国编制□报告地点。调查团极希望觅得一比较凉爽之居处，兼可消夏，最初拟在北戴河，其后因日本方面反对，理由不明悉，故调查团现仍在考虑中。李顿爵士已定日内由平赴青岛视察，或将多视察数处，再作最后决定。日本反对本人赴日事，已于报章阅悉，此中当不免误会。至本人返京期，现未确定，惟总须于调查团离平前赴京一行"云云。

【北平通讯】 顾维钧代表昨日上午十一时在外交大楼接见新闻记者，谈

此次赴东北之经过及感想。兹志其所谈如次：

"东三省人民的痛苦，绝非关内人民意想所到，此种痛苦完全在压迫之下。东省人民爱国家并不下于关内人民，就在此种情况之下，他们所受的痛苦，处处可以看得出来。从哈埠回沈以后，有一天大和旅馆前开全满学生运动会。持日本和'满洲'国旗游行之学生有数千人，日本学生占大部，其余是中国学生。行授旗礼时，唱'满洲国歌'，并高呼万岁，不过唱歌的完全是日本学生，他们欢声如雷，中国学生全是垂头丧气。此种状况，代表团感觉非常痛心。某日，我在公园闲步，同时游园的学生很多。他们盘桓了许久，要和我说话，想把哈埠附近情况告诉我。这时候我后面已经有三个人跟着，学生说了几句，后面三个人脸色很不好看。当时我就阻止这几位学生，不要再继续说下去，并且要他们写成书面的东西寄来。他们因为机会很难得，或者是不明了我的意思，觉得很难过。大家看，三千万人民现在完全处于很痛苦、很不自由的地位，实在因为平时的民众团体不发达、不自由、不能发挥健全组织，一朝有事时，完全是一盘散沙，不能有相当有效的能力。至于大原因，不能不说国家对发挥民众精神及民众合作办法，平时太不讲究。有一部分真正那在里[在那里]抵抗。大家所知名的几个军人，如同马、丁、李、宫等，他们奋斗，前有强敌，后无援助，交通机关不在自己掌握，彼此不能联络，可是他们竭力的抵抗，替地方人民吐一点气。此种抵抗，为绝大牺牲的抵抗。所抵抗的地方，是组织十分完全、设备十分周密、器械极其利害的军队。每次冲突，敌人死一个，我们总死十个。现时仍在抵抗中，每天为奋斗，为保存东省，少则十几个、几十个，多则几百个，天天在那里死。我们对他们的牺牲，爱莫能助，无从为力，很是难过。前天我说照这样下去，中国非亡国不可，并非危言耸听，事实上确有可能，除非想法自救。他们对东省如此大之土地，如此众多之人民，以武力将交通要道把持，对付抵抗他们之中国军队。中国军队后无接济，对方则有整个组织，以全国力量作后援。中国军队抵抗，给他们消灭，不过时间问题，现时则如笼中之鸟。对一般没枪的普通人民，为所欲为。言论机关完全由他们把持，行动自由亦加取缔。学校方面，中等以上学校，皆被军队占用，小学虽然上课，可是课本被他们改订，是他们不愿意小学生知道的全行删去。这样办法，是澈底的侵占办法，是斩草除根的办法。十年五年以后，东省青年对中国关系，可以完全不明白了。所谓政府机关，名义上有总理、总长、局长，尽管让中国人作，只有一两个日本顾问，就可大权独揽，要办的事务，非经顾问许可不可。他们指挥如意，可是一切由中国人出面,做给世界看,说是民意的表现。此外,一方面对军事上肃清反抗的力量,一师团一师团的增加,日本军队不足,由地方上收编;一面对政治组织积极进行,如整理财政事项,以东省财政养扰乱东省之军队。如此下去,东省不久不但完全脱离中国,并且还要做成侵略关内的策源地。东三省之失,说是国难,不过是国难的开始,东省要完全失掉,西北西南都可发生同样的危险。大家都要知道所处地位的危险,各人不可再以空言夸□,须切实的做去。二十世纪时代,国家生存全靠真实的力量。中国地大人多,绝不是保障,应当加倍努力,把国家做好。人家用十分力量,我们要用三十分四十分力量,才可得同样的进展。现在国家成什么样子,国际上看我们的国家觉得散漫分杂,一方作战,一方议和,政府与俄绝交,地方与俄设领往来,其他不健全之状况,处处皆有。希望全国,不论在朝在野,一致以国家为前提。国家富强,国民都可为强国之民,如国家不能自己做好,甚至可以灭亡,到那个时候,玉石俱焚,同归于尽。希望国人醒悟过来,了解现在的危险,找出一条新的途径,全国团结,共循此路而行,使国家强盛,在世界上保存应有的地位。以上所述,□多感□,俱系良心所欲语,丝毫无任何成见。总希望一切以国家为前提,使疆土得以保全,四万万同胞不致受亡国的痛苦"云云。

【北平通讯】 记者昨日下午访与国联调查团同由东北返平之某君,叩询一切。据谈,国联调查团此次调查东北,将来向国联报告者,除调查所得之事实外,最后亦有一部含有建议性质之结论。但此种建议绝非即能对中日双方发生何等效力,必须经过行政院开会缜密讨论始能决定。至于调查团之报告,是否对中国有力量,尚须视中国自己能否有最大决心为转移。中国如有决心,报告自增力量。时至今日,中国对已失之东三省,唯有自救之一途可循。中国若自己做,使人加以援助则可;中国自己不作,而欲人来作,则不可。国际间微妙之关系殊多,所以能相互维系者,为情、理、势、力四字。力字绝对重要,情、理、势三字皆基于力字而生,有力则情、理、势俱见功效,否则反是。国人对此点,应深切注意。再者调查团在东北时,谓"要知道我们没有力量",其义意果何指,亦不难于想象得之云云。

(《益世报》,1932年6月7日,第一版)

211. 圆桌会议开与不开，须待李顿由日归来，沪英人称东案当然可讨论，杉坂昨就职，日军仍扰闸北安宁

【上海七日下午十一时三十分本报专电】 越界筑路交涉，沪各关系国除日反对外，其他均认为解决无问题。英商会长马赛尔表示，渠极赞成市府与工部局解决此事。彼提议开圆桌会，并非专对中日两国之事，系讨论国际事件，满洲事件当然可讨论。至自由市谬说，渠大不为然。美行政领事穆秋谓美方听其解决，不愿参加意见，尚未闻领团将开会讨论此事。意参赞洛斯、丹领罗恩均以为此种小事，无讨论及表示态度必要。杉坂继植松任海军司令，阳（七日）晨七时在虹口公园阅兵。沪北日军时有未经我许可，整队通过闸北事。人心恐惶，迁回闸北者多携带箱笼，迁往租界。

【南京七日下午十时本报专电】 外交界某要人谈，圆桌会议如仅讨论上海事件，我方决不参加，但日方则坚持东省问题须除外，故彼我两方相去太远。查圆桌会议系国联所提议，国联当愿力促其成。李顿爵士不久赴日，对于此问题，谅必有具体意见，可供中日两方参考采纳者。故圆桌会议之成否，须视李顿爵士赴日后如何进展而定。

(《益世报》，1932年6月8日，第一版)

212. 李顿今晚赴青视察，作报告书地点终须在北戴河，顾代表同南下转道晋京，调查团在平正整理材料

【北平通信】 国联调查团昨日上午十时，在北京饭店举行例会，讨论一切。十时许，秘书长哈斯及秘书吴秀峰至外交大楼，开始整理稿件。编制报告书地点原有北戴河之拟议，日方极力反对，主张在青岛或旅大间之兴浦。调查团方面对于地点问题并无成见，只以幽静冷爽而适于工作为宜。为徇日方之请求起见，决赴青岛一度视察，再行定夺。昨日该团业已决定由委员长李顿偕同德代表希尼、义代表马列斯柯迪及一随员前往，其余法代表克劳德、美代表

麦考益、秘书长哈斯及其他随员均留北平,整理调查所得之材料。我方同行者仅为顾维钧代表及随员刘崇杰、萧继荣等三四人。日方同行者则为代表吉田、盐崎书记官、久保田大佐及随员林出等。定于今日(八日)下午六时在平浦通车后,挂包车三辆,离平南下,抵济后,再转胶济赴青。闻李顿等到青后,仅作一日之视察,星期五即可由青返平,顾维钧则拟由青晋京,报告到东北视察经过,并请示今后应取之方针。青岛虽位于海滨,景色不亚于北戴河,惟为商埠,市廛喧阗,兼以工厂林立,灰烟弥漫,殊不及北戴河之清幽,适于工作,大致将来仍以北戴河之成分居多。今日调查团各委员于上午十时例会后,各至本国使馆,有所接洽。下午三时,德代表赴颐和园游览,法意代表则至天坛参观云。

【北平七日路透电】调查团主席李顿爵士、德代表希尼博士、意代表马列斯科迪伯爵,定明日(星期三)离平赴青岛,中日陪查员顾维钧博士及吉田决偕行。预计星期四晚可抵青,星期五晚乘车北返,星期六晨可抵平。北宁、津浦及胶济三铁路当局,已奉命沿途照料,专车业已备妥待发。该团返平后,再决定避暑及起草报告书地点。对于中日事件之意见,在未作报告前,该团决计不发表。一般希望该报告书约九月初可到国联,日前正忙于整理及编集在满洲六星期中所搜集之材料云。

(《益世报》,1932年6月8日,第一版)

213. 关于调查团,英下院提出之质问

【伦敦六日路透电】包勒斯德本日在英下院,对于国联调查团奉命在满洲搜集材料所感困难一事,唤起外长之注意。彼询问是否提出抗议,外长西门答称,彼对此项报告尚未证实,并调查团曾否建议国联,应由其提出抗议一节,彼无所闻云。

(《益世报》,1932年6月8日,第三版)

214. 青岛筹备欢迎李顿，顾代表昨晚同车南下晋京，日方反对在北戴河别有用意，调查团副秘书长由黑垣返平

【青岛八日下午三时本报专电】 调查团代表李顿爵士等，定佳（九日）晚来青。胶路特备专车一列，开济候用。齐（八日）午市府代表杨津生，胶济路委员长葛光庭、谭书奎等，搭专车赴济欢迎。又市府以调查团将来青，特召集各界代表，会商欢迎办法，并预备以市长官舍为行辕。

【青岛八日下午十一时三十分本报专电】 沈鸿烈准佳（九日）晨返青，布置欢迎李顿等事宜。齐（八日）□□时半，华方郑礼庆、张汶，日方林出、久保田四员，由济抵青。军政要人及日领馆员，均到站欢迎。

【北平通信】 国联调查团因日方极力反对在北戴河编制报告书，特徇日方请求，不辞跋涉，再赴青岛视察。北宁路事前为备专车一列，一切供应，惟恐不周。调查团方面前往者，为委员长李顿、德代表希尼、义代表阿尔特华梦蒂及秘书二名，中国代表顾维钧偕刘崇杰、萧继荣、施肇夔、游弥坚及英顾问端纳、何遂等随行，前晚并派陆军委员张汶、海军委员郑礼庆等，先行赴青筹备。办事处秘书长王广圻本拟同车前往，因事中止。日本代表团方面，除吉田代表外，随行人员为盐崎书记官、森田理事官二名，久保田大佐及林出书记官前晚先行赴青。专车上由北宁路局派运输处长王奉瑞、营业课长周贤颂、列车长董金寿等照料一切。下午五时许，随行人员陆续登车。五时五十分，顾维钧偕同李顿、希尼等到站。六时正，专车开行。到站欢送者，仅国联调查团秘书长哈斯、秘书吴秀峰、绥靖公署总务处长朱光沐、代表办事处秘书长王广圻、外部保管处长王承传等十数人。一般认调查团此行毫无意义，于此可见一斑。日方对调查团力夸星浦及青岛景色佳胜，并预定青岛高明路礼查饭店为该团编制报告书地点，不论青岛系一闹市，而在饭店中作报告书，似亦不甚相宜。据可靠消息，日方所以反对在北戴河者，因该地临近榆关，深恐调查团看破关外日军种种暴行，且对日方之阴谋举动亦诸多不便，故坚持在青岛或星浦。专车沿途不多停，昨晚九时十五分到天津新站，九时四十五分离津南下。今晨（九日）九时四十五分，可以到达济南，在站稍停，十时十五分即开车赴青。下午九时

到达青岛,后日(十日)上午游览青岛全市,并至日人所预备之房舍视察,当日下午即由青返平。

【本市消息】 李顿等赴青专车,于昨晚六时十分由平开行,九时十五分抵天津总站。此次同来者,有李顿及德意两国委员,中国代表团则有游弥坚、施肇夔、刘崇杰、萧继荣等四人,日本方面有吉田及盐崎书记长、森田理事长,调查团随员并有何士、端纳两人,连同北平新闻记者,共为十七人。顾维钧代表亦随车南下,由济转京。专车共挂十二辆,北宁路特派营业课长周贤颂随车招待。天津方面自九时起,总站附近即施行警戒,禁止闲杂人等通过,站内外均有军警戒备。专车到站时,第二军部参谋长刘家鸾及公安局长王一民到站欢迎。旋顾下车,与欢迎人员略事周旋,即行登车。据顾在站语记者:"此次到京,无多耽搁,预料一二日仍须返平。"九时四十五分,专车由总站转道向西开去,军警举枪奏乐,欢送如仪。计程今晨九时四十五分到济,十时十五分专车由济东开,下午九时抵青,次日原车返平。

【北平通信】 国联调查团前在东北视察,至哈尔滨后,本拟前往黑河晤马占山,详询一切,嗣以日方阻挠,未能如愿,遂由哈尔滨返沈阳。当派该团副秘书长皮尔德,率同法国随员邓鄂里,英国随员德福曼、裴那特等,前往齐齐哈尔调查黑垣事变情形。皮等现已视察完竣,五日到沈,转往大连。前日(七日)下午四时,由大连乘轮至塘沽,当即转乘北宁路客车,于夜间十一时三十分抵平,下榻北京饭店。皮等在齐齐哈尔所得之材料,刻正在整理中云。

(《益世报》,1932年6月9日,第二版)

215. 罗文干、郭泰祺、徐谟电慰顾代表:出关跋涉备历艰苦,履险弗渝使命完成

【北平通讯】 中国代表顾维钧,此次由东北回平,中央因顾氏备尝艰险,特来电慰劳。外交部长罗文干昨亦有电致顾,表示慰劳之意,兹录原电于次:"北平顾代表少川兄勋鉴:我兄此次出关跋涉,为国宣劳,备历艰苦,履险弗渝,卒以百折不挠之真诚完成使命,贤劳昭著,薄海同钦。迩闻荣旋,私衷莫铭[名]怵慰。舟车劳顿,尚希珍摄。专此函达,诸维荃照。罗文干、郭泰祺、徐谟叩。"

(《益世报》,1932年6月9日,第二版)

216. 李顿与顾昨夜抵青，今日视察，当晚返平，李与顾均发表重要谈话

【青岛九日下午十一时二十分本报专电】 调查团李顿、顾维钧、吉田等一行十四人，佳（九日）晨九时离济，正午过周村，各界及日侨百余人在站欢迎。下午一时过张店，有胶路小学男女生二百余列队欢迎，李、顾下车，举手还礼。四时过潍县，晚九时十五分抵青。沈鸿烈暨驻青外领、各团体代表并军乐队，均在站欢迎，事前由陆战队及公安局在车站附近严加警备。李、顾下车后，与沈等略事周旋，乘汽车赴行辕。李与尼希[希尼]等住市长官舍，顾及随员住万国疗养院。预定灰（十日）晨九时前接见各界代表并视察，拟游汇泉炮台及劳山①名胜，当晚离青返平。

【南京八日下午七时本报专电】 调查团以中日在东省纠纷以铁路问题为中心，九一八事变日方亦以铁路问题为藉口，此次该团赴东北实际调查后，对铁路纠纷之症结甚明了。兹为澈底了解各路之历史及与国际关系起见，特请我外部咨铁部，将各案卷及与各国订立之条约，送该团查阅，俾作报告时作参考。外部佳（九日）已咨铁部照办。

专车昨晨过济，李、顾均有表示

【济南九日下午八时本报专电】 李顿专车今早九点二十五分到济，钢甲车司令戴鸿宾乘北平号车压道先至。省府代表建【设】厅长张鸿烈、济市长闻承烈，市府全体职员、青市府代表杨津生、胶路委员长葛光庭及各界代表到站欢迎者五百余人，英、日、德、美各领事均到。顾维钧、李顿与德意两委员下车，与欢迎者寒暄，即到车站客厅，对记者谈话，由顾翻译。各记者问：（一）调查团东北之行感想如何？李顿答："感想不便说，因正在整理材料，尚未作总报告。可以说的，在东北努力调查结果，得到不少材料。俟整理完毕，可决定结论，作最后总报告。"（二）对中日问题希望如何？答："希望暂时亦不便说。不

---

① 编者按：即"崂山"。

过此次中日问题范围虽广,与从前国际争点不同,但原则仍同。国联对解决远东中日问题之协助机关,尚未完全适用,如关于条约上之解释,中日两国所有之义务权利,只要遵照国联解决国际纠纷之原则、公道之思想,将来总可有圆满之解决。"(三)东北之行与山海关所遇困难,情形如何?答:"在东北调查时,当然遇着许多困难,但亦有经各方当局解释后解除的。纵稍遇困难,亦为现状下所不能免的。"又顾维钧谈:"希望国人勿忘东北,遇此重大问题,需全国共同努力,困难方能解除。此不特个人意见,亦为东北三千余万身受亡国惨痛之同胞所急欲余转告大家者。余个人虽受意外之困难,但系国人应尽之义务。由青回济后,余将先赴京报告,约留两日即北返。调查团编报告书地点,须由青返平后始能决定。真(十一日)早可由青岛到济,赴泰山、曲阜否尚未定。何时赴日,亦须返平后方能定规。"九点五十分,即登原车,过轨胶济路,十点到站。胶路警务课长戴师韩等先乘车一列压道东开。十点一刻原车东开,李顿并向欢迎者致谢词。又同来有日代表吉田、随员四人,中国代表随员颜德庆、刘崇杰、萧继荣、游弥坚及法使馆参赞赖戈德同行,外有记者五人。

顾代表离平前对外国记者谈

【北平九日路透电】 调查团英代表李敦、德代表希尼博士、意代表马勒斯戈第偕中日代表顾维钧及吉田,前晚赴青岛。关于该团起草报告书之地点,视察青岛后方能决定。日人反对在北戴河,谓有土匪及传染病之危险,故该处尚未决定。顾维钧博士昨日离平之前,向驻平路透记者作一度谈话。顾氏谓日本在满洲,欲以武力推进一大规模之征服及霸占之战争,随时可以证明。满洲有声望之华人,被威胁恐吓而听命日人。至由远东大局观之,危机四伏,一触即发。除非对中国根据神圣之国际条约及公道速谋解决,否则顾氏深恐战事爆发,为期不远。此种爆发之反响,不独引起一严重之打击,且危害远东及太平洋甚至世界之和平。据目前之情势,距离战事之期已不远,且战争之导火线亦暗伏于全世界也。满洲之行,更令人感觉和平前途之无保障。所获之印象,足知满洲为关系中国之切要问题,亦为国际间之首要问题,不独关系世界繁荣,且关系世界之和平。惟有与保持和平与繁荣有关之一切列强采取公平合理之协调行动,方能挽救此危险之情势。记者旋询及日人阻碍调查团在满洲工作之情形,顾氏答称:"本人(中国陪查员)因遭满洲当局之限制,不能贡献必需之助力。限制之方法甚多,如严重监视及侦查行动等。不独对本人(顾自称)如此,即中国代表团人员亦感受同样之痛苦。即调查团在满洲视察及收集材料,亦遇极大之困难。调查团全体团员之工作,一遵天良,其公平之态度及希望获得真实事实之热诚,本人及一切华人均深为钦佩。然因中国代表团受种种之限制,不能接见华人介绍与调查团,以期调查团获得其所希望之报告,故结果终未能自中国方面得到相当之材料。"记者嗣以使法之事相询,顾氏答,彼愿赴巴黎,但因在此间之职责未了,何时前往不能决定;在未决定之前,将赴京与政府当局讨论此事云。

(《益世报》,1932年6月10日,第一版)

217. 顾维钧将出席国联大会,对俄复交有成事实可能,圆桌会议纯系日方之片面宣传,倘专讨论沪事,列强均反对召集,调查团或将在青岛编制报告书

【南京十日下午九时本报专电】 国联特委会讨论李顿报告书时,除颜续任代表外,届时使英之郭泰祺、将使法之顾维钧均将出席。

【南京十日下午七时二十分本报专电】 外部灰(十日)招待记者,亚洲司长沈觐鼎对记者叩询最近外交,一一答覆。

(一)中俄复交问题。中央详细考虑会商后,已决定方案,拟先订互不侵犯条约。中国为爱好和平之国家,对世界和平尤热切贡献,并信任国联盟约、非战公约、九国条约能切实保障两国乃至其他各国之和平者,均愿签订。即日本如能放弃侵犯政策,亦可订约。中俄互不侵犯条约者,乃使国联盟约、非战公约得切实保障,此为愿订之根本原因,决非因中东路之形势造成订约之必要也。外交当局已拟有详明计划。复交与联俄容共,绝非一事,舆论界亦早已深为认识。莫德惠现在意大利,病愈后当可返俄接洽。将来折冲代表,是否由莫负责担任,或另派人,现尚未定。俄方态度现亦不悉,但鉴于过去态度,复交当有希望。

(二)日方热烈宣传,斋藤召英、美、法、意四使,商谈圆桌会议事。据个人观察,此纯为日方之宣传,各国对专讨论上海安全之圆桌会,认为无召开必要。

(三)国联大会决于九月间召集,讨论李顿报告。顾维钧为国联发起人,

此次随行出关调查，一切真相，将更加明了，如能前往出席会议，对各方将均有贡献。外传中央将派顾为驻法公使，并充出席国联代表，中央确有此意，罗外长主张尤力，但现尚未完全决定。

（四）李顿赴青，为视察编制报告书地点。但日方主张在大连，我主北戴河，将来折衷办法，在青亦未可知，此次视察后，即可决定。顾俟李顿返平时，将由青赴沪来京，详细报告调查经过。中央将详细讨论，并有所决定。

（五）日拟在东北设最高行政长官，与亡高丽步骤相同。外部将视其进行如何，将有重要表示。

（六）沪日陆战队不撤问题，现正行进交涉中，此为时间问题，必可撤退云云。

（《益世报》，1932年6月11日，第一版）

218. 李顿等昨晚离青，查勘数处均未置可否，顾代表将乘飞机晋京

【青岛十日下午九时本报专电】 灰（十）晨九时，李顿、希尼、顾维钧、吉田等赴市府访沈鸿烈。当由沈领导，分乘汽车赴湛山，查勘作报告书地点。是日海雾蔽日，潮汐异常，视察数处，未加可否。午应沈宴。午后二时，顾及希尼等往游劳山，李未去。六时十五分离青西上。沈鸿烈、葛光庭及驻青外领均到站欢送，各团体并呈该团备忘录。顾临行谈，决由济赴京。

【青岛十日下午二时四十分本报专电】 调查团今晨九时视察青岛海港房屋，李顿、希尼、顾维钧、吉田等均前往。先至湛山路二号，视察良久，继至海港三号。该处风浪颇大，雾气弥天，旋至大和旅馆附近之新建楼房。随后吉田引导至牟平路日人峰村住宅。吉田携一地图，向李顿指示该处布置适当。李顿视察后，默无表示，旋偕希尼等至金口一路疗养院休息。十二时许，李顿等赴沈鸿烈宴会，午后二时游劳山，晚六时离青赴济，真（十一）上午七时游泰山。顾维钧随李顿由青到济后即下车，文（十二）晨顾同刘崇杰、施肇夔乘福特飞机赴京，颜德庆等随调查团返平。李顿视察青岛后，未发表意见。一般人观察，无论调查团在何地作报告书，应以能否自由□□，不受包围为目的。顾灰（十

日)晨接见青岛新闻界,山东人在□……□多,态度均甚愤慨,希望关内早有解救办法,□……□更盼国人将东□事变,时时牢记在心,永矢勿忘。

(《益世报》,1932年6月11日,第一版)

219. 顾今日乘飞机晋京,李顿等已倦游归来,专车今晨过津,午刻抵平,作报告书地点决定青岛

【济南十一日下午八时十五分本报专电】 调查团专车今早四点一刻由青到济,未下车,韩派代表张鸿烈登车随行招待,四点五十五分南开。闻该团已决定在青岛编造报告书。该团定今晚北返,游曲阜已作罢,文(十二日)午赶回北平。王广圻、游弥坚今早过济赴泰安,游随顾入京,王陪调查团返平。

【济南十一日下午十时本报专电】 记者随调查团专车于今早(六日)①六点四十八分到泰安,县长周百里[锽]、公安局长宾肇康及各界代表均到站欢迎,并备山轿五十架。李顿及各代表及顾维钧等均步行入泰安城西门,出北门登山。九点十分至一天门,李顿亲摄岱宗坊影。九点五十分至斗母宫,休息饮茶,旋登轿经壶天阁、回马岭,十一点一刻抵中天门。各委员多步行,游览睹伟大风景古迹,兴致甚豪,沿途欢呼若狂,汗透重衣。再经云步桥、朝阳洞、十八盘,抵碧霞宫进膳。旋游日观峰、舍身崖、石屋庙,至玉皇顶,照像多帧,以留纪念,留恋多时。三点半下山,六点二十分到车站,三十五分开车,顾仍随行,八点四分到济,共费一小时廿九分,行百八十华里。车行稳速,极为调查团赞许,司机者为机务段长张元和。专车晚八点三刻由济北去,顾在济下车,到省府谒韩,下榻胶济饭店。张学良今日派飞机到济,顾定明早乘机赴京。顾谈,今日大雨新晴,天清气爽,至山巅一望无际,调查团表示极满意。

【北平通讯】 据交通界消息,李顿及德法代表及顾维钧、吉田等,昨晨(十日)②四时十五分专车抵济南,韩(复榘)派张鸿烈随车招待。停十五分钟,仍由黄台桥过轨,转往津浦路南下,直开泰安,沿站有军警保护。七时十分安抵泰安,李顿等一行乘山东省政府所预备小山轿,登泰山游览。定正午十二时在

---

① 编者按:根据前后文,今日应为"十一日"。
② 编者按:根据前后文,昨日应为"十一日"。

泰山普照寺午餐，下午五时由泰山返泰安车站登车。五时三十分专车北开，晚八时十分到济南站，仍停十五分钟，即开行。今（十二日）晨八时十五分可抵天津总站，停十五分钟。八点三十分由津开往北平，上午十一点四十五抵北平前门东车站。顾维钧抵济后，今晨（十二日）即乘福特机入京。又国联调查团招待处以调查团编制报告书地点虽尚未择定，但对于北戴河之布置，决照既定办法筹备，昨已派招待处秘书宁向南赶往北戴河海滨布置一切。

（《益世报》，1932年6月12日，第二版）

220. 顾维钧昨午乘飞机抵京，谒汪详谈即赴庐山见蒋，对记者谈应急速拯救东北同胞，使法及出席国联认为义不容辞，罗文干返京商外交，李顿等昨抵平

【济南十二日下午五时三十分本报专电】 张学良昨派来济之福特机，降落时坏一轮，顾又电平请另派。今早十点一刻福特四三二号单叶机到济，至张庄降落。顾于九点二十分由胶济路偕游弥坚、施肇夔、刘崇杰到场等候，韩派张鸿烈代表迎送。十点半，顾等四人登机南下，下午一点可到京。

【南京十二日下午十一时专电】 顾维钧文（十二）日晨十时，由济偕刘崇杰、施肇夔、游弥坚等乘福特飞机来京，下午一时二十分降落飞机场。下机后，先赴励志社休息，即驰车赴汪院长官邸晋谒。汪特设宴为之洗尘，并邀各部长作陪。席间，顾对此次赴东省调查经过，作详细之报告。四时许，始返回励志社。晚八时，由外次徐谟设宴洗尘，席间作一度商讨。记者于下午六时特驰车往访，由顾及刘崇杰亲自接见，作下列之谈话。二氏略谓："此次余等随调查团赴东北，以中国人赴中国之土地，而竟受种种之严密监视，几至全失自由，实堪痛心。东北在日人严厉压迫之下，人民之痛苦艰难，若非亲历其境者，决难想象。余等由东北返平后，觉关外与关内判若天堂地狱。但东北一般青年，仍能不顾一切，努力奋斗，其精神实堪钦佩。又黑龙江我国军队虽知后援绝望，交通不便，不足以当器械犀利之日军一击，然为争民族之生存与光荣，仍不断努力决斗，此种精神亦至足珍贵。关内人民虽未亲遇其难，但心中应时刻以关外同胞之疾苦为念。盖东三省乃中国之东三省，吾人如不能拯救东三省人民之

疾苦,则来日大难即将临于吾人之身矣。余今日在飞机中,自知不久即可到达首都,私念彼处于水深火热中之东北人民,不知何日始得渡登彼岸也。现在国难方殷,吾人欲渡此国难,一面固应在外交上努力,一面更应刷新内政,力矫以往之过错,团结一致,勿再发生内战,保全国家与民族之生存。至调查团此次赴青,虽为视察编制报告书地点,但将来是否即在青岛,现尚未定。因地点是否适合,不在气候如何,而在其地之是否适于编制报告也。此事想调查团诸委员必能有自主之意见也。余等今日抵京后,已谒汪院长,对出关经过已作详细报告,个人并有意见页[贡]献。余等因急须返平,与调查团合力进行工作,故在京不多勾留,必要时或将赴沪一行,亦未可知。至余赴日与否,尚未定。调查团诸委员颇望余能同行赴日,但余因在东省时精神上异常痛苦,东渡是否有此必要,当请示中央决定。至于出使法国一节,现因调查团之工作甚多,未暇考虑及此"云云。

【南京十二日下午九时三十分本报专电】 顾维钧谈:"此次来京,专为向中央报告赴东北陪查经过情形。我方说帖共十二册,已交调查团,转送国联。使法事尚无所闻,倘中央有令,自当效命,出席国联,亦属义不容辞。在京任务毕,或去汉谒蒋,如时间允许,尚拟去沪一行。去日否待中央决定,予唯命是听"云。

【南京十二日下午八时本报专电】 外交界消息,顾维钧在京任务完毕后,即赴庐山谒蒋,报告赴东北经过。

【南京十二日下午七时本报专电】 罗外长昨因事赴沪,兹以顾代表到京,外交问题亟待磋商,文(十二)晚将乘夜车返京。刘崇杰前由中央任为外部常次,此次偕顾维钧到京,闻刘以参加调查团工作繁忙,就职与否未考虑,俟与外罗晤面后再决定。

【北平通讯】 国联调查团李顿一行于十日下午八时离青岛赴济。十一日晨四时四十五分抵济南,在站停十分,即转道津浦南行赴泰安。八时抵泰,即乘兴登山。顾维钧及韩代表张鸿烈均陪往,步行至碧霞宫。时已午刻,即在山顶午餐。午后继续出游,下午五时下山,登车返济。八时四十五分专车由济北开,昨晨八时十五分抵天津总站,在站停二十分钟,于八时三十五分北行,十一时三十五分始抵北平东车站。专车未抵站前,时平浦车方到,乘客尚未走尽,站中无戒备,仅路警数人,亦无乐队。在站准备欢迎者,有市府财政局长蔡元、宁向南、张伟彬等十余人,日使馆人员到站者亦有十余人。专车进站后,李顿、希尼、克劳德尔、吉田等先后下车,与欢迎者一一握手,即出站乘汽车赴北京饭店休息云。

（《益世报》，1932年6月13日，第一版）

221. 新雨初霁，山色秀丽，李顿等游泰山记：山巅引吭高歌，此行深感满意

【济南十一日通信】国联调查团委员长李顿及德委员希尼、意委员马列司可提及我国代表顾维钧、日本代表吉田等，在青岛视察毕，于十日晚六点二十分，由青岛乘专车西来。十一日早四点十五分抵济，当过轨津浦路，于四点五十五分由济开车南下，七点到泰安。八点登泰山，下午五点下山返站，六点三十五分离泰北返。八点十分抵济，八点四十五分由济开平。韩复榘因李顿等往游泰山，特派建设厅长张鸿烈随行招待。外交部亦因顾维钧即由鲁赴京，特派王广圻由平赴泰招待。李顿等专车过济北返时，顾维钧、刘崇杰、游弥坚、施肇夔等在济下车，定十二日乘飞机入京。兹将一切情形分别详述之于下：

专车过济

李顿等此次因编制报告书地址问题，有青岛之行，预定无论如何须于十二日午前赶回北平。但于此匆忙之中，仍顺便游览泰山胜景，故在青岛只一日之停留，即于十日下午六点二十分西来，十一日早四点十五分抵济。济南事前得讯，早已准备欢迎。韩复榘特派建设厅长张鸿烈随车南下。惟济南自十日夜十二时，突然大雷雨，街市水流成河。张氏奉令后，于早三点冒雨到站欢迎。其余欢迎人员，尚有济南市长闻承烈及公安局长王恺如等。专车入胶济站后，因天明雨止，各委员均在睡乡，故未惊动。张鸿烈及记者等当即登车过轨津浦路，于四点五十五分开驶赴泰安。随行者有胶济路委员陆梦熊、科长谢学瀛、津浦路车务总段长方伯麟、分段长孙景□、警务段长康梓□等。十一日早七点，李顿等专车抵泰安，泰安县长周百锽、公安局长宾兆［肇］康率同各界代表抵站候迎，并备妥山轿五十一乘，以备李顿等乘坐。李顿等当未下车，即在车上分用早点，并决定早八点登泰山。

登山游览

十二日早八点出发登山。李顿等先经过城内，视察地方情况，即出北门，□达山麓。时新雨初霁，山光清丽，不寒不暑，实属不可多得之佳日。李顿游兴甚豪，乘兴而行，健步如飞。顾维钧、张鸿烈等亦随同徒步。经过泰山娘娘梳妆台、岱东方酆都城、皇宫院、三皇庙等地，皆未久留。再上为白鹤泉，有孙真人坐化之身。孙名真清，直隶河间阜城县人氏，九十四岁，坐化时在康熙二十四年得道。再上为大王庙，盖泰山以下若干年前，本为湖地，进香者皆须乘船而来，住于店中，故大王府以下之两旁断垣乱石，即昔日之店址也。泰山之高直量为十八里半，但依路而行，则均在四五十里，往返约一百里。进香之客，有远自云南、黑龙江者。

冯之墨迹

再上为关帝庙，即山西会馆，距泰山城北门四里，距车站八里。院内有汉柏一株，古色苍绿，阴蔽全院。墙外有碑，刻红字，为"汉柏第一"四字。院内有冯玉祥所供之六贤祠，而其在墙上之题字尤多。后院西墙有冯氏节录精神书二十条及东三省简要说明，北屋有冯书之红色联付，上联为"看看他为革命是不是踊跃奋斗"，下联为"想想我对责任有没有虚假因循"。南墙上有"抗日救国"四字，其文曰："我们的国家快要亡了，我们要不努力，就要当亡国奴了。我们的种族快要灭了，我们要不拼命，就要灭种了。我们是四万万人的国家，被人家几百万人的国家、几千万的国家欺负的连猪狗都不如，连孙子儿都不如了，我们还不应当努力吗？"另一墙书："吾辈军人是民众之武力，现在人民受帝国主义及卖国军阀之层层压迫，饿不得食，寒不得衣，有田地不得耕种，有房屋不得安居，非吾辈军人，其谁救之？"

小天下处

再上为一天门，后面有字，为"天阶"，距泰安北门凡六里，距南天门尚有四十五里。路旁有碑，为"登高必自"四字。再上为红门，即孔子登临处，盖即登泰山而小天下之地也。更上为小泰山。小泰山以上有乾隆时所树之碑，刻志里数甚详，大致泰山高凡四十余里，计六千八百余阶。东旁山沟内有"小洞天"三字，闻系衍圣公孔德成所立。查泰山无创立碑，不知始于何年。但据抬轿人云,只闻唐朝程咬金曾重修此山云云。更上有三义树,指刘备、张飞、关羽结义而言,在万山楼前,此地距泰山北门凡八里。楼后为谢恩处,盖即前清时凡文武官员游山毕,下山必在此谢恩也。此上两旁石上皆刻有字,如"仰止""实行""勤俭""名言莫罄""初步登高"。据山上人言,泰山上红门为和尚,斗母宫为女僧,玉皇顶为道士。

女尼题名

李顿等经过以上名胜,游览一遍,皆未细看。再上已抵斗母宫,距泰安城北门十里。此宫向负盛名,过去且有种种传闻,谓尼如何如何,实则现在无所谓矣。宫内之老当家,现在已去世。现尚有三辈,计:能字二人,能严、能祥;仁字三人,仁德、仁义、仁喜;正字三人,正品、正玉、正勤。据谈此宫已有三百余年历史。离斗母宫北上,经卧龙槐、高老桥、三宫殿,石碑上刻"渐入佳境"四字。再上为经石峪,山谷内刻有北□体《金刚经》九百六十字,闻不重字凡二百四十字。因拓者过多,已成黑色矣。再上为水帘洞、石崖、梁山峪、东西桥、憩马崖、柏树洞、回马岭,至中天门已上午十一点,即下轿休息。用茶后,即继续前进。过云步桥、五大夫松、十八盘,李顿等以其风景绝佳,引吭高歌,希尼并左衣①纳凉。旋抵南天门,在碧霞宫用餐,均为冷吃,有火腿、面包、啤酒等,并共摄一影。餐毕更上游玉皇顶、舍身崖、日观峰等地,均摄有影片。至三点三十五分乃离山南下,颜德庆、陆梦熊首先出发,并购一牛形盆松,牛背上为平升三级。李顿等乃步行,最后始乘山轿,及抵车站,已六时矣。

冯不见客

冯玉祥所住之泰山普照寺,距车站约五里许。昔李顿等未抵泰安前,韩复榘曾致电冯氏,谓调查团即赴泰山游览,届时是否晤面一次。冯当复电称:"本人病体益剧,遵医嘱,不便接见宾客。"故调查团抵泰山,亦未与冯晤面。记者于登山之便,曾绕道往普照寺。行至中途,即见卫队数人巡视。记者行抵"三笑处"地方,即有卫队上前询问云:"诸位是找谁的?"记者告以来意,该卫兵遂将名刺□走,并令记者在此等候。该处距普照寺尚有半里许,其寺之屋宇,已隐隐若现于山崖处之环林中。等候片时,有刘某者持片走出,声称冯先生近日

---

① 编者按:"左衣"疑为"脱衣"或"解衣"。

病剧,痰喘亦甚,现赴山顶静养,诸位来此不遇,歉甚。记者闻此,遂绕到[道]登山。路遇冯之随员,据其谈称,随冯之左右者,有李兴中、邓哲熙、任右民及陈医官、冯夫人李德荃女士,此外尚有卫队一营,随同保护,此卫队即为冯当日教导团之一部。冯先生每日除读二十四史及习字外,常独行各村中。一日自购白薯半斤,且行且食。村民围睹,冯云:"你们看冯先生么,我即是冯先生。"言毕,并与村民席地畅谈稼穑事云。

北上返平

正午十二点,王广圻及游弥坚等由平乘平浦车到泰安游山。未半,即遇李顿等下山。下午六点二十分,李顿等乘车由泰北上返平,八点十分抵济。在站欢迎者,有闻承烈、王恺如等多人。李顿等因游山甚适,特面谢招待之盛意。张鸿烈、顾维钧、刘崇杰、游弥坚、施肇夔均在济下车。顾、刘等四人下榻胶济饭店,定十二日一同乘飞机飞京。闻福特号飞机十一日午已由平飞济。八点四十五分,李顿等乘车离济北开,由王广圻、颜德庆等沿途招待一切。

此行结果

李顿等此次来鲁,关于编报告地点,虽已略定青岛,但表面上仍须回平后再定。惟青岛气候太潮,意大利代表有身骨痛症,不能□潮湿过甚之地,且青岛雾气太大,每日下午三时方散。关于房子问题,李顿一行在青岛日本家虽找妥房子数处,当时李顿未往亲看,曾令秘书卡端往看,看后无表示,李顿本人对之亦无表示。美商在海滨新筑之屋,亦系与日方有关之青岛《泰晤士报》司太贵所介绍,称两星期可以竣工。姑不论两星期能否竣工,即令竣工,但因潮气太重,亦不适当也。中国对此惟有尽人□而已。据顾维钧谈,李顿等青岛之行,未发表任何意见,惟对泰山之游天气好,招待周,印象极好,异常满意。本人(顾自称)准二日由济入京云。

(《益世报》,1932年6月13日,第一版)

222. 中央决定东北外交方针，顾今晨飞庐山谒蒋报告，留一日返京，赴沪晤蒋作宾后北旋，调查团将东渡，拟在北平作报告书

【南京十三日下午八时十分本报专电】 顾代表元(十三日)晨八时再赴铁部谒汪，适罗文干由沪抵京，亦往晤谈。旋林主席及行政院各部长、各中委均前往参加，讨论东省问题，经顾贡献意见后，精密商讨，颇为详尽。正午汪设筵欢宴，宴毕仍继续商讨，直至下午四时始毕。顾、罗同赴励志社，再度谈商，外次徐谟亦赶到参加，至晚五时许始散。晚八时外罗在外交官舍设宴为顾洗尘，并欢宴林、汪及各部长、委员长、外部各司长，席间对东省问题又作一度之详密讨论，直至十一时许始散。闻顾来京报告后，经三次之讨论，我国今后应取之步骤与方针，大致已有所决定，惟尚需征求蒋之同意。顾定寒(十四日)晨乘机飞浔赴庐山谒蒋，报告并请示，李石曾同行，删(十五日)即返京，并赴沪一行，然后转京返平。据顾语记者："余此来专为报告赴东北调查经过，并请示一切。现与汪、罗及中央各要人晤谈，对今后外交方针及步骤，尚在讨论中，未有具体决定。余寒(十四日)晨飞庐山谒蒋，留一日即返京赴沪。东省问题乃整个中华民族之生存问题，非全国人民一致兴起，不能渡过此严重之国难，而得一圆满之解决。余赴沪与蒋作宾有所商谈，并拟晤各界领袖，交换意见，后即返平。余由济来京时，调查团各委员均促余早日返平，俾协力进行一切工作，故本周内必须返平。李顿等此次赴青岛观察编制报告书地点，据余所知，青岛似不适宜，想调查团各委日内必能决定一适当之地点也。调查团将赴日一行，余因此次赴东北，精神痛苦异常，恐难同行，政府究派何人陪行，尚未定。调查团俟由日返平后即开始编制报告书，约八月中旬完竣，俾提九月间国联大会讨论。至余之使法兼充出席国联大会代表一节，政府如有任命，余亦义不容辞。凡与国家有益之事，余无不乐为，个人之安适辛劳，决非所计也"云云。

【北平通讯】 国联调查团李顿爵士等一行，前午由泰安返平。昨日在北京饭店开始整理在东北调查重要材料，将所得文件译成英法文，编成卷册，以便将来作编报告书时参考。调查团拟总报告地点问题，以北戴河房屋虽甚适

宜,但因日方积极反对;青岛方面调查团一度观察,亦因该地临近大海,雾浓地湿,且八九月中海潮尤大,搬运重要文件诸多不便,调查团义国代表华梦蒂,则因腿病不能在海边居住。前午调查团返平后,曾经一度会商,多数委员主张即在北平,设法觅一相当适宜地点。记者昨晚询之负责方面,亦称调查团确有在北平作报告书之拟议。顾维钧代表赴京后,预定在京沪勾留一星期,返平后调查团即赴日,在日勾留十数日,搭轮转往上海、南京,然后返平云。

(《益世报》,1932年6月14日,第一版)

223. 调查团接见青市民众代表,青大校长杨振声致欢迎词并报告日人在青违法行动

【青岛十日通讯】 国联调查团李顿爵士、马柯迪将军、希尼博士等,于十日午后二时在市长官舍接见各界代表。计到新闻界、学界、工界、商界代表八人,公推青岛大学校长杨振声致欢迎词,由青大教授谭葆慎翻译。大意谓国联调查团因中日纠纷,远道跋涉,受尽千辛万苦,冒不少危险,来到青岛,谨代表青岛全市民众表示欢迎慰劳与感谢。青岛民众向来即严守秩序,对于中日间之纠纷,极力避免。关于本年一月间,因《民国日报》登载关于日皇遇刺事而引起之纠纷,详加声述。此外对于日人在青私制炸弹及贩卖海洛英、吗啡及鸦片等毒品,中国民众受害之情形,亦加以报告。末谓调查团来此,即请作实地之调查,俾可将事实报告国联,谋中日纠纷之早日解决,青岛市民幸甚,中华民国幸甚。继由李顿爵士答词,略谓:"辱承诸代表热烈欢迎与慰劳,敝团实不敢当。今敝团已旅行四阅月,中日两政府之要人已数度见面,所得材料,足资参考者不少,将来报告国联,解决并非难事。希望中日两国政府及民众能有诚意,则中日间之种种问题,均不难迎刃而解"云云。最后各代表等将备忘录一份及照片多帧,呈交调查团,即兴辞而去。兹将备忘录内容,撮要志次:一、对国联调查团表示欢迎及慰劳。二、希望调查团将调查之结果,公正的完全报告国联。三、青岛事变之经过。四、希望调查团向国联建议公正处理全部纠纷之办法。青岛民众团体一致拥护中国国民政府,遵国联议决案,并希望调查团能向国联作下列之建议:甲、限定日期,令日军退出全部无理占领之中国领土;

乙，如日方不履行时，请援用盟约第十六条。五、申述中国民众爱护和平之初衷，并暗示民众所能忍耐之限度，希望国联速为公正有效之处置。

（《益世报》，1932年6月14日，第一版）

224. 调查团昨整理材料，作报告书地点又变更，顾电召参议顾问赴京

【北平通讯】 国联调查团全体委员，昨日除美代表麦考益、法代表克劳德尔曾于下午三时分赴美法使馆，其余均未出门，在饭店内整理调查材料。中文秘书吴秀峰上午八时至十一时赴外交大楼，借该地楼房一间整理材料，预定两星期内即可整理完竣。至调查团拟总报告书地点，前有在北平拟议，兹闻又有变更，有在某某两地之说，惟尚未正式确定。又参与调查团代表顾维钧自济南乘福特飞机抵京后，因有重要事件向中央作书面报告，前晚有电致中国代表办事处，召参议萧继荣、顾问端纳携带某项重要文件乘福特飞机赴京。前日顾代表预备乘坐之一号福特机，因小轮折损，由济南飞回清河，机件业已修理。萧继荣参议定今晨七时偕端纳及顾之侄善昌，携带文件乘该机赴京。顾维钧代表因调查团在平，尚有随时接洽事件，定于三数日乘福特飞机赶回北平云。

（《益世报》，1932年6月15日，第二版）

225. 决收复东北失地，庐山会议决定具体方案，罗、顾昨返京，汪留商内政，顾到沪访晤各领袖，明日北来

【南京十五日下午三时三十分本报专电】 行政院接庐山电称，顾维钧、罗文干删（十五）日午后一时半离牯岭去浔，在浔登机，约六时可抵京，张学良派福特机迎顾。该机删（十五）日午后三刻落明故宫机场。顾拟抵京后，即改乘张机去沪，留一二日，乘原机迳由沪返平。

【南京十五日下午十一时本报专电】 传庐山会议除讨论财政、外交、"剿匪"等问题外，对粤海潮亦详加讨论。闻黄绍雄、李济琛同往，即对粤事有所

策划。

【南京十五日下午十时专电】 庐电。蒋作宾谈："日来各方反对圆桌会议，以为举行该会系丧权辱国，如开国际会议较妥。据余意，会议名称无关宏旨。现中央对解决中日事件，已抱定不拘名称，惟举行任何会议，必须包括东北问题，同时解决以不丧权不辱国为首要条件，否概不赞同。顾维钧使法中央已决定，俟调查职务完毕，即可前往"云。

外罗返京，顾去沪

【南京十五日下午八时二十分本报专电】 蒋之可塞机，删（十五）日午后四时返京，仅罗文干、顾维钧同来。罗谈："寒（十四）晚会议已有具体结果，因少川急待返平，故先偕返。汪院长（精卫）、黄部长（绍雄）及李石曾、李任潮（济琛）明后日方回京。"谈毕，即□汽车返宅。顾下机后，即偕刘崇杰、施肇夔、游弥坚等，换乘由平来迎之福特机去沪，行色极匆匆，星期六乘飞机由沪返京转平。汪等原拟同返，因蒋挽留缓行。

【南京十五日下午七时本报专电】 顾谈："寒（十四日）午后五时抵浔，六时抵牯岭，即与蒋等进餐。旋开始商谈，至删（十五日）晨一时始寝。七时复开会讨论，对外交方案方有具体决定。至'剿匪'、财政，因时促，尚未谈毕。予因急去沪，先与罗返京。"

【南京十五日下午十时本报专电】 罗文干删（十五）对记者谈："此行结果圆满，对外交已定具体方策。日承认伪组织，斋藤登台时即有此意，昨议院通过，与国联历次决议及九国公约尊重我主权领土独立完整显然违背，我国当然将有严重表示。"顾维钧谈："此次会商，各人意见一致，结果极圆满。余赴沪系谒林主席，访宋、陈二部长及重要领袖，交换意见，报告东省危机，促团结力量，一致对外"云。

沪人慰劳顾维钧

【上海十五日下午十一时本报专电】 顾维钧留沪仅一日，筱（十七）晨即赴京北上。沪各界准备欢迎慰劳，已定铣（十六）午后三时，在银行俱乐部与各报编辑谈话，四时国联救济会设宴慰劳，五时地方协会欢宴，七时半在青年会公开演讲赴东北感想。又顾因在机场匆忙，特约各记者删（十五）晚九时在本宅为再详谈一切。

【上海十五日下午十时本报专电】　顾维钧偕随员六人,乘福特飞机晚五时半抵沪,在虹桥机场降落。顾谈:"今日下午四时偕罗文干由浔返京来沪,汪精卫、李石曾、蒋作宾、黄绍雄尚留庐山。在庐山开会两次,对外交方针已有决定,决积极收复东北失地,一面进行交涉,一面准备抵抗。如政府令余使法,不敢固辞,但现在任务未了,尚难决定就否。定洽(十七)日赴京转平。"林森昨晚六时偕吴铁城访宋子文慰留,宋表示如中央对财政有办法,始允复职。谈一刻钟,林晨再访陈铭枢敦劝,陈无返京意。林今晚返京。

【上海十五日下午十一时专电】　顾维钧删(十五日)晚到沪,返宅休息后,即出外访友。至八时许始返家,九时在宅接见新闻界谈话,十时访吴铁城。旋偕吴往林主席私邸晋谒,报告赴东北经过及庐山会议结果,并送林主席至北站登车返京。

顾对沪记者谈话

【上海十五日下午十一时本报专电】　顾维钧删(十五)晚九时在私宅接见新闻界。顾氏报告略谓:"入关后发表谈话多次,已见各报。此次陪同调查团在东北各地视察七星期之久,所受待遇与所见所闻,甚感痛心。代表团同人虽备受意外痛苦及遭遇困难危险,但为期至暂,此时仍得安然南返,较之东省三千万人民所受痛苦与无期限之挣扎,吾人不暇自慰,更为东省同胞怀忧也。希望诸位时时刻刻勿忘三省同胞之痛苦,勿谓东北辽远,不加注意。要知日人谋我有整个计划,东省为关内屏障,三省不能收复,关内危机随时可以触发。本人今日旅行终日,甚感疲惫,仅作简单报告,明日当有充分时间与各位长谈"云。顾氏语毕□,答记者问如下:

问:"此次返平,将随调查团赴东京乎?"答:"政府之意,仍令余随调查团赴日。余唯政府之命是从,已决定返平后即随调查团同赴东京。"问:"调查团将在何处编制报告书?"答:"已决定在东京开始编制,而在北平完成之。"问:"庐山会议结果,可得闻乎?"答:"庐山会议对外交、财政、军事大计均已商定,积极努力。"问:"政府对中俄复交,已否决定具体办法?"答:"中俄问题,亦为庐山会议讨论事项之一。政府意志已趋一致,惟如何进行,刻尚不能发表。"问:"收复东北失地之具体办法如何?"答:"收复东北失地办法,尚待本人北上与调查团交换意见,而调查团亦须与日方交换意见。"问:"今后外交方针如何?"答:"此次余将在东北七星期所得印象及个人意见,贡献政府,藉作今后外交方针之参考。余在首都及庐山,与政府要人各会商两次,对于今后外交新方针,与会者之意见均已一致,惟内容尚未至发表时期。"

(《益世报》,1932年6月16日,第一版)

226. 李顿对外报记者谈,调查团报告书内容包括史的叙述及解决方策建议,东渡系与日当局讨论调查结论,双方将根据报告书进行交涉?

【北平十五日路透社电】 国联调查团主席李顿爵士,昨晚接见外报记者,作一有趣味之谈话。李顿对于提交国联之总报告书之性质,并对起草报告书不限于某一地方之理由,颇多声述。李顿云,调查团已打销赴北戴河之议,原因为日人坚决反对,且该地不甚适宜。北戴河及青岛均为游玩之地,并非调查团工作之理想的地点。青岛之不适宜,气候潮湿。但不赴两地之重要理由,在于作报告书所需要之材料均在北平,许多文件不能搬运,来往运送,尤其自青岛,殊为不便。记者询李顿何日首途赴日。李答,须待顾维钧博士返平后方能决定。顾氏大约星期五六日可返抵北平,调查团拟于下星期三赴日,但确定之日期,在顾氏未返平以前,不能置答。至顾氏是否偕行,现尚未定。彼等拟乘车取道朝鲜前往,调查团全体委员均去。全体随员中,仅少数专家与调查团此行工作有关者偕行,其余则在平从事于报告书中历史部分之工作。据李顿云,报告书内容将分数章,其中一章,系调查团之各项建议。或将在中日两国同时发表,用英法两国文字起草。报告书首述中日纠纷之历史经过及对历史部分之批评,次为情形之概述,最后根据历史,建议问题解决之方案。此次赴日之目的,系与日方讨论调查之结论。当上次在日本时,调查团曾请日人告以在满洲之日本利益及日人认为必要之条件,但结果仅自报告及谈话中略有所获,此外日人毫无所知。此次重赴日本,将携带在满洲旅行之种种收获经验,及与各方面晤谈后所得之资料,但此行之目的,仍在向日方搜集材料。李顿云:"吾人非谓此次赴日在将调查所得介绍于日人。吾人所注重者,仍系向日方探征意见与材料也。"李顿郑重声言,在日本讨论之重要问题,为报告书之结论。又谓调查团不能奋笔直书,须先与日政府讨论后方能起草也。在日勾留之日期尚未决定,亦如在他处旅行时,将视环境为转移。一俟工作完毕,即行返平。李顿继谓,国联希望报告书在国联大会开会以前脱稿,八月底以前提交国联,以便付印,分送各会员国,使各会员国在大会开幕前有彼此讨论之机会。调查团委员拟竭力在八月底能将报告书送达各会员国代表,但在九月中旬以前,全部工作恐不能完成,因搜集及整理之文件甚多故也。至关于报告书之结论,据李顿谈称,调查团委员将于最后之时机,寻得中日两方可以同意之点。惟调查团不能向国联曰:"吾人已拟就某种建议,此种建议中日双方均已表示同意。"但因调查团报告书及其建议之结果,国联或将向中日双方曰:"汝等已准备根据此报告书进行交涉乎?"

【北平通讯】 国联调查团初次抵平之际,曾一度与东北陆军第七旅旅长王以哲谈话,询九一八事变经过。以王氏彼时驻防北大营,日军启衅,正当其冲,见闻当较详确。兹者该团由东北调查归来,所得材料多系日方之报告,故昨日上午十一时,再约王氏至北京饭店详谈,藉明真相。谈话历二小时,由张歆海氏任传译,迄下午一时王氏始辞去。又美代表麦克易昨日下午一时,携随员数人赴燕京大学,应该校校长司徒雷登氏之午宴,至下午四时始返北京饭店。义代表马考蒂昨日下午一时半赴义使馆,午饭后转赴琉璃厂游览,至三时返回,原拟再游雍和宫,因时间已晚,改定今日前往,各委有偕行游览讯。又李顿爵士近已迁居英使馆参赞应格兰氏之私邸,每日仍赴北京饭店办公。

(《益世报》,1932年6月16日,第一版)

227. 调查团廿二日东渡,顾代表日内返北平决同行

【北平通讯】 昨日下午四时至六时,李顿、麦考益、华梦蒂三代表在北京饭店接见北宁路局长高纪毅,四洮路局长何瑞章,吉长、吉敦两路局长郭润岑,详询东北事变后各铁路所受损失实在情况。由高、何、郭三人详细答覆,至六时十分始谈话完毕。

调查团离平确期,已定下星期三(廿二日)乘北宁路专车到塘沽,换乘轮船赴大连,过大连东渡,前往日本。日本代表团书记官林出及西籍顾问于今晨八时二十五分先行赴大连布置。日本随员金井理事官昨晨八时赴津,定今日返回北平。我国代表顾维钧决定随调查团赴日,定今日(十七)返平。记者昨晚

五时往访代表办事处秘书长王广圻。据王氏谈称，顾代表准备星期六（十八日）乘福特飞机返抵北平，随来人员有刘崇杰、萧继荣、顾善昌、游弥坚及何士、端纳。外交部长罗文干拟同乘福特机来平，与调查团晤面。至昨日调查团行动，美代表麦考益于下午一时二十五分赴马大人胡同女青年会访贾夫人，英代表李顿下午一时赴英使馆，法代表克劳德尔十一时赴法使馆，下午二时三十分返回饭店，德代表希尼下午二时五十分赴雍和宫、国子监、孔庙及历史博物馆游览，义代表华梦蒂下午三时赴雍和宫，旋即返回饭店。

(《益世报》，1932年6月17日，第二版)

228. 日方传国联大会改十一月开，调查团又拟取道青岛乘轮东渡，日政府放出空气阻顾代表同行

【北平通讯】 国联调查团赴日行程，似已取消原定取道东北、朝鲜之计划，拟乘车由津浦路南下，折胶济路抵青岛，再搭轮赴日。该团大多数委员如此主张，大致决定下星期三离平。与中国代表顾维钧氏同行赴日否，将俟顾来平后确定。将来离日后，首到我国南京，再来北平一行。总报告准于八月十五日以前编制完成，同时在北平、东京两地发表。又日代表吉田，以调查团东行在即，派顾问白朋于昨晚八时二十五分搭北宁车出关，先行返日布置云。

【东京十七日新联电】 国联大会曾定九月五日开会，然据日内瓦日本全权部十六日报告日外务省称，国联调查团之最后报告书提出理事会，预定在九月十五日前后，该项报告书经理事会审议，然后乃呈递大会。故五日之大会关于满洲事变之审议，事实上实为不可能。因此关系主要国协议结果，决定改为十一月中旬举行临时大会，审议本问题云。

【东京十六日路透电】 兹据可靠方面消息，日政府所以盼望顾维钧博士不必伴同国联调查团赴日之重要理由，虽不一□端，然其中之一，即日本内务省对保护顾氏安全问题，颇为惶惑。盖恐有狂热的反动份子，或须□□顾氏之生命云。

(《益世报》，1932年6月18日，第二版)

229. 汪、罗、顾、宋昨同飞抵北平，会晤调查团，访商张主任，昨夜汪、张等在南长街开重要谈话会，今晨接见调查团诸委，明晨继续会商，东北问题、北方财政均将有具体决定

【南京十八日午下［下午］六时五十分本报专电】 宋子文巧（十八日）晨偕顾维钧、沈［王］广圻、刘崇杰等乘福特机抵京，汪精卫、罗文干等均往迎。宋、顾下机后，即偕汪等赴励志社休息。罗文干、曾仲鸣、徐谟、王树翰、李调生等均在，当即举行谈话会，商谈赴平准备事项，至十时半始散。即同往机场，汪先登机，顾、宋、罗、王树翰、曾仲鸣、端讷、沈［王］广圻七人随登，十一时启飞。汪在机场谈："此次赴平，系因调查团即将赴日，故由沪赶回，前往会晤，并与张汉卿商谈东北问题，拟明日乘原机返京。财政、外交、'剿匪'等事，在庐山已决定方针，故邀宋同去平，不仅为晤调查团，对整个抗日计划，亦拟与张等一商。"宋谈："财政困难已达极点，因林、汪一再挽留，谓财政问题军事领袖已容纳本人之意见，为共赴国难起见，不得不打销辞意。"顾谈："余奉中央命令，决随调查团赴日。"罗、王均谓奉张电召，商洽东北外交事件。顾之秘书游弥坚、施肇夔、哈斯均巧（十八日）晚乘车去平。

【上海十八日下午十时十分本报专电】 顾今晨临行谈，过京时将与汪、罗同机赴平，与张学良商军政问题。张寿镛谈，两辞财次，未获邀准。宋允复职，中央对财政已有通盘整理计划，先成立财委会，详密讨论全国财政，再邀关系各方，开诚协商，解决困难。财政尚未至山穷水尽，只需各方能谅解，政府自有办法渡过难关。

【北平通讯】 行政院长汪精卫、外长罗文干及顾维钧等，日前在庐山谒蒋（介石），商定外交方针与军政大计后，因张学良未能列席庐山会议，有再面商必要，决定北上一行，顺便并与国联调查团有所商协。昨日上午十一时，汪等由南京乘坐张之新福特飞机北上，下午三时廿分，到达清河飞机场。当局事前得电，为隆重欢迎汪院长起见，戒备极严。正午十二时起，即分派军警及绥靖公署卫队沿途戒备，自清河飞机场至顺承王府以及东西长安街一带，马路两旁密布岗位，气象森严。下午二时三刻起，沿路禁止行人，断绝交通。平津记者

十数人为刺探新闻起见,下午一时乘车至德胜门,亦为军警所阻,不让出城。戒备之严,为从来所未有。在清河欢迎之要人甚众,除张学良主任亲自到场外,计有于学忠、万福麟、庞炳勋、高桂滋、周大文、蒋伯诚、张焕相、汤国桢、鲍文樾、沈祖同、曾广勷、高纪毅、张学铭、王承传、周作民、鲁荡平、顾维钧夫人等四十余人,均在烈日之下,仰天鹄候。三时十分,福特飞机现于城市上空,由南直向北飞,至三时二十分在清河飞机场降落。飞机中所乘之要人,计为汪精卫、罗文干、宋子文、顾维钧、曾仲鸣、王树翰、刘崇杰、端纳及宋之秘书与机师等十余人。汪等下机后,与欢迎人员略事周旋,即行乘车进城。罗文干与周作民同车先行,汪、宋与张共坐张之汽车继之,依次顾维钧夫妇、王树翰、曾仲鸣、刘崇杰以及欢迎人员,鱼贯入城。汪、宋偕张至顺承王府,罗、顾等则均至北京饭店小憩。四时二十五分,张电邀罗、顾、曾、王等至顺承王府商谈。罗、顾等得电后,四时三刻陆续赴会。各要人在彼处谈商颇久。下午八时,顾维钧夫妇在铁狮子胡同本宅,设宴为汪等洗尘,张学良、万福麟、于学忠等要人作陪。下午四时二十分记者至北京饭店,分访罗、顾及曾仲鸣等,兹志其谈话如下:

(一)顾维钧谈话:"离平以后,分赴京、沪、庐山。中央对于外交已拟定方针。本人决随调查团赴日,只知为国,任何危难均所不顾。外传日方表示拒余东渡,如何应付,此系调查团之事,非余所敢与知。宋部长(子文)现已打销辞意,继续为国努力,由平返京后,当可复职。陈部长(铭枢)态度如何,本人不甚清楚。"(二)罗文干谈话:"此次汪院长及余等因事来平,与各方面略有接洽。在平勾留久暂,现尚未定。初抵北平,颇为忙迫,不克与诸君畅谈,甚歉。明日(即今日)下午三时,请诸君到外交大楼一叙。"(三)曾仲鸣谈话。据铁次曾仲鸣语记者:"此次庐山会谈,对军事、外交等方面,皆有决定。中央方面,以张主任未能亲到庐山参加会议,故由汪院长亲自来平一行,晤洽一切。罗、宋两部长,亦系与张主任晤商外交、财政各问题,罗部长并拟与调查团李顿爵士等会晤。汪院长病尚未痊愈,其身旁之医生秘书数人,由京乘车北上,大约明日即可到平。汪院长留平之时日现尚未定,蒋委员长离庐山赴汉行期尚无确息,李石曾先生日内仍拟由京乘飞机赴庐山晤蒋"云云。(四)宋子文谈话。六时记者访宋子文,首询此来任务,宋答:"来平无何任务,因久未与张主任晤面,特来北平看看。"次询在平耽搁日期,宋答:"本人此次随汪院长来平,耽搁日期须视汪院长而定,汪院长何时回京,本人即随同返京"云云。

【北平电话】 昨日下午四时半,张学良、汪兆铭、罗文干、宋子文、曾仲鸣、王树翰在顺承王府开谈话会,对财政、外交诸问题略有商讨。七时许,汪赴顾寓,宋、张等八时亦到。八时,顾夫人宴到平各要人,除汪、罗、宋等外,有张学良、万福麟、蒋伯诚、于学忠、周大文等六十余人。十时余,汪住[往]南长街商震宅(汪即寓商宅),旋张等均往,有重要谈话,迄今晨二时尚未散。今晨九时,汪、宋、罗、张等在外交大楼正式接见调查团各委员,对东北问题有所讨论。下午三时,汪等接见新闻记者。下午七时,张在顺承王府设宴为汪等洗尘。明日上午十时,各要人在顺承王府开会,全体参加,对外交、财政再加讨论。大致汪等此行除为晤调查团外,对外交方针、山海关问题,与张有所讨论。宋来系商财政,因宋之新财政计划,有与张面商之必要,北方军费已积欠三月,亦须有解决办法。

(《益世报》,1932年6月19日,第一版)

230. 国联调查团报告书九月中旬方能送达日内瓦,世界又恢复对东省之注意,日方宣传国联大会将延期三四月

【日内瓦十七日路透电】 据悉,国联大会主席海曼斯与中代表颜惠庆、日代表松平达到一协调,将国联调查团依据国联盟约第十二条应对大会提出报告书之规定时限延长。国联秘书处今日据调查团来电,声称该团之报告书至早亦须九月十五日方能送达日内瓦,国联大会或将在六月底开会,以便通过接收报告书日期之延缓云。

【东京十五日电】 据日方消息,国联年期大会本定九月开会,因恐为中日问题惹起世界大乱,将展期三四月后开大会。此间各调查委员将在远东奔走中日问题,居中调停,先作预备交涉,如对东北问题之解决案略有眉目,则送交国联大会解决。各处风说,谓东北问题解决方案中最有力者,为日本承认满洲伪国,先与伪国签订未解决各案,然后国联出为居中周旋,由中国承认伪国与日方签定之一切新条约,伪国即自动取消,藉以完成国联、日本及中国三方之体面,而日本□得实利,中国□得虚名。以此案对一般老百姓,可以说卖国是溥仪等之败类所为,非国民政府之卖国也。预备会议将在东京开会,在上海开会恐不能遮掩爱国团体之耳目。此种风说是否事实,抑是日方造谣,容待

后证。

【日内瓦十八日路透电】 国联调查团已通知国联,谓调查东三省报告书九月中旬可送达日内瓦。又伦敦路透电,国联调查团报告书九月中旬可送达日内瓦。消息传到此间后,各界复注意及东三省问题,因前此目标悉注意于欧洲问题,故对东三省事,并未十分注意。《观客》杂志称,国联调查团报告书九月中旬可送达日内瓦消息,足可提醒世界民众,国联对日本行动之判决更仍须公布也。美国与国联盟约国不承认一切违反国际责任而产生之情状之态度,可据国联调查团报告书而定矣。该报谓"满洲国"财政异常困难,故有欲截留盐款之意,此举或将引起重大国际纠纷。《政治》杂志谓国联不能以委曲求全之精神,解决东三省问题,如吾等欲澈底解决此事,早即应使日本将彼偷盗所得者归还原主云。

(《益世报》,1932年6月19日,第二版)

231. 解决东北问题最低标准,汪、罗、顾与调查团洽商中,昨今连日会谈已有进展,汪、罗昨接见新闻界,畅谈时局外交

【北平通讯】 行政院长汪兆铭前日抵平,与张主任谈话后,即晚六时半赴北海公园游览。旋赴西直门外天然博物馆,乘汽车绕行一周,七时许即入城赴顾宅晚宴,当晚下榻商震私宅。昨晨起床,七时往游天坛,九时赴外交大楼会见调查团。到者调查团除李顿、麦考益、克劳尔德、希尼、阿尔特华梦蒂五委员外,该团秘书长哈斯、副秘书长皮尔特及专门委员均列席。中国方面除汪院长外,顾维钧、罗文干、宋子文、曾仲鸣、刘崇杰、钱泰、张歆海、陈宜春、王广圻等亦均参与,交换意见,至十一时始中止。当在楼上大厅布宴午餐,十二时散席。美委员麦考益首先下楼,其他各委员亦相继辞去,分返北京饭店。散席后,记者访顾维钧博士于外交大楼。据谈:"今天汪院长等及调查团全体委员在此交换意见,除调查团各委员外,其他之专门委员亦均列席,明日(即今日)上午九时仍在外交大楼继续会谈。调查团自东北返回后,甚盼我国政府人员北来一晤。原定一人即可,今汪院长、罗部长、宋部长均联袂来平,调查团方面深表谢

意。当调查团各委员上次在京时与汪院长等会见,仅有四天之短时间,至今又有两月未曾见面。在此两月之间,东三省情形又有许多变化,故应再作谈商。至今日(即昨日)会见结果,一切事实均有进步,精神亦觉愉快,惟谈话内容,此时未便发表"云云。又张学良昨晚(十九日)八时在顺承王府设宴,为汪、宋、罗、顾、曾等洗尘。今晚(二十日)七时半顾夫人黄蕙兰女士在外交大楼请汪、罗、曾等茶会,八时北平绥靖公署晚宴。

【北平电话】 昨晚八时,张学良在顺承王府欢宴汪精卫、罗文干、顾维钧等,并邀各要人作陪。至十时,普通客人散去,张与汪、罗、顾等讨论各项重要问题,至夜深始散。昨日上午,汪与调查团所商洽之事项,尚未完全定局,定于今日上午九时半继续商谈,下午与张主任会晤。此次中央对外交已有一定之方针与目标,关于东北问题,最低标准须与调查团商洽。连日所谈,即以此为中心。

【北平通讯】 行政院长汪精卫、外交部长罗文干,昨日(十九)下午三时,在旧外部客厅接见北平新闻界,到记者二十余人。汪氏首问记者云:"昨天(十八日)对不起,下飞机时甚为忙碌,又恐记者诸君未能全到,故未谈话。今天乃特约各位来谈一谈,今日谈话用何方式,请先商定。"记者请汪先概括的一谈。

来平目的

汪氏当谓:"兄弟此次随同宋部长、罗部长、顾代表来平,有两个目的:(一)绥靖主任张先生因为东北问题须与兄弟等会商,在几个月以前,即一再表示。当时因事忙,走不开,张先生复派王秘书长(树翰)到南京接洽。现在略有闲空,故同来北平一晤。(二)顾代表由东北回来,所得印象甚多,调查团各位代表将由北平往东京,不再往南京去,故特来谈一谈。今天午前已与调查团各代表晤面,昨(十八日)并与地方当局谈过。此为兄弟等北来目的。"

晤调查团

问(记者问,下仿此):"今晨与调查团晤见情形如何?国联大会当延期举行,我国态度如何?"罗答:"今日与调查团会谈情形,在报告书未公布以前,恕未便奉告。昨天与张主任匆促一晤,对东北事件仅作大体的商谈,明天当详细谈谈。国联大会延期,系恐报告书不能如时送到,大概延长亦不过二十日左右,我国已电颜公使,告知一切。"问:"宋部长来平任务。"汪答:"关于与调查团接洽经过，宋部长早经参预。外交在行政院方面，本有共同负责的关系，宋部长亦极关心此事，故同来与调查团各代表见面。"

庐山会议

问："庐山会议内容如何？"汪答："余等前此赴庐山之原因有二：（一）顾代表由东北回来以后，所得的印象极深刻。上星期的今天（即礼拜日），顾代表到京，与行政院各部长讨论数次，关于东北外交，大体已有决定。因须与蒋委员长商洽，故赴庐山。（二）外交方针亦须为明确之商定。此庐山会议之大概情形。"问："蒋委员长何日赴汉？"汪答："蒋委员长预定十七日到汉口，嗣因过九江，临时决定往牯岭邀集地方长官，将江西'剿匪'问题解决。讵现患感冒，兄弟等到庐山时，蒋氏依床谈话，事后始知发热。然蒋以国事为重，毫无倦容。兄弟到庐山时，蒋体温为一百零二度，赴汉日期，当视其健康为定。蒋并约好几省主席在庐山会面，大约须俟病愈，与各主席会商后，始能赴汉也。"问："汪先生在庐山后，顾、罗返京，有何商洽之件？"汪答："兄弟因与蒋委员长除外交问题外，尚有财政及'剿匪'军事之商洽，故迟一日返京。"

外交方针

问："政府对日外交方针如何？"汪答："我们的外交方针，早经拟定，惟进行方法与步骤，则随时变更，不唱高调，同时有一最低限度。有人问：你们所谓最低的限度是什么？我□对此问题总不能直接说出。如买东西，用十元可以买到手，但总须衡量估价，不过决不让松一步。我现在举一个例子来说，二月二十日日本给我们的哀的美敦书，我们认为在最低限度以下。如果承认，则如大沽口先例，国家的损失甚大，故行政院当时决定维护国权，不惜牺牲一切。迨五月十五日淞沪协定成立，其注意点在日兵撤退，并无政治的附件，此为最低限度以上。可见政府对于外交，决不丧权辱国。以后对于外交问题，我们仍是循着这一个目的走去。又有人问：上海协定签字以后，抵制日货是否取缔？我们答以抵制日货乃爱国心自动的表现，且发生于东北事件，政府是无权干涉的，并且是不愿干涉的。"

"剿共"问题

问："'剿共'问题如何？"答："谈到'剿共'问题，曾经有人问过：在国难当前的今日，为何积极'剿共'？兄弟则答以如果'共党'能同赴国难，我们是可以容纳的。此为兄弟负责任的表示。兄弟前年此时，蒋介石指我们为叛乱，我们谓南京政府为独裁，现在则在共赴国难之共同目的下来支撑危局，所以完全一致。共产党则反是。当一月二十八日淞沪战役发生，一月三十日政府迁洛阳，二月三日兄弟与蒋委员长往来浦口一带，很想多调动军队，去防守淞沪。共产党乃于此时，拼命进攻赣州，阻止我们军队向前方增加。我们的命令，对于第九师蒋鼎文，限定二十四日到达浏河之线。若彼时到达，日本军队要从浏河登岸，是不容易的。但是蒋部一旅到福建、浙江境界，被共产党围住。蒋来电报告，不但不能来增援，反要回去援助他自己的部队。我们遂电蒋光鼐、蔡廷锴，告以援军困难情形，令其为战略上之应付。故蒋光鼐等退兵通电，写着因运输困难，就是这个原因。依其种种关系，共产党不弄清楚，一切的俱无办法，遂派何应钦同志负责'剿灭'浙赣的共产，蒋委员长自己亲往前方，去'肃清'豫鄂皖三省的共产党。然而要彻底'肃清'，又非政治上有办法不可。盼舆论界将此种真确事实，公告国人，俾全国明了剿灭'共匪'之真意义。"

············

时局关键

问："时局最近情形如何？"汪答："时局目前之关键，约可分为四项：（一）对日外交；（二）'剿共'军事；（三）财政；（四）政治。一般人以为政治不修明，'剿共'实无办法，抑知共党不'剿灭'，政治更无法修明。所以政治反居于'剿共'之殿也。"问："抗日□期，外部所负责任如何？"罗答："行政院改组后，完全为责任内阁。罗文干对外交固应负责，而行政院全体皆负其责也。适间所言，宋部长与汪院长负同一责任，即此意也。"

外交求己

问："罗部长对外交之意见如何？"罗答："外交宜求之在己，不宜依赖他人。巴黎、华府两次会议，我国占些便宜，皆是因国际的情形及我国本身的关系，故各国出为帮忙。兄弟常谈，外交是人之舌头，要成一个完全机敏之人，须五官灵活、组织健全方可。外交部使领经费积欠甚多，于巴黎、华府两次会议之情形，迥然不同，呼应不灵，故日本讥我国为无组织之国家，殊可痛心。兄弟素日主张外交要靠自己，东北问题无论用何方法去交涉，我们自己是要先有办法的。譬如一个人又嫖又赌,不理家政,而要靠朋友来帮忙,终久是不能收圆满效果的。若一个洋车夫,每天挣一角或一块钱,他自己皆可享受,即此意也。中国外交一向皆依赖外人,所以有今日状况。假使九一八以后,自己来想办法,其结果如何,尚未敢预定也。"

············

(《益世报》,1932年6月20日,第一版)

232. 日方坚认访马两记者与国联调查团有关,两记者行动被监视,不追得证物不罢休

【哈尔滨九日下午十一时本报专电】 德美两记者行动被监视,日方不得证物不休。闻重要文件已由美牧师乐马丁于寒(十四)日带往北平。

【哈尔滨十八日下午三时五十分本报专电】 洽(十七日)晚十一时,伪特警处召去访马占山之德记者林德及美记者史魏尔,追讯见马之内幕及索阅谈话纪录。两人称:纪录在美记者韩德手,现由美领事翻译;访马纯为好奇,无国联调查团之使命。伪特警处向美领馆索纪录,美领拒不付。顷此事已严重化,日方认此事与调查团有关。

(《益世报》,1932年6月20日,第二版)

233. 调查团东渡展至十日后,我代表团已决定不同往,汪定今晚专车离平返京

【北平今晨电话】 汪、罗等昨日午后四时与调查团在外交大楼继续会议,直至六时许始散,所有意见大致交换终了。中国代表团刻已决定不随调查团去日。调查团原定明日离平去日,嗣因某种关系,决再展缓十日启行。又汪院长及曾仲鸣等,决定今晚六时许乘专车离平返京,过泰安时将下车游泰山,并赴普照寺访冯一谈。罗外长因公务未毕,须至二十四日方能离平云。

【北平通信】 行政院长汪精卫、外长罗文干、财长宋子文、铁次曾仲鸣等

中央要人，偕同顾维钧来平，主要目的在与北方当局协商外交、财政等重要问题，并与国联调查团交换意见。前昨两日在平所协商者，侧重外交，除对整个外交方针有缜密研讨外，因调查团即将赴日，赶速于最短期间交换一切意见。前晨与该团在外交大楼作两三小时之长谈，交换一切意见。晚间顺承王府于夜宴之后，汪、罗、宋、顾等与张有一度谈商。十一时许，外罗偕同刘崇杰特赴英使馆访李顿，密谈两小时，直至昨晨一时许始返。昨日上午九时半，汪等与调查团各委员复于外交大楼继续交换意见，十二时始散。调查团方面因内部尚有协商之处，散会以后，在外交大楼楼下会议室中开五委员之谈话会，密谈一小时许方散。下午四时，汪等又在外交大楼与调查团各委员作更进一步之磋商。我方对于外交已有一定方针，对于东北问题亦有一定之目标与主张，日来与调查团协商之点，系对事实之真相及将来解决之方策，所有[有所]陈明与表示。前晨外交大楼之会商，调查团方面似受日方先入之见，对于一切问题颇多为日方张目之处，并提及抵制日货及义勇军等支节问题，对于中国人民自动之爱国行为似有微词，甚至涉及内政。查日军强占东北，伪造满洲国，事实俱在，举世共知，是非曲直本不待调查而已明显，舍本逐末，见小失大，宁非本末倒置？中国人民之抵制日货，东北民众之组织义勇军，皆系受日人侵占东北之戟刺①，出于自动之爱国行为。因果所在，实属显然。设日人无理侵占东北之恶因排除，则由此恶因而生之恶果，必定消解，亦属□之自然。舍本逐末，不知调查团之见解，果何所在也。昨日汪等与调查团两次会商，我方仍以恳挚态度，开诚交换一切意见，较之前日，略有进展。顾维钧赴日，亦为日来与调查团协商之重要问题。日方极力反对顾随调查团东渡，前日日代表吉田且对调查团正式声明，顾如赴日，生命安全，日政府不负保护之责。前日（十九）下午五时，吉田复至汤尔和宅，与罗文干会面，正式有所表示。调查团对于此事，似无主持正义之魄力。其对日方无理要求，非特无拒绝之决心，且有屈允之表示。现在顾之能否赴日，已属疑问，而以大势推测，十九不能随同前往。日代表偕同调查团到中国，中国非特毫无拒绝表示，且于招待保护方面，无微不至。乃顾之赴东北也，日方唆使伪国多方阻挠，此次赴日，更公然出而拒绝。日方之无理取闹，固已出于常轨之外，而调查团竟亦不维持正义，力主公道，则更出于情理之外矣。闻当局对于此事颇为愤慨，万一顾不能随同调查团赴日，将发表

---

① 编者按：今作"刺激"。

声明，宣示经过。至顾维钧本人，则维［唯］中央之命是从，曾对人表示："中央如命余随同调查团东渡，虽牺牲生命，亦必前往"云云。此间一般以为，国联乃根据维持国际和平及正义公道而成立，调查团系依国联决议而来。若不能主持正义，则不啻自毁根基，同时更觉万事有求其在己之必要。调查团赴日行期，本有定于今天之说，惟以各项事宜尚未协商就绪，势须展缓，然亦不能过于延长，大约明后日即可成行云。

【北平通讯】 汪院长以及罗、宋两部长截至昨晚，业与张学良主任晤谈约有五六次，前昨两晚并作二三小时谈话。所商之外交、财政以及军事问题，逐一完全决定，同时与调查团两次会见。昨晚四时，汪、宋、顾、罗等又在外交大楼开会。汪等以任务终了，决定今晚（二十一）六时，乘专车离平返京，已由铁道部次长曾仲鸣电知路局，预备专车。昨日上午十一时，津浦路所挂之花车一辆，由浦口挂于平浦车后到平，上有行政院卫队十五名。北宁路局并代备头等饭车一辆、卧车两辆、守车一辆，定于今晚六时专车由平开出。明日上午八时抵泰山，汪、宋、罗等拟登泰山，浏览该地风景，汪并顺道至普照寺与冯玉祥晤面。预定明晚六时前后，离泰山南下，预计二十三日下午四时可抵南京。昨日北平绥靖公署已电知山东方面，报告汪院长行程。

（《益世报》，1932年6月21日，第一版）

234. 蒋作宾谈外交：否认有解决东北诡计，圆桌会议说未尽可信，本人赴日招待调查团

【上海通讯】 近来外间有谓中日问题将在东京开预备会及国联调查报告展期三个月送交国联之说。华联社为探听此中真相，本日特派记者往谒蒋公使，承接见，作下列谈话。

问："蒋公使欲往东京，何时动身？"答："定月底动身。"问："外间有传说，谓中日问题将在东京开预备会议，蒋公使此行是否负有此种使命？再，日本已调回重光，□命矢野代办，说者谓为交涉地点已由上海移至东京，此说是否确实？"答："我要到东京，是为离开东京甚久，而且日内阁已经改组，该地政情变迁甚多，非亲身回任观察不可。且李顿不久将到东京，公使馆不能无公使去招

待调查委员,因此而往。至于预备会议传说,全属子虚。中日间之外交关系,实未弄至如此地步。闻日本最近亦要派专任公使来华,预备会议及交涉地点均未闻及。"问:"蒋公使现任特别外交委员会委员长,如公使赴日,此席将空,国府将任何人继任委员长?"答:"委员长并不易人。东京、南京间往来不过两三日,与上海往汉口是一样,有电召便回,并无有不可能之事。而且我之东行,预定三个月就要再回国,所以委员长还是由我兼任。"问:"昨日东京电报云,日本接到日内瓦长冈日代表之电报,谓国联秘书长特鲁蒙与长冈大使磋商,李顿之最后报告交国联时期展延三个月,日方已应诺。中国政府态度如何?"答:"中国政府并未接到此种交涉,所以未能明言应否,况因何又要展期?"问:"外间之传说,谓若按期提出,九月之大会须讨论中日问题,因此问题惹起国际间之纷乱,恐随后欲开之世界经济会议开不成,所以展期报告。一面令李顿调解中日间之纠纷,其所传之案为日本承认伪国,与伪国签定条约,然后经国联调停,中国承认其条约,然后取消伪国,藉以完成三方之体面。此说是否事实?"答:"断无此事。中国政府向来未讨论此种办法,亦未接受此种提案。日本年来高倡满蒙不是中国领土,所以此种办法,于日方恐怕愿意接受,但中国岂能接受此案?"问:"若果如此,虽说是溥仪一派之卖国人,国府亦不能免其责任,高见如何?"答:"不□,国府之立场,当然不能承认此种办法。"问:"有一说,如国府承认此案,日本将帮忙国府'剿共',所以国府终必应允,贵见如何?"答:"'剿共'乃我国内政问题,家内问题用不着外人干涉或帮忙。"问:"若此东北问题,非继续打仗不可否?"答:"当然,我不自做,人家那里肯为我们做呢?"问:"据今晨日文报云,林森将辞主席,汪精卫继任主席,孙科任行政院长,而孙科亦同意国府之外交政策,是否事实?"答:"前段恐怕是造谣。蒋、汪对日问题已下重大决心。孙先生若是政治家,当然是赞成国府之外交政策,否则孙先生是政治自杀。"问:"先生对华侨有所指导否?"答:"华侨爱国心甚烈,踊跃为国拼命,此为国内同胞所最敬佩的。无论华侨或是国内同胞,我所最希望者,国民信仰政府,政府信赖国民,上下一心,挽救危局。如彼此猜疑甲去卖国对乙亦要戒心防备等等,疑心成鬼胎,甚么事都做不来。如上下内外相信赖,则甚么事都可以做。"谈至此,因有其他访客至,记者乃兴辞而出。

(《益世报》,1932 年 6 月 22 日,第一版)

235. 李顿电哈,谓两记者晤马与调查团无关

【哈尔滨二十一日下午四时三十五分本报专电】 德美两记者为访马占山,一时不能出境,调查团李顿委□……□。

(《益世报》,1932年6月22日,第二版)

236. 调查团派员来津,负调查天津事变使命？又传七月六日东渡

【北平通讯】 国联调查团派秘书哈穆氏,昨晨乘八时二十分之快车赴津,北宁路局科长周贤颂随车招待。哈□赴津任务,系负有调查天津事变使命,日内即返北平。调查团东渡期,昨晚又传七月六日,临时有无变化,尚不敢定。义国代表华梦蒂,昨日下午一时赴西山八大处游览风景,至六时始返回城内云。

(《益世报》,1932年6月23日,第二版)

237. 李顿答记者：调查团东渡确期尚未决定,再度视察榆关尚未感必要

【北平通讯】 记者昨日(廿三日)下午六时访调查团,提出书面问题三项,交由秘书吴秀峰转达。李顿爵士据其以书面答覆如下：记者问："调查团东渡确定日期决定否？"李顿答："东渡确期尚未完全确定。"记者问："在哈尔滨被捕之德美两记者,日方谓与调查团有关,确定否？"李答："该两记者确实与调查团无关,业经电哈尔滨声明。"记者问："调查团对榆关地方,是否尚须再度调查？"李答："调查团在整理材料之时,尚未感觉有再去之必要。将来是否再往调查,尚未决定。"又讯,调查团义代表阿露温德,以平汉路卢沟桥关系古代欧亚交

通,并闻建筑极为坚固,昨日(二十三日)下午一时半,特前往实地视察,直至四时始返城。美代表麦考益,则以景山风景空气均佳,决定每晨偕同随员前往散步。市府昨已通知公安局转饬景山附近驻警,随时妥为保护云。

(《益世报》,1932年6月24日,第一版)

238. 访马两记者,调查团声明无关系

【平讯】 国联调查团发言人昨日对记者宣称,调查团离平赴日行期刻仍未定。整理材料何时终了,此时□未能预言。因访马占山一度被捕之哈尔滨德美两记者,外传系与调查团传递消息,查该两记者与调查团毫无关系。至调查团将派员再赴榆关视察说,因中国方面无此意向,不成问题云云。又意代表阿露温德(中文名),昨日下午一时半赴卢沟桥游览,四时方回,美代表麦克昜昨日下午游景山云云。

(《益世报》,1932年6月24日,第一版)

239. 调查团廿八日东渡,接日政府电谓布置已妥,经北宁路出关取道朝鲜

【北平通讯】 国联调查团本定二十二日离平东渡赴日。日本代表吉田在十九日向调查团报告,日政府来电要求调查团展期赴日,因此调查团决定缓期。昨日日代表吉田又接日政府外务省来电,谓一切布置已妥。调查团各代表昨日上午九时至十一时,在北京饭店开会讨论此事。昨晚六时半,调查团发言人向记者报告,今日调查团已接到日本政府来电,决定二十八日晚离平赴日。赴日路线,拟乘北宁路车赴山海关,换车赴沈阳,再由沈阳经过朝鲜前往日本。调查团委员长李顿、美代表麦考益、义代表阿露温德、德代表希尼、法代表克劳德尔及秘书长哈斯全体赴日,随员计有李顿及美德两代表私人秘书三人,国联调查团秘书萨瑞亦同行,因萨氏系担任管理调查团旅行事宜。此外,同行者尚有法国随员邓鄂里、美国随员荣格及法律顾问布类斯里。调查团副

秘书长皮尔特及秘书处人员吴秀峰等全部留守北平，整理调查材料。日本代表吉田，书记官林出、盐崎，陆军大佐久留保田，海军大佐渡等，随同调查团担任招待。中国代表顾维钧决定不随调查团赴日，记者因此问题特向该团发言人提出质问："顾维钧代表随同调查团赴日系根据国联议决案。日本代表吉田向调查团要求，谓中国顾代表赴日，日本不负安全责任。调查团对此应持何种态度？"据发言人负责覆答云："关于日本代表吉田所提出拒绝顾代表赴日问题，系从报纸所发表，至日本不负顾代表安全责任亦由报纸传来，日本政府并未正式通知中国政府及调查团。调查团不能根据报纸所刊载之消息，而取一种态度。顾代表不赴日本，业经汪院长与罗外交部长正式宣布。顾代表留在北平，仍将担任调查团工作，而与调查团甚有利益"云。

(《益世报》，1932年6月25日，第一版)

240. 哈埠叛逆与日人传讯两记者：严拒交出谈话记录，日人仍在严密监视，李顿电哈否认与调查团有关

【哈埠通讯】 赴海伦西北通河镇访晤马占山将军之美记者史迭尔、德记者林德事件，现已重大化。目下两记者行动受日方监视，极不自由。在此事未解决前，日方似不容两人离去哈埠。盖一为防其传递果如所云之马占山秘密文件于国联调查团，一为防其报告于使团，扩大交涉。在十七日及十八日两晚深夜中，由伪管理处出名传去该两记者，林德由法领事伴去，史迭尔则由美领馆送去。到处后，由伪警察处司法科偕同日顾问八木讯问，究诘访马使命是否有调查团使命及谈话记录内容如何，需送交该处一阅。两记者谓访马出于好奇，因国联调查团到哈后，曾与马占山之密使会见，双方谈话多次，调查团准备往晤马氏于呼海路某处，后□日方反对甚力，遂取消此意。渠两人乃乘机与马氏密使会见，接洽见马手续，起程之先，至松浦市与马氏密使及多□卫兵相见，即相偕去通河镇。谈话时仅新闻记者应问之问题，记录写华文，渠等不识作何语，因当时为马氏一秘书所记，临行时交予者，现由美记者韩达译毕，交由法领事诺那手。两次询问，两人所答均如是。日方仍向美领事翰森交涉将纪录送出问题，美领事令向法领索要。及向法领索取，法领谓索阅不难，应先解决"满

洲国"承认与否之问题,现在"满洲国"既未得世界列国之承认,则自不能对外人有何权力,且不得擅自拘捕外人。目下需由日本正式机关依照外交方式向法领馆道歉,对林德先生道歉,然后纪录即交出。答覆去后,日方认为□于难堪,将令伪国驻哈交涉员施履本以外交手段提出交涉。故此事一日不解决,两记者一日不得撤除监视,亦即不能离哈。林德于十九日午刻,曾以私人名义访施覆本于伪交署,由日人总务处长杉原出见。林德质问:"何以无治外法权之'国家',竟迳行逮捕外人,加以拘禁?本人访马,为新闻记者之天职,有何不可?且本人尝于沪战时,出入战地,未受若何束缚,奈何至东北竟受无理之限制。纪录在法领之手,一切可迳向其交涉。本人自由即须恢复,且不得监视本人住所及无故侵入检查。"杉原□辩云:"马占山为'新国'之叛逆,无论何人,不得'满洲国'许可,不得会见,因防泄漏满洲之军事秘密。谈话记录既无关系,为何不肯现出?"最后并云,已得有充分证据,证明为马占山传消息与国联,现在"满洲国"不得证物不休云云。林德闻言愤懑而去。关于此事,调查团委员长李顿昨日有一电到哈致日方,原文大意云:"阅报得悉,前与马占山将军会晤之两新闻通讯员史迭尔(美国纽约《泰晤士报》通讯员)及林德(瑞士人,法《世界报》记者),据报载彼等系国联调查团代表。兹余以调查团名义,向君等声明:该记者等无论已往或现在,均非调查团之团员,调查团亦未委托彼等□往见马占山"云。电文虽如斯解释,但日方未尝置信,将来外交纠纷,不知至何地步矣。

(《益世报》,1932年6月26日,第一版)

241. 调查团决定廿八日离平

【平讯】 国联调查团昨日公布消息,该团二十八□离平,已□于该日下午五时乘北宁专车首途。又一部份留平人员为副秘书长白尔特等,计十一人云。

(《益世报》,1932年6月26日,第二版)

242. 调查团、蒋作宾明日东渡，蒋招待调查团后仍回国报告，汪邸昨谈外交，郭定月初赴英，中委朱霁青谈只身出关调查经过

【南京二十六日下午八时五十分本报专电】 蒋作宾由浔返京,谓宥(廿六日)晚车去沪,定俭(廿八日)赴日。对日外交已与汪、蒋、罗等数次磋商,决定应付方针。此次去东京,系专代表政府,招待调查团。不久仍返国报告,然后返任。外传东北义勇军政府已派员前往任总指挥说,决无其事。宥(廿六日)午罗为蒋钱行。

【北平通讯】 国联调查团已决定明晚五时离平赴日,已由北宁路局预备专车一列,计程二十九日上午五时可到山海关。沿路警卫由绥靖公署通令驻军及北宁路警察担任。调查团预定到山海关后,换乘伪奉山路车前往沈阳,在日大约勾留两三星期,然后回平。赴沪之行昨闻已中止,因调查团回平后须赶作总报告书。昨日各代表行动:委员长李顿午间曾赴英使馆;义代表阿露温德上午十时赴德胜门外大钟寺,十二时返城,晚间赴唐宝潮夫人宴;德代表悉尼昨日下午二时赴香山八大处游览,七时返回;法代表克劳德尔下午三时赴汤山沐浴,下午七时回城云。

【南京廿六日下午九时三十五分本报专电】 汪宥(二十六日)晚宴李济琛、朱培德、黄绍雄、罗文干、陈公博、朱家骅、顾孟余、陈绍宽、陈仪、郭泰祺等,交换外交、军事意见。又彭学沛、罗家伦、高一涵等,宥(二十六)日欢宴郭泰祺,彭致词,希郭随时将英国情况报告。罗谓外交官须忍辱负重。郭沁(廿七日)去沪,支(四日)由沪乘皇后轮去英。

【济南二十六日下午八时二十五分本报专电】 中委朱霁青只身赴辽西,调查东北民众抗日情形,历时三月,今始过济返京。朱谈:"东北民众因日军收没民有枪支,骚扰奸淫,伪国又强行收回前清旗产土地,故人人自危,群起抗日。有枪二百余万支,如能充分接济子弹,统一指挥,则足以长期抗日。日军近思以全力扑灭,在最近一月内,为生死关头。余到京即将三月来调查所得报告中央,统筹办法。现非抵抗不可,外交方式已不济事。"

(《益世报》,1932年6月27日,第一版)

243. 调查团美委麦考易来津，迎其夫人返平

【平讯】 国联调查团美委员麦考易于昨日上午十一时十分搭北宁车附挂包车赴津，因其夫人于今午可乘轮抵塘沽，故往迎接。定今晚仍乘北宁车返平。又义委员阿露温德于昨晨十时游览大钟寺。德委员希尼于昨日下午二时往游八大处。法委员克劳德尔赴汤山游览，于晚七时始返北京饭店云。

(《益世报》，1932年6月27日，第二版)

244. 外部某要人之重要谈话，认定国联已无解决能力，抱武力收复东北之决心，调查团今晚离平，经辽宁、朝鲜赴日，大连海关问题亦将在调查范围内

【南京二十七日下午九时十分本报专电】 近传调查团将在北平及日本之箱根两地分别编制报告书，并预先捏造报告书之结论，谓将提出关于满洲问题之各种特议试案，如：（一）委任统治案；（二）满洲自治案；（三）"永久中立国"案；（四）"满洲国"承认案等。记者以此项消息关系东省问题，极为严重，特访外部某要人。据谈，上项消息外部毫无所闻，必系日人故弄玄虚。调查团报告书如何编制，虽不可知，但必不致如此离奇。国联历次会议均尊重中国领土主权之完整独立，最近十九委员会仍维持历次决议案之精神，该团必不出此。李顿等赴东北调查后，对我颇表同情，本可秉公判断，作一公正之报告，无须赴日再征日方同意。李顿等欲作一比较能使双方俱能同意之报告书，故仍须赴日一行。我人希望调查团在根据事实，公平报告。东省问题认定非国联所能解决，我人应抱立时收复失地之决心，一面努力于外交之运用，一面尤应积极于力的准备。如任日人在东省长期经营，则不仅非中国之利，抑亦非世界之福也云云。

【北平通信】 国联调查团为与日本当局交换意见，本定二十二日离平东去，嗣徇日方之要求，复行改期，现已定于今晚（二十八）六时乘专车离平。预定明晨（二十九）六时抵山海关，七时即转乘伪奉山路专车赴沈，当晚八时可

达。三十日上午七时,再由沈阳乘安奉路车东行。七月一日到达朝鲜汉城,在该处勾留一日,略事游览,二日离汉城赴日,四日可抵东京。在彼约留两星期,七月二十日左右即由日来平,汇编总报告书。该团赴日人员为委员长李顿、美代表麦考益、法代表克劳德、义代表阿尔特华梦蒂、德代表希尼、秘书长哈斯、麦考益夫人、哈斯夫人及秘书卡瑞布类斯里、阿斯德、哈穆、随员毕德、邓鄂里、荣格,打字员二名,共计十七人。其余副秘书长皮尔特及秘书吴秀峰等,仍留北平。

【北平二十七日路透电】 国联调查团代表对外国新闻记者发表谈话云,调查团五委员及若干秘书专家定二十八日下午离平赴榆关,到榆后换车前往沈阳,预定星期三下午七时可以到达。在沈留一宿,次晨即经安东赴朝鲜。沿路不停,迳往东京,下星期晚或星期一晨可抵东京。调查团准备在东京留二三星期,以便与日政府作最后一次之交换意见,顾维钧博士及任何华人均不随行。此间现有许多文件待整理,中国方面将与留平之调查团职员共同进行此项工作。该代表答记者问云,关于大连海关问题,尚未能引起调查团之正式的注意,不过此问题亦将在调查范围内,因此乃影响中日关系之重要问题,但此并非谓中日两国政府不能再进行交涉云。

(《益世报》,1932年6月28日,第一版)

245. 蒋作宾定四日东渡,备调查团咨询传达政府意见,否认负有解决中日悬案使命,郭泰祺与蒋同轮赴英

【上海廿八日下午九时电】 蒋作宾胃病未愈,现仍服药。惟因调查团已离平赴日,蒋不得不早日回任,以备调查团咨询及传达政府意见。定支(四日)偕夫人及秘书丁绍仙、陆军武官杨廷溥、海军武官杨家诚等,乘日本皇后号离沪赴日。外报传蒋此次回任,负有交涉解决中日悬案之重大使命,蒋否认此说。

【上海二十八日下午十时专电】 郭泰祺定支(四日)乘日本皇后号轮至温哥华,转赴伦敦。俭(二十八)对记者谈,赴英后是否出席九月艳(二十九)日内瓦之国联大会,尚未接政府命令。日本不派代表出席艳(二十九)国联特别大

会，并无影响云。

（《益世报》，1932年6月29日，第一版）

246. 调查团昨夜过津东去，计程下月四日可抵东京

【北平通讯】 国联调查团李顿、克劳德尔、麦克易、希尼、阿露温德等五委，秘书长哈斯及一部分秘书随员，偕日本代表吉田及随员等，一行三十余人于昨日下午六时乘北宁专车离平，赴日本接洽编制总报告。到站送行者有张学良之代表于学忠、王树翰、蔡元，顾维钧因病亦派王广圻代表致送，此外尚有刘崇杰、王承传、调查团留平人员吴秀峰等，与各使馆重要职员，共百余人。我国政府派颜德庆、萧继荣、张汶、刘迺藩［蕃］等五人，北平绥靖公署派张伟斌率卫队四十名护送至山海关。专车定昨晚九时过津，今晨五时左右抵山海关，李顿等即换乘伪奉山路车东行赴沈，我方人员则乘原车折回北平。一行抵沈阳后停留一日，即取道朝鲜赴日本，约下月四日可到东京。记者昨日在站，曾向吴秀峰氏叩以该团今后行程。据谈，调查团过沈阳、汉城俱留一日，定下月四日到达东京。秘书毕尔将奉派由沈转往长春，接洽某项尚待研究之问题。调查团在东京耽搁之时日尚未预定，将来由日返平，是否先赴南京，亦须临时决定云云。

【本市消息】 国联调查团专车昨晚九时二十五分由平开抵东站。本布①省市两政府均派员到站欢迎，省府方面有黄宗法、陈步楼，市府方面有沈迪家、陶伟铎，第二军部方面有刘家鸾。中、东两站②事先均盛行警戒，东站并有宪兵及保安队、军乐队各一队迎送。专车到站适值雷声隆隆，大雨如注，但旋即止。美委员麦考益偕其夫人下车步行站台一匝，状殊闲逸，其他日本代表处人员亦多下车散步。时有日军官数名，到站欢送日本代表团。九时五十分，专车东行，预计今晨六时可抵榆关，即换车赴沈，所用专车，当日即开回至唐山大厂存放。北平方面有记者三人随车至榆关，天津方面亦有中外记者三人同行，路局运输副处长王奉瑞、营业课长周贤颂随车招待。抵榆关将顺道赴海滨一行，

---

① 编者按：原文如此。
② 编者按：疑为"总、东两站"。

为国联调查团查看居舍,以备避暑并造具报告书云。

【日内瓦二十七日路透电】 中日两国对于国联十九国委员会所提议,将延缓提出调查团报告书期限展长一节,业已同意。中国方面之同意此案,附有两条件:(一)延缓期内不可使形势恶化;(二)国联调查团李顿一行之报告书,须在十一月一日以前提出。日本于同意此案时,又重申其人所共知之保留案,即满洲问题不得引用国联盟约第十五条云。

(《益世报》,1932年6月29日,第二版)

247. 调查团昨晚到沈,过榆与何柱国谈山海关问题,在沈留一夜赴鲜,四日到东京,该团派员赴长春、大连调查海关

【山海关特讯】 国联调查团委员长李顿、美代表麦考益、义代表阿尔特华梦蒂、德代表希尼、法代表克劳德及秘书长哈斯、副秘书长皮尔德等十七人,偕同日本代表团,赴日交换意见。前晚(二十八)六时乘坐北宁专车,离平东行,当晚九时过津,昨晨(二十九)六时到达山海关。沿途驻军布防,戒备严密。山海关方面事前搭彩牌楼,以示欢迎,并派军警在站警备。五时许,第九旅旅长何柱国、临榆县长李树范及各界代表,即到站迎候。伪奉山路专车及压道铁甲车前晚(二十八)由沈开至榆关,停于车站之南路轨。车上有日兵百名、伪国省垣警察及路警数十名,伪国并派招待人员多名随车招待。日兵均未下车,日本便衣侦探及伪奉山路路警则在站台密布。原驻榆关之伪国国防警察,事先经何柱国交涉,均未入站。伪国国旗仍袭上次调查团过榆时之故智,于专车将到前在站上高揭。我国当局投鼠忌器,未便以此问题引起其他纠纷。专车到后,何柱国偕同中国代表团参议萧继荣上车,与各委员略事周旋。六时半,美代表夫妇及秘书长哈斯、副秘书长皮尔德等,下车至长城游览并视察一切。李顿等原拟同往游览,因雨中止。七时半,何柱国与李顿谈商山海关问题,由萧继荣、周贤颂迻译。何氏对于山海关方面最近情势及日军在榆关八里地内临榆县境强占民房暨意图武装至九门口游览等情形,详细陈述,李顿颇为注意。八时,调查团一行换乘伪奉山路专车离榆赴沈,计程昨晚八时可抵沈阳。调查团在沈勾留一宿,并不与伪国要人有所接洽,另派副秘书长皮尔德及秘书贝尔赴长

春、大连一带,调查伪国截留关税及接收邮政等问题。今晨(三十)该团即离沈东行,定于二日到朝鲜汉城,四日抵东京。据李顿谈称:"此行专为与日本当局交换意见,以便编制报告书。在日勾留时间,现尚未定,大约在两星期左右。返平行程,需到日本后再定。"调查团出关以后,北宁专车即于八时半开回北戴河,当晚十二时再由北戴河□……□。

(《益世报》,1932 年 6 月 30 日,第二版)

248. 调查团明晨到东京,日政府对承认伪组织将有表示,内田定五日到东京,将就任外相

【京城二日新联电】 李顿爵士一行,今早八时半由京城乘专车出发,约四日早抵东京。

【东京一日新联电】 国联调查团一行四日可抵东京,滞京中将听取日本政府之意图,以期起草报告之一部。外务当局将乘此机会,率直的披沥日本之对满方针,以资该团之理解。此事将由内田专任。外务当局并将对该调查团单独的表明日本政府有承认满洲为独立国家之意思,且满洲于极东和平上绝对的必要。故日本并声明,调查员若由于无视"满洲国"存在之事实而作成之任何解决案,决难同意之事。又内田伯定五日夜回京,六日举行亲任式。

内田五日入京,将就任外相职

【东京二日新联电】 关于承认"满洲国"问题,业经日前之临时议会满场一致通过,政府方面亦拟从速的与以承认,惟因事态重大,故正锐意的准备。然"满洲国"建"国"伊始,"国"内法未完备,且亦无独立国之机构,又当承认之际,对于中国政府从来之条约关系当如何,即对于与"满洲国"定结条约之准备,政府之方针尚未见最后的决定。因以上种种关系,故斋藤首相命关系各省着手于诸般之准备研究,俟五日入京之内田就任外相后,将更谋具体化。结局承认之时期,据观测将在九月国联大会开会之前。

斋藤、荒木商谈承认伪国问题

【东京二日新联电】 斋藤首相本日午前十时四十五分,约请荒木陆相至

官邸，听取陆相与丁鉴修、林惠会见时所闻之"满洲国"之意向内容，然后对于承认时期有所协议。结果一致主张对于承认该国之根本方针虽不变，但因须种种之准备，立即承认之事实为不可能。最后陆相报告北满方面之马占山之行动，并关于国联调查团赴日之事种种磋商后，十一时半辞去。

【东京二日新联电】陆军当局对于设置一满洲四头政治机关之事，曾与关系当局会议，其具体案本月中可以决定，其实现将在八月间，故荒木陆相已向首相进行交涉。山冈关东长官本日午前十时访问陆相辞行，并对于本问题有所协议。

(《益世报》，1932年7月3日，第三版)

249. 调查团态度如是！国人其猛醒：自己不努力，一切无希望，盼他人仗义执言殆梦想

【北平通讯】最近两月来，我侪耳濡目染，比较的值得注意者，殆为东北义勇军之抗战叛逆与夫国联调查团之言行表示。顾内乏组织、外绝援助之义勇军，虽秉爱国热忱，作异势之斗争，如以目前环境而逆料前途，其成败已无待卜。记者执笔申述，徒觉椎心泣血而已。以故兹欲陈述者，仅限国联调查团此次由东北归来后之言行。其为报端所未见者，拉杂志之，用供国人引鉴。倘不以明日黄花忽之，所幸甚矣。

国联调查团于上月五日由关外过津抵平后，除出席法义两使之宴会外，其他应酬一概谢绝，即对外表示，亦不若曩时之恳挚。嗣因起草报告书地点问题，徇日方之请，英、德、法三委员曾作青岛之行，卒以气候不宜，此计打消。李顿于畅游泰山归来，最后乃决定留平起草。比者该团以大部工作行将告竣，爰于二十八日晚重赴东京，期向日方征求解决东北问题之最后意见。预计下月中旬可再行来华，与我政府当局作同样之会商，俾将报告书全部工作赓续完成，即送日内瓦国联大会提出讨论。我方所提关于解决东北问题之说帖，先后已达二十余起，微闻该团颇以我国希望过奢。弦外之音，大足以观若辈所持之态度。

查该团此次留平，凡三星期又二日，中间除汪、罗、宋来平时与该团经过四

次会谈,统计时间约有二十小时外,其余光阴泰半从事于起草工作,即休沐之日,李顿爵士与秘书长哈斯亦未尝憩息。然则该团此次东北之行所得一切材料,固对我有好感乎?据记者分头探寻结果,试观下列之事实。

当调查团返平时,目睹平津官民欢欣状态,李顿爵士笑语我国代表顾少川氏曰:"见东北民业身□如此惨境,而关内之鼓舞景色,若无其事。一关之隔,气象悬殊。何贵国人民善于自慰,一至于此?"

当汪等莅平时,顾特张宴洗尘,并邀□调查团参加宴会。席间美委麦考益语汪氏云:"东北问题,酿成今日之局势。贵国于东北政治,此后如无澈底改革之意,仍欲沿用旧法,希望恢复故土,实为解决东省问题之最大障碍。"

调查团行抵长春,日方曾以热河政治之不良材料,尽献于李顿。中有照片凡□余帧,并谓满洲伪国为徇该地人民之请,拟即派兵前往。因是调查团对于热河政治状况,询问甚详。

伪满洲国最近在沈阳、长春一带,积极□练新兵,数在十万以上,其教官□械,悉由日方供给。此事被调查团所知,曾提出责问,日人伪称专为应对义勇军。迹其目的,确有进窥平津之野心,以故调查团方面对义勇军问题,特质问我政府之态度。

此次东案之起固由于日方之借题发挥,其衔恨之深,尤在抵货问题。以故日方对外宣传,专用排外名词,冀获欧美各国之同情。调查团自抵我国后,行经华南、华北各地,对此极为注意。因为排斥日货事件,既云系全国人民自动,何以河北省日货仍能畅销?此等问题虽不免因片面宣传,有昧于情势之处,而在在使我当局有难以应付之态。近如日本拒绝顾少川之赴日,李顿爵士曾间接表示,略谓:"中日纠纷症结之所在,我人大部都已明了,此后解决重心,在乎彼此能否有无开诚相见之勇气。顾代表之去否,不成问题,是知图存在自救。"区区数语,诚针砭之言也。

闻某晚李顿爵士特造顾氏私邸,曾作长时间之谈话,所商何事不易探悉。惟观夫顾氏日来态度之不若出关时之兴奋,吾人当推知一二矣。

(《益世报》,1932年7月4日,第一版)

250. 调查团今晨到东京，内田康哉离大连返日，日本又唤起国联注意

【东京二日新联电】 关于国联调查团报告提出之件，一日之国联大会已正式决定延期。然日本主张该项报告书提出十九国委员会审议之前，应经理事会附议审议。倘若未经理事会附议，而即行提出日本未参加之十九国委员会审议之时，即认其为无视日本最初之主张。关于此点，日外务省将重复的唤起国联方面之注意。

【汉城二日路透电】 国联调查团李顿一行，今晨由此间首途，星期一晨可抵东京云。

【东京二日路透电】 内田康哉本日离大连来东京，将于六日就任外相职。

（《益世报》，1932 年 7 月 4 日，第二版）

251. 外部否认令莫赴俄京，颜、李会议说亦未证实，我国驻鲜总领事曾晤李顿

【南京四日下午十一时本报专电】 外部负责人称，报载颜代表与苏联代表李特维诺夫曾举行会议，政府并未接得报告，至外传政府令莫德惠赴莫斯科说，尤绝对不确。日新联社鲜京电称，中国驻鲜总领事访李顿，未蒙接见等语，顷据外交当局谈，绝对不确。外部曾接卢总领电，谓东（一日）与调查团晤会谈二十分钟，并面交某项重要文件。

（《益世报》，1932 年 7 月 5 日，第二版）

252. 调查团再发表声明，此次赴日系为调查，并非办交涉，该团昨到东京即晋谒日皇，日当局准备作强硬之表示

【东京四日路透电】 今晨国联调查团未抵东京以前，有人大散传单，要求立刻承认"满洲国"，但散放者未被发觉。预料调查团抵此，内田就外相职后，日政府不久将发表关于日政府之态度及最后承认"满洲国"之确切声明。据当地报纸刊载，政府将于声述其他各事中明白表示，国联对于日军撤入铁道区域内之决议已不适用，因"满洲国"目前已宣告独立矣。据暗示，关于海关问题，将来日本将有允许"满洲国"官吏管理大连关税之可能，但仍认为系华人所有，彼等将向华人缴纳充分税款，以偿付担保之外债云。

调查团到东京，即日晋谒日皇

【东京四日新联电】 李顿爵士一行今早八时抵东京驿，出迎者为外务、陆、海三省代表，英、法、美、意、德及其他各国大公使馆员等，车站警备甚严。一行即赴帝国旅馆寄宿，惟李顿爵士由车站直往英大使馆，访问林德列大使。一行留京中之日程如下：五日觐见日皇，出席秋[秩]父亲王于赤坂离宫举行之晚餐会；八日以后与朝野各方面之有力者会谈；周末赴箱根。

【东京四日新联电】 今早入京之国联调查团一行，午后三时四十分入宫觐见日皇及日皇后后退出，同五十八分赴大宫御所谒见皇太后，四时十分访秋[秩]父亲王。

【东京四日新联电】 国联调查团随员屋尔得杨格博士，为调查间岛之鲜人问题，约留东京一星期后即赴间岛。

内田明日就职，与调查团周旋

【门司四日新联电】 内田满铁总裁今早晋京途中，于此间谈话如下："'满洲国'之承认问题，乃在于日本与苏俄先行承认与否，其他无直接关系之各国如何，皆无关紧要。日本早拟与以承认，此在满洲人心之安定上乃紧要之事也。"

【东京四日新联电】 据《朝日新闻》晚刊载称,内田六日就任外相,即日与国联调查团会见,关于满洲问题之日本之信念及决意,与以表明。此次之会见,绝不按照从来之外交处处回避态度之表明,将率直的说明日本之立场,俾使国联明白,无视日本之意思而解决中日关系为不可能之事。荒木陆相将军部之意见确定,已于二日提示斋藤首相。俟内田就任外相,即由首相与外相充分的磋商。一俟与李顿等会见后,即向中外发表声明。

李顿发表声明,阐述真正使命

【东京四日新联电】 国联调查委员长李顿爵士路过大阪之际,经由新闻联合社发表长文声明书。首赞美日本之风光,切望与现内阁诸公会见交换意见,其次关于调查团本来之使命说明如次:"余等由中国报纸知道,余等受诺关于中日纷争之中国方面之条件,而拟将该条件提示日本政府。又知道余等将向国联对于满洲行政权许与五年试政期间之提案,当此各国新闻切望探知调查团胸中之事之际,此项记载殊为不当。然余等关于此事毫无有权限。余等调查委员再到日本,曾重复的言明并非充当交涉者,乃系以调查为目的之委员也。余等之使命,系搜集此次纷争之一切关系事实,而将此等事实报告于国联也。然此等关系事实之中,最重要者当然在于中日两国之纷争地域所有之永久的权益。惟此等权益,于相互调查之前,对于此等权益究为何物,实有阐明之必要,此亦即为余等之真实使命。因中日两国于满洲之权益存否如何之事,若无确定,则无法将其调和。故此根据余等所得之智识,以及余等对国联理事会之劝告,而斡旋于中日两当事国间,以尽其任者,此即国际联盟之使命也。中日两国之舆论尚未熟知余等之使命,是以有对余等委员会将提出如何劝告之事,报重大之不安。其结果致委员会之任务之施行上有许多不安之横阻。两国均恐各自国之重要权益之一部被要求让步乃至变更之事,故被此种不安威胁之两国新闻纸,以稳健之态度说与其国民,似为困难。对于纷争之观彻,现在尚蒙蔽许多暗云,殊为遗憾。然余等之调查,确信为中日两国之死活的权益所寄与,故对于余等之努力结果,报甚大之期待。中日两国若了解此事实,则和平之福音当可获胜。余等之努力,亦即为实现此目的者也。一九三二年七月三日于大阪。国联调查委员长李顿。"

(《益世报》,1932年7月5日,第三版)

253. 李顿称病未晤斋藤，内田昨日就外相职，外交政策不变，准备承认伪组织，调查团秘书长否认将警告日本，东京又放出威胁国联之空气

【东京六日新联电】　国联调查团一行，除李顿爵士因病于英国大使馆静养未同行外，六日午后二时半赴官邸访问斋藤首相，为入京后最初之会见，经种种恳谈后辞去。

【东京六日电通社电】　国联调查团秘书长哈斯于昨日午后六时半，曾对记者声明云"外传调查团将警告日本，反对日政府承认'满洲国'之风说，余等从未得知"云。

【齐齐哈尔六日电】　伪组织已决定组驻日代表公署，人选已决定，不久即实现。

内田昨日就职，外交政策不变

【东京六日新联电】　内田康哉五日夜抵东京，今早八时以电话正式通知首相官邸，允就外相之事。首相遂即整理上奏书类，于午前十时入宫奏禀。经日皇裁可，于是退出于休息室，与入宫之内田会见，作种种之协议磋商。迄至十一时，日皇出御凤凰间，由首相待［侍］立，举行外相就任式，由日皇赐与内田外相亲任之敕语后，首相及内田外相乃退下。同时斋藤首相解去外相之兼任，业经内阁发表。

【东京六日新联电】　新任外相内田康哉本日亲任式后，于外务省会见记者团，谈称："以余衰老之年，就任斯职，能否胜此重任，殊为挂虑。然如斋藤首相既以献身的努力，以任艰巨，则余本身亦何惜之有，故而受任者也。时局之重大，固不用说，但余对帝国之前途，决不悲观，且确信日本迄今所取之行动，决无错误。日本于过去之日清、日俄之役以及参加欧洲大战，虽遭遇种种之困难，然经吾等先辈之努力，卒能发扬国威，同时迄今日之外交，亦得各国之同情与理解。但于满洲事变勃发后，我态度屡有被误解之处。及经时局之进展，关于此点，亦已次第的得世界之谅解。故此敢说，现在日本之外交与从前无异。然有时或□发生何项意外之事，亦未可知。故站立于外交问题第一线之我外

务诸员,固须依据国民总动员,以慎重的注意与决心,以处理此局面,是所切望"云。

准备承认伪国,军部举行会议

【东京六日新联电】 内田满铁总裁偕其夫人,于昨日午后九时十五分抵东京。该氏于车中谈称:"余拟于六日午后访问斋藤首相。对于'满洲国',希望从速与以承认之点,仍无改变。然非即时与以承认之意,承认之准备□……□像。政府当然有□……□决意与后援。李顿爵士□……□持,乃系当前之重大□……□告终,则匪贼之讨伐,当告一段落。"

【东京六日电通社电】 荒木陆相与调查团会□……□根本方针,遂于昨日午后在大臣室内召集小矶次官及军务局□……□。议决果如次:一、军方研究军事以外事项,或受世间误解,亦未可知。□……□关系,不得已确立新时代之皇军立场。关于研究事项□……□政治、经济、农村、思想、教育;乙,对外问题、满洲问题、对华问题及国际问题等。二、右项问题中关于军事者即实行,其他则俟阁议或提交关系大臣实行以上方针,已经决定云。

【东京五日电通社电】 斋藤首相对于满铁总裁后任人选问题,于本日曾听取内田及荒木之意见,一二日中即可决定。斋藤意中,永田秀次郎、儿玉秀雄等最为属望,又八田嘉明氏之升格说颇盛,但永井拓相表示反对云。

态度益趋强硬,恣意威胁国联

【东京六日电】 国际联盟根据一日总会之议决,对于调查团之报告书,其审议期间决定延长,且为讨论满洲问题计,将于今年十一月中旬乃至十二月间举行大会。此次联盟不但对于日本反对保留,并对满洲问题强迫适用盟约第十五条,依据理事会之议决将调查团之报告提交国联大会,积极处理满洲问题,事属明显。日本政府对此,不得已表示完全反对。今秋大会,日本政府即以断然态度,有反对之必要,故外务省当局,亦认从来温和的态度不能表明日本之根本主张。为示以坚决否认起见,此次大会日方代表决不参加,并决定将全体代表撤出日内瓦亦未可知。内田就任外相时,即确定强硬对策,大体方针如次:(一)向调查团传达日本之决意;(二)表明承认"满洲国"及积极援助之意;(三)排击阻碍"满洲国"之独立;(四)日"满"国防业应绝对提携。此外,训电驻日内瓦长冈代表,令彼向国联陈述,日方反对审议李顿报告书,唤起联盟注意，假如国联无视日方之主张，即行退出国联云。

有田轻率谈话，引起责任问题

【东京六日路透电】 当地各报对日外次有田向英大使林德来谈话云，在调查团未离开远东以前日本不承认"满洲国"，作强烈之批评。一般认为此虽平凡事件，然政界颇感困难，纵谓有田之言仅系发表个人之意见，诚恐消息泄出，引起反响，必致使形式更趋纠纷。如提前承认"满洲国"较为合宜时，日政府无须延缓承认。与调查团有关之某君，对此颇表示愤慨，并向日本之广告报（英字报）暗示称，日本如承认"满洲国"，势必违反九国公约云。

【东京六日电通社电】 日外务省有田次官前曾对英国大使馆访问外务省时，关于承认伪国问题轻率言明，日本政府于李顿向国联提出报告前，尚无承认"满洲国"之意志。故调查团某委员对于日本即时承认"满洲国"，表示反对意向，遂致发生有田次官之责任问题，且将严重化云。

（《益世报》，1932年7月7日，第二版）

254. 调查团委员长意委员代理，李顿爵士尚需静养，斋藤昨访调查团由哈斯接见，该团明日上午会见荒木陆相

【东京七日新联电】 李顿爵士之病虽渐次痊愈，然尚需静养，其间将由意国委员代行委员长职务。又由北平赴沪之铁道专门家海庵氏本日抵东京，定八日回加拿大，因该氏之调查已于北平告终，且已提出国联调查委员会也。

【东京七日新联电】 斋藤首相六日午后四时四十五分赴帝国旅馆访问国联调查团，与哈斯书记长会见，以答礼六日麦考易将军一行之访问。

【东京七日新联电】 屡经改变预订之调查团一行，现已决定九日午前十时赴官邸会见荒木陆相。

【东京七日新联电】 有田外务次官今早八时四十分访问斋藤首相，关于对国联调查委员之失言问题，即言明调查团报告书未编竣之前不承认"满洲国"之问题，报告其真相，以求谅解。嗣对于"满洲国"承认问题有所协议。

（《益世报》，1932年7月8日，第二版）

255. 对日直接交涉说又起，苏俄正考虑复交问题，调查团今日晤荒木将提出质问，日军窥平津，中央表示不敢轻视

【南京八日下午十时三十分本报专电】 外交部负责人谈，调查团对日本承认伪组织事甚注意，并劝日方更变已定方针，惟日欲方张，是否接受，殊难预测。日方内部，军人派主张立时承认，盖可迅速完成其并吞东北之计划；外交派则主稍缓，俟调查团离日后再决定，恐调查团将此事编入报告书，送达国联，对日不利。调查团近来在日本之活动，我方未接到报告。日军窥平津说，政府不敢轻视，免陷东北覆辙。至中俄复交事，我国政府迄未急进，外传种种，纯出恶意造谣。

【南京八日下午九时本报专电】 日来盛传日军将进寇平津热河。据外交界某要人表示：尚未接正式报告，如果有此举，则已超出外交范围，只有用军事应付，中央已下决心，必抵抗到底云。

【南京八日下午九时专电】 张学良代表危道丰齐（八日）由平抵京，谒汪报告华北军政近况。

【上海八日路透社电】 据《大陆报》载，消息灵通方面称，南京已决定对满洲问题举行中日直接交涉。据称，此种交涉性质系一国际的，凡与远东有关之一切列强均被邀参加，并以华盛顿九国公约为讨论根据。但据云去年十月巴黎国联会议前，日本提出之五项基本条件，中国或将予以同意。据悉，汪精卫已草定一直接交涉计划，蒋介石亦经同意云。

【东京八日路透电】 外务省已接到正式消息，证实报纸所传，中国已与苏俄交涉，提议恢复外交关系，并订立不侵犯条约。日本驻俄大使广田向加拉罕质问此事。据加氏表示，彼尚未接到正式提议，但中国已向莫斯科口头声述，苏俄并已准备考虑与中国恢复外交关系。是否同时订立不侵犯条约，日本官方对此事所表示之意见，谓中国目的之外交，似欲两管齐下，盖一方表示中国将与日本谋和平解决满洲纠纷，而同时表示倘日本拒绝中国条件，则以中俄复交相恫吓。据一般暗示，日本可准备与中国交涉，惟以承认"满洲国"独立为条件，否则不能交涉云。

【南京八日下午七时五十分本报专电】 电通社称，中俄复交，我方坚持须

苏俄予我以积极之援助，以便规复东省主权。又称，苏俄最近通知王希曾，定暑期后开议。据外交界负责人声称，绝对不确。

【东京八日电通社电】 国联调查团本日休息，明日午前九时在陆相官邸内访问荒木。调查团将根据调查材料，自各方面提出质问，颇为各方所重视。俟十一二日中午李顿健康恢复后，再与日政府进行折冲云。

【东京八日电通社电】 陆军对于满洲四头政治统一后，其最高机关驻满总监决定武藤大将，副总监则推荐永田秀治氏，即向外务当局交涉。此外关东军参谋长，拟起用现参谋长桥本少将云。

（《益世报》，1932年7月9日，第一版）

256. 日军部对调查团断然表示中国不能再有东北，日"满"间"国防"不可分，李顿爵士将发表声明书

【东京九日新联电】 四日抵京之国联调查团一行，除李顿爵士因病静养外，已决定由十二日起与日本政府当局开始正式商议。然于未开议之前，代理委员长马列斯柯地伯爵（意）、麦考易（美）、格洛铁尔（法）、苏尼（德）四委员偕同哈斯秘书长，于本日午前十时访问陆相于官邸，小矶次官、山冈军务局长、山下军事课长等列席，举行首次之会见，听取军部方面之意向，会谈一时余辞去。一行乃于午后三时半由东京出发，赴箱根游览湘［箱］南名胜，定十一日夜回京。俟一行回京后，李顿爵士即发表声明书。

【东京九日新联电】 国联调查团马列斯柯地、麦考易、格洛铁尔、苏尼等，偕书记长哈斯及随员三人，本日午前十时访问陆相□……□军方面，荒木陆相、小矶次官、山冈□……□长、铃木中佐及参与员吉田大使、津岛书记官、久保田□……□，由外务省嘱托川崎氏翻译。先由陆相与代表委员长马列柯斯地寒暄之后，遂即质问：（一）日本国防与满洲之关系；（二）关于恢复满洲治安之日本方针；（三）"满洲国"之将来及日本军部对此之态度；等项。陆相对此先说明日本国建国之本议，基此而生之日本文化与国民思想，明治维新以来之国际关系，以及日俄、日清两战役与满洲之关系等。然后力说日本与满洲之"国防"不可分之点："满洲国"之存在，其自卫上不管其愿与不愿，日本不能不

负指导之责任。故此今日以后，若对此行内部的扰乱，或受外部的威胁之际，即由吾等日本国建国之精神理想言之，亦不能不十分的觉悟，并用力与之周旋云。其次答撤兵时期之质问，称现在尤其对"满洲国"行使中国主权之事"绝对的反对"等语，陈述军部之重大决意[议]。至午后零时二十五分，会谈终了。

【东京八日新联电】 留京中之国联调查委员麦考易将军，八日正午偕其夫人赴警视厅参观警官之柔剑道大比赛及练习。

【东京九日电通社电】 联盟调查团于昨日午后在帝国饭店曾秘密中举行一度会议，复于本日午前十时赴陆相官邸内访问荒木陆相，听取意见并质问。及正午十二时会见毕，遂于午后三时均赴箱根旅行云。

(《益世报》，1932年7月10日，第二版)

257. 冯玉祥无病，因为无脸晤调查团，所以当时称病不见

【泰安通讯】 记者登泰山普照寺晤冯玉祥之秘书某君，顺便询冯近况。据云近来只是读书写字，无重要消息可告。记者询："上月国联调查团登泰山时，冯先生曾因病拒绝晤谈，究竟当时冯是否有病？"某君不答，仅从公事桌上寻出信一封，指记者曰："当时各报谓冯因病拒见调查团，于是各方函电问病者甚多。此即慰问函之一，封面所书之字，即冯先生亲笔所书者。"记者视之，批为"一点病没有，只是因为中国人没脸见调查团，因为他们仍是不抵抗，觉得太不能见人，故告以有病，不能见人"等语。

(《益世报》，1932年7月10日，第三版)

258. 斋藤强调声明无人能阻日本承认伪组织，内田将继荒木会晤调查团，满铁总裁继任人选之难产

【东京十日新联电】 陆相九日与国联调查团一行会见时，关于日本对"满洲国"之态度，业已明白的表示。其重大决议，称绝对反对有中国主权掺杂其间，认其为与中国全然别个之独立国家云。此种决议之表示，乃系日本对调查

团一行之最初的正式表示。预定十二三日前后,与调查团会见之内田外相,亦将与陆相同样表明决意。此次陆相对调查团之表示,颇与各方面以重大之影响,今后之推移,极堪重视。

【叶山十日新联电】 星期末于叶山一色别庄休养中之斋藤首相,发表左之重大时局谈话:"'满洲国'之承认问题,业经日前之临时议会议决。从速与以承认之事,已成为国论,无论谁阻止,政府亦决不能为其所动。政府亦正急于准备迅速与以承认,惟其时期尚未能言明。满铁之后任总裁问题,曾委主务大臣之拓相处理,问题虽稍有纠纷,然政府尚未过问。事态相当的麻烦,但非阁议所能决定之事项,然拟向阁议报告。关于四头政治之统一问题,俟经关系各省磋商后,即经由法制局长官搜集各省案。目下颇为进展,惟尚未充分的确立。总之,该案一经拟就,即行提出阁议附议。至于农村救济问题,现正锐意立案,尚无决定"云。

【东京十日新联电】 关于满铁后任总裁问题,因军部之反对,已完全陷于停顿状态。政友会以拓相若于今日之状态下强硬推举,捏原继任之际,难免使事态益陷于纷纠,故对此持绝对的反对。而主张于今日之状态下,无须急于任命继任,俟满洲四头政治问题解决,满铁职制改正,一切皆归于白纸之后,即选任适应新职制之总裁为宜。日内将经由鸠山文相将此意向首相进言。

【东京九日新联电】 政府一部有主张不必顾虑军部之反对,而直任命捏原为满铁后任总裁。因此,政友会之山口干事长九日午后四时特往访三土铁相及鸠山文相,陈述反对任命带有浓厚之民政党色彩之捏原,并请其将此意转达斋藤首相。两相业已转告首相,表明反对之息。

【东京九日新联电】 军部对捏原之继任总裁同意与否,须俟详细调查后,即能答覆拓相,其决定将在十一日。

(《益世报》,1932年7月11日,第一版)

259. 调查团将赴北戴河避暑

【平讯】 北戴河海滨自今年改为特别自治区后,与公益会合作,一切设备格外齐整,人心亦十分安定,谣言均不足信。闻调查团已决定前往,中国方面如王一堂、顾少川、吴达诠、任凤苞、曹润田、袁克定等亦已到海滨。西山各上等别庄已被各方订定。至东山有新建楼房,地点极为合式,且可以分间出租,每间每季仅收洋数十元,房屋精美,有地板,有洋便所,其价廉物美也。若数人合租,所费尤省。有意消夏者,似不可失此良机。又海滨所缺少者,是一个中国菜饭庄。若北平东兴楼等号前往设分庄,必大获利也。

(《益世报》,1932年7月12日,第一版)

260. 调查团定下周赴沪,昨与日本新外相内田会见,日政界已不再谈承认伪国

【东京十二日新联电】 国联调查团传已定搭乘十五日由横滨出帆之秩父丸赴沪之说,书记长哈斯对此谈称:"此次来日颇为迟延,曾拟缩短滞留日本之期间,惟尚未决定,现仅豫定下星期中离日本而已。此次将由水路赴沪,故无再度访问南京之意思。十二日与内田外相会见,李顿委员长或可痊愈出席"云。

【东京十一日路透电】 日外相内田在正式招待外报记者席上演说,请各位记者关于本人对承认"满洲国"态度,无用询问,因为彼本人虽希望不久表明政府之立场,但目前对此事不能发表任何意见。内田戏语曰:"倘其他国家将承认'满洲国',岂不更妙?"内田并谓,彼本人虽希望研究苏俄正月提议之设立□……□。内田明日或后日将会晤调查团。据传,调查团曾请求此次谈话不在报纸宣布云。

....

(《益世报》,1932年7月13日,第三版)

261. 直接交涉说愈唱愈高,惟日方态度依然蛮横,内田对调查团表示无妥协余地,该团已定明日乘轮赴上海转平

【上海十三日下午十时五十分本报专电】 中日直接交涉已成时间问题。蒋作宾负有使命,正从事与日政府要人会晤。矢野南下,负有同样使命。调查团工作完毕时,即开始交涉。

【东京十二日路透电】 李顿爵士刻已病愈，本日下午已亲自参与日外相内田康哉与国联调查团之会晤，并订七月十四日继续会谈。本日下午会议内容尚未披露，因国联调查团前曾要求对谈话内容务守秘密。本日该团与内田会议之前，有十二个大学组成之学生爱国大同盟所举出之代表，访问调查团各团员，当面送达一由一万学生签字之书面请愿书，请求该团对于中日争端予一公正之判断云。

【东京十二日电通社电】 内田外相与国联调查团于午后三时至四时三十分间，举行第一次会见。日本方面除外相外，则有吉田大使、盐崎条约局第一课长，调查团则有李顿委员长及其他委员四人，秘书长哈斯及顾问杨格等均出席。其会谈内容保守严密，唯内田态度异常强硬，其说明大体如次：（一）满洲问题之解决方法，必须有永久的性质，且于将来不遗祸根；（二）"满洲国"之独立，为既定之事实；（三）"满洲"独立，不外中国自身之分裂，并非第三国之侵略行动，故与九国公约并无抵触，则承认亦不得谓为违反九国条约之精神；（四）满洲自治领案不啻蔑视"满洲国"之独立，若归返于排日的中国政府权下，则日本绝对不能服从；（五）"满洲国"之承认问题乃根据国家主权之发动，并不受何等限制，若求满洲问题之解决，即不外承认"满洲国"云。

【东京十二日新联电】 内田外相午后三时至四时二十分于大臣室与李顿爵士第一次会见，以日本之承认"满洲国"问题为中心，双方无忌惮的交换意见。对于会谈内容，均附严密。次回定十四日午前十时三十分，续行交换意见。此次之会谈，相信内田外相详细表明日本固定之对满方针，尤其关于下记诸点，必力加说明，即日本政府对于满洲问题之解决策，确信发源于左之原则：（一）须具有永久的性质之解决策；（二）须能排除满洲将来一切祸根之解决策。若非立脚于右记二原则之任何中间策，概与以排除。而承认"满洲国"之成立，既有成立之事实，而承认其为独立国家之事，乃帝国政府之自由，故此拟从速的与以承认，庶几确立东洋恒久之和平。承认之事，不信其有违反九国条约，并言明无并合"满洲国"之意志。"满洲国"成立之今日，而与中华民国政府直接交涉之事，相信为无意义。要之，满洲问题有关日本生存权之重大问题，故日本政府对于有无视事实或基于中伤的原理之一切解决案，殊难同意。

【东京十二日电】 内田外相于本日定例阁议席，关于"满洲国"承认问题详为报告。同时，关于此案众议院亦有决议。故日本政府决依内田之方针，于适当时期内对于"满洲国"予以正式承认，并决定对满根本方针，且根据此项方针,将积极的援助维持满洲之治安。此外,鉴于最近在东北之义勇军,其活□情形渐行严重化,颇有风起云涌之势,将采断然之对策。现已根据关东军司令官本庄之报告,由陆军当局进行积极作战之诸般准备云。

【东京十二日电通社电】 国联调查团将于本星期六日或下星期一,决定离东京向中国出发。惟外间观察,均谓调查团如此急欲离日,系因日本对满态度全然无妥协余地云。

【东京十二日新联电】 国联调查团一行,已决定搭乘十五日由横滨出帆之秩父丸经由上海赴北平,不在南京停留。

【东京十二日电通社电】 国联调查团与内田外相之会见行将终了,决于十五六日来华赴平调查团之秘书长哈斯,关于此事发表谈话如次:"调查团将于本星期六日自东京出发,即赴北平,亦未可知。然我等时当与日本政府有所会见,故离东乃系豫定,虽早亦不足惊恐。提交国联理事会之报告书中,政治的解决案及其他案件,刻正执笔中。唯政治的部分,须俟委员间讨论后方能决定,故现未着手起草事宜"云。

(《益世报》,1932 年 7 月 14 日,第二版)

262. 日仍按固定步骤吞并东北,调查团东京之行结果如是,昨与内田末次会见,今明日启程来华

【南京十四日下午八时十五分本报专电】 调查团定删(十五日)离日去青岛。该团此次提前离日,系因在东京时,各方多予难堪,日政府所表示之态度,尤使调查团感觉无久留之必要。该团此行毫无结果。

【南京十四日下午七时本报专电】 日方电讯,调查团删(十五)离日来华,皓(十九)可到沪。又据张祥麟谈,该团来沪否尚无确讯,已电询顾维钧,日内当有覆电,但顾恐不能来沪云。

【东京十四日电通社电】 国联调查团决于十五六日起程赴平,内田外相遂于昨晚举行晚餐会。国联调查团李顿委员长及各委员等均出席,日方则有内田外相、有田次官、芳泽前外相及石井菊次郎等,颇称一时之盛云。

【东京十四日路透电】 日外相内田康哉今日与国联调查团作最末次商

谈，内容虽未发表，但据日本政界当局谈，日外相内田今日向国联调查团表示，日本永远不能承认将东三省归还中国，但日本目前亦暂不承认"满洲国"，因日本欲先等"满洲国"地位稳定后，再与其商订平等条约，同时即予以承认。俟日本正式承认"满洲国"后，日本将拒绝与国联或中国商谈东三省事。据一般人推测，可见日本在未正式承认"满洲国"前，尚可与日本商谈东三省一切问题。

【东京十四日路透电】 日外相内田康哉今日与国联调查团谈话后，向新闻记者谈，彼不能将谈话内容公布，但所可报告者，即今日谈话时彼与国联调查团双方以极坦白之态度，将双方意见尽量说明。现时双方之态度，彼此均已十分明了，惟双方是否已有成立协定，内田不愿发表意见。据报载，内田表示，如国联调查团纯以理论方式研究东三省问题，则日本与调查团之意见无法接近。因东三省问题与日本之经济生命及国防均有密切关系，唯一解决东三省问题之途径，即从事实上设法维持远东永久和平。内田请调查团勿以□……□事，稍候片时，再定方针。《东京日日新闻》深恐因东三省问题，日本政府与调查团之意见相差太远，双方争执不下，致使日本脱离国联亦未可知。又日外相内田与国联调查团第二次晤面时，内田郑重声明，日本不能放弃其固定政策，即维持远东永久和平是也。国联调查团以书面质问内田，因是内田日内将有书面答覆。

【东京十四日新联电】 内田外相本日与李顿爵士等会见后谈称："本日之会见系于绝对不向外部宣布之约束下自由的谈话。会见之内容，均不能发表。与调查团之会见，系以此次为最后。余于两次之会见，率直的言明日本之立场，调查团方面，亦有种种意见之陈述，是以双方之立场，亦相互明了。虽有提交觉书之约，但已得谅解与否，不在言明之例"云。

【东京十四日新联电】 国联调查团本日午前十时半于外务省大臣室，与内田外相举行第二次会见，会谈时间颇久。此次系与东京最后之正式商议，外相仍继续前次之会谈，力说为极东恒久之和平，所以断然不能改变日本政府之既定方针。对此，调查团有种种之质疑。最后外相将前后两回之意见内容，为使不生误解，特作成觉书于一两日内手交李顿爵士，一行遂辞出回旅馆。午后二时半，由外务省招待赴日光游览。豫定十五日回京，离京之日期尚未定。

【东京十三日电通社电】 日政府因内田外相与国联调查团之会见，已将承认伪国之事完全表明。故拟借此机会，有向中外阐明日本决心之必要，遂决定最近期内发表声明书，刻在关系当局讨论中。其内容不外宣明承认伪国之决意[议]及其理由,并触及对满政策之要点,唯目前暂由外相以谈话形式发表。

【伦敦十三日路透电】 保守党议员南恩氏本日在下院质问外相西门爵士,是否拟照会美政府对于维持满洲门户开放政策,以期获得合作。西门答称,彼尚未接到足以证明英国在满洲之商务受差别待遇消息,况日本亦曾有必维持门户开放主义之证言,彼以为无采取此种步骤之必要。南恩氏继又询问:"在满洲经营商业之英人,因刻下彼等商务颇受某种程度之差别待遇,致甚抱不平等情,敢问外相是否知晓?"西门请南恩氏将关于此事之消息报告本人,并答称"自然,予对于满洲之地位问题,曾与美国有所商洽"。西门于答覆议员米勒之质问时声称,当国会休息期中,不能负责促进上海圆桌会议事,但彼可保证对此事决不忽视云。

(《益世报》,1932年7月15日,第一版)

263. 调查团离东京过青岛来平,三种方案均被日当局拒绝,南京认日方强硬表示纯系空气作用

【南京十五日下午八时四十分本报专电】 内田最近对调查团迭为强硬表示。政府中人评论云,内田此种表示,一方适足将日本积极吞并东北之野心暴露无遗;一方亦系空气作用,盖欲以日本侵略之阴谋深印调查团之脑际,使其于制作报告书及建议解决方案时,受日本宣传之影响,而倾向于迁就日本要求之一途。但调查团诸委一定能洞烛其隐,绝不致受其愚弄云。调查团因日方一面对之冷淡,一面表示强硬,大为不满,决即日离日。据外部息,该团删(十五日)离东京赴日光游览,筱(十七日)由神户乘秩父丸来华。现与公司接洽,拟在青停船,俾乘车赴平。如不能即赴沪,约皓(十九日)可到,抵沪后即乘轮赴平。

【南京十五日下午七时二十分本报专电】 外传中日直接交涉即将开端,记者删(十五日)访政府中负责人员,叩询真相。据谈,报载蒋使赴日负有直接交涉使命说,绝非真相。试以内田最近迭次宣言"对中国讨论满洲问题已成无意义之举"及"满洲永远不能交还中国"等语观之,日本毫无诚意,显然可见,于

此可以证明直接交涉说不确。某在野外交家谈日最近情形,称日各方已深感现时局势不利于日,经济渐陷困境,对东省义军亦无法应付。煤粮运回本国,转致本国煤矿失业,农村破产。军人虽勒令实业界投资东北,但亦苦无从措手。少壮派欲将局势再为扩大,自感亦无良好办法。政友、民政两党冲突渐起,首相无法调停,在野法西斯份子急谋起而代之。日政局若不自谋救济,恐将发生变化。

【南京十五日电通社电】 调查团委员李顿爵士与秘书哈斯氏,已于本早十时十五分在外相代表岸秘书官及其他官民欢送之下,由东京驿出发。彼等拟由横滨乘日轮秩父丸,经由青岛前赴北平。其他调查委员拟于明晚九时,由东京驿前赴神户,以便在该地搭乘秩父丸,与李顿爵士等同行。

【东京十五日路透电】 李顿爵士及其秘书爱司特,已于今午乘秩父丸到横滨,在该地李顿爵士将与其他委员会齐,定筱(十七日)赴青岛。日本邮船会社已允令其船至青岛停泊,以便李顿一行登陆云。日本各报于批评国联调查团与内田谈话时,咸称谈话无结果,因双方皆不允抛弃其固有之主张云。

【日光十五日新联电】 国联调查团一行,法国委员瓦洛特儿将军等之第一班,十四日午后一时由雷门出发,乘东武电车来日光。美国委员麦考易将军等之第二班及德国委员希尼博士与书记长等之第三班,于午后四时三十五分抵宇都宫,一行即分乘金谷旅馆接客之汽车,赴金谷旅馆。

【东京十五日电通社电】 传调查团来东京时,携有关于解决满洲问题之下述三种方案:(一)自治领案;(二)在国联内部设置满洲常设委员会,俾监视"满洲国"案;(三)召集九国公约关系国之国际会议而一任其处理满洲问题案。但内田外相在公式会见中,对于上述各种方案均持反对态度,因是该团遂决即离东。日政府方面,因调查团之报告殊不足恃,已下某种决意。故自本年秋间起,日本与各国间之国际关系,颇足令人重视。

【东京十五日新联电】 国联调查团十四日与内田外相之会见,事实上已告终局。然据今早东京各报之记载称,是日之会商又复陷于对立之状态。即调查团方面对于日本即时承认"满洲国"之事,以其有重大影响于九国条约及国联规约所规定之中国领土权及行政主权保全之原则,不仅如此,且将与国际关系以重大之障碍与影响,故表明不希望日本承认"满洲国"之意思。对此,内田外相则以"满洲国"之独立乃当然之事实,且又系三千万民众之自决,而完全脱离南京政府者,在此关系之下,日本之断行承认已成为确固不变之方针,故以日本之自主的立场，将从速的实行。如斯之状态，九国条约等件乃完全非所预想，由是力说日本之承认业已独立完成之"新国家"，断无违反既存条约之事。故调查团只得于未解决之状态下离东京，事态已陷于相当之困难云。

（《益世报》，1932年7月16日，第一版）

264. 调查团二十日可到平，日对承认伪国将审慎，荒木、内田等昨举行重要协商，调查团到平后将赴海滨避暑

【北平电话】 国联调查团已由日本动身，定于十九日上午九时到青岛。在青不勾留，当日下午即由青首途来平，预计二十日下午三四时可抵平。哈斯昨日有电到平报告行程，中国代表办事处王广圻等已筹备一切，并电北戴河养病之顾维钧氏，探询何日来平。在调查团未到北平以前，顾氏即可到平。北宁路局现已通知唐山，调招待国联之专车于今日上午（十七日）开抵达天津，当日下午开赴青岛备用。青岛市长沈鸿烈本拟即日来平一行，刻因调查团到青，暂不来平，以便招待一切。关于报告书，其对东北问题之事实及原因一篇现已编成，建议部分须回平后编制。调查团到平后将赴北戴河避暑，定每星期五由平去北戴河，定星期二返平，星期三、四在平工作，星期一、六及星期日在北戴河休息云。

【青岛十六日下午八时本报专电】 沈鸿烈因调查团将到青，铣（十六日）午由威海卫乘江利舰返青，筹备招待。

【济南十六日下午十时五十分本报专电】 鲁省府接平电，调查团定皓（十九日）到青，过济赴平。

【东京十六日新联电】 麦考易将军等调查委员一行二十五名，十六日午后九时二十五分搭乘特别联络头等车，由东京出发赴神户，与十五日先行出发之李顿爵士与哈斯书记长等会合，一行即搭乘十七日由该地出帆之秩父丸西行。

【伦敦十五日路透电】 日外相内田与调查团末次晤谈时，谓日本一经承认"满洲国"，关于"新国"一切事宜，即拒绝与外国交涉。此项声明遍登伦敦各报，并引起一般之讨论：试问日本所抱之策略，是否有意巧避，或对国联最近历次大会铮铮有声之大部分国际外交家之意见加以摧残。英伦官方对于此事不

肯作任何批评。但路透社所搜集之有力意见，咸认任何一国在未判别满洲获得一永久稳固政府之前而擅行承认"满洲国政府"，必自甘暴露破坏九国公约之咎。因此，一般感觉日本承认"满洲国"一事为势所必至，但日本必审慎进行而免此咎，恐引起国际间不快之复杂纠纷也云。

【南京十六日新联电】 内田外相、荒木陆相、永井拓相等于本日阁议散会后，于首相官邸对于满洲四头政治、国际联盟关系及其他对满关系有种种协议。

日陆军首脑会议将派驻满洲总监

【东京十六日新联电】 陆军方面，十五日午后五时于陆相官邸，开荒木、林、真崎三长官会议，对于八月间之定期大移动有所协议，即考虑关东军司令官若兼任驻满洲特派总监之场合，以及师团长以下陆军重要人事之转补等件，至九时散会。其中重要之转补，为驻满特派总监倘若推举军事参议官武藤信义大将充任之际，即可兼任关东军司令官，而现任关东军司令官本庄中将则转补军事参议官。同时该司令部采取大参谋长主义，参谋长一缺，似将由陆军次官小矶中将或骑兵监抑［柳］川中将转补。此外之转补为军缩会议代表松井中将，下月中回国，补军事参议官。又独立守备队司令官森连中将、航空本部附荒卷芳胜中将、军马补充部本部长梅崎中将、炮兵监秦中将等，将转补第一、第二十、第十六、第十一各师团长。

斋藤、内田、高桥对地方官会议训词

【东京十六日新联电】 十八日之地方官会议，第一日斋藤首相、高桥藏相、内田外相于席之上训词内容，业于本日之临时阁议审议决定，其要项如下：（一）首相之训辞。对于农村及中小商工业者之救济，希望地方长官努力指导，启发国民，使其不依赖政府之施设，而努力于自力之构成。又地方长官不得偏于一党一派，须严正公平以执行其职务。（二）藏相之训辞。详细说明财政之现状及政府之经济政策，希望国民自下一大决心，向打开难局之途迈进。并引用日俄战争当时国民之紧张态度，以促地方长官之奋起。（三）外相之训辞。对于"满洲国"之承认问题，日本决定于可能的范围内从速的承认之事，已成为根本方针，然其时期及方法，正在加以考虑中。然后详述以中国问题为中心之外交经过。

（《益世报》，1932年7月17日，第一版）

265. 谋杀调查团鲜人二名在大连被捕,日人称与尹奉吉同党,并有刺杀荒木、大角企图

【大连十六日电通社电】 五月间国联调查团李顿爵士等赴东北,经大连时,日方探得朝鲜敢死队自沪来连,拟投弹暗杀调查团,致日本陷于国际之窘境。于是大连日警署突然紧张,协同水上、沙河口、小冈子各警察分署,严密警戒,所有高等、司法两刑事,实行总动员。搜查结果,于调查团来连前二日,即五月二十四日清晨,遂将潜伏市内乃木町鲜人船员宅内之柳相根(二十二岁)及崔兴植(二十二岁)两名即行逮捕,并将隐匿之精巧且强烈之炸弹及手枪没收。似此危险重大之阴谋计画,竟得于千钧一发之危机内预防于未然。因为搜索累犯,一时禁止登载。现自本日起,对于此项记事实行解禁。

【大连十六日电通社电】 暗杀未遂犯人柳相根、崔兴植二名,系于今春一月八日东京逆犯李奉昌及上海投弹犯尹奉吉之一派,皆属于上海韩独立政府之爱国青年团者。彼等屡对日本高官企图暗杀。彼二人系于上海爆弹事件以前受独立政府首领金九之命令,拟渡日暗杀荒木、大角两相。于三月自沪赴香港,待机渡日,后未得许可,不得已仍返上海。后奉暗杀国联调查团之命令,即于五月秘密赴连,即隐居于某鲜人宅内,时常出探调查团之行动。似有对于二十六日调查团抵连上陆时,决行暗杀之计划。若戒备严重,不得如愿实行时,即准备二十七日调查团赴沈阳,在大连车站实行前项计画。唯被逮捕后,两人均对于炸弹来历、路费及上海政府之组织,缄口不言云。

(《益世报》,1932 年 7 月 17 日,第二版)

266. 日当局商应付国联新策,顾维钧将奉派赴日内瓦,日将公然组织伪国指导机关,顾昨乘专车赴青欢迎调查团

【南京十七日下午七时四十分本报专电】 调查团返日内瓦时,中央决派顾维钧随行。

【本市消息】 顾维钧昨日下午四时乘车由海滨到津,时国联调查团专车亦已由唐山开津。晚十时,顾即乘该车由津南下,到济后即转赴青岛,欢迎由日到华之李顿等一行五委员。与顾同行者,有路局职员数人云。

【北平通讯】 国联调查团定昨日乘轮离日本赴青岛,海滨修养中之中国代表顾维钧氏决先行赴青迎候。前晚偕秘书施肇夔等,由北戴河搭北宁车西下,于昨日上午六时三十分抵津,定晚十时乘北宁路为调查团特备之专车赴济转往青岛。中国代表处参议刘洒藩[蕃]昨日由平赴津,亦偕顾氏同行南下,预计今晚九时即可到达。闻调查团抵青将不作勾留,即携顾氏返平,二十日晚可抵平云。

日当局研究对国联方针

【东京十七日新联电】 搭乘十七日由神户出帆之秩父丸离日本之国联调查团一行,经由青岛豫定二十日抵北平,当即着手起草提出国联行政院之调查报告书最后的部分。该项报告书之作成,豫定在八月底即行送出。日本政府似将依据该报告书之内容如何,而对国联关系及"满洲国"之承认问题,表明重大之决议。调查团与内田外相两次之会见,大体已明了。调查团方面对于日本之承认"满洲国",抱有抵触九国公约及国联规约之见解。调查团之此种见解于报告书中发表,并为求满洲问题之解决策而劝告举行九国公约缔结国之国际会议之场合,则国联对日本之关系,除将完全陷于正面冲突外,无他途。故日本政府似将不得已以先发制人之手段,而断行即速承认"满洲国"。但调查团或者对于满洲问题之复杂性及国联对日本关系等有所考虑,而发见其他适当之解决案,亦未可知。目下外务当局正对两种场合考究对策,该两种场合即最坏之场合及国联之处置日本得以默认之场合。但对此,日本则坚持不变更对满方针之态度。

【东京十七日新联电】 陆军方面重视满洲四头政治之统一问题,故经慎重考究结果,乃决定修正原案。荒木陆相于十六日之阁议向斋藤首相提示军部之修正案,要求考虑。其修正之点如下:(一)总监府之名称,恐与一般以有干与满洲政治之感想,故改为满洲特派全权府;(二)特派总监改为特派全权,而副总监则改为事务总长;(三)财务、殖产二局,事实上无存在之必要,故与以删除,而仅设内务、业务、警务三局;(四)"满洲国"之指导机关与全权府分离,而于"满洲国"参议府加入日本人参议,以任指导。

东京已充满反政府空气

【东京十七日新联电】 政友会对于时局救济策大体已决定,目下正与政府交涉,以期其实现。政友会之政策,殆全部以国家保障为前提,但藏相竟言明反对以国家保障为前提,故将不能容纳政友会全部之要求。至时政友会将出于何种态度,不得而知。然据政友会最近之空气,则以现内阁之出现系为安定人心,但一向对此目的并无成就,且现内阁负匡救时局之责任,但关于其对策,大臣则均委诸事务官处理,毫无表示匡救时局之热意,而不满之声非常之高。党内之一部,认现内阁不足以信赖而高唱倒阁。因此政友会要求之政策,若政府不实行,则政友会之空气将渐次倾向于反政府,而复归其纯野党的立场,将对政府出于相当强硬之态度。

【东京十七日新联电】 国策研究俱乐部于安达以次,迄至今日,已得廿二名之代议士加入。然入会者将再行增加,本月中可以突破二十五名,而具交涉团体之资格,已甚明显。俱乐部员于临时会议开会前,协议举行结党式。目下东北、九州岛、关东各地,要求前往游说者极多。因此于临时会议开会后,九月间,安达、□、山道、中野、古屋、情濑等,将行新党总动员,作全国的游说之计划。

(《益世报》,1932 年 7 月 18 日,第一版)

267. 调查团明午过津去平,日坚决反对国际会议,异哉日报所传之蒋使东渡使命

【青岛十八日下午五时三十分本报专电】 调查团准皓(十九日)午抵青,市府正筹备招待。顾维钧定明晨来青迎候,胶路特拨专车两节,巧(十八日)晚开济,备顾乘用。

【北平通信】 国联调查团今晨(十九日)上午九时可抵青岛。预定当日下午一时由青北上,明午(二十)过津,下午三时许即可抵平。中国代表顾维钧前晚乘招待该团专车南下,昨晨八时过济,当晚到青,迎候该团,一同北返。平方招待事宜,一仍其旧。北戴河避暑地点业经布置完善,该团到平后,即可按照

预定办法，自由前往避暑。该团报告书分别整理编制，关于事实部份大致就绪，建议部份俟回平以后着手编制。预定八月内编竣，由平寄出，九月底送达日内瓦。中国方面对该团所提说帖共计三十一件，业已提交二十一件，其余尚在准备中云。

日本反对国际会议

【东京十七日电通社电】 国联调查团将据调查所得之材料，在平完成最后报告书。根据其与内田、荒木会见经过，其报告书不外左项二案：（一）"满洲国"之独立，因分裂中国领土，即抵触九国公约，所以与九国公约有关系国家，对满洲问题举行国际会议；（二）满洲之独立，纵认为系"新政权"之运动，但应与国联内设置满洲监视委员会，劝日静观其三年间的经过。唯日本政府对于以上两案，认为阻止承认"满洲国"，并表示反对之意见：（一）"满洲国"之独立，因系九国公约豫想以外者，故无抵触，其与满洲问题向无关系之国家，欲行参加，则绝对反对；（二）静观"满洲国"之经过，颇为适当，唯于联盟内设置满洲委员会，则反对之；（三）承认"新国家"系国际法之自由，故不受静观之约束云。

【南京十八日路透电】 关于日外相内田与国联调查团最近会晤时曾提议召开一国际会议，以谋满洲事端之解决方法，以及内田氏当时建议倘此种会议果将举行，"满洲国"须派代表列席一说，此间外交界方面特宣称：此项提议是否曾经提出，不得而知。倘此事果□提出讨论，中国政府纵令赞成此项会议之召集，亦不能同意于"满洲国"派代表列席云。

蒋使东渡使命如何

【东京通讯】 七月九日《大阪每日新闻》载新闻一段，题为"归任途中蒋公使之重大使命"。文云："（一）国民政府履行中日两国缔结之满蒙条约上之义务，尊重日本之权益，并承认日本与'满洲国'间之权益。（二）承认'满洲国'之独立，置于国民政府之宗主权之下。（三）'满洲国'之长官，任命日本指定之人物，国民政府不干涉'满洲国'之政治及关于其他之行为。（四）溥仪为国民政府之一官吏，仍保其地位。（五）日本之正式承认'满洲国'，请延至政象小康之时代。同时绝灭长江一带全国排日运动，努力扫除中日间之悬案，以求日本之援助及国内之安定。其事实以'剿共'之名，驱逐十九路军于福建，弹压学生运动、民众运动，解散上海、南京、青岛各大学，取缔长江一带之排日闭锁日货不法机关。"

(《益世报》,1932 年 7 月 19 日,第一版)

268. 调查团今午过津赴平,欧洲视线又集中远东,李顿病重,由济乘福特飞机北上

【青岛十九日下午九时二十分本报专电】 调查团所乘之秩父丸皓(十九日)午抵青。因船重不能靠岸,停后海口外,由港务局派木星轮前往迎接。顾维钧同去,沈鸿烈、葛光庭暨驻青外领均在码头欢迎。李顿因病,不能举步,由船抬入汽车,载赴英领馆休息。其他代表随员分寓迎宾馆大饭店。午后二时,应沈市长宴会,略事游览,六时半乘专车离青西上。李顿抬入车内,李貌癯目陷,病势不轻,到济后,拟乘机飞平休养。哈斯语记者,谓在日与内田晤谈两次,但因与中日两国当局有约,谈话内容不便发表。总之,调查团决本以前宗旨,用公正态度报告国联。编报告书地点仍在北平,八月底前即可工作完竣。

下午二时过津,晚六时可抵平

【北平通讯】 交通界讯。国联调查团昨午十二时许抵青岛,定昨晚六时偕前晚到青中国代表顾维钧一行同乘北宁所备专车西行,预定今晨六时左右到济南。委员长李顿因病或将下车,乘飞机北返,上午十时前即可抵平。其余各委及中日代表等仍乘原车速行北上,今晚六时抵平,仍下榻北京饭店。又北平当局昨接调查团在秩父丸来电称,李顿氏以身体不适,抵青后拟乘飞机返平,请饬派飞机来接等语。当局以青岛并无飞机场,故决定派福特机飞往济南迎候。同时并电青岛市府转知该团,该机已于昨日下午四时半由清河航站场飞往济南,昨日下午六时可到该地张庄飞行场降落。绥靖主任张学良并派顾问端那、伊雅格等,乘该机赴济迎候。又绥署前晚派卫队连长韩振侯,带卫队四十名赴津,担任该团过津来平之保卫事宜。

【本市消息】 国联调查团专车今日由济北来,预计下午二时可抵天津总站。津浦路局驻津办事处已接到津站来电报告,现东、总两站均已准备欢迎,并装置灯旗,用资点缀。专车在津略停,下午五时许可抵平。

欧洲各国视线又凝集于远东

【伦敦十八日路透电】 欧洲之注意,又集中于远东之危险区域,对九月国联会议之前途,均有热烈之讨论。据悲观者所表示之意见,认为日本如承认"满洲国",国联不采积极行动,国联之将来不啻悬在天秤之上,受严重之试验。欧美,特别参加十九委员会之各国,非常注意远东情势之发展。各弱小坚决反对日本承认"满洲国",而各大国因本身利害所关,态度似欠明显,须到紧急关头,始能表示。一般预料,调查团报告书在国联大会时可以提出,如日本在法律上承认"满洲国"之举不再延期,将陷国联于困窘之境。但一般相信,日本已具决心,贯澈其分割满洲与中国之政策,任何牺牲在所不惜。《新闻记录报》预料,调查团之报告将揭露,日本需要满洲,根据过剩人口宣泄之论点,毫无根据。调查团报告书,将无疑义的为日本疏通,但不能任凭理想赞成现存局势云。

【东京十八日路透电】 据日本官方暗示,国联调查团之报告书,或影响日本承认"满洲国"问题。据表示中所得之印象,即报告书中在不包含任何激怒日人感觉之词句或建议及国民不督促政府有何行动之条件下,日本有将承认"满洲国"之举无限的延期之可能。日政府在不能不承认之前,似乎暂取观望政策。据此,日政府显然暗示,最满意之解决为调查团建议数年之内暂不作一具体之决议,以便静观"满洲国"之如何发展云。

(《益世报》,1932 年 7 月 20 日,第二版)

269. 调查团昨先后返抵故都,李顿病甚重,由济飞平入医院静养,报告书将分别在北平、海滨编制

国联调查团由日再度来华,前午抵青岛,当晚即偕中国代表顾维钧乘北宁专车西行,昨晨七时许抵济南。委员长李顿因病偕法委员克劳德尔及顾维钧乘飞机返平,于上午十一时到达。其余一行仍乘原车,于八时许离济北上,昨晚九时抵平。该团返平后,即从事报告书之编制,并定于九月十五日以前完成,送达日内瓦国际联盟。李顿病仍未愈,一二日后将先赴北戴河休养,顾维钧氏届时同行。其余各委员俟工作分配完妥,亦均分别前往。兹分志昨日详

情如次：

过济分别北上

【济南二十日下午八时十五分本报专电】 顾维钧因李顿病，欲乘飞机，昨电平请派机来迎。张学良当派技师哈同与扣斯、顾问端纳与伊雅格、侍从武官左吉等驾新福特机，于昨下午六时到济迎李顿，调查团秘书费露得偕来，今早八时又派旧福特机到济。八时二十三分，调查团专车到济，压道车先半点到。省府代表建设厅长张鸿烈、济市长闻承烈在站欢迎招待，英日领亦均到。李顿由人扶持下车，登担架床抬上汽车，偕顾及法委乘汽车，赴张庄飞机场，九时乘机北上。李、顾同乘新福特机，法委员与郑礼庆另乘一机。余人仍乘专车过轨赴津浦站下车，在头等客厅稍憩。闻承烈招待欢迎，德委员悉尼谓："屡次过济，备承招待，异常感谢。韩主席治鲁，地面平静，土匪绝迹，政治优良，异常钦佩。李顿因辛苦致病，数日来食甚少"云。哈斯代表李顿语记者："此次到日，迭与其政府要人交换意见，所谈与对中国政府所谈者略同，现尚未便发表。日本风景极佳，地方平静，余无甚感想。至日报载日当局态度如何强硬，或系彼邦一部分人之宣传，其政府所表示者无若是之甚。且无论如何，调查团决不变更主张，必作公正报告。"专车八时三刻北开。

李顿由济飞平

【北平通讯】 平市当局以李顿过济将乘飞机返平，前日派福特飞机第二号飞至济南迎候，昨晨五时复派福特第一号再赴济南，以备应用。李顿等各委偕中日代表等一行，专车于昨晨七时许由青岛抵济南。义、德、美三委及秘书长哈斯、日本代表吉田等仍乘原车北上。李顿委员长，法委员克劳德尔，中国代表顾维钧，李顿秘书亚斯托与中国代表顾问端那，顾之秘书施肇夔、宫冠雄等下车，分乘汽车赴张庄飞行场，登福特第二号机，于晨九时北飞。中国代表处参议萧继荣、郑礼庆等则乘一号机相继起飞。十一时第二号机先抵清河航站，五分钟后第一机亦到。在站迎接者，有平津卫戍司令于学忠等多人。李顿卧睡床上，下机时，由协和医院派人搭下，在飞机翼下稍息，旋再搭协和医院之卫生车，先开行离站，赴德国医院（原定赴协和，临时变更）。顾偕于学忠一车继之，克劳德尔等则分乘汽车赴北京饭店。克氏到饭店未下车，又赴法使馆午餐。李顿十一时半抵德国医院，寓三十九号病房。顾到院探视后，即返铁狮子胡同私邸休息。

专车过津抵平

【本市消息】 国联调查团一行三十余人，昨晨七时由青岛抵济南。旋即由津浦路北上，下午五时五十分抵天津总站。其先行之铁甲车载有卫队五十名，于五时半抵站。委员长李顿爵士因病，以车行过缓，另由北平当局派福特飞机赴济迎接，九时由济起飞，十一时半抵北平。法代表考莱特、我国代表顾维钧氏，则与李顿委员长乘飞机偕行。专车上有美、法、德三国委员，日本代表团十三人及我国代表团及欢迎人员。抵津时，省市当局均派代表赴车站迎接。省府有赵咨议、陶秘书，市府有沈科长、王一民局长，军部有参谋长刘家鸾等数十人，日本总领事桑岛亦到站欢迎。车站方面，于专车未到前戒严一小时。各委员于专车抵站后，因天热各下车散步，与欢迎人员互道寒暄。约停十五分钟，至六时五分即开往北平，九时可抵前门车站。

【北平电话】 国联调查团专车于昨日下午九时十分到平。到站欢迎者，有张学良代表荣臻、于学忠、周大文、顾维钧夫人、王广圻、吴秀峰等。各代表下车后，略事周旋，德意代表即赴北京饭店休息，美代表及哈斯均往友人家住宿。中国代表办事处人员，昨晚在顾维钧宅有所商洽云。

外罗慰问李顿

【南京二十日下午十时十分本报专电】 李顿由青抵平，因病入住德国医院。罗外长特去电慰问，表示系念之忱。

【伦敦十九日路透电】 伦敦方面闻李顿爵士病重及今日午后乘秩父丸抵青时用□床移送上岸之报告，甚为惊讶。《新闻纪录报》在其社论中宣称，李顿病重之消息，令人深为遗憾。不幸之国联调查团的困难，其严重无以复加。李顿爵士对所谓"满洲国"指挥调查团之阴谋，已表示坚决拒绝之意。但坚决之需要尚在开端，真欲试验调查团之毅力及能力者，并非傀儡之满洲国，而其背后更足令人注意者，乃大有人在云。

【北平通讯】 昨日乘飞机返平之调查团某随员谈，李顿爵士年近古稀，从未乘坐飞机，此次尚为第一次。福特飞机内为李氏备有卧床，颇舒适。李氏卧游天空，极感愉快。又李氏入德国医院，曾经德医克礼检视一次。据克礼午间对记者称，李氏因旅途颠簸，此时诊测尚不能详细，下午当可得准确之病状。

据看护临时诊测结果,李氏现时脉搏为八十四,温度三十七度三。

顾维钧之谈话

【北平通讯】 记者于昨午十二时访顾维钧氏于其私邸。顾适自德国医院归来,当承亲自接见。顾氏面色稍黄,据云病尚未痊愈,复加以三日来之车行,睡眠不足,精神更觉萎顿。记者当询以下问题数则,顾氏逐一答复,兹详志如次。问:"调查团此次赴日经过详情如何?"答:"调查团与日本当局谈话内容,约定双方均不发表。惟一般的经过,调查团俟全体返平后,或由秘书长哈斯氏对中外新闻界报告。"问:"李顿氏之病状?"答:"李顿爵士自到日本后即患感冒,卧病于驻日英大使馆,吾人已见报载。彼时医生诊断,李氏必须多睡眠,故该团抵日,与各方之接洽,李氏多未出席。惟以与内田外相会晤事关重要,遂力疾往晤,会谈共两次。离日来华之海程中,原冀可得舒适之睡眠,孰知舱中过热,更感不适,在船中发烧,达一百零二度。抵青岛后,过济南乘飞机,皆卧用轻便睡床,并未步行。今晨抵济南,因车行尚须十二小时,故乘飞机返平。"问:"日军侵我热河,调查团已否闻知此事?"答:"本人到青岛后即得知,今晨到济南复得正式报告,惟所述不详。调查团已经本人口头谈及,得悉此事之发生。"问:"顾代表是否将来偕调查团同行赴日内瓦?"答:"此时尚谈不到。因调查团在平,尚有一月余之耽搁,以编制报告书。"问:"调查团报告书前传八月十五前可制成,目前有无变更?"答:"现时该团希望报告书于九月十五日以前寄到日内瓦。"

(《益世报》,1932年7月21日,第二版)

270. 调查团顾问经朝鲜赴间岛

【京城二十日新联电】 国联调查团顾问犹那格博士,偕同驻间岛之峰事务官及小田通译官,本日午前十时由此间出发赴间岛。

(《益世报》,1932年7月21日,第三版)

271. 调查团总报告书旬日后起草，现时尚在整理各种材料，李病渐痊将赴海滨休息

【北平通讯】 国联调查团返平后，拟即开始编制总报告。惟以委员长李顿现正卧病，同时整理调查所得材料之工作尚未完竣，故开始起草尚须在旬日之后。在李顿病中，该团如有对外接洽事宜，由义委员阿露温德代理云。据调查团发言人昨晚六时半对记者谈称，调查团在东三省调查所得材料尚在整理，最近期内即可告竣。整理工作系由各专门委员协同秘书分别任事，如铁路、经济等等，各分作一部份，由数人专负其责，每一部份整理完竣后，制成备忘录，送达各委员阅览。材料全部整理终了以后，由各委员等组织起草委员会，开会讨论，然后始从事报告书之编制。现时以整理工作之时日言，报告书起草大约尚须在旬日以后，故此时尚为秘书工作时期，旬日后为委员工作时期。相信十日内，各委员或先不赴北戴河，以便届时分配工作。至赴西山游览，则不成问题。中国方面送致调查团之备忘录计二十余种，闻尚有一少部分未送到，其数目不详。日本方面亦送有备忘录，皆供调查团参考用者云。调查团对热河边境发生之问题极为注意，惟不能作何评论。李顿今日病渐愈，并欲起床工作，已经医生劝阻，尚须相当时期之静养云。

【北平通讯】 外交部参事朱鹤翔与朱世全两氏，前晚偕调查团由青岛抵平。记者昨晨访朱鹤翔氏于中国代表办事处，叩询一切。朱氏所谈如次："此次调查团由日本返平，罗部长原定亲自北来与该团接洽，只以外交、司法两部政务纷繁，乃派本人代表，先赴青岛招待该团，并同行至平，接洽一切。此间如必须罗部长亲来，罗氏或亦能抽暇来平一行。本人在平拟留一二日，即行返京。李顿爵士以辛劳致疾，但不如外间所传病状之甚。闻李氏三数日后即将先赴北戴河静养，顾少川代表将同行前往，其余各委将来或分别到西山、北戴河消夏。中俄复交事在进行中。王儒堂使俄说仅见报载，在部内尚未闻及"云。

(《益世报》，1932年7月22日，第二版)

272. 李顿病渐愈,调查团昨开例会

【平讯】 国联调查团返平后,昨晨十时在北京饭店开例会,出席克劳德尔、希尼、麦克易、露阿温德①四委员,李顿派秘书亚斯托代表。据该团发言人昨日下午谈,是日所议乃系普通事务,对起草报告书事尚未议及,大约仍须在旬日后开始。李顿病已渐愈,惟不能起床,中国方面有电致李顿慰问,系由顿维钧代表转致云。

(《益世报》,1932年7月23日,第二版)

273. 李顿将出院

【平讯】 国联调查团委员长李顿爵士,昨日病状更趋良好。医生宣布,一星期后可离床出院。又该团德国秘书方格基亦患感冒,于昨日入德国医院治疗。该团昨晨十时在北京饭店开例会,秘书长哈斯夫妇及秘书吴秀峰等,定今晨乘平绥车赴南口游览长城,当晚返平云。

(《益世报》,1932年7月24日,第二版)

274. 嘉宾多病:李顿昨又微发热,克劳病势已转佳

【北平二十四日路透电】 克劳将军今日病势见佳,今晨热度如常,昨晚睡眠甚好。调查团秘书处德国秘书古兹病况仍重,昨晚不安,未离危险期。李顿爵士又发微热,风寒未退,但情势良好。

(《益世报》,1932年7月25日,第二版)

---

① 编者按:应为"阿露温德"。

275. 李顿将出院赴海滨，报告书能否如期提出尚难定

【北平通讯】国联调查团委员长李顿病况日有进步，拟四月五日出院后即赴北戴河避暑。报告书起草下月可开始。此项报告原定八月十八日前即须提交国联，李顿以时间不及，曾电请展至九月十五日。该团现时候希望在九月十五日以前将报告书寄日内瓦，但北平天气酷热，于工作不无影响，将有展期十月十五日或十一月十五日以前寄到国联之可能。又调查团对热河问题极注意，希望我方及时供给消息。又外交部常务次长刘崇杰将来平与调查团接洽，行期尚未定。日前来平之外部参事朱凤翔等，定日内返京云。

(《益世报》，1932年7月26日，第二版)

276. 国联调查团中国代表处之工作，重要部分为编制说帖

【上海通讯】国联调查团中国代表金问泗于月初来沪。兹因调查团由日本返华，金氏□顾代表电催北上，已于昨晨（二十三日）乘太古公司顺天轮，偕其夫人及两公子启程。记者往访金氏于舟次，询以代表处已往及此后之工作，承其分别答复如下。金氏云，代表处工作，除招待及总务事宜外，其最□紧要部分，为说帖之编制与翻译，以及与调查团之会晤暨专门问题之讨论研究。关于说帖一部分，在四月间提出两件：一为总说帖，将中国对于中日纠纷事件之立场作一概括之说明；一为南满路平行线问题之说帖。但其时调查团正由上海道出京、汉、北平各处，迨抵平后，伪国复提出拒顾问题，该团向日本设法应付，旋赴东省就地调查。顾代表自上海至东省，随处陪往，自无暇兼顾其他说帖之编制事宜。在出关前，由顾代表将各项应提说帖分配各专员分别起稿。各专员从事起草，费时一月有余。至调查团六月初回平后，顾代表乃将各项说帖一一细核，分别提交该团。此项说帖大致可分三类：一、关于日本之侵略情形。凡此次东案之经过暨东省以外各地方之日军寻衅情形，与朝鲜屠杀华侨惨案，与万宝山案件，以及其他政治上经济上之侵略，均属焉。二、关于法律上

之立场。除于总说帖内详述日本如何违背国联盟约、非战公约、九国条约及国际公法外,对于"二十一条"所产生之"民四条约",根据巴黎、华会两□内吾国之主张,尤其是根据国联会否认该约法律之效力一点,主张改废。对于平行线问题,声明日本如何违约,不将护路队撤去,以致酿成今日之祸变。此外尚有其他法律上之问题,兹□细述。三、关于答辩日本之攻击。例如对于日本所称五十三件悬案之答案,对于日本所指吾国教科书内有排外论调之辩明,对于奉票问题之解释,对于抵制日货问题之说明。对于日本所称东省发达完全出于日本努力一点,则就中国在东省之建设成绩,胪举事实,以反证日本之说之不可信。凡类此问题皆属焉。金氏又云,代表处说帖除业经提交各件之外,尚有未经提交者,现正赶速编制。此外,则调查专员提出咨询之问题,亦□不少。此项问题,并由吾方专员次第研究条覆,或与该团专员随时开会讨论。至于调查团回平以后,各委亦将与吾国代表开会,讨论各项问题。总须俟调查团报告完成后,我国代表处之工作方能结束。惟此二三十种说帖,当时为节省时间起见,皆以洋文起草,自均须译成汉文。此外代表处对于政府除随时报告外,尚须呈送总报告。此种工作,需时亦颇不少,大约尚需两个月乃能完全毕事云。

(《益世报》,1932年7月27日,第二版)

277. 李顿病愈开始工作,报告书下月当可起草,日军部派员赴日内瓦

【北平通讯】 国联调查团公布消息,该团委员长李顿昨日病大愈,已开始工作,最短期间即可出院,昨日外报所载已经出院说不确。报告书下月准可起草,昨晨十时曾开例会,工作尚未有新的分配云。

【东京二十六日新联电】 为审议国联调查委员最后报告书而开会之今秋国联大会,日本陆军当局鉴其推移重大,故拟派遣国联调查委员一行于中国调查中始终随行而精通事情之参谋本部渡大佐或隅田中佐为全权随员,偕往日内瓦。

【伦敦二十五日路透电】 伦敦《泰晤士报》登载前充上海公共租界工部局警长英人布鲁斯旅长(并曾充中国警务顾问)之来电一件,其重要之观感,即日本对满洲之处心积虑,致远东当前危机迫在眉睫。彼致疑问云:倘国联调查团

与日本政府不能打破僵局,对于解决满洲问题仍有其他方法否?由日本方面视之,较简单之方法,似将任所欲为,一意孤行,退出国联,并与彼认为缺乏同情之西方背道而行,并在远东宣布"孟罗主义"。布鲁斯又云,倘此项危机能以避免,并以为倘英国舆论完全承认日本所遇之绝大困难,和平解决依然有望。彼以为调查团报告书延缓数月公布一事,倘无日本被指为鼓动危机之作俑者,而与或将发生之不可挽回之害处相较,尤为次要云。

(《益世报》,1932年7月27日,第二版)

278. 李顿病痊,开始整理报告书

【平讯】 国联调查团公布消息,该团委员长李顿病已完全痊愈,已开始阅览关于报告书整理工作。至于出院日期,尚无消息。报告书整理工作现大部已完成,但小部分尚待整理,准于下月起草,日期亦未定。整理工作,则未必于报告书起草前完成。该团意国代表阿露温德于昨日下午三时许赴先农坛游览,德国代表希尼并于昨日下午赴观象台及太庙游览云。

(《益世报》,1932年7月28日,第二版)

279. 调查团八月底离平,报告书九月中寄到日内瓦,顾维钧偕德义二委赴海滨

【北平通讯】 某方消息,国联调查团报告书下月起草,八月底可望全部在平完成,九月十五以前寄到日内瓦。此项报告完成后,调查团工作即属终了,届时各国团员将先后分途离华返国,殆为个人行动矣。至离华行期,略定八月底,不拟在平多留。该团专门委员杨华特博士,前奉命偕其夫人赴间岛调查,业已事毕,于前日返抵北平。又调查团义委员阿露温德、德国委员希尼,偕中国代表顾维钧及顾之秘书施肇夔等一行七人,定昨晚八时十五分乘北宁车附挂包车两辆赴北戴河,今日凌晨即可到达。一行在海滨勾留三四日,仍行返平云。

(《益世报》,1932年7月29日,第二版)

280. 法代表赴海滨，李顿两三日内出院

【平讯】 国联调查团法委员克劳德尔将军于昨晨五点五十五分搭北宁车赴北戴河海滨休息，日内偕德委员希尼、义委员阿露温德同行返平。又李顿病已大愈，两三日内可以出院云。

(《益世报》，1932年8月1日，第三版)

281. 李顿即出院起草报告书，东京宣称日终不免退出国联，步骤已定，报告书毫不足重视

【北平通讯】 国联调查团义委员阿露温望[德]、德委员希尼偕中国代表顾维钧等，定昨晚由北戴河搭北宁车返平，今晨十时即可到达。顾宅昨日已接得顾氏由海滨来电。法委员克劳德尔前日赴津，当晚即回平。据调查团发言人昨晚宣称，李顿爵士最近两三日可出院，已取消北戴河之行，即与各委开始起草报告书。全书准在八月底编成，寄往国联。调查团一部分秘书九月五日前由沪乘轮返回欧洲，其余各委员将于工作完毕分途返□……□国联。该官吏云，此间外务省知悉，李顿爵士报告书将于九月中旬送交秘书长德洛蒙，以便分送各理事，但日本不重视之。又谓："其实李顿报告之内容如何，吾人并不注意。予相信当调查团在东京时，外相内田已将日本之态度尽量言明。日本之步骤业已决定，国联或美国之意见如何，殊不足发生任何影响。"该官吏又称，日本在调查团报告书提交国联以前，正式承认日本制造之"满洲国"，彼认为并不足奇。倘正式承认实现，报告书当然毫无意义，因为所谓满洲问题，无须国联之"赞助"，业经东京自行解决。该官吏认为，日本外交政策必须普遍的再向京方进行，彼认为业已见诸实行，第二步即为正式承认"满洲国"。"依予个人之意见，吾人修正之外交政策将'回到亚洲'运动作一关键。日人自国联或西方所获得之利益甚少，故此时应实事求是，并集中注意于吾人自己门前之事。"记者复询以倘"回到亚洲"运动将影响日俄关系，则将如何。该官吏侃然答曰："依地图所昭示，苏俄大部分之面积在亚洲也。"该官吏认为，前驻美大使

石井上月在日美协会演说,主张"亚洲孟罗主义"系一错误。彼云,以西方名词用之于东方情势,意义殊有不同之点,并解释日本对亚细亚之主义,须以无其他亚洲各国合作为根据。彼又回忆一九一七年石井在使美任内,对此同样普遍想思[思想],曾述其大意也。该官吏又论及东方与西方方法不同之点云:"日本在亚洲之政策,须以精神及哲学的思想为基础,因此方与东方人之传统思想一致。吾人正寻找此种基础,但颇费时日,始能成功。"该官吏认国本社(日本最重要之国家主义团体)之主张过于狭隘,且纯粹系日人之思想,必须有较扩大之基础,而此惟有于东方各国交换思想中求之云。

(《益世报》,1932 年 8 月 2 日,第二版)

282. 调查团报告书月底完成,德义二委返平,报告书结论不取销,日对满洲一意孤行,大使决即任命,各将领暂留平,日内将开军事会议

【北平通讯】 行政院长汪精卫,接得东日(一日)宣言后,昨特电覆北平政委会,对华北当局精诚团结实深佩仰,关于军政各项议决案,仍望切实遵行,以符共纾国难之本旨。政委会秘书处当将该电分转各委传观。兹将汪电原文录左:"北平张汉卿、李石曾、张溥泉、韩向方、徐次辰、周作民、吴达诠、王维宙、于孝侯、张伯苓、张辅臣、蒋伯诚、商启予、宋明轩、傅宜生、庞更陈、万寿山、门致中、汤阁臣、熊秉三、方耀庭、刘叔舆、鲁若衡、孙殿英诸先生勋鉴:东电敬悉。国难日深,所恃诸公,保障北方,抚民捍侮,承示两项方针,并经决议切实施行,曷胜佩仰。极望戮力①团结,贯澈初衷。邦国俱瞻,匪唯私衷,愿相助赖也。汪兆铭,东(一日)。"

北平开军会

【北平通信】 此次华北各将领,在平会商军事、外交、政治、财政及热河等重要问题,迭经会议,均已商有眉目。以后实施办法亦由北平政务委员会常务

---

① 编者按:今作"勠力"。

会议决定,分饬各省军政长官负责进行。韩复榘、石友三因大会闭幕,业于前日返济。其余商震、徐永昌、宋哲元、庞炳勋、高桂滋、孙殿英、傅作义等,尚留北平,有所接洽。张学良拟趁各将领在平之际,于一二日内召集北平绥靖区军事会议,讨论北平政务委员会议决关于军事事项之实施办法。各将领须俟此次会议以后,始能分别返防。徐永昌、张群拟先离平,二三日内即行赴并。商震、宋哲元、庞炳勋、孙殿英、高桂滋、傅作义等,则须一星期后返防。

二委昨返平

【北平通讯】 国联调查团发言人谈:该调查团报告书一部分之事实报告,业已编制,其重要之部分,须李顿爵士两三日内出院后与各委开会讨论,再开始编制云。又调查团德国委员希尼、义国委员阿露温与中国代表顾维钧等,前赴北戴河海滨游息,于前晚搭北宁车返平,于昨日上平[午]十时抵平。中国代表办事处秘书长王广沂[圻],参议萧继荣、刘迺藩[蕃]等到站迎接。义德两委及顾氏下车后,分返北京饭店、铁狮子胡同私邸休息。

顾维钧谈话

【北平通讯】 顾维钧氏抵平后语记者:"调查团报告书一部分已经编制。至全书结论,前传有取消之说,据本人所知,调查团并无此意,将仍编订。此为全书之重要部分,对国联为建议性质。义德两委员由北戴河归来,俟李顿爵士出院,即开会讨论从事起草。现时调查团鉴于东北事态日愈严重,切望报告书于八月底完成,寄到日内瓦,由国联九月大会讨论,预料届时必可制竣。热河问题,我政府已提出国联调查团,该团对此事极注意,然尚无向国联报告之准备。本人回平,为赶制送致该团之备忘录所余最后两种。计我国迭交该国之备忘录已达二十四五件,该团向我方询问之问题,经我答复之文件,亦达十余件,统计约四十余件"云云。

日态度不变

【东京二日合众社电】 日人对世界反对日政府决定正式承认"独立满洲国"之举日愈关心。有力之《大阪每日新闻》报载,据消息灵通方面云,国外对日本正式决定合法承认"满洲国"之反动,将使列强形成一"不承认'满洲国'"联盟。日本对此炙手之询问之顽固态度,虽经调查团再三劝说,毫无改变。然在日内瓦,现已激起一出人预料之不良反响。反之,日本外务省对不好之国际空气并不关心。据闻,现正努力完成其承认"满洲国"之计划,日本将不理"反承认'满洲国'协商"。此项协商,实际上已存在。《每日新闻》称,苏俄有采用对满洲"真正政策"之意,并将与日本同时予长春政府一合法承认。该报又谓,国联调查团本月离东京,较预定之时期为早,系由于调查团与外相内田对承认"满洲国"之意见大相悬殊。调查团之来日,本在旅居中国及满洲数星期之后,以为可诱日政府接受满洲名义上属中国之建议。与内田第一次晤谈后,始知此事办不到,李顿始决定返平,并着手起草报告云。

【东京二日新联电】 武藤关东军司令官之亲补式定八日举行,并将接而举行关东长官及满洲特派全权大使之亲任式。又小矶次官之转补关东军参谋长,其遗缺由骑兵监柳川中将提升。及特派全权主席随员等之任命,将附议五日之阁议正式决定。

(《益世报》,1932 年 8 月 3 日,第一版)

283. 社论:热河事件与调查团的责任

国联调查团从欧洲出发的时候,计算到现在,跋涉艰苦,已逾半载。半年工作,所负的使命、所求的目的是澈底解决中日问题,恢复远东和平。在此以前,诸位委员在调查进行上,处事的缜密,态度的平允,我们绝无间[闲]言。对行将起草的报告书,本诚恳忠实的态度,露布真确事实,主持国际公道,当又在我们意料中。然当此中日争端事变范围扩大、形势日趋严重时候,我们更有数言,进献于调查团诸公之前。

调查团的成立,系根据旧年十二月十日国联干事会的决议案。调查团的职责,亦于是项决议案中规定。国联组织调查团的目的,是在调查满洲问题真象,以求中日冲突得一最后并且根本的解决方案。因此,调查团的重要职责即在将一切足以影响中日国交、动摇中日和平的事实,加以详确调查。但十二月十日议决案更包含几个重要的附带条件。附带条件中之一,即调查团到达当地后,应向国联报告日本是否履行国际联盟九月三十日关于日本撤兵的决议案。又十二月十日决议案的第二项规定,中日双方应采取一切必要步骤以防止事变扩大,并节制任何可以重启战事□……□在用调查方法,明了真象,以求中日事件的最后解决。然欲得到最后的解决,先决条件即为日本撤兵,同时采取步骤以防止事变扩大。度情论理,中日问题自然要这种先决条件,有了办法,而后才谈得到最后解决。譬如公正人调停私人争端,必须当事人停止斗殴,而后公正人才有问明是非、判断公道的可能。倘当事人斗殴愈演愈激,公正人故无插嘴余地,亦绝无问明是非机会。

调查团诸公半年来工作,对于此点绝未注意。从调查团出发以至今日,中日争端事变范围日在扩大中,日本侵占中国领土形势日益增加严重,故调查团今日所得材料,明日当又成为陈迹。这种调查结果,任凭调查人存心如何真诚,态度如何平允,调查之效用绝对微细。当事的一方不肯停止扩大事变的行动,所谓最后与根本解决,更有何希望?事端的演变尚未终止,调查的工作又何能中止?在今日局势下,调查团的报告,更又从何做起?即或就已得的事实,草成一报告,此种报告又不过事变真象之半。报告草成之日,报告到达日内瓦之日,事变全局恐已都非旧观,报告全文固又成为废纸。

国联对调查团本规定对日本撤兵及双方防止事变扩大几点须先作一报告,以备国联五月九日之行政会及五月十八日的大会的讨论。调查团在五月四日发表的第一次报告,对于上列几点,竟又搁置不提。该报告书只说□……□严重,调查团诸公在五月间岂有不能看出之理?报告书谓:"关于此点,本委员会尚未能提出充分报告。"此种措词,真又令人莫测高深。

十二月十日决议案,主席白里安加以解释时且特别声明:"调查团可以全权决定何项问题应该报告,调查团且有全权向国联送呈临时报告。"五月中,上海《大华晚报》记者且曾为文,催调查团关于满洲情形在日本承认满洲伪国前先发表一临时报告。此种意见与十二月十日决议案极相符合,然调查团对此种建议又绝未采纳。

我们今日重提此事,目标所在,固非日本承认满洲伪国问题。目前日本近袭热河形势,已极显明。日本飞机借故轰炸朝阳,已不止一次。"事变范围扩大,情势愈加严重",绝对无可掩讳。在我辈看来,调查团此时极应将实情立即特别报告国联,俾国联设法制止日本之违法侵略行为。国联有否切实方法,强制日本遵守九月三十日及十二月十日决议案,此为国联的威权问题;调查团此刻应否将热河形势提前报告国联,俾世界明了日本扩大事变范围的真相,此为调查团的责任问题。

在我们看来,调查团此种报告,其重要远在行将起草的总报告之上。倘满洲问题事变范围扩大,形势日加严重,则中日争端演化到如何程度绝不可知。若然,则调查团从容从事的最后报告,在事端变化之后,恐已效力全无。国联委派调查团的目的,固在取得远□……□目前的和平且无法取得□……□。

(《益世报》,1932 年 8 月 3 日,第二版)

284. 东瀛一片尽早承认伪国声,一切的一切均足表示日人思想之狂妄,一般相信李顿报告书提出前恐将实现,内田电召伊藤由日内瓦返国

【东京四日新联电】 关于满洲问题之日本对国联对策,为须重大接洽而回国中之国联日本事务局长伊藤述史,三日已接外相命其回任之命令。该氏将于日内动身,惟因调查团现在北平,将到北平会晤,即于哈尔滨、长春亦拟滞留一两日,大约九月可以回日内瓦。

【东京三日合众社电】 报纸之论调,国内外军人之叫嚣,国家主义派领袖之演说及发表的文字,报纸全版之消息,一切的一切,均足表示日人思想之狂热,要求政府承认"满洲国"。政府或因此于调查团报告书提交国联理事会之前,对"满洲国"予以正式外交上之承认。李顿调查团前此赴日,目的在寻求中日两国间共同之点,谋纠纷之和平解决。当其在东京与外相内田会谈时,日政府曾令舆论及出版界慎重发言。殆[迨]该团于七月十六日离日返平,不啻为开放言论之信号。例如适当调查团乘船离横滨之次日,《外交评论》报刊有前驻土及瑞典日本公使内田一文,内云日本应尽早承认"满洲国",承认愈早一切愈好。陆相荒木语军部云:"承认之时机将到,吾人发展满洲成一独立国家之决心,无物能加以阻止。"外相向报界保证云:"日本对满洲任何仇视吾国之中国统治者,绝不能加以宽容。"内田在《外交评论》一文中又坚称,日本承认"满洲国"之后,必须采取任何必要手段,保证日本在满洲之权利。总之,商业、航业、商租权、国防及其重要问题,应订立条约,谋日"满"双方互相满意之最后解决。如能在九月国联开会前获得痛快解决,最为上策。内田又追述"满洲国外长"谢介石于三月十二日曾函前外相芳泽,宣言"满洲"独立,并请求日政府承

认。三月十九日芳泽之覆牒，表示日本同情满蒙人民之"政府"，但对承认问题，未表示任何具体意见。旋满人派一特使赴东京，要求日政府立即承认。曾受官方欢迎，凡特使经过之车站及东京下榻之旅社，均遍悬"新满洲国旗"。但承认又延未实行，因此时调查团二度访问东京，李顿正表示能获得某种中日两国满意方案希望之时，如立即承认"满洲国"，予国联一迎头痛击，日政府感觉毫无裨益。殆[迨]调查团离日，无表示客气之必要，故承认之空气又起。外人观察者相信，在报告书未交日内瓦前，日承认伪国为千载一时之机会。

（《益世报》，1932年8月5日，第一版）

285. 调查团报告书重要部分即将起草，李顿昨曾出院参与例会

【北平通讯】 国联调查团委员长李顿病已痊愈，昨日上午十时出院，赴北京饭店与克劳德尔、希尼、麦克易、阿露温德等四委举行例会，下午一时仍返德国医院。据调查团发言人昨晚谈称，昨日例会讨论比较重要，内容不便宣布。报告书重要部分即将着手起草，李顿爵士北戴河之行业经取消。

（《益世报》，1932年8月5日，第二版）

286. 调查团报告书结论部份尚未着手，顾维钧昨赴北戴河休息

【北平通讯】 调查团发言人昨晚谈称，调查团报告书业经编制，现在已无所谓开始。前规定组织之起草委员会，即于每晨例会中举行之。今晨（即昨晨）例会，李顿爵士及意、法、德、美四委皆出席，李顿会后仍返德国医院。结论一部份截至现在止尚未着手，惟不久亦可编制云云。又该团秘书亚斯托、华文秘书吴秀峰夫妇等，定昨晚八时十五分偕中国代表顾维钧氏，乘北宁车赴北戴河游息，定星期二返平云。

（《益世报》，1932年8月6日，第二版）

287. 调查团定期返欧，将取道苏俄，函莫斯科请护照，李顿昨曾一度出院参加会议

【上海六日路透电】 据日方消息，李顿调查团已向莫斯科请领护照，因该团定九月二日拟取道西伯利亚返日内瓦云。

【北平七日路透电】 关于上海日方所传李顿调查团曾请莫斯科政府发给护照经西伯利亚赴欧事，调查团代言人今晨声称该团已函莫斯科，询问哈尔滨俄领是否能填发一九月间某星期日之护照，以期调查团可经哈尔滨赴欧。该代言人又解释，此仅一普通旅行之请求，并非调查团已经决定返日内瓦时必须取道西伯利亚云。

【北平七日路透电】 李顿爵士昨日午后第二次出德国医院赴北京饭店，主席一短时间之调查团会议后，复行返院云。

(《益世报》，1932年8月8日，第三版)

288. 调查团注意汪、张辞职，昨日例会仍讨论报告书，九月二日离平返日内瓦

【平讯】 调查团昨日上午十时半在北京饭店举行例会，委员长李顿亦参加，十二时散会。会议内容仍讨论编制报告书事，决定本月底赶制完竣，预定九月二日即离平首途返回日内瓦。调查团对汪精卫、张学良辞职事极为注意，曾向中国方面探询。顾维钧代表决定昨晚离北戴河来平，李顿秘书爱斯特已于昨日返回北平云。

(《益世报》，1932年8月9日，第二版)

289. 顾维钧等昨晨返平，报告书结论何时起草未定

【平讯】 国联调查团中国代表顾维钧偕该团秘书吴秀峰、亚斯托等，于昨晨十时十分由北戴河海滨返抵北平。该团发言人昨晚对记者谈，调查团最近两个例会李顿爵士未出席，仍住德国医院。报告书结论部分，何时着手起草未定。起草前之准备如何，不便发表。全书八月底或九月初完成，届时团员将分途各作归计，一部分经西伯利亚赴欧，一部分或由沪放洋云云。又李顿爵士今年五十七岁，前日为其生辰云。

【南京十日下午十时专电】 外交界息。国联调查团在平起草报告书业已竣事。闻该报告书系由李顿指导，出自哈斯手笔，全文正在缮校中。关于最后结论一部，仅拟定原则，尚未着手起草。闻该团对东北事件新发展，如日军侵热、攫夺关邮等，均有附牒补充说明。

（《益世报》，1932年8月11日，第二版）

290. 史汀生指责日本之演说显与调查团相呼应，日驻美大使出渊昨访史氏，仅对东三省大势有所讨论

【华盛顿十日合众社电】 日本驻美大使出渊今日与国务卿史汀生密谈一小时。晤谈后外出时，语合众记者云，彼未请求史氏解释关于其在外交关系调查会之演说。又云，在今日之会谈时，对史氏之演词其中曾指摘日本在满洲及中国之行动并称日本为一侵略者，仅非正式的谈及。后史氏又谓，彼对外间所传平津地方中日恐将发生敌对行动之说，未予注意，且不置信。彼相信此项消息过甚其辞，且发生于上海。据此间之表示，日外务省对史氏之演说，是否提出抗议尚本[未]决定云。

【华盛顿十一日哈瓦斯社电】 日本驻美大使出渊昨日往国务院晤史汀生，两人会谈历一小时始毕。出渊辞别外出说明，渠之来访并非要求史汀生对其演说词加以解释，渠仅与史氏谈论满洲大势云云。

【华盛顿八月一日路透电】 日本驻美大使出渊氏本日谒见史汀生后,于接见新闻记者时,否认彼曾请求史汀生解释其所发关于开洛格条约与满洲之演说。但出渊承认,曾与史君对于满洲一般形势作一般之讨论。出渊与史汀生之会见历一小时之久云。

【伦敦八月十日路透电】《每日快报》驻华盛顿特派员电称,国联调查团李顿爵士直指日本,谓其挑拨满洲战端。该特派员闻悉,美国务卿所发拥护开洛格非战公约之演说,适在李顿具呈报告之前发表,颇合时机,藉可使美国舆论有暇团结一致,以维护公约。伦敦《先驱报》对于此问题著论称,日内瓦开会时将有会员一组,其重要目的即□……□清除一切障碍。曾忆国联今春开会时,各小组曾对于该组作一□……□。

(《益世报》,1932年8月12日,第二版)

291. 国联调查团昨在德国医院开会,李顿痊,可亲任主席

【北平十二日路透电】 李敦爵士前数日因微恙,致延搁报告书工作。昨晚安眠甚好,今晨精神较佳,医生极雷云热度已全退,已复原状。今日午后调查团在德国医院开会,由李敦主席云。

(《益世报》,1932年8月13日,第二版)

292. 武藤誓当粉身碎骨以当满蒙问题解决之冲,日外务省不赞成调查团对满洲问题速作解决案

【东京十五日电通社电】 在乡军人会本部发起于昨夕七时,在日比谷公会堂开武藤大使饯别会。荒木陆相、冈田海相、永井拓相、驹井德三("满洲政府国务院"总务长官)及席次竹二郎等均行出席。由武藤大使致答词,谓"本人决粉身碎骨,以当满蒙问题解决之冲"云云后,永井拓相即起而演说亚细亚文明与世界和平之关系。驹井亦继起而致祝辞,法官苏岸亦作某种讲演。末于陆相发声之下,三呼日皇万岁后即行散会。

【东京十五日电通社电】 关东军斋藤顾问已于昨日正午由门司出发。筑柴参谋亦已于昨日下午七时半由当地起程赴满。冈村参谋副长则系于昨晚九时半由东京驿出发。

【东京十四日电通社电】 关于国联调查团报告书,在已决意从速承认"满洲国"之日政府方面,固不予置重。外务当局现就该调查团力求作成满洲间问题解决方案事,谈话如次:"若能理解满洲问题之历史与真相,即不难知其解决匪易,故此际若作拙劣的解决,则适足贻祸根于将来。是以调查团所应采取之最贤明的态度,不在求速作成其解决案,而在静观其将来情形也。"

【东京十五日电通社电】 陆军方面已决定特派通晓满洲问题之兵器本厂石原大佐及参谋本部员土桥中佐出席国联大会。石原近曾任关东军策战主任参谋,土桥近任陆军省军事官时,亦曾担任国联关系事务。

(《益世报》,1932年8月16日,第三版)

293. 调查团报告书本月底完成,顾须该团离平后赴欧,传将充我国首席代表

【南京十七日下午十时十分本报专电】 外讯。调查团在平编总报告书,汇述中日纠纷之谁是谁非,据实报告国联。国联九月间召开之十三届大会,将依该报告书之判断。现悉该团是项报告书本月底可完全编竣,下月初即离华返日内瓦。闻新任驻法公使顾维钧俟该团离华后即南下来京,转道赴法履新,并出席国联大会,为我国首席代表。现部方面已代顾氏预备办理出国护照。

(《益世报》,1932年8月18日,第二版)

294. 英首相、外相注意中日整个问题,英报重视报告书结论影响,美将藉海缩促英联合对日,刘文岛在德报痛驳日人反动宣传

【伦敦十八日路透电】 伦敦《每日电讯报》外交访员报称,李敦报告之语

气将不能符合美国报纸所预料,结论中某某数点或许惹起日本国内锐利之愤懑。由此观之,该报告之结论或将引起尖锐之争端,在各方面足以影响日英、英美及英国与国联之关系。此整个问题,不但引起英外相西门之注意,麦克唐亦注意云。

【巴勒梯摩八月十八日路透电】 据巴勒梯摩华盛顿特派员称,北美合众国行将遣派代表于九月赴英伦,从事讨论海军裁减问题。但该代表等将接训令,倘英国不肯保证对于美国对满之主张予以援助,则美国并一划船亦不抛弃云。

【伦敦十八日哈瓦斯社电】 行将在伦敦召集海军会议之说,伦敦方面半官式消息虽加以否认,然由美国传来之消息,则似美国方面仍在斟酌此事。包尔的摩《太阳报》谓,美国政府有意遣派代表赴伦敦磋商裁减海军问题,并将训令该代表谓,美国对于满洲问题见地若不能确得英国之援助,则美国海军虽一只小艇,亦不能牺牲云。美国对满洲政策之立场曾于一月七日表明,最近又由史汀生复述,即不承认以违反非战公约及九国条约之方法所取之领土或政治权利。按最近英报之论调,英国似同情"满洲国"及日本在满洲之欲望,故《太阳报》之报告可认为表示美国有意使英于日美对峙中协助美国。至新海军军缩会议消息,已经英国各可靠方面否认云。

【柏林十九日哈瓦斯社电】 中国驻德公使刘文岛昨日向《柏林日报》谈称:"日本荒木陆相拟使世界误信中国排外,实际中国政府及人民均不排外。惟须分明者,中国不能同情日本或任何国家破坏国际公法及侵占中国领土,要求特殊权利。余相信所有酷爱和平之人,能同情此种观点。"刘氏又一一驳斥荒木最近宣言证明日本占据满洲之理由,彼谓满洲为中国领土,有居民三千万,日本认定有侵占邻国之权,如世界皆采取此种原则,日本则亦将被吞并。刘最后谈谓,日本未占满洲之前,地方秩序甚安,又人民永不能承认日本手造之伪组织云。

(《益世报》,1932年8月20日,第三版)

295. 指摘调查团实行远东门罗主义,从速承认满洲伪国——斋藤、内田议会演词之要点

【东京二十日新联电】 本日之临时阁议附议议会开会劈头之首相施政演

说、外相之外交演说,以及藏相之财政方针演说等件,将由三大臣于二十二日、二十三日上奏。斋藤首相之施政方针演说大纲,系以一、外交问题,二、时局匡救对策,三、自力更生等三点为主眼。外交问题之详细说明,让诸外务大臣对于"满洲国"之承认,将于既定方针之下进行准备,时期不能明示,惟取从速实现之方针。至关于时局对策,则将为与通过第六十二议会之决议案中项目相副,而作成之各种法律案及追加预算,提出议会以求协赞云。

【南京二十日电通社电】 内田外相在临时议会中之演说内容,将取决于本日之阁议。闻其要点系详述满洲建"国"后之外交案件及与调查团会见,并军缩会议经过详情暨苏俄渔区问题,且特行高倡欲维持极东和平,舍充实日本、满洲及中国之国力而保持亲善协调外别无他道之论调,与极东问题应由极东各国自行解决之门罗主义,兼指摘国联调查团之无能情形。

(《益世报》,1932年8月21日,第三版)

296. 顾维钧与调查团同赴欧

【南京二十一日下午九时十分本报专电】 顾维钧电京,定九月歌(五日)偕同调查团由沪搭轮赴日内瓦。出国前,先来京商洽一切。对使法,拟俟国联大会开会毕赴任。

(《益世报》,1932年8月22日,第二版)

297. 国联调查团将经海道返欧,定下月初离平

【平讯】 国联调查团报告书结论部分已在编制中,连日上下午在德国医院举行例会一次,工作极忙碌。该书月底准可制成,该团即于九月初离平。原拟分两批返欧,因西伯利亚铁路遭受北满水灾影响,现时极不便利,故决俱经海道返欧,离平后或赴上海登轮。中国代表顾维钧决随该团同去日内瓦,出席国联大会。又顾维钧氏由明晨十时由北戴河海滨返平云。

(《益世报》,1932年8月24日,第二版)

298. 调查团不重视内田演说，报告书结论已开始起草，决下月初分道离平，顾代表同行

【北平电话】 调查团报告书除结论外，其他部分已大致完成，月底准可全部脱稿。现李顿与美德各委正起草结论，因关系重要，李等极审慎，内容尤秘密。据某方消息，调查团对内田演说不重视，决秉公起草结论。

【北平通讯】 国联调查团报告书现正加紧赶制中，仍希望在预期之本月底完成。报告书编竣，该团全部工作即属完毕。兹悉该团已定下月初分道离平，委员长李顿爵士与美委员麦考易及副秘书长皮尔特等，定下月四日由平乘飞机飞往上海，搭翌日之义国邮船返欧。德委员希尼、法委员克劳德尔、义委员阿露温德及秘书长哈斯等，则定下月二日由平经大连赴海参崴，转西伯利亚铁路赴欧。中国驻法公使兼出席日内瓦国联大会代表顾维钧氏，因调查团方面希望同行，已定于下月二日由平入京，向外部及各方面接洽后，转往上海，五日前准可到沪，与李顿等由沪搭轮启行，先赴法国，再去日内瓦出席国联大会。至日本代表吉田，俟调查团离平，亦返日本报告，盖彼参与调查团之工作届时亦告终了云。又参与调查团之中国代表顾维钧，以调查团即将离平，中国代表办事处无存在必要，特令即日起着手办理结束。兹将其办事处之通知志之如后。"本代表谕：所有本处事宜，赶于八月底结束，除留一部人员办理一切外。特此通知。"又我国政府致国际联盟之说帖二十七种，共两万余件，由顾维钧起草，现已全部完成。由通济隆转运公司包运日内瓦，已于前日（廿六）运走七箱，尚有十八箱在装箱中，今明日即可运沪，赶由义大利船运走。此外，东北外交委员会王回波亦制有说帖数种，共装七箱，亦将同时运往国际联盟云。

【南京二十七日下午七时十分本报专电】 日外相内田在国会演词，措词荒谬，态度蛮横，几无一句无一字不违背法理、不违背事实。演词全文宥（二十六）日已到京，罗外长彻夜研究，殊深痛愤，已亲拟驳文。为郑重起见，定艳（二十九）日在外部纪念周正式报告，方予痛驳。

（《益世报》，1932 年 8 月 28 日，第一版）

299. 江省遍遭敌机轰炸，马占山军已陷绝境，马曾于墨字十井晤调查团代表，现率部退至铁丽县以东之山中，日机跟踪追炸，马将军吉人天相

【海伦特讯】自暴日侵占东北后，关内报纸禁止入境，东北民众对于国事完全隔绝。除汉文洋报外，所有各报馆均被日本利诱降服，遇事虚伪宣传，颠倒事实，故我东北人民如聋若痴。记者居海伦有年，对于此次日军侵略呼海以及江省全部之经过知之甚详，特记之如次，以饷国人。

马主席于五月一日由黑河到海伦，次日即率队出城作战。五月三日上午六时，由哈尔滨方面飞来日机六架，在海伦上空投掷炸弹五十余枚，并用机枪扫射城内居民，在大十字街及西市场投硫磺弹数十枚。立时起火，烧毁大小商号二十余家、妓馆三十余家、居民十余家，死伤人民约在三十名左右，损失约在一百万元之谱。投弹时，马主席正在海伦东大街广信涌商号内居住，所带卫队四百余名，分驻商号及旅店之中，并未受伤。马主席见街中起火，即只身冒险，在炸弹如雨下之时，督饬民众救火，高声呼喊齐来救火。惟当时炸弹机枪如雨，人民逃命尚恐不及，岂敢救火。马将军目睹惨状，不禁悲痛流泪，自语云"这是我给海伦送来的灾祸"等语。正在悲哀之际，主席之卫兵及其左右即劝主席回屋内躲避，免有危险。将军对左右云："不怕，死生有命。"俟日飞机去后，始回至屋内。飞机在海伦上空盘旋计四十分钟，所带炸弹已投掷罄净。马主席所带之队伍二千人，同时在海伦城南与日军作战，因武器不良失去战斗能力，于是败退城内。于四日晨，主席率队北退，行四十五里至海北镇（又名天主堂）宿下。即日又来日飞机一架在海伦侦查，投弹数枚。五日，马主席由天主堂向通北县界退去，大队向正北，主席向海北镇西南方向退走。主席离镇一句钟前，复来日飞机一架，在镇街上空侦查，旋即赶至镇北十里，向队伍中投弹二枚后南返。当日马主席即到墨字十井地方某民户家与国联调查团代表会见，当将暴日侵略东北及呼海沿线之战役各情形详细报告。主席与各代表分别之后，亲率部二千名向南方进发。于六日午后三句钟，由哈来日飞机二架，行至海北镇上空，投掷炸弹二十余枚，并用机枪射击，死男女良民十九名，负伤者四

名，飞机盘旋半句钟后飞去。七日，又来飞机二架，至海北镇北四十里择佳镇（系通北县境）投弹，被炸死及负伤者六名。因该镇居民不过三十余家，故死伤不多。九日，又来日飞机二架，至通北县城上空投弹，计死伤居民三四名，亦因县城地广人稀，全城户口不过百家，未伤多人。

日机炸完海、通两县及各镇后，即往龙镇县南北安镇地方爆炸，又向克山县、克东县、德都县等处投弹，伤人多寡未详，谅亦不在少数。总而言之，全江省除边疆远路各县外，均遭炸弹之害。距哈尔滨、海伦、绥化、卜奎千里之内各县，无一幸免，因此四处均有日飞机场。已被日军占领之处，情形尤惨。五月五日，日本骑兵五百名进抵海伦，分住各商号，对我军旧有军营并不去住。旋陆续增兵二千余名，先后共到三千余名。在大街小巷设置各种障碍物，以防我军之攻击。并用铁丝在小巷中间织成障碍网，中间留门，昼开夜闭。凡十字街及大街均用麻袋装土垒成炮台，昼夜严防。五月七日，日军步骑三百名到海北镇驻防，设备与海伦同。步兵少校队长石川茂氏，入镇之始，公买公卖。不料于六月十日夜间，马主席所属邓文旅长派某团骑兵二百余名偷越镇壕，入镇向日本守卫兵开枪射击。双方当即开战，约战五句钟之久。天明，我军退出，击毙日兵十余名，负伤六七名，活捉四名，我方战死士兵五六名。不意我军退后，日人诬诋海北镇居民里应外合，当将镇内居民及早晨赶集之乡民，刺杀及活埋一百零八人，遇见壮年男子即以刺刀杀之，就地埋葬，不问街心巷内，遍地茔葬。该石川队长遂报告旅团长平贺贞藏，谓海北镇居民均通马，无有好人，请用炮火将全镇毁灭。十二日，日方即派遣炮兵支队携带山炮数尊，由海伦出北门向海北镇进发。行至七星泡地方，炮车陷落泥沟中，百拉不出。嗣后，又经海伦征收局局长及商会会长等向平贺司令求情，灭亡浩劫，始得幸免。海北八千生灵，几乎惨遭毒害。此役虽则逢凶化吉，然零星虐待在所难免。自此之后，日军对于商民，食宿买卖，任意抢夺，复又暗纵鲜民强抢敲诈，种种情形，笔难罄述。日方在海伦城内，每日接到密信甚多。如有人挟嫌向日方密告某人，诬为马主席之侦探者，即被逮捕，立时枪杀活埋。海伦现每日下午八点钟净街，稍逾钟点，即杀不容。自五月四日以来，海伦、海北商号完全闭门停业，后虽强制复业，因无农人赶集，开门等于闭门。而海北镇之浩劫，较海伦为尤甚。因海北乃赴通北、克山等处必经之路，日军北行，定必经过。嗣后日方复抓人背负子弹给养等物，如果潜逃，即被枪杀。镇内车马牛，均已逃避一空，最后镇内居民只剩十分之一。查东北富有之乡民，平时多预备枪械，建筑围墙炮台，此际已全被攻破,抢掠一空。田地荒芜,无人耕耘。以江省各县而论,人民受日军之惨劫,推想朝鲜灭亡之当时,有过之无不及。当道有主张亲日者,有主张抗日者,人民有充义勇军者,又有为匪者。义勇军有真假之别,为国家而牺牲者,固属不愧其名,应当钦佩感谢,然而其中有匪式之义勇军,抱定发财之目的,此种义勇军,可谓祸国殃民。

记者曾与鲜民之年长者询及彼国灭亡之际如何现象,答与现在东北丝毫无异。现下江省除马主席一部份军队外,有程、涂、苏、蒲、周、贾、张等七旅降服日本。该军队近日尾追马军残部,双方激战数次,自相残杀。现下马主席退至铁丽县以东沿山一带,其部下仅有万余人,受日军之追击,十分危险。几乎弹尽粮绝,日飞机终日跟踪爆炸,每日夜间移动,白昼避居乡村民户内。刻邓文、李海青二军约有一万,拟于七月二十日前攻海北镇。因海北有日本军一百余名测量路线,拟将呼海路由海伦向北接修至克山县,与洮昂路连络,不日即行动工,定八月底通至海北镇,此段计长四十五华里。最可虑者,马主席之军队已陷于孤立无援、危险万状之境,中央如延不出兵,东北抗日军队恐有被消灭之虞。日军对马主席抱十二分之决心,每次与马交战,陆空连络齐攻。空军除投弹爆炸外,并作炮兵之目标,炮火异常凶猛,马军又无防空武器,只以血肉抗敌,别无善策。子弹尤为缺乏,去岁冬季,由省城运出之子弹计三十万发,多数存于通北县城内,于五月九日被日军焚毁,仅运走三分之一,余皆损失。今日海伦日飞机场并无飞机降落,想已去某处作战。日人近来积极修筑铁路,有长久占据之情形,绝无退让之意也。

(《益世报》,1932 年 8 月 29 日,第一版)

300. 社论:调查团报告书的效力

调查团报告书,据一二日来消息,除结论外,其他部分已大致完成。报告书结论,调查团委员长李顿与美德各委员亦正在起草之中,月底当可全部出稿。此种报告书之内容究竟如何,因调查团对此事极为审慎且绝对保密,故我们无从得知。据闻报告书将由国联公布,似此,报告书内容非待至国联开会时,恐外间无由探悉。在我们看来,报告书内容提前公布与否,绝非重要问题。我们今日筹思推测的兴趣,公开的说,不在报告书的内容,而在报告书的效力。

中日争端，他日果能依据报告书而得最后的解决，则报告书虽非判词，亦为判词的根源。如此，则报告书的内容所关极大。倘说公道者尽管说公道，谈是非者尽管谈是非，公道是非的后面，并无实际裁制的具体力量，横暴者依然可以自由行使其意志，可以蔑视一切是非公道。如此，报告书亦白纸黑字的空文而已。报告书的效力如是，内容如何，实又无足轻重。

近日来，世界对报告书颇多拟议之词，□……□意想推测，亦可知其大概。满洲问题，即不到东北三省亲身调查，第三者倘肯用客观的眼光，秉持公正，观察十个月来中日冲突上的重要节目，即可草成一篇报告。调查团委员虽曾遍历问题所牵涉各地点，且曾搜集许多详细材料，此种采访最多不过对举世所知的大纲节目，增加具体证例而已。报告内容当不能与一切已经显明的事实绝相违背。若然，报告书的一切事实，又何待宣布，而后才能明白？所谓结论，目前虽不宣布，亦非绝大秘密。常理推测，世间绝无如此颠倒是非人物，认定强国可以明目张胆，用武力强占邻国领土。若然，则结论的原则，又可以意会。惟调查团曾经与中日政府数度接洽，调人功用，即在把双方当事人拉拢，使双方互相接近，问题易于了结。欲达此种目的，调人立言措词，每每不肯拘守纯粹的曲直是非。如此，报告书结论上，调查团到底劝中国送几何，日本人取几何，此为我们尚不明白之点。若谓调查团勒令中国牺牲到底，赞助日本全盘胜利，此又当无此理。凡此一切，必为报告书的大概；凡此一切，都为不待宣布即可意测之点。

报告书的内容，大概不外乎此。报告书将来所发生的效力，此种推测，则绝不若报告书内容之简单。在这点上，我们可以从三方面讨论。第一，在中国方面，宜作报告书绝无效力的打算。调□……□效力，自以国联的力量为标准。鉴往知来，九一八以后，国联通过案，日本尊从履行的往事，从这些地方即可预知调查团报告的效力。诚如此，中国的正当道路，自求多福，极早为谋。第二，在调查团方面。调查团各位委员这次所费时间，所吃辛苦，当不应听其白费。诸委员此次往返欧美，极应将此点与国联负责人及各国的政治领袖加以说明。果真徒然白费时间，白受辛苦，当日又何必多此一举？今日诸委员既已牺牲如许时间，遭受如许辛苦，国联即应设法使报告书发生相当效力，方不愧对委员诸君。有义务亦有权利，委员诸君既已为国联尽辛勤劳苦的义务，要求报告书发生多少效力，今日即为委员的权利。第三，国联本身方面。这次调查团报告书效力的大小，与国联本身的资望、与国联前途发展的希望密相关连。英、法、意、德各强国慎勿以为今日满洲问题,国联所在完全为居间调停地位。日本蔑视调查团报告,即直接侮辱国联。调查团报告书无效力,国联即无存在的价值。在一国以内,中央政府的命令不能在统辖区域内发生实效,即为政府翻覆之兆。在国际组织上,所谓各国间最上的组织,决议上不能发生效力,此即为此项组织沦亡的预兆。维持调查团报告书的尊严,即所以维持国联的地位;维持国联的地位,即所以维持世界和平□……□。我们希望世界眼光远大的□……□。

(《益世报》,1932年8月29日,第二版)

301. 调查团行程：李顿等下月廿三抵日内瓦,顾代表九月一日由平晋京,报告书决如期完成

【南京二十九日下午七时本报专电】 李顿决下月微(五日)乘轮赴欧,顾维钧同行。外罗以此次国联大会关系重大,对我国应付方针有与顾先行晤谈必要,艳(二十九日)急电顾,嘱先来京一行。顾日内即南下,俟请示机宜后再赴沪,与李顿同轮赴欧。

【南京二十九日下午七时本报专电】 外交消息。调查团报告书即编竣,下月初离平赴欧。李顿取海道,顾维钧同行,过沪小作勾留,但不来京。我外交当局届时赴沪一晤否未定。其余各委取道西比利亚赴欧。

【北平通讯】 国联调查团发言人昨晚六时对记者谈称,连日所传调查团离平行程大致确实,截至本日止,预定之行程如下:(一)委员长李顿与美委员麦克易偕一部随员于九月二日乘火车赴沪,如赶不及,则于四日乘飞机飞沪,五日搭义国邮船赴欧。由沪至义大利须二十二天,由义再到日内瓦一天,预计九月二十三四可抵日内瓦。(二)法委员克劳德尔、义委员阿露温德、德委员希尼偕一部随员于九月二日离平转轮赴大连,由连再赴哈尔滨,登西伯利亚车返欧。统计由平至日内瓦须十四天,九月十六七日即可到达。(三)秘书长哈斯偕李顿赴沪后,办理某项公务毕仍返平,约九月中旬再偕一部留平随员离平,经西伯利亚返日内瓦。以上俱为预拟之计划,须视明后两日(即今明两日)工作情形,作最后决定。报告书现时仍在加紧赶制中,连日皆在德国医院开

会，全书仍期望在本月三十一日编竣，惟亦须以明后日工作情形而定。如三十一日不克蒇事，则经西伯利亚返欧之一组，将稍缓一两日再首途，而李顿等一组，必须于四日乘机飞沪。但无论如何，报告书必在北平编制完竣。外传如本月底不克编竣，而于返欧途中编制说不确，事实上亦做不到云云。又中国驻法公使兼参与调查团代表顾维钧氏原定九月二日车行赴京承商一切，兹以行政院及外交部各方有电促早南下，行期又有变更。据顾氏左右昨语记者，顾氏现拟于九月一日乘福特机飞京，约留两三日，转往上海，届时有无变更，不得而知。惟已定五日偕李顿等一行乘轮赴欧，先抵法接任后，再赴日内瓦出席国联大会云。

（《益世报》，1932年8月30日，第一版）

302. 李顿报告今日编竣，决定下月四日乘飞机赴沪放洋，顾代表亦定四日飞沪转京请训

【上海三十日下午八时十分本报专电】 顾维钧三十日电乃兄维新，定支（四日）飞沪，稍事料理即赴京、浔请训，然后出国。

【北平通讯】 国联调查团发言人昨晚谈称，委员长李顿爵士与美委员麦考易、意委员阿露温德等，准九月四日上午乘飞机飞往上海，翌日登意国邮船返日内瓦。法委员克劳德尔、德委员希尼经西伯利亚返欧，是否九月二日离平，尚未确定。秘书长哈斯及秘书吴秀峰定九月五日赴沪，有所公干。哈斯事毕，仍返平，九月中旬返欧。吴氏由沪赴香港，转轮赴日内瓦。报告书明日（即今日）可编制完竣，将由法德两委员经西伯利亚返日内瓦时携呈国联云。

【北平三十日路透电】 据调查团目前之行程计划，李顿爵士将于星期六或星期日乘张学良之飞机离平飞沪，美代表麦考易夫妇、意代表马柯迪及亚斯德及李顿私人秘书等将同行。张学良顾问达拉德拟赴南京出席英国庚款委员会，亦乘此机南下。李顿此次飞沪，系其生平第二次之飞行，第一次系自日返华时，由济飞平。李顿第一次飞行时虽在病中，但颇感兴趣，当抵平时，曾起坐俯瞰风景，现时病体痊愈，飞行更感兴奋，殊无疑义。张之飞机载调查团赴沪，系赴搭九月五日赴欧之意大利邮船。顾维钧博士亦拟乘此船赴日内瓦，大约

星期四或星期五乘张氏飞机赴沪云。法德代表格老弟及西尼博士拟经西伯利亚返欧,下星期二日可离平,但因北满大水尚未尽退,将不得已延期一星期。在李顿未飞沪之前,调查团仍每日在德国医院开会云。

(《益世报》,1932年8月31日,第一版)

303. 顾今日飞京候晤外罗,定四日飞沪五日偕李顿等放洋,罗谒林后昨飞汉晤蒋,明日返京

【汉口一日下午九时本报专电】 罗文干偕刘崇杰、沈觐鼎于东(一日)午后三时,由庐山飞汉谒蒋,报告最近外交情形,并请示方针。刘东(一日)晚轮返京,罗、沈冬(二日)晚轮返京。

【南京一日下午九时专电】 外息。顾维钧冬(二日)晨由平乘福特机返京,即谒宋、汪。江(三日)留京,候外罗返京,详谈应付国联大会方针,支(四日)飞沪,微(五日)放洋。又外罗世(三十一)原定先飞汉,后以天气恶劣,不胜劳顿,临时决定先赴庐山谒林。闻东(一日)已赴汉谒蒋,江(三日)飞京。

【北平一日路透电】 顾维钧博士定明晨八时(星期五日)乘张学良私备之福特号飞机离平赴京。意国公使色安诺曾到平游历数日,将与顾氏偕行。顾氏是否赴汉谒蒋尚未定,彼须九月四日以前到沪。李顿及顾氏所搭之意大利之邮船于五日早启碇赴欧云。

【北平通讯】 国联调查团报告书原定八月三十一日编成,加紧赶制,结果仍未能照预定计划实现。昨晨十时至十二时在德国医院开会,下午四时又在北京饭店开会,七时始散。据调查团发言人昨晚六时宣称,明日(即今日)仍有继续开会编制之可能,但四日以前必可完成,因李顿等准四日分两组离平返欧云云。又中国驻法公使兼出席国联代表顾维钧氏,决于今晨八时偕萧继荣等一行搭乘福特飞机飞往南京,谒政府当局后,拟再飞往汉口谒军委会长蒋中正及外交部长罗文干,商洽一切。将俟抵京后,接罗氏电报确定,本月四日准到上海,于五日偕调查团委员长李顿等同搭义邮船赴欧。据顾昨对人谈,抵欧洲后先赴法国接任,再转往日内瓦出席国联大会云云。又张学良氏与其夫人于凤至女士,昨晚八时半在顺承王府约宴顾维钧及顾夫人黄蕙兰女士,为顾氏饯

行,张群、蒋伯诚、商震、万福麟、于学忠、王树常、王树翰等多人作陪云。

【华盛顿三十一日合众社电】 国联调查团美代表麦考易将经莫斯科返美。此间传称,如麦氏成行,则除一九二九年驻波斯美使过苏俄领土外,麦氏实为美国官吏越苏俄之第一人。美国尚无与苏俄发生外交关系云。

(《益世报》,1932年9月2日,第一版)

304. 日本为何提前承认伪国:谋着调查团之先鞭,认定报告书将不利于日;武藤西来、坂垣东去均为促成此事

【大阪每日新闻报载称】 关于承认"满洲国"时期问题,内田外相已在议会内曾言明"不日断行"之意。此"不日"二字,系指九月二日以后,至迟不过九月中旬即有实现可能性,此已渐次确定。一俟承认后,关于树立与"满洲国"正式外交关系,其一切全权均委诸武藤大使。武氏已于八月二十六日抵沈阳,拟与出迎伪外交总长谢介石,将于日内开始进行承认必要的准备交涉,俟经双方同意,武藤大使即赴长春会晤伪执政溥仪。预订在九月二日该使与谢介石在长春外交交涉结果,再候本国政府最后训令,然后渐次表明正式承认"满洲国"之意见。然日政府为何提前承认时期,其重大动机乃在国联调查团于九月中旬向国联事务局提报告书,该书内容依然否认"满洲国"之完全独立,欲保留中国本土之宗主权。而提出解决案之结果,若调查团采取阻止承认态度时,则日本承认时期仍再提前。现日外务省当局准备通知在东京英美及其他主要关系国大使,请求事前转达各国政府云。

【东京一日新联电】 三十一日由"满洲国"携□重要任务飞抵大阪之关东军司令部附坂垣少将,即由同地搭乘列车本日午前七时十五分抵东京驿。午前九时于陆军省会见柳川次官、山冈军务局长、山下军事课长、参谋本部附石村大佐等,关于承认之重要事件、"满洲国"人事问题及其他重要事件有所协议,午后零时半散会。午后又于参谋本部会见真崎次长、古庄第一课长、永田第二课长、小畑第三课长及其他有关系之课长,举行与陆军省同样之重要协议。

(《益世报》,1932年9月2日,第二版)

305. 报告书完成，调查团任务终了，内容当不背其公道主张，顾昨抵京，李顿等明日行，罗已离汉返京，顾定今日飞汉谒蒋，顾谈国联大会席上誓作最后奋斗

【南京二日下午八时本报专电】 顾维钧冬（二日）午后一时半由平乘福特飞机抵京。曾仲鸣飞赴九江，代表汪谒林，旋去汉谒蒋。

【汉口二日下午十时专电】 罗文干冬（二日）晚九时乘轮离汉东下，沈觐鼎同行。罗今晨谒蒋，对外交问题密谈三小时，内容不详。罗临行电约顾维钧，候支（四日）在京晤谈。

【南京二日下午五时专电】 顾维钧偕同意使齐亚诺及秘书萧继荣、傅冠雄、顾善昌等，同乘飞机，冬（二日）午后一时半抵京。顾着山东府绸西装，戴巴拿马草帽，下机后与欢迎者一一握手为礼，旋即乘汽车赴外交官舍午膳。膳后即往谒汪兆铭，并请示一切。四时半偕徐谟乘汽车到励志社休息，接见各新闻记者，发表长篇谈话。顾定江（三日）晨乘机飞汉谒蒋，并会晤外罗，支（四日）飞沪，歌（五日）与李顿同行放洋，赴法履新，再转日内瓦出席。又李顿飞沪，政府电请宋子文接待，外罗亦将飞沪送行。

顾抵京后重要谈话

【南京二日下午九时二十分本报专电】 冬（二日）下午四时，顾维钧在励志社语记者，略谓："此次国联大会所讨论之问题，最重要者当为东省问题。调查团费半载光阴，亲赴东省实地调查，并在平编制报告书。冬（二日）已全部完竣，由李顿携赴日内瓦，约号（二十日）左右可到。经相当时间付印分送，须十月中旬始能呈报国联行政院，即提出讨论报告书内容。因该团系对国联行政院负责，在未报告以前，不向任何方面宣布，故内容如何，无从奉告。惟调查团系由维持正义、主张公道之国联所派出，则其实地调查编制报告，当不违背国联固有之公道主张，亦不能离开东省事变之真相，盖毫无疑义。此次大会对东省问题，自当谋一适当公正之解决，对于我国之关系，至为重大。我国此次特派代表三人出席，自应对正义公道，作誓死之争斗。余此来，即系向中央请示

应付方针,并定江(三日)飞汉,与蒋、罗详商一切。此次大会,对东省问题如何解决,现难肯定。但自九一八事变发生后,我国即诉诸国联,对国联历次议决案亦均绝对服从。深信此次大会,必仍能本其固有之精神与过去之努力,对东省问题善谋解决。但日方是否改变过去之倔强态度,维持国联盟约之尊严,遵守国联大会之决议,乃一极大问题。在过去,日屡次宣布将退出国联,恐亦不过恐吓政策耳。九国公约乃维持远东和平之公约,召集九国公约签字国开会,亦为解决东省问题之一方法。但将来是否有召集此种会议之必要,当视国联大会之结果如何为断。至各国对日侵略政策所表示之态度,现至为显明。日政府现正进行承认东省叛逆组织,此项举动违反国际公法,殆无疑义。如以侵略政策强占弱国之领土,攫夺非法之地位与权利,而尚能为各国所承认者,则世界尚有公道正义可言乎?美国务卿史汀生之演说,对此□有明白公正之表示。最近所传日俄、日法联盟之说,据余个人观察,虽各国利害关系各有不同,感情亦各有厚薄,但各国均在国联隶属之下,而谓将效仿欧战前之办法,签订攻守同盟条约,实为国联盟约所不容。最近内田之演说,余在平曾与调查团各委员谈及,调查团对此之表示,余未便奉告。热河最近尚称平静,但日早有吞热野心,故不称东三省,而称东四省,即日所制之地图,亦将热并入叛逆境内。日方阴谋已久,恐迟早必发生严重纠纷。北平现亦安定,惟日兵常于深夜演习巷战,致人心颇感不安。李顿定支(四日)由平飞京,余已与其约定,歌(五日)同行放洋。余将先赴法呈递国书,就公使职,然后赴日内瓦出席国联大会。随余放洋者,有参事萧继荣,秘书施肇夔、傅冠雄等三人"云。

调查五委明日离平

【北平二日路透电】 国联调查团报告书昨日午后四时三十分起草完成。因校正该项报告最少须二日之时期,故李顿明晨不能照原定计划乘机离平赴沪,改星期日偕意美代表同行。德代表西尼博士及法代表格老得尔将经西伯利亚赴日内瓦。

【北平通信】 国联调查团决于明日(四日)分道离平,遄返日内瓦。报告书直至昨日始行完成,昨日上午各委员仍到德国医院李顿寓处会谈,整理报告书全文。昨晚各委员已行签字,以便带回日内瓦,提交大会。报告书内容,暂不宣布。昨日下午五时,张学良因调查团曾向顾维钧表示,在离平以前与张会晤一次,有所谈商,特于昨日下午五时,偕同王回波亲赴德国医院,访该团委员长李顿。谈话半小时始返顺承王府。李顿与美意代表决于明晨八时乘飞机赴沪,乘轮放洋。法德两代表则决取道大连、海参崴,转西伯利亚铁道至日内瓦云。

(《益世报》,1932年9月3日,第二版)

306. 调查团今日离北平返欧,顾昨飞汉谒蒋当日到沪,我国应付国联大会步骤完全决定,汪抵沪候晤李顿,外罗今日亦赶到

【南京三日下午八时十分本报专电】 顾维钧江(三日)晨七时二十分乘福特机飞汉,临行语记者:"余昨谒汪请示应付国联大会方针,内容未能详告。但政府既任颜(惠庆)、郭(泰祺)及余出席会议,余等势必力争公道正义,以求民族国家之生存,并当秉承中央所定方针,不为强权暴力所屈服。国联为主持正义机关,对东省问题必能谋公道解决。"顾氏于江(三日)晨十时抵汉,即谒蒋,谈二小时,于下午一时仍乘原机,于四时二十分抵京。在明故宫飞机场降落,下机后至站长室进茶点。至四时五十五分乘原机飞沪,同行有刘崇杰、傅冠雄。顾临行语记者:"余与蒋谈二小时,对东北及国联大会我国应取步骤,已完全决定,中央各领袖对外问题意见一致。在汉时因罗已离汉,故未晤。因时间匆促,故未赴浔谒林主席。到沪后,决微(五日)与李顿等同放洋。"

【汉口三日下午十一时本报专电】 顾维钧江(三日)晨由京乘福特机来汉,九时到,当赴总部谒蒋,谈颇久。顾谈此来因出国期近,外交上几项问题及华北情况须向蒋报告,并无若何任务。又谓日方声明将承认叛逆,但短期间是否实现,仍为问题。至订约事,外传有此说。顾在蒋邸午膳,下午一时乘原机返京转沪,定微(五日)放洋。又电,顾谈:"此来已向蒋报告外交问题及华北情况。本人准微(五日)放洋。今日经京飞沪,已约罗部长在沪晤面。至日人声言有承认伪国决心,短期内能实现否仍为问题。与叛逆订约,有此传说。"

【南京三日下午九时十分本报专电】 外交界透出消息,调查团报告书结论经各委表示,均承认东省领土应为中国所有,原则不能更改。惟为补救事实计,应另采一种方式,期可调解。又顾维钧由汉过京谈:"予午抵汉谒蒋,报告

调查团事项毕,即请示今后外交方针。"蒋虽在军书旁午之时,对外交重要问题仍极注意筹划,对东北及国联问题应付办法,已商有头绪。

【上海三日下午十一时本报专电】 义使齐亚诺今日午后四时飞沪。顾维钧晚访宋子文,据谈:"在汉谒蒋,报告华北情形及调查团编制报告书经过。对外交方面照已定方针进行,无新决定。现东北危急,望民众举国一致,努力挽救。本人微(五日)偕李顿赴欧,傅冠雄、邹恩元、萧继荣、钱泰、颜德庆等随行。意轮微(五日)晨九时启碇"云。

调查团两组离平

【北平通讯】 国联调查团报告书业经编制完竣,委员长李顿及各委昨晨十时在北京饭店开会。该团工作预定昨夜全部终了,重要团员准于今日分两组离平返欧。昨日下午四时,该团委员长李顿偕美委员麦考易、法委员克劳德尔、德委员希尼、意委员阿露温德、秘书长哈斯,赴顺承王府访张学良氏辞行。张接见会谈,并致劳意。至四时三刻,李顿等始告辞,五时返抵北京饭店。拟于下午七时招待北平新闻记者及欧美、日本记者,作临别谈话,以事忙未果。又讯,该团准今日分两组离平,李顿与阿露温德、麦考易、麦夫人、李顿之秘书亚斯托今日下午八时或十时乘福特飞机赴上海,张学良并派代表端纳伴送。一行预定下午二时左右抵沪,明日上午十一时偕中国新任驻法公使顾维钧同搭义国邮船返日内瓦。希尼与克劳德尔携带该团报告书,于今日下午四时乘北宁专车赴塘沽,七时过天津,八时到塘沽登日本轮船。该轮于明晨二时由塘沽开行,抵大连后,转往哈尔滨,经西伯利亚返日内瓦。闻日本方面以哈埠迤□义勇军势力极盛,德法两委由哈赴满洲里登车时,决备飞机送往。日本代表吉田亦于今日随德法两委同时离平,赴大连转道返国复命。其书记官盐崎已于昨晨八时携大批□囊,乘车先赴塘沽。调查团秘书长哈斯定明日下午与秘书吴秀峰赴京转往上海公干。哈斯公毕返平,于九月中旬经西伯利亚返欧,吴则由沪赴港转轮返日内瓦。

【北平电话】 国联调查团昨晚十时在北京饭店开会磋商一切,至十二时始散。报告书现已编制完竣,经各委员签字,刻只商洽零星小事。该团定今早八时在北京饭店开末次会一次,至九时,李顿即偕美义二委赴清河乘福特飞机去沪。李顿本定昨日下午六时招待记者,七时二十分李由北京饭店回德国医院,表示工作尚未终了,无话可谈,夜晚再定。至十一时,李又由北京饭店返医院，须今日八时以前再定云。

汪抵沪候晤李顿

【上海三日下午十一时本报专电】 汪夫妇偕褚民谊、陈绍宽三日晨八时乘车抵沪。汪在真茹下车，迳赴大西路黄□疗养院诊糖尿病。财宋十时到院访汪，谈一小时，下午三时半汪答访宋。汪谈："二三日后即返京。日如承认伪国，则中央态度已详外罗之正式表示中。政府收复失地之主张，决不动摇。沪谣虽炽，但爱国运动不越轨道，政府未便干涉。三中全会决延期，中央党务照常进行，且加紧工作。孙科继胡汉民任中政会常委，并未有人提及。"又汪称此来系疗疾，但外传与中日直接交涉有关。盖有吉支（四日）抵沪，汪有与有吉试行谈判之说。

【上海三日下午十时专电】 顾维钧晚六时乘福特机抵沪，有吉支（四日）午三时可到。闻汪来沪重要任务系与宋、顾候会见李顿。下午三时汪访宋子文，商招待调查团事宜。又李顿爵士及麦考易将军一行支（四日）晨由平起飞，午后可抵沪，下榻华懋饭店。顾及李顿、麦考易等，所乘赴欧意邮轮甘棋号微（五日）晨九时启碇。又国联调查团中国代表处议案组主任钱泰奉颜惠庆电召赴日内瓦，并由外部任为专门委员，现定微（五日）乘意邮轮放洋。

（《益世报》，1932年9月4日，第一版）

307. 行矣调查团！国人难忘高谊，李顿昨飞抵沪今日放洋，德法委携报告陆地返欧，汪代国府慰劳李顿，罗亦赶到送行，报告书将延至十一月特委会讨论

【上海四日下午九时专电】 调查团主席李顿、意委马柯迪及美委麦考益夫妇偕秘书艾斯特等一行外，及张学良顾问端纳，支（四日）午后三时五十分乘福特飞机到沪。吴铁城、顾维钧、王景岐、刘崇杰、萧继荣、温应星及意使齐亚诺等均往虹桥机场欢迎。李顿等下机后，即与欢迎者一一握手，旋偕吴、顾等乘车，直驶华懋饭店休息云。

【上海四日下午十一时本报专电】 李顿抵沪后，谢绝酬酢，并不见普通宾

客,对各记者亦无表示。在机场下机时,某电影公司摄有声电影,请李顿致词。李笑向收音机发言,曰:"余欲言者仅一语,即无话可说。"李顿及美意两委等均下榻华懋饭店。汪精卫、顾维钧、刘崇杰支(四日)晚五时二十分偕赴华懋饭店访李顿等,代国府向调查团致慰劳辞,至五时四十八分钟出。宋子文五时十五分亦往访,谈至七时三十五分始去。宋语记者,因李顿途次劳顿,未与多谈,调查团报告内容未至发表时间,当然不能预知云云。李顿等与顾维钧微(五日)晨九时登意邮船干治号,十一时启碇离沪。顾夫人阳(七日)乘意轮康脱路沙号赴法。

【南京四日下午七时本报专电】 罗外长、沈觐鼎支(四日)午乘湘和轮抵京,徐谟、应尚德、白[向]哲濬等十余人赴轮埠欢迎,登陆后即乘车赴外部休息,并进茶点。下午一时,即请路局特挂专车赴沪,徐、沈、白同行,定微(五日)夜车返京。据罗谈:"此次赴浔、汉,谒林、蒋,对今后外交应对方针已商有具体办法。顾维钧定微(五日)乘轮赴欧,本人尚未与其会晤,对应付国联大会方针必须一谈,且李顿一行离华,亦应前往送行,以尽地主之谊,故特兼程赴沪。公毕即返京。"

【上海四日下午十一时三十分本报专电】 今晨十时,宋子文、蔡廷楷[锴]访汪,二十分同至宋宅。顾维钧继至,吴铁城亦赶到,同商外交方针及招待李顿事。午刻刘崇杰宴顾维钧饯行,邀各要人陪座。罗文干晚七时半由京乘车抵沪。又顾维钧赴法国书,前经罗文干携庐请林签字并盖用国玺,支(四日)午由罗亲携赴沪交顾。

【上海四日下午十一时十分本报专电】 汪、宋、罗、顾等各要人,支(四日)上下午两度会商,均系讨论应付外交方针,晚在宋宅会商,十一时十分始散。据汪语记者,顾代表未出国前,对外交方针再三作最后会商,现已完全决定云。

【上海三日路透电】 据悉,行将举行之国联大会,拟不讨论李顿报告书,留待十一月初召集特别委员会处理云。

【北平通信】 国联调查团负大会使命,东来调查暴日侵占东三省问题。计自本年三月初旬到沪,往来于京沪、平汉、东三省、日本之间,费时半载,现已调查完竣,作成报告。昨日离平,分道邅返日内瓦。兹将详情分志于左:

行前签报告书

调查团报告书编竣后,曾加以复核,并有一部分誊抄。迄至前夜十一时,工作完全终了。昨晨八时,义委员阿露温德、德委员希尼、法委员克劳德尔、美委员麦考易、秘书长哈斯齐集德国医院,将报告书签字。李顿首先签署,各委对结论部分意见完全一致,故皆签字(按外国习惯,少数不同意者可以不签),哈斯最末签字。该书签字后,即作为调查团报告书之正本,并由德法两委员经西伯利亚返欧时携往日内瓦,转呈国联。签字后,李顿等即于八时半出德国医院,分乘汽车,驰往清河。

英、美、意委飞沪

该国委员长李顿及美委麦考益、意委阿露温德等西返路线,系乘飞机赴沪,由海道至日内瓦。原定昨晨九时由清河乘福特机离平。北平军事当局预令军警沿途警备,布置周密。八时许欢送人员陆续到清河飞机场,计有万福麟、于学忠、周大文、王承传、王广圻、吴秀峰、刘多荃、邵文凯及德使陶德曼、英代办英格兰、义代办安福素等百余人。李顿因在德国医院签字,九时一刻始偕美、法、意、德各委员及秘书长哈斯等于军乐悠扬中,分乘汽车疾驰而到。李等下车后,与欢送人员一一周旋。至九时四十五分,张学良偕同朱光沐赶到欢送。九时五十五分,李等陆续登机,绕场一匝,向东南飞去。欢送人员目送振翮若鹏之福特机背负和平使者飘然离平,直至目力不及,始行散去。乘机赴沪者,李顿以外,为美意两委及秘书随员柯斯特、文柯斯、贝尔等,张学良并派顾问端纳随行照料。飞机为福二号,驾驶员则系哈东及一副手。李顿等在飞机场时,有狐狸公司在场拍摄电影。

李顿离别谈话

李顿行前在机场与记者一度谈话,因送行者多,只略谈数语,兹志如后。问:"报告书结论内容可得闻乎?"答:"报告书将以最敏捷之方法寄到日内瓦加以印制,分送中日两国,将来即在日内瓦、南京、东京三处同时发表。届时对结论内容当可明悉,现在未便奉告。"问:"何时可以发表?"答:"此刻尚不能预定。"问:"报告书是否亦送英、美、法、德、义等各一份?"答:"同时发表。"问:"闻报告书约四百页,确否?"未答。问:"此次来远东之感想如何?"未答。问:"身体已康复否?"答:"余现在精神甚好,惟以旅行时间过多,腿部稍感不适。"

又德国委员希尼博士昨晨在航站与记者谈话如次。问:"调查团报告书是否由博士与克劳德尔将军携往日内瓦?"答:"并非余个人携往。"问:"由哈尔滨至满洲里登车,闻将乘坐飞机,确否?"答:"或乘用飞机。"问:"返欧后先至何地?"答:"余个人预定九月二十四日左右先到柏林一行,九月二十九日到日内瓦。"问:"李顿爵士是否亦先返英,再赴日内瓦?"答:"大约彼将先到英伦。"最后并谓此来得识许多朋友,殊觉欣幸。

希尼等晚离平

德国委员希尼、法国委员克劳德尔、日代表吉田及随员等一行十五人,于昨日下午四时乘北宁专车离平。到东站送行者与晨间清河情况大致相同,计到张学良、于学忠、万福麟、周大文、邵文凯、朱光沐、汤国桢、唐宝潮、王广圻、王承传、王卓然、哈斯夫妇、皮尔特、吴秀峰及日本等使馆职员,军分会派张伟斌,中国代表办事处代表刘洒藩[蕃]护送离平。专车昨晚七时抵津,十一时抵塘沽,换登日本轮船,于今晨二时由塘沽启程赴大连。吉田将由连返国覆命,德法两委则由连赴哈尔滨,由该地再乘飞机至满洲里,登西伯利亚车赴欧,途经东北时不受任何招待。

德法两委过津

【本市消息】 国联调查团东来任务终了,昨(四日)分途离华。德委员希尼、法委员克劳德尔一行搭北宁路专车于昨日下午四时二十分由平开津,张学良氏亲驰车站欢送。晚七时五分,专车驶入天津总站未停,七时十五分抵东站。省府秘书长刘善锜、第二军部参谋长刘家鸾、实业厅长史靖寰、教育厅长陈宝泉、民政厅长王玉科、日副领后藤、德代理领事韩森及德、法、日各国侨民十余名,均在第二月台迎候。希尼、克劳德尔二氏当下车,由我国代表处专员刘洒藩[蕃]、张汶介绍,与各欢迎者握手。周旋约五分许,德法二委员应各该国领事之邀,即乘汽车驰往特一区福德饭店晚宴,颇极一时之盛。同来之随员暨我代表处人员则在专车用餐。又该团于离平前到华进行调查工作,备承北宁路局隆重款待,至觉心感,特留一纪念书,藉申谢悃。该书上绘中、美、义、德、英、法、日七国国旗,色泽鲜明,甚为美观,并有五委员暨秘书长哈斯、吴秀峰、华代表顾维钧、日代表吉田等十四人之亲笔签名,尤足珍贵,已交路局保存。随车同来者,有日代表吉田及北平军委分会卫队长张伟斌。张系张学良派令沿途护送者,并有铁甲车一列,前行压道。北宁路局亦派路警数十名,由督察长王振声率领随车保护德法二委员。九时三十分仍驰返东站,十时即东开赴塘沽。闻已订妥日轮华山丸,由海道赴大连,转道西伯利亚铁道返欧。至我方随员,业定今(五日)晨搭原车回平。又调查团抵津时,总、东两站附近街道略有戒备,十时许仍恢复原状云。

(《益世报》,1932年9月5日,第一版)

308. 远东九月间危机难测,孰能制止日承认伪国？调查团报告书惟有激增日人疯狂,英国暂持缄默,终将正确表示态度,李顿等昨放洋,汪留沪,罗已返京

【上海五日下午九时专电】 李顿等一行今晨乘甘祺号返欧。顾维钧亦乘该轮赴法履新,同行者尚有中国派赴国联大会之专员数人。今日凌晨送行者即集新关码头,计有汪精卫、宋子文、吴铁城、罗文干、徐谟、刘崇杰、褚民谊、意使齐亚诺及中外人士约七八十人。该轮船□亲在甲板招待,迎入客厅,以香槟饼款待。李顿勋爵等先举杯起立,汪院长亦起立举杯,互道祝辞。酒罢各归座闲谈,约半小时,送行者乃各握手道别。临行吴市长祝李顿勋爵旅途快乐,并欢迎再来中国。李顿答谢,并谓希望中国与日本不再发生纠纷。顾公使立甲板上,与送行者一一握手道谢。甘祺轮于十一时启碇,月杪即可抵威尼斯,李顿将换乘火车赴日内瓦,随顾同行者有秘书傅冠雄。参事萧继荣临行语记者:"余此次代表出席国联大会,当努力奋斗,为国争荣。希望国内上下一致,为外交后盾"云。

【上海四日路透电】 据可靠消息云,李顿报告书交中日政府之副本,由北平某某出交官①妥为保存。殆该报告书,在日内瓦公布时彼等即可同时将报告书发外公布云。

【上海五日下午十时专电】 罗文干、徐谟、沈觐鼎、向哲濬、黄科长等于微(五日)下午四时四十分,挂五零二号包车及三等车各一辆晋京。吴铁城亲到站送行,刘崇杰、褚民谊夜车返京。又刘崇杰谈,外交具体办法虽已决定,但临时当有变更,须视热境情形而定进行步骤云。

---

① 编者按:疑为"外交官"。

【南京五日下午九时本报专电】 罗文干电京,歌(五日)晚车返京,鱼(六日)晨到。汪有鱼(六日)返京讯。

【东京五日新联电】 日本政府鉴于四周情势,于最近承认"满洲国"之方针下着手进行准备。然其承之前提或重要之事项,将于六日之定例阁议上程,由内田外相说明,以求各阁僚之承认而决之。

远东情势愈严重

【南京五日路透电】 中国方面虽普遍希望满洲前途或在日内瓦获一公平解决,但尚不能发现任何可以乐观现象。其实在某某方面,曾提出十月以前报告书似不提交国联理事会讨论,但远东情势转变甚速,故李顿报告书在未考虑以前,恐有严重危局发生。中国当局鉴于东京已显然决定承认伪国,中日情势难免恶化,对九月之局面深致忧虑。日本承认伪国,激起国人之愤慨至若何程度,尚不得知,但可知者即政府控制公众怒潮,必更困难。中国报纸对理事会之报告,是否规定一解决满洲问题之有效方法,颇致疑问,并严厉批评,反对"藉和平工具及确切信心以保障武力侵略之政策"。华报对行政院之建议,有不能"一致通过之可能"一节亦加以考虑,结果使日本之行动反得任其所为,获得相当时机,达经营满蒙之计划。华报主张请政府促国联阻止日本承认伪国,同时迅速准备应付剧变云。

英国愿单独仲裁

【伦敦五日哈瓦斯社电】 国联调查团对满洲问题之报告书,不久便可公布,故此间极注意。设报告结果于日本不利,该国最后态度如何,尚难逆料。中日纷争以来,英国对此问题所持之态度无定,然亦认为关系全世界至重,并未漠视。政治及商务利益,列强签署九国条约之真意及非战公约等,对英国舆论有相当影响。外交部目下为帝国及欧洲之问题悬案羁绊,但无论何时,英国决愿单独进行仲裁。美国似愿出头维护其本国及国际之法律权利,调查团报告书之延迟,对英国态度殊有所补。史汀生氏演说裁军问题之中,为满洲纷争之事,已主张共同负责。英国审慎批评,满意美国之本非战公约之原则出而干涉,然关于远东之事不加评论。内田外相发表日本拟承认"满洲国",并声明如调查团报告书于中国有利,其政府或采取激烈方法,但此时英官方态度仍甚沉静。此外,如报告书发表之期迫近,远东传来消息并不乐观。再者,如报告书于日本不利,英国应有确实态度表示。故消息灵通政治方面之意见,根据以下二点:(一)按九国条约,签字国须尊重中国领土之完整;(二)划分中国国土为违背该约。如调查团之报告书确指日本手造"满洲国",则此事又触犯非战公约。

(《益世报》,1932 年 9 月 6 日,第二版)

309. 江南两路损失制成报告交调查团

【南京五日专电】 铁部将京沪、沪杭甬两路所受沪变损失之英文报告及图片,交出席国联大会我国代表团专委颜德庆,转送调查团,备作参考云。

(《益世报》,1932 年 9 月 6 日,第三版)

310. 调查团德法两委昨晚抵大连,今晨乘南满车赴沈

【大连六日电通社电】 国联调查团委员克劳德尔将军与希尼博士等,已于昨晚九时半偕同日代表吉田乘日轮华山丸抵连。拟在该地稍事逗留后,即于明早九时乘南满路车前赴沈阳,转经西比利亚归国。

【大连六日新联电】 克劳特尔将军及希尼博士等之国联调查团委员陆行班,偕同吉田参与员以次日方随员搭乘华山丸,五日午后九时于戒严里抵大连,即寓于星个浦大和旅馆。将滞留数日,俟明确哈尔滨之铁道状态之后即回日内瓦。途中或者于长春下车,与伪国作最后之接洽。

【门司六日电通社电】 调查团随员盐崎书记官及渡大佐,因所负任务告终,已于本早由天津乘日轮长安丸回抵当地。该两氏现向记者谈话如左:"报告书之内容虽尚严守秘密,但国联方面似依公平之立场,而为顾全中日两国之体面所作成者。度至本月底□……□正式公表。调查团方面,对于承认'满洲国'之□……□所持式方针,已相当谅解。各委员中,亦有向我□……□意者"云云。

(《益世报》,1932 年 9 月 7 日,第二版)

311. 国联调查团秘书长南下，与当局有所接洽

国联调查团各委员业于前日离平，分道返国。其秘书长哈斯因尚有事，与我方当局有所接洽，于昨日下午由平偕其夫人南下。北宁局特备包车一辆附挂于平浦快车，八时零五分抵津，十时离站。拟先赴南京，再往上海。预定月半仍行北返，再由津赴山海关经锦州、沈阳一带视察，取道西伯利亚遄返日内瓦云。

（《益世报》，1932年9月7日，第六版）

312. 日方一致宣传直接交涉，有吉公言无须付诸国联，日报谓调查团报告书亦如是建议，许满洲自治，承认中国微弱宗主权，外部否认直接交涉，抗议书已草竣

【南京七日下午十时十五分本报专电】 外部对日将承认伪组织之抗议书已草竣，将提政会审核。

【南京七日下午八时专电】 有吉阳（七日）晨八时二十分抵京，即赴日领署休息，十时谒总理陵，下午三时偕矢野、有野、堀内、上村、丰田等赴外部，访谒罗部长。有吉首对罗部长表示钦敬之意，并称前次在京，匆匆未获多叙，此次到华，领教之日方长等语。罗部长亦谦礼如仪。关于中日关系，有吉亦表示希望两国人士互相谅解之意。此外，并问候林主席起居及罗部长目疾，又谈及蒋公使近状，约十分钟辞去。完全为拜访性质，并未谈及他事。有吉定齐（八日）晚车赴沪，俟递国书期定后，再来京。

【南京七日下午十时十五分本报专电】 有吉谈："满洲就各方观察，因解释各不同，致成去年事变。人类历史较个人生命为长，故予认满事实属暂时状态，数十年后，定可谋得解决办法。日国内虽有一部分认定须用武力解决东省问题，但多数仍反对用武力，希以和平方法解决一切纠纷。将来用何法，此时尚难预定，就余个人意，似仍不如直接交涉为妥，毋须付诸国联。如长此下去，

非两国之福,亦非世界之幸。如各就本国立场,并顾事实,打破一切难关,不难恢复原有睦谊。尚盼报界多□意见。"有吉庚(八日)返沪。

【南京六日路透电】 据官方声称,外传新任日使有吉将向南京建议直接交涉解决满洲问题,并未证实。并郑重声言,即令此项消息属实,亦不过日方片面意向,因中国政府之原定政策未变,即将满洲事件交国联处理,中国无意放弃此政策。目前中日直接交涉已不成问题,尤其国联大会期近,更无必需云。

【南京七日新联电】 有吉公使入京,传将进行直接交涉之事。嗣经询问罗文干,据云:"中日直接交涉乃无稽之说。我国之满洲问题解决方针,已决定一任国际联盟。况且国联大会即行开会之今日,直接交涉更谈不到"云。

【东京七日新联电】 今早之《东京朝日新闻》关于调查团报告书结论之骨子,有左之记载:"关于调查团之处理满洲问题,并非提供解决案,不过提出其意见。拟对'满洲国'予以广范围之自治,一方于极微弱之程度,于承认中国宗主权之原则下,依据中日直接交涉以谋纷争之最后的解决,认为其上策。又对于直接交涉之经过,国联则随时接受报告。上述之意见,于审议该调查报告书之前,若见满洲状势变化之场合,当然不能不重新的考虑。同时,所云之宗主权,即使单系名目的,但仍明确的与日本之主张相反,故日本政府对此相信将以断乎的决意予以抗争"云。

【国府津七日新联电】 斋藤于车中谈称:"议会通过之豫算案及诸法律案内容详细报告之后,即对于其实施,将征求老公爵之意见。八年度预算将编成包括更根本的匡救对策之方针,政府目下正考虑中。至对于时局,拟亲自进出于街头与阁僚协力,为自力更生而活动。十一月以前,无论如何拟与以实行。关于藏相之静养,虽有此说,但辞职之事,则非事实。承认'满洲国'之事乃既定之事实,惟因其手续之一部未完毕,故不能即行实现,然拟从速的行之。我国之对于国联之态度,无论如何决向既定方针迈进"云。

(《益世报》,1932年9月8日,第一版)

313. 调查团报告书副本俟原文到日内瓦再同时公布,哈斯昨日过京赴沪

【南京八日下午九时专电】 哈斯夫妇齐(八日)晨八时抵京,张汶、施肇夔同来。罗外长正午设宴洗尘,以资联欢。哈斯等晚车赴沪,留四五日返平。调查团报告书副本并未携来,闻将俟原文送达日内瓦后,再派员分送中日两政府同时公布。公布后,哈斯即由平返日内瓦。

(《益世报》,1932年9月9日,第二版)

314. 日承认伪国近在五日内,内田声言不受任何压迫,同时向世界发表声明宣布大纲,对调查团报告书亦将提出意见,美国暂持缄默,注视情势发展

【东京九日新联电】 政府前决定关于承认"满洲国"之一切准备的基本条项,并得元老重臣方面之谅解,乃于本日之阁议正式决定即日上奏,而进行咨询枢府之手续。然对于枢府曾经进行非正式交涉,故通过枢府之事已甚明显。政府俟该案批下后,即开紧急阁议,请阁员附署后,即行承认之方针。至枢府本会议似于十二日或十三日开会,故对于"满洲国"之正式承认,将在十三日,至迟亦在十四日之模样。又政府将于承认同时,关于大纲宣布中外,至于国际联盟事务局,亦将进行登录之手续。

【东京九日电通社电】 内田外相已在本日阁议中,作关于采取承认"满洲国"手续之报告,并经阁议予以承认。因是,斋藤首相及内田外相决于十日入宫奏陈其内容,并向枢府采取咨询手续。

【东京九日电通社电】 当兹承认"满洲国"案将向枢府咨询之际,斋藤首相特于本早历访二上枢府干长、仓富枢府议长及平沼副议长并各顾问官,接洽该项审查方针。其结果似已定于十日设置审查委员会,十二日开枢府大会,十三日左右经阁议作最后决定后,即于十四日正式承认,同时并向中外发表声

明书。

【东京八日路透电】 斋藤首相本日下午对往访记者谈话,证实日本对于承认"满洲国"不过时间问题之说,但宣称至于日本是否事先通告列强与国际联盟,彼尚未便宣布云。

【沈阳九日新联电】 为磋商关于"满洲国"承认问题回日本之板[坂]垣少将,本日已回抵沈阳。关于承认问题,谈称:"日本承认'满洲国'之准备,一切进行顺调,最近将可实现。关于其内容,现不能发表。余日内赴长春,访武藤全权。"

【上海九日下午十一时本报专电】 有吉佳(九日)晨返沪,参赞语记者,否认此行负有直接交涉使命,纯系到任后之酬酢。晤外罗,并未谈及任何交涉。承认伪国谓系破坏国际公约,此系中国人之观察。最近沪局紧张,完全庸人自扰,不致发生二次事变。

【杜卜林八日路透电】 狄凡勒拉刻经最后决定,爱尔兰自由邦总统将充任下次国联会爱尔兰自由邦出席代表之领袖。此事之意思,即狄凡勒拉将担任九月二十三日开始开会之行政院主席及九月二十六日所开国联大会主席。

无论受何压迫,对满政策不变

【东京九日新联电】 内田外相昨日访问西园寺,归途于车中对于承认"满洲国"之意义,谈话如下:"日本此次断乎较列国率先承认'满洲国',实有左之三大意义:一、他国无论如何压迫,我对满政策,仍确固不动;二、安定'满洲国'之人心;三、明示日本无并合满洲之野心,一扫各方面对此之错念。对此中国亦可谅解,故承认结果,排日排货之运动当无发生之虑"云。

【东京九日电通社电】 往访西园寺公爵之内田外相,已于昨日下午四时由御殿场出发,六时四十分回抵新桥车站。该外相并在车中向记者谈话如左:"关于承认满洲问题,业已获得枢府方面谅解,一俟圣上批准后,即可向武藤大使拍发关于发表宣言之训电。至其时期当在何日,则可任君揣想。盖非常时期之外交,固应从权办理,而不可过于拘泥也。现政府方面为徇'满洲政府'之希望,以期获安定在满民众人心起见,决即实行承认该'国'。盖若果承认过迟,则有使各国疑日将并吞满洲之虞。故希不受国联及他各国之掣肘,而对满洲问题,依自主独步之立场,断行其所信,而昭示全世界。又现虽有谓日若承认'满洲国',则将使中国之排日抗日运动愈益激烈化者,但华方既已充分谅解,度不至有此种情形。而出渊、吉田、广田各大使之相继奉召归国,亦不过意在使彼等了然于非常时期之国内近状耳。"

日对李顿报告将提出意见书

【东京九日电通社电】 外务省方面定于十一日命日内瓦日代表部向国联事务局作如左之意见表示："帝国政府拟于接到李顿爵士之报告书后，即遵照国联盟约明文，对该项报告书提出意见书，并要求视该项意见书系与报告书相关联者，而转达国联理事会。至意见书之作成期间，则预定为四星期至六星期。"按李顿爵士报告书应于月底寄至日本，故该项意见书提出时期，当在十一月十日左右，且须经理事会作一星期间之审议，并交十九国委员会作十日间之审议后，始克开大会讨论，故度大会势难于十一月内召开，而将展至十二月。

【东京九日路透电】 日政府业已通知国联，称日本于详细研究李顿报告书后，愿发一关于满洲之声明书，因此请求在此项声明书届时得以宣读以前，暂勿将报告书发表云。

【东京九日路透电】 据似乎可靠方面之消息，李顿报告书承认满洲恢复原状殆不可能。该报告书建议满洲不驻兵，并允许其自治，由日顾问协助治理，但中国应保持名义上之主权。再，中日及"满洲国"应在国联监督之下举行直接交涉。官方批评此项主张，暗示日本在最近将来虽有承认"满洲国"独立之意，但日本此后可以建议"满洲国"与中国谈判云。

美国严密注视远东情势发展

【华盛顿八日合众社电】 美国务院今日已信日本承认"满洲国"，目下仅为时间问题，关于日"满"行将签订之新约实际内容，正静候正式报告。据传，国务卿史汀生自避暑归来，对东方最近情势分门别类个人竭力研究调查。今日据负责方面消息，满洲情势最近虽发展甚速，在李顿调查团报告书公布之前，美国不再致东京政府任何觉书。传此间官方对李顿报告书之完成表示庆慰，美国务院正候世界舆论对调查团报告书之具体见解。据今日指陈，国务院目前之态度恐将变更，其变更将视日本与满洲新约内容及史汀生研究之结果以为断。国务院当局今日声称，彼等虽认为日本承认"满洲国"仅时间问题，但目前不认为日本与"满洲国"之关系，即足构成日本对"满洲国"之正式承认。在过去一年中，华盛顿对远东情势之注意，未有如今日之甚者，殆已显然。

（《益世报》，1932年9月10日，第一版）

315. 美决与国联采联合战线，承认伪国听日为之，惟公约必维护，英报高唱不能任满洲为第二朝鲜

【东京十日新联电】 关于"满洲国"承认问题之枢府豫备审查业于九日午后举行。因尚未完竣，今早九时半续行审查，本日可全部审查完毕，且御咨询亦已正式批下，故由仓富议长指名附托审查员九名。委员会于十一日开会，十二日续开，俟决定后即于十三日开临时枢府本会议，与以可决。又电，枢府关于承认"满洲国"之基础的条项之豫备审查会议，本日午前九时半继续昨日与枢府事务所开会。二上、堀江、武藤三书记官，政府方面松田条约局长、北泽外务事务官、堀切长官及金森第一部长等出席，已将概案全部豫备审查完毕，零时十分散会。又电，枢府关于承认"满洲国"之审查委员会名单，已内定委员长金子坚太郎，或副议长平沼氏，委员为富井政章、荒井贤太郎、水町袈裟六、黑田长成、石井菊次郎、镰田荣吉、原嘉道、河合操等人。

【南京十日下午九时本报专电】 外息。日本宣传删（十五）前正式承认叛逆，政府对此异常注意，除准备将经过情形通知国联外，并将向日提起抗议。此外，是否再用宣言或其他形式表示我国态度，政府尚在审议中。

【上海九日路透电】 据日方半官式消息，日本决定九月十三日正式承认"满洲国"，同时公布最近与满洲订立允许日军驻满之条约。此间当局正采审慎手段，防止承认时所引起之纷扰。有吉今晨自京返沪，下午与日陆战队司令左近司、日总领事馆人员及陆海军高级军官会议。谈论内容性质虽未公布，一般相信，所谈者系日本承认"满洲国"之后应付上海紧急事件之方法云。

美国与国联决保持联合战线

【华盛顿九日合众社电】 美政府负责方面今日语合众记者：美当局虽极愿保障中国主权及领土完整，但对日本行将迅速正式承认"满洲国"一事，决暂不重视。据声称，国务院已定一审慎政策，当局希望证明能最后实行。其策略系藉美国与国联有效合作，国际上保持一联合战线，维护九国公约与非战公约。此间官吏相信，美国目前对日本正式承认"满洲国"提出抗议，不但无益，

而且妨碍国际联合。目前一般表示，除中国外，在国联理事会及大会接受李顿调查团报告书之前，任何一国将不有所表示。十一月八日之大选期近，此间渐注意大选影响美国对远东外交政策如何。如胡佛重行当选，将继续史汀生之政策；但如民主党执政，则美国对远东中日纠纷之态度，或将有某种改变云。

英报论日本统治满洲决失败

【伦敦九日路透电】《曼撤斯特导报》著论云，满洲决不能任其为朝鲜第二，但又谓因报告书结论将开罪日本，故有展期公布之说。国联同志会主席麦雷氏投函该报，指陈国联不能因慑于日本将退出国联而舍其主张公道之正路，以入歧途。彼表示意见云，今日有一个地域于此，面积等于法德两国之大，人口包括汉、满、韩三千万之众，即以最强大之国家统治之，亦非易事。麦氏之意，日本倘不获其他大国之援助，即欲谋求局部或暂时之成功，亦不可得。彼相信日本目前所持之政策，必难免归于崩溃。彼结论云，对此勇敢磊落之民族，颇表示钦佩，但可惜竟为执政者之野蛮之军国主义所统治云。

报告书结论东京所传不可靠

【日内瓦九日合众社电】 国联秘书处人员承认，调查团主席李顿爵士当其在东京时，企图与日外相内田对中日纠纷谋一妥协解决，终至失败。彼等对最近东京所传关于调查团报告书中之建议，力言不可靠，东京所称内容大纲如何，全系推测之辞。并谓李顿报告书起草结论时，绝对保守秘密，即日内瓦方面，对结论之性质尚完全不知。此间当局相信，东京所传之内容系与李顿及内田谈判未成功之妥协案相混。据此间一般声称，报告书正确内容，东京任何方面决不能知晓。

调查团德法两委已经齐齐哈尔飞赴满洲里

【齐齐哈尔十日电通社电】 调查团法委员克老德尔将军及德代表西尼博士等，已于昨早十一时行抵当地。彼等预订于本日乘飞机前赴满洲里，然后再由该地于十二日转乘国际列车回国。

【上海十日电通社电】 国联调查团秘书长哈斯氏，在南京与外长罗文干会见后，即于昨晚八时半来沪访问财长宋子文，并与市长吴铁城及"中央研究院"副院长杨杏佛等畅谈一切，至零时四十分始辞去。又该氏拟在沪逗留四五日,即折回北平,经由西伯利亚回欧。

(《益世报》,1932年9月11日,第一版)

316. 英报所传报告书结论如是！保障日本经济军事利益,维持中国主权,东省自治,明春召开远东会议谋各国妥协

【伦敦十一日合众社电】 伦敦《星期观察报》今日宣称,李顿调查团之报告书,并非"对日本加以猛烈之攻击",适与东京之种种推测相反。据该报之意见,李顿报告中包括之各项建议,为希望"保障日本之经济权利,同时保障中国之政治权利,并拟为与远东纠纷有关系之各国间谋一妥协办法"。该报声称,凡此种种之建议,为拟阻止日本退出国联。据该报之推测,李顿报告书之主要部分,将为:(一)一九三一年以前各项合法权益所感受之损害,并未发生一严重问题;(二)关于中国在满洲保有主权之事实,实不成问题,不幸中国当局并未证明尽其应尽之完全责任;(三)满洲问题最好之解决办法,为在中国主权之结构内,规定某种之自治方式;(四)以特殊适当方法,对日本在满洲之经济及军事利益应加保障,俾一九三一年之事变,决不致重演;(五)为获一确切机关,实行上述第(三)(四)原则起见,明年正、二月中日两国及在远东极有关系之列强代表,应举行一会议,共谋解决。伦敦《观察报》宣称,该报所预测之报告书内容,系由一负责可靠方面探悉云。

【伦敦十一日路透电】 伦敦《观察报》批评关于各种对李顿报告书内容之揣测云,该报颇感觉凡一般观察错误之热心家,彼等希望该报告书对日本加以猛烈之攻击,但将来必为一种更利于解决各关系方面之建议,而致大失所望。该报又云:"其实吾人固相信报告书意在劝阻日本退出国联,而该项公文将证明为一极尽外交辞令之一篇聪明之论文。在实际论者之心理度之,该问题势将分三种要素解决之:一、保障日本之经济利益;二、保障中国之政治利益;三、谋各关系方面之妥协。就中以第二项解决最难,因政治权利在原告(指中国)认为系应有之政治实质也"云。

【新加坡十二日哈瓦斯社电】 国联调查团主席李顿爵士一行,今日乘"干治"号轮船抵此,转道赴欧。李顿向记者谈,调查团报告书九月二十五日可到

日内瓦,并谓日本曾要求于报告书未发表前,先由日本审查。此事需由国联决定可否,因只国联有此决定之权。同行者顾维钧氏谈称,中国准备遵守调查团之决定云。

(《益世报》,1932 年 9 月 13 日,第一版)

317. 社论:伦敦所传的调查报告

伦敦《星期日观察报》在九月十一日发表一段新闻,据说李顿调查团报告书结论大纲为下列五点:(一)日本在满洲的合法权利在一九三一年前,所受损害并未酿成重大问题;(二)中国在满洲的主权,前此虽不能发生任何问题,从前的不幸是中国的当局不能证明能完全负担一切责任;(三)满洲问题最好的解决法是在中国主权结构之下设备或种自治领域;(四)对日本的经济及军事利益应有如此特殊有力的保障,俾一九三一年的事件不至再行发生;(五)为产生一种机关,实现上列(三)(四)两项主张起见,明年初应由中国、日本并远东极有利害关系的各国举行一种会议。

上面几点,据《观察报》自称,来源出自可靠方面。这种记载,我们当然不能与拟议揣测之词一同看待。如此,则《观察报》九日所发表的调查团报告书很够供我们对满洲问题的讨论材料。

对调查团报告书,在我们固无所谓满意,亦无所谓失望。倘报告书为纯粹的根据事实说公道、判是非的文字,利于中国,害于日本,为必然的结果。调查团报告书的内容,我们早料其不是如此。国联今日以调停机关,并不以仲裁机关自居。调人的策略,在无理的方面加几分理,有理的方面减几分理,如此才有双方接近妥协的余地。调查团为国联委派机关,以国联意旨为意旨,且考虑到国联本身的困难,此为必然之事。故这次报告书,不是纯粹主持公道、辨别是非的文章,一切固早在我们意料之中,一切亦深为我们所谅解。

就《观察报》发表的五项而论,第一、第二两项,依然为事实的报告,无多大讨论价值。日本在满合法权利,在一九三一年以前所受损害未酿重大问题,其原因即日本合法权利前此并未受任何损害。这点报告书虽未明言,读报告书的人又可意会而得。以往中国在满洲的政治当局不能完全担负责任,这点报告书既如斯指出,中国方面尽可如斯承认。然不能完全担负责任的原因,一方面或为中国政治当局能力薄弱，一方面实又源于外力的牵制。东北三省政治当局的能力薄弱，在法律上并不能引为强国武力进占他人领土的口实，这又是读报告书者应注意之点。

报告书建议案的第（三）（四）（五）三项，是解决满洲问题的方案，这几点比较重要。第三项所谓自治领域，这点中国固无反对的必要，惟自治领域与独立国在法律上绝对为两事。改东北三省为自治领域，先决条件即取消现时日本一手制造的满洲伪国。爱尔兰、加拿泰等为英帝国的自治领域。爱尔兰、加拿泰在国际法上，在英国宪法上，绝非独立国，此间更无所谓第三国的承认，这是应注意的一点。其次，东北三省改为自治领域，自治领域的政治制度，应完全由东北人民自由的并自动的决定。自治领域与中国中央政府的关系，应由自治领域与中国中央政府决定。此一切日本不得过问，这是应注意的一点。东北三省政制上虽为自治领域，主权上东北三省依然为中国领土的一部。日本应向世界声明，绝对不干涉不操纵自治领域的发展。不然，则自治领域仍然为日本分割中国领土、并吞东北三省的阶段。这又是应注意的一点。在这种条件之下，中国当然可以承认改东北三省为自治领域。

保障日本的经济与军事利益一项，我们认定经济与军事利益应分别讨论。保障经济利益为国家对任何友邦的责任，这点固无问题。今日问题，即应在维持中国主权及尊重一切国际间有关东北三省的条约的条件下，将日本在满洲权利全盘划清：已得的合法的经济利益，中国有保障的义务；已得的违法的经济利益，中国有收回的权利。至于军事利益，这与主权独立绝相矛盾。任何国家绝无在另一主权完整、行政独立的国家享有军事利益之理。日本果尊重中国的主权与独立，则所谓满洲军事利益自应取消。独立自主的国家，绝无保障他国在本国军事利益的义务。承认这种条件，即不啻自行否认本国的主权完整与行政独立。日本今日在南满铁道有驻兵权，此为事实。要知此即中国人所认为不平等条约之一，此又为中日今日纠葛原因之一。这种错误的往事不加修正，绝非中日关系上安全之道。

第五项所谓中日及远东有利害关系各国举行会议，中国固绝无反对之理。在我们看来，用此种会议机关解决满洲问题，较由国联解决更切实际。远东有利害关系国家，美俄当然包括在内。美俄固非国际联盟会员，远东问题的解决不让美俄参加，终非安全之道。这点我们已一再申说，今不再论。第五项建议是否采用，完全以日本态度为断。日本果有吞并满洲的决心，这种会议当然反对。日本果反对这种会议,日本与美俄间的形势,将来必日趋险恶。诚如是,则远东前途变化,绝不可乐观矣。

我们对调查团报告书的意见大略如此。惟在我们草此文时,已假定报告书建议案有发生效力的可能。以近日形势观察,日本固藐视一切,独行硬干。如此,则报告书恐为废纸,本文亦一篇废话而已。

(《益世报》,1932年9月13日,第二版)

318. 我国清偿国联会费,并付调查团经费二万五千金元

【日内瓦十四日路透电】 中国虽受满洲、上海各事变之影响,致财政大受损失,但仍能偿付外债。此项声明一经发出,颇引起国联秘书厅极良好之印象。中国政府刻通告秘书厅,谓已照付十四万九千金元,包括中国政府积欠分期摊还款项及本年应摊之款,另外尚有二万五千金元作为调查团之经费。又中国财长宋子文声明,中国东三省之盐款收入虽未能照汇南京,然中国政府将履行外债偿还义务无误。同时,日本政府亦通告国联秘书厅,声明日本照付五万金元,作为日本政府对于调查团应摊之部份云。

(《益世报》,1932年9月16日,第二版)

319. 李顿抵孟买,谈日以武力攫东省,世界将无和平可言

【孟买二十日路透电】 李顿爵士返欧途中,今日抵此。李顿氏如何总论其报告之前途,系一智力之预测,但李氏拒绝发表意见,仅希望该报告书可获双方接受,而形成一永久解决之基础。李顿认满洲情形极严重,并谓使三千万之华人受二十万之日人统治,系一极困难之事。继云日本仍然以武力攫取此地,是不啻世界无和平可言云。

(《益世报》,1932年9月21日,第二版)

320. 法国转变对东案态度，将与美携手拥护盟约，接受我照会各国正交换意见，报告书讨论延期，公布不延期

【南京二十二日下午九时专电】 国联已允日方之请，将调查团报告书展延六星期讨论。据我外部发言人称，国联如于调查团报告书公布后稍延时间，俾中日双方均可得一机会考虑报告书内容而筹议对策，我政府固亦可赞同。惟国联竟允日方片面之请，展延六周之久，则时间太长，颇出我人意料之外，不无遗憾。查自东三省纠纷发生已一载有余，国联对此曾一再图谋解决。现报告书既已制就，更应迅谋解决，不可一味迁就日本。盖东省问题之解决，如迁延一日，即不知有若干中国人之生命财产，受不知若干之损失云云。又讯，调查团报告书仍照预定之十月九日或十日公布，不因展期讨论而延缓。至送至报纸发表者，则为其摘要云。外交界息，日本承认叛逆组织，我外部除向日本提出严重抗议外，并致牒国联请求制止，照会九国公约签约国，请予有效之制裁。现除国联已接受我方请求将提理事会报告外，闻日方毫无觉悟，最近期内将向我送覆照，以图强词狡辩。至九国公约签约各国，现正互相交换意见，并候李顿报告书之公布，现时暂不表示意见。

【伦敦廿一日路透电】 据《新闻纪事报》日内瓦特派员来电称，法政府已决计修改其关系中日之远东政策。该访员称，此种决定，其用意在法国抛弃一向对日本"抹煞真相的援助"之行动，一变而将实行坚决的拥护国联盟约之政策。该访员继称，此次政策之改变实由于法国将坚持严格的适用盟约，以与德国交涉军备争端故也。

【南京二十二日电通社电】 据某方电讯，美国上院议员李德氏已向法国总理赫里欧提议，谓美对战债问题愿考虑法国之立场，故望法亦对中日问题赞助美国之立场云云。闻此系美国务长官史汀生对满洲问题倡不承认主义后，竟致□受内外各方面之讥评，故为挽回此种情形，而资利用于下届大选起见，特由胡佛予法以此种好饵，藉图使法国左右国联，压迫日本。法总理赫里欧于接到此项提议后，刻正就对日关系及对美关系加以考虑中。当兹本秋将届对美战债支付期之际，其结果如何，颇足令人重视。而属于法国外部机关报之

《时报》,近稍露反日的论调,似亦与此事有关。

【伦敦二十一日新联电】 关于日来奔走于巴黎、伦敦间之美国上院议员李特氏之使命,泰晤士华盛顿特派员有重要之报道如下:"关于德国要求军备均等之英国政府之觉书,颇得华盛顿官方一般之好感。李特氏二十二日与法总理赫里欧会见之际,似将婉转的提议法国对于极东问题若能支持美国,则美国愿以阻止德国之军备均等要求,以支持法国之立场为偿。李特氏乃美上院热心拥护胡佛大总统之有力者,故李特氏倘若支持国联之压迫日本,则美上院必然追随李特而支持国联之行动,殆无疑问之余地。斯蒂生氏关于李特之使命,避开一切之言明。然关于满洲问题之国联无论如何决定,美国政府决与以支持之事,以向英国政府保证,相信为该氏之使命也。"

【纽约二十二日路透电】 出渊返国期中之日本驻美大使代办佐藤氏声言:"倘日本因李顿报告书之性质,不得已退出国联时,日本决不作一分钟之犹豫,即实行退出。"继谓,即令李顿调查团宣布已有之真实事实,日本亦无所恐云。

【东京二十二日电通社电】 内田外相原拟即向国联秘书处请求登记日"满"议定书,嗣据次述理由,复决定从缓办理:(一)依惯例言,国联规约第十八条系属任意规定,并无关于登记时期之限制;(二)如日"满"议定书等类重要条约,应自签字时起即在当事国间发生效力,殊无获取第三国承认之必要;(三)在事实上已依外务省十五日之通告,而收同样效果;(四)一度登记后,当事国之一方纵即属非国联会员国,而于国联讨论该议定书时,不免负有声辩之义务。

(《益世报》,1932年9月23日,第一版)

321. 国联必于东案一验其力,解救亚洲方能维系欧洲,李德此行不虚,打成欧美一条战线,报告书到日内瓦,法决心拥护国联

【华盛顿二十二日合众社电】 美上议员李德最近访问欧洲此间之重要传说,业已正式证实。李德在巴黎及伦敦之谈判,系关于满洲中日纠纷。合众记者探悉,李德之赴欧洲,系负国务院使命,其工作系向英法政府传达美政府对

远东之政策。李氏定于李顿报告书尚未公布之前返华盛顿，与胡佛及史汀生作一度集议。据此间传说，英属各自由领要求伦敦政府赞助国联及美国，对日本在满洲之活动及"满洲国"之产生，拟定一具体及积极政策。但又谓，英国仍有极保守份子，反对采取足以危险英日关系之任何行动。一般相信，法国目前准备拥护国联，倘国联不能处理满洲问题，则在欧洲之势力必大受损失。李德氏曾与美国驻英法大使与两国负责当局接谈。彼系一九三零年伦敦海会之重要人物，并获胡佛及史汀生之信任。但究竟李德此行，促英法两国援助美国建议之成功至若何程度，此间未宣布云。

【伦敦廿三日路透电】《新闻纪事报》据日内瓦访员电讯中足以引人注意之事实，即国联不能将"满洲国"送达国联之照会转送各会员国，因"满洲国"在国联心目中"无一国家之实质"。该访员主张"满洲国"在日本指挥之下向国联要求入会。又谓国联之覆牒，必然为"满洲国"要求独立主权一最后而绝对之试金石云。

【东京二十三日新联电】 荒木陆相二十二日午后与荷兰新闻记者齐林特会见之际，关于日本之退出国联说，开陈其重要意见如下："日本对于国际联盟，自其创立以来，即最热心且最忠实的与以支持，并履行义务。然当满洲事变勃发之际，国际联盟对于亚细亚日本之正当行为缺乏认识，而出于不能了解日本行为之态度，殊为遗憾，亦为不满之处也。日本于国际联盟，从来仅负担义务，而未求得到何项报酬。虽云如此，但日本并无考虑退出国联或企图使国联崩坏之事。假使国联不能了解日本之立场，而希望日本退出之时，此乃另一问题。日本今后对国联，将临以此态度之方针"云。

法声明拥护国联

【巴黎二十二日路透电】 法国当局今日向路透记者发表一负责声明，解释最近法国改变对东案态度之消息。据称："法国对满洲仍本白里安宣言之立场，从来未存承认'满洲国'之意，并静候李顿报告书之公表，且拥护国联决议。法国对远东政策不致有任何变更，故仍保持去年秋季白里安所采之态度"云。

【巴黎二十二日新联电】 对于英国自由党机关报《新闻纪事报》登载日内瓦通信员报告称，法国政府对于中日问题决定变更其从来之极东政策之事，本日法国当局对新闻联合社记者声称，法国对极东政策并无何项变更，并作左之声明："法国对满洲之政策，迄今仍准据去年白里安外长所声明之政策。法国尚未考虑承认'满洲国'之事,惟仅俟李顿报告书之公布。以此所传法国变更极东政策之事乃完全不足成为问题,盖因法国政府依然继续白里安外长所声明之去秋之立场"云。

报告书到日内瓦

【日内瓦二十二日路透电】 李顿报告书已送到国联。法代表克劳德将军、德代表希尼博士业返欧洲,其他委员连李顿爵士定九月三十日行抵意大利之威尼士云。

【日内瓦二十三日哈瓦斯社电】 随国联调查团赴远东之德国代表希尼博士已携带调查团报告书抵日内瓦。报告书用打字机打成,约计四六零页,全用英文写成。法文本已经调查团秘书处译出一大部分,尚有一部分则自昨日上午起正在着手翻译订正。现正从事一切,在最大可能范围内使报告书付印不至延迟。调查团五委员中法委克劳德将军、德委希尼博士均已返欧,李顿爵士及意美两委员则可于九月三十日抵日内瓦云。

《益世报》,1932年9月24日,第二版

322. 端纳赴杭未晤汪,引申李顿语:日难治满洲

【上海二十三日下午九时本报专电】 张学良顾问端纳,漾(廿三)谒吴铁城。端语记者:"余此次同宋代院长赴莫干山,确未晤汪。余昔曾为新闻记者,绝不对君说一谣言。至日侵占东北,余深信李顿所谈'欲以三千万华人置于二十万日人管辖之下,其事至为艰巨'之言为不谬。本人已定宥(廿六)返京。"

《益世报》,1932年9月24日,第二版

323. 二十年前驹井即立志制造伪国,溥仪终有称帝之一日,驹井无忌惮暴白野心,与调查团会见一幕追溯

【大阪每日新闻十八日载称】 今为满洲事变一周年纪念日,新兴"满洲

国"已因日本承认,成为"独立国家"。兹将过去调查团与日"满"干部会见内容,披露如下:

出席者:国联调查团委员五名、随员九名,日本方面驹井、吉田参与员,盐崎书记官等

时间:五月六日午后三时至五时

场所:伪国国务院

驹井长官发言:"今日在满洲集合各国人民,建设完全独立'新国家'。若中国仿此,亦可成为伟大国家,即以东洋和平招来世界和平。执政乃为少年英俊者,并有学者郑总理之辅助,建设'新国家',诚人间可贵之事□,世界任何国家均不得干涉。"次由国联调查团委员提出各项质问,均由驹井答覆,其内容如次:

李顿委员长问:"九月十八日时君即在东北否?"答:"十月十八日来抵东北。"问:"与郑孝胥会见时,系在彼就任总理以前乎?"答:"在彼就任总理前。于三月七日夜晚,在奉会见。"问:"'新国家'建设运动曾在何时起始?"答:"余记忆中系在正月间。但余由此希望,已经二十年于兹。关于如何建设'新国家',二十年来已有此案。"麦考益委员问:"美国政府关于'新国家'建设,曾对日本发出通告,考察此等事情,当悉'新国家'系□一月初即已成立。"答:"余关于日本政府事情,向非所知。"问:"日本新闻纸已于昨年底已发表关于'新政权'树立之情报。"答:"此或系日本人任意之思考,亦未可知,但余对此全然不知。"问:"欧洲及日本于一月初,已有关于建设'新国家'确实情报。但现在究竟如何?"答:"熙洽、臧式毅两氏已于昨年十月声明独立,哈尔滨张景惠氏较比熙洽独立尤早,黑龙江较迟。余察此种事态,确信必然建设'新国家',熙洽之意见甚坚,其他要人意见亦完全一致。芳泽□□后,即为一月以后之事情。"希尼委员问:"如何推戴执政?"答:"关于推戴执政事项,满汉人间意见不同。熙洽为三百万满洲人之代表,拟拥宣统即就帝位。但其他汉人(二千七百万)谓清朝已亡,推戴其后裔就位,实属不可,俟经十年后,如认彼确为伟大人物,然后推为皇帝。结果暂推彼就执政。"希尼问:"此事是否选举?"答:"并非选举,推戴而已。"李委员长问:"长官与'新政府'有无契约?"答:"无有契约,系由执政直接委任之官吏,然仅余一人"云。

(《益世报》,1932年9月24日,第二版)

324. 讨论报告书待十一月中，一再稽延为日本造机会，理事会已开会，报告书正准备公布，颜惠庆断论日本必屈于世界舆论

【南京二十四日下午九时本报专电】日内瓦电。此间信中日争执案虽列在议程之末，本届理事会议未必讨论。日显似无意在理事会内与调查团报告作舌战，准备在大会内应战。调查团报告将在选举后新理事会中讨论，再移交十一月之大会。日要求缓讨论报告，可应允。

【伦敦二十四日哈瓦斯社电】《每日邮报》日内瓦访员报告谓，英法政府对东北问题交接意见。又谓法国之远东政策将有变更，但可靠方面否认此项传说云。

【日内瓦二十三日电通社电】国联日代表长冈于昨日访问法代表彭古尔，质问关于满洲问题之法国所采政策时，彭即答以现尚未阅读李顿报告，但法愿在日本之合法的权利范围内予以赞助。又关于美法协调，法方确尚持慎重态度，犹未在巴黎、华盛顿间正式成立协定。

【东京二十四日电通社电】据国联日代表长冈由日内瓦致外务省官电，关于审议李顿报告书之国联理事会开会时期，已内定如左。在本早十时举行之国联理事会中，即可正式决定：（一）该项报告书于月底复印后，即分送加入国联各国，而于其经过七星期后之十一月十七日开国联理事会；（二）日方意见书须于该期间内提出；（三）日本承认"满洲国"问题，应与李顿报告书合并审议，而拒绝华方分离审议之要求。据是，则国联大会似须俟至十二月初旬方能召开。

允准延期请求

【日内瓦二十三日合众社电】此间国联秘书处职员今日宣称，调查团报告书预料于十月五日在此间公布，结果大约十一月中旬将举行一度国联大会特别会，讨论中日满洲纠纷。同时行政院会议之议程稍有变更，日本对报告书延期讨论之请求，本列入议程之末，现已改为第一案。日本系请求延期讨论六星期，以便日本提出答覆，并派遣一赴日内瓦之特别代表。行政院系星期六晨

（二十四日）开会，议程之变动，允许日本代表长冈提出意见，目前行政院各理事均普遍同意。虽中国代表颜惠庆氏极力攻击日本延期讨论报告书之请求，然因日本承认"满洲国"及予世界一既成事实之行动，故国联之策略之实行将延缓。预料二十四日之行政院会议，将表示国联是否能接收日本请求云。

【日内瓦二十四日哈瓦斯社电】 国联理事会将于今日会议讨论日本所提之要求，迟延讨论调查团报告书六星期，以便使日本得机详细审查之。但相信日本之要求非经相当困难，不易批准。昨□日代表长冈与法代表彭考氏作长时间之谈话，讨论此事云。

【东京二十四日路透电】 据日内瓦电，国联秘书长德诺蒙氏刻向日本提议，国联对李顿报告书之讨论延期至十一月十七日举行。由是观之，国联对日本请求延期一事已允许云。

理事秘密会议

【日内瓦二十三日新联电】 第六十八回国联理事会，二十三日午前十一时半于爱尔兰自由国总理特巴列拉氏司令之下开秘密会议。本日之议题，未上程中国代表部提出之满洲问题审议促进案，中国代表颜惠庆对此颇表示不满意。因中国代表部之提诉置于最终议题，遂要求说明理由。议长答称，李顿报告书刚接到，提出理事会之准备尚未完整，且审议中国代表部之提诉，将在报告书公布后，经六星期之检讨期间，然后与日本政府之意见书合并讨论云。其次，理事会为解决巴拉圭与波里比亚国境格兰吉哥地域问题，任命三名组成之特别委员会。再次，诺威代表汉布洛氏对于联盟各国延缴国联分担费之事实，加以指摘，并谓称此种事态若不改善，明年度国联之财政必遭重大危机云。最后，理事会对于中国教育实情调查委员会之报告与以审议采择。当其审议之际，颜惠庆对于调查委员会之劳苦，特致谢辞如下："该委员会克服异常之困难，而完成其调查事业之事，南京政府殊为满足。余对于报告书之劝告虽未尽能同意，但对于调查团之努力殊值至高之赞辞。东洋与西洋之教育思想若能打成一片，余确信当能举教育上最善之结果"云。又理事会豫定二十四日午前十一时续开。

颜惠庆之伟论

【日内瓦廿三日合众社电】 国联秘书处目前正准备公布李顿报告书之工

作。出席国联中国代表团首席代表颜惠庆博士,特声明其对满洲纠纷之态度。颜氏论及报告书云:"该项报告书既本诸国联盟约、非战公约及九国公约之伟大原则而草成,预料中国当可接受,决不迟疑。"颜氏更声明,中国不待李顿调查团之报告,曾要求实行国联处理东案之决议,但中国相信此次最后之宣告将足以稳固其立场。颜氏云,日本虽已承认"满洲国",彼对满洲纠纷之将来结果仍抱乐观。颜氏以为今日世界中最强之国家及日本,最后必屈伏于全世界舆论之力量,何况日本之强,亦名不副实。颜氏云,欧战之时,舆论对最后胜败之定局,曾占一重要之地位,日本欲藉称霸中国及太平洋之力量以统治亚洲,均难实现。总之,颜氏认为满洲纠纷对世界不无利益,彼相信此繁难之问题澈底解决足以终止对世界和平之威胁。颜氏谓,满洲问题之解决亦足以沮丧其他国家利用国联盟约及非战公约实行侵略之野心。颜氏不甚相信倘李顿报告书不利于日本,日本将退出国联。彼认为在日委托治理之太平洋诸岛屿,日本一旦抛弃,未免可惜。颜氏云:"无论如何,日本所利赖于国联者,较之国联所利赖于日本者为多。"关于满洲商务停滞事,颜氏发表意见云:"□大瓦协定或将来世界经济会议所获之任何谅解,均不能有稳定之货币情形。谋商业之复兴,须待为新势力所威胁之满洲疮孔得以诊治,方有希望。今日之满洲,因日军之侵略,无商业可言,民众亦枵腹待毙。东三省世界商业,已被日本军方所断送。即令日军明日撤退,但因比较家境富裕之民众,均避难关内,又无商业,亦不能骤兴。日本在满洲投资已蒙重大损失,如恢复秩序与繁荣,非数年不为功。"颜氏指示,鉴于日本在伦敦、纽约还付现金,故日金之地位对日本损失甚大。中国之证券较日本同样之利率证券为高,然在以前,日本之证券曾或有优□之比价。颜氏末谓凡此种种,均足以表示"草上之风"之风向云。

(《益世报》,1932 年 9 月 25 日,第一版)

325. 哈斯昨离沪返欧,谈报告书在三地同时公布

【上海二十五日下午十时三十分本报专电】 哈斯夫妇及秘书薛理宥[①](二十五日)晚五时乘加后轮赴日内瓦。财宋及端纳欢送至吴淞口,蒋、宋、罗

---

① 编者按:宥为二十六日,应为"有"之误。

均赠鲜花一篮。哈语人："报告书十月东(一日)在日内瓦、南京、东京三处同时公布,现各派一人留日华,主持其事。"

(《益世报》,1932年9月26日,第二版)

326. 报告书重要内容已流露外间,承认中国主权,主张直接交涉,日本顽强反对变更伪国形态,非中国承认伪国决不开始交涉,调查团明言日阀侵满非出自卫

【南京二十八日日本新联电】 携带面交李顿报告书副本与日本政府之重大使命之国联政治部副部长巴斯吉法夫氏,偕同三十日由横滨回国之书记长哈斯夫妇及秘书齐尔鲁民,本日午前九时抵东京驿。巴氏手提装有四百页巨大报告书之皮包,与出迎者参与员吉田大使握手,遂于严重戒备里乘汽车赴帝国旅馆。

【东京二十八日日本电通社电】 李顿报告书之中日问题解决策,大体作仅在名义上保持中国在满洲方面主权,而于予以广范围的自治权之条件下,由中日直接交涉之结论。关于此事,日政府方面当坚决反对变更"满洲国"之独立的国家形态之任何方案,而持苟不承认"满洲国",则中日之交涉殊属无益之强硬态度。此种态度,将于接到李顿报告后即为其表明而起草意见书,并期于十月二十日左右脱稿,以便由松冈代表携此道经加拿大,前赴日内瓦,向国联事务局提出。

【东京二十八日电通社电】 日政府当局对于国联内部及华方近倡之中日直接交涉论调,虽颇为注目,但政府所持方针则始终一贯,而碍难作对已成为独立国家之"满洲国"的存在加以变更等类直接交涉。故非在次述条件之下,殊不愿开始交涉:(一)"满洲国"之独立与其承认已俨然成为既往事实,故满洲问题现应置于中日交涉圈外。而日政府只允于中国政府示有承认"满洲国"为独立国家之意时,始作关于满洲问题之直接交涉。(二)中国政府若以"满洲国"之存在为前提,而尊重中国本部地方既存条约,并确认其权益,取缔排日行为,以图与日本作直接交涉,则日方自可欣然允诺。盖必如是,始获确立中、日、"满"三国之共存共荣故也。

【东京二十八日日本新联电】 据外务省所接之情报云,李顿报告书之重点系在于依据中日直接交涉处理之点,已属确实。该报告书不仅主张中日两国,即"满洲国"住民亦参加商议,殊值注目。但报告书一方支持直接交涉之原则,同时并有希望国联行政院及总会更行树立为原则之意。报告书所支持之原则,系以抽象的文字表示,以尊重领土主权为中心,而与国联规约第十条之精神相副合。其用意乃系为国联设立退步,同时并为国联留发挥相当程度威力之余地。

【南京二十八日下午八时二十分本报专电】 土耳其路什特当选政治委会主席,《华盛顿星报》批评国联暴露弱点,寿命将不久,将研究另组新机关,迎美加入。

【日内瓦二十七日新联电】 休会中之国联行政院会,本日午后突然开会,开始审议英国方面之提案。该提案如左:(一)关于维持和平,而与世界之新闻、通信事业协力之件;(二)关于世界经济会议之专门家之准备委员会,可于国联事务局发起之下,于日内瓦开会。又午后将讨议国联秘书长德留蒙之年次报告,中国代表颜惠庆亦将有发言。

重要内容一部

【日内瓦二十七日合众社电】 今日合众社记者探悉,李顿调查团报告书中最重要之一段,系抨击日军于一九三一年九月十八日进攻沈阳之行动。该报告书长约十万言,下星期在日内瓦、南京及东京三地同时公布。其中所包括之今日间合众社泄漏之最重要之一段,足以代表各团员间长时间讨论后之妥协意见。该段指摘日军去年九一八攻沈之不当,但又继续表示国联调查相信日本当局当时曾相信彼等之行动系出于自卫。该段内容措词如下:"本团已深信如认一九三一年九月十八日军所采之行动系自卫,殆不可能。然同时本团调查结果不能不确信发动攻沈之日本军官当时曾自信彼等系行使自卫权也。"因报告书公布期近,故一般对其内容更为注意。惟有预料该报告书如何能获中日两国政府接受时,则对其实际内容之注意,殊为暗淡云。

公布日期不改

【日内瓦二十七日路透电】 因日本为在报告书公布以前得以研究起见,请于接到该报告书后延三日再公布,故公布之手续又有变更。然国联主张将报告书于星期六早晨通知中日两国政府,任其研究内容,至晚间再准其交报纸发表。届时国联秘书处约正午始发出报告书,可任日本实际上有八小时之时间研究其内容并加翻译,或迟至星期日公布,但仍可疑云。

【日内瓦二十七日新联电】 国联调查团委员长李顿报告书之发表,根据日前国联行政院会系决定十月一日。嗣因日本方面对于该项报告书认为有充分检讨之必要,乃有要求延期公布之事。国联方面对于日本之要求延期认为正当,兹有于十月一日晨交付中日两国政府,迄至夕刻,对其内容与以检讨翻译之时间,然后于晚间新闻发表。国联事务局于一日正午发表,并希各地发表之时间相同等意见提出。再为便利上,延期至十月二日亦未可知,目下正磋商中。

....

郭泰祺氏演说

【日内瓦二十八日哈瓦斯社电】 国联大会昨日会议中国代表郭泰祺演说,谓中日问题对国联各问题皆有影响,故此问题可为各条约之试验。关于裁军问题,郭氏谓中国希望成立军缩协定较他国为切,但军缩与安全有连带关系,如法国之立场然,中国不欲为一军事国,但须能维持国防。郭氏后对各国协助救济水灾,表示志谢,并对已故法前外长白里安于一九三一年日本侵占东北时指导国联工作表示敬意,彼谓白氏受中国之永久敬仰云。

(《益世报》,1932年9月29日,第一版)

327. 调查团过新加坡,侨胞热烈欢迎顾代表,报纸著论忠告调查团,十一日抵新,十二日去哥伦坡

【新加坡通讯】 新加坡为中欧交通孔道,华人生于斯、家于斯、经商于斯者,数逾四十万。过此以西,则华人之足迹渐稀矣。

"甘姬"船离香港后,例行三日十小时即抵新加坡。但以时在深夜,遂减其速度,于十一日清晨始入港。下碇后,英属海峡殖民地总督金文泰氏因公外出,由代理总督施考特氏首先登舟访问,继之者为中国总领事陈乐氏、中华总

商会会长李俊承氏等,均由李顿爵士及顾维钧公使亲自延见。旋中西各报记者鱼贯上,摄影谈话,一时颇呈杂沓。

李顿爵士等自有其本国官吏或领事招待,顾维钧公使一行则由陈总领事引导至总督署,留刺后,即赴陈嘉庚工厂参观,由陈氏及其令婿李光前氏亲自说明。李氏亦当地橡皮巨商之一也。厂分新旧二处,自其建筑观之,即知此厂由小而大,逐渐扩充,并非一蹴而就。现已有工人四千,男女各半,资本总额积累数达国币一千六百万,出品大宗为车轮、皮鞋、玩具,均可与外货并驾齐驱,可谓盛矣。参观毕,赴华人游泳俱乐部小憩,此为一种体育会性质,自于海滨设浴场。会员要求顾公使演说东北调查真相,顾氏以英语简单说明,意多勉励,闻者击掌并请留影以为纪念。时已正午,顾氏赴总督署之宴,余则至天南旅馆进餐。

下午四时半,中华总商会在华厦开茶会,欢迎调查团。李顿爵士、马柯迪伯爵、麦考益将军及顾公使等均先后莅止,陪宾为施考特氏等诸外人,华侨名媛亦多与会。由当地立法院华议员黄瑞朝氏为主席,用私人谈话方式彼此交换意见,极见融洽。华厦为华商银行、华侨银行所合建,形式中西参和。茶会在中华俱乐部举行,颇为美观。近华商、华侨及和丰三银行为厚华人金融势力,连日开非常股东大会,议决合并实行后,资本将近国币二千万,诚一好消息也。

中华总商会于下午七时,仍在原处设宴,慰劳顾公使等一行。席用中菜,与宴者有四海通银行总理李伟南,华侨银行董事长蔡嘉种、总理陈树楠、汇兑经理王正序,和丰银行总理林戊己,华商银行总理周福隆,金泰茶公司总理林庆年,和丰公司总理陈延谦,建源轮船公司总理林烈文,成源木材公司总理吴胜鹏氏等数十人。未入席之前,曾在另一客室向顾公使询问国内情形及外交真相,均由李光前氏从中传述,达一小时之久,无非希望国内一致团结对外,其热诚令人感佩。直至十时许,始互道珍重与努力而散。

舍此正式招待以外,余则自由行动,或游览名胜,或参观学校,或购买什物,或访问亲友,不及细述。十二日正午,"甘姬"船又开向哥仑坡去矣。

调查团之过新加坡,各报多著评欢迎,兹录其一,以见华侨愿望之一斑:"国际联盟之组织,以维护世界和平为目的。欲世界和平,必国与国之间,平时根据正义互相尊重,有事信赖国联,舍弃武力,此联盟公约精神之所寄也。自九一八事变以后,日军凭藉自国之武力,侵略中国之领土,违背正义,破坏盟约,甘冒天下之大不韪,屡置国际劝告于不顾。国联大会为达其维护世界和平之目的,乃有调查团之产生。任务之重大,乃李顿爵士及调查团诸君所熟知之也。调查团诸君出发东北,躬身考察日本之蛮横无理,当早灼然在诸君之心目。报告书且已结束,是吾侪华侨,即有所言亦不能影响于报告书之结论。吾侪今日所当为公等告者:第一,东北三省在历史上、文化上、种族上,显然为中国领土之一部,而且为中国北方内地各省之屏蔽。东北三省之存亡与中国国家之生存,有直接之关系。东北三省亡,不特分割中国之领土,而实以戕贼中国之生命。第二,一国之国民对于其国争生存,必努力奋斗,任何牺牲在所不惜。此属于民族之感情,而亦历史所诏示。中华立国已数千年,国民爱国□为天性,无智愚贤不肖,均愿牺牲一切,为国家争生存。苟以东北三省之失而危及国家,则全国国民虽一息尚存,亦必奋斗到底。第三,中国地大物博,产业多未开发,为世界先进国家极好之市场。其人民四万万,约占世界全人之数五分之一,且散处四方,凡日光所及之地,无不有中国人之足迹。苟以其国家受武力之危害,而引起人民之反感,不特影响全球治安,且将以经济情状之不安,使世界第二次大战无法幸免。第四,国联自身之生命,胥视中日纠纷之是否有道以解决。调查团苟根据正义,提出具体之主张,且力促国联大会以适当之方法使其实现,则强权屈于公理,世界之和平可望保持,现代之文明亦不致破坏。苟其迁就事实,为日本之武力所恫吓,夺东北三省于中国人之手,不特不能强中国人之服从,反以促国联自身之生命。此吾全体华侨默察世界之大势,根据良心之主张,所掬诚为调查团诸君告者也(二十一年九月十二日,戈公振于新加坡舟次)。"

(《益世报》,1932年9月29日,第三版)

328. 史汀生演说重申美国坚强态度,保全中国领土行政完整,报告书今晚三地同公布,外部今日派飞机分向平津沪运送,日阀狂吠调查团,认其结论为越权

【菲拉□费亚一日路透电】 美国务卿史汀生本晚在此演说,重申美国对于远东之政策,仍在保全中国领土及行政之完整。史称:"最近数年间,我国以远东之商业进步较世界任何一部为速,此后太平洋两岸关系极为重要,此种关

系对于世界将来之福利影响至巨，故此时急应为此关系奠立永久和平公正之基础。美国政府于此三十年间，对华力主门户开放政策。此种政策系以两项原则为根据：（一）各国对华机会均等；（二）为求机会均等，必须保全中国之土地及行政完整。九国条约者，乃此项政策之结晶也。"史汀生又称，满洲危机非特对于美国商业利益加一打击，且足制欧战后各项重要国际条约之死命。史氏继言胡佛总统之政策，乃依严格之公允态度定之，各中立政府及世界舆论现均援助美国一月七日通牒内所宣告之不承认满洲政策，可见胡佛政策之成功也。史氏末述胡佛政府之成就，以及对于促进欧洲安定之贡献，如美政府之提倡停付欧洲战债、协助军缩进行及促进凯洛格非战公约等。史氏称凯洛格非战公约乃联合美国、欧洲和平努力唯一之工具云。

【日内瓦三十日新联电】 国联总会十九国委员会定十月一日午前十时开会，审议九月十八日颜惠庆提出之要求确定延期报告书提出期间之书翰。

【南京一日下午三时十分本报专电】 兹据最后确息，调查团报告书于三十日下午七时送达外交部时系报告书之全义，并未附摘要。外部接得报告书后，立即将重要职员二十余人分成中英两组，计英文组九人，从事摘要，中文组十六人，担任翻译。外长罗文干、政次徐谟、常次刘崇杰等，均亲自指挥监督。经彻夜不停之努力，摘要工作遂告完成。但东（一日）晨十时，英使馆又派员送到李顿调查报告书之摘要，外部即根据此项摘要从事翻译，但以结论部分关系最为重要，故全文翻译。至下午二时，已大部翻译完竣，经校阅修正，于下午四时由缮写员二十余人开始用钢笔版誊清，并以油印机八架赶印，预计明晨十时可以造订完竣。外部将专派飞机两架于正午十二时起飞，分送上海办事处及北平档案保管处，并由北平保管处转送天津市长周龙光，至下午八时半同时公布，交各报馆发表。至汉口方面，或将由中国航空公司飞机带往云。

【南京九月三十日路透电】 李顿调查团某成员乘火车由沪到京，于今晚七时将报告书交报社公布之节略正式送达外交部。外交部人员澈夜工作，誊写及译成汉文。外交部将派专员携英汉文原文，于星期日早赴沪，预备在星期晚八时交于华洋各报发表云。

【东京一日路透电】 李顿报告书将于星期日午后九时公布，全国以极敏锐之注意，静候其发表。该报告书系于昨晚七时由英使馆某外交官送达外务省，外务省当即派员司三十六人及打字员五十人开始翻译，打造副本。预料今日可翻译完毕，外相内田将进谒天皇，呈阅报告书云。

外务省紧张,报告书译竣

【东京一日日本电通社电】 耸动全世界观听之李顿报告书正本一册及副本三册,并附属书与附属地图,已于昨日下午七时由驻日英国大使馆一等参赞谷林氏携赴外务省,正式亲递给有田次官。该省于接到此项报告书后即运赴守岛亚细亚第一课长室,闭户着手整理,而由曲町警署派警三名,在廊下严加警戒。至七时五十分整理完毕后,复运至翻译室,由精通外国语之少壮事务官三十六名,分居四室,澈宵从事翻译。而文书课亦派欧文打字生十五名,在楼上开始复写原文。该省预定于译竣后,即将所译成之日文千三百页于本早七时用日文字机复写,并装订成本,以便于明晚九时公表。

【东京一日日本新联电】 三十日午后七时于外务省翻译室将严密封固之李顿报告书打开,由三十六名之翻译委员彻宵的努力于翻译,迄至午前五时始译竣。午前七时校对委员总动员,以严密的眼光校阅,然后交付五十名之打字员打出,并经七八名之修正委员修正。截至夕刻,始告完成,当即付印刷。原文二百部及译文二百部,今夜中可以印刷完竣。诚为外务省空前之珍事。

强哉日军阀,抨击调查团

【东京一日日本电通社电】 日军部方面刻对李顿报告书内容异常注意,并拟于本日考察其内容,如发现其有超过调查团使命情形时,即力加抨击。至其对该项报告书之见解,则大体如左:一、调查团之目的,应在仅事调查满洲事变之原因,故记述其结果之举,非属其本来之任务;二、满洲事变之原因,与其谓在满洲方面之事变,毋宁应将其重点置于中国本部之政治状态与国府之非统一的排日运动;三、李顿报告不过作为使国联充分认识中国情形之一种参考,故自调查团之本来的使命言,其所作结论,实可谓越权行为,而不足予日本对满国策以任何影响。

【东京一日日本新联电】 李顿报告书发表之前,日本陆军当局发表如左之态度:"军部对于李顿报告之正式的意见,将于检讨报告时之后发表。然对于李顿之报告,陆军之态度,以调查团之本来使命系在于调查事态之真相,即置重点于调查中国及满洲之实情,尤其关于军事行动之事实,故冷静的与以检讨,倘有误谬,将与以严正的指摘。至调查团之解决满洲问题之意见,由其使命上,殊无视为重要之必要。满洲事态之变化与我既定之主张,无论如何,取贯澈之方针"云。

(《益世报》,1932年10月2日,第一版)

329. 社论:报告书公布以前

举世注目的调查团报告书,本日在日内瓦、南京、东京分别公布。这是揭开全世界人等候了半年以上的一个秘密。这个葫芦里到底卖些什么药,几个钟点以后,一切都可见个分晓,用不着我们这时候作种种的推测。不过我们中国国民,在这秘密未揭开将揭开以前,应该取个什么样的态度自处,这是值得我们思索考虑的。

在两个月以前的社论里,我们就说过,调查团报告书无所谓袒中或袒日,只看调查员在报告书里说公道话到了什么程度。满洲问题的是非,绝对用不着调查而后才可以明白。尽管东北三省以往的政治如何黑暗,尽管日本在该方的权利受了如何的损失,发生如何的危险,日本突然以数万军力强占邻国的领土,在邻国的领土以内,实行日本所谓的自卫政策,在国联盟约与非战公约成立以后,犹用武力解决纠纷,签字九国公约以后,犹明目张胆,勾诱叛逆,分割中国的领土,这些是不可磨灭的事实,这些是用不着调查的事实。有了这些事实存在,任何人来做调查员,在满洲问题上绝无袒日的可能。即令调查员因种种顾虑,不愿站在绝对公正的立场说话,然而报告书内容上的公道是在中国,这点我们在此刻是有充分的把握的。

在这时候,在报告书行将公布的时候,我们要唤醒国民注意之点,不在报告书的内容,而在报告书的效力。报告书的重要部分,当然在结论。在结论方面,调查团是否已经提出解决满洲问题的具体方案,此刻依然是疑问。姑假定调查团已提出方案,此后依然有这几个考虑:(一)国联是否依据报告书中方案以为解决满洲问题方针;(二)报告书中的方案,日本是否遵从;(三)报告书中的方案,中国人应否接受。我们此刻对调查团提出的方案,固一无所知。然依据我们此刻的推测,在报告书的建议上因有上列几个考虑,报告书将来的效力恐怕是道德的,不是事实的与法律的。

国联本身与调查团团员都曾屡次声明不承认日本违背盟约所造成的事实。若然,则中国方面在满洲的主权,即为将来问题困难的症结。日本与国联的破裂或者就在这一点上。日本固具退出国联的决心,则国联维持中国在满主权的方案,日本必不肯接受。如此,调查团报告书在事实上与法律上恐无效力可言。反之,倘调查团的建议案过于将就事实,果使中国在名义上与事实上都须放弃满洲,这种建议案中国国民未必肯接受,中国政府亦未必敢接受。若然,报告书恐又无效力可言。在我们推测,报告书能发生效力部分,恐不在方案的建议,而在事实的说明。报告书的效用,或能在已经十分明了的事实上,加以当地调查的证实,使世界舆论更有确切可靠的根据。所谓报告书有道德的效用,即在此点。单纯的道德力量,绝不足解决今日的满洲问题,这是我们从过去一年中得来的教训。报告书宣布以后,明日的满洲问题恐依然与今日的满洲问题无异。若然,则中国人究竟何以收复失地,何以解除国难,几点钟以后行将公布的报告书恐不能给我们的帮助。

我们且进一步推想,假定报告书可以发生事实上与法律上的效力,这种效力在满洲问题上能否造成和平永安之局又为问题。姑假定调查团的建设案是保全中国在满洲的主权,姑假定国联采纳这种建议,国联且与美国合作,对日本加以压迫,日本怯于国际压迫接受这种解决方案,这种方案在我们看来,充其量不过是暂时妥协性质的局面。这种暂时妥协性质的解决法,表面上可以将中日问题告一段落,实际上今后中日的利害冲突必更剧烈。白纸黑字的约章可以拘束范围日本侵略的野心,九一八事件就根本不至发生,今日亦不至有所谓满洲问题。国家的独立与主权,本身的力量不能保全,已失政治上独立与主权的真义。这种托庇别人势力下的独立与主权,亦绝对不能长久保持。

总之,果然明白了这一切事实,则在报告书行将公布的时候,中国人此刻一切实应打定主意。报告书的内容为一问题,报告书的效力另为一问题。报告书果然主张公道,扶持正义,报告书不能发生事实上与法律上的效力,则解决满洲问题的责任依然在中国人自身。万幸报告书能发生相当效力,从报告书所得到的结果,依然是暂时妥协的局面。这种暂时妥协的局面是更激烈更广阔的冲突的隐伏。中日关系既已闹到这个地步,这是生死存亡的冲突,这是天演律上优胜劣败、适者生存的竞争,这绝非调停妥协可以解决的。我们以为几点钟后报告书的真相无论如何,满洲问题的解决,中国生命的保全,此刻一切只有这一句老话:求其在我! 这是中国人此刻应持的态度,应有的决心。

(《益世报》,1932年10月2日,第二版)

330. 社论：调查团报告书简评

调查团报告书已于昨日择要发表。在未读到全文以前，对报告书我们不能作详细的讨论。此刻我们所能发表的，只是对报告书的仓卒中的一个简评。

起首，我们很感谢李顿及调查团一班人员，感谢他们半年以上的勤劳，收集关于中日争端的材料，编撰这本十万字以上的报告书。报告书的内容，我们虽不能全体同意，然而对他们公正不偏的态度、爱护和平的苦心，我们读了报告书节略以后，绝无丝毫怀疑。姑无论报告书在中日争端上将来发生的效力如何，调查团本身对他的职务确已尽责，对他的工作确算成功。

报告书共有十章，前八章追述满洲历史，包括一九三一年的中日关系、九一八事变发生的经过、"满洲国"成立的真象等等。这些关于事实的报告，比较起来，似乎没有结论的重要。然而世界读报告书的人士，绝对不应忽略这部分报告所指出来的几个重要的事实。

第一，经过以前一切的战争及独立时期，满洲始终是整个中国的一部分。（第二章）

第二，在以往的二十五年中，日本在满洲虽已取得许多特殊权利，然而中国与满洲的关联是日益坚固。（第三章）

第三，日本夺取满洲早有处心积虑的计划，中国方面绝无中日冲突的准备。九一八事变，"日本当夜的一切军事准备，绝不能认为合法的自卫步骤"。（第四章）

第四，满洲伪国的组织，因有日本在满洲的军队，始有实现可能。同时满洲伪国运动，是靠一群日本文武官吏计划、组织并执行。因为这个缘故，现在的伪国运动，不能认成纯正的与自然的独立运动。（第六章）

其实世界人士，今后仅可不必细读全部报告书，明了这四点，即已明了中日问题的是非曲直。这种事实的公布，不啻证明日本以往关于满洲一切官式非官式的宣传，斋藤、武藤、内田、荒木的一切宣言谈话等等，都是虚构捏造，都是造谣欺世。隐瞒的事实绝无不被发现之理。妄想一手遮天的日本人，此后又将何以自解？

报告书第八章所提关于解决满洲问题的十项原则，大体公正平允，此则与我国政府历次声明解决中日问题之原则大体符合。对这十个原则，我们固无批评，我们亦相信中国国民可以接受。原则中的第三与第七两条，尤为我中国国民所特别注意的条文。报告书原则第三与第七条原文如下：

（三）一切解决方式，应与国联盟约、非战公约及九国公约相符合。

（七）"满洲政府"应在尊重中国的主权与行政完整的条件下，加以修正，使其享有更大的自治权，以求适合于该三省之地方情形与特性。新民政机关之组织与行政，须具备良好政府之要件。

在这种原则上，谋中日问题的解决，我们认定是合法并且合理的途径。只要能保持这种原则，我们相信中国人民为敦睦中日邦交、维持世界和平起见，其他条件可以作相当的忍耐与退让。

我们今日惋惜之点，即在报告书所提出解决中日问题的具体方案中，确有放弃与违背上列两项原则之处。报告书所提出的解决争端的具体方案，共分四点：

（一）中国政府宣言，依照顾问会议所提出办法，组织一种特殊制度，治理东北三省。

（二）订立关于日本利益之中日条约。

（三）订立中日和解、公断、不侵犯与互助条约。

（四）订立中日商约。

在这四点中，第二、第三、第四 三点，中国不但可以接受，且极愿接受。中国不但愿与日本成立此项条约，中国且愿意与任何国家成立此项条约。唯此一切条约的内容，仍不得违背上举第三、第七两项原则。

中国国民绝对不能同意者，即在解决方案中的第一点，此即"组织一种特殊制度，治理东北三省"一点。我们并不反对东北三省应为自治区域，然中国中央与地方治权的分配，中国地方政府组织的形式，此则纯粹关系内政，此在主权与行政完整的国家绝不容他人置喙。今调查团建议由中日合组顾问会以讨论东北三省的政治制度，此种顾问会议的组织，除中日代表外，且得由日本政府规定方法，选举代表参加会议。这种办法实已将中国领土的东北三省变成中日合治的区域。此与中国主权及领土完整的原则绝相矛盾，绝对冲突。

我们反对这种方法，实不止从法律一点立言，这种合治的办法，实为中日国交上留无穷的隐患。根据报告书的建议，今后东北政府的职权与组织，须经过顾问会议的规定。此后关于此类事件的修改，仍须经过上列所举手续。今后的"新政府"人员、关于日本顾问的人数等等，又须规定确定的比例。关于东北三省宪兵的训练，又须聘请确定人数的外人。此种方式在非洲一切殖民地中曾一再试验，且曾一再失败。调查团中不乏熟习殖民历史之人，对此过去失败的往事，当然尚能记忆。在中日问题上留此隐祸，实为我辈不敢赞同之点。

我们以为对于报告书，中国方面大体可以接受。中国始终为尊重国联意见之一方，调查团报告书亦可认为国联意见之代表，中国今日自无拒绝接受之理。国联对报告书将来取何态度，此刻尚不可预知。惟中国今日对报告书，在大体接受的条件下，应声明两点：

（一）中国对"满洲政府"的组织与职权，应完全由中国政府自动的规定，他人绝不得过问。

（二）关于日本权利条约、中日不侵犯条约及中日商约，倘日本愿直接交涉，中日自可直接交涉。然此种交涉，应由通常的外交方式，绝不必采所谓顾问会议的方式进行。若须举行国际会议，则另行召集国际会议，俾美俄等国都可加入会议，此种方式比顾问会议较为适当。

(《益世报》，1932年10月3日，第二版)

331. 调查团报告书发表后中日当局均暂守沉默，日本将予以全部的否认与反驳，十九国委会开会讨论中国要求

中国方面

【南京二日下午九时本报专电】 政府对调查团报告书内容，日内将由外部当局发表意见。外交界对日军部于东（一日）即发表报告书意见，认为变相之提前泄露内容，其措词益可证其非法暴行之心虚，同时证明对国联之藐视。

【南京二日下午十一时本报专电】 调查团报告书虽已公布，但政府现正开始研究内容，故暂时将不发表意见。记者冬（二日）晚晤政府某要员，叩以审阅报告书节要后作何感想。据云："报告书中对我国政治不乏批评之处，我人应猛力自省，同时报告书中对我亦有奖饰之处，我人则不可因之而喜。对报告书中所建议之解决途径，应就大处着目，为国家民族之利益力争。而对东省问

题之根本解决,应将眼光放远,以谋自振。总之,我人既不必因报告书之公布而失望灰心,亦不必因之而益增倚赖国联之心。自救自决,乃为东省问题圆满解决之唯一途径"云。

【南京二日路透社电】 中国政府领袖虽经华报记者坚请对李顿报告书发表意见,但均极审慎,仍含默不发一言。外长罗文干为一极注意之人物,今晨大批记者接踵而至,请求发表批评。据悉,外部已特派飞机赴牯岭及莫干山,送翻译之中文节略与蒋、汪批阅。故南京方面极盼获得蒋、汪二氏之意见,一俟接到二氏回电,即召集中政会及行政院会议,对报告书作最后之讨论。在中政会未决定之前,中国政府当局均不发表意见云。

【南京二日路透社电】 外部因李顿报告书正式节略一日晚送到,因迟至今晨十时始翻译抄写竣事。外部派飞机同时携约计一万言之报告书赴上海、北平及汉口。中国政府当局此次有此种空前行动者,系因全国对报告书极予以敏锐之注意云。

日本方面

【东京二日日本新联电】 政府对李顿调查【报】告书,本拟以斋藤首相及内田外相之名义表明政府之态度。嗣因经外相与首相协议结果,以李顿报告书系经调查团许久之慎重调查而确定者,若轻率的发表,态度殊欠妥当,因此决定俟慎重检讨之后,于适当时期即行表明态度。

【东京二日日本新联电】 国联李顿报告书之日本政府对国联之意见书编制,因鉴于问题之诸点重要,故不仅依据三省委员会之讨论而作成,将采取斟酌各政党财界各方面之意见,并请共协力之方针。然阅览报告书内容之关系方面,大体抱有左之意见,故意见书似将按照左之线索作成:一、李顿报告书内容大体于日本有六分利,而中国四分利。然一部分过于感情作用,一部分亦有故意夸大事实之点。对于此点,无论如何,决予以澈底的批评。例如满洲之历史的情况事实,英、美、法等国对其殖民地常认为当然之事而实行之政治行动,乃对日本于满洲所取之态度,则予以不当偏颇之观察之点甚多。外务省可举出具体的实例与列国之殖民政策比较,而予以断然之反驳。二、报告书结论日本不能与以全般的否认,尤其报告书之否认将来于满洲之驻兵权,此事殊暴露调查团如何的不认识日本于满洲之历史的特殊性及满洲治安之现状。陆军当局对于此点,将加以反驳。

国联方面

【日内瓦—日合众社电】 因渴望日久之国联调查团报告书公布之时间迫近，日内瓦有书记、外交家及新闻记者三千人，今晚均睡不安枕。该报告书正式公布后，对其关于中日纠纷结论之种种预揣，一旦全部揭晓，各外交家及职员诚恐报告书内容最后泄露，其他人员包括若干通讯记者，正希望泄露一点消息。该报告书已分别送交中日两国政府，今晚八时在中国公布，至少向报纸发表一节略。国联秘书处人员均集中精力从事翻译及印刷，保持绝对秘密，公布后不啻各释重负，许多国联职员在上星期中均随时在严密监视中。据此间观察者意见，全世界对报告书之反响之速度，大约随其结论与所预测者符合至若何程度为转移。如根本"推翻"，则许多之预测须修正云。

【日内瓦—日路透电】 国联十九国委员会今晨公开会议，讨论颜惠庆博士根据盟约第十五条要求限制延期提出报告书六个月之案。捷克代表彭里氏严厉批评日本承认"满洲国"，彼表示实际业已考虑采取有力办法。颜代表除请求限制延长提出报告书之时间外，并要求十九国委员会采取行动，免日本利用延长之时间，使事态恶化。主席海门斯氏决定此两点分别讨论。彼谓关于延期提出报告书问题，国联曾有数次决议，促其必须迅速进行。行政院以最大可能之力量处理此案，因行政院刻决定待至十一月四日起首之星期，方开始考虑李顿报告书。彼觉该委员会正当程序须等候行政院将该报告书提出报告后，届时彼必召集委员会以考虑行政院之报告及提案，并将起草一报告于国联特别大会。关于采取行动阻止形势恶化一节，海门斯宣称，中日两国政府均严肃承允不出有害现局之行动，虽日本政府承认"满洲国"。而海门斯即进而宣读爱尔兰总统狄凡勒拉对于此事所表示之遗憾，因狄氏以为此举必危及国联之努力也。彼继称该委员会对于此项遗憾之表示，均一致表同情。彭里斯氏宣称，该委员会曾考虑采取更强有力手段之问题，彼等曾加以拒绝，赞成采用一较合理之途径，但事势之变迁，证明彼等之信托已□错误。旋十九国委员会同意将开会会议录通知两国政府后，即行散会云。

(《益世报》，1932年10月3日，第三版)

332. 社论：再评调查团报告书节略

对调查团报告书节略，本报在昨日社论栏中曾发表简评一篇，加以讨论。不过昨日简评成于仓卒，未能尽达全意。今愿引申前文，与关心报告书内容的国内外人士再事商榷。

满洲问题上过去与现在的一切事实，自报告书公布后已大白于世界。中日双方谁是谁非，世界人士根据已经公布的事实，自有判断。中日双方果能尊重调查人意见及保持自重态度，对争端的事实只有缄默自守的途径。因此，我们对报告书的前八章，绝对不欲多言。

我们虽然是当事国家的一方，我们目前的意志与调查团的意志相同，今日事重在问题上合理的解决，不在争端上是非的辩论。在解决上，我们所希望的是澈底的、一劳永逸的，不是敷衍妥协、养毒贻患的结果。就在这点上，我们对报告书第十章提出的方式，关于顾问会议，关于今后东北三省的政治制度，□□不能满意。

调查团所提出的顾问会议与法律上"主权完整"四字的意义绝对矛盾，这点我们在昨日社论中已经指出。国家主权完整，本包括对内对外两层意义。对内，国家政府有支配内政的全权；对外，有支配外交的全权。对内，本国国民绝对服从政府；对外，本国政府绝对不服从别的国家。这才是主权完整。根据调查团的提议，今后在满洲方面，中国政府绝无支配满洲内政、外交的全权。今后关于满洲的内政、外交，顾问会议是中国政府的太上政府，国联又是顾问会议的太上政府。根据调查团报告书的办法，今后的满洲，在法律上可认他是中日合治，或可认他为国际共管，绝对不能认成纯粹的中国领土。一个国家，在本国领土以内不能自由任命官吏，不能自由征收赋税，不能自由驻屯军队，国家对这区域的主权在那里？当然，世界上这种事亦有先例。一九零六年英、法、德、意、美十几个国家在爱尔基希拉斯会议（Algeciras Conference），把莫洛哥（Morocco）的内政、外交、军事、财政权都瓜分了。他们还共同签字一个条约，保障莫洛哥的自主与独立。一八七零年的时候，英法共同管理埃及，条约上还说共同尊重埃及的主权。当年埃及与莫洛哥的主权与独立是欺人的口语，中国人民无论如何不能把今日的满洲看成当年的埃及与莫洛哥。所以中国对这次调查团提出来的顾问会议及东北政制的办法,绝对不能接受。

在我们看来,这次调查团提出来的解决满洲问题的办法,几乎是整个抄袭当年埃及与莫洛哥的旧文章。我们知道当年埃及与莫洛哥的往事,就知道报告书中对满洲办法,是个养毒贻患的方案。现在我们可以把埃及与莫洛哥的往事说说。埃及在十九世纪初年是土耳其的领土。拿破仑说"打倒英国,必先占领埃及",此后法国就垂涎埃及,因为苏彝士运河的开掘,又引起英国的注目,因此埃及成了英法兢[竞]争的地点。后来埃及因为财政困难,在一八七零年时候,成立实际上英法共管的政府。名义上英法固然维持埃及的主权,实际埃及已非土耳其的领土了。英法之间,此后又引起许多无意识的误会。一八八三年毕竟英国武力占据埃及。这是几个国家充力合作统治别的国家的领土的结果。

莫洛哥的往事与今日调查团所提出的解决满洲问题的办法更为类似。在十九世纪末叶,莫洛哥是英、法、德、西各国竞争的地点。法国想独占,德国唱门户开放主义,相持不下,因有一九零六年爱尔基希拉斯的会议。会议的结果,莫洛哥的财政由荷兰、英、法、西班牙四国代管,宪警由法国、西班牙人训练,由瑞士人统带政府各机关,又规定聘用各国顾问。结果,莫洛哥并没有整理好,只增加了法、德、英等国的猜疑与妒嫉。列强间成立了许多密约,莫洛哥终于被法国并吞。这几段故事,不过表明合治与共管不是解决国际纷争的办法。这种办法只增加国际间的妒嫉,引起国际间的猜疑,使问题愈复杂化。

满洲是中国的一部分,这点调查团已从历史上的事实证明。同时调查团又认定解决满洲问题,应该依据下列这个原则:"解决现在时局的合理办法,必以不背国联盟约、非战公约及九国公约与中国主权,同时巩固远东永久和平为条件。"同时调查团又认定要建设满洲维持秩序的巩固政府,"惟有合于当地民意,而完全顺乎彼等之情感及志愿之管理机关,始能切实担保"。

调查团所提议的顾问会议及满洲特殊政治[制],对上面所说的话都有违背。这种政制,不能保全中国主权,不是东北三省人民情感与意志所希望的管理机关,更不能巩固远东永久的和平。这种建议,我们认为是全部报告书中最大的缺点。在这点上,我们认定中国政府不应轻易接受,中国国民不应让政府轻易接受。我们亦是希望满洲问题及早解决的人,然而使满洲成为中日合治或成为国际共管,这不是合理的解决。这点中国政府与中国人民非坚持反对不可。

(《益世报》,1932年10月4日,第二版)

333. 极度愤懑失望弥漫东瀛三岛，日政府决定反驳调查团，军部紧张倡议二次调查，最后势将脱退国联单独的迈进

【东京三日路透电】 一般相信,倘李顿报告书中关于解决满洲问题之建议在半年前提出,日本一定可以接受,但现时满洲独立已成,欲日本接受,殆不可能。当局认为国联在目前环境之下,最聪明之途径为等候二三年,予"满洲国"一表□能力及稳定之机会,再说自治或独立孰优也。

【东京三日路透电】 报纸之注意,除李顿报告书外几不知其他。表示不满,系各报一致之意见。此种趋向,虽以一种夸大之方式反映当局及政客意见,但各报普遍之论调尚称稳健云。

【东京二日路透电】 各报对李顿报告书之批评均持审慎,不甚关心。《自由报》云,报告书似乎不能解决中日问题,同时似未能提高国联受打击之威望。《辩论报》对调查团能本良心主张表示赞扬,并相信该团之错误,在承认"满洲国"为不可避免之情势时,又希望改变原状。该报认为倘独立产生问题,则"满洲国"决不能参加顾问会议云。

【东京三日日本新联电】 民政党发表申明书,(前略)李顿委员会有由满洲撤退中日军队,而以具有国际的政策之特别宪兵队维持之提议,然满洲千零十五万方英里之宏大危险地带之秩序委诸宪兵队维持之事实,乃纸上空论。又谓,由中央政府掌握满洲诸权云:"在此无力之中央政府之下而行自治政治之事,乃系一大错觉。满洲之秩序维持乃今日之急务,其由列国招聘顾问之主张,乃系增加国际纷扰之机会,而使东洋平和[和平]陷于危险者也。吾人希望不为报告书所误,真正为东洋和平而树立百年之大计。"同时并声明,日本断不能盲从委员会之无理解结论云。

【东京二日路透电】 军事当局对报告书保持缄默,系出人意外。军部某舌人对调查团工作表示相当之认识,旋语记者云:"军部研究报告书节要之后,认为对业已向世界宣布之意见,无更变之必要。但深信国联及列强将渐次认识日本立场之公正及公平"云。

政府编意见书，决予整个反驳

【东京三日日本新联电】 为补救报告书所载国联调查团之认识不足，日本政府将向国联提出意见书。现已由外务省及军部组织委员会着手于编制外务当局对于报告书之结论的部分，即第九章及第十章，完全取无视之方针，将立脚于事实，反驳调查团，以期矫正其认识。又统观李顿报告书，调查团对于中国方面提出之材料的观点完全接受之事，殊堪注目。调查团结局对于中国之本态之认识尚无把握之点，发见许多有兴味之事例可以证明。关于此项诸点，将加以严重批评。

【东京三日日本电通社电】 昨日发表之李顿报告书，日政府当局为作详密的反驳起见，已立即设置外、陆两省联合委员会，着手起草此项意见书。其所持方针如左：（一）调查团之权限，适如去岁十二月十日国联理事会之决议所示，对于国联大会殊无法律的拘束力，而仅事提供参考资料。故希望国联方面勿为该项报告书所囿，而顺应新事态，作最终的解决。（二）第一、第二、第三及第七、第八各章，因是叙述事实，在大体上自无异议。然对【第】四、第五及第六各章所述者，则碍难容忍。（三）第九、第十两章之结论乃属承认"满洲国"为独立国家之日政府所碍难加以考虑者。盖不承认"满洲国"之自主的主张，而另设国际共管的非武装区域，实为日政府所断难容忍者也。（四）日政府虽无自行诱起退出国联等类恶事态之意，但国联方面若时有此种认识不足情形，则日方将表明其有与国联断绝关系而向极东问题之自主独立解决政策方面迈进之意。

军阀排击国联，主张二度调查

【东京三日日本新联电】 陆军当局为决定对李顿报告书之态度，午前九时半于陆军省最高首脑部参集。协议结果，以报告书意外的与所期待者相反，其对日本军事行动之认识不足与偏向中国之极度不公正的态度，决不能予以容忍。但国联总会之讨论报告书仅及报告而已，殊不能断定国联之最后的态度，故此军部无论如何决按照既定方针，对于基于误解日本行动由于自卫权发动及日本驻满军备之必要等，而作成之报告书，以正当之辩明，并尽最后之最善努力。万一总会若出于无视我帝国之正义的立场之行动，则即退出国联，并于国家重大决议之下，除诉诸排击国联之手段以救帝国外，别无他道等之意见,已归一致。军部呈现紧张状况。

【东京三日日本新联电】 关于日本对报告书之意见书,以外务、陆军为中心,正在委员人选中。军部对于此次之报告书,指摘完全充满误谬之诸点,并谓仅两星期间即能对"满洲国"下断定之事,殊不近现实,故有倡议要求再行调查之说。

【东京三日日本新联电】 日本之意见书定六星期内提出国联,现以外务、参谋本部第二部及军务局为中心,正准备中。据军部方面多数之意见,以该报告书完全不足成为问题,可按照既定之方针迈进。然一部则以调查团仅二星期之满洲调查即下断定,是以不近现实,当然可以要求再度调查,且亦有再度调查之先例。此项意见颇为有利,已为世界注视之焦点。

外务省之批评,诬指偏袒中国

【东京二日路透电】 日本外务省对李顿调查团报告书之初步反响,总结不外"对第二、第三、第七及第八,四章很少争论,但极力批评第六章,因该章立论似太偏袒中国,故减少全部报告之价值"。广泛言之,报告书主要之批评,系所述者只限于满洲,"论及中国及远东一般□势之处太少,虽第九、第十两章包括全部结论",倘该调查团对依据国联决议所指定该团本身职责范围有正当之认识,可以不将第九、第十两章包括在报告书之内。其他各处主要批评之各点:(一)第八章中坚认日本在满洲占有特殊地位与九国公约不合;(二)第四章又认去年九一八日晚南满铁路一段之被炸,不足以为军事行动及自卫之口实。据舌人之谈话,政府之意见,惟在该肇事地□亲历其境者,乃能断定是否必须采取何种行动,调查团无意指摘日军为侵略者虽令人满意,然接受报告书殆不可能。关于第六章,该舌人发表意见云,调查团似以严重态度,采用中国方面之证据,同时日"满"所提出之证据似均不用。该舌人继云,调查团仅在满洲留驻两星期,时间似乎短促,特别当调查团赴满洲时,正"新国家"将成立,一切事件皆甚混乱。况调查团久居北平,有意无意间无疑的受张学良意见之影响。该舌人又批评第九、第十两章云,该两章包含全部结论,但郑重声明日本绝不允许第三者参加解决满洲纠纷,三省由国际共管,诚可实用以利中国与列强间之关系,但种种之反映,不足为中日谈判之根据。该舌人虽对国联调查团之艰苦工作表示同情,然总结其对报告书之意见云:"该报告书无不利中国之处,但不利于日本者甚多。"又谓:"日政府决强烈否认'满洲国'之独立运动系受日本参谋部之援助与煽动。"该舌人最末声言，日本将发表宣言，专驳第一与第八章中之错误事实及意见云。

（《益世报》，1932年10月4日，第二版）

334. 中政会将讨论报告书，本周内对外表示态度，外罗发表宣言并征询蒋、汪意见，宋子文返京会同外交当局研究

【南京三日下午八时十分本报专电】 中央为讨论应付报告书态度，曾分电蒋、汪两常委，征询意见，并为此事促汪即日返京。闻外交委员会将定星期四召集，在本周内中央对报告书将有意见对外发布，表示政府对报告书之态度。

【南京三日下午六时五十五分本报专电】 罗电蒋、汪、宋，征求对报告书之意见，尤注重调查团建议各事项，俾便于国联开会时，向颜、顾等训示进行方针。本周中政会对报告书中所建议各项，将详加研究。

【南京三日下午八时三十分本报专电】 调查团报告书全文约歇（五日）可译竣，在京重要中委由罗文干邀请，江（三日）在某处研究调查团报告书内容，自晚七时起至十一时。据陈公博谈，中政会将召开外交组会议，讨论调查团报告书。中央与未在京中委与外交有关系者，如孙科、伍朝枢、王正廷、孔祥熙等，均将征求意见。

罗外长宣言：中国政府在考虑中

【南京三日下午八时十分本报专电】 外罗江（三日）宣言云："国联调查团报告书业已公布，此乃李顿爵士与其同事诸君数月来，为国际和平而不辞劳瘁艰苦工作之结果也。吾人犹忆去年十二月十日，国联之所以决定派遣调查团，乃欲对于因日本侵犯中国领土而引起之局面，贡献一最后根本解决之办法。当白里安氏于是日提出派遣调查团之决议案时，国联行政院作长久之考虑并采纳时，曾言'调查团职务范围在原则上极为广泛，任何问题足以影响国际关系，而有扰乱中日两国间和平，或和平所赖以维系之两国间谅解之虞，经调查团认为须加研究者，均不得除外'。故就调查团之职务而言，调查团所称得审

查一切有关系之事实,并得以和平解决办法建议国联云云,固为完全正确之解释。试将报告书略加阅览,即觉有最显明呈现之两点:一为九一八日及九一八日以后之一切日本军事动作,均无正当之理由,不能认为自卫之手段;一为所谓'满洲国'者,并非真正及自然之独立运动所产生,而为日本文武官吏操纵造作之结果。报告书包含许多性质极重要之问题,现正在中国政府悉心考虑之中"云。

宋子文谈话：回京后将详加研究

【上海三日下午八时十分本报专电】 江(三日)下午三时十分,宋偕端纳、黄纯道飞京。宋临行语记者："本人接□报告书摘要,因审阅未竣,且内容复杂,尚不能发表意见。此次赴京检阅全文后,再与外交当局详加研究,并拟多留几日,处理积压公务。外传余将赴庐谒蒋及赴平晤张,不确。"

【南京三日下午十时专电】 宋子文江(三日)下午三时二十分,由沪偕黄纯道飞京,闻将与罗外长晤商政府对调查团报告书应采取之态度与意见。下机时,对记者谈:对调查团报告书,须与罗外长晤商后决定,个人不愿发表意见;汪确患病,正延医诊治,恐暂不能来京,外传汪系政治病,不确;三中全会是否于本年底开会,未有所闻;鲁绅梁作友输资救国,仅见报载,内容不悉。

伍朝枢谈话：经济绝交不应反对

【上海三日下午十一时本报专电】 伍朝枢对报告书发表意见云："该报告书系调查团一种建议,国联会采用与否,尚不可知。本人在未读完该报告书以前,不能有所表示。惟该书叙述日本武力下之'满洲国'不足以代表三省民意等,均予日本以打击"云。

【上海三日下午十时十分本报专电】 伍朝枢对调查团报告书认我方实行经济绝交为不当,谓："国联向来不敢得罪强国。经济绝交在国际间,中国发明最早。现在中国最有效之力量,惟经济武力。欲保持此种力量,仍须一致团结,勿依外力之帮助。"

(《益世报》,1932年10月4日,第二版)

335. 宋邸昨会议研究报告书，政府期待汪、蒋电示意见，今日中政会集合各方意见研讨，大体可接受，惟对某数点有异议

【南京四日下午九时十分本报专电】 外息。何应钦支（四日）晤罗文干，希望早阅报告书全文，以便研究。罗手谕主管司，限三日内译竣。支（四日）晚宋在北极阁私邸宴各部会长，详研对报告书意见，俾便提出歌（五日）政会讨论。罗电蒋、汪征求意见，尚未得覆。国联大会十一月十四日开会，政府至迟在月底当决定全盘计划，训颜、顾等向大会报告我方对报告书意见。

【南京四日下午八时二十分本报专电】 调查团报告书公布后，政府目前最注意之问题，殆为决定我方对报告书之意见。宋子文江（三日）返京后，当晚即于私邸与各部会长一度交换意见。支（四日）晨行政院会议，外罗将报告书提出报告。席间各部会长发表意见颇多，金以报告书原文甚长，内容亦殊繁杂，非一次会议所能讨论竣事而决定具体之意见，故未有具体之结论。宋支（四日）晚七时复在私邸宴请各部会长及中央各要人，再作详细讨论，交换意见，历时颇久，决提出微（五日）晨中政会例会讨论。现中央各要人对报告书内容，一面逐日慎重检讨，并切望汪、蒋电示意见。外部各要员尤详细研究，期于日内制定具体之意见书，呈由罗外长提请中央，作为有力之参考。至最后之意见，则由中政会集合各方之意见后，交行政院决定。报告书全文之翻译，经外部三日来不断之努力，微（五日）可全部完竣。现已与大陆印书馆订定，即日开印三四千份，限三四日内装订就绪云。又中政会歌（五日）照常举行，通知已发出，主席何人未定。

【南京四日下午七时专电】 调查团报告书公布后，我政府现正详细考虑其内容，俾决定一致的具体之意见。政府负责人员均不愿单独发表个人意见。据记者从各方面探悉非正式之意见，大致认报告书尚属公道，其中有若干点，我方必须提出异议与修正，但大体上可表同意接受。现时日本方面对报告书大肆攻击，认为太蒙不利，不足引为解决东省问题之根据，且拟另具意见书，与调查团报告书对抗。当局对此则并不惊异，良以调查团系国联正式派出者，国

联对东省问题之解决,自必以报告书之意见为准,则日本之意见书不具法律之根据云。外交界息,调查团报告书现已公布,国联方面仍将按照预定程序,于十一月十四日由行政院首先开会讨论。盖调查团之派出,系由行政院所决定者。预料行政院之会议,对报告书必决定一具体之意见,然后提请国联大会讨论或由国联大会交十九国委员会审查后,再由大会讨论云。

【南京四日下午十时本报专电】 贺耀祖谈:(一)报告书谓排日为九一八事变原因,未免倒因为果;(二)使东省不能驻军队,不恢复事变前原状,是无异使东省名存实亡。

孙科明快批评:实亡何贵名存

【上海四日下午九时五十五分本报专电】 孙科对调查团报告书批评大意如下:一、承认九一八事件系日人侵略行为,满洲独立非人民自动,尚能主张公道。二、建议解决方案,则太迁就暴日。如不主恢复九一八前状态,尤足滋怀疑,究为不恢复东北主权属于中国之状态?抑系不恢复张学良统治之状态?前者则与主张主权属于中国相矛盾,后者尽可明白指出,使日人得有所藉口。倘国联竟据此最后两章方案解决,则东北已名存实亡,与名实俱亡所差无几。吾人希望名实俱存,必非倚赖国联所能济事,必须国民与政府之决心充分准备,实力抵抗。观报告书发表后,日朝野一致反对。以日本之决心,不仅维持伪国,并须并吞东省,与甲午之战时日所揭橥之维持高丽独立,而高丽卒为日所并吞,如出一辙。今双方见解根本冲突,国联折衷办法决难成就。报告书中固公然认日本在东北之特殊地位,则顾问会议之结果,形式上为国际共管,实质必为日本代管。我如不以收回东北虚名为已足,于外交上获得对日利害相同之与国,尤为必要。

(《益世报》,1932年10月5日,第一版)

336. 社论:为政府借箸一筹

调查团报告书发表了三天,中国政府直到如今始终保全缄默的态度。从一方面说这是审慎,从另一方面说,这是政府中缺乏负责的主脑人物,缺乏伟大的政治家,缺乏预定的外交政策的缘故。报告书内容虽然复杂,在个有预定外交政策的政府，对报告书发表意见，实甚容易。预定外交政策是测量报告书的标准，合乎标准的加以赞成，不合标准的加以驳辩。中央政府既没有这种预定政策，因此无标准可寻。同时政府无主脑人物，又无政治家，所以谁亦不肯说话，谁亦不敢说话，谁亦不愿担负这个说话的责任。

中国政府对报告书缄默，或者发表一种模棱两可、摸不着边际的谈话，在我们看来不是聪明的策略。目前全世界的视线集中在调查团报告书，满洲问题上当事人中日两国政府对报告书的意见，同时亦为全世界人士注目之点。这时候中国政府对报告书表明立场，很足以影响全世界的舆论。如今正是中国政府拍胸说话的时候，对报告书的建议，那几项中国赞成，那几项中国反对，极应及早表示，俾全世界知道我们的究竟，在讨论这问题的时候有所根据。"缄默就是默认"，中国政府果然是这个立场，自当别论；否则，愿政府不要错过了这个说话的机会。

为政府借箸一筹，我们以为今日中国政府，应该做这几件事：

第一，政府应发表宣言，向世界声明，对调查团报告书，除应修正的几点外，大部分认为满意，并愿根据报告书第九章所举各原则以解决满洲问题。

第二，中国政府应声明根据保全国家主权完整的原则，对调查团所提出的顾问会议方案不能接受。中国政府与日本政府，甚至与日本政府规定的选举法所产生的代表，讨论东北三省政治制度，这与主权完整绝相冲突，这是中国政府绝对不能退让的条件。

第三，中国政府此时可向世界声明，今后中国决意改革东北三省的政治制度。中国政府此时很可聘定国内专家数人，组织委员会，拟定东北今后政治制度。具体计画书在将来国联大会时公布，供讨论满洲问题的参考。在这条中，并应附带包括这几点：

（甲）满洲伪国必须取销。

（乙）行政制度及行政官吏可以不恢复"旧状"，中国对满洲的主权非恢复"旧状"不可。所谓主权恢复旧状，即满洲方面的内政、外交、军事、财政等等完全由中国支配，外人绝对不能干涉。

（丙）为改革东北政治起见，将来满洲行政可接受聘用外国顾问的原则。但顾问的人数、人选以及职权等等，中国政府有绝对自由支配的全权，不受任何干涉。

第四，在中日、中俄成立互不侵犯条约以后，中日可以同时撤退在满驻军。

东北宪警可以聘用外国教练官协助组织，但此项教练官之人数、人选以及职权等，中国政府有绝对自由支配的全权，不受任何干涉。

第五，为防止未来冲突及恢复互相信赖与合作起见，中国政府声明愿与日本成立新条约关系。一切新条约在不损害中国主权与独立、不违背九国公约两条件下，中国对日本在满一切利益，可以相当让步。

第六，关于新条约的成立，中国声明愿与日本直接交涉。倘日方同意，此种交涉可请中立观察员协助。交涉中如遇有争议之点，不克互相同意时，中国愿将此项意见参差之点，提交国联设法解决。

上面这几点，是今日中国政府应守的立场。这种立场绝应向世界公布，使世界人士明了中国的态度。

报告书的内容为一事，报告书的效力另为一事，这点我们屡向国民提醒。今日中国政府在满洲问题上，不得不作和平解决的希望，同时亦不能不打和平绝望的主意。报告书公布以后，日本外务、军事两部的态度，已十分明了，英法报纸对报告书一切建议，已有"为时太晚"的悲观，这一切都是中国政府应付满洲问题上应及早认识的事实。报告书发表以后，中日双方在满洲问题上，无论和解与冲突，从此空间距离缩小，时间距离缩短，空气从此愈趋紧张，准备从此愈为重要。"自救自觉，乃为东省问题解决的唯一途径"，这是报告书公布日政府要人向国民发表的谈话，今谨以此转告政府！

（《益世报》，1932年10月5日，第一版）

337. 胡适批评报告书：反对组织顾问会议，不反对东三省自治，对全书立论公允表示满意

【北平四日路透电】 著名中国学者及著述家胡适博士，昨日语往访之路透记者云："予对李顿报告书表示满意。予认其立论十分公允，第四及第六两章关于九一八沈阳事变之爆发及傀儡国成立之责任问题，决断尤特别公正。至对于报告书中所提出圆满解决中日纠纷所必要之十大原则，亦表同意。予惟一反对之点，即所建议之顾问会议组织问题。关于此点，予感觉该报告书提出之程序，对于去年日本军阀所造成之情势，未免有所迁就。"后路透记者询及

关于华报反对东三省行政成立一特殊制度之意见时，胡适答称："予不认此项计划有可严重反对之理由。予相信此项计划系代表李顿爵士、麦考易将军及希尼博士等之意见。彼等须测中国将来之政治发展，预遵联省自治之途径前进。"胡氏末谓"予亦赞成此项意见"云。

（《益世报》，1932年10月5日，第一版）

338. 报告书中英文合订本财政部印刷局刊印出售

【平讯】 国联调查团报告书到达平津后，各报叠经登载，惟鲁鱼亥豕，在所难免。现财政部印刷局将该项报告书中英文节要原文，用上好洋宣合并精印成册，装订优美。全书计中文五十四页，英文五十八页，经校正无讹，允称善本。海内人士对此中日问题解决关键之报告书，久已属望。似此中英合璧之巨册，尤应人手一篇。现由王府井大街六号之财印局营业办事处经售，闻订价仅洋一元，以付成本云。

（《益世报》，1932年10月5日，第一版）

339. 报告书全文未经透澈研究前，欧洲各国政府均不发言，日本决采持久拖延方针，美官方甚满意，史汀生将发表意见

【日内瓦三日路透电】 国联方面既有余暇从容从事详细研究李顿报告书，或能自较广泛之立场发表一较完全之意见。最初之印象，虽有很多人仍认该报告书不利于日本而同情于中国，但此种观点，某某方面并不赞成。如波兰方面以为，该报告之结论有些委曲求全。彼等以为该调查团搜集之证据多援助日本方面，然而该团达到之结论却不利于日本。彼等辩称，该报告已明白确定中国已不能恢复秩序或重建常态，刻经指陈该委员团承认恢复旧有状态为不可能之事，但该方面以为既承认日本经济上、财政上特殊权益，即证明特殊行动为有理由。其他欧洲方面以为，该报告或可为双方赞成之解决方法之基

础,尤其是予"满洲新国"以自治办法之条件。大多数人士之意见,以为该报告可以根据详细谅解及客观的调查,构成一庄严有裨实际的计划,明示日本虽有合法的苦衷(经济的及□保全保障的),除非以中国宗主权为基础外,不能得一解决云。

【罗马三日新联电】 欧洲各国政府对于报告书均暂不发表意见,义国政府且表明延期论评之意向。而各新闻亦皆逃避论评,暂守沉默。

李顿抵伦敦,希望世界拥护报告

【伦敦三日路透电】 李顿爵士本日安抵伦敦,到站欢迎者为其大公子科伯华斯子爵及西门爵士代表某君。李顿语往访之路透记者宣称,凡读过报告书者,当明知调查团以和平愿望自勉,并与评定是非问题无关。彼希望全世界之政治家、国联及舆论界,均起而本该报告书所倡导者而行。爵士对日方意见谓"满洲国"之建立与独立使日本不能接受该报告书一节,并不表示惊异。彼谓调查团在东京时,某方已向其明白表示此项意见,但以后之发展,仍须看全世界各国是否接受日本立论之前提。彼仅能表示,希望在报告书中能获得中日两国为将来建立和平之种种材料也。

【伦敦三日新联电】 国联调查团委员长李顿爵士本日回抵伦敦,车站有西门外相等多数出迎者。

【伦敦三日路透电】 李顿报告书自表面观之,显然似为一极有理解之文件,但欲令消息灵通之英国政界观察者发表任何详尽之批评,则极困难。据指陈,目前仅有报纸上发表节略足资讨论。但在发表一详细之评判,必须有相当时日研究正式之全文,不仅对每一建议须加以讨论,且须全部加以研究,以期估计该报告书各部分之力量。再者,在中日问题提出十一月国联大会讨论之前,英国政府确未准备对该报告发表正式批评云。

【伦敦三日路透电】 《经济家》杂志主笔雷丹氏在伦敦教士会中演说,就军缩问题言之,日本对李顿报告书之态度,殊为整个国际情势中一严重之因素,恐将予裁军大会一重大之伤害云。

【伦敦四日哈瓦斯社电】 此间日人方面对报告书第五款极力攻击。该条指明"满洲国"由日人文武当局造成,并受日人支配,脱离中国。又关于关内人之移居东北,此间日人表示,此种移民实由日人经营东北兴隆所获之结果云。

准备持久战，日决实行长期拖延

【东京四日日本新联电】 报告书发表之后，外务省、军部自昨日起，分头着手作制意见书。其内容虽认报告书为稀有之名文，但其组字语法则完全失却中立的态度，自始即显然包藏偏见与恶意，故决加以无完肤的痛击，直至国联对于中国及满洲得到正当的认识。假使需要数年间之抗争，亦所不辞。且征诸一般附托国联以求解决之事件，未有获得满足解决之事例，以此满洲问题之附托国联，有使其成为永久审议之议题化之可能性甚大，故日本今后将向持久方针迈进。

【东京四日日本新联电】 政府于本日之阁议，以报告书为主要议题，阁僚间有意见之交换。决定自明日起，由关系省间着手于意见书之作制，并决定出席十一月十四日于日内瓦开会之国联行政院会议之全权人选，行将树立根据既定方针，宣明日本之立场，以矫正世界认识之具体案。然日本全权已有长冈及佐藤两大使，又加派代议士松冈洋右，惟视从来之关系上，松平驻英大使亦将被任为全权。松冈十五日偕同秘书兵库选出代议士小林绢治氏，经由美国赴欧洲。又陆军方面代表土桥中佐、石原大佐等，亦于七日经由西比利亚赴欧洲。又电，政府今早于首相官邸开阁议。陆相报告"满洲国"之状况后，三土铁相关于列国报告书之反响质问外相。外相答称，各国言论机关之论调，业经转载报纸上，当局目下正锐意搜进情报，俟结束后即行报告等语。其次，各阁僚殆全部指摘报告书各项之错误，尤其陆相谓："统览报告书，乃全然立脚于认识之不足，实系纯粹之旅行记而已。似此殊无介意之必要，基于既定方针迈进可也"云。海相、拓相对于报告书亦加以非难。关于日本政府之对策，俟各阁僚慎重考虑之后，将于次回之阁议再行协议。又电，陆相及外相于阁议散会后，留于首相官邸，加入首相，三相鼎坐，对于李顿报告书开重要协议。

【东京四日日本新联电】 军部当局对于报告书之条项，目下逐条的检讨。对于报告书之曲解的部分，有竭力反驳之必要。若以报告书之结论，即第九章与第十章，求问题之解决，不过使事态完全陷于纠纷而已。且以此为根据，满洲之事变自经承认以后，事实上业已完了，今后仅期其完成，以为东洋和平之础石。故不惜援助"新国家"，是为帝国之既定方针。国联对于该项报告书，倘若急求问题之解决，殊无异于将日本除名。是以国联今后之措置，若非相当明了中日关系之推移，则不能发见适当之解决方法。

【东京三日路透电】 当地各报对报告书中彼等所认为不公平之叙述及不切实际之建议,俱一一加以抨击。而最值得注意者,即各报目前集中注意,专批评日本不能同意之各点。将来俟对报告书加以较详尽研究后,最初之印象或将有所改变,因各报自承尚无余暇批阅全文也。各报之态度,全部研究后,究有何种变更,尚不得知。然一般承认,满洲在中国主权之下实□自治之建议,除非"满洲国"将来得被正式承认,否则日本决不能接受此建议。报告书之不利日本,出乎一般公众意料之外,殆无疑义。但此报告书似不能影响日本已经采取之途径,因日人深信,目前为一或浮或沉之问题,决不能挽回云。

美国政府缄默,史汀生将发表意见

【华盛顿三日合众社电】 国务卿史汀生今日在白宫(总统官邸)与胡佛商谈甚久。史氏曾在华盛顿郊外私人别墅休息,在彼对李顿报告书之结论未审慎分析之前,拒绝正式发表批评。史氏今日赴白宫谈话之性质不明,但据一般所知,系趁胡佛出发作竞选周游演说之前,与总统讨论美国关于远东政策。今日此间传说,美国及列强在表示对中日纠纷之第二步行动之先,静候中日两国政府对报告书之正式反响。此间中日使馆仍持沉默态度,据声称,正式表示须由南京及东京发表。国务院远东司司长汉伯克氏与史汀生研究报告书,对该报告书结论之优点及其可能的实效如何,亦拒绝发表意见。胡佛对于得斯蒙里司作一度竞选演说后,即返美京。当彼达到之前,美国政府对远东及日内瓦事件,将不发表正式意见。此间官方及美国报纸对日本关于李顿报告书之内容大部分显然不能接受之事实,并不惊讶。此间负责当局非正式承认中国、列强及国联目前所遭遇关于远东之纠纷,较一年以前尤为严重。李顿报告书发表之后,美国人民虽当最重要大选将近之时,仍能集中公众注意于满洲情势之上云。

【华盛顿四日哈瓦斯社电】 官方对李顿报告书印象良好,因该书似拥护胡佛总统及史汀生之政策,二氏反对承认由武力侵占得来之土地。史氏对报告书加以审查后,明日或即有批评。政治方面特别赞同该报告书提议满洲争执案应直接谈判。

【华盛顿三日路透电】 虽由情势观察,足征李顿报告书大体使美国政府领袖人物对之认为满意,但官场方面于期待国联将行采取何种行动之前,未便加以批评云。美国务卿史汀生氏返私邸时,对于此洋洋万言之报告书,作镇日之研究，旋即进白宫与胡佛氏作一小时之谈话，然后又赓续研究该报告书云。

【华盛顿三日新联电】 史汀生阅读报告书后，当即赴白宫访问胡佛大总统，约开重要协议一小时余。本日中关于报告书，将发表声明书。

【纽约三日路透电】 据《先驱论坛报》之意见，以为日本不待李顿报告书之公表而遽先承认"满洲国"，已铸成大错。该报又称，满州成为一不驻兵及自治之区域，而由中国承认及国际的好意助成之，自军略上观点观之，岂不较徒招华人恶感与恢复失地决心及国际猜忌之长期武力占领为更有价值乎？

德报论调异，竟谓报告书须修改

【柏林三日路透电】 国家主义机关报《孟达格报》称，李顿报告书似无助于远东严重问题之解决。又云，调查团建议倘中日不同意时，国联即出而干涉，此项建议实际上毫无意义，因日本已拒绝此种解决办法。

【柏林三日路透电】 在报告书全文未到之前，官方拒绝发表批评。政界方面所持之意见，即满洲最近之发展，使报告书有修改之必要云。

【柏林三日路透电】 左党及温和派报纸未发表意见，但国家主义派报纸则无一言称许报告书，认为该报告书已不合时宜，并与事实相去甚远。《德意志报》谓又系国联之污点，且系一毫无价值之文件。

【柏林四日哈瓦斯社电】 调查团报告书之全文尚未到德国，官方舆论亦无若何表示。但据当局方面谓，报告书之内容对德国之立场无何影响，只限远东事件之范围云。

法报之批评：陷国联于困难境地

【巴黎三日路透电】 一般法报对李顿报告书未发表意见，以为该报告书之致力缓和，因为时过境迁，结论不合时宜云。此间之主要注意点，在于报告书对国联信用之打击。若干报纸指陈其中种种之矛盾及妥协，恐因此陷国联于困难地位，仅有一事明白提出者，即认为恢复九一八以前原状为不可能。一切报纸均称许调查团之大公无私。《拉费尔报》表示乐观语调云，该报告书已将中日纠纷缩小成为一诉讼事件云。

【巴黎三日路透电】 法国官场除一致赞许报告书清晰外，未擅发表意见。据指陈，法国政府完全信托该报告书，而对其委派之法代表克劳得耳，并无否认其劳绩之意云。《时报》宣称，倘日本尚未曾正式承认"满洲国"，则李顿调查团之种种建议,一定能予中日永久协定一严重根据。但现时日本必觉得甚难将"独立国"取消,而赞成以自治形式代之。然此项报告书将开原则上协定之蹊径。无论如何,该报告书之结论既如此,故日本终将退出国联,似无须再事预测云。

(《益世报》,1932年10月5日,第二版)

340. 蒋昨返汉,汪昨亦到沪,汪入诺尔医院,中政会准予续假,报告书正审查并征询人民意见

【汉口五日下午十一时本报专电】 浔电,蒋微(五日)午下山,四时乘永绩舰返汉,鱼(六日)晨可到。

【上海五日下午十时本报专电】 汪精卫偕曾仲鸣微(五日)午后二时一刻专车到沪,在梵皇渡站下车,迳赴诺尔医院。专车仍升火,停在梵站,是否待汪入京未悉。

【上海五日下午八时五十二分本报专电】 汪偕曾仲鸣微(五日)晨十时半乘专车离杭。午后二时抵沪,在中山路下车,迳入诺尔医院。曾谈,汪肝疾颇重,因莫干山天寒,特移沪疗养。诺尔医院宣称,经诺尔检验大小便结果,决先为汪打静脉针,先治愈肝疾,兼医糖尿病,但非短期内可痊。

【南京五日下午四时五十分本报专[电]】 歌(五日)中政会,罗文干列席,略述报告书摘要内容。由各委交换意见后,认性质重大,不能在会议席上决定,先交外交组审查,另电各地中委、各省府军民长官征询意见,尤欢迎民众及学者条陈意见。

【南京五日下午九时十分专电】 歌(五日)晨中政会开会,外罗列席。首先将调查团报告书提出报告,各委亦略发表意见。当以案关重大,对利害关系及应对方策应先加精密研究,经决议先交外交组审查,俟决定具体意见后,再提会讨论。并加推朱家骅、居正、陈果夫、叶楚伧、何应钦、贺耀组、黄慕松、朱培德等为委员,推定汪兆铭、罗文干、宋子文、朱培德、顾孟余等为常委,轮流召集会议。下午三时,罗即在外交官舍召第一次会,讨论颇久。闻尚须经多次之会商,并征汪、蒋意见后,始可将具体意见提中政会讨论。报告书全文,外部歌

(五日)译竣并付印,佳(九日)可就绪,灰(十日)分发。

【南京五日下午十时专电】 中央政治会议微(五日)晨举行第三二六次会议,居委员正主席。决议要案:(一)陈委员果夫提出调节民食方案,交经济、财政、法制三组审查;(二)山西省政府主席徐永昌电请讯拨巨款,拯救晋灾,交行政院筹款急赈;(三)准张群解除代理故宫博物院理事长职务;(四)汪委员兆铭因病不能返京,准予续假;(五)最高法院建筑费案,交财政组审查。中政会歌(五日)致汪准予续假,电文如下:"莫干山汪常务委员精卫勋鉴:接读东(一日)电,藉悉清恙未痊,至深系念。本日第三二六次会议,已准续假。尚希加意调摄,为国珍重。中央政会议。歌。"

【南京五日下午十时四十分本报专电】 行政院派员赴沪招待汪返京。闻汪返京后即主持外委会,审议报告书。

【巴黎四日新联电】 归国途中本日抵巴黎之西门外相,与赫里欧会见,为打开军缩会议之局面,关于德国之军备均等要求,似有所审议。会见后,两巨头之面上颇现愉快,如赫里欧答覆记者之质问,且云"万事进行颇佳"云。

【东京五日日本电通社电】 荒木陆相于昨晚对李顿报告书,吐露意见如左:"李顿报告书仅属一种参考资料,不足重视。其内容在第八章以前,虽系罗列事件经过情形,而大都陷于误谬,殊属憾事。此种误谬,若不澈底加以反驳,则有引起世间误解之虞。本日当本庄将军来访时,亦愤谓该报告书究系何所根据而言。盖以其对于此次事变发生原因及历史关系与中国国民性,均未深行探求故也。但满洲方面情势,近已因日本承认'满洲国'而告解决。是故国联若果赞助此种报告,不过徒使问题愈益纠纷而已。予虽不欲对国联加以批评,但国联既对欧洲方面之德法与法意间关系尚无法解决,而复欲以树立一理想国家,为解决满洲问题之金科玉律而容喙于各国全部,则必至使满洲与往年之土耳其相同,而成为巴尔干第二。盖满洲方面治安,若欲依国联之力维持,是无异欲使该地成为上海第二也。以上所述,乃属予之善意的观察。故若作恶意的观察,则该报告书实可谓欧美干涉东洋各国之先驱也。"

颜惠庆宣言

【日内瓦四日路透电】 中国代表颜惠庆博士为欢迎李顿报告书发表,对报界宣言中声称,倘国联调查团论及中国民族主义之勃兴及中国国内扰乱情形,同时对日本开拓疆土政策之发展及日本内部之危机,则中日争端之真实原因自必更较明晰。调查团结论明白说明日本对中国之种种侵略及日本坚持自卫之说毫无根据。颜君先引证报告书证明所言非虚之后，又宣称由此足证日本处心积虑，无端以武力及阴谋强夺满洲，置其种种条约义务、国际权威及世界公论于不顾。论及该团所提出解决办法之原则以及对关于国联义务之规议时，颜氏对此案之正义、各方权利之条约基础及三大国际和平工具所包含之某某原则，因藉口所谓"实际情势"致被排斥置于卑下地位，颇示遗憾。颜氏结论时声称，彼对调查团所采之政策包含有高尚之动机充分了解，彼确知中国本其善邻及维护世界和平之旨，对于该报告书第九、第十两章所拟定之建议，决不致不加以适当之研究云。

日态度决定

【东京五日日本新联电】 对于李顿报告书之政府方面之意见，业与军部之意见完全一致，甚且阁内有主张报告书抹杀论者。然提出意见书之期限既得延期，固可寻出报告书之谬论。惟"满洲国"既经承认，即为日"满"友交上既经确立极东永远和平之方针，则今后无论国联之态度如何，决充分支持鞭挞政府而循既定之方针迈进等。是为外务当局方面之意见。至意见书之大纲方针，于五、六两日之外务省委员会及七、八两日之外务、军部联合委员会，将见决定。外务省于该大纲决定之后，即将内容电告日内瓦日本代表团，以便事前考究对策。

【东京五日日本新联电】 为编制提出国联之意见书，外务省本日午后六时于外务次官官邸开首次委员会。该委员会豫定出席者为有田次官、谷亚细亚局长、白鸟情报局长、松田条约局长以次各局长，吉田大使，吉泽、盐崎两书记官，森岛亚细亚局第三课长，松冈洋右等。该会于六日续开，以期决定意见书大纲。又外务与军部之联合委员会于七、八两日开会，确立方针之后，即着手起草，至迟二十四五日可以完竣。

各国之舆论

【纽约四日哈瓦斯社电】 据纽约各报华盛顿通信员消息，华盛顿官场方面对于日本有意退出国联之说，并不认真看待，而对于李顿报告书结论，则似赞成。关于此事，《民声论坛报》云，满洲混乱惟依报告书可望得一和平解决方法，此无可怀疑者云。

【罗马四日哈瓦斯社电】 意大利各报均以友□态度节述李顿报告书,不表示何意见。惟法西斯党报谓,国联真正任务在于代中国主张或代日本发言,今均不能,是放弃其真正任务也。

【伦敦四日路透电】 怀德爵士(曾任国民政府顾问)语往访之曼撤斯特监守报记者声称,调查团论点之辩证,无形中系谓中国自身虽需要一种急进式之改革,然日本所采之途径乃系破坏国际义务。该报告书之本质,可以说请日本再考虑其对华政策。怀德氏继称,该问题之核心,在于日本之从容承认"满洲国",对于国联所采之任□行动,已着其先鞭。而国联与美国当前之问题,乃筹出一种方法,以便李顿报告书之解辩,在东京得一声□,藉促日本之反省。怀德爵士相信,日本不久可以察觉彼自甘心陷入于孤立乃过于危险之事,且日本无同时挑怒苏俄、嘲弄美国、轻蔑国联之能力。此外更明了之事实,即中国政府无论谁掌政权,而舆论亦决不许其承认"满洲国"也。反抗"满洲国"之义勇军,一向或将来由关内接济军火饷项,或为意料中事。怀德氏表示意见云,李顿所言远东达到和平之途径,在乎中国内政之改善,所见不谬,且一部分之反日政策,或许予中国军阀主义生命之延长,并移转中国国民自身革新巨□之精力云。

(《益世报》,1932年10月6日,第一版)

341. 国人试自省:中国目前之纷乱状态,是否如日军阀所指陈?国内军阀不悟,如何谈到复兴?徒为调查团所痛为日人所快

【东京五日日本新联电】 日本陆军当局关于现下之中国实情,以当局谈话之形式,发表其大要如下:

李顿报告书中,对于中国实情亦有许多可倾听之记述。然对于中国,断定其为一国家正在发展过渡期之点,则有许多疑问。为资其考察,特列举最近中国国土上发生之若干事象于下,即:山东省之韩刘纷争,不顾中央之停战劝告,仍在战斗中;青海南部、西藏省大部为西藏军占领,政府正□心对策;福建省为省主席问题,有各派之争夺战;"共匪军"之讨伐,仅湖北省方面有进展;九月二

十八日由上海开出之货物列车及真茹开出之列车,均于真茹西方十公里地方被匪贼团袭击掠夺,斯此接近国际都市间,而发生此种事件,诚为中国方面之痛苦;且国民政府乃呈空虚状态,为行政院改组问题,各派不断的暗斗。斯此状势之中国,如李顿调查团之判断,认为较华府会议当时良好而正在国家复兴之途云云,岂其然乎?

(《益世报》,1932年10月6日,第一版)

342. 日正起草意见书,将纠弹调查团之罪,认结论无一顾价值

【东京六日日本新联电】 外务省委员会五日午后六时于次官官邸开会,出席人员已志昨报。关于意见书起草之大纲方针重复的慎重审议,至十时半散会。六日午后仍继续开会,以期决定外务当局之态度,然后与军部于七、八两日开联合协议会之后,即着手起草。外务当局之起草方针大体如下:对于报告书误谬之点,逐条列举反证并论驳。关于军事行动之部分,则于联合协议会决定。报告书之结论,完全不能实现,认为无一顾之价值,可予以完全无视。报告书对于日本方面及"满洲国"方面提供之资料完全无视,而仅对于全无责任之中国方面提出之材料与以无批评的采用。关于此点,决严重纠弹其罪。"满洲国"之现状,与调查团作制报告书之当时,已呈显著的变化,故将现在之新事实予以明示,并强调声明"满洲国"之独立乃确固之事实。对于报告书否认该国独立之主张,则予以启蒙的论证。除上述之外,更进而指摘中国内政不统一之现实及阐明日本之公正的外交政策,并说明国联对于东洋问题,不应作无用的介绍之事为解决问题最善策之理由。

(《益世报》,1932年10月7日,第二版)

343. 伍朝枢对报告书之批评：调查团持论虽尚公平，惟制敌仍待国人努力，经济绝交最有实效

【上海通讯】世界瞩目之国联调查团报告书，业于前日公布。家[记]者于昨日下午，访在沪之外交记[家]伍朝枢氏，询以对报告书之意见，当蒙发表谈话如下。伍氏云："本人对于报告书，现尚未详细研究，故无具体意见可谈。惟就报告书中所述关于我国对日经济绝交一点，其结论中所称'以中日贸易之相互依赖及双方之利益而言，经济接近实为必要。但两国间政治关系一日不圆满，以至于一方采取武力，一方则采取经济抵制力量，以相扼持，则一日无接近之可能'云云。调查团之所以作如斯措词者，实有两种原因：（一）国际联盟非世界各国之太上政府，故向来不敢开罪于强国。而此次对东北事件，在报告书中，既一则谓九一八下午十时至十时三十分之间，在铁路上或铁路附近确曾有炸裂爆发之举，惟铁路即使受有损害，而事实上并未阻碍长春列车南下之时刻，故就铁路损害之本身而论，实亦不足证明军事行动之正当；再则谓'满洲国'完全系日人一手造成，并非东三省人民独立之公意。在此两点，可见国联对于日本，亦既予以极大之打击，故其对于中国亦必作相当之批评，使日本不致十分难堪。此纯系和事老之手腕也。（二）经济绝交一事，我国数十年来已屡次实行，许多国家皆曾为我国经济绝交之对象，故列强于对华贸易之共同立场上，对于经济绝交一事，亦颇思加以制裁。此或系报告书中所述关于经济绝交结论之第二原因。惟以余观察，目前如欲收复东北，非厉行经济绝交不可。盖处于今日之中国，军备不足以应付日本，故如欲实行武力收复失地，绝非易事。至于国联，因国联本身既非太上政府，故亦不能强迫日本放弃其在东北之种种利权。是故解决中日事件，果有赖于军事及外交之抵抗，然全国一致之经济绝交，实为最足以制敌及最有效力之武器。再者，经济绝交之政策，虽列强认为不善，然设我国连此最后之自卫武器尚舍而不用，则简直不足以生存于世界。譬之一深山猛虎，途遇一鹿，正欲张牙舞爪，扑而食之，彼鹿亦以其长角，奋力抵抗，此时之虎，当不能谓"余以爪扑汝，汝亦应以爪还爪，不能以角相抗也"。经济绝交为弱小民族对付帝国主义唯一之利器，我人若能坚持实行，则

必可得最后之胜利。夫日本之所以敢一意孤行者,所恃全为军力。其海陆空军,舍欧美各大国外,在远东方面无人足与之抗衡。彼日本明知欧美相隔辽远,决不能伸张其军事力量于远东,于是愈益无所顾忌。惟日本之武力虽足以夸耀一时,然其本身之经济力量,则实为唯一之弱点。夫日本拥有充分之军力而弱于经济,此仿佛希腊神话中之一段古事。盖希腊之盲诗人荷马所作之叙事诗中,尝纪希腊小孩爱乞力士之神话,谓爱乞力士幼时,父母因其衰弱,乞鉴于神灵,神灵乃将该孩浸没于一河内,于是该孩即成为铜皮铁骨,惜其足跟,因当时被神灵所紧握之故,未尝着水,遂为全身铜皮铁骨中之唯一弱点,终且战死。其致命处,即其全身唯一弱点处之足跟也。日本之拥有武力而弱于经济,实与爱乞力士仿佛,故我人欲制止日本之暴行,应运用最有效能之武器,即为经济绝交是。苟一致坚持,则日本虽强项,必有软化之一日也。夫综观世界历史,任何国家之国土丧失,均有恢复之一日。如法国当一八七一年时,其北部辽阔之土地,曾两次沦陷于德国,终则赖其刻苦坚持而于一九一九年收复,其间相隔只四十八载。波兰沦亡于旧俄凡百余年,终亦因其全国人民之奋斗,今亦恢复其整个国家矣。故东省虽失陷,只须我国民努力,无有不能收复者也。至关于调查团建议将东省辟为一特殊区域,在外国顾问监视之下以行使政权,此事本人尚未详加研究,且复不知其所谓顾问权限之如何,未便发表意见。所可谈者,该项意见系属调查团贡献于国联之意见,国联对之是否接受,此时亦尚不可知也。"

(《益世报》,1932年10月7日,第三版)

344. 李顿报告书全文译就,在付印中

【南京八日专电】 报告书全文已译就,付印五千份,佳(九日)可装订就绪,灰(十日)分发并出售,每部售价一元。

(《益世报》,1932年10月9日,第二版)

345. 报告书节外生枝，谓美国建议干涉西比利亚，美官方甚惊讶，将提出反证

【华盛顿八日合众社电】 因李顿报告书坚称一九一六年东部西伯利亚之国际联合干涉系美国建议之说，今日此间官方表示相当惊讶，对此种表示已成批评及研究的题材。在一九一八年正月至七月间美国与欧洲协约国间之换文，表示协约国主张联军入西伯利亚，仅经数月之讨论，美国始最后同意，此间□为惊讶。国务院对李顿报告书关于干涉西伯利亚事拒绝发表意见，对询及此事者，仅谓国务院有文件在，系协约国先有此建议。

(《益世报》，1932年10月10日，第二版)

346. 社论：缄默与高调

调查团报告书在十月二日发表以后，中国一班政治领袖的态度显然分成两派：一派严守缄默；一派大唱高调。这一班政治领袖虽然都是国民党的现任的执监委员，都是政府的负责人员，详细分析，守缄默的大概是当权在位的官吏，唱高调的大概都是失势在野的委员。平情论事，二者皆非。

在位的太怕负责，在野的太不负责，这就是中国目前的政治，在内政方面如是，在外交方面亦如是。调查团报告书公布以后，我们认定中国政府有及早表明态度的必要。早行表明态度，有这几点利益：（一）使世界各国政府明白中国政府对报告书的立场，俾有决定他们政策的根据；（二）使本国国民明白政府对报告书的立场，俾有赞成、反对、监督、指导的根据；（三）使世界舆论机关明白中国政府对报告书的立场，□……□根据。总之，报告书公布以后，中国政府立即表明态度，这表明中国有负责的政府，负责的政府有预定的外交方针，我们的外交是自动的，不是被动的。如今的形势则不然，报告书发表了一周以上，中央政府人员函电纷驰，代表往来征询意见，交换主张，依然理不出一个具体的方案来。这种缄默，绝不能拿"善为计者不见内形"做解释，这是推脱

搁延、无人负责、太怕负责的表示。当说话的时候无人说话,固然是错过机会。应该说话的时候不敢说话,实为示弱。对一班严守缄默者,我们不能表示满意。

对一班失势在野的领袖,批评报告书的时候太唱高调,我们又嫌他们在发言上太不负责。胡汉民先生认报告书为"绝不必要"。胡先生说:"调查团草此报告,为自毁立场;国联采取,不啻自行宣告破产。"又说:"东北之权利与责任,惟中国有之,既无庸与日本协商,更无庸顾及所谓第三方面之利益。"又说:"东北问题的解决,无国际合作越俎代庖之可能与必要。"胡先生这种话,是绝对不负责任的高调。报告书本身的缺点固多,中国□……□的批评,认报告书为"绝不必要",实言之过甚。中国既已接受国联派员调查的决议案,且对调查团表示欢迎,调查团工作亦已经过半年,如此,调查团自须有报告书结束他们的工作。报告书关于叙述事实部分,公正平允,实又有目共睹。胡先生认报告书"绝无必要",认"调查团自毁立场",此非言之过甚而何？东北问题申诉国联,已为一年前的事实,首先申诉国联的是中国政府。及至今日,胡先生说"东北问题的解决,无国际合作越俎代庖之可能与必要"。此种言论,不止抹煞事实,且徒伤国际好感。此非高调而何？此非言之过甚而何？唱这种不负责任的高调的人,又不止胡汉民先生。十月九日冯玉祥、李烈钧、柏文蔚、熊克武等十五个中委亦发出通电,对调查团报告书加以指摘。指摘的第一点,认报告书"对争端的责任,未作正面解答"。批评报告书为人人具有的权利,然在批评的时候,应本公正平允态度,是则以为是,非则以为非。认调查团报告书"对争端的责任,未作正面解答",此又近于抹煞□……□们不是为报告书辩护。对报告书给公平的估价,这是正当的态度。揣这派人的意见,以为自己不在当权负责的地位,故不妨放言高论,如此可以暴露当权负责者的懦弱无能,可以表明失势在野者的敢作敢为。失势在野的领袖,与当权在位者表示不同的政策,这是实际政治上司空见惯的事端。然在外交问题上,故作空言不切实际的高调,以事党派内讧,实非大政治家所当为。况中国一班政治领袖的情形,实亦国民所深悉。前者的缄默,后者的高调,恐又易地则皆然。

国难期中,利用外交题目,在党派上彼此为不忠实的指摘,实为我们所反对。况今日所谓在位在野者,都系一党党员,都系政府负责委员,此种在外交问题上借题发挥、故为立异的行动,更非所宜。为今之计,在位在野的领袖,都应摒除私见,对报告书加以公平正当的估价,共同决定何者应为接受,何者应加拒绝,向外一致主张,此乃正当办法。在位者固不必太怕负责,在野者亦不必太不负责。缄默与高调,过犹不及,均非我辈国民□……□。

(《益世报》,1932年10月11日,第二版)

347. 宋子文携汪意见返京,西南政委亦反对报告书结论,顾维钧宣称保留考虑及批评

【南京十日下午十一时本报专电】 我国对李顿报告书意见,经中政会外交委员会研究,外委会数度会商,并由□委草拟具体意见,现仍在商榷中。宋子文前赴沪征汪意见,灰(十日)返京,即晚邀外委会各委会商,并报告赴沪经过。闻外委会将于文(十二)中政会提出报告,具体意见之□定,则尚需时日云。

【南京十日下午九时专电】 宋子文赴沪晤汪,将外委会对报告书之意见请汪审阅。在沪公毕,今日午后乘飞机携汪之意见书返京,将晤罗文干,再商我国对报告书之意见。

【南京十日下午六时十分本报专电】 褚民谊谈,汪因病对关系重大之报告书虽阅览,但未能过细研究,对于表示不愿发表其个人意见,当以中央同人多数意旨为是。

【南京十日下午九时十分本报专电】 外委会灰(十日)开审查会,宋子文于六时飞到出席,文(十二日)日政会续商。

【日内瓦十日哈瓦斯社电】 顾维钧博士昨夜接见日内瓦国际新闻记者,对东北情形及报告书发表意见。依顾氏意见,东北问题为国联从来未见之重大事件,因其涉及条约之遵守,而此种条约为国际合作之基础。顾氏述称,此事之构成,并非其政府之过,中国对国联应负之义务已完全履行,自始以来即愿寻求与日本和平解决之法。然因日本反复无常,日本军事当局蓄意使争执扩大,苦心计划在东北组织傀儡政府,殊违背国联盟约及九国公约,并破坏该政府予国联理事会及大会之担保。日本不但未照其所应许退兵,反增加较争执初起时之兵额三倍。去年日本未占领满洲之前该处极为安谧,按调查团报告书结论,即知该处之纷乱系由日本所造成,所称东北因日本之干涉而渐兴

盛,殊与事实不符。关于东北铁路问题,顾氏谓,日本虽管理东北铁路之半,然中国于过去十年内,日本虽百般阻难,已建筑新路一千公里。调查团报告书已行证实日本对铁路之垄断,全案不久即由国联理事会及大会评断。顾氏继又宣称,中国接受理事会去年十二月十日之决议案,始有调查团之成立。中国协助该团之工作,今准备接受将来讨论之同意之基础,然须保留批评此种基础之权利。望国联有忠诚永久之解决方法,俾中日二国咸能获益也。

【日内瓦九日路透电】 顾维钧博士本日于招待新闻记者时,特将中国对于李顿报告书之立场,一一阐明。顾君宣称,中国愿以报告书为讨论之基础,但保留提出批评及考虑之权。继称,彼希望或能达到一名誉之解决云。

【广州十日日本电通社电】 唐绍仪、邹鲁及陈济棠等,最近就李顿报告书交换意见之结果,已着手起草此项反驳书,而定于本日在政务会议中讨论后即行发表。其内容要点,在指摘该报告书之建议系属违反国际公约而破坏中国主权之完整,故对其结论根本反对。彼等拟除促汪精卫加以注意外,并将电请国联主张公道,且要求颜惠庆代表在会议席上反驳此点。

【东京十日日本新联电】 对于出席今秋国联行政院会之日本代表松冈洋右之资格,日来正经当局考究中。其资格究为全权委员或帝国代表,将于十一日之阁议决定,然似将特赐为亲任官待遇。又电,松冈洋右定今夜十时十五分由东京驿出发赴京都,十七日将访西园寺于洛外清风庄,关于列国对于李顿报告书之反响及本人出席国联总会之确固之所信,加以披沥,以求西园寺之谅解。

(《益世报》,1932 年 10 月 11 日,第二版)

348. 报告书全文印就,规定十三日各地同发表

【南京十日下午八时本报专电】 调查团报告书全文经外部译就,付印五千份,现已核勘完竣,共百余页,真(十一)可装订就绪。外部以尽先分送全体中委及各部会长,以资详细研究。并于文(十二)正式发表,同时出售,每册价六角。

【南京十日下午九时本报专电】 外部将报告书全文分寄平津沪汉,定元(十三日)同时发表。

(《益世报》,1932 年 10 月 11 日,第二版)

349. 中央迄未定报告书对策，日排斥任何国干涉满洲，东京首脑会议又计划对俄取热

【南京十二日下午七时本报专电】 文（十二日）下午四时外委会开会，将各方所拟意见书及西南方面电文提出作长时间讨论，未有决定。顾维钧亦有电到京，贡献个人意见，并请示方针，以便应付。文（十二日）政会未讨论报告书问题，因外委会尚未议有结果，须俟下周提出，作初步讨论。

【南京十二日下午九时十分本报专电】 外部宣称，调查团报告书政府当局缜正密研究①，态度如何，亦尚在郑重决定，外间所传，均系猜测。

【南京十二日下午九时专电】 外交委员会对报告书意见虽交换颇多，但尚未具体决定。文（十二）晨中政会未讨论。下午四时，罗召各委在外部官舍会商，尚须数次会议，方可决定。又蒋之意见仍在审慎研究中，汪并未备具意见书。

【南京十二日下午九时十分本报专电】 唐有壬谈：三中全会须俟"剿匪"告一段落，始可确定日期；粤当局反对报告书，亦系一种重要意见；除对报告书未加研究任意发表之言论外，中央均重视，并加以研究。

【南京十二日下午十时专电】 连日报载政府对调查团报告书态度，颇多传说。灰（十日）国民新闻社稿，称外部高级职员曾呈请罗部长，反对调查团意见。据外部发言人称，调查团报告书现正在政府当局缜密研究中，态度如何亦尚在郑重决定，外传多系猜测之词。至传外部职员建议各节，尤无此事云。

【南京十一日路透电】 中央社驻日内瓦访员电京，国联已邀请李顿爵士及其他团员参加下次大会。又称中国代表团正研究报告书，拟向政府提出意见云。

【东京十二日日本新联电】 对于李顿报告书之日本政府之意见书，大要如下：一、国联宜静观今后"满洲国"之发展；二、日本之国策，为假使国联或第三国有介入"满洲国"之事，即予以一切排击；三、调查团之调查，系在于贡献解

---

① 编者按：原文有误，应为"正缜密研究"。

决满洲问题之事,乃其报告因认识不足而不公平,致问题之解决加一层之纷纠;四、对于李顿之报告,不期世界之识者及新闻之论调,皆对其价值抱甚大之疑问,是以颇有唱议国联静观论者,即美国之唱议静观论者亦渐次增加;五、列国之舆论,对于"满洲国"之发展及日本对于满洲之经营,有结局归于失败之论调,然若如此主张,则对于日"满"关系与将来之推移,尤其可以默视国联之态度可作如是决定矣。

【东京十二日电通社电】 政府方面对于国联,曾依据不适用盟约第十五条之主张附以保留条件参加会议,而仅予长冈、吉田、佐藤三大使以说明员之资格,不另采任命大会代表之手续。但内田外相最近与外务首脑协议之结果,因念主此种消极的反对办法在实际上殊无何等效果,而不如正正堂堂作反对投票,以表明日政府决意之为愈,故可决定正式任命松冈洋右为代表,并正式承认临时大会,参加讨论。各方面现对内田外相改采积极外交事,颇为注目。

【东京十二日新联电】 陆军省今早九时于大臣室开省部联合首脑部会议,对于"满洲国"目下尚未解决之呼伦贝尔及热河之今后根本方策,举行重要协议。惟对于满洲里被监禁之日侨二百三十名之营救,因考虑其邻接苏俄国境,故拟尽力的采取平和的解决策。然倘万不得已之际,而下重大决意之事,亦加考究。最后对于热河问题之今后对策,亦有所决定,至正午散会。

【东京十二日电通社电】 军部方面于本早九时开最高首脑部会议,在陆军方面之荒木陆相、柳川次官、山冈总监及参谋本部之真崎次长、梅津部长、古庄少将等出席之下,就左述各项作重要协议后,即于十时散会。(一)关于关东军之行动及其遂行上之设备;(二)因鉴于日、俄、"满"间之互不侵犯条约,有涉及俄国承认"满洲国"及日、俄、"满"三国同盟问题之象,故决就今后对俄根本方针加以讨论,而依其结果以图解决目前之问题;(三)关于满洲里方面发生纷扰之对策;(四)关于热河问题之对策;(五)关于澈底解决全满义勇军与救国军之准备方策;(六)关于随满洲里方面纷扰对策而生之对俄关系。又军部方面拟于今明日中,由参谋本部或陆军省之各局长中选派一名,携带此项重要训令前赴满洲,传达武藤全权大使,俾即遵令讲求适当措置。

(《益世报》,1932年10月13日,第一版)

350. 伦敦《泰晤士报》论报告书真价值在暴露满洲之情形及实际建议,少究既往,盼列强协力谋一解决

【伦敦五日路透电】《泰晤士报》刊一社评,称李顿报告书大体言之,除日本外,英国、日内瓦及其他各国均表示赞成,一般承认该报告书为一聪明、开通且忠实了解一复杂国际问题之文件。该论云,日本指其偏袒中国,殊不能成立。报告书真正价格:第一,在充分暴露满洲之情形;第二,其中包括实际的种种建议。日人将来或能了解,以力征服与己仇视之民众,系一无利之事,况同时日本亦不存良善之目的。该报结论云,国联会员国最好尽量少究既往,而集中精力,同意获一解决办法,同时对原则上不必再事妥协。但为谋李顿报告中建议之实行计,为满洲幸福计,应由国际同心协力,极为显然云。

(《益世报》,1932年10月13日,第三版)

351. 盛传汪将赴欧陆养病,宋再赴沪征询汪对报告书意见

【南京十三日下午九时本报专电】 外交委员会已决定对报告书之意见仍待征询汪、蒋态度。罗文干定日内飞汉谒蒋,征报告书意见,便速决定,向国联提出。

【南京十三日下午九时专电】 记者元(十三)日晤政府某要人,叩询政府对调查团报告书商讨之程度。据称,政府对此现仍在慎重商讨之中,尚未有具体之决定。现在各方对报告书已有极多之批评,或则谓某条某点尚属公正,或则谓某章某节断难接受,实则此种章节条文之讨论研究尚轻。吾人目前精力所应集中,吾人今日所最应注意者,则为国际之空气及日方之态度。调查团报告书不过是向国联之一种报告而已,对于中日问题之解决,仍将由国联大会讨论。如日方能改变其向来之倔强态度,在国联监视之下谋中日问题之适当解决,则吾人应从大处落目,在不丧权不辱国的原则下。如日本一味强蛮横行,

不顾一切,则吾人一面应妥筹对付,一面尤应随时注意国际情势因此而发生之变化。如国际风云因此而趋恶化,则我国对于一切准备,此时尤应积极筹备适当办法云。

【南京十三日下午九时三十分本报专电】 唐有壬谈,汪因有病,蒋忙于军事,对报告书尚无具体意见表示。外部元(十三日)赠驻京英、美、法、意、德各领英文本报告书一,日领中文本一。

【南京十三日下午九时专电】 宋子文元(十三)晨七时偕秘书黄纯道等飞沪。此行系筹划财政,对报告书意见,亦须与汪有所商谈,日内即返京。又沪元(十三)日电,宋子文等元晨八时抵沪。据谈,来沪系会商财政,报告书仍在研究中,汪出洋与否,尚无所闻。文(十二)日沪电传汪病渐愈,十日内可出院。记者元(十三)日分询褚民谊、曾仲鸣、唐有壬等,均云未接汪是项电告。又汪在沪发宣言事,汪不得而知,谅系误传。又曾谈汪尚须静养三月,中政会昨已准续假,十日断不能出院。褚、唐定元(十三)夜车赴沪探视,并报告政情。对汪病,中央极关心。

【上海十三日下午九时五十分本报专电】 传汪将出国养病,询诸汪之左右,据表示尚未闻筹备此事,但一般认易地疗养为较佳之办法。汪昨确对医生表示,再住十日出院。宋子文元(十三)日晨九时乘飞机抵沪。据谈,来沪接洽财政问题。对汪出洋消息,宋谓中央既已准给假,出洋有可能性。关于李顿报告书,政府正在讨论中。

【南京十三日下午九时专电】 汪肝肿病甚剧,闻陈璧君刻力劝赴巴黎附近或瑞士长期休养。一说已得中央及蒋同意,有护照已办妥,日内即出院离国说。又褚民谊、曾仲鸣、唐有壬均否认汪十日后可出院。

(《益世报》,1932年10月14日,第一版)

352. 日对国联态度转趋积极:宁作反对投票,不受缺席裁判,驳报告书意见书已起草完毕

【东京十三日日本新联电】 日本政府对于李顿报告书之意见书,本日已起草完毕,分送各关系方面,俾加以最后之添改。意见书内容如下:一、李顿报

告书全部充满极端之偏见，以国联调查团而作此不公平之态度及观察，殊为我国最感不快之处。二、日本之军事行动，以其仅由于柳条沟事件而起而认为自卫行动之范围外，此乃无视作成事件背景之历史的事情，可谓极认识之不足。三、柳条沟事件，由于军事行动迅速之结果，而判断为有计划的行动之事，乃其不知军队之本质。四、说明中国之国情，暴露其无统一、无秩序，并强调声明其为非国家。五、排日排货显然为中国政府之责任。六、报告书称满洲无独立运动存在，此乃不明事实之言。历史上满洲已有数次独立运动，如其轻率信赖满洲居民一千五百名之投函，竟无视"满洲国"方面之意见之事，尤为不谨慎。七、满洲共同管理之事断不能行。问题之解决，要之在中国内政之改造，对此可由国际协力。

【东京十三日日本电通社电】 传内田外相已决意于国联大会开会时，即舍弃其从来所持消极态度，而不采弃权办法，俾日本代表得以正式资格出席会议，并于必要时作反对投票。此讯若确，则日政府于本年四月以来，保留适用盟约第十五条之主张，可否撤回，必将成为问题。盖日政府之所以主张保留适用第十五条，而仅允适用第十一条，系以在十五条中规定国联理事会所采之纠纷解决案，得除外当事国而有效成立，故为免受此种缺席裁判之拘束，而出于放弃投票权之举。现在内田外相既已决意变更此项弃权方针，则撤回适用第十五条之保留条件，而正正堂堂在国联大会中论战之意见，当然在外务首脑部间有力化。于是政府之对国联积极策，遂亦渐将成为事实。

【东京十二日日本电通社电】 对于李顿爵士报告书之日政府意见书，已于本日下午六时在外务□官邸，由陆海外三省开起草委员会，作最后之协议，并就成案之修正点交换意见。该项意见书文本可望于二十二日以前译竣。至指摘报告书误谬之点之附属文件，则须俟至本月底方始完成。

【东京十三日新联电】 参谋本部第二部长永田少将，协同"支那"班长大成户中佐，本日午前九时由东京出发赴满洲。该少将此行，似系携带十一日参谋本部与陆军省首脑部会议所决定之对满洲里方面之日侨监禁事件及热河方面之今后中央部之重要对策，传达与武藤司令官之重要使命。该少将对于满洲各地、华北山东方面，将往视察，预定下月中旬回国。

【东京十三日日本电通社电】 政友会方面于昨日下午二时开总务大会，久原首席总务、山口干事长及其他各总务等均行出席。当即通过应于十五日在和歌山市近畿大会中发表之宣言决议并总裁演说草稿。该项演说内容除批评临时议会之时局对策及低金利政策,且主张日本当对国联持强硬态度外,更力主政府应即承认支出适当费用,充实国防。又该总务会复决定派前代议士二见甚乡出席国联大会,并为确立南洋渔业政策计,派原代议士前赴该方面,作日南合办渔业调查。

(《益世报》,1932年10月14日,第一版)

353. 社论:推敲报告书与挽救国难

中央政府一班领袖,大概是在调查团报告书上做考据的工夫。不然,这十几天来,在报告书这题目上,他们每天开会,每天讨论,每天研究问题,每天交换意见,到底在忙些什么?科举时代的考员预备科场,中小学校的学生预备大考,恐怕亦没有这次政府领袖们对报告书这般勤劳辛苦。然而考员与学生是有目的的。他们把书本念好了,前者可以及第,后者可以及格。政府领袖们卖这种大力气,推敲报告书,命意何在?中国的政治领袖们,果相信报告书是解决中日问题、收回满洲失地的一种文件吗?

我们这些话,并不是要政府诸公轻视报告书。报告书我们应相当的重视。把整个政府的精力贯注在这本报告书上,对其他挽救国难、收回失地的方法竟绝不提起,这种态度我们绝端反对。

其实中央政府对报告书的态度虽然没有宣布,我们国民以及世界人士对这点已可猜个八分。顾维钧公使在日内瓦发表的谈话,中国大体可以接受报告书,不过保留巨大的批评权。这种谈话就是中国政府的态度,不言而喻。我们设身处地为政府着想,在今日形势下,对报告书恐怕亦只有采取这种态度的一条路。果尔,报告书又何尝用得着这样长久时间的推敲?我们且回头看看日本,别人是双管齐下的在做,他是实际侵略不忘口头外交,口头外交不忘实际侵略,日内瓦送代表,东三省增军队。这才是头头是道的做法。我们政府诸公捧了一本报告书,今日"审慎研究",明日"缜密讨论",彷徨四顾,一筹莫展。这样的局面,怎能做对方的敌手?

在两个月以前,我们就唤醒政府,应利用时机,做这次国联大会失败时的准备。由今推算,到十一月十四,不过一个月。光阴迅速,转瞬即至。到彼时,报告书恐成历史废纸,今日政府诸公"审慎研究""缜密讨论"的结果,恐又都归白费。诸公再这般彷徨四顾、一筹莫展,彼时恐只有目瞪口呆、束手待毙的一途。彼时不但"满洲国"不能取消,蒙古国恐又将成立了。

我们此刻只有奉劝政府诸公,从此日起暂时抛开报告书,做下面这两件正经事:(一)改造政府;(二)整顿军备。公开的并且大胆的说,现在这个政府是没有应付十一月十四日后局势的能力。我们说改造政府,不是反对或拥护政府中的什么人的问题。目前的政府,是有人无人的问题。目前政府的毛病,是没有人给我们反对,更没有人给我们拥护。我们说改造政府,亦不是"取消党治"这类旧话。在今日中国,我们实愿降格相求。谁来亦可以,总要有人来。目前行政院无人,政治会议常务委员无人,这的确不是办法。诸公在这一个月内,极应设法打破这无人负责的政局。其次,是军备的问题。国家有三百万大兵,依然要靠民众的义勇军去抵抗外侮,这是古今中外的滑稽。军委会的责任不限于"剿匪",这点已经有人指出来了(丁文江先生在《独立评论》上有过这样的议论)。清内而后对外,这是蒋委员历次的宣言。现在鄂皖豫的"剿匪"事务,已有一段落,我们希望蒋先生及此做对外的准备。横竖一班军人过不惯静寂的生活,四川、山东、云南各地的内战,横竖无法解决。是一战也,内战不如外战。十一月十四日以来,满洲问题亦到了最后用武力解决的机会。及此抛开报告书,准备军事,实为正当的道路。

最后,我们依然要唤醒民众,中国的内政外交,听其自然演变,一定是愈趋而愈下。人民不逼着当局改革内政,内政一定无改革的希望;人民不逼着当局抵抗外侮,当局一定不做抵抗的工作。商会、工会、教授会、学生会及其他一切人民团体,实又到了说话的机会。坐以待亡,不如奋斗而亡。中国的人民,倘不肯做安天乐命的亡国奴,这又到了说话做事的时候了!

(《益世报》,1932年10月14日,第二版)

354. 政府对报告书态度大致决定,反对破坏主权完整之建议,根据四原则取修正的容纳,外罗昨到汉询蒋意,再赴沪晤汪,中央极尊重各方对报告书意见

【南京十四日下午八时五十分本报专电】 罗文干谈,外交委员会对调查

团报告书意见,经一旬来之讨论,确已一致,但尚不能算最后决定,现离国联大会之期尚有半月余,尽可从容讨论云云。探闻政府当局对报告书最不满处,即调查团太注重现存非法事实,例如伪组织之成立,因此对解决方案乃迁就事实,提出顾问会议,设特殊制度治理东三省,以此调剂日政府之欲望,敷衍国联盟约、九国公约之精神。实则据报告书之建议,如撤退日军警日侨居住及租地权推及东省全境、国际合作及外国顾问等项,名虽保全中国领土主权,实则我国主权行政均以此而丧失。以是经多次商谈,决定四原则:一、报告书第一章至第八章叙述理论与事实者,其有因根据错误或片面观察而未能明了真相者加以驳正,使国联大会及全世界不致误解。二、不能因东案再开剥削中国国家领土行政主权完整之恶例。中国自鸦片战争以后,因战败而丧权失地,领判权迄今尚未撤消,故以后订任何国际条约,不能再蹈覆辙。调查团建议顾问会议,认其中多项束缚中国主权行政之完整。中国政府虽允考虑其用意,但不能完全赞同其提议。因与东省纠纷相类者,尚有康藏、新疆、蒙古。苟东案如此解决,将来英俄亦可援例召开顾问会议,各该地方不驻军宪,设特殊制度,如是则中国国防将不堪设想矣。三、东案系由中国交付国联处理,对国联建议及意见当然尊重,但如有直接或间接破坏中国领土行政主权完整之提议,中国政府宁愿使东省被日方以武力非法侵占,作破坏中国之行动,不能轻订条约,甘受束缚。因武力侵占终有收复之一日,若定约,即是自己甘心放弃主权。四、解决东案须以东省不被分割为原则,故对伪组织固不能承认,即日本藉武力以取得现存条约以外之权力,中国政府亦不能承认。根据上述四项原则,政府态度似对报告书建议取修正的容纳。外交界谓,此项态度与日之对报告书之全部反对,比较可得世界舆论之协助云。

【南京十四日下午九时本报专电】 罗外长寒(十四)晨十一时一刻偕参事朱鹤翔、秘书林春[椿]贤,乘塞可斯机飞汉谒蒋,徐谟、刘崇杰、刘师舜、吴南如、向哲濬等十余人赴机场欢送。罗外长临行语记者云:"余此次赴汉谒蒋,系商对报告书之意见。删(十五)下午返京,铣(十六)飞沪与汪磋商。俟各方意见集中后,始能确定具体意见"云。

【汉口十四日下午九时专电】 罗文干乘宋子文自备塞可机寒(十四)下午二时半抵汉,降王家墩□机场,外部参事朱鹤翔、秘书林椿贤同来。罗等下机后,即乘汽车赴德明饭店休息。记者往访,罗因航程劳顿,派朱鹤翔代见。据谈,罗部长此来,系向蒋委员长报告外交情况,并征询对报告书之意见。定删

（十五）原机返京,并将赴沪谒汪。政府对报告书意见,须汇集各方意见后,再会议作具体决定,现在□重商讨中。国人此时于研究报告书外,尤应留意国际情势及日人态度云。

【上海十四日下午九时三十分本报专电】 宋子文谈,政府对报告书意见,正由外委缜密讨论,几致每日开会。罗已赴汉征蒋意见,本人系代理院长,亦须请示汪,商整个意见,日内拟约与晤谈。宋并否认来沪系筹款,谓系与本部干员商榷种种改革计划,废两改元进行,并未停顿。

【上海十四日下午九时专电】 宋子文语记者:"本人此次来沪,系与财部在沪各干员商种种部务,如废两改元等,正积极筹划,未稍停顿。外传系来筹款,绝对不确。中央对报告书意见,现正由外委会缜密商议。外罗寒(十四)飞汉即为此事,征询蒋意见。外传汪将出国,本人未闻,或将离沪长期休养,想亦可能"云。

【南京十四日下午六时十分本报专电】 各方对报告书赞同或反对之意见,中央均甚尊重。惟要以能切实负责之方针为重要,俟蒋、汪表示意见后,再开外委会详研。

（《益世报》,1932年10月15日,第一版）

355. 苏俄亦不满李顿报告书,指为造成世界对俄之联合战线,日意见书将由松冈携赴日内瓦

【东京十四日新联电】 作制日本政府意见书之外务、陆、海军联合委员会,外务省方面松冈洋右、谷亚细亚局长、守岛第一、三浦第二、柳井第三课长,陆军省方面山下军事课长、本间新闻班长、原中佐,参谋本部方面松本欧美课长、酒井"支那"课长、武藤第四班长、海军方面寺岛军务局长、岛田军令部第四班长、□泽军事普及委员长等参集。根据第一回协议会决定之事项,业于外务省起草完毕。遂以该草案为基础,经昨日协议结果,意见书遂略见完成,对于细部再加以修正,分送各省作最后之决定。然后经阁议决定,即交与松冈洋右于二十一日由东京驿出发,携往日内瓦。又该略已完成之意见书,原案日文字约占大型纸张百页内外,其内容非采取辩驳报告书之态度,而由大局作攻势与

防御两样之准备,即对于报告书之认识不足之点,予以恳切之启发,而观察错误之事项,则附与微细之辩驳。又意见书置重点于左列诸项:一、诱发满洲事变之根本问题之中国事态,予以正当之正视;二、阐明"满洲国"成立之真相;三、使其明了日本帝国陆军之行动为正当,且为当时唯一之手段。

日本别生枝节,责难报告书起草人

【东京十四日路透电】 外务省舌人发表关于日本提出日内瓦之意见书时,声称一审慎研究李顿报告书之后,已深信该报告书大部分系调查团中二位有成见之专家之意见:一系杨瓦特,一即从前以极力反日著名充通译员之荷兰人。日政府虽无意提出正式□诉或指出名姓,然认为必需表明,调查团中有抱成见之专家,对起草报告书之工作有如此之积极活动,于日本不利。况日本曾同意报告书应由无偏见之调查团团员起草,不应由有偏见之团外人员起草。日本意见书内容未发表,但舌人断然表示日本将特别集中于抵货问题,并企图获得国际法规定抵货亦属于战争一类之中,并郑重声称在日本诉之武力以前,中国已开始排货,所以中国为一真正侵略者云。

苏俄方面认为帝国主义联合对俄

【莫斯科十三日路透电】 苏俄名记者拉达克在《依兹维希亚报》发表论文,谓李顿报告书系一扰乱日俄关系之隐秘企图。同时分【析】该报告书结论时,指其绝对不明满洲真相,完全未提及帝国主义者在远东利益冲突之把戏,并声称苏俄非在满洲与日本竞争者。彼谓调查团对于苏俄在远东之利益已先存有成见,认调查团团员此举系欲避免帝国主义之冲突,转变战线以联合对俄。拉氏又称,李顿一方面令日本帝国主义反抗苏俄,同时对引诱苏俄加入反日战线之企图并未放松一步。后又总论报告书系日人与世界帝国主义之一种妥协云。

【莫斯科十三日哈瓦斯社电】 苏联政府言论机关《依兹维希亚报》主笔拉德克发表长篇论文,批评李顿报告书,其意在指责调查团,认该团对苏俄在远东问题中地位特别注意,实□完全不明苏联实情。拉氏谓苏俄无任何政策,其在满洲问题中,并不能视为日本之竞争者。简而论之,拉氏责备调查团,谓其欲将世界帝国主义与日本帝国主义联为一气,以抵抗苏联。拉氏又责列强有两种作用,一方既鼓动日本反对苏联,他方复收买苏联,一旦有事时,得加入反对日本之联合阵线云。

(《益世报》,1932年10月15日,第一版)

356. 李顿昨在英伦演说,以调查团之精神期国联,深信国联能应付此难关

【伦敦十四日路透电】 李顿爵士今日在广播演说中发表对调查团工作个人之观点。彼特别郑重声明各地官方对调查团使命之注意及在满洲所受之优待。彼谓:"各处设宴,无分昼夜,欲完全避免应酬耗费之时间,殆甚困难。"李顿在一成功解决之展望时云:"困难依然极大,但予深信国联积过去二十年之经验,必能对此种困难应付裕如"云。

【伦敦十四日合众社电】 国联中日纠纷调查团主席李顿爵士今日向全英及欧陆作一广播演说,报告在远东之经过。在其演说中,李顿氏声称调查团各国代表对最近公布及争论甚多之报告书中之主要事实,均一致同意。彼谓各团员——李顿爵士(英)、麦考易少将(美)、格老得耳(法)、锡尼博士(德)及马柯迪伯爵(义)——关于获得中日纠纷一解决实行之方法时意见微有不同。李顿氏云:"予希望当国联讨论吾等之报告时,亦如吾等在北平时有一致之意见。"李顿所说者,大半系关于调查团工作情形及其旅行与经历。彼对中日及世界对于报告书之态度,未加拒绝。至今日李顿提及关于调查团各团员间不同之意见,未加详细叙述云。

(《益世报》,1932年10月16日,第二版)

357. 国联行政院邀请调查团参加报告书之讨论,外罗返京,今明赴沪,政府对报告书意见即将决定,颜惠庆推顾分任行政院代表

【日内瓦十五日路透电】 李顿调查团五团员已被行政院邀请,参加对报告书之讨论。此举适符调查团团员之愿望,使彼等能有发挥大会中对报告书

提出各点之机会。又此举最重要之方面,系国联将确切与美国联合处理李顿报告书,因麦考易上将(调查团美国代表)亦将参加云。

【南京十六日下午六时三十分本报专电】 罗文干铣(十六日)午偕翁照垣由汉飞京。罗谈:"蒋对报告书意见,已有表示,内容关系重大,不能发表。外委会洽(十七日)开会,将各方意见归纳后,再拟整个方针。予明后日尚拟去沪,谒汪、宋。"

【南京十六日下午十一时专电】 外部息。颜惠庆本年一月受任国联行政院我国代表,九月又受任国联大会我国首席代表,任重事繁,曾迭电政府,请另派代表分任其一。颜以此次国联行政院开会,最要者为讨论报告书,并邀李顿出席,我顾代表曾亲与调查工作,由彼代表出席,自属更为适宜,故曾迭电推重顾氏担任行政院我国代表。政府已征得顾氏同意,故即用命令发表。现颜任大会首席代表,顾任行政院代表,通力合作,可称相得益彰云。

【南京十六日下午九时专电】 外罗寒(十四)偕参事朱鹤翔飞汉谒蒋,磋商外交,铣(十六)晨由汉飞京,十二时一刻到达。外次徐谟、刘崇杰在机场欢迎。罗下机后即乘车返私邸休息,定日内乘车赴沪谒汪,再度磋商。有询以此次赴汉结果者,罗答称:"此次赴汉,与蒋对报告书意见有详细磋商,但内容则非侯政府将整个意见具体决定后,不能发表。"

【南京十六日下午九时本报专电】 外罗飞汉谒蒋后,中央各要人对报告书意见已趋一致。罗定筱(十七)召集外委会议,报告赴汉与蒋磋商经过。再作一度研究后,即于巧(十八)乘夜车赴沪晤汪,征询汪氏意见,俾作具体整个之决定。然后回京提呈中政会讨论通过,训令颜、顾、郭三代表,依据中央意见以资因应云。

【东京十六日新联电】 十一月十四日开会之国联总会,对于满洲问题之运命解决,现在不能即下断定,因须视转移国联之原动力之英美两国之向背如何。故此,日本外务省对于该两国将来对日行动极为注意。该两国中尤须戒心者为美国,豫想将因十一月八日大总统选举战之结果而发生一大变化。盖因:一、此次之大总统选举战,共和党之旗色颇恶。倘因此而民主党政府出现,则从来之对日积极态度将当取消。二、假使共和党再胜,现任国务长官史汀生亦难免于辞职,盖因史氏与胡佛之关系缺欠圆满,以及与军缩问题有关之赔偿战债问题失败之故。三、美国内之舆论,尤其财界方面,反对美国容纳占国联大部分之欧洲诸国之无责任的希望,而站立于对日强硬策之前面。美国之大势既如上述，再观英国当然毫无决意，独立以当日本之冲。法国之态度倘无变化，至其他诸国表面无论如何饶舌，结局将不至颠覆大势。

(《益世报》，1932年10月17日，第二版)

358. 外委会昨再开会审议报告书，罗今日赴沪征汪意见，汪出国期迫无关政局，宋子文昨夜返京，伍朝枢北上

【南京十七日下午九时本报专电】 外委会洽(十七)日集会。罗文干报告蒋对报告书意见，会后各委相率不肯透露一字。陈公博谈，汪出国对政局无妨，行政院仍由宋代，在三全会前不改组。

【南京十七日下午十时本报专电】 中常会筱(十七)对汪出国事，据陈公博谈，未曾讨论。外罗筱(十七)下午四时召开外委会，汇合各方对报告书意见及蒋意见，已有具体决定，决即提中政会。宋即来京参加。

【南京十七日下午九时专电】 罗返京后，以对报告书意见有召集外委会各委再度研究之必要，适中委伍朝枢由沪来京，罗乃于正午在□东酒家欢宴伍氏及外委会各委，下午三时齐赴外交官舍开会讨论。除在京外委会委员居正、朱家骅、陈公博、何应钦、朱培德、陈果夫、陈绍宽、贺耀组等均一致参加外，伍朝枢本为外委会委员，故亦被邀参加讨论。席间首由罗报告赴沪与蒋磋商经过，各委亦相继有所讨论，至六时许始散。闻各委意见已大致集中，但仍须与汪磋商，俾作最后具体之决定。故罗决于巧(十八)晚夜车赴沪谒汪，伍朝枢则于七时渡江，携其夫人乘车赴平云。

【南京十七日下午十时本报专电】 伍朝枢筱(十七日)晚车北上，谈："余自复辟携王亮畴、罗钧任出走，离平已十六载。北平风物，颇使余依恋，特往一游。余对报告书未向政府有所建议，各种会议亦不便参加，因不负政治责任之故。观察国联态度，毋宁观察英法态度，因国联实际为英法所左右。但进一步说，仍不如看我自己，因自己不争气，求人奚益？美民主党胜利后，一般推测将不注重远东问题，以余观察不可靠。因美各政党其政策决不能相反，其标新立异，仅在欲得民心。民主党总统威尔逊在欧战后热心参加国际政治，可为明证。"

【南京十七日下午九时专电】 伍朝枢谈："（一）余对报告书无若何意见发表。总之，对中日问题，一面固须观察国联形势，一面尤须用自己之力量，贯澈自己之主张，始能得圆满之结果。（二）日方对报告书所提之意见书，仍以中国为无组织、无政府之国家为借口，肆意攻评。如国人再不图团结，而徒勇于内战，前途不堪设想。（三）美国此次大选，如共和党获胜，对外政策必一仍其旧；如民主党胜，亦不至有多大变更。恐将以罗斯福及其外交当局之主张与态度而定。（四）最近在沪未晤汪，故出国事不详。（五）北上游历纯为旅行性质，别无其他任务。"

【南京十七日下午九时专电】 陈公博与记者谈："汪出国养疴，经医生力劝已决定，船票亦经购就。至赴德或赴法，现尚未决定。惟汪出国，纯系移地疗养，与中央政局完全无关。在未行前，对报告书意见，巧（十八）晚罗赴沪再作缜密研讨后，即可具体决定。"伍朝枢、黄绍雄、朱家骅、居正筱（十七）晨抵京。伍谈："对报告书，除前在沪发表意见外，现无意见。国内川鲁战事未息，日以无组织□我，殊可慨叹。予在沪未晤汪，此次赴平津，纯系游历。"晚六时伍夫妇搭平浦车北行。

【上海十七日下午一时五十四分本报专电】 褚民谊晨访宋子文，衔汪命商院务。因行政院定明日开会，宋定下午飞京。汪因各方挽劝，有终止出国说。

【上海十七日下午十时专电】 汪仍住诺尔医院。曾仲鸣筱（十七）夜车返京，据语记者：汪决于最近数日内赴欧疗养，惟究赴何国及何日启行，仍未确定；护照已由外部代办，日内当可办妥。

【上海十八日上午一时十七分本报专电】 宋子文、曾仲鸣、褚民谊、黄绍雄、刘瑞恒夜车入京。

【日内瓦十六日日本电通社电】 欧洲各国对于满洲问题之情势，近因德国提出军备平均要求而稍被搅乱。盖法现既目德之废弃凡尔赛条约要求为模仿日本对满所采行动者，而至渐改其亲日倾向；英亦以忙于应付对德、对法关系，殊不欲就与欧洲方面无直接关系之满洲问题采取积极态度；惟意仍持其从来之公明正大的主张，国联理事会亦然。但就大势言，当兹欧洲内部发生问题之际，各国似将对满洲问题持静观态度，而希望由中、日、"满"三国间作和平的解决。

（《益世报》，1932年10月18日，第一版）

359. 唐绍仪批评报告书："不应该"三字岂得谓平？惟九国会议可解决东案，与其高唱联外不如联内

【广州通讯】 国联调查团报告书发表后，记者现以西南政委唐少川曾对记者谓，俟该调查团报告书读完后即发表意见，乃于昨六日赴政务会再访，叩询有何主张，与其作如下之谈话：

问："唐先生政对于调查团报告书有何感想？"

答："国联调查团以数月精神调查东北事件，而结果只得'不应该'三字而已。李顿之结论，乃提议割让东三省而已。结果中国□前已经失利，将来亦是失利也。调查团只以'不应该'三字加于日本，而未加以有力之责成。譬如有一个人犯杀人之罪，解往法庭，及向法庭起诉，而法庭只谓犯者为'不应该'杀人，对犯者杀人之罪绝不提及，亦不判决犯者犯第某条之法律，岂得谓平？该报告书又谓日本固然不应该如此之行为，但到底中国失当等语，此更为荒谬。张学良在东北，相信未必胆敢危害日本人或一，张学良对东北之行政，间或有不利于日人，日本亦无须如此之暴行也。譬如有一个小孩，坐在街上或门口食牛乳，有一个大人经过，这个小孩或以粗口骂大人，而大人以足踢倒牛乳。该小孩子骂人系无智识，而这大人不应踢倒小孩之牛乳也。余批评国联对中日事件绝无办法，苟使他有办法，此案亦不至派员调查报告。且东北事件之报告无须调查团之报告，国联秘书日日有报告，不只中国代表报告，即各国公使及领事也有报告也。国联无办法解决，然后派员调查东北事件，已欲延迟该案，想令中日直接交涉也。日本亦观察国联无办法，始有如此之胆大妄为，增调部队，正在东北及手造成东北傀儡组织。余之主张，不须向国联起诉。余亦早已观察，国联无办法解决矣。中国此次向国联起诉，是最愚蠢的事。如果开九国会议，相信此案早已解决了。中国以一'怕'字而弄到此事之扩大，倘若当时以'不怕'而抵抗暴日，必无如此之扩大也。像第十九路军在上海时，以一军而抵抗十余万军队。及后上海虽由各国调停，但结果不至如东北之落于日人之手也。假使东北系广东军队驻防，相信不至落在日人手。"

问："日本现拟要求国联再次调查东北，日本有无阴谋？"

答:"此种阴谋已经暴露。日本欲延长时间做去东北事件,将来热河、平津及长江一带,日本必然派军队去骚扰也。日本此种要求,吾人当然反对。倘若再次延续,我中国人不知死几许矣。"

问:"如果国联执行第十六条之条约,可以制日本之死命否?"

答:"可以。以经济封锁日本,当然可以制日本之死命也。"

问:"各国对于中日之纠纷,均注意美国之态度,其意义何在?"

答:"美国在太平洋之势力甚大,亦可称强有力者,各国当然注意美国之态度。美国在远东之权利不少,无论若何,决不受日本之侵略也。余之主张中国即速召开九国会议,以九国公约来裁制日本。如果倚赖国联来解决中日纠纷,必成为梦想,简直只见中国人日日死亡数目增加。因美国未加入国联,所以国联力量薄弱。其主要除美国以外各国,在远东之权利不如美国,所以各国不注意,而且各国对于中国个个心怀不测,所以胡先生批评国联绝无错误。"

问:"东北事件自发生以后,当局要人均纷纷发表意思,有人主张联俄,有人主张联美。但是联俄、联美之两计划,何点足以救中国目前之急?"

答:"中国之所谓联某联某等等意见,简直是急时抱佛脚。余主张,不联外国外①,而必须联内。如果国人团结起来抵抗暴日,何须联外,团结足以御侮也。若果联外,中国权利必至丧失,因为与各国联络,非有相当权利,不能通过联盟条约。现在联外,无以救国②中国,救中国惟要联内也。"唐又曰:"中国对于东北事件,根本已错了。其错处系向国联起诉,若果向九国公约起诉,日本必不如此大胆。近来外国朋友向余询问,对于调查团报告书有何感想,余即答他谓,'余现已受伤过重,不能言语,若果汝(指西人)处我之地位,汝就有感想'等语答他。现在中国所办之事十分奇怪,以最易办之事,而入最难之门。如牛兰案不过系一个外国政治犯,且牛兰夫妇又非在中国所辖地方拘获,乃系在上海英界捉获,中国实不可理。譬如他的地方有一堆大牛屎,他要中国人去铲除及扫净,吾人就去铲之扫之,岂非蠢甚?"

唐言已,作微笑,记者乃退。

(《益世报》,1932年10月18日,第一版)

---

① 编者按:原文如此,"国外"为衍字。
② 编者按:原文如此,"国"为衍字。

360. 楼桐孙批评报告书——京党部纪念周席上

【南京十七日下午十时专电】 京市党部洽（十七）晨纪念周，楼桐孙报告，批评调查团报告书，谓该书在近代世界外交史上不失为一篇好文章，但书中前后矛盾。调查团既认东三省领土属于我国，九一八事变日军非出于自卫所必需，满洲伪国系出于伪造，乃结论并无公道的主张，而迁就目下的事实，此吾人所不能满意者云。

（《益世报》，1932年10月18日，第一版）

361. 日本如此应付国联：态度由消极转积极，澈底攻击中国弱点，要求静观伪国进展，内田已授意松冈

【大阪每日新闻载称】 日外务省当局前曾屡次举行干部会议，讨论对于国联政策之根本方针。结果内田外相据此将对松冈代表提出左项训令，大要如下：（一）帝国政府对于国联临时总会，一变既往之消极态度。关于保留适用国联盟约第十五条之主张，已行放弃。帝国代表出席实非仅属说明者，应以正式资格陈述对于总会审议之意见，且于决议时，亦应加入赞否之表决。（二）日政府特于驻外使节之外，特别加入松冈为帝国代表，因该氏对于中国本土及"满洲国"富有特殊之见识及研究。希望该代表放弃从来偏重技术方面而且拘泥的外交折冲，应将其所包藏之对华智识，向各国代表中以其极自由之立场，披陈中国及满洲之现状，努力促成国联对此有正当之理解。然关系手段方法，不限指定，尽委诸该代表自由裁量。（三）根据以上之见地，对于李顿报告书予以全部反驳。该代表之使命，不仅陈述反驳之意见，且于李顿报告书中关系中国本土紊乱状态详细宣明，及于李顿调查团退出后"满洲国"内财政经济行政秩序之回复原状，并其他一般情势之变化，对此补充新的材料及李顿报告书之不足，更希望举其全力，启发各国代表之认识。（四）李顿报告书中于日本方面之有利叙述，亦应完全予以强调指摘。诚如李顿报告书中结论所述，解决中日纷争之必须的前提条件乃中国中央政府之确立，将此给与各国代表澈底

的印象,且使中国本土成为有组织的近代文明国家,希望各国予以共同的援助,则日本政府对此竭其可能范围,亦当有所贡献,故当率直言明。(五)综合结论,则中国本土之国家组织完备,乃极东和平之先决条件。若此先决条件不能首先履行,徒以"满洲国"委诸无统制之中国中央政府,如此还原方法,不仅无意义,而且危险。即当警告于中国本土内尚未成立名实相符之统制前,应将解决满洲问题之责任,委托"满洲国"自身之民族的解决。应暂视其进展,方能决定最后满洲问题之清算。以此劝告国联,速为返省[①]。以上五要点,内田外相已对松冈代表予以广泛自由裁量之权限。若能发生效力,则关系"满洲国"之"国家"建设,已有长时间之余裕,则国联不得不迁延其最后的决定。该代表对于各国代表之解说能否奏效,尚在期待中云。

【东京十八日新联电】 日本全权代表松冈洋右二十日出发赴日内瓦,芳泽谦吉为此,十七日午后五时半于日本俱乐部发起盛大之送别晚餐会。出席者为荒木、金谷、南、安保、加藤、大角等陆海军大将,出渊、永井两大使,宫内次官、下院正副议长,以及朝野名士等六十四名,芳泽致辞。松冈陈述立脚于举国一致之国论,率直大胆以说明我本来之立场。其次加藤、坂本等陈述激励的送别辞。八时半散会。

(《益世报》,1932年10月19日,第一版)

362. 专载:"不适合于公断人合法形式"的李顿调查团报告书

根本错误在忘却国联本身义务与责任。经济抵制沿一般国际法律演进之过程已具合法形质,中国抵制日货纯由日本强烈压迫之反映,非一般排外运动,满洲无独立运动,同时亦无自治运动。第十章建议办法中国断难接受,顾问会议为变相的处分满洲的国际代表会议。中国在原则上可接受满洲合法自治,但不能接受变相自主组织。满洲为中国国防第一线,当然有驻兵权,不能与日本相提并论。缔结条约须具备意思自由与合致之要素,不具备要素之条

---

① 编者按:疑为"反省"。

约决不能防止将来事变。建议三项，中日条约日本利益七种，中国除尚难确定者二种外，别无利益。日本违法夺取之优越权利，将一一取得法律上效用。报告书调和办法并非根本的，亦非双方的。不适合于公断人合法形式。

自李顿调查团报告书发表后，各国政府除日本外，大率抱持重沉默态度，以俟国联之行动。然国际间一般舆论，莫不集中于此报告书之批评。在日内瓦与纽约方面，多视为"排难解纷之实在途径"，不曰"法律事实，均若兼顾"，即曰"鞭辟入里，持论公平"。在巴黎，尤其在柏林方面，则多惜"其出现之过晚"，"已为事实所掩蔽"，乃至目为"无意识之空言与国联之又一骗局"者。其他指摘日本先事承认"满洲国"之不当与中国内部分化者有之，其于国联处理困难与纠纷决不可能，尤多失望悲观之感。虽其持论各有精到处，然未若伦敦《太晤士报》谓其所拟条陈"不适合于公断人之合法形式，但适合于中日双方友人者之智慧"之批评，则一针见血。该报并谓在此环境中能否实现，亦认为问题，亦与吾人之见地不谋而合也。统观报告书全文所陈述者，调查团之根本错误，在但知"考虑中日争议之可能的解决办法"（绪言），而忘却本身即为国联之缩影，负有国联盟约及其他公约上之义务与责任。而其所建议办法，犹复于解决可能范围上缺乏深澈理智之考虑。故其愈谋双方根本利益之调和，愈增其争议之严重性，而失其平和解决之可能性。如满洲高度自治之建议，如顾问会议之设置，如中日双方撤除满洲驻军权之办法，如日本在满洲扩大经济上及其他特殊权利之条议，等等，即其明证。其概念所重加申明者，如谓"对于已往行动之责任坚持较轻，而对于寻求防止将来再发生此类行动之方法坚持较重"，尤为错误之错误。报告书第四、第六两章，虽曾指证九一八满洲之事变，"不能视为合法自卫之办法"，"满洲国"之构成亦认"为日本军队之在场及日本文武官吏之活动"，而第九、第十两章于解决原则（条件及所建议办法）绝无一字一句涉及责任问题，岂独"较轻"，直不"坚持"耳！夫既不坚持已往行动之责任，则所寻求防止之方法，自不适合于公断人合法之形式。乃欲完成其所谓"考虑中日争议之可能的解决办法"之任务，不綦难乎？试举例以喻之：譬如有盗窃据主人之财产，主人诉之公断人，公断人主张盗与主人根本利益调和，不坚持以往责任，但寻求防止将来方法。微论盗主未闻以调和方式求解决者，藉曰事有或然，孰能保其盗之不再犯与他盗之不生心乎？今调查团报告书如上述云云，得毋类是！

调查团报告书根本之错误，既如上述，故其所陈述事实及其建议办法，既感左右支绌之困难,自不免于支离矛盾之弊。从某一方面观察,一若法律事实兼顾,富有调和性;若从另一方面观察,法律终为事实所掩,则殊缺乏实现性。试就吾人之见地一评论之。

一、事实部份

报告书自第一章至第八在[章],在陈述中日双方及关系国章[在]满洲之权益与九一八前后纠纷之事实,用为历史背景而加以考虑,以为寻求解决双方争议方法之资料。则此项事实之陈述与考虑之结论,果否合乎"公道""和平"之实质,其关系应视建议部份有同一重要性,固不可不办也。今就吾人之理解,其第二章关于满洲状况及其与中国其他部份及俄国之关系,第三章关于九一八以前中日关于满洲之争执,与第四章关于满洲事变第六章关于"满洲国"之叙述,实较公正而少疵,其间虽有若干闪烁其词不无可议者,究其是非之所在与责任之所归,固能一读了然,不足为病也。惟第一章与第七章所论列,显多出入之处,其与报告书他项所陈述者,亦多不相侔也。

中国基于近代民族主义而有国家统一之觉悟,为谋国家统一而迭酿内战,其事固难讳言,其关系报告书亦曾提示政治上之波澜、社会及经济上之不安,乃必然之现象。然其影响所及,在与中国接触之各国经济贸易上蒙受不利,诚属无可避免。然亦世界各国政治演变中共同之现象,非中国所独具。调查团一若视此有威胁世界和平之趋势,甚至认为构成世界经济不景气之一原因,颇致疑于中国政治之前途与国际关系之连锁问题。并指斥中国经济抵抗及排外宣传导入学校之太猛,凡此皆足予世人对中国不良之印象。不知中国对内企图统一,同时对外不能不要求解放,为要求对外解放,乃于华盛顿会议时踏入以国际合作解决中国困难之途径,诚属中国之愿望。反对日本特殊势力,则为事不容讳者,并无所谓"不规则",亦无一般排外之观念于其间。所谓经济抵制者,是诚抵御强国之合法武器,导入学校,在时间上为偶然,言对象为日本,决非一般排外之宣传。以视日本将中国【领】土划入日本舆图,并种种侮辱文字列入学校教材,为何如耶?

然中国民族所以有如此强烈之情绪,形成普遍而有组织之运动,纯然由于日本强烈压迫之反映,为一般国民所自动。中国政府固尝从而干涉之,各省地多数抗日救国团体之封禁与一般民众集会游行之取缔足证也。使调查团认弱小民族国家于此消极的经济抵制为一国际法之问题,乃欲有所拘束,不但助黩武主义者以张目,直国联本身威胁世界和平耳!

　　报告书第一章所陈述,对于中日争议,有以中国经济抵制为造成特殊空气□言。第七章亦谓经济绝交之运动影响中日关系重大,又不啻暗示人以中国经济抵制绝交为中日冲突之一因素,至少亦有若干神秘关系之印象。"日本要求在满洲特殊权利","限制中国主权之行至一种程度时,使中日两国不得发生冲突",又"日本渴望在两者——中国与苏俄——之间,介以一与两者不生关系之满洲",此皆报告书第二、第三两章所陈述者,是即中日冲突之真因。中国经济抵制,亦即此冲突酿成之恶果,实非其恶因也。使无此恶因,即无其恶果。中国并不情愿演此恶果,使此恶因一旦扫除,则恶果立见消灭,自可保证。况对外经济抵制,原非中国国民所独创,土耳其之抵制奥货,印度甘地之排斥外布,皆是其例。在现代国际形势之下,此种经济抵制运动,无形中已沿一般国际法律演进之过程,具备合法之形质。国联盟约第十六条之规定,即为其感应。中国抵制日货虽不止今次,大率随事态之演变而呈紧张或弛怠之象,亦有归于消灭者。其非一般排外,与不为中日冲突之因素并无其他神秘之关系,于此应视为一种有力而又合理的反证。然调查团报告书皆无一语及之,殊令人不能不致疑于调查团何见之不广、言之不尽也。

　　报告书第五章、第八章,节要简单,不具论。

二、建议部份

　　报告书之为世人所重视者,厥为第九、第十两章。前者——第九章——为解决之原则及条件,后者——第十章——为审查之意见及建议。以前者言,所谓原则条件,虽无在不有迁就其所谓"既成事实"之迹象,然却自认亦不满意,其言质直而□理智,尚不失为公断人之态度。惟关于(一)恢复旧状与(二)维持"满洲国"之论点,于法于理,两不可通。"'满洲国'之属于中国,已为不可变更之事实"(第二章),则地方行政制度之变更或改进,应基于中国主权之发动或地方人民自由之意志,依其便利而行之。"在一九三一年九月以前,满洲毫未闻有独立运动。"(未完)

(《益世报》,1932年10月19日,第十版)

363. 蒋、汪提议定期开中全会，汪出国期内中枢不变更，对报告书意见下周中政会决定，美严重注意日本背弃九国公约

【上海十九日下午九时五十分本报专电】 汪、蒋联名向中央提议十二月初召开三中全会，解决国是。张群谈，中央号（廿日）将讨论此事。刘崇杰晨携汪出国护照抵沪，据谈外罗定号（二十）来沪谒汪。汪出国护照共五张，由德法两领签证。陈绍宽由京、顾孟余由杭，皓（十九日）抵沪。

【南京十九日下午八时二十分本报专电】 汪决漾（廿三）日放洋。闻行前拟发表文字，劝各方团结御侮，军人勿勇于私斗，俟三月期满病愈，即返国服务。罗文干决号（二十）日晚车去沪。

【南京十九日下午十一时专电】 汪定养（二十二日）离沪赴德就医。宋子文、陈公博、朱家骅、褚民谊、钮永建皓（十九）晚十一时乘花车赴沪，与汪晤谈。外罗定号（二十日）晨前往，对报告书意见与汪有所磋商。现外委会意见已大致集中，俟与汪作最后商谈后，即可具体决定，将提下周中政会通过后，训令日内瓦我代表团。皓（十九日）中政会并未讨论。又汪出国后，行政院仍由宋子文负责，各部会长暂无更动，一切待三中全会决定。

【上海十九日下午八时专电】 汪决定养（二十二）乘法邮船德来朋号赴马赛，转往汉堡，入热带病院疗养。闻汪已出诺尔医院，居沪西某处新寓云。顾孟余在沪尚有数日勾留，拟与各部会长晤汪后再返京。

【南京十九日下午八时专电】 宋子文定号（二十）晨车先赴沪。闻各部长在沪之谈话会，将以决定报告书意见及今后内政设施为最重要。曾仲鸣等将俟汪行后返京。下周中政会对报告书意见，方能决定。

【华盛顿十八日合众社电】 东京政府发表之正式声明，称日本对一九二一——一九二二年华盛顿会议时所缔结之九国公约之条款，无依照实行之意，致今日引起华盛顿官方之重大注意。日本代表当华盛顿会议时是否存心欺骗，以期引诱美国裁减一部分海军、菲律宾群岛不设国防一节，成为此间谈论中心。日本所谓九国公约原本并未想到远东目前之情形，绝对与国务院之记录

相反。今日此间一般声称,东京之声明,引起对日本在华盛顿会议时所取态度之意义之讨论。在未接到东京美使馆之详细报告及经当局一度讨论之前,关于日本声明,尚无正式宣言发表。然一般承认,东京最近发表关于九国公约之宣言已引起相当之讨论云。

【东京十九日日本新联电】 日本政府对李顿报告书之意见书,一两日内可以完成。即由松冈代表携带,二十一日由东京出发,十一月四五日抵日内瓦之后,再与日本代表团交换意见,然后由泽田节藏提交国联秘书长。彼时,日本代表团将要求日本意见书与报告书一并讨论。又电,日本意见书本定由二十一日出发之松冈全权代表携往日内瓦,嗣经发见有再行考究之事项,故决定重新研究修改之事。惟二十一日以前修改完竣,实为不可能。故豫定由二十八日出发之吉田大使携往,然有提议,若必要时则于途中由飞机护送之议。

【东京十九日新联电】 国联总会开会前,为缓和各国无产阶级对日险恶之恶气,社会大众党特派顾问铃木文治十八日午后九时二十五分由东京出发,赴欧洲活动。

(《益世报》,1932年10月20日,第二版)

364. 专载:"不适合于公断人合法形式"的李顿调查团报告书(续昨)

(第六章)然满洲亦何尝有所谓自治运动?今乃一经"和制",则认为恢复旧状徒见纠纷,遽欲代以变相的自主组织,是不啻否认中国国家主权,侵害地方人民自由。试问将来依建议法所树立的满洲自治,究与以暴力压迫的"和制'满洲国'"何以异?此其一。同时,调查团观察经济上、社会上之密切关系,视满洲与外蒙古大异。从种族、文化及国民性情各方面观察,犹谓满洲与其邻省山东、河北相同,乃复强中国与以半开化之外蒙古相等自治权,使其与种族、文化、性情种种相同之邻省生活于所谓"特殊制度"之下,此其矛盾,亦足惊人。此其二。更端言之:满洲旧状既为日本暴力所击破,依国际最普通之惯例,恢复原状,日本应负其责。今姑如报告书所述,为调解争端之计,不遑追求,然则满洲现状,抑何不寻求维持之办法?如谓"中国决不愿接受东三省与本国完全分离之办法",中国又何尝愿接受东三省变相的自主之组织?且其与日本"在两者之间介以一与两者不生关系之满洲"之渴望,复相背驰。今日本且已进一步而承认其所谓"满洲国"矣,其纠纷之重见,固不在彼而在此也。此其三。但吾人鉴于今日中国国家近代化之演进,固不反对任何地方之合法自治。同时,对于李顿爵士、麦考益将军、希尼博士所谓中国将来之政治发展,将沿联邦自治之途线而进之见解——胡适答路透访员谈话——亦为吾人素具之同情。中国固不妨尊重其意见,接受其所谓满洲自治之原则。至自治之性质与其限度,则又别一问题,容下节言之。

以言后者:调查团之目的,据报告书所陈述,"一方面顾及国联原则及关于中国一切条约之精神及文字以及和平之普遍利益,另一方面仍不忽【略】现有之实况及正在演化中之东三省行政机关"。有此矛盾不可理解之目的,故其建议之办法,殊与报告书全文所陈述之若干事实与理论大相径庭,尤其与前者所建议之原则,显多矛盾之处。将为中国方面所断难接受者,用述于次。

调查团报告书所建议解决中日争议之调和办法,以设置顾问会议为枢纽,以树立满洲自治为标的,以商订中日条约为归宿。在纲领上诚有条有理,在细则上则支离决裂。以言顾问会议,其任务在讨论并提出详密之建议,设立一种特殊制度,以治理东三省,其职权散见于各项建议下者:(一)议定中央之权限;(二)为现政体与新政体继续之协助;(三)讨论中日两国权利和利益争端;(四)提出参差意见于国联行政院;(五)决定中央与东三省政府税款收入之分配;(六)议定东三省某种选举制度。其性质至难定,谓为中日双方直接交涉之一机会,而当事双方尚须以国联行政院之协助,先行协定大纲,且议订中日条约。又别有磋商代表,谓为中日和平的对等会议,而最后提议仅须送交中国政府列入宣言之中,转送国际联盟,九国公约之签字各国将被认为对于中国政府有国际协定之约束性质。以代表人选言,依中日方法选出者或相当,此外有满洲居民代表,有中立观察员,又不啻一变相的国际代表会议。顾其任务与职权所关涉,并特定提议送交中国列入宣言内之事件,要皆为中国国家主权及中国政府事权范围内的事件。而议定满洲行政长官出缺选任方法,尤关涉其地方居民之创制权及其他国民权利。质而言之,所谓顾问会议者,殆一变相的处分满洲的国际代表会议,其提议列入中国宣言内者,固明明认为有国联协定之拘束性质也。由是,而有一疑问题焉:满洲问题既认为有国际性,国联何不履行其盟约上所负之义务及其职权,并利用其机关之便利而处理之?抑何并不委托九国公约签字各国召集会议而解决之？此诚吾人百思而不解者也！使由此变相的国际代表会议所胎生之满洲自治，岂得谓之自治乎？况"满洲自治政府"得指派外国特别宪兵教练官、警察、税收机关等等外籍监督人员及其他日本人民占一重要比例之外国顾问，所谓"维持中国领土行政之原则"者固如是乎？吾人感觉日方所宣传之"国际共管"与"代治"之尖锐，颇致疑于满洲自治。适当英国袒日某报谓，中国国家为"国际之礼貌"之称，以"公道""和平"标榜之调查团建议，其支离决裂有如此者，不禁令人失望而悲愤！

以言满洲自治，依吾人之见地，中国应不妨接受其原则，前既言之矣。惟自治(Contradiction)之解释，不得与自主(Autonomy)相混。其性质之认定，固不必如德国学派视国家为万能，同时亦不可如英国学派视地方自治属于自然之现象。盖满洲在今日特殊状况之下，国家已无好恶与取之威权，人民亦无独立自由之资能。既不能趋重法理，复不可过偏政论，惟须折衷于二者之间，以具备法律之形质，定其自治之限度。换言之，即满洲之自治，在法律之中，中央政府固无妨于干涉，而在法律之外，则绝对不许其对于自治政府行使任何监督权。吾人基此折衷派之出发点，试一探讨报告书建议中所谓满洲特殊制度究为何物。据其所保留于中央之权限以观，直不伦不类之变相的自主组织，以言特殊，是诚特殊矣。其保留之权限如下：（一）除特别规定外，有管理一般的条约及外交关系之权，但应了解中央政府不得缔结与宣言条款相违反之国际协议。（二）有管辖海关、邮政、盐务所之权，或于可能范围内有管辖印花税及烟酒税行政之权。关于此种税款之纯收入，中央政府与东三省政府间如何公平分配，当由顾问会议决定之。（三）有依照宣言所规定之程序，任命东三省政府行政长官之权，至少初步应当如此。至出缺时，或以同样方法补充，或以东三省某种选举制度行之，当由顾问会议合意议定，并列入宣言之内。（四）对于东三省行政长官为颁发某种必要训令，以保证履行中国中央政府所缔结关于东三省"自治政府"管辖下各事项之国际协议之权。（未完）

（《益世报》，1932年10月20日，第十版）

365. 日承认伪国不足损伤报告书之价值，李顿爵士前日又一演说

【伦敦十九日合众社电】 国联中日纠纷调查团委员长李顿爵士今日在此间美国新闻记者联合会演说，称日本实行外交承认"满洲国"并不足以损害国联调查团报告书之价值。李顿氏今日系美国记者联合会宴会席上之上宾，李氏云："日本承认'满洲国'不足以损害报告书之价值者，因为报告书起草之时，曾确知东京政府在调查团结论公布之前，势必对'满洲国'加以外交上之承认。"李顿氏今日再三声言报告书之成立系经其本人及美代表麦考易上将、法代表格老弟耳中将、德代表西尼博士及意代表一致之同意，意见不同之点，仅在调查团关于结论提出之方式问题。李顿爵士相信此后报告书将渐渐成为解决远东中日纠纷之一因素云。

【伦敦十月十九日路透电】 前《字林西报》主笔葛林氏在每晨邮报宣称，中国欲整理内部不安情态非借重西方之臂助不可一节，乃李顿报告书之最重要部份，彼深虑前途危机甚多，盖因日本精神谴责之下，此事必被忽视也。彼发表意见云，所有远东不安之源泉，以及获得在中国之唯一最后协和之出发点，虽极强调言之，不为过也。葛氏指陈此外尚有较大之危机悬于远东及全部亚细亚之前者，即"赤化"势力之增高，势将蔓延各处。葛氏又云，日本不得已乃谋得一缓冲国，以阻此项洪水之横流也。又云，数星期内上海又将成危险地点，上海之将来问题，久矣被人忽视云。

(《益世报》，1932年10月21日，第二版)

366. 专载："不适合于公断人合法形式"的李顿调查团报告书(续昨)

（五）顾问会议所合意议定之其他权限。至一切其他权限，均属于东三省自治政府，谓为自主。则东三省政府行政长官，中央有【任】命之权，并得颁发

某种必要训令,谓为自治。除中央管理条约及不完全的外交关系权与有限制的关税权外,如国防、兵役、货币、交通、矿产、森林、国际贸易、劳动法、劳动保险等等立法权,为现代一般联邦自治国家所具备者,皆为满洲自治政府保留。

但就国防论,满洲为中国国防第一线,当然有驻兵权。九一八以前驻有国防军二十万人以上,迄今如调查团所认为"混战"之东三省各地,亦有中国正式军队及非正式的具有军队实力——义勇军——者,至低额亦有三十万余人。此类军队,除非正式军外,原皆中国政府定为东北国防军者,散驻于东三省各国防地带,固未能与日本在条约上为护路保侨、在事实上为侵略占领之需要而临府[时]递增之军队相提并论。乃调查团报告书建议项下,以满洲自治之美名,划满洲为无军备区,中国国防应包括于日本之特别警队、铁路守备队及其他"武装实力"项下,应予撤退。以国联义务言,调查团应根据行政院屡次决议案,尤其是一九三一年十月二十四日决议案第四项甲款及十二月十日决议案第一节,责令日本军队撤退至九一八以前原驻地带。若谓日本护路保侨之一应警队概须撤退,则又显然与报告书建议之"遵守现行多方面之条约"之原则不符,当非日本所能接受。尤其是报告书所谓日本文武官员常谓满洲为"日本之生命线","欲谋阻止满洲被利用为攻击日本之根据,并欲于满洲边境被外国军队冲过之某种情形下,日本得为适当之军事布置"(第九章)之企图,又岂调查团之一纸报告所能根本打销耶?中国在九一八以后,对于满洲国防并未增兵,固无所谓撤退。使中国在中国领土——国防第一防线之满洲不能驻兵,即无异于满洲领土非复中国所有,彼所谓"尊重中国领土主权行政完整"云者不啻画饼,故不免于"空言""骗局"之诮也。

以言商订中日条约,据报告书第十章所建议者,一为关系日方利益之中日条约,二为中日和解仲裁不侵犯及互助之条约,三为中日商约。中日问题之复杂,以满洲问题为中心,固尽人而知之也。而满洲问题之症结,则在日本要求满洲特殊权利之迫切,往往因条约解释之差异,或执持不合时势需要(一九〇五年中日满洲善后协约)与原始不发生效力(一九一五年日本要求"二十一条")之具文,或竟溢其范围,责中国以遵[尊]重并履行之义务,辄至采取不必要的威胁手段(如一九一九年长春事件、福州事件,一九二三年长沙六一惨案,一九二四年南满出兵问题,一九二七年山东出兵问题,乃至一九三一年九一八沈阳事变,等等皆是),遂致酿成不幸的意外纠纷。今欲消弭此意外纠纷与更新双方之国际关系,必须重订新约。在此原则之下,吾人固乐予接受。惟条约之缔结，须具备意思之自由与合致之要素。上述报告书所建议之各项条约内所包含之各项问题，日方且不必问，但就吾人理解所及者，中国方面殊难合致。吾人固知此各项条约之缔结，尚须经当事国之磋商，必使意思合致而始能订立。然寻绎其所包含各问题中所关系于日方特殊利益者，视一九〇五年满洲善后条约、一九一五年"二十一条"仍[乃]至其他关涉中日局部之各项协商文书，更形扩大其范围，如：（一）东三省经济上之开发，日方得自由参加；（二）热河省享有权予以维持；（三）居住及租地权推及东三省全境；（四）铁路使用之协定；（五）地方最高法院延用外国顾问二人，其一必须日籍——以上属于第一项条约。（六）缔约国之一方或第三者，对无军备区域——满洲——不得任何侵犯——属于第二项条约。（七）中国政府担任采有效办法，禁示并遏抑有组织之抵制日货——属于第三项条约。使国联果有履行盟约上义务之权能，使日本中止上节所述之日本文武官吏视"满洲为日本生命线"之企图，并不岌岌实现吞并满洲之侵略政策，自当满意接受。使日本果有接受其原则之可能，中国一方受日本暴力之威胁，他方在原始信赖国联与国联权力调解之下，即欲不合致而不可得，在此情况缔结之条约，决无意思自由之可言。然则此种条约之成立，实际上已不具备要素。以视现行国联盟约、九国公约、凯洛格公约，为多数国家合意签准之国际公约，尚不为世人所信赖，若此者其效用当可逆睹，其能防止将来再发生此种行动乎？况其上述所包含之各项问题，中国除领事裁判权有酌予变更及中国铁路利益合并尚难确定之利益外，不但中国别无所谓权利，且日本违法夺取之优越权利，将一一取得法律上之效用。彼所谓愿以国联之力，以适合公道与和平之办法，对于中日两国根本之利益予以调和者，如是如是！本年三月十一日，国联大会决议案中曾有如左之声明："凡用违反国联盟约及巴黎公约（凯洛格公约）之办法，所取得之地位、条约或协定，联盟会员均不能承认之。"

　　如上所述，是知调查团之支离决裂达于何度。故吾人曰：彼愈谋双方根本利益之调和，愈增其争议之严重性，而消失其和平解决之可能性，此类是也。盖所谓解决办法，并非根本的；所谓根本利益，亦非双方的。自国联立场言之，使谋根本解决，应将满洲恢复九一八以前旧状，日本违法夺取之优越权利、条约及协定一律撤废，另订中日平等友好条约。否则，应将满洲视同一八一七年法国之亚尔萨斯罗林，作日本战利品，断令中国割归日本，仍不失为权力调解光明磊落之一途径。使谋双方利益，亦应以恢复九一八以前旧状为原则，一面将日本在满洲及中国他部份利益在平等友好原则之下予以合理的合法的维持,或于经济上予日本在满洲方面有若干与中国双方合作,而又不妨碍满洲政治的、经济的发展之机会。若调查团建议如报告书云云,既迁就"既成事实"之过度,遂缺乏"公道""和平"之真诚,不但不适合于公断人合法之形式,并国联及一切国际盟约之尊严亦不顾,惜哉!(完)

(《益世报》,1932年10月21日,第十版)

367. 汪定今晨赴德,三月为期,罗谈外交不变既定原则,应付报告书方法已定随机运用,汪昨接见各部会长及蒋、阎代表

【上海二十一日下午一时六分本报专电】 何应钦、朱培德、罗文干、叶楚伧、石青阳、曾仲鸣、唐有壬、刘瑞恒今晨八时同车抵沪。记者询外罗对报告书讨论结果如何,罗仅谓讨论次数很多,有数点尚需征询汪意见。何谈,中央对川事唯一办法,只有电令双方切实停战。但彼等毕竟要打,无从着手调处,故中央暂不派员入川。鲁事韩已遵令停战,韩部将退至潍县以西,刘师划驻莱阳等五县。三中会期昨中政会曾定在十二月东(一日)或删(十五)日举行,尚待最后决定。

【上海二十一日下午一时六分本电[报]专电】 今晨十时,张静江、朱家骅、石青阳、何应钦、顾祝同、陈公博、罗文干、黄绍雄、顾孟余、叶楚伧、朱培德、宋子文、陈绍宽、刘瑞恒、彭学沛、吴铁城、张群先后至褚民谊宅谒汪。张静江谈半小时先辞出,各部会长会谈至十一时十分方散。会后曾仲鸣、唐有壬接见记者,谓汪今日依病榻接见各部会长,对党政各项均有商谈,其情形一如行政院开会,罗文干、何应钦对外交、军事均有报告。汪明日出国,夫人、医生、秘书共五人,三个月内可回国云云。闻中央前晚讨论对报告书意见书,大体拟定。汪护照除德法外,尚有意捷两国领事签证。

【上海廿一日下午九时三十六分本报专电】 晨十一时许,阎代表赵丕廉、蒋代表张群、中委白云梯谒汪。汪于各部会长散会后接见,赵、白谈约二十分先辞出,张逾午始出。据谈:"余代蒋慰问汪病。汪允于出国疗病时期,对外

交、军政一切事物,仍本既定方针一贯精神继续共同负责。"至汪返国期间,渠表示无需三月,如到德诊治后能速痊,一个月便可返国,或经医生断定某药可治愈,亦即购备药品,早日返国。汪准养(廿二)日晨十一时承安德来明轮启行赴法,同行为夫人,女公子米米,侍医罗广霖,秘书陈达初、陈允文、李浩驹,及诺尔医生等,张发奎亦同船赴德,曾仲鸣送至港。

【上海二十一日下午十一时专电】 宋子文偕行政院各部会长,马(二十一)晨十时许,先后至亚尔培路褚宅晤汪精卫,交换意见。首由各部会长分别报告最近之部务,继即对外交、内政、党务交换意见,直谈至十一时一刻始散。汪谈话时卧于床上,因肝部仍时作痛,故遵医嘱发言甚少。

【上海二十一日下午十时本报专电】 汪定养(二十二)晨乘宛得来朋号法邮船赴马赛,转往汉堡,入热带病院疗养。同行者除陈璧君外,尚有随从医生罗广霖等两人及翻译一人。罗文干抵沪后,即偕陈公博赴成都饭店。据谈,报告书当视其有利于吾国者接受之,决不能完全接受;外交方针当视国际情势而变更,现国际对日态度已渐转移。又张群谈:"本人代蒋访汪,汪、蒋仍始终合作,宛如一人,并秉原定方针,为国服务。汪出国期虽暂定三个月,如医生能确定病状,预配药料,即可返国"云。

【上海二十一日下午九时专电】 某中委语记者,汪请假期内,行政院长仍由宋子文代。报载,继任人选将于三中全会提出及孙科将继任院长等说不可置信。三中全会会期已经号(二十)晨中常会商定,于十二月一日或十五日召开,院长问题似无提出讨论之必要。伍朝枢北上过京时表示,中央对国联及报告书所取之态度甚为正当,其本人意见与中央亦为属一致云。

【南京二十一日下午九时本报专电】 外部训令颜、顾、郭,解释鲁川战真相。

汪答记者问

【上海二十一日下午十时本报专电】 汪马(二十一)晚答记者问如下:

问:"顷见先生告别书主张团结一致,并深斥地方间因地盘冲突发生内战,此诚国人心理所同。但现在山东、四川内战迭起,先生对之有何感想?"答:"现在地方军人割据现状,并未完全打破,中央政府亦未能臻于强有力之地位,此乃目前实在情形,无可讳言。惟鄙意以为中央对此等事,要在明是非、辨曲直,先之以劝告,继之以强制。如全国人民能起而为中央助,则此种内战必可停息。鄙人与蒋委员长及宋代院长函电商榷,大致相同。鲁事闻已有转机,蜀事情形复杂,尤甚于鲁。以蜀中土地之沃、人民之众、物产之丰,乃徒供军人割据之资,实可痛恨。今年二三月间,中央曾有计划,命蜀中诸将出兵,参加抗日'剿共',惜为现状牵掣,未能实现。最近数月西康边事未靖,师行虽暂告胜利,尚未澈底成功,乃忽生此内战,其影响国事,实非浅鲜。至于召强邻笑骂之资,失国际同情之心,于目前外交关系,更无待言。鄙意以为,中央宜一面严令诸将各守原防,静候查办,一面简派大员,前往澈查,确定办法,俾共遵守。有不奉命者,公布其罪状,与天下共弃之。"

罗外长谈话

【上海二十一日下午十一时本报专电】 罗文干马(二十一)在沪发表谈话如下:"余此次在沪,因汪院长出国养病,动身在即,特偕政府同人前来送行,并商谈外交情势。李顿报告书当然亦为讨论问题之一。"记者问:"政府对于李顿报告书之态度究竟若何,已否决定方针?"罗氏答称:"政府对报告书之态度,汪院长已于其发表告别书中,指陈梗概。兹所欲言者,政府对于此案应付之方法虽已议定,而运用之际,仍须随机应变、相时度势而出之。但我国既定之原则则不变,即余曾于本年八月二十八日向中外宣言中所申述之四项原则是。此项宣言已为世界各国所深切注意。其中最重要之一条,即'为解决现在时局之合理的办法,必须以不违背国联盟约、非战公约及九国条约之文字与精神,与夫中国之主权,同时又确能巩固远东永久之和平者为必要条件'。总之,步骤容因时而异,原则将始终不渝,今日可为诸君告者,即此政府所抱定之一贯的原则。至详细步骤,现不能于此时发表也"云云。

(《益世报》,1932年10月22日,第一版)

368. 日代表松冈出发日内瓦,日政府强硬之训令以退出国联相威胁,高倡静观伪国进展,何来中国接受李顿建议说?

【东京二十一日日本电通社电】 关于对付国联方策,应予日本国联代表松冈洋右氏之重要训令,于本日提出阁议经内田外相加以说明后,即行正式决

定,交于松冈代表,其内容大体如左:

（一）帝国政府对适用国联盟约第十五条而行召集之国联大会,曾附以保留案件。兹以鉴于此次所召开之理事会与大会意义重大,故特命帝国代表正式参加。此系出于帝国政府欲避与国联对立而善事指导国联之意,故帝国代表应力图贯澈日方主张,并得依其情势如何,由松冈代表代替长岗[冈]代表出席理事会。

（二）满洲方面状态,已依日本承认"满洲国"而完全变化。故在支持李顿报告书之事项已归消灭之际,中、日、"满"三国间之协调,实为确保极东和平之唯一方策。因是帝国政府认为有开始作含有满洲代表之三国直接交涉之必要,且依此见地,希望国联勿采欲速反拙的解决法。

（三）极东和平之障碍,在中国尚未成为统一之国家。故鉴于九国条约之精神,有依李顿报告之干涉,而在关系各国通力合作之下,力图除却此种祸根之必要。设国联允采上述国际协力案,则帝国代表当阐明其所信而表示赞成之意。

（四）国联若劝告日本取消承认"满洲国",并作不承认"满洲国"之决议,而采纳李顿报告书所提议之满洲自治领案,则日本不得不出于退出国联之举。

【东京二十一日日本电通社电】 松冈代表定于本晚九时,由东京驿出发前赴日内瓦。内田外相以国联内部对于满洲问题既分硬软两派,则在会议进展至最恶地步时,势不得不出于退出国联之举,故认为国联对策亦不宜偏于一方。因即在此种见解之下,与外务省首脑部就国联对策作最后的讨论后,仅行决定其大纲,而特留得以相机应付之余地。故现只对松冈代表予以该项大纲之内训,俾获酌量情形,采取适当措置。至该项大纲之内容,大体如左:

（一）"满洲国"承认问题。日政府之正式承认"满洲国",系因深信解决满洲问题之道,舍此莫由,故其承认,并未违反任何条约。且日政府既已实行承认,则无论其情形如何,亦断难出于取消之举。

（二）李顿报告书问题。李顿报告书囿于过去情形,颇多偏颇不公之点。故应熟读日方指摘此事之意见书,而与报告书合并审议。至报告书中所作劝告,因在原则上与日本承认"满洲国"事不相容,以致失其作为解决案之价值。

（三）依国联对李顿报告书所采措置何如,日本或至与国联发生冲突,而不得不出于退出国联之举。顾此种结果殊非日方所愿招致者,因是日方期望能获足与其所信相符且克维持国联体面之解决方式,而不必速求其解决之道。

盖苟能在今后两三年间,静观满洲方面经过情形,则实属贤明之态度也。

【东京二十一日新联电】 松冈洋右本日午后三时十五分赴首相官邸,访问斋藤,陈述今晚出发赴日内瓦之辞,并根据既定之对国联根本方针作种种重要之协议,至四时辞去。又电,日内瓦国联总会日本代表及随员之派遣费七十四万七千六百八十六元,由七年度第二预备金支出之件,经敕裁后,本日已由大藏省发表。

【东京二十一日日本电通社电】 据昨由日内瓦国联日代表部致外务省情报,国联内部论调,现渐倾于静观"满洲国"今后情势方面,而将在国联理事会中,对李顿报告之讨议持延宕态度,以避作遽速的解决。惟急进论者及二三小国方面,刻尚作如次之主张:(一)理事会宜向日本作取消承认"满洲国"之劝告;(二)加入国联各国应互约决不承认"满洲国";(三)以李顿报告书所提议之满洲自治案压迫日本。当兹理事会即将开会之际,此派将作若何策动,颇足令人注目。但日政府方面则已决意于此种策动奏效时,即行退出国联。

【爱特弗二十日新联电】 美国上院外交委员长波拉氏,本日于此间之非正式集会席上,对听众之质问陈述如下:"余拟尽速使菲律滨独立。日本目下注意他方面之问题,故对于菲律滨问题毫无予以关心。日本侵入满洲,不顾世界之反对,依然坐据该地"云。

【日内瓦二十日哈瓦斯社电】 据报界消息,中国政府对李顿报告书态度,似已有所改变。《国际日报》载称,此项消息如属实,中国若果准备参加咨询会议,对于东三省树立一特别制度,从事讨论并制作详细议案,不提出先决条件,吾人相信必可获一解决方案。此种直接谈判,将与一九三一年所谓直接谈判异其性质,满洲地方代表自必参加讨论,此为李顿调查团意见。盖以该团团员见地而论,"满洲国"现在"政府"虽未能由国际承认,但该"政府"事实上已存在,其所治理之地方,关系事项,自必任其陈述意见。若以吾人见地而论,则满洲地方即未宣告独立,其人民代表亦当任其陈述意见。盖时至今日,凡处置领土而不顾及居民意志,实不合宜也。按照李顿报告书结论,国联行政院任务在双方意见不同之点一经提出,即应努力使其归于妥协。此种居间任务,较之法官审判任务易于执行,则以争执事项其内容多非吾人所得而知,观于李顿报告书,即已见之。然则解决手续如是划定范围,对于争执内容毫无成见,自与国联会盟约精神相符合,而可以提出建议。兹中国既允接受,自属佳事。又况中日两国间其他一切问题,按照李顿报告书所表示意见,尚须同时加以讨论。其中抵制日货问题,尤必最先加以讨论乎。所□者李顿报告书第十条主张国联合作以建设中国,不易实行耳云云。

【旧金山二十日合众社电】 自周游远东归来之纽约国家银行副行长哈特氏,今日表示相信日本之军事准备目的不在对美。哈特今日在此间接见新闻记者团时声言,日本之兵工厂日夜加工制造。彼谓,军火之制造,不似恐惧日美间将发生战争,因加紧军事准备之工作,系集中于陆军方面,而非供海军之用。哈特氏云,有二种可能性足以解释日本军火制造之目的。彼云,日本将计划侵略中国,占领平津,或者日本陆军系进行准备应付与苏俄发生可能之冲突。哈氏又云,彼个人赞成李顿报告书,但吾人必须记忆者,即日本在满洲有重要之投资,日人有权保护云云。

(《益世报》,1932年10月22日,第二版)

369. 黑多成白——马相伯发表对报告书意见

或问:"李顿报告书提交国际联盟会后,据日内瓦电传,我国代表顾维钧曾对新闻记者表示:'中国允以李顿报告书为谈判基础。'九三老人以为何如?"

老人曰:"据此为谈判国联之基础则可,正如胡展堂先生所谓'国联之信用将尽行丧失',且谓此等报告'无聊','不合论理,自相矛盾','我人在根本上,认此国联调查团之报告书为绝不必要'。"

少顷,老人复愀然曰:"噫!何党国要人之在野者,其观察国势,如此明了?从前汪精卫先生对内主张扶植民主势力,亦如此明了。可见党国并非无人才也。"

或又问老人:"别无所评乎?"老人续言:"以予观之,一、从内容言,李顿爵士等对于'调查'应有之使命,亦未尝忠实履行。国联行政院尝于九一八事件爆发伊始,一再决议日本必须撤兵。今报告书反因日本增兵强据东三省后,宣称'如仅恢复原状,并非解决办法',于是独出心裁,别开生面,而忘其本来调查之使命。且于最后评论,自称工作业已告竣,说明'一年以来,叠经扰攘,当地人民创巨痛深,恐前此未所有。中日关系已成变相战争,瞻念前途,可胜忧虑?其造成此种景况之情形,本□于本报告书中,已详言之矣'云云。乃吾人自第一页翻阅至此,并未见有关于'此种景况'之调查报告。例如当地无辜人民如何受日军蹂躏,至有如此为'前此所无'之巨创深痛。所谓变相战争中两军交锋战斗行为,是否合于国际法？又如日本已故田中首相上奏□□进攻满蒙为征服世界之开始,□其法学博士公表日军侵犯满铁以外中国土地非自卫权,年来所谓关东军公布其对东北义勇民军作战死伤等状,皆未见载入报告书中。是日军早已公开之侵略事实,反讳言之。尤有甚者,一面不惮烦述及二十年来中国革命如何进展,一面对于日本此一年中叠次暗杀首相等骇世闻听政变与东三省事变有不可分离之关系者,竟一字不提。再者,对于我方越出调查范围,称抵制仇货为一国际法之问题;对于彼方种种非法作战之举动,如用飞机轰炸大都市、施用但姆□姆弹、奸污妇女后又杀害之、俘虏加以凌迟等等,不胜枚举,破坏人道主义,影响人类恐惶,反认为不成问题。宁非所谓'不可思议',尚可称'调查'两字之报告乎？老人幼时,尝读《墨子·天志篇》曰:'少而示之黑为黑,多示之黑谓白;少能尝之甘谓甘,多尝之甘谓苦。'从未能洞明此义。今观李顿报告书,乃恍然大悟矣。少数盗贼奸淫掳杀用□药等等,调查团必指为犯法,国际强盗如英报纸曾公然指斥之者,公行劫掠中国人民所有,施毒气炮,奸杀妇孺,肆行国际所禁之非法,李顿爵士等之报告,则一句不提,殆亦以多黑为白之类欤。二、就价值言,国联之权力不过根据天理人情,其实施只在运用盟约。今国联既不根据盟约制裁日本,在事实上已证明其一谓□为。而该国【联】报告书反建议要求'中国政府宣言依照顾问会议所提办法组织一种特殊制度,治理东三省'。异哉,所谓特殊制度,不啻列强共管,而实无日本治理,真胡展堂先生所谓'我人在根本上认为绝不要者,老人且认为绝不该要'者。然李顿爵士亦自有其立场,而发为报告。盖所谓国联辽案调查团本身系一种特殊之组织,除中日代表参加外,余均自欧美大国临时调借而来。有此天然'特殊'之因,不能不有'特殊'之果。即欧美外交家各戴上其'本国传统外交政策'之眼镜,观察此次中日变相之战争,乃钩心斗智,彼此妥协,而制成一种特殊制度之好文章。分析背景,立能明白。英人狃于英商能以公班土治服印度、困穷中国之先例,法人狃于拿破仑第一、第三征服亚东之主义,德俾斯麦思分杯羹,倡"黄祸"说,于是列强在我华划分所谓势力范围。自称美洲门罗主义之国家,来至我亚细亚,适反其道而行。此报告书唯一价值,即欧美列强传统外交政策,共同协调制成方案,并非所需要,亦非所应接受也。三、就对策言,今后计,国人应视东三省内一切反中国之组织皆背叛国家之集团,有督促政府明令申讨之必要。系内政,并非外交,外人无干涉之理由。亦如内地共党组织苏维埃政府,无论其对赤俄之关系如何,已叠下令剿其组织,并已判处牛兰夫妇以无期徒刑,以保持国体主权之绝对统一。执政者亦毋以'多尝之甘为苦',则有对策矣。"

老人复兴奋下结论,言曰:"天助自助者。目前之生路,尚望全国朝野上下,一心一德,立即团结,以国家土地人民为前提,以全国民众武力为后盾,何不本民治精神,用保甲方法废止内战,一致对外,坚持到底,不还我河山不止。"老人之批评报告书与希望国人者,略如此耳。

(《益世报》,1932年10月23日,第三版)

370. 斋藤认现在之中国不足与语直接交涉,批评调查团不公认识不足,对国联总会决取独自方针,将削减各方豫算以适应陆军要求

【叶山二十三日新联电】斋藤首相二十二日午后三时半携夫人由四谷仲町私邸出发,同五时抵叶山一色之别庄。对于时局谈话如下:关于国联对策,除披沥诚意,以使各国谅解帝国之立场外,无他法。如万宝山事件,不直接听取朝鲜人之申述,而仅纳中国方面之言,此等认识不足之事,妥为说明,并努力以使列国认识我态度之公正与其时宜之处置。中国为毫无秩序混乱之局,调查团已有某程度之承认。以此种情形之中国为对手,而行直接交涉之事,究为不可能。中国之国策若统一,秩序亦树立,则无论何时,中日皆可直接交涉。要之,系时间问题。因国联若明了维持满洲之治安乃使满蒙成为乐土之事,非援助日本不成之时,问题自然消灭。关于与苏俄之不侵条约问题,为使相互无事,或者缔结该项条约亦无不可,当充分的研究。至关于时局匡救事业,目下全国各地方正尽力进行。惟最近土木事业,因町村方面不惯,不能如意的进展,故本年度豫算之经费全部,不能消化之地方亦有。此乃不得已之事,由明年度起相信可以顺调。郡役所复活问题,各方面意见,将府县划分区域,设置出张所,以任町内之指导监督,则匡救事业当可如有的进展。此事拟与内相磋商。枢密院顾问官之补充,正物色中,俟与仓富议长磋商后决定。至勒选之补充,拟于议会决定之云。

【东京二十三日新联电】 各国政府对于李顿报告书随研究之进步,遂致国际外交舞台因中日之纷争而呈异常之紧张。日本外务省将不以权谋术数为生命,而拘泥于旧式外交,无论如何,决取独自之方针,以临国联总会之态度。当李顿报告书一公布,各国乃起而利用。为使极东自国之有利的展开,早已开始国际外交之前哨战。最近有日法协约、日英密约以及日"满"俄不侵条约等缔结之传说,此显然系恐惧日本出于断乎的决意之方面而所传出,或企图探知日本将采之外交政策之根本基调之一种手段。日本今后无论日内瓦之风云如何险恶,决绝对不采取依靠一国之力以打开之态度,而仍持从来之英美法等平等之协调之态度,努力以谋形势全面的好转。故此,对于与某特殊之一国缔结密约,而于其他大部分之国家为敌之事,当于[予]以避开。

【东京二十三日新联电】 大藏当局对陆军之预算,连日与陆军经理局及军务整理两局之专门当局会见,关于驻满兵力及军需品之整理充实费之内容听取说明。陆军方面,以大藏当局将好意大体予以承认,惟大藏当局鉴于财政之现状,对于与时局无直接关系之预算,有尽量于[予]以削减之意向,因此对于新规要求之废止纳金制、干部候补生制度所需之经费及其他,竭力主张削减。至关于事变关系之预算,大体按照陆军省之要求额予以承认。

(《益世报》,1932年10月24日,第三版)

371. 中全会十二月十五举行,政院今日讨论山东问题,对报告书意见明日政会可决,陈独秀等移交法院公开审理

【南京二十四日下午八时本报专电】 中央敬(二十四)晨谈话,讨论:(一)三中全会开会期,多数主十二月删(十五)在京举行,俟蒋返,提中常会正式决定;(二)蒋来电提议陈独秀、彭述之等应交法院公开审判,通过,交法院审讯。

【南京二十四日下午九时十分本报专电】 敬(二十四)日中央谈话会决定:(一)三中全会决十二月删(十五)日举行,感(二十七)日通知各地中委出席;(二)陈独秀、彭述之案交法院公开审讯。蒋漾(二十三)日电中央,陈、彭等所犯之罪,系危害民国生存,此种罪刑在法律上早有明白规定,为维持司法

尊严,应交法庭公开审判。中央议决后,即通知军法司移交江宁法院审讯。

【南京二十四日下午十时专电】 外委会对调查团报告书意见已完全集中,宥(廿六)中政会将提出报告,可顺利通过,即由外部训令日内瓦我代表团。日方对此次国联会议,闻仍抱倔强横蛮态度,将极力阻止以李顿报告书为讨论中日问题之根据。如不能实现此项计划,将极力诋毁李顿报告,称为不公,而要求另派调查团,以遂其延宕阴谋。赴沪送汪之各部会长官均先后返京,仅宋子文、黄绍雄、顾孟余尚留沪。

【上海二十四日下午九时三十八分本报专电】 宋子文敬(廿四日)午谒林森,报告最近政务。宋谈定有(廿五)晨飞京,出席行政会议,讨论鲁韩辞职问题。

【上海二十四日下午八时十分本报专电】 宋子文语记者:"在此国家多难之时,韩复榘不应遽萌退志。余已以私人名义,去电慰留。行政院有(二十五)日晨开会,本人有(二十五)日晨飞京出席,韩辞职事,当提出讨论。闽省府改组,中央尚未决定"云。

(《益世报》,1932年10月25日,第一版)

372. 政府重心一时系于宋,韩意似转,当可望撤兵,宋谈必先停内战方可商善后,蒋伯诚谓中央决调刘部离鲁,今日政会对报告书最后商讨

【南京二十五日下午十时本报专电】 宋子文径(二十五)返京,向记者表示,兼代部长将有更调。闻除交长确将另觅人外,外长一职自罗文干于沪战时兼任以来,折冲樽俎,颇著劳绩。罗虽三度请辞,均未允准。现国联大会期迫,罗主持中枢外交,厘定方针,策应日内瓦代表团,倚畀正殷,决不更动。又宋子文径(廿五)自沪返京出席政院会议后,下午二时偕端纳、黄纯道,短装便帽,乘车至南门外郊野,鉴赏首都秋色。至四时始兴尽,分乘人力车返财部。稍憩,即返私邸。

【南京二十五日下午九时五十分本报专电】 宋子文谈,中央对报告书对策已确定,认为解决东案合理办法,必以不违背公法公约及中国主权领土完整为原则。至运用步骤,不妨变通。中政府对李顿报告书将赞助,以为大会讨论

【南京二十五日下午十时专电】 宋子文谈："余代理政院长,其他各部长无更动。韩辞,本人已去电慰留。本人对鲁事主张初步应停战,再商善后具体办法,正在蒋、何计议中。刘珍年是否调离鲁,系第二步,现须先停战。川□亦与鲁办法同。日方谓我无组织,实不应有内战,贻人口舌,否则如何能共赴国难。"

【南京二十五日下午十时专电】 我国对报告书对策,宥(二十六)提中政会讨论,已决定请外罗列席。外委会对报告书讨论,已有最后决定,各方意见已趋一致。

【南京二十五日下午九时十分本报专电】 鲁韩辞职,宋子文去电慰留后,敬(二十四)韩有覆电来京,未再恳辞,有(二十五)政院例会未曾讨论。闻韩辞意,可望打销。中央对韩、刘纠纷第一步,仍严令双方撤兵,各守原防,然后再谋妥善调处。

【南京二十五日下午七时本报专电】 汪有(二十五)日抵港。该轮停一日,友朋纷纷访汪,俱由曾仲鸣代见。三中全会讨论问题,集中于外交方案、内政改革及"匪区"善后各项问题。彭学沛谈,有(二十五)日行政院会专讨论韩辞职事,外传胡派代表欢迎汪,绝不确。

【济南二十五日下午七时本报专电】 今日韩语记者,总座与蒋伯诚无电来,刘参谋长书香由潍县来,谈掖县、莱阳情形如旧,刘即午返潍。于学忠代表李俊襄谈,于以韩出处关系甚大,劝打销辞意。

....

(《益世报》,1932年10月26日,第二版)

373. 妨害领土主权完整者不接受,中央确定对报告书态度,外部已训电代表团遵照,内战影响外交,再晓谕川鲁将领,中政会议决翁文灏长教、朱长交

【南京二十六日下午九时专电】 我对报告书意见,经中政会交外交委员会研究数次,于报告书大体及九、十两章各要点作详细讨论,并征得汪、蒋及各

方意见，现已确定方针，由外部训令我国代表遵照。中政会以外交运用贵迅速，应付国联方针应由外委会全权处理，嗣后中政会不再提出讨论，必要时外委会可随时开会决策。至外委会所决定之意见，与汪之告别书及号（二十日）所发表某中委所谈者，大致相同。在原则上，凡妨害我主权领土之完整者，明白表示不接受，事属内政，应出于自动者，均提出合理之对案，无害主权领土者，予以原则上之接受。但外交成败，全求诸己，除于外交上向胜利之途前进外，仍当视力之充实云。又外长罗文干以川鲁风云日趋恶化，值兹国联会期迫在眉睫、日方对我肆意诋毁之际，若不立即息争，共御外侮，则影响外交，至为重大，有（二十五日）特电韩复榘、刘珍年、刘湘、刘文辉等将领，劝以国家为重。

【南京二十六日下午十时本报专电】 中政会议宥（二十六）晨举行第三二九次会议，顾委员孟余主席。决议各案探悉如下：

（一）交通部部长陈铭枢辞职照准，兼代交通部部长黄绍雄呈辞兼职照准，调任教育部部长朱家骅为交通部部长。

（二）特任翁文灏为教育部部长。

（三）加推吴敬恒、李煜瀛、褚民谊、杨虎城、王应榆、辛树帜为建设西北专门教育筹备委员。

（四）准蒙藏委员会参加河套宁夏垦殖调查团。

（五）追认国民政府准国际联合会行政院代表颜惠庆辞职，并改派顾维钧继任。

【南京二十六日下午九时本报专电】 翁文灏表示，体弱决辞教长。

【南京二十六日下午九时五十分本报专电】 港电。西南政务会议对三中全会问题有讨论，邓泽如报告胡汉民意见，决分组草拟提案。

【东京二十六日日本电通社电】 关于李顿报告书之日方意见书，俟经内田外相提出，于二十八日之通常阁议征求阁僚同意，并呈请日皇批准后，即可送交。定二十九日晚由东京驿出发之吉田大使携赴日内瓦。该意见书全文，将于向国联理事会提出时，即在东京与日内瓦两地公表。又该项意见书系由英文作成，计有八十四页。

日方所传中国对报告书八项原则

【南京二十六日日本电通社电】 国民政府之李顿报告书对策，已在昨晚之行政院会议中作最后决定，一俟本日通过中政会后，即将向国联中国代表部发出此项训令。其所主张之八项原则如左：

（一）反对使满洲人民代表以同样资格参加咨询会议。

（二）不承认与中央政府相分离之东三省自卫权,或设立自治制度。

（三）东三省自治政府不得永久存在,且须实行取销现在之傀儡组织。

（四）东三省今后之地方政府,应与由中央政府自主的设立之地方政府立于同等地位。

（五）中国政府不反对在今后之东三省地方官厅内聘用外国顾问及外国官吏,但不得如调查团所提议之广泛。

（六）关于缔结中日商约及互不侵犯条约,中国政府在原则上并不反对,但须以不承认或尊重日本之不法的侵略权利为前提。

（七）关于李顿报告书第九章所提议之圆满解决条件计十条,苟非承认中国领土保全及行政权独立之原则,则碍难承认。

（八）关于日本在东三省之商租权与铁路敷设权,应以从来在中日间所存之合法的条约、协定、契约为新协定之根据,若逾越此范围,则碍难承认。

【南京二十六日日本电通社电】 国民政府于本日之中政会通过关于李顿报告书对策之八项原则后,即向日内瓦中国代表部发出训电如左：

（一）代表部应即遵照所定八项原则,作成意见书,提示国联事务总局。

（二）应向国联主张以该项意见书为与李顿报告书同时讨论之基础。

（三）该项意见书应否作为提出异议或要求修正之声明书,则一任代表部酌定。

(《益世报》,1932年10月27日,第一版)

374. 李宗仁亦驳报告书：事实与建议显然自相矛盾,要收复失地只有靠自己

【广州通讯】 李宗仁氏顷在粤垣对人谈及国联调查团报告,发表意见甚详,爰述如下：

国联调查团的报告书,此刻虽然没有机会读它的全文,但就报章所载,亦可窥见其大概了。此报告书公布后,全中国以至全世界都十分的注意。因为

事实告诉我们，此报告书成为解决中日纠纷的唯一根据。中央此刻对于报告书的态度，正在审慎研究中，还没有具体决定。我个人如果站在政治的立场上，当然不便发表意见。但我认为此报告书，关于中国实在太大了，不能不以国民一份子的资格来说几句话。调查团的报告书共分十章，前八章注重事实方面，后二章则为建议。关于事实部份，约略的说明了日本进兵是一种积极的阴谋，中国却毫无防范，日本这种行动，依国际公法与非战公约是违法的。至于建议部份，则我们无论如何都不能同意。第一，就报告书的本身说，报告书的建议部份好像不是根据事实部份而来的，而且显然的还是自相矛盾。报告书的事实部份既然承认了日本违反非战公约与九国条约，何以建议部份又主张中国撤去东省国防？这不是矛盾是什么？这里所谓矛盾的意义，就是说日本侵略某地，中国不抵抗，诉于国联，而国联处置的结果，又将这被侵略的某地置诸国联共管之下。这种办法，推其极，日本或其他国如果都应照这样做，国联也都应照这样处置，中国的军备势非至于全数解除不可。而且根据华会的九国公约内容原则，是门户开放，领土保全。门户开放是经济的原则，领土保全是政治的原则。若一面承认中国领土保全，一面又要中国不设国防，在道理上也实在说不过。第二，就国联的立场说，国联如果是一个主张公道正义的机关，则国联所派遣的调查团在国联范围内说话，应该讲法讲理，甚么兵力强弱、国际亲善，都谈不上。老实说，威力的恫吓、利益的诱惑，是不应该夹杂在观念里面的。调查团的报告书特别注意于日本，甚至苏俄在满洲的权利利益，至少也可以说把法理放在一边，实在是大大的遗憾。第三，就中国立场说，国联对于东省事件，如能为公道正义的解决，中国当然是欢迎的。但中国并不希望因为要求解决过速，而采用不澈底步骤。就算东省事件调解不成，至多也不过为悬案，将来仍有解决之一日，若随便的解决了，必贻无穷之后患。因为解决东省事件，名义比实利更要紧。若撤除东三省国防的问题，由中国自己承认，国际关系是没有比这个更危险的。而且中国即使留下一件对日的悬案，不见得日本即可亡中国——日本如果此刻有能力亡中国，他也是决不会客气的——说不定因为中国自己承认撤去东省国防军，会诱起日本或其他国第二次九一八同样的野心呢。上面的话，仅仅是我个人对调查团报告书的很简略的意见。我个人的意思，觉得中国无论如何都不能依赖国联。事实上，国联对于东省事件，有无解决的诚意固然成为问题，恐怕有无解决的力量也还成为问题呢。这种意思在调查团的报告书中，也可以得到有力的证明。最后，虽然如果照报告书的建议做去,东三省至多就是从"日本独占"的状态之下变的"国联共管"就是了,东三省还不一样非我所有吗?事至今日,国人应该澈底觉悟:国联无论如何是依赖不得的,要收复失地,唯有靠中国自己的力量。

(《益世报》,1932年10月29日,第三版)

375. 李顿爵士发表重要论文《满洲问题之第二步骤》:中日纠纷必须应用国联原则解决,日承认伪国适足增强报告书力量

【伦敦二十八日路透电】李顿在观察报发表一论文,题为《满洲问题之第二步骤》,内称:"吾人完成吾等之工作,深知国联□于给予吾人训令中所暗示之事实,并非真正不知。同时深信国联希望本团帮助其恢复和平,并使和平赖以确立之善意谅解亦有可能。凡有指摘吾等报告书太近理想、不切实际者,应勿忘记此旨。吾人从未希望此报告能博得中国或日本之热烈欢迎,亦未尝相信满洲问题之永久解决立即可以成功。但吾人确曾相信,维持世界和平的办法可于国联之组织中求得之。日本之单独承认伪国,非但不能减少报告书之力量,反足以增强之。故这种步骤,决不致减少出席下次国联大会各代表从事工作时所抱之信念,对于国联的原则之信任心及对中日纠纷必定应用国联原则之决心。则吾人所希望于各代表者,各代表速谋一善始之道,实为切要之举,且应一致坚持适用解决一切纠纷之原则,同时决定适用之程序,以便讨论详细办法。"李顿爵士对于外间推测谓调查团指日本为犯罪一节加以否认,并一强调声明,该案依然是国联席待决之案件,而在国联席上,中日两方皆有声诉之资格也。至于外间指摘该团未能见到争端之实际性一节,李顿称:"国际联盟、开洛戈非战公约及九国公约之存在,均属实际而不容忽视者,并提醒各国所缔结之相互义务,与夫坚持尊重艰难缔造之和平机关,不能谓之为不顾实际之空想,乃确系完全实际主义。本团对于日本对满洲之意见,业有记录,但本团引为己责,不得不对日外相提醒者,有一事焉,即其他国家为维持世界和平,经欧洲大战之后组织现代文明生命之国际联盟,其所经历之牺牲实较日本对满洲之牺牲为大。日本为其牺牲而欲并满洲,然则其他各国,即不应为他们

的牺牲而拥护国联耶？"

【国府津二十八日新联电】 携带日本政府意见书，午后九时二十五分于多数官民欢送里由东京出发之吉田大使，对访问于车中之记者谈称："关于满洲问题，曾有种种之臆测，但目下尚不能乐观，亦不能悲观。惟国联处理中日纷争，系以报告书为基调，故行政院之讨论尚无何结果之前，总会殊不能加以决定。对于报告书，虽有种种非难之处，但不能一概予以否认。对于日本有利之点，尤须予以利用。例如明确指摘'对于中日纷争，若不明了其复杂的事情与历史的背景，则不能加以判断'一点，换言之，即不通晓满洲事情者，不得轻自启口之点，实可使西锡尔爵士等所主张之国联决议，不能不改变其态度，且可使行政院不能如从来擅呼日本为侵略者。"又云："日本于满洲之立场，于行政经济及其他所有分野，全然具有特异性。此种关系，无论世界何部分，未曾见其例云，亦于日本非常有利。至报告书之第九章及第十章，李顿本人亦承认，若如现在刻刻变化之场合，有加以适当变更之必要云。故对于此点，不能不充分的考虑。尤其关于九月十八日之事件发生及'满洲国'成立事情之序[叙]述，我国断不能承认，可以充分的说明我自卫权之发动。至关于'满洲国'之成立，三千万民众之力，仅以一千五百封之信何能推翻，故不成问题。滞留满洲仅六星期间之调查团，谓其什么亦不知为正当亦未可知。余豫定十四日以前抵日内瓦，倘赶不及，则意见书或将由飞机递送"云。

（《益世报》，1932年10月30日，第一版）

376. 专载：中华民国救国团体联合会为反对国联调查团建议告同胞书

全国各地民众团体转四万万父老昆季诸姑姊妹公鉴：东北事变倏忽经年，以当局信赖国联，冀国联犹有公理，吾人遂忍辱含垢，静候调查团来华考察，用明事实真相，俾作公道主张。吾人固知当今之世，强权即公理，该调查团未必能秉公道以衡量是非。特以有国联盟约、非战公约及九国公约赫然存在，国联既名为维持世界和平之机关，当亦不至令吾人完全失望也。顾一读该调查团报告书之全文，其事实部份，因果倒置，矛盾百出，固无论已，而第九章之所谓解决东省之原则及条件与第十章之所谓审查意见,即对国联之建议,其主张之荒谬,直于法于理两不可通,一言以蔽之曰:企图瓜分中国而已矣。故德国虽为调查团之一员,而德人亦讥之曰"国联之又一骗局"。呜呼!吾人明知其为骗局,其仍静候所谓裁判,而甘受其骗耶?此我全国同胞不可不加以深省者也。查日本帝国主义者无端攫去我四百万方里土地、三千万人口之东北三省,调查团苟不忘国联盟约所定"尊重会员国领土完整及政治独立"之条文,与本年三月十一日国联大会所作"凡违反国联盟约及巴黎公约所取得的地位、条约或协定,联盟会员国均不承认之"之决议,其建议之解决办法,无论如何亦不外为中国追回□物与对日不[本]惩办犯罪之一途。今其建议之滑稽,直等于强盗夺人财物,盘据其住宅不去,公断人反谓失主既已失财,大可断念,彼强盗之劫夺颇费气力,公断人之调节亦费心思。既然,三方面之利益,唯有失主、强盗、公断人共同分肥。是则所谓公断人者,直与强盗为一丘之貉耳。今特就其建议部份提出五大谬点,以唤起我同胞之注意。

第一,东三省为中国之东三省,非中国与日本所共有,尤非中国与国联所公有。调查团既云"解决东案之原则,必须遵国联盟约、非战公约及九国公约之规定",则东三省自应恢复九一八以前之旧状,绝无疑义,何以竟抹杀理论与事实,认为"恢复旧状,徒使纠纷重现",且为欲避免其所谓纠纷起见,遂有顾全所谓"日本利益""国际利益"之种种谬说?试问以一个独立国家之领土行政,为维持他国利益之牺牲,此种创见,究以国联盟约、非战公约及九国公约之何条何款为其根据?无非以弱国为刍狗,满足强国之侵略,以图瞬息之苟安已耳。

第二,日本无端破坏世界和平,劫夺我东北领土,使国联果能主张公道,应给予日本以严正之制止,而课其侵略责任。彼初不能强制日兵撤退回国,已属怯弱无能;继听任日本承认伪国,尤属颠顶无用;今调查团公然主张中国与日本组织顾问会议,维持日本侵略地位与满洲傀儡政府,而美其名曰"特准东三省自治,以期适合于当地之环境及特征"。夫三省是否应自治,此为中国之内政问题,非国联所能干涉。今以其地为日本劫掠,便曰"应准其自治,以适应特性",正不知他国军队劫夺巴黎、伦敦以去,国联亦是否做同样之主张?此种祖庇日本帝国主义之侵略行为与割裂中国领土行政之完整独立,可谓极矣!设我国而予以接受,则恶例既开,英国之于康藏、法国之于滇桂,大可援例制造第二、第三傀儡机关,而要求我国准其自治以适应特性,是中国至此唯有任人宰割而已。

第三，即让十二万步言之，中国应准东三省人民自治，但此自治政府亦惟受其本国之监督指挥，而与他国无涉。如南爱尔兰然，除英国外，谁得过问其任何事？今调查团主张东三省之自治，政府必须聘用外国顾问、监督、警察、税收及其他行政，又需聘用外国教练官组织特别宪兵，维持地方治安。且谓"在新政府草创及试行期内，当掌有广泛权限"，是则已不啻宣布东三省为国际共管，俾列强共同分肥。因其理屈词穷，乃借口采用孙中山先生的"由国际合作，促进中国建设"之主张，以图掩中国人之耳目。初不知孙中山先生之所谓与国联合作者，系指开发中国之实业，并非干涉中国之内政。今调查团既主张由列强共管中国之东三省，反断章取义，以厚诬我国之先烈，事之毒辣，莫此为甚。

第四，东三省为中国三千万民众生活之根据，东三省为中国土地之延长，东三省为中国全身之肢体，其领土主权及所住民族完全属于中国，无论在历史上、事实上、法理上，皆为天经地义。今虽被日本劫夺以去，但中国之光复旧物，实具有神圣不可侵犯之天赋权，一方而为无可诿卸之当然义务。国联果欲维持世界和平，避免流血惨剧，除勒令日本将东三省交还中国外，别无他道。乃调查团既在日兵侵略下，欲中国准东三省自治，以完成日本之侵略。又用种种伎俩，使列强在日本肘腋下，永远共管东省：（一）令中国准许东三省自治时，需向列强发宣言，此宣言有国际协定之约束力，以后修改必须得到列强同意。是欲强中国将东三省送人，尚须自出约据，永不反悔。（二）不许中国在东三省驻扎卫队，名为无军备区域，其实变相军队之特别警宪，则全由外国教练官一手操纵。是欲使列强横行东三省，而中国亦无法过问。（三）中国需与日本订立互不侵犯条约，以保证东三省之安全。如对东三省有任何侵犯行为，应受严重处分。是更欲使中国将东三省永远出让，不准有收复之一日。总而言之，调查团之理论，直认定强会员国以兵力侵略弱会员国广大之土地，并不为罪，惟被侵略国如欲反还失地，则罪在不赦。是而可忍，国尚为国乎？

第五，日本在东三省之所谓特殊利益，全无条约根据。中国在巴黎和会及华府会议，曾迭次加以否认。今调查团一则曰"承认日本在满洲之利益"，再则曰"需订立关系日方利益之中日条约"，而其所谓日方利益，则除日本前此非法取得外，更扩充至日本得自由参加东三省经济之开发、日人之居住及租地权推及于东三省全境，甚至与东三省无关之热河，亦须由中国维持日本现在所有之非法特权。同时谓中日商约上"并应载入中国政府在其权力之内，采取一切办法,禁止并遏抑有组织之抵制日货运动",是又令中国坐视日本劫夺我财物,不特不准反抗,且须承认其劫夺为合理。甚至以日本之暴行所激起之人民抗货运动,亦必载诸条约,勒令禁止,而对于日本之暴行,则既予以奖励,又加保障。此种灭绝人类正义、发挥帝国主义之主张,吾人宁与暴力斗争以至失败而灭亡,亦断不能承认者也。

四万万同胞乎!吾人一读调查团以上之种种建议,可知国际帝国主义者无丝毫公理可言。其对于日本也,明明谓其武力占据东三省不能视为自卫行动,却不令其负侵略责任与赔偿中国之损害;又明明谓其所制造傀儡政府非出于东三省人民自动的组织,而却不许中国政权重新树立及主许中国政权重新树立,反主张东三省自治,一若日本对于国联盟约、非战公约及九国公约,可特许其不负责任。对于中国也,满口谓应维持领土主权之完整,但主张中国对于今后之东三省,除名义上拥有宗主权外,不许设置国防军队以保护其自己之国土及国民,且不许中国军队更进东三省一步;除第一任行政长官外,不能任命官吏,一切官吏之任免悉操诸外国顾问,中国政府不能过问;除管理已抵外债之海关盐税及邮政、印花、烟酒外,不能管有其他一切税收,更惟受外国顾问监督;除外交事件可以命令自治政府外,一切民政、财政、军政均无权发布命令,所有三省之政权,悉归诸外国顾问掌握。呜呼!依调查团之主张,则我政府现任命之东省官吏皆为越权,现在东省作战之义勇军皆为土匪。此数十万健儿,惟有匍匐国联之屠刀下,以静待死神之降临,其所持枪械,则恭候日本及国联之缴收已耳。同胞,东三省之存亡,在此一举矣。如再听信政府依赖国联,则列祖列宗艰难缔造之黑水白山,从此已矣。用是窃告我全国同胞,一致监督政府,不得接受调查团之偏袒建议,并促其训令出席代表,请国联召集紧急会议,根据盟约及其他国际公约,对该报告书予以严重之纠正,对日本帝国主义者,速予以有效之制裁。否则退出国联,揭穿其骗局,而另谋收复失地及其他自救之道。同时各地民众团体,应领导全国同胞一致联合起来,以切实有效之方法,援助现在东北作战之义军。一面督促政府出兵关外,收复失地,而不再托诸空言;一面以民众力量援助政府,一致驱逐倭寇,光复故物。不信以七倍人口、十余倍土地之中华民族,而竟无此自卫能力,致为区区倭寇所屈服。起来!今日之事,惟有赤血黑铁与暴力相斗争始有出路。如再因循依赖,只有亡国而已。愿我四万万同胞深省旃。

(《益世报》,1932年11月3日,第十版)

377. 英上议院严重讨论东案，决谋国际合作整齐阵容，寻求一"国联政策"促中日直接协商，李顿发言报告书一致通过方有力

【南京三日下午十时专电】 国联行政院已定马（廿一）开会，讨论李顿报告书。外部除早决定具体方针外，对各国态度仍刻刻注意。日内瓦我代表团与外部每日电讯频繁。闻列强态度日觉鲜明，法坚持维持国联尊严政策，英美意见亦趋一致，美大选无论胜利属共和党或民主党，其传统外交政策决不致有何变动。对中日问题最重要之一幕，即所谓"满洲国"问题，各国对美国务卿史汀生历次宣布之不承认侵略之结果一节，现已完全一致云。

【南京三日下午九时专电】 国联行政院原定寒（十四）开会，现决改于马（廿一）举行。闻展期原因为候军缩会及美大选之结束，以便集中力量，谋中日问题之适当解决，并非为日方之要求，故政府亦不反对。闻国联行政院开会时，对李顿报告将立时提出作初步讨论，附以审查意见，提请十九国委员会讨论后，再提国联大会讨论。我方对应付方针，早经外委会决定，由外部电命日内瓦我代表团，届时为国家民族作殊死战云。

英上议院之辩论

【伦敦二日路透电】 本日上院辩论满洲问题时，反对党领袖庞生比爵士质问政府对李顿报告书之结论持何态度。庞氏极力颂扬该报告书，彼谓此项问题不能仅由恢复原状办法可以解决者，已甚显然，并郑重声言：下次国联大会讨论时，最为重要者，即英国应居领袖地位，以谋纠纷之解决。又谓国联行动之适当，未能如一般人所预期，但谓国联能避免远东战争，虽非一种奇迹，实为一大胜利。印度事务部次长洛西亚谓，满洲纠纷所潜伏之最大问题，即吾人应进一步谋纠纷之解决，建设某种国际制度，不然，即退一步致酿成一不可避免之战争。彼又声述一九二一年之华盛顿九国公约、开洛格非战公约及史汀生宣言，凡此种种，倘能善于运用，均系应付中日问题之非常有力之武器。彼又谓，除非此形同全身上下一块腐肉被割去，彼恐华盛顿九国公约必被撕毁，

而军备限制势必放弃。如此,则裁军及开洛格非战公约将如何?则太平洋英帝国之殖民地又将如何?西锡尔爵士质问以前政府所发表之决心拥护国联及李顿报告书之宣言,彼认李顿报告书已经获国联行政院之通过。李顿即起立,答谢上院议员诸君赞成报告书之盛意。李顿氏云,除非报告书获一致通过,否则必无成就;如欲各国预先有所表示,殆不可能,但若任目前情势长此迁延,亦极危险。彼承认中日政府对该团工作忠实援助,但报告书之结论,与其谓为决定的,勿宁谓为建议的云云。

表示鲜明立场

【伦敦二日合众社电】陆长海尔山今日在上院答覆议员庞生邦爵士时,声称英国对李顿报告书态度,与其谓系光荣之孤立,勿宁谓为系主张国际合作。此言足以表示英国所维持之立场。海尔山断言,英国在日内瓦决不采取拥护或反对李顿报告书之立场,"吾人在日内瓦之目标,不首先采取集中世界注意之急进步骤,亦不欲抱一单独政策,但颇愿与其他国家寻求一单一政策,即可认系一'国联政策'。为达到此目的起见,英政府殊有促中日两国抱相同目标直接协商之必要"。海尔山之声明,在上院将外部所预备之草稿诵读后,受高声欢呼。在较早上院会议时,庞生邦爵士曾在上院演说,世界预料国联必采更坚决之行动,"吾人有理由相信吾人默认日本军事行动并未获得其他各国极热烈之赞助。全世界有一种感觉,即国联应坚持其所代表之国际法之效力"。调查团主席李顿亦曾参加辩论,李顿氏云,依其判断,倘欲各国代表团预先决定某种一致政策,殆不可能。李顿氏又云:"吾人当前之问题,系诸多复杂问题之一,不是一个对此事抱有偏见之态度可以解决者。"罗新爵士亦在上院演说,坚称世界和平,全赖此问题获一合法解决。除非对此情势能有充分适当把握,远东将来必陷于战争与混乱,殆无疑义。中国迟早将实行自决,届时中国青年人民或采取一备战及复仇政策云。

日意见书概要

【东京三日日本新联电】日本对李顿报告书之意见书,俟吉田大使抵日内瓦,十一月二十日前后于东京及日内瓦同时发表。该意见书由绪论以次五章作成,各章之立论,概要如下。

绪论 陈述日本对于调查之权限性质之见解云:"报告书应严正中立。乃此次报告书之起草,自始即以或种偏见着手,甚属遗憾。"

第一章　中国。中国内乱甚久,不但不能承认其为国际法上之近代国家,即于实际事实问题,在中国领土内之内外人生命财产之安全亦完全不能保障。假使将来得以统一,然受直接利害之我国,殊不能俟将来之假空事。

第二章　满洲。满洲现在之发展,完全由于日本之政治经济的努力,并竭力□明日本于"满洲国"之特殊性,及由历史上之事实与条约上不能放弃满洲之必然性。

第三章　九月十八日事变及其后之军事行动。唤起注意引起九月十八日事变之历史的背景,十八日之我军事行动乃系自卫权之行动,其迅速而且整然者,乃军事行动之本质上当然之事。

第四章　"新国家满洲国"之成立系基于满洲住民之意思,其独立连动具有历史的□因。"新国家"有日本人官吏,殊非特异之事。对于即存之"新国家",若予以否认,不过使事态反为恶化而已。问题之实质的解决,无论如何不能不以"新国家"之俨然存在之事实为前提。

第五章　结论。报告书结论,当日本承认"满洲国"之今日,当然应变更行政院所意图之处置方法,即"满洲国"之国际管理案及满洲依据国际宪兵队以维持治安之事,均百害无一利。要之,报告书所述之事,倘中国有强硬之中央政府,虽可考虑。然照中国□……□,事实全然不副。

(《益世报》,1932年11月4日,第二版)

378. 又一报告书:顾报告参与调查团经过

【北平通信】　顾维钧近在巴黎拟就一参与国联调查团经过之总报告书。原稿用英文起草,刻正在翻译中,一俟翻译竣事,即行呈送中央,以供参考。内容约分下列几部份:(一)招待国联调查团情形;(二)致该团之说帖;(三)到东北调查所得之感想及材料;(四)意见。

(《益世报》,1932年11月7日,第二版)

379. 日方所传国联解决中日纷争方式，将产生一国际委员会，结果必怂恿两国直接交涉，李顿昨日出席英下外院委会①演说

【东京六日新联电】 国联行政院之会期已渐迫近，对于国联果否能发见得中日两国首肯之合理的而且现实的方式解决满洲问题，以保持国联面目之事，曾有种种之观测。据最近美国军缩代表道维斯与英法两首相会见及二日之英国上院对于关系中日纠纷问题之计议等，国联将取之方式大纲已渐次明确，即国联为避问题之纠纷起见，将先于行政院对其前途大体认清之后，则提出国联总会附议，而赋与行政院案权威之方策也。然行政院得取之行动范围，结局将仅由中日纷争之直接关系国组织一种国际委员会，以研究解决方法。惟由从来国联之态度观之，此项委员会自身不能自发的作成解决方案，似将尊重中日两国之立场，而有怂恿两当事国直接交涉之模样。

【伦敦五日路透电】 李顿爵士定九日出席下院保守党占势之外交委员会讲演，中国分委员会主席温特顿将任该会主席。据凡熟悉远东事件之下院议员对李顿报告书所称中国政局之不稳定为一切纠纷之根本原因一点，极为注意。一般预料，李顿将对此特别论及云。

（《益世报》，1932年11月7日，第二版）

380. 上海破获惊人巨案：有人收买汉奸暗杀国联调查团，希图嫁祸中国，曾谋刺宋子文、吴铁城未遂，已引渡沪公安局

【上海通讯】 国联调查团来华调查辽案，于三月间道经上海。其时暴日侵略淞沪之战争，因我十九路军退守第二道防线，暂告停止。该团委员李顿勋爵等，以兼奉国际联盟会着就近调查沪变之使命，故而驻节外滩华懋饭店进行

---

① 编者按：原文如此，应为"下院外委会"。

调查工作。讵意此际竟有阴谋之辈,希图造成国际重大事件,嫁祸我国,不惜巨金收罗汉奸死士,组成暗杀机关,遣其党徒,亦匿迹华懋饭店之内。原拟俟该团要人出入该饭店时,将手溜[榴]弹从窗口投掷,俾达加害团员之目的。幸经我国当局与租界捕房保护周密,若辈毒计无隙可逞。此种阴谋初未败露,直至于上月六日,老闸捕房华总探长尤阿根、探目周桂生等,在法租界缉获对念九□念四日有吕子清者,在昆明路被匪绑票未成,当场遭匪杀害一案负有重大关系之龙林等念三名。侦查之下始知,该匪等实系此空前未有之暗杀案要犯,且行政院长汪精卫、宋子文二氏之法租界寓邸前,曾先后发现被人投掷炸弹,亦均由若辈所为。遂由捕房律师陈明,第一特区地方法院请俟侦查终结,再行提起公诉。业奉核准,谕将该犯等羁押候讯。各情已志前报。兹悉,宋子文院长去秋偕其秘书唐腴庐[胪]由京来沪,在北火车站下车时,突有匪人开枪狙击,致唐君饮弹殒命,凶手当场逃逸。现经查得,亦系龙林等所为。彼并于某日纠党往市政府,意图乘隙加害市长吴铁城。

至若辈在租界内所犯之案,而经工部局向第一特院提起公诉者,则有:(一)被告龙林、唐明两人于三月二十至念二日,在外滩华懋饭店携带手溜[榴]弹三枚、手枪两支,图杀顾维钧、宋子文、吴铁城、罗文干,犯《刑法》第二百八十四条第二项之罪;(二)龙、唐两被告于同时同地,与在逃同党五名携带枪弹,犯《刑法》第二百条第一项公共危险罪及违犯民国十七年十月间国府颁布《枪炮限制条例》第一条之罪;(三)被告龙林于去年七月念五日在南京路余庆里五百念一号,纠党持械,抢劫顾克明钞洋一万六千元;(四)被告唐明、马贻金于十月二日纠党持械,侵入爱多亚路九百念二号,抢劫周得文值洋二百五十八元之财物;(五)唐、马两被告于九月二十二日以手枪向静安寺路福庆里三号崔献庭恐吓;(六)被告唐明于三月十九日致恐吓信与何海清,图诈洋四百元,六起。昨日午后,承办此案之尤探长,率同探目刘俊卿、探员李述桂,与西探将被告龙林、马贻金、唐明、马荫和、田泽民、翁新吾、陈春亭、李云成、张春、陈捷三、贺荫三、万家云、刘汉卿、秦天有、项子云、徐鸿元、王云樵、苏治安、汪伯林、俞明海、李忠发、冯国祺、熊子成等二十三名及抄获手溜[榴]弹一枚、手枪一支、子弹九粒,并解第一特院第一刑庭,由钱鸿业庭长升座提审,市公安局特派法律顾问詹纪凤律师到庭,声请移提。据詹律师称,移提被告等之理由计有两点:(一)被告龙林等业经公安局向捕房提去侦讯,据其供认,专以暗杀政府最高官吏为目的。彼等虽都避居租界,但实施犯罪行为地是在华界。如去年在北车站谋刺宋部长未成,误杀其秘书唐腴庐[胪],及被告唐明往市政府左近守候,图刺吴市长之犯行,均在华界,依法应归出事地之官厅讯办,毫无疑义。(二)本案如由贵院讯办,原无不宜。惟贵院侦查程序,依照协议应由捕房执行,而捕房之唯一任务为保护租界安宁,对于含有扰乱政治或有背景之案件,自无深切研究之必要,其有隔膜,且非熟习,自可想见。又查各被告不过避居租界,并无固定住址,且非普通暗杀案犯可比,与租界治安绝无关系。故为便利侦查起见,应交公安局提回侦查,于法律事实更臻妥善云。捕房律师甘镜先对市公安局要求移提一点表示同意,谓本案含有政治性质,自应由公安局提去,第二特区法院虽亦有来文要求移提,则请庭上迳复该院,另向公安局移提。钱庭长遂准照公安局律师所请,谕将龙林等念三名交公安局来员带去归案讯办。

(《益世报》,1932年11月13日,第三版)

381. 全国律师协会今在沪开会,研究报告书

【南京十二日下午一时本报专电】 全国律师协会定元(十三)在沪开会,研究报告书内□□问题。

(《益世报》,1932年11月13日,第三版)

382. 希尼谒兴登堡,报告调查团工作

【柏林十二日哈瓦斯社电】 国联调查团德委员希尼氏,已将该团调查情形报告兴登堡总统。

(《益世报》,1932年11月14日,第四版)

383. 吾民族生死存亡关头，只争未来之三四个月，国联行政院大会三日内即开幕，国际委员会成立当在来年暮春，对日经济绝交为唯一胜敌之道

【南京十七日下午二时本报专电】 罗文干谈，国际委员会未经国联正式通知，此时政府尚无所谓态度。外委会十七日开会讨论国际新委员会事，实根据十、十一两日外委会议决修正确定。国联苟为积极解决中日问题，由美俄加入新委会，依报告书东北领土及行政主权属于中国之原则问题，我方可接受。国际委员会讨论中日问题，除得直接解决者外，其余是否仍由国联继续讨论解决，须有明切解释。对各使南下，我外交当局应如何与会商，亦经讨论。

【南京十七日下午三时十分本报专电】 驻华各公使日内由平南下，我方因各使来首都，事极寻常，除国际上习惯应尽招待责外，无特殊表示。惟日方因各使南下，认关系重大，特派其在沪情报主任须磨、助手岩井等十七日晨来京，拟刺探政情，使其政府便于应付。

【伦敦十六日哈瓦斯社电】 自由党国际联合同志会执行委员会顷通过一动议案，要求政府运用所有力量，俾使国联会行政院采用李顿报告书。至政府对于国联盟约及巴黎非战公约所载原则，应行维持，亦当处以忍耐而有力量之态度云。

某要人之意见

【南京十七日下午十一时本报专电】 国联行政院会期只余三日，关于会议之趋势及国际委员会对我利害如何，记者顷向外交界津要探悉，国联对我空气现颇良好。此次会议对中日争端，决以李顿报告□讨论根据，首先听取中日两方对该报告书前八章之意见，九、十两章因系建议，不具硬性的限制性，择用与否，行政院不加以决定。行政院会期约两周，汇集各方意见，即送十九国委员会研究，签具意见，送特别大会。特别大会会期约在明年正月，是否采用国际委员会制度，即由特别大会决定。我外委会对此已加研究，惟因此事尚未见诸事实，故接受或拒绝，现不加决定。国际委员会决邀美俄参加。此系国联另

设之机关,日虽反对,但无理由。惟设立时期,大约将在明年三月四日罗斯福就任以后。就性质而论,有美俄参加,集中全世界力量对日施以威力压迫,□该会所定办法,将立即见诸实行,不若国联决议案可延宕不理。此与日人所用之延宕政策及不许第三者参加之主张根本冲突,实为日所最畏忌反对者。但我国不应如此观察,利害所在全在人民自取自觉。该会设立尚有三四个月,国人如能运用此时期,即利□之分歧。自九一八事变后,国人厉行经济绝交,日经济大受打击,益以世界经济不景气之影响,日货对欧美销售停滞,巨额军费支出日增,经济已极缺乏。例如汇兑,日金一元,约值□币二元四角者,现已跌至九角,且有跌至八角倾向,美金一元向值日金二元者,现值五元。日内外债无形增加一倍以上,国家预算不敷九万万元,工商业凋敝,国民经济乃趋破产之途。如我继续厉行经济绝交,则三四个月后,日经济必不可收拾。再东北义军声势日趋浩大,难民无法谋生,均投义军,逆军日有反正。日对北满已无法应付,南满日侨亦不安居,如对义军接济源源不绝,则日军必疲于奔命,而引起人民□政府一致之反响。故未来之三四个月,实为国家民族生死存亡、外交胜负关头。如国民一致自谋自决,发挥自己力量,则国际委员会召集时,不待列强压迫,我已自能制裁暴日矣。

调查团将出席

【日内瓦十六日路透电】 国联行政院将于星期一开演此一出最大戏剧之舞台,业已经国联筹备,静待星期一开幕矣。据悉,李顿调查团团员四人届时将出席答覆质问,而李顿将在星期日夜间用国联短波无线电台将序文广播云。

【日内瓦十六日路透电】 日本对李顿报告书之意见书,系一长九十页之印刷文件,星期五将分送国联行政院各理事,星期一公布。据悉,该意见书□论及报告书前八章,对于解决之建议未加批评。国联秘书处之意见,以为行政院□序之第一部分,仅研究纠纷之源起,至补救之建议,未至圣诞节以后,将不加考虑。促美俄参加讨论最好方法之问题,正在恳切考虑中,目前提出有三种可能性:第一,请美俄参加十九国委员会,为参与员;第二,或请其加入特别顾问委员会;第三,或在国联之外另组织一独立会议,应付中日问题。中日两方代表对于会议程序,势必立□□生争执。中方将质问行政院是否有权处□此事,并将竭力奋斗,使中日问题由十九国委员会或一特别大会讨论。日方不承认十九国委员会,将力促行政院采取具体行动云。

日本代表今日到

【日内瓦十六日新联电】 留巴黎之日本全□团,关于国联对策,业已磋商完毕。松冈代表一行将于十八日早七时抵日内瓦。为此留守役,帝国事务局长伊藤述史等已进行诸□之准备。松冈于十八日抵日内瓦,即行访问国联秘书长德留蒙、英外长西门、美国之道维斯及其他。午后五时起,于麦特洛保尔旅馆与各国记者团会见,同时并发表声明书,十九、二十两日举行内部会□。惟十九日午后系招□与会□有关之日本人全部,并加入记者团,约七八十名,于一堂举行茶话会,以期团结日本人全体之内部。现日内瓦之空气,已呈紧张之状态。

【日内瓦十六日新联电】 日本对于李顿报告书之意见书,将于十八日分送各理事国代表,惟对于一般则预□于二十一日公布。该项意见书以打字机约打成九十页,□□记述李顿报告书之前八章,即关于事实之部分,最后之一章,即调查团关于解决中日纷争之提案,则未言及。但行政院会议最初不过仅审议关于纷争之诱因而已,至审议对于解决纷争之提案,大约须在明春之模样。

(《益世报》,1932年11月18日,第二版)

384. 认定李顿报告书为忠实真确,国联行政院将有正式表示否认"满洲国"之存在,李顿偕四代表今日赴日内瓦,我代表报告日军在东北暴行,日本意见书定二十一日发表

【南京十八日下午九时本报专电】 外交界确息,国联行政院马开会讨论李顿报告书时,将首先听取中日两方对第八章之意见,尤其对第六章("满洲国")特别注意。现国联各会员国对此节之意见,除日本外,已完全一致,认李顿报告中所述"满洲国"之各节,均系忠实真确之纪载。在行政院将全案送交十九国委员会以前,行政院将有正式之表示,明白否认所谓"满洲国"之存在。十九国委员会及特别大会开会时,亦将根据此点为讨论之基础云。

【日内瓦十一月十七日路透电】 出席国联中国代表颜惠庆博士,刻接中国政府转来海拉尔电报一通,当即通知国府,刻国联已将该电□发去矣。据□

电称,日本某师团在海拉尔焚掠奸淫,无恶不作,曾忆今春上海之变,该师团即久矣秽德彰闻。该电又称,十月二十六日日本派掷弹机二十六架,一面掷重弹,一面散发□单。日方将用掷弹机与大炮,将扎兰屯、博克图、海拉尔及满洲里化为灰烬,但上举之地方并非作战之地带。

【伦敦十八日哈瓦斯社电】 国联调查团主席李顿勋爵明日启程赴日内瓦,以便理事会开会时以口头答覆咨询。

【伦敦十七日新联电】 国联行政院瞬即开会,被请参加该会议之李顿爵士,已定十九日首途赴日内瓦。该氏虽与其他调查委员同留日内瓦,但各委员不出席行政院会议,仅由李顿出席以答复行政院之质问。

【伦敦十七日路透电】 李顿爵士定十九日偕其余调查团代表赴日内瓦,以备国联行政院讨论报告书时之咨询。各代表实际上不参加行政院之讨论,仅李顿自己在行政院会议有一席次。据悉如必要时,各项问题由李顿交各调查团其余代表审核,各代表于是再开会决定答覆,由李顿在行政院席上口头□明云。

【日内瓦十七日新联电】 此次之国联行政院会议,美国派遣傍①听员出席与否,颇为各方所注目。据美国当局言称,尚未接受国联之直接招请。然一般观测,若美国不派遣傍听员出席,其里面必有所划策,否则或俟视国联之推移如何后,即决定出席之事。

【巴黎十七日新联电】 日本代表团对于意见书予以最后修正之后,为作制演说草稿及其他最后的准备起见,澈夜的工作。截至十七日午前四时,使全部完成,现已专候开会。

【东京十八日新联电】 日本政府之意见书已决定十八日午后提出国联秘书处,国联日本事务局长泽田节藏,现正与国联当局接洽发表之时间,尚未得最后的决定。惟大约在二十一日午前十时,日本时间为午后六时,将于日内瓦、东京两地同时发表。又审议李顿报告书之行政院会议将于二十一日午前十一时开会,然依据常例将先开秘密会议,采择讨议之项目后,即入于公开会议,□公开会议将在午前十一时半开会。

【巴黎十七日电通社电】 松冈、长冈两代表及吉泽、盐崎、杉木、土田各书记官并小林代议士等,已于本晚九时五十分由当地向日内瓦出发。又吉田大使因与某方面有所接洽,故拟暂留此间,事毕即转赴伦敦,偕同松平大使前往

---

① 编者按:原文如此,今作"旁"。

日内瓦。

....

荒谬绝世之日本意见书,无宁认为成见书,内容概要如是!

【东京十八日日本电通社电】 日政府对李顿报告书应即向国联提出之意见书内容大致如左：

绪论　李顿报告书甲[中],足使日方满足之两点如次:(一)承认中国已陷于分裂混乱之无政府状态;(二)承认排斥日货确系受南京政府之奖励及默助,且依诉诸武力之非合法的手段而行之。至其在利于华方、不利于日方之佐证所下断定,则系因其依一国军队侵略他国领土之成见派遣委员,且复无足资矫正之任何适当方法,以致卒作此种不合理的结论。是乃由于各委员既均不谙华语,且其逗留期间亦复过短故也。

第一章　中国。中国者,乃曾成为统一的国家之现在之广大地域之名称也。但欧美人士对现已陷于不统一及无政府状态之中国,仍不脱作为一存续的国家之观念。夫领土不可侵之原则,虽应神圣视之,向在无政府之国家刻[则]不适用。盖以陷于无政府状态之国,已不成其为国家故也。中国于属于最后的统一政府之袁世凯之共和政府瓦解后,即已成为无政府之国家。故在华府会议中,虚伪的容认中国尚有所谓统一的政府,实属使中国堕落之一因。中国无论在何时,固绝对尚未成为各人理想之国家,而各国之所以承认南京政府,不过限于其权威所及范围内。至满洲,则并未在其范围内,即在报告书中,亦未承认满洲在南京政府之指挥下也。

第二章　满洲。满洲原属离中国本土而独立存在者。当清朝成立时,虽曾一度合并,但自清朝没落后,又复自行分离。而于张氏二代之间,并未由中国本土受任何拘束。一九二八年,张学良虽曾与南京政府稍事联络,但仍非属于单一国家之结合。且依张氏二代之暴政,不期然而然的在满洲民间,酿成独立之气势。

第三章　九一八事件及其后军事行动。各委员虽承认有炸毁铁路情形,但不明言其责在何方,且复断定日军行动实超越自卫范围。顾日本若不采取当时之措置,或至被驱逐出满,亦未可知。是以该委员之断定,未免过于偏重华方说明,而忽视刻下之中日关系,实由于华方之继续的攻击态度进展之结果。至日军轰炸锦州之举,在委员方面虽视为不当,而实则日方行动固仍属在海牙条约所承认范围内之正当行动也。

　　第四章　"新国家"。报告书谓"新国家"系由日军所造成,实忽视日政府及军司令部曾发出严禁日人不得参加满洲政治运动之命令。至其断定满洲住民不乐于在日本支配之下一节,亦不应解为仍盼复处于无政府或南京政府之下。是故该地一般住民若不希望恢复地方政权,则其谓由日本创造"满洲国"之委员会之断定,适仅足成为地方政权何故被驱逐出满之理由而已。又其谓碍难承认在外国军队存在下之革命说,亦仅能指摘在外国军队怀有敌意之时。彼伊①伊斯脱尼亚之革命,非曾行于联合军之前耶?巴拿马之革命,非曾行于美国海军援助之下且立获其承认耶?要之,"满洲国"系受满洲人之支配,且华人亦为安居乐业计,而希望其实现并予以赞助也。

　　第五章　结论。报告书中第九、第十两章,系依上述误谬的见解而成立之结论,且"满洲国"既已告成立,而与张氏当政时情形完全不同,则上述两章,在问题解决上自无一顾之价值也。本上述之理由,各国若欲根本解决中日纠纷,自应正确认识中国与满洲之现状,且确信现只有依恃"满洲国"之存在,方能保持极东和平与世界和平也。

(《益世报》,1932 年 11 月 19 日,第二版)

385. 行政院今日将不举行公开会议,讨论报告书或待星期三,李顿今日演说满洲问题,日本意见书节要定今日发表

【日内瓦十九日路透电】　国联行政院星期一将不讨论报告书,但星期三日或将讨论。该院将于星期一开非公开会议,处理例行诸问题,或许不举行公开会议。各方从事磋商之人,刻正谋求中庸之道,藉求以后讨论之顺益。按惯例,每于行政院开会之前,秘书处准备多少敷衍塞责之议程,众信此次秘书处亦受困难。日本对李顿报告书答辩之节要,明日在伦敦、华盛顿及东京同时发表。松冈今日会晤道维斯(美国出席明年□济会议代表),谈话□九十分钟之久。松冈旋又会见国联行政院主席爱尔兰总统狄凡勒拉云。

---

①　编者按:原文如此,"伊"为衍字。

【日内瓦十九日日本新联电】　二十一日之行政院会议,关于手续问题,大体已决定,行政院主席致开会辞后,即由松冈代表发言,其次似由顾维钧演说。然各国代表因其研究日本意见书□暇,似将□检□之名义,暂停公开会议,俾于其间举行秘密会议,进行私的折冲之模样。国联拥□论者虽急欲举行十九国委员会,但行政院会期至少将在二星期以上之观测,即目前无开会之可能。中日问题如何处理,始得打开难关之事,颇为各国代表所焦思。关于问题之微妙之点,谁亦未能判明。要之,在于无方策而为难之实状。目下欧美□国之代表,因较中日问题尤视为重要之军缩、战债及其他问题多如山积,故对于中日问题,似将依据私的折冲,以讲求打开局面之道。

【日内瓦廿日日本新联电】　廿一日之行政院会议,各理事国代表已决定如下:德国为诺依拉登,英国为约翰西门,中国为顾维钧,西班牙为慈易志,法国为保尔彭考,瓜特马拉为马斯特,爱尔兰为特巴列拉,义太利为亚路易吉,日本为松冈洋右、长冈春一,墨西哥为巴尼,挪威为伯拉特兰,巴拿马为加列,波兰为加徒斯基,捷克斯拉伐克为□尼修。

【日内瓦十九日日本新联电】　李顿爵士抵日内瓦后,其他之调查团【员】四名,亦将于二十一日全部集合于日内瓦。国联方面之要求调查团集合于日内瓦者,盖为预备日本意见书中对于李顿报告书或作事实上之反驳之际,俾得□近听取作制意见书之意见之故。至关于李顿报告书结论之讨论,则毫无关系。

【日内瓦十九日日本新联电】　为出席行政院会议本日抵达此间之李顿爵士,将于二十日午后一时,日本时间二十一日午前七时,预定于国联无线电广播局,关于满洲问题向全世界行广播演说。

李顿报告书内容要点之重述

【日内瓦十九日合众社电】　国联行政院星期一即行开会讨论李顿报告书,日内瓦今日一般承认,该报告书确立下列数点为讨论基础:(一)中国系一正在演进之国家,其某种现象在未能改善之前,"势将威胁世界之和平,以构成世界经济不景气之原因"。该报告书又述中国对日俄之关系,已渐次表现民族主义之色彩。(二)日本与满洲有特殊政治、经济及法律之关系。日本因为反俄之安全需要及统一的中国之敌视之可能,故认满洲为其"生命线"。(三)一九三一年九月十八日日军攻陷沈阳之行动,实不正当。调查团之观察,以"九一八晚南满路附近之爆炸,并未阻碍长春南下列车准时之到达,且即就铁路损害之本身而论,实不足以证明军事行动之正当"。该报告书又承认在事变之前,中日间之感情已紧张,但"日本已抱有一种精密准备之计划,以应付该国与中国万一发生之敌对行为"。(四)该报告书申述,即在日本侵略之下,土匪及不正规军之活动日有增加。"自去年九一八以来,各大城市近郊之土匪及不正规军有空前之增加,一部分由于遣散之军队,一部分由于遭土匪蹂躏之农民,不得不趋而为匪以求生活。"中国方面之声明,指摘日本在去年九一八以前暗中援助土匪并怂恿土匪,而日方则指系中国恶政之结果。(五)调查团谓依各种证据,显然可知满洲独立运动在事变之前毫无所闻,惟有日军之在场乃有可能,若"新国"无日军之在场及日本文武官吏之活动,决不能成立。基□理由,现在之政权不能认为由真正及自然之独立运动所产生。又谓,"满洲国"政府并无普遍华人之拥护,此所谓"满洲国"者,在当地华人心目中直是日人之工具而已。(六)关于经济绝交,调查团无一最后结论,但建议应对国际法□以研究,并以国际协约加以规定。(七)调查团声明:"门户开放之原则,不独就法律观点言,即就工商及政府实际观点言,要均必须维持。"(八)调查团认为恢复旧状或维持傀儡政府均不可能,因此"无论在法律上或事实上,将该□□自中国他部□划。日后恐将造成一严重难解之问题,使中国常存敌意,并或将引起继续抵制日货之运动"。(九)调查以一极细致之态度发表结论,为切实明言日本在满洲之军事行动曾破坏国际义务。该报告书最令人注意之部分云:"其事实为未曾宣战,现有一大部分地面向为中国领土,竟为日本武力强夺占领,且因此种行为使其与中国分离并宣布独立。此案经过所采之步骤,日本谓为合于国联盟约、非战公约及华盛顿九国公约之义务,而实则各该约之意义,正在防止此种行为。"据此间国联官吏云,对日本之针锋,在最后之一语。星期一之行政院会议,中国将接受该报告书为讨论之根据,而日本将提出一意见书,并将某某点除外也。目前许多人相信行政院将不发表批评与意见,即提交国联大会讨论云。

日本意见书今日发表之摘要

【东京二十一日日本新联电】 日本政府二十一日午前零时,对于李顿报告书发表长文之意见书,同时并发表其摘要。该意见书由绪论以五章而成,其要旨如下:

绪论,帝国政府以报告书除公的材料之外,系以新闻记事、私人通信及谈话为基调,其结果致认九一八事件日本军事之行动为不当,而陷于根本之误解,且作关于满洲之将来缺乏始终一贯及与现实事态不一致之提案。报告书对于中国国民有作对于日本方面深藏反感之暗示,然与事实则相反。日本将来将永久依据两国国民之协力,以循相互繁荣之道前进。第一章,关于中国方面,列举违反华府会议规定之中国混乱状态、排外运动及革命外交之非。第二章,关于满洲方面,张作霖对驻扎北京之外国公使宣言不认东三省为国共□中国之领土及力说地理的历史的分离状态。其次,列举张家非政、日本之特殊地位、文化的功绩及张家之压迫鲜人、商租权之妨害、中村大尉虐杀事件等之日本地位之被害。第三章,陈述九一八事件及其后之军事行动,帝国政府之自卫行动,不许外观之论议。第四章,详述"新国家"成立以来着着进行之状态。第五章,结论。约言之,归结于左记诸点:第一,中国自民国以来迄至今日,系近于无政府之状态,持续此种状态,实无订结国交之真值,至少不能预断有永续性之中央政府之时期到来;第二,右之结果,中国对于外国人生命财产不能予以充分之保障;第三,因此,诸外国乃有治外法权、租界、驻扎军队及维持军舰之常驻而继续行使其例外的权力;第四,中国之无政府状态及排外政策,受害最大者为日本;第五,日本于满洲之地位,为与世界其他部分不能比类之例外特殊;第六,旧满洲官宪对于日本权益之炽烈、频繁之侵迫;第七,九一八事件系由以上紧迫之空气中发生,日本之措置未越出自卫权之范围;第八,满洲对于中国本部立于别个的地位,排斥张家之暴政及自决之主张成为自发的民众行动,清朝复辟运动为其指导力。最后陈述于"满洲国"之建设日本所取之态度及对其承认之事不违反国际条约。报告书亦排斥单回复原状之事,然帝国政府则认维持"满洲国"为必要不□缺,且列国亦应迅速承认"满洲国",对其发达予以协力,俾安定满洲之事态,□极东于和平之境,实为唯一之方法。报告书第九章中之原则第十,有使中国本部国际共管之虞。同样,第十章中关于满洲之诸提议,使满洲成为变相的国际共管之事,殊为"满洲国"及日本所不能受诺。满洲之军备撤退,有反使酿成该地方之不安及混乱之虞,且中国又无强硬之中央政府,实不能适用。对于"满洲国"无同情之态度,有搅乱安定满洲之危险。然则努力于安定现下满洲之事态,岂非真正之经纶乎?

裁军会命运将视此案为转移

【伦敦二十日路透电】 伦敦《星期泰晤士报》论日内瓦之问题云,"世界现处利刃之下",倘李顿报告书一经通过,国联势将遭遇日本退出之威胁,即裁军大会之前途,亦不能断定。斯梯特氏论及此事云,谓倘日本退出行政院,行政院及国联特别大会对三月十一日特别大会所通过之引用非战公约之决议,应否由国联其他会员国及美国维持,或维持□若何程度,均须加以考虑。日本一经反对接受报告书,无论其退出国联与否,均能酿成一极严重情势,裁军大会命运或许恃国联坚决维持报告书与否为转移云。

【伦敦二十日路透电】 伦敦《观察报》论国联行政院接受李顿报告书云,自松冈洋右所发表之声言观之,给予满洲带有真□性质之自治,殊□难以索解之事。松冈用"地方自治"之语,系日本要求之非正式预期。除松冈及李顿所表示者外,在日内瓦方面,亦有种种意见,毫无疑义。然不能预料,尚有超越过渡办法之任何纷歧之意见云。

(《益世报》,1932年11月21日,第二版)

386. 悲观空气已笼罩日内瓦,日倔强态度无法协调,退出国联为最后手段,昨日行政院会仅听取双方演说,日方宣传结果必出于直接交涉

【南京廿一日下午九时本报专电】 国联行政院会议马(二十一)开幕,会期约两周。我代表团由颜、顾、郭三人出席,由颜任首席。外委会马(二十一)下午在外交官舍开会,有所讨论。政院会期间将逐日开会,俾得将会□□展情形逐日研究,训令代表团遵□应付。

外部接日内瓦代表团电告,李顿报告书漾(二十三)提出行政院会议讨论,马(二十一)、养(二十二)商手续及程序。日方主张中日问题即由政院讨论,反对提十九委员会及特别大会,盖以行政院会只大国参加,活动较为便利,大会则五十余国参加,且小国素抨击日本侵略政策,于日不利。但本年二月文(十二)我国已根据盟约第十五条,请提大会讨论,经大会受理,故中日争端讨论权早入大会之手。此次□李顿调查团系政院所派出,故不得不先由政院□论,至最后讨论及解□权,仍属大会。日虽活动,但各国决难同意,结果失败,毫无疑义。日对李顿报告书意见,马(二十一)正式发表,内容荒诞绝伦,措词

无理,开国际外交文件未有之奇态,现国联已引起极大反感,美国亦已驳斥。外部以国联开幕伊始,虽政府某要人东(一日)已驳斥,但仍须痛驳,文已草就,养(二十二)即发表。德使陶德曼马(二十一)晨由平抵京,下午照例拜谒外罗。此来任务纯为国联会期中便于接洽,传达消息。□使詹森马(二十一)由平启程,漾①(廿二)晨可抵京。

【南京二十一日下午二时本报专电】 外交某要人谈,行政院马(二十一)日系秘书会,中日问题须漾(二十三)日始正式讨论。日意见书马(二十一)日正式公布,蒋作宾将该书英文十册、日文二册,由东京寄回。

【日内瓦二十日路透电】 国联行政院已具体决定于二十一日午前十一时开一度简单之秘密会议后,即讨论李顿报告书,日本代表松冈□首先发言云。

【日内瓦二十一日日本新联电】 行政院决定今日午前十一时□会。然□会之初,□举行秘密会议,审议议事之采择及国联秘书处之人事问题等,约需二十分钟,故公开会议将在十一时半前后开始。会议劈头将由松冈代表起立演说。又电,行政院会议第一日之目录如下:一、主席特巴列拉致开会辞,陈述行政院会议诸种之理由;二、主席报告经过;三、松冈代表之演说;四、中国代表之演说。中日代表演说后不即入于讨论,而暂告散会。两国代表之演说,大约午后一时完毕。但各国代表为研究日本之意见书,第二□会议将在当然□间之后。

【东京二十一日路透电】 松冈在日内瓦之演说词中曾郑重声言,列强承认"满洲国"系恢复远东和平之唯一出路。该演□由日内瓦无线电台广播,由一日本电台接送全国云。

【日内瓦二十日日本新联电】 出席廿一日行政院会议之法、义、德三代表,将于今晚或明早先后抵日内瓦。松冈代表于会议开会前,将分访三代表。二十一日行政院公开会议,中日代表演说之后,将暂时停开公开会议,而于其停□期间,举行预备交涉。惟此项预备交涉最为重要,故日本代表团将予以万全之用意。又电,中国方面迄至今日尚未提出对于李顿报告书之意见书,似俟观看日本意见书之后提出之模样。

日声明书发表后危机之酝酿:协调希望已归泡影

【日内瓦二十日路透电】 日本对李顿报告书之答辩节略发表后,一切事

---

① 编者按:"漾"为二十三日,应为"养"之误。

件均趋向一危机之酝酿。日本之声明书措词,可□为□巧妙,但亦极无妥协性,并显示日本不打算接受李顿调查团之建议。一般人感觉,国联根据盟约第十一条采取之协调程序前途之展望,已归泡影,且事件必须自由发展,行政院已处一奇异之地位。国联特别大会已将讨论考虑中日纠纷之责任委诸十九国委员会,行政院之职责仅实际上限于寻觅某某调停方式,观夫颜博士之声明与日本之节略,则此事业告失败。十九国委员会□考虑对李顿报告书应采之行动,并决定召开国联大会日期。刻下一般感觉,咸抱悲观云。

颜惠庆宣言：希望国联昭示正义公理,中国具有武力抵抗决心

【日内瓦十一月二十日路透电】 中国出席国联代表颜惠庆博士,于本日下午接见各国新闻记者时宣称,中国政府并无试行推翻李顿调查团结论之意。中国或不能对报告书中全部分完全同意,但中国以为争执两造中之任何一方面,对于声誉素著之人物所组织之调查团所拟之结论加以反对,于理不合。况此等人物,既已由两造承认,且其所举之证□皆确实也。中国并未预备宣布采□与该建议直接冲突之□策,而置李顿报告书之忠言于不顾,或坚持绝对蔑视国联及其条约义务之政策。颜氏又称："吾人决不至谓军国主义为一清洁荣誉之事,吾人抵抗日本之军国主义阅一年之久,今后仍当长期抵抗,必要时将采用武力,以便由侵略者手中恢复失地。但吾国始终痛恨军国主义,痛恨战争,且酷爱和平。本代表之来日内瓦,系请求国际予以和平与正义。不幸,事实上日本军阀不愿维护和平,而倾向战争,并以国联之手续为不公平之解决方法,但视为故事延宕之机会,冀□抵抗外界干涉之一□消极的国际保障,同时对于中国进行不宣而战更新奇有野心之阶段。吾人相□对于国联保持信心,一俟时机一至,希望国联各会员国,亦毅然对我保持信义。"颜博士暗示,彼或须万不得已而援用盟约其他条款（指十□条）,先详细引证李顿报告书之语句后,以强调宣称"中国政府讨'赤'最近之成功",并论及满洲不适于日人之移植。彼宣称所谓独立运动（指伪国）,于日本侵入之前并无所闻,并于结论时称,中国与全世界期望国联敏速进行,以便得一解决之时机至矣,因依据盟约,此为中国所享之权利也。颜氏又称,彼确知日本故意延宕以使军事形势恶化之策略,不能任其施用。国联必须对全世界昭示其拥护正义公道之使命,而有出以裁判之勇气,且观裁判之实行云云。

李顿广播演说：已成事实不能用以辩护不正当之行为

【日内瓦二十日路透电】 李顿爵士今由日内瓦无线电台，向世界作一广播演说。李顿宣称，目前之时机惹人悬念，但彼盼望因满洲问题所引起之风潮，应由聪明之政治家手腕以遏止之。彼云，满洲之情势，不能认为与现存之条约相适合。至于日本承认"满洲国"，彼发表论断云，倘某种行为其本身即不正当，则不能藉已成之事实，以辩护其为正当。调查团所建议之解决方案，终于日本有利，因日本保持目前统治，深遭华人敌视，不为其余世界所承认，足征其代价太昂。次又论及其莅满一节，李顿又云，调查团不能承认自命为独立国家之人，纵令彼等对调查团备极礼遇，亦不能承认□国家之存在及其自身□言所掌之职守。李顿爵士主张，国联有忍耐及信心之必要云。

【日内瓦廿一日日本新联电】 为出席行政院会议，二十日抵此间之李顿爵士，对联合社记者谈称："调查团并未有解散。此次之行政院会议，关于报告书，虑有疑义发生，故而召集调查团一行。余起草报告书之时，中日两国固毋论，且受□有部分之支持，乃竟□出日本之恶评，殊出意外。日本不久承认'满洲国'之事，余已由外相处□知，故不认为因承认'满洲国'而须修正报告书结论之事"云。记者问："是否为使日本取消承认'满洲国'而作结论？"答："非以此种明了□思想而作，不能予以取消罢。"

美政府驳日本：巴拿马例不可援

【华盛顿二十日合众社电】 今日此间接到之消息，内称日本代表明日在行政会议席上辩护其在满洲之行动，将以美国对巴拿马之举动相比拟，已引起华盛顿官方锋利之反驳。美国当局今日与合众社记者讨论日本之外交策略时，特郑重声言：日本在满洲之举动，与美国在巴拿马之活动完全不同，因美国干预巴拿马之革命，九国公约及非战公约尚未成立。自该两约缔结以来，日美两国均为签署国，华盛顿政府曾坚守未渝，其国家政府□完全以之为根据。华盛顿深切注意国联行政院对李顿报告书之论□。此间□此次行政院会议，国家间是否一致攻击日本破坏九国公约、非战公约、国联盟约，颇多推测。行政院及国联大会开会之后，美国将决定其方针，今后是否继续赞助国联，抑采独立场加强美国之主张，不能承认任何破坏国际和平条约及尊重中国领土行政完整之义务之既成事实云。

东京传出国联解决东案之方针：总会闭幕后六个月内中日直接交涉

【东京二十一日日本新联电】 讨论中日□争之第六一九次行政院会议，本日午前十一时决定在秘书处镜室开会。惟鉴□□题性质颇为重□而且复杂，虽从来□指导解□问题事□大国方面之首脑者，此次□于问题之解□方法，亦避于一言之发。□□此国联□在对于中日问题之解决，□感困□，且有国联□拱手旁观外无他法之□传。果然于行政院开会直[之]前，已□某最高首脑者传出国联方面对于问题解决方针之一般意向。此□意向驻日内瓦日本代表团已于二十日报告该国外务省，其主旨大体如下：（一）国联于行政院□总会，对于中日纷争予以全般的讨议与考究；（二）国联不直接作制纷争之解决案，而采择劝告中日两国于总会闭幕后三个月乃至六个月以□，开始中日直接开[交]涉之决议案。于是总会即宣告闭会。日外务省对于上述之意向，今后将慎重研究应付之态度。然日本之态度无论如何，须中国有强硬之中央政府，"满洲国"存在之事实以及日本承认"满洲国"之事实等为绝对必要条件，而予□强硬主张之方针。

中国之希望：根据事实作公正讨论——某要人之谈话

【南京二十一日下午十一时本报专电】 政府某要人谈对国联希望，谓："我对此次行政院，望能根据事实作公正讨论。意见可反对，事实不能反对。东北领土行政主权属于中国，各国均知日本侵略情形，事实具在，非强词夺理所诿卸责任。国联如真维持公理，应根据报告书所述事实，在承认中国领土主权行政完整条件下，令日负九一八、一·二八事件全责。至会议程序，日系看出□行政院各代表、各国均有顾虑，不敢□日本苛责，故日主张交付行政院讨论。我方望国联依其组织、会章、规定进行，不负其原有使命。外交进行全须靠自己。苏炳文突抗日，义旗一举，义胜于外交当局十万字宣言。若东北军人尽如苏、马等，失地何难收回？"

目前之问题已非中日问题，国联为自身争存在，法治与力治之分野

【伦敦二十日路透电】 肯明氏在《新闻纪事报》论今日行政院会云："此或许为国联最后之机会。"肯明氏云："日本最后所希望者为退出国联，日本代表将竭其全副精力引诱国联允许'满洲国'之实验成功，并且或许将大致规定一

种开明而宽容的统治,作为对李顿书之似是而非之抉择。国联果能站住脚跟,拒绝此种花言巧语否? 一久延未决之审讯,今日又开庭,以期判决此超越之问题,即现代之世界中系法治抑系武力统治"云。

【伦敦二十一日路透电】 伦敦《晨报》批评日本意见书云,倘国联不能寻获一解决,势必损伤国联本身之威信及裁军大会之前途。此次解决,应恢复中日间友好关系,以谋在满洲协调。至于建议改变"满洲国"之统治,以满足中日两方必须之要求,并非梦呓。《每日论坛报》云,日本之意见书系藐视行政院所委派之调查团,且以一敌对团体看待之,对其职权发□疑问,对其结论加以嘲笑。日本更否认行政院或国联大会讨论其行动之权,目前之问题已超出中日纠纷之外,国联之将来及和平组织之全部均陷于危险中。《每日邮报》(保守党机关报)云,日本之答辩,已说服有理智之人,日本有其正当之权利。迷途之理想主义者,曾赞助中国军阀及共产党,且其意欲竭力促英国加入对日本经济及财政绝交之广大计划,新闻记□告□,在预料中。日本之□辩,绝□拒绝接受李顿报告书或任何结论云。

(《益世报》,1932年11月22日,第二版)

387. 对调查团报告书平教界昨发表意见

【北平通信】 北平教育界徐炳昶、傅斯年、沈尹默等五十七人,昨对国联调查报告,发表意见宣言如次:

对于国联调查团报告书意见宣言

自去岁国难起□,吾人即持二义:一系谋自身□极之奋斗,二系谋使九一八暴行真像[相]大明于世界。国联调查团之报告书已发表,其前八章虽于我国民众经济绝交之论点,尚不免有瞻循[徇]暴力之处,而由全体言,已足阐明真相,与吾人所持之第二义相符合,吾人表示满意。至其与前八章精神完全不合之九、十两章,则因今日国际联盟组织之自身,不过为调停国际争端之场所,尚未达到国际法庭的程度,有不得不然之势。和事老人所表示之态度与论调已极圆到,吾人对其盛意表示感谢。但其所提出之办法,势将割裂吾□三百万方里之土地、三千万之人民,使之陷于国际共管,与人类正谊、国家主权完整之大原则均不能并存,吾人根本不能承认。因吾国与友邦人士努力,破坏世界和平与中国领土之责任应完全由日本担责,已为□□之所公认,则吾人之第二目的点,已经达到,今后即当聚精会神于第一目的点,矢死奋斗。吾人相信正谊必能打倒暴力,而得最后的胜利也。沈尹默、沈兼士、徐炳昶、徐诵明、马裕藻、马衡、陆懋德、陈君哲、庄尚严、傅斯年、褚保权、黎锦熙、蔡钟瀛、刘玉峰等五十七人。

(《益世报》,1932年11月22日,第七版)

388. 强奸东北民意又一幕:日方胁令各团体反对"报告书",大中小学校每级均被强具反对李顿报告书文件一份,断绝民众对国联期望,华人新闻纸啼笑皆非

【黑龙江通信】 联盟定于十一月二十一日召开理事会议,讨论中日纠纷问题。此间,日人虽外示强硬,心则惴惴,对于不利于彼方之李顿报告书,究不知应用何种方法,可将其推翻。两星期以前,所谓日关东军司令部,饬令各地日本宪兵队、特务机关,强迫各华人团体或私人在社会具有名望者出具反对李顿报告书之文件。大意反对联盟干涉满洲问题,"满洲国"之建设完全由于满洲三千万民众之自决,胪列"满洲国"之善政,以证实伪国非由日方一手所造成。凡各地工商团体及臧式毅、张景惠、熙洽等人,均拟具此类文书,交由日方邮往日内瓦。白俄团体及外蒙团体名义亦被窃用,由日方代拟一文,随同寄去。最可笑者,辽吉黑哈各大中小学校学生,每级亦须出具一反对李顿报告书文件。中大学校学生尚可勉强作来,小学生不过数龄,何能为此?但因日方之逼迫,不得不由教员代作。其反对报告书之点,系由日方发一油印传单,列举凡四十余条,令按照各点敷畅成文,不得转出范围外。其被强迫而不得由衷者,则摭拾其条文语句,连缀成文,敷衍塞责。故此项反对报告书之文章,虽日方强制榨取数千百份,而求其实,语句千篇一律,意义更无差别。闻此项伪材料将于十一月底寄到日内瓦,由伪国之代表汉奸丁士源交日代表松冈氏,转递交理事会。但稍具知识者,一见而知其伪,而系日人所玩弄之狡狯也。半年以来,东北三千万民众,对于日方援助伪国至何程度,而伪国是否能长久其寿命,早已熟睹。除少数丧心病狂之汉奸甘为倭人豢养而供其驱使外,由商工而至

士庶,殆无不期诸国际正义,援吾民于水火中。故目前对于国联之期望,企足引领,以盼消息之来。顾日方为断绝东北民众之希望,故作种种之反宣传,以蒙蔽此三千万民众。上次李顿报告书公布后,东北民众只获得报纸上所载日人联合社之片段文字,近来方得由某报上获阅南京政府汉译全文。日人对于华人办理之新闻纸,压迫无所不至。凡日本联合电报,既须出资购用,而用时须照原文载登,不得删改。关于日方有利之宣传消息,尤须照登。哈尔滨某报因删改联合社电报及未刊登马占山在通北安古镇战死之消息,其总编辑王某几为捕禁。故现在各报奄奄一无生气,较之日人所办报纸,直有饥疲坐对饱腹者然。国联近日开会,各华人所办报纸已奉到日本命令,禁止对伪国为悲观及消极之纪载。关于日兵进向齐克路,尤不许登载只字,用避联盟之注意。哈某报记者,在日方认为不臣服"满洲国"者,每间数日即派日兵往查询,探其思想。某记者虽欲引避,亦憾未能。近来最称失意者,厥唯一般白俄。日军未占吉黑以前,白俄因希冀非分,中于日方之口蜜宣传,妄拟获得伪国参政权,拼命为日方奔走。但自近半年以来,此辈希望渐渺,非但政权□望,即最低限度之居留执□,希望减半纳费,亦未获得,近来且反增加一倍,此辈失望而至于怨怼。日方惧白俄知识较华人为高,故虽不利用,仍恐弃置之则生患,所以目下渐施强辣手段,稍有势力之白俄,咸为一一捕入宪兵队,加以罪名拘禁之。故白俄顷者已成一敢怒不敢言之势矣。

(《益世报》,1932年11月24日,第三版)

389. 顾代表与松下之舌战,国际同情已一致归我,日竟否认调查团存在

【日内瓦廿四日哈瓦斯社电】 国联行政院昨日下午继续公开审查东北问题,松冈与顾维钧二氏对李顿报告书均有新意见提出。相信行政院为考虑此项事宜,或将所有文件移交国联大会特别会议。中日问题之解决,有二种趋向:一、于十二月初召集大会,同时举行一特别委员会,专为审查李顿报告书,该委员会即于明年一月二次大会时呈交决议案;二、或由十九国委员会自行审查李顿报告书,则大会只于二月间开一次会议,宣判东北问题最后之决定。据

议厅传说，中国代表对此二种办法咸无异议，然日方认为只有全体大会方能有和议之成效。惟无论如何，此案必须遵照盟约第十五款施行。十九国委员会之数小国，拟于大会以投票法决定计划，如：（一）通过李顿报告书前八章；（二）声明不承认"满洲国"；（三）组织一核议委员会，邀请美国参加工作。该委员会即审查李顿报告书内之建议，以期谋中日争执之解决。

【日内瓦二十四日路透电】 行政院今日午后三时三十分又开会，顾维钧及松冈将继续对李顿报告书阐发其意见。据悉，顾博士将先发言，因调查团听取两方意见后，将发表相当之答覆，此事足使程序延缓进行云。

【日内瓦二十三日日本电通社电】 理事会颇有于本日内将中日问题移交大会继续□员之十九国委员会讨论之象。因是，日本代表部现颇露紧张之象。

【日内瓦二十三日日本电通社电】 日本代表部因鉴于二十一日中国代表顾维钧之辩论，已渐获各国识者间之赞许，故近时会商作成一由十七条而成之反驳书，以备向国联提出。

【日内瓦二十四日路透电】 李顿调查团今日午前十一时，举行一度秘密会议云。

【日内瓦二十三日新联电】 调查团委员会五委员于行政院会议散会后，关于报告书有否加以修正之必要之事，于国联事务所集合协议。委员之大部分似主张其须修正，将于明日再行协议。

【日内瓦十一月二十三日路透电】 日内瓦赞助中国之各方面接到华盛顿一电，宣称国务院决计在中日两国正在日内瓦讨论之际，愿守绝对的缄默。而美国消息灵通方面所持意见，以为倘国联保持有利于中国之态度，则列强大可拒绝承认"满洲国"，此项政策美国素所坚持者也。此电一经发表，极引起同情中国者之欢迎。此间袒华意见觉得消息灵通方面之重叙史汀生不承认主义，此刻极值得欢迎，因此或可使对华之同情愈加巩固。此间闻悉，中国出席国联代表顾维钧氏，正在预备对于日本首席代表松冈氏星期一在行政院提出之意见加以声辩。

【日内瓦二十四日哈瓦斯社电】 国联方面批评美国于国联讨论中日问题时保持缄默，但美政界方面同时表示，将协助各国拒绝承认"满洲国"。此间对美国之立场于惊异中表示欢迎。

【南京二十四日下午十一时本报专电】 外交界息。国联行政院漾（二十三）日会议，因日代表发言太多且反对李顿发言，致李顿爵士未能按预定计划致词。敬(二十四)下午三时半继续开会,李顿将代表调查团答复日本之意见书,各国代表亦将相继发言,中日两方代表并将有一番舌战。闻我代表顾维钧博士将于下星期一对松冈之荒谬演词作一总驳复云。

【南京二十四日下午十时本报专电】　国际间对日意见书甚轻视,政府除训令顾就近在行政院席上驳斥外,拟不另发表文字。某要人谈,报告书讨论程序问题虽未全解决,但各国代表极力奔走,拟交由十九委会讨论;我方□开会后,因理直气壮,同情空气布满日内瓦城,切盼国内能团结为政府后盾。

【南京二十四日下午三时本报专电】　政府对李顿报告书已接受,作为国联处置满案之根据,故不另提意见书。惟保留其中建议重要部分,同时向国联先要求今日遵循历次决议,先将军队撤去,依据盟约第十五条,将全案及报告移交大会讨论,确定九一八、一·二八责任,令日负赔偿责。

【南京二十四日下午九时本报专电】　外部对日本意见书之驳文早经草就,惟因日代表松冈在国联会议席上所发之演词,即系日意见书之轮廓,业经顾代表痛驳无遗,外部之驳文拟中止发表。

【南京二十四日下午十一时本报专电】　外息。日近宣传要点为:(一)退出国联,恫吓各大国;(二)远东问题由中日直接交涉。外部敬(二十四)接日内瓦电,行政院敬(二十四日)续开会,松冈反对李顿出席,谓报告交到行政院,调查团任务即终了,李无出席必要。但行政院因起草报告书经过复杂,仍请李列席报告。惟先由顾演说,顾词毕,即由李报告,然后开始讨论一章至八章。

讨论之程序终将移交大会,日本反对奚益

【南京二十四日下午九时本报专电】　国联讨论中日争端之程序问题,因日代表坚决反对移送十九国委员会及特别大会,现正由各国代表会外活动。据外交界观察,行政院将李顿报告书移交十九国委员会及特别大会之计划,决非日之反对所可阻止。惟国联方面甚望能得一致之同意,且日来行政院会议席上,中日两方代表均有激烈辩论,致预定程序略行稽延。

【南京二十四日下午十时本报专电】　国联行政院会议业已开幕,记者敬(廿四)日往访外交界某要人,叩询国联会议之趋势。据谈:"国联日来接洽程序问题遭遇日代表之反对,似感棘手,但程序问题并非中日争端之根本问题,故尚不难解决。日代表反对移送十九国委员会及国联大会,只系一味横蛮,未见充分理由,故移送讨论总可实现。将来国联大会开会后,对'满洲国'一节,

必可正式声明不承认。但声明不承认'满洲国',并非中日争端之圆满解决,故吾人对国联形势未可乐观,但亦不容悲观。本来吾人将中日争端诉诸国联者,不过因国联乃谋世界和平之机关,希得一和平公道之解决,并非倚靠国联。如国联不能保障世界之正义和平,吾人亦当用自己之力量,保障自己之领土主权。值此国际形势紧张幻变之际,国人应时时准备发挥自己之力量"云。

....

请李顿发言,松冈极力反对,否认该团存在

主席狄凡勒拉于是请李顿爵士就行政院会议之席次。彼询问李顿,听取中日两国意见之后,调查团各团员是否感觉对于彼之结论须要任何修改,并要求各团员集议,尽早给一答覆。松冈于主席发言之后即表示意见,认调查团已不存在,故无权发表意见。主席乃据理声言:调查团在未解散之前仍存在,故可以提出意见。松冈认为无此规则,彼声称不能接受。主席答称,此乃普通习惯,无用怀疑。顾博士对于邀请调查团发表意见一层表示协赞。顾君谓予该团此种机会方为公允,但请求必先允其完成对松冈演说之答辩。狄氏对此当即同意。松冈重行声叙调查团无权发表任何意见,且谓倘日本之解释为不正确,彼等准备攻击之,但彼对于不正确一节,颇怀疑尔。主席又称,刻下并无主张调查团须修正报告书之拟议,倘调查团愿加修改,自当有此机会。旋由李顿发言云,自本团各团员分别归国后,久未开会。彼对被邀请由该团批评中日意见书一节,事前并未预闻,但愿告知行政院。是否因听得中日意见后,致使彼等修正报告之事件,彼准备与其同僚本此目的,明日开一会议以讨论之。据此足征李顿偕其团员徇主席之请,已出席行政院,但无席位。狄氏称,除日本表示保留外,行政院刻已对此节表示同意。彼希望尽早接到此项陈述。松冈复以强调声明日本之反对,并坚请备案。行政院旋即转而讨论但泽格币制问题。以现势度之,行政院似至少须再开会议两次,然后方能决定采取第二步办法之决议,但于可望本星期结束本届会议云。

【日内瓦廿三日新联电】 本日行政院会议行将闭会之际,松冈代表对于主席狄凡勒拉招请李顿爵士出席行政院会陈述关于报告书意见之事表示反对。当其与主席辩论之际,满场突现紧张。松冈之议论,谓仅听李顿个人关于报告书之意见可无异议,然若以李顿一人代表调查团说话则不能,盖因李顿报告书结尾曾明确的言明"吾等之事务告终"。故调查团之使命,业于提出报告书同时而完毕,因此调查团其后无言及吾等意见之权利云。

【日内瓦廿三日新联电】 第二日之行政院会议散会后,松冈以次各代表午后九时半起,于寓所开代表会议,关于明日行政院会之对策,就中尤以对李顿委员会之权能问题,协议态度至深更。结果一致主张坚持左之见解:一、调查团之使命已于提出报告书同时告终;二、但□于报告书中事实上之解释发生疑问之际,行政院招请李顿出席予以质问之事,乃从来当然之惯例;三、然报告书提出之后,因关系国提出意见书而须修正补足其报告书之际,调查团委员长不能于行政院会陈述其个人之意见;四、□方日本对于调查团之使命,认为于提出报告书同时已告完,故报告书之修正与补足,行政院究□承认调查团有此项权能与否,应先由行政院会于[予]以审议决定。又为执行该件,当然有重新任命委员长之必要。

调查团会议不修改报告书,李顿出席答辩

【日内瓦二十四日下午十时特电】 李顿调查团敬(二十四)上午十一时,在国联秘书处委员室开非公开会议。据最后消息,调查团对于答覆行政院之措词,上午或可拟就。除顾维钧及松冈上午之演说内容,复使调查团委员会考虑之必要□,则李顿可于下午出席行政院会议,正式答覆行政院昨日之咨询。调查团会议至中午十二时十五分暂行休息,但李顿一人仍留会议室内,谅系起就上午会议之纪录。迨十二时半,各委员会继续会议。众料调查团将认无修改报告书之必要。又电,闻各委认为报告书乃该团数月研究之结果,各委一律同意签□,自报告书提交国联后,并无任何发展,应使调查团□改原来意见。

....

(《益世报》,1932年11月25日,第二版)

390. 国联当局决于廿八日(下星期一)召开十九国特别委会,全体大会下月初举行,美对战债态度势将影响东案,西班牙、捷克代表正策动排日

【日内瓦二十五日路透电】 据云,国联当局已决意于星期一(廿八日)召集

十九人特别委员会。如此说属实,则国联全体大会将于十二月江(三日)举行。

【日内瓦二十五日路透电】 据传,国联决定十二月五日开大会,一般希望今晚结束行政院之程序。李顿调查团昨晚集议,今晨将再开会云。

【日内瓦二十四日路透电】 行政院定星期五(二十五日)午后三时三十分继续讨论中日问题云。

【日内瓦二十四日路透电】 英国所持之意见,即日方对李顿调查团各团员之反对,由于误会,并感觉调查团系行政院一仆人,非一评判者或一主人。中日纠纷虽有正式由十九国委员会通过之可□,然不久即将直付行政院讨论之感觉渐有力。据一般指陈,行政院应付此种问题极端困难,因行政院之决议必须全体通过方能有效,因此由大会处理最切实际。英外长西门或于明日离此返伦敦,咨询首相麦克唐,数日之内即返日内瓦。

【日内瓦二十四日新联电】 本日之会议席上,西班牙代表马泰里加于其发言时曾云"调查团虽系行政院所任命,但问题既移入总会,则调查团亦当属于总会"云,颇可代表国联一部之见解,极堪注目。该氏与捷克代表边尼修相呼应,似在进行排日的策动。

【日内瓦二十四日路透电】 一般人顾虑美国对于战债所抱之态度,将对日内瓦发生严重之反响,不但军缩会议受不利之反响,即中日纠纷及世界经济会议亦同遭不利之影响也。美国之覆照,对法国在军缩及中日纠纷方面本欲响应美国之趋向,有如冷水浇头,发生阻挠。结果,一般诚恐某某方面,将一显露一种更浮嚣意气。在另一方面,英国在日内瓦所抱之独立政策,总以实现实际目的为职志,不致受战债问题之影响。就英国而论,战债问题与军缩及远东大局无直接关系云。

【罗马二十四日路透电】 关于国联解决满洲问题之展望,义大利方面表示悲观。依□出席行政院之代表马林里氏意见,国联似再拟提出空洞温微之种种建议,即为满足,一任真正中日两国之问题长此迁延不绝。有名之《加狄诺报》云,倘与纠纷有关之国家只有中日两国,问题或易解决,但中国之后系美国,松冈在日内瓦之真正对方,不是颜惠庆,而是美国出席世界经济会议代表道维斯。该□建□,道维斯访问伦敦、巴黎、罗马,不仅讨论裁军问题,但有利于美国之满洲问题之解决,亦有磋商云。

松冈百般刁难，坚持李顿调查团已无权参加讨论

【日内瓦十一月廿四日路透电】 国联行政院廿四日下午三时半开会，中国代表顾维钧氏对日代表松冈演说驳斥后，日本代表又开始演说，谓："华方刻已实际上承认其对于田中密奏并无真确凭证矣。现在使予相信，顾博士对予著满蒙运动所述该伪造文件系有些无聊日人之捏造一节，已表示同意矣。堂堂一国出席行政院负责代表，何以不能证明真伪，竟自提出一严重之诉状耶？"松冈氏旋又对华代表已承认中国政府帮助排货一节，唤起行政院之注意。松冈氏并对李顿报告书附加文件中载有中国政府对于排货之秘令及该报告中之其他秘密文件，一并唤起行政院之注意。松冈士[氏]称："颜博氏[士]责备本代表提出枝节问题，而彼则巧于提出枝节问题。"松冈氏对于顾氏对彼所提主要问题所□之答覆，特加反驳，并称日本向来系忠实拥护国联，成绩俱在，自可证明。中国仅于见到有利用国联达其自己目的时，表示援助国联。日本本为忠于国联者，只要查得与其国家之存在以及其维持远东和平之政策不绝对的抵触，则希望依然忠于国联。松冈氏保留其提出书[声]明意见书之权。行政院主席狄凡勒拉氏称，彼觉□今晚再□续开会亦无益处，彼希望明日或可进行讨论李顿报告，但对于两方提出意见之合理机会，并不反对。狄凡勒拉氏答覆松冈氏之质问时宣称，李顿调查团各团员必须出席行政院，答覆行政院欲问之任何问题，已成明白之事实。松冈又问："此种问答自必仅以该报告书及意见书为限乎？"当经主席说明彼于昨晚所提之拟案，系调查团团员是否因听取之事实，使其有修正报告之意。松冈宣称，倘行政院与委员团二者均准开始作满案之问答，此实超越调查团咨询之条件。倘此事一经开端，则此项讨论或须延长一月，因彼自必保留该调查团在报告书范围外一切事件之权也。主席宣称，调查团员愿发表之唯一问题，系是否愿保持其报告书或修正之。松冈氏称："倘调查团团员查觉无修改其报告书之理由，予万不得已，必质问其原由安在。"此种简单之问答，或将延宕一月，亦未可知。主席与松冈氏对于此点之争辩继续若干时后，松冈坚持以为调查团与行政院之讨论并无关系，主席因而向行政院各会员咨询意见。朋恩氏（捷克代表）首先发言称，彼完全同意主席之见解，因彼对于通常手续曾予以公平解释。朋氏并谓，该调查团结束其工作，而其存在尚未终止，所以行政院有权提出质问也。马答里加（西班牙代表）赞成朋恩氏之主张，谓调查团最初既到场听得行政院之讨论，此刻行政院欲聆调

查团之观察，不见得有反对之理由。该团倘被请求，仍能供给另一报告，所以该团大有□覆质问之自由也。彼并宣称，即令稍延时日，亦无妨碍。英外相西门爵士插言，谓国联秘书长德留蒙所引之先例，已成立一如狄凡勒拉提出之办法。西门爵士指陈，调查团之来日内瓦非也，本旁听人资格而来，但显然作有用之贡献，除照现在所拟办法外，何能予行政院以帮助耶？松冈氏宣称，前秘书德留蒙氏所建之先例，加强日本之观察点。调查团团员来院说明该报告之某章某节，彼并不反对，而原则上干与议程，彼则反对也。松冈氏请主席准其以书面提出日本观察。狄凡勒拉当即允准，并发表意见云，同时必须对于调查团开会讨论是否修正或增加其报告一节，不可再持异议。行政院本日下午五时五十分休会，明日下午再开。

【日内瓦廿四日新联电】 本日之行政院会议，劈头由主席指明顾维钧发言。顾代表除发言外，并提出声明书于行政院，将田中奏折宣布后，谓九月十八日之事件并非自卫行动，"满洲国"之建设亦非人民之自由意志，日本侵犯九国条约而与"满洲国"缔结同盟，李顿报告乃系事实之报告云云，演说四十分。午后四时三十分，指名松冈发言。松冈演说云，关于田中奏折等于毫无证据之事，而予以事实上之容忍。九一八事件乃日本之自卫行动，"满洲国"之建设亦系基于人民之自由意志。日本拥护国联，将来倘国联不违反日本之存立及维持极东和平之日本政策，则日本将为国联忠实之拥护者。又云"余保留依据文书提出意见之权利"云。至此，主席宣告中止议论，并称明日审议李顿报告书。于是松冈质问昨日保留之关于调查委员之权限如何处置，遂与主席之间颇经长时间之问答。松冈顽强的主张调查委员与行政院之审议完全无关系，主席乃要求各理事陈述意见。捷克代表边尼修谓，主席之见解乃系公正之解释，而赞成主席之意见。次西班牙代表亦陈述赞成之意见。德留蒙、西门等亦披沥同样之见解。最后松冈要求用文书发表意见，主席遂予以同意。午后五时十四分散会，二十五日午后三时半续开。

李顿出席答辩，国联谋迅速结束，移交十九国委会

【南京二十五日下午八时三十分本报专电】 外交界息。国联行政院连日会议，讨论李顿报告。原定由李顿致词，答复中日两方对报告书之意见，但以松冈之反对，直至敬（二十四日）会议由英比等国赞成，决□于有（二十五）下午三时半开会后，由李顿答复。预料李顿所言对报告书必作有力之维护，而对

"满洲国"问题将再申言不能承认。松冈对此或将再作一度狡辩,故宥(二十六日)继续会议,尚难即告结束,移送十九国委员会之期,或将展至下星期初。在移送之前,行政院将作一决议,对李顿报告前八章表示接受,至第九、第十两章,因系解决办法,将留待特别大会讨论云。

【南京二十五日下午二时本报专电】 据消息灵通者谈,国联行政院宥(二十五)会议,由李顿致词后,有力谋结束说,俾将全案移送十九国委员会讨论后,提特别大会讨论,以免中日两方代表舌战,徒费时日,致误中日两国之根本解决云。国联行政院连日开会讨论李顿报告,日方竟大施造谣,谓中日问题有直接交涉之可能云云。行政院代院长宋子文、外交部部长罗文干两氏,有(二十五)晨在北极阁宋氏私邸接见美使詹森、法使韦礼敦、德使陶德曼、意使齐亚诺、英代办应格兰等外宾。□及此事时,宋氏正式声明:中日直接交涉说绝对不确,每次国联开会时,日方均谣传直接交涉之说,已司空见惯,不足为奇;现中日问题已入国联之手,国联应迅谋一适当之解决,并维持国联本身及盟约之尊严云。

日态度益转强,表示无退让余地,坚决反对开大会

【东京二十五日日本电通社电】 据外务省接日内瓦电□,日内瓦大国方面对于日方意见书之意向,大体如左:(一)毋庸视日方意见书为最终的意见,而认为若果向日本代表力加劝解,当获缓和至某程度;(二)竭力缩短理事会审议期间,而图提前召开十九国委员会或临时大会,以便依多数之力,向日本代表力加劝解,而护[获]收缓和意见书之效果。关于此事,日外务省首脑部现持如左之见解:(一)当期使大国方面澈底明了,日方意见书系属最终的意见,决无退让余地;(二)理事会十九国委员会或临时大会讨论之重点,应置于"满洲国"之现状与将来,而避涉及过去的问题;(三)强调主张满洲问题之最终的解决法,在依据中日直接交涉,关系各国得派观察员出席该项交涉会议,而仅就其通利害事项发言,但在原则上则不得发言;(四)若与该项交涉相并行,而召开讨□关于中国本土对外事项之国际会议,则应邀请含有中日代表之关系国代表。

【日内瓦廿四日日本电通社电】 日代表部于昨晚九时半开代表部会议,松冈、长冈、佐藤三代表及松平大使以次各参与,并杉村国联事务次长等,均行出席,讲求对理事会方策。其讨议内容如左:(一)在已行接受调查团最终报告并由日方提出意见书之现时,若复涉及报告书变更颠末之有无,是直属蹂躏最后报告,侮辱日方意见书,并伤及理事会自身体面之举。故理事会若果采取此种方针,则日本依调查团以完成其所负使命之见解,相与周旋。(二)理事会之对日情势若不获好转,则纵经理事会作充分审议,而于其依小国方面之策动,发生提出取销"满洲国"之要求,或否认其独立等情时,即断然加以反对,而唯向既定方针迈进。

【东京二十五日日本电通社电】 据外务省公报,国联理事会已决定将满洲问题移交大会及日内举行之十九国委员会讨论,因是日本代表部近特向外务省请示。对昨日下午经该省首脑部协议之结果,立向日本代表部拍发此项训电,内容大体如左:(一)日政府反对依据盟约第十五条召开大会,讨论满洲问题,惟理事会若将召开大会作为手续问题,而依多数表决,则日方亦不坚事反对,而仅在理事会席上作反对□留;(二)在十九国委员会中,当舍弃从来的态度,而以松冈代表充作说明员,俾向该委员会公然表明日方主张;(三)设在十九国委员会中获得日方所碍难容认之结果,则日政府决向既定方针迈进。

(《益世报》,1932年11月26日,第二版)

391. 中日纠纷决移交大会,日本准备最后的决心,昨今无会,明日续开,后即可移交

【南京二十六日下午九时三十五分本报专电】 外部发言人谈:我国对李顿报告书可接受第九章所载事项条件中之第三项,即遵守现行之多方面条约,任何解决必须遵守国联盟约、非战公约、九国公约之规定,余保留意见;待至十九委员会开会时,如无必要,俟大会时再提,对与日取同一反对报告书态度;日本反对李顿出席讨论,已失各国同情。

【南京二十六日下午九时本报专电】 外交界息。国联行政院宥(廿六)休会,但各国代表乃将有秘密会议。下星期一重行开会后,即可将李顿报告及全案移送特别大会讨论。本年三月真(十一日)国联大会曾决议,请求行政院将关于中日问题一切应送交大会之文件及附件送交委员会,故预料星期一行政院会议将全体移送时仍将先送十九国委员会。现日代表对移送问题已向日政

府请训,闻日方因□行政院意见已趋一致,将不再坚持反对云。

【日内瓦廿五日哈瓦斯社电】 国联行政院昨日下午三时半开会,狄凡勒拉主席,议事程序为审查玻利维亚与乌拉圭纠纷案,伊拉克、西尼亚边境问题,介绍波兰钱币于丹芝哥铁路线流通及中日争执案。李顿调查团亦于昨日及今晨会议,一致通过报告书无何修改之处,故李顿勋爵通知行政院,调查团团员对中日两国在行政院发表之宣言无何意见。行政院今日是否将所有文件移交国联大会尚不得知,中日代表虽已宣布将以书面提出意见,相信此不致阻止行政院继续审查此事。但行政院已声明对紧要关键不发表意见,仍须待大会之考虑。如此,大会主席海曼氏将于星期二或星期三召集十九国委员会,大会可于下月五六日举行。

【东京廿六日电通社电】 国联理事会员之大国方面,似已无坚决反对日本之勇气,故特将满洲问题移交临时大会讨论,而图在日本与小国方面对立之下,发见其妥协点,且拟双方坚持不下时,即由大国方面徐出而提出国际的妥协案,以期获收渔人之利。日当局鉴此情形,似已决定于必要时,即实行其最后的决意。

【东京二十六日电通社电】 日政府以松冈代表在国联理事会之奋斗,势将归于徒劳。设理事国及加入联盟各国既不讲求任何政治的打开策,且复不倾听日方主张,而以不承认"满洲国"之原则相对抗,则势难免发生正面冲突。故决于向国联正式采取退出手续以前,先发出撤回代表之训令,并附与松冈代表以在情势最恶时,采取机宜措置之权能。

【日内瓦二十六日新联电】 关于中日问题之国联内部之空气,意外的强硬。日本代表团亦认为总会开会,难免一度正面冲突,且有主张小国之攻击不可与□之自重论,故时势将向何方面推移,殊难预断。然日本代表团决定无论如何变动,亦不更改其态度。

【日内瓦廿六日新联电】 关于中日问题移交总会之日本回训,若于廿八日前接到,则是日之行政院会议将中止中日问题之讨议,而移交总会之处理,殆已确实。总会开会期日,主张十二月五日者颇为有力。然问题移交总会,则小国代表必发挥国联本位之纯理论,而唱道拥护国联盟约之事,已属无疑。此间之日本代表团,已准备于总会之公开会议,说明日本之立场。然最恶之场合,总会不过决议不承认"满洲国"而已。

前日会议席上耗时之狡辩：松冈反对李顿参加，要求请训东京

【日内瓦二十五日路透电】 国联行政院二十五日下午四时（即天津时间二十五日下午十二时）举行第四次公开会议，先将波利维亚与巴拉圭等国纠纷及伊拉克与西尼亚两国边界问题报告毕，随即开始讨论中日问题。日本代表团有书面报告，说明日本对李顿调查团参加理事会会议之意见。日方谓，调查团将报告书草就交□理事会后，义务已告终结，日本不反对调查团代表在行政院会议时有所询问，但日本认为调查团代表无权对中日两国代表在理事会间所发意见予以批评。日本首席代表松冈二十四日所发挥之言论，二十五日于意见书中再重新申述一遍后，松冈于意见书中，谓如调查团愿修改报告书，日本并不反对，但所修改者，限于报告书中之不明了处。松冈谓，如日方不断向调查团质问报告书各点，会议时间将延长过久。行政院□日本意见予以备案后，请调查团委员长李顿爵士出席发言。李顿爵士应主席狄威拉之□求，起立谓，如调查团报告书能有帮助于行政院，则调查团同人心中欣慰，除此而外，调查团不愿于报告书外再有所表示。主席狄威拉问行政院各代表有无询问事件，捷克代表贝尼斯氏称，最简单之办法，则将整个中日问题移交国联全体大会讨论，彼欲保留关于此点发表意见权。主席问，各代表是否欲稍候，再将中日问题交诸全体大会。继谓，由事实方面着想，中日问题似不适于在行政院中讨论，且将此案交大会后，行政院各代表仍可有机会发表其对调查团报告书之观察。根据目前已发表之言论，中日问题得以迅速解决之希望甚少，中日两国代表并无双方同意点，俾行政院同人予以有益之批评。彼深望中日代表现时所持态度，并非中日二国政府之最后态度，且如有澈底解决中日问题之办法，希望中日两国勿拒绝之。如中日两国中有一国与世界舆论相对抗，使国联工具不得尽量施行，或以不合作方法阻挠国联工作，则吾人决不能宽恕此种行为也。主席狄凡勒拉请求中日双方慎重考虑，彼等若何可以协助国联。日本已拒绝调查团报告书所建议办法，中国既已接受调查团报告书之不违反国联盟约及非战公约条文与精神部份，彼认为行政院不必同全体大会有所建议，俾予全体大会以充分自由，讨论中日问题。日本首席代表松冈对主席及行政院同人努力及指导，表示感谢之意，继谓："现因行政院自身处置此案，应慎重研究报告书内容，不可轻予批准，且日本根本觉调查团无权有所建议。日本对报告书内容不同意各点，已有数次说明。日本最初提议与中国直接交涉，但被中国所拒绝，因而局势顺其自然而进展，非人力所能变更。今既如此，余须向本国政府请示。依余个人观察，应根据国联盟约第十一条，尽力谋和解办法。此问题性质过于重要，除中日双方能有同意解决办法外，定无良策。日本希望维持远东和平，并非纸上和平。自去年以至今日，日本一切行动均根据一种信心，即只有履行承认'满洲国'政策，始能维持远东和平。"松冈末称，彼保留日后再次发言权。主席狄凡勒拉氏问松冈，几时日本政府训令可到。松冈答谓，二十六日下午可到。中国首席代表顾维钧博士赞成将中日问题移交全体大会讨论，关于解决办法之原则及条件，中国政府斯时保留其意见，因目前对报告书其他部份，陈述意见毫无用处。惟最低限度，彼认为只有日本代表松冈接受调查团报告书所定原则，即中日问题之解决方法，必与国联盟约、九国公约及非战公约之条文与精神相符。松冈谓，解决应根据事实（即承认"满洲国"）处理此案，中国绝对不能以此事实为解决方式之基础，必依照国联盟约以谋解决最快方法，即移交全体大会。松冈□之起立发言称，顾博士为其老友，并称顾博士所谓事实者，包括国际联盟及世间任何事实。行政院准许松冈向其本国政府请示关于中日问题提交大会事，松冈应允尽力设法。主席狄凡勒拉氏提请下次会议于二十八日举行，全场同意，乃闭会。

【上海二十六日下午十时本报专电】 日讯。东京二十六日电，外务省顷由日内瓦代表团接到请讯电报，略谓日代表因国联拟将报告书及意见书交大会审议，在行政院席上声明请训本国政府，主席要求表示接到回训之时期，然未与言定，请即回训。

不顾日本反对，决移交大会，行政院主席之果决，日本态度可憾

【日内瓦二十五日合众社电】 今日国联行政院主席驳覆日本代表团之后，宣读一决议，规定将李顿报告书提交大会。狄凡勒拉指陈报告书虽交大会，行政院对此事将来之讨论，仍未卸责。日代表松冈曾再三声言，李顿调查团无继续研究中日满洲纠纷之资格，但狄氏加以驳斥后，复云："李顿报告书交付大会，吾人不能采取不再讨论中日事件之行动。即当大会讨论报告书时，亦不能夺去吾人尽量讨论报告书之权。同时，李顿调查团亦继续赋有研究此问题之权。"狄氏曾数度驳回松冈之要求，今日对日本在最近行政院所持之反对态度表示遗憾，但希望上星期之内松冈所声明之意见，非日本政府最后之立场。同时，行政院要求中日双方改变态度，援助国联以谋解决。狄氏今日又谓,以后国联大会直接负解决中日纠纷之责任,但又希中日及其他援助国联之各国,对大会所表示之意见,较日前为佳。狄氏又申述提交大会之理由云:"日前在行政院双方同意之点过少,不能谋纠纷之解决。"目前一般预料大会月初可召集,同时日本对行政院主席所采行之意见之态度如何,极为注意。松冈及其他日代表已将最后之发展报告东京政府,希望接到新训令。日本自始即阻止李顿报告书由大会讨论,除对报告书之空气及中日代表所表示之意见外,行政院并未谋事件之解决。但一般注意力集中,认大会或能获较多之办法云。

东京训令已到,不强事反对,移交大会可予赞成,日意见亦移交

【东京二十六日日本电通社电】 关于将调查团报告书移交大会审议事,松冈代表已于本早致电日外务省,请示办法。因是,内田外相现与有田次官等外务省首脑协议之结果,已决定照现定方针,表示赞成之意,且发出回训如左:(一)日政府反对适用盟约第十五条于满洲问题,且对其移交大会审议之举主张保留。但议长等既认为仅属手续问题,则政府虽以将报告书移交大会讨论为憾,但亦不强事反对。(二)理事会于将此项问题移交大会讨论时,在其职责上,自应将李顿报告书与日方意见书,并与此有关之二十一日以后理事会议事录,悉数移交大会。惟当理事会更附以实质的意见时,日政府不得□然允诺,且应于此际再行请训。(三)各国代表在理事会中,须就第十五条之适用保留,作明确的宣言,并将此项宣言载入移交大会之理事会议事录中。

【东京二十六日新联电】 日本代表团关于中日纷争问题移交总会之请训电报,业于二十五日正午抵外务省。外务省当即以亚细亚局为中心,召集关系课员,研究态度。结果以中日纷争全般于适用规约第十五条之下移交总会之事,政府曾保留反对,然当国联行将开会之场合,日本代表可将政府之保留反对明了的声明,即出席总会亦无妨云。此项重要训电,已于二十六日正午急致日内瓦之日本代表团,□……□。

(《益世报》,1932年11月27日,第二版)

392. 西南对外交之态度，对报告书仍不变真电主张，朱兆莘发表对报告书意见，葡政府不敢侵横琴岛

【广州通讯】 国联调查团报告书自发表后，举国人士纷纷电请中央汇集各方意见，向国联提出反对。而外交部长罗文干亦曾召集外交要员讨论，近为征询西南当局对外方针及对报告书意见，特派林东海代表南下来粤，与各要人接洽。林氏顷以任务告竣，业于前日□港，备候轮北上，向外罗复命。记者为明了西南对外交方针，前日特访中委邹海滨叩询一切。兹将谈话录下：

邹鲁谈话

问："闻外罗此次派林东海代表南下，系征询西南外交意见，然乎？"答："林代表此次南来，确因外交与西南有所接洽。"问："西南对外交意见如何？能发表否？"答："西南各同志对调查团报告书意见，仍以真电为主张。"问："外传中央曾咨询西南对外态度，然乎？"答："西南对调查团报告书意见，已于真电明白宣布。至其对外态度，如果中央爱护国家领土及决定反对调查团报告书之拟议，西南当一致赞同，否则西南当然要加以反对。此系很显明的一个解释。因国联调查团报告书之前段，认东三省为中国领土，确系事实；但其结论，又倡议东三省共管。既认东北为中国领土，何须共管？此是国联报告书之前后立言矛盾，有损害中国领土之完整，故西南各中委乃有真电之发表，请中央提出国联反对。如中央有切实具体计划，作有效之反对，西南当一致赞同。至关于反对报告书办法，亦不能以口头或书面之提出，务要以实力为后盾，始□收效"云云。

朱兆莘谈

又记者昨访晤五省外交视察员朱兆莘氏于其私邸，叩以西南外交进行，兹撮志其重要谈话如下：

记者问："唐委员对葡侵占横琴岛，交涉进行如何？朱先生对于此事有何

意见?"朱答:"查大小横琴两岛在一八八年①中葡条约,虽未明划界线,但可认为中国土地,确无疑义。前清末年高而谦划界大臣亦未有划定。澳门方面,该两岛有借军械与人民共御海盗及资助学校等事。有人疑其意图侵占,但据葡领向我解释,绝无侵占之意。我亦信其不敢侵占,因澳门与我接壤,应采和平亲善政策,始得相安。我劝其□日与外交前辈唐绍仪先生,就地先划临时界线,将横琴及领海划清,以免再生误会,将来由南京派定划界专员与葡政府派员正式划界,便合手续,不知澳门政府能否依此进行耳。"问:"朱先生对国联调查团报告书之批评意见书,已脱稿否?"答:"现已脱稿。但意见书全文太长,拟于一二日间在报章上发表其要点。至其详细意见,准于下星期六(十九)日在广东教育会演讲。闻是日高中以上学生均到参加听讲,其人数共约千余人。岭南大学亦请余到校演讲此项意见,但因问题不便重讲,故余特请岭大学生届时同到教育会共同参加听讲。"问:"外交部代表林东海到粤,征询西南当局对外意见,结果如何?"答:"林代表来粤任务及其经过,大概已见报章揭载。至西南当局对外意见,已在日前发出之真电详述无遗。林代表此来征询意见,西南当局仍始终以真电为对外方针。"问:"闻林代表日昨已经离省赴港,未知其再来广州否?"答:"林代表已定再来广州一行,大概尚有数日逗留,始□北返"云。

(《益世报》,1932年11月27日,第三版)

393. 昨日行政院会议一致通过中日问题移交大会,开会期在下月五六,有主于国联外召集独立会议者,李顿调查团多归去,待开会复来

【日内瓦二十八日路透电】 国联行政院今日上午开会,通过将中日问题交付国联大会讨论,会议时间仅历十分钟。主席狄凡勒拉宣告开会后,宣读松冈洋右来函,略述日本政府致松冈之训令。据称,日本对于引用国联会章第十五条及将中日问题移交国联大会两事,均有相当保留,故日本将不投票云云。行政院会议均未发表意见或提出咨询之意,主席遂宣告讨论终结,以将满洲问

---

① 编者按:原文如此,应为1887年《中葡和好通商条约》。

题移交大会之提案付诸表决,结果通过。主席对于调查团委员之援助表示感谢,并谓于必要时或将请调查团委员援助国联大会。主席继谓,松冈因认调查团工作已告完毕,曾作保留,行政院已经阅悉,旋即宣告闭会。会议时间仅达十分钟。英外长西门因事返英,由英外交次官列席会议。

【日内瓦二十八日路透电】 国联秘书长今日开始与十九国委员会主席海门斯接洽大会日期问题。大会谅将于下月五日或六日开会。十九国委员会将于本星期四日集会,大会之会期约在一周与十天之间。现已报告准备发表意见者,有狄凡勒拉(爱尔兰)、柏□斯(捷克)、马达利亚加(西班牙)等代表,瑞典、挪威、英、法、意以及南美各国代表亦必发言。大会之辩论,殆半将限于原则问题。众意满洲事件经大会辩论后,各国对于李顿报告以及主要争点,即国联会章曾否遭受破坏,当可表明态度,而使美国明了国联之地位,庶可决定其自身之态度。美国迄今认为中日问题为国联之责任,不欲置喙,但国联倘使美国信任国联有解决中日问题之决心,美国或将更变其目前之观望态度,而与国联合作。国联大会闭会时,将令十九国委员会总括各方意见,草拟报告或决议案,同时进行和解步骤。

【日内瓦二十八日路透电】 行政院决将中日问题提交大会后,此间对于此后事态之进展颇多推测:一、近有主张于国联外召集独立会议,邀请非战公约及九国条约之缔约国参加会议者,此议现尚未寝。二、尚有赞同邀请美俄参加十九委员会者,图使十九国委员会集中努力于根据国联会章第十五条第三款进行和解程序,期于六十天内进行和解。倘于六十日后,该委员会之努力仍无结果,然后再行召集大会,考虑根据国联会章第十五条第四款之应行步骤。上述两项计划均赖美俄两国之协作,但依据目前情形,美俄似无分摊国联责任之意。

【日内瓦二十八日电】 李顿勋爵声称,渠今夜即将启程回伦敦,将来如国联大会有需询问处,渠立即返此间。现其他委员亦将各归本国,仅美委员麦考益将暂留欧洲,俟确知国联大会无需于彼□再行返美。

【日内瓦二十八日下午十二时本报专电】 今日国联行政院结束讨论中日事件,将提交特别大会。日代表已接到东京政府回训,对援用国联盟约第十五条一节仍表示反对。松冈声称,日本关于提交特别大会一案将不投票,并称日本对李顿调查团仍认为不再存在。就各方观测,国联无论作任何决议,日本显将坚持其传统政策而不变。

【南京二十八日下午九时本报专电】　外交界息。国联行政会议俭(二十八)上午十一时半继续开会。今日会议将决议将李顿报告及中日争端全案移送特别大会。闻日方对此虽已不坚持反对,但亦未全赞同,故今日会议日代表将不投票,其他十三国代表将一致投票通过。按照本年三月十一日国联大会决议之规定,全案之移送,将由十九国委员会接受。但该委员会以有向大会请训之必要,故接受后将首先决定大会开会之日期,大约本星期六或下星期一大会即可举行。大会中将对李顿报告之前八章决议接受,对"满洲国"亦将决议不能承认。至解决办法,佳(九日)仍交十九国委员会讨论,故十九国委员会将为解决中日争端之总枢云。感(二十七)外电推测国联大会趋势,谓将要求中国于国联监视下,保障日本在满之权益,并将组织国际行政及军事委员会,实行监视满洲行政,并决定何时日本权益已有相当保障,日军应行退出满洲。官方对此认为只系日方之一种推测,并信国联大会□来亦决不致采取此种为中国全国誓死反对之办法。盖此项计划有损中国领土主权之完整,与九国公约之精神完全相反云。

【南京二十八日下午九时十分本报专电】　日内瓦电。日训令已到,反对援引十五条召开大会讨论东案,坚持须由行政院办理,以十一条精神解决东案。我代表团决遵守会章,要求各国维持会章尊严。

【日内瓦二十七日哈瓦斯社电】　国联为中日问题特别组织之十九国委员会,由星期二起即可由国联特别大会主席海曼斯召集,以便规定特别大会开会日期。大约十二月五日开会一层,仍属可能。

【东京二十七日路透电】　据可靠方面消息,日外务省特别会议之决议,日本将强烈反对予国联大会全权讨论满洲问题云。

【日内瓦二十七日路透电】　松冈接到日政府训令后,当即通知国联行政院主席狄凡勒拉,谓倘行政院投票表决召开大会问题,彼决弃权,但日本坚请根据盟约第十五条规定调解程序之第三款,考虑此问题。明日行政院会议席上,除非顾博士再发言,否则手续极为简单云。

按盟约第十五条第三款,即行政院应尽力使此争议得以解决,如其有效,须将关于该争议之事实与解释,并此项解决之条文酌量公布。日本坚持此点,即不欲将中日纠纷案提交大会也。

【东京二十八日新联电】　驻日内瓦之松冈、松平、长冈、佐藤等,日来与国联方面私人会谈结果之情报,业于本日电告外务省。据该报告云,为保持国联中日之面目，以脱离国联危机起见，而采择创设九国条约国外加苏俄之十国委员会以讨论一切问题之决议案。外务省据此，当即开始研究日本政府对此之态度。然日本政府仍依据从来之主张，即：（一）国联之讨论仅限于中日之纷争关系，对于"满洲国"存在之事实，无置喙之权。虽系九国条约国，亦与此相同。（二）对于招请苏俄参加之事，为事实上不可能，而对于该项国际委员会之设置案，表示难色。且此种会议，中国方面亦将认为有终至讨议中国之共同管理之可能性，故不容易予以应诺。因此，前途难免经过相当之迂回曲折。

【东京二十八日新联电】 关于中日纷争问题，日本与国联之对立渐次扩大深刻化，因此早有日本代表团离开日内瓦或退出国联之传说。日外务省为此，特以日内瓦、伦敦、华盛顿以至于柏林、莫斯科各地陆续搜集之情报为基础，关于日本政府对国联方针，二十七日对代表团发出训电如下：今后国联总会因小国方面之策动，表面上无论如何呈现大波澜，但大国方面之极东政策业有一贯的决定，代表团对于此点，应以充分确信，而事奋斗。（一）英国对于满洲问题，确言在国际无容喙之意思，而苏俄亦绝对保持独自之立场，故解决中日纷争为目的之国际会议，虽开会亦无加入之事；（二）以上述之情势而临国联，日本代表团无论如何，于国联内努力说明日本之立场及维持"满洲国"现状，有树立极东和平之可能性，以促国联方面之反省；（三）今后国联内因小国方面之恶意的妄动，或有采择不承认"满洲国"之决议案，但对此我国固勿论，即"满洲国"对于此项攻击亦毫不感痛痒，故代表团并无狼狈离开日内瓦或退出国联等之必要，尽可以此自信以临国联总会。

【东京二十七日日本电通社电】 日外务当局现决采左述根本方针应付国联，故度或可不至与国联发生正面冲突，而克依非公式的恳谈等发见其妥协点。惟国联大会若果依小国方面之策动，而无视日方主张，则似将采取最后方针，兹示其根本方针如左：一、日政府只求能使国联承认"满洲"独立及日方所行承认，即为已足，而不作在此以上之要求；二、国联若果承认其为既成事实，自可不问其解决案之方针。

（《益世报》，1932年11月29日，第二版）

394. 日阀之奸计：强迫人民反对李顿报告书，组伪救国军淆惑国际观听

【秦皇岛□日下午八时三十分本报专电】 日阀强使民意，利用傀儡，威令各县向国联大会申辩报告书关系之点，谓"满洲国"成立乃三千万民族之自决，李顿陈述之点为不正确云。又日军对我义军已穷于应付，近以重金收买大批汉奸，赴各县组织伪抗□救国军，受其指使，专以淆惑国际观听。又辽西方面有日方使者，在各地招骗我救国军，规定以自带枪马者月饷二十元，我军无应者。

（《益世报》，1932年12月5日，第二版）

395. 黑党部通电反对调查团报告书

【平讯】 黑龙江省党部□有□电寄平，反对国联调查团报告书，原文如次："南京中央执监委员会、国民政府□鉴，各院部会、各省市政府、各团体、各学校、各报馆钧鉴：暴日横据东北，□□一年有余。举国上下忍辱含垢，一面为局部之抵抗，有以戢其凶残，一面提交国联，冀得和平适当之处置，苦心孤诣，当为人世所共谅。乃调查团报告书竟建议将东北三省画作自治区，闻之汗骇。查国联盟约第十条曾规定'联合会会员担任尊重并保持所有联合会各会员之领土完整及现有之政治上独立'，九国公约第一条曾规定'尊重中国之主权与独立，暨土地、行政之完整'。是等变相之共管主张，强使中国领土瓯脱，政权碎裂，匪特与中国提交国联冀得和平适当处置之初意大相径庭，违反国联盟约及九国公约之条，狐埋狐搰，订法毁法，中国固失其所期待，庄严盟约亦形□□文，本会及黑省五百万民众誓死反对。恳请中央及各地民众一致声援，本总理民族主义之弘训，努力奋□，务使东北三省仍入中国版图，三千万民众不为一国之奴隶，亦不为欧美列强及日本之奴隶。临电凄惶，伫候明教。中国国民党黑龙江省党务指导委员会叩，东（一日）。"

（《益世报》，1932年12月6日，第二版）

396. 小国代表群责日本，拥护李顿报告书，请大会断然处置，大会今日续开即告结束

【日内瓦七日路透电】 国联全体大会阳（七日）上午开会时，主席比国外相海曼斯读中国代表颜惠庆博士一公函，内称主席于请各代表注意各种文件作研究中日问题之参考时，主席并未提及中国代表团于十二月江（三日）提出之备忘录，答复日本对调查团报告书之观察。主席答称，颜博士所指备忘录，系于十一月俭（二十八）以后提出，而行政院于俭（二十八）以后提出，而行政院于俭曾有决议案，将报告书、日本意见书及行政院议事纪录一齐移交大会讨论，中国代表所指备忘录，于大会开会时始分发各代表，故未提及。主席□称中国备忘录实为各代表参考文件中一重要者。大会将主席解释予以备案。

【日内瓦七日电】 国联总会因丹麦及英国自治领代表将发言，故至快将续开至八日，但公开会并无何项采择，问题之一切，似将移入特别委员会。然十九国特别委员会起草之决议案，似以左记诸点为其主要之题目，即：一、支持李顿报告书之前八章；二、反驳关于自卫权之日本之见解；三、不承认"满洲国"问题；四、解决纷争之和解委员会设置案。

【伦敦六日电通社电】 调查团委员长李顿爵士于本日在以该爵士为主宾之晚餐会席上，向当地外交团及其他来宾有力者约二百名，就中日问题演说，谓国联方面所希望于日本者，只有两点：其一为望日本信赖国联，决非要求其放弃作为生命线而当确保之既得利益；其二为望日本力图使其所获权益不至碍及他国权益。又中日问题系属刻下国际问题中之最重要的问题，而与军缩会议前途亦有重要关系，是以满洲问题实为判明如国联等类国际的和平势力是否能为足资信赖的和平保证之试金石也云云。

爱、捷、瑞、挪四国代表仗义陈词：应即宣布拒绝承认伪国，不能再事搪塞依违

【日内瓦十二月六日路透电】 爱尔兰自由邦代表康诺尼本日在国联大会演说，谓李顿报告书以及国联大会对于该报告书所采取之行动，不但与中日两

国有关,抑且影响及国联自身将来之运命。远东方面和平或战争之扩大问题,对世界和平有不可避免之反响,均系于对此问题将来达到之决议而定。吾人必须努力谋求对于事实之公正判断与对于关系之各方面公正不偏之决议案,以中止冲突,且弭将来敌意再发之可能。国联依其组织范围,本□保持世界和平之最大力量,但非有抱毅然决然作盟约及其决议案之后盾,坚持其立场之决心,方能发挥其力量。倘国联犹豫不决,依违两可,而以其行动开罪他人为虑,国联即不能生存,抑且无生存之价值矣。爱尔兰代表继称,日本对于建设及维持"满洲国"之工作未尝忽视。各方对于日本官吏终归必完全统御"满洲国"一节,所□之惶虑,不能谓其无理由。李顿报告似已明白表示盟约、开洛戈非战公约及九国公约均被实际侵害,而"满洲国"之建立即本此意而发。康君又宣称,李顿调查团结论谓恢复原状不能解决,而满洲现有政权(指"满洲国")之维持亦不能使人满意,因其不顾满洲三省人民之公意也,且"满洲国"之建立与维持,是否系日本之利,仍属疑问。彼以为此即现局之核心也,纵令认日本在满洲有确定之权益,对之须充分顾虑。□康氏希望国联对之表示同意,而日本自必允许权益之保护,须以和平手段而寻求之,较之以武力寻求,岂不为更适当?"予觉本会对李顿报告书,倘不准备否认其结论,为列席各国计,必须宣布其拒绝承认'满洲国'之意旨。经欧洲大战之结果,始有国联之产生,宛如连系世界各国之细微索线。吾人既为协定之份子,即不能任其纵横割断也。"康君表示意见云,李顿报告书建议创设满洲当地警察一节,可视为根本解决之张本。康君并称:"爱尔兰自由邦对于帝国主义开拓疆土或民族拓殖政策之观念完全反对。予觉大会必确实接受李顿报告书,予毅然代表本国政府以接受之。仅就爱尔兰自由邦之立场言,吾□拟依据李顿报告书之条陈,拒绝依现在满洲形势之展开而建设之'新邦'"云。

　　捷克国代表贝尼斯论及此问题之重要性云,国联大会依据盟约第十五条而召集从事动作,此乃国联成立以来破天荒之举。彼谓此问题须经一最后确定之解决,或于必要时须适用制裁手段。又称李顿报告书乃一贵重严重且极公允之文件,故彼赞成将其通过。且该报告明白昭示日人在满洲、上海之军事行动,不能视为合法自卫性质,此可谓国联之领域与盟约均未被尊重,在此情形之下,实不必另有结论。又称在一最后解决时,关于排外思想及排货运动之争议,值得严重考虑。彼□称十九国委员会对于日本承认满洲之行动觉得尤为失望,此□足使该委员会解决工作愈益棘手。捷克代表对于两造出一最后雄辩之声请，劝告两方不可造成某种形势，致使国联以法官自任以判断之。倘友谊的和解归于失败，届时国联因职责所在，必须出一判决，但毫不保留，毅然决然，一秉大公，守正不阿，以执行之。此案与原则之休咎，有关国际不能再容支吾搪塞矣。瑞典代表恩顿君宣称，中日两国之关系乃一戴面具之战争。挪威代表兰治君宣称，彼对于一国任其己意曲解法律，素所反对，证诸史乘，在过去时代，此项残忍□面不鲜其例，但因有公约及仲裁协定产生，今日始□和解之更善方法流行于世矣。大会下午五时十五分延□，至星期三早十时四十五分再开，届时发言者为马达里加（西班牙代表）、马达与波罗地君云。

松冈演说显认盟约已成废纸！否认其为有硬性之工具，不能以通则适用之

【日内瓦十二月六日路透电】　日代表松冈洋右今晨在国联大会宣称，日本对于李顿报告书关于中国混乱情形之各节，主要的不能同意之处即因该报告书对于该国善后情形过抱乐观。日本素抱此种希望，但对于最近之将来不抱此希望，因一国之混乱蜩螗如中国者不能敏速恢复也。日本对于国联乃为忠实拥护者，许多年来力避因挑拨而起之战争，然在盟约起草之前，此项挑拨势必引起战争也。松冈□称，对经由磋商手续而获得一更好并谅解一节，日本并未放弃此希望，且不希求国联之保护，实因鉴于国联现下之组织，难望其出一适时敏速之保护也。松冈又宣称，日本之承认"满洲国"乃系日本希望和平，日本因其关系本身利益者重大，无论如何亦不能撤回承认，"因吾日本已熟读盟约矣，觉得其非硬性刚毅之工具，且其原则殆不能以通则适用之"云。

【日内瓦七日哈瓦斯社电】　国联特别大会昨日上午十一时十分开会，讨论中日案。会场设于大议厅，军缩会议常于此间会议，每国皆由二人代表。会议开幕后，西班牙代表马德拉戛提议请比外长海曼斯氏主席。海氏首先简单报告中日争执案之经过，后即请中国代表颜惠庆演说（演词已见昨报）。日代表松冈继起立演说，彼谓日本因中国所受之困苦甚多，始终忍耐，但日本增加邦交之图谋不幸终归失败，因中国坚持不让步之态度。日本无意侵占东北，只求日本之权利得以承认，日人之生命财产可得一安全之保障。中国政府因得苏俄之助，不履行其义务，故日虽欲与中国进行直接谈判而不得。国联对日本合理之行动不能拥护，再者中国反日宣传更见紧张，日方始取自卫手段。日本相信中国如采取和平政策，国内方能统一。但目下之中国，其军队较世界任何军队为多。此项军队，不□保障国疆及国内利益，只为苏维埃军人之工具。松冈又称,日本之权利在危险之中,故不能漠视,无所举动。

松冈继谓"满洲国"得日本全国之同情,该"国"之成立,能解决日本四十年来所受之烦扰。可注意者,日本全国认"满洲国"为解决远东全部问题之关键。日内瓦有时传称日本在满洲之动作反使中国统一,"吾日人对此惊人之呼喝并不重视"。大会审查此案,应依以下几点为原则:(一)应寻求相当有效之条件,藉此可实现或维持远东之和平;(二)应设法救济中国无政府之现象;(三)国联如肯设法,应自负实行计划之责任。松冈继又述称,事实上中日间对满洲并未宣战,与其他关系列强亦无任何困难,此实国联干涉之力,亦可谓国联可贵之目的已行实现。按中国目下情形,所应改善者甚多,国联不得根据远东恒□之情形,赞成其意见及动作。松冈于下午一时始讲毕,主席海曼斯宣布尚有□□四□□演说,即爱尔兰之康诺里、捷克贝尼斯、瑞典安登、挪威兰治等,该会延至下午三时复开云。

西班牙代表之愤慨:坚持反日,纵即断绝邦交亦所不惜,傲然离席出会场去

【日内瓦六日电通社电】 西班牙代表马达利亚卡氏本日在大会议场中向日本代表佐藤宣称,纵即至断绝日本与西班牙间之友好关系,亦将对中日问题持反日的态度。但佐藤则就左述各点详加说明,而特仍行尊重日西两国友好之态度:(一)国联自身若对于特殊情形不求其伸缩性,□舍仍成为欧洲联盟外,别无他途;(二)承认特殊情形,不特未违背国联盟约,而且反足增大其普遍性;(三)不顾中国实情而唯盟约是论,殊欠妥□;(四)国联系属集合的组织体,故各代表之意见,纵明称在拥护国联精神,亦□以政府之意思为其背景,且由各国自负其责。顾西班牙代表马达利亚卡,仍谓"我国在国联中所采行动,自当负其全责"云云,随即傲然离席而去。

【日内瓦六日电通社电】 小国方面代表于本日下午开非公式的会议。西班牙代表马达利亚卡及捷克代表贝聂修等十余名均行出席。就小国方面,对于临时大会□态度讨论后,金认为国联大会中虽无结成反日团体之必要,但仍应讲求拥护神圣的国联盟约之方法。至夕刻,始散会。

(《益世报》,1932年12月8日,第二版)

397. 李顿之择箸癖

国联调查团委员长李顿爵士前次来华之后，屡感生活不适，某次□以生病闻。据李顿左右云，李氏在家平日睡眠极早，七时后即就寝，晨五时即起身，在后花园散步徘徊至一小时之久，始入室早餐，餐品为牛奶咖啡一杯、蛋白饼干十余块，食罢阅报，九时再与家人共餐，终年如一日，未尝更易。自抵华后，应酬繁忙，每每至夜深十二时犹未就寝，李氏颇以为苦，然职务所羁，不得不勉力敷衍。迨由平入东三省，日方虽百般设法，从朝鲜运来上品西餐原料，无如厨司不良，楚材晋用，致上乘肴馔，当至不堪卒餐。李氏向有择箸癖，每易一地，必三四日不饱餐，益以此种不配胃口之肴馔相餐，只有枵腹相向，不愿下箸而已。回北平后，张学良赠酱鹡鸰［鸰］四小提。李顿食之，诧为异味，由是每食必以此项酱鹡鸰［鸰］佐之。临别时，张特购赠壮鹡鸰［鸰］十大提，共一百对，李顿称谢至再云。

（《益世报》，1932年12月20日，第十一版）

398. 国人评判国联调查团报告书论文索引（一）

国联调查团报告书十月二日公□节要、十三日发表全文后，国人态度颇不一致。归纳言之，可分四派：第一派是全部接收，崇拜报告书为世界公论；第二派是根本拒绝，指斥报告书为废纸；第三派认报告书大体可以接受，但九、十两章建议认为有修改之必要；三派之外，最末还可以说有一派，乃是严守缄默，始终不表示明白意见。但究竟报告书观察是否谬误，解决原则是否适当，建议是否公平及其本身任命是否可以完成，均值分别讨论也。

兹为研究便利报告书起见，特从报章、杂志中，找出一些评判文章底［的］篇目，以便按类考索。不过本篇材料搜罗有限，错误难免，尚乞读者指教，容于相当时期后，再为补正，以求完备。

凡例

（一）本篇所列报告书，全文及论文均以中文为主，其完全英文者，不在本篇范围以内。

（二）本篇所收论文，均系本年十月三日至十一月二十九日在各报章杂志单行本所发售者，如有续出，容后再辑。

（三）关于报告书的名称很不一律，为节省地位起见，统行简称"报告书"，以示划一。

（四）本篇大纲分为八类：

（甲）报告书全文

（乙）报告书节要

（丙）报告书通论

（丁）报告书杂论

（戊）报告书专论——事实部分

（己）报告书专论——建议部分

（庚）报告书评论汇□

（辛）应付报告书的方策

（五）每类中列举论文题目、著者姓名及其出处，以便检查。

（六）下列索引所用罗马字，在杂志则表明其卷数，在日报则表明其月数；所用亚剌伯字，在杂志则为期数，在日报则为日数。

（《益世报》，1932年12月26日，第十版）

399. 李顿报告与中日纠纷——朱懋澄在纽约外交讨论会之讲演

【纽约通讯】 前工商部劳工司司长朱懋澄，此次随同国民政府考察各国实业特使孔祥熙氏赴欧美各国视察，于两月前抵美，迭应该国人士邀请，演讲中日问题，几无虚夕，颇能唤起美人援助吾国之热忱。日前又应纽约外交讨论会之请，由无线电播音演讲，题为《李顿报告书与中日纠纷》，兹将其演词，译志如左：

世界最大问题

最近世界亟须解决之问题，即为将来各国之邦交，将为恢复中古时代无秩序的野蛮情况,抑系依据世界公正和平之法则,而维持原状。李顿爵士于十一月二十日谈话中,对此点及目下因日本破坏各项非战公约、强占东北而造成之远东时局亦曾提及,其词曰:"将来满洲之管理权,应属中国或日本,此尚为较小问题。现世界急待解决之危机,实为此后世界之正义和平及责任心,是否将继续维持,抑系从此破产。欧战以还,各国人民生命财产损失极巨,倘各项非战公约再不能维持和平,则世界前途,实属不堪设想。"

日本不顾信用

去岁日军侵占满洲,所以终未引起严重局面之扩大者,实为中国极端容忍避免之结果。但为拥护国际公约计,中国政府在极困难情形下,竭力应付,表示其遵守公约之精神。嗣经国联大会议决,产生调查团,解决中日纠纷,当中日两国对此项决议均极表赞同,并各允予调查团以各种便利。中国既已维持其信用,惟当调查团至满洲视察时,竟完全为日本包围,而无从探悉真相。

所谓特殊地位

日本自并吞高丽后,即妄指东北为非中国之土,日本政府每以此点昭告其国民。关于此点,李顿报告书则力称"中国人民心理,完全以满洲为中国国土,并不愿使其脱离中国,各国亦承认东北确系中国领土,即日本外交部屡次宣言及中日条约中,亦确认东北为中国领土"。

日本屡次宣称日本在东北具有"特殊地位",而要求各国承认此"特殊地位"。中国以为日本在东北仅有经济上之利益,而绝对不承认所谓"特殊地位",至于经济利益,即世界其他各国,亦均有之。报告书对此点之意见,为"一九二二年二月六日,华盛顿会议之九国公约签字国决议之:一、尊重中国主权领土及行政权之完全独立;二、予中国以同等发展商务与实业之机会;三、各国绝对不可乘机攫取在中国各种特殊利益;四、予中国以设立强□政府之机会;五、反对各签字国企图在中国领土内(包括满洲)获得'特殊地位'"。

中国确有进步

日本常诬中国为非正式国家,仅为地理上之一种名词,竟谓中国连年完全陷于混乱状态,占领东北系属正大行为。殊不知中国有悠久之历史,自上古迄今已有数千余年,其疆域之广大,人口之众多,均超过欧洲,故其进步较缓。但中国近来确已有进步,故日本极力使中国国内不合,而终于以强暴手段夺取东北。中国在此过渡时期,对国际和平始终拥护,而日本则一手破坏各种公约且危及世界和平。至于中国近来发展情形,报告书亦称:"今日之中国已较一九二二年九国公约签字时大有进步,并谓国联实因此而允许中国于去岁九月加入国联。"

是乃国际之盗

日本尝自辩曰,一九三一年九月十八日之夜,当日兵进占沈阳及其他数城镇时,彼等实先受中国之攻击,故不得已而出于自卫耳。调查团经细心调查当时情形及审问当时目证后,其结果于下:中国兵依其上峰之使命,当时所以毫无攻击日兵之计划,亦无侵害日本生命财产之意。彼等非为无攻击日兵之意,且因日兵之攻击而大惊,自以日兵是夜之军事行动,实不能称为自卫行动也。日本既进占全满而造成一傀儡国,国内重要位置咸由日人任之,日本非惟承认此傀儡国,且称为由满洲人民自由意思所造成者。然调查团之结语则曰,调查团由其所得各种证据观之,则"满洲国"之造成要素固多,然最重要者为二,且苟无此二种要素,则此"新国家"将不能成立。其要素为何?曰:日兵之进占与日本文武官吏之活动也。由此观之,此"新国家"实不能称之曰自由意思之独立运动。依上列所述,中国方面之理由已由调查团申述,且已证明日本破坏国联盟约、九国公约与非战公约。此数种固为日本自动签字于其上者,是日本实为国际之盗,然彼竟称满洲之中国人民为匪,且举行所谓"剿匪"运动者,实则一残杀无辜无罪之人民而已。日本军阀因其国内智识份子之反对,乃在中国进行恫吓侵略,藉以和缓国内空气。即以去年冬上海之战事言,已有二万余人(多数有妇女幼童)被日军大施屠杀,人民房屋均被日机炸毁,现有二十五万人无家可归,而日机尤以学校、图书馆、工厂为轰炸目标。中国人民受此一"非言可喻"之蹂躏,现所切望的仍是公理的报复。所谓公理报复,即日本须立将非法所夺之土地归还中国,并赔偿一切损失及保证不再有此种事件发生。

报告书之软弱

所惜报告书对解决此次事件之提议,极为柔弱。虽日兵对撤兵令保证两次将实行,但报告书建议始终未命令日本立刻撤兵,对赔偿一节,亦未尝提及只字。报告书所建议者,仅有十项原则及各种会议,以期解决中日各种悬案。

夫中国既为被侵害国家，则对此次权利土地及其他各种损失，均应有完全之赔偿。调查团所建议者，诚不能使中国满意。惟中国对彼报告书现仍避免一切直接批评，良以调查团既得中日及其他各国之赞助而产生，若再加以不满评论，诚属不当。惟日本竟公然拒绝报告书一切建议，并谓除各国承认其傀儡之提议外，一切均不能接受。换言之，日本实违反世界舆论，□明显世界各国，日本将继续其在远东之侵略与强暴行为，而视各公约如废纸。现日本已成为非法则所能约束之国家，并将继续其"非法"行为。不料此种"行为"，现竟为世界所容纳，而未受任何处罚。

施行屠杀行为

现在日本正在努力其"伟业"之发展，而且施行其屠杀无辜民众之行为，同时日本积极抑制各国商业开发。日本虽称满洲"门户"仍继续开发，但此"门户"现已尽为日人站满，他人绝无进"门"机会。今日美国在华商业衰落四分之一，即为明证。现余敢断言，若世界将不群起对付，则此种行为，必由中国而推广至远东及太平洋各国。况此种行为，实予世界各国实业商业发展一大打击，而使各国永无恢复其目下经济拮据与不景气情况。

和平乎？混乱乎？

世界各国之拥护和平者，首推美国。如国联之约章及尊重中国行政领土独立，主张门户开放之九国公约，均由美国发起主持，他若凯洛非战公约亦为美国所发起。若美及其他签字国能奋起维持此种盟约，则日断无扰乱世界和平之机会，但现日本军阀深信各国并不诚意保持世界和平，而更变本加厉的去诱惑各国，增加其军队，充实侵略力量。前数日本军阀已决定增加明岁海陆军费，较诸以往增加一倍，此即日本所谓拥护世界和年[平]之表示也。现在吾辈正在歧路道上，各国将团结以保持世界和平乎？抑将坐视世界军事行动之日益积极而变为一混乱之世界乎？深愿各方三思而行也。

(《益世报》，1933年1月6日，第三版)

400. 国联不甘失败一再苟延，曲徇日方要求取销美俄参加议，前日会竟熬过，今日会显又徒劳，日决不回头，调解失败已成定数

【日内瓦十九日路透电】 中日问题之最近形势，可谓由困难而变为紊乱。国联各方认为此次国联向日之建议，即不请非会员国参加特委会，并不能变更目前形势，因无论如何和解，必归失败。但国联此次向日方之建议，亦可认为系一种重要表示，证明国联为欲避免与日决裂，实已尽其所能矣。

【南京十九日下午十时本报专电】 我代表团皓（十九）电京，报告十九委会巧（十八）开会情形。日方对邀请美俄两国参加及明白否认伪组织两点仍极力反对，巧（十八）会议中曾表示对邀请美俄两国参加一节可以取消，但希对其余各条完全接受。当经决定，予日以最后考虑之机会。定号（二十）继续开会，如日方不同意，即将调解失败经过报告大会云。

【日内瓦十九日专电】 我国代表团方面，对巧（十八）十九特委会开会结果，认为异常失望。因该特会并未容纳我国方面之提议，决议案效力毫无增加，且决议案对于日本之非法行为，亦未显明斥责，甚至对不承认"满洲国"一层，亦未指明。我国代表团并谓昨日特会之决议虽已认为最后决议，但该决议并无如日本再有新提案时亦决不讨论字样。据中立国者方面观察，觉无论如何，昨特会之决议，对日已大让步，国联放弃请非会员国参加特会工作，实系日之重要胜利，且和解谈判进行，亦未完全无望，故前途不能认为绝对悲观云。

【巴黎十九日哈瓦斯社电】 据伦敦电称，美驻英法两国大使曾通知各该外交部，谓美政府对于远东争端认为采取行动之时期已至云云。《小日报》载称，在伦敦方面，美大使确已向英外相西门提出交涉，至在巴黎，则仅由外交次长谷德与美代办马林尼亚交换意见，马氏曾于星期六前往外部云。

【日内瓦十八日合众社电】 国联十九国委员会今日在此间集议三小时。一般认为可以注意者，即讨论调解远东中日纠纷之提议时，并未特别提出邀请美俄参加。十九国委员会之代表仅称美俄为国联非会员国，至所以不明言邀请美俄参加讨论，系德留蒙之提议，莫塔赞成其说。最奇异者，即英代表团之

舌人语报界，谓彼不能谓德留蒙之动议系英外长西门之意见。此间外交人士指陈，十九国委员会委员恐美俄即被邀请，是否接受颇成疑问，故彼等预料势必通过一不邀请美俄参加之暧昧不明之决议。又指陈，倘美俄愿参加十九国委员会，势必将破坏调解努力之重任加诸日本。国联日首席代表松冈今日声称，倘十九国委员会再度调解失败，则十九国委员会将引用国联盟约第十五条第四项。松冈云"本人在继续讨论之前，必须再向政府请训"云。

【日内瓦十八日路透电】 十九国委员会之决议草案之日本答覆，今日已提交国联。该回答系拒绝允许讨论"满洲国"及非国联会员国参加调解程序。一般相信十九国委员会将放弃调解，此后国联大会必须起草一根据李顿建议之报告书云。

【日内瓦十九日哈瓦斯社电】 十九国委员会昨日午后四时开会。此次会议与以前各次相同，纯系非公开性质。日本首席代表松冈洋右，曾与十九国委员会主席海曼斯及英外相西门会谈日政府之新训令。松冈又于昨日正午访问国联会秘书长德留蒙，并谓日政府之正式覆文已于前日□交德留蒙。至松冈昨日与国联各要人会晤之目的，系就日本覆文加以口头说明，俾十九国委员会明悉日政府之见地。至日本覆文送达后，十九国委员会将起何种反响，则绝难预测。该委员会对日本覆文，即使认为满意，其对于中国代表□恐非再经一番努力不可。盖中国代表团辍［缀］续宣言对于日政府予以修改之决议草案，不能接受故也。英外相西门爵士于昨晚首途返伦敦，但当于下星期一重来日内瓦，俾出席国联会行政院及军缩会议主席团会议云。

【日内瓦十九日哈瓦斯社电】 因日本拒绝讨论"满洲国"及以调查团报告书为讨论之基础，十九国委员会已不能再事调解。日本坚持中日二国最好直接谈判，星期五日之会议，将有具体之议决云。

倘不邀请美俄，日能否接受决议案其他部分？——特委会质问日本

【日内瓦十八日路透电】 十九国委员会今晚发出一公告，内容如下："本委员会今日对日政府今晨提交主席之拟议，业已审核。查此项拟议于业经通过且已送交两造之原案，有根本数点迥乎不同。日本政府所持主要异议之一，即延入非会员国代表参加委员会解决提交国联之纠纷。本委员会认为倘此为日本对于送达国联之原案唯一异议，则与两造商洽以谋解决未始全不可能，故本委员会试问倘能胜过此难关，日本是否准备接受上年十二月所起草之决议草案。关于此事，本委员会认为愿闻进一步详细消息之必要。本委员会曾请主席及秘书长向日本代表商洽此事，然后再与中国代表团继续商榷。本委员会以为于星期五下次会议前，必定能得日本代表团之答覆"云。

【日内瓦一月十八日路透电】 国联十九国委员会今日开会，历三小时之久，最后由该委员会向日本提议，倘邀请美俄两国参加调解一节取消，则对于现存之决议案其他部分，须一定接受。照此办法，日本当前遭逢之问题，系是否接受李顿报告书作为调解之基础，抑日本宁愿为原则事件而非单纯法律问题，如邀请非会员国事，而负与国联决裂责任。中日危机业经本日十九国委员会推延过去，但未完全避免。该会定二十日再行开会。

接受李顿报告书乎？抑与国联决裂？是待日本之自择——前日大会各代表之辩论

【日内瓦一月十八日路透电】 国联方面依本日□展之结果，将于两三日内将调解失败情形报告国联大会。许多人推断，倘日本不能允认删除其提案之残余部分，此举殆必不免。由本日十九国委员会所能探悉之消息，足征该委员会对于日本之提案业已通盘考虑，而达一终结。当委员会开会时，旁听席较往常人数为多。新闻记者视该会议为调解派与采取强硬之主张者之剧烈战斗，故对于该会议之延宕，表示极大之急躁。自获得关于本日会议之消息观之，十九国委员会对日本提出之建议，予以全部考虑，以期得一结果。今日讨论之关键，即辩论认为不能实现之问题，实质并无牺牲。但可以指陈者，即关于此事美俄两国是否愿意参加，无论如何乃极端可疑。然前两三日间，华盛顿电称美国仍决定继续史汀生政策。会议历三小时之久，卒经众决定，因鉴于日本反对邀请非会员国参加如是之烈，该委员会须待中国允认，准备将邀请非会员国参加问题取消，但以日本接受决议草案其他部分及十二月二十日理由声明书为条。此项决议之结果予系日本一选择，即接受李顿报告书为调解之基础，或因盟约范围外之问题而与国联决裂。该委员会对于日本之提案，曾作详细讨论，以为有数点认为碍难接受。该委员会又重行审议中国之修正案，但该委员会决定以首先应付之异议，然后再考虑中国之拟案，更多有裨实际。主席海曼斯强调声明日本认排除非盟约国参加殊为必要，海曼斯旋即宣读各草案。爱尔兰代表雷士德，视为小国之发言人也。彼提出一质问，询及日本其他建议对争端之解决其必要性至何程度。瑞士国代表莫达表示，怀疑日本之反对非会员国参加是否有充分法律上之理由,但辩称对于此点应照法律置议,不可含糊,最要者须保障对于决议案之实质必须予以效力。各发言人咸称日本无实际接受决草议案①全部及整个理由声明书之可能性,刻经商定,应由主席海曼斯与松冈接洽,以便得到日本之答复。海曼斯于开会终结时立□允诺,预料两三日后必有神速之开展也。本日之讨论不时发现活泼气象,但最后颇呈现一致之情绪,即爱尔兰自由邦代表雷士德亦谓本日之结果极令人满意。委员会对于劝说中国代表团放弃其修正案及赞成取消美俄两国参加两节,预料不致有极大困难。一般人之观念,刻已采取更聪明之折衷办法,而将与国联决裂之责任放在日本肩上。兹闻该委员会之意思,对于视理由声明书如议长宣言之办法颇不赞成。倘无他变,此种径路必予两造出具保留案之权,而使一般形势趋于缓和,但于议案问题,解决此事,不能得一决议。

日代表再请训,外务省已决定对策

【日内瓦十九日日本新联电】 日本代表团首脑部会议昨晚十时半开会,迄至今晨一时十分散会,前后协议二小时零四十分。对于十九国委员会之决议案拟议对策,结果一致主张日本代表团仍不放弃折冲之希望,对于导日本立场于有利之事,决意继续作最后的努力。关于其方法之具体的意见,报告政府,要求承认,并请求训令。

【东京十九日日本新联电】 十九国委员会之形势,于昨日之会议又恢复去年十二月二十日当时之原状。日本外务省认为预期之事,并不惊奇。关于其对策已开始准备,大体将取左记之方针:一、处理中日纷争,根据盟约第十五条第三项之和解手续之委员会,削除招请非盟国参加之件,乃系当然之事。日本认为满意。二、然对于为代偿削□招请非盟国之件,而完全适用去年十二月二十日之旧决议案,则不能受诺。三、对于中日纷争,国联为援助中日直接交涉,对于中日问题可由最有密切关系之诸国,例如英、法、义、比等国组织小组委员会。四、小组委员会其性质权限为使其明显起见,固应削去和解之名称,又其审议基础无条件的采用李顿报告书之事,则予以反对。五、决议理由书改为议长宣言之形式,并应当将最末项之否认满洲现政权云云之字句删去。此外,依其决议案订正之主旨,分别予以订正。

---

① 编者按:原文如此,应为"决议草案"。

【日内瓦十九日日本新联电】 十九国委员会候日本政府之回训到达,将于二十日续开。然日本之回训,似需相当时日始能到达,且西门外相亦回国,二十三日以前不能回归日内瓦,故委员会之续开,将在二十三日以后。又电,海曼斯根据本日十九国委员会之决定,约请松冈全权谈话,松冈遂于午后七时二十五分赴国联秘书厅之秘书长室,与海曼斯及德留蒙会见。会谈仅十五分钟,海曼斯将本日会议之经过与决议告知松冈,并要求二十日以前予以答覆。

日对决议草案要求修正之要点

【东京十九日电通社电】 日政府对去岁二月十五日由十九国委员会起草委员会所作成之决议案,其将提出之修正要求,大体如次:(甲)关于第一决议案者:一、将决议案中涉及九国条约之点删除;二、在创设之委员会构成中,将十九国委员会改为小组委员会,而以英、法、意、德、比等国代表团充之;三、该委员会之任务,须修正为在辅助两当事国进行解决问题交涉;四、关于该委员会任务之基础,应将其记述"以李顿报告书第九章之原则为基础或酌采第十章之提议"者,修正为"酌采第九章之若干语"句,并载明当尊重当事国意见书之意。(乙)关于第二次决议案者:一、当由"认李顿报告书为公平的事业之模范"字句中,删除"公平的"之一语;二、将理由书改为议长宣言;三、由李顿报告书最初第八章中删除"发见中日纠纷所不必要之一切陈述"字句;四、末项之"在满洲维持现政权及其承认不得作为解决中日问题之方策"之字句,须加修正。

(《益世报》,1933 年 1 月 20 日,第二版)

401. 国联对日无策,调解澈底失败,日阀恼怒将扩大战祸,不怕适用第四项最后退出国联,特委会今日续开,商讨起草报告

【日内瓦二十一日路透电】 日代表团已接到东京训令,今晨集会讨论致海曼斯之答覆。一般相信,回答将仍为对案之性质,表示日本避免决裂及特别勿放弃调解程序之愿望。十九国委员会对日方此种新提案作如何反响,尚不敢断定,然必须承认者,即因长此迁延不决及毫无结果之讨论,已渐次开始显

露某种神经上之兴奋,甚至大国亦赞成采取第二步骤,不再滞缓云。

【南京二十二日下午十时本报专电】 颜、顾电外部,日复训不同意十九国委会草案,但对松冈所提修正建议,曾得日政府同意,请予考虑。十九委会至此认调解失败,进行起草报告,漾(二十三)日开会将全案移交大会,在此期内中日双方仍可各提建议。大会开会期尚未定,闻政府预备建议促大会谋决议案有效,宣布日方破坏盟约,予以制裁。

【日内瓦二十一日日本新联电】 本日十九国委员会审议松冈本日通告海曼斯及德留蒙之日本之确答,结果仍对该回答不满。因此,一致认依据规约第十五条第三项之手续,事实上业归失败。现已开始审议根据第十五条第四项之手续,俟二十三日委员会续开,即予以最后之决定。然其间关于基于第四项之报告书,作制三个私案,于委员会开会前分送与各委员。该三个报告书之方式内容绝对秘密,惟据确闻,似系倘中日两当事国无论何方,另行提出得以构成解决之基础之新和解提案,则委员会将予以欢迎。又本日委员会所以作上述之决定者,盖因审议日本之回答之结果,有使委员会不能受诺之诸点,因此遂不能不入于作制依据第十五条第四项规定之报告书中预备行动。

【日内瓦二十一日日本新联电】 松冈代表午后六时半访问海曼斯及德留蒙,听取报告委员会之结果,会谈十五分钟始辞去。松冈谈称"似已着手作制第十五条第四项之报告书,然无稍惊恐之处,余仍然继续折冲"云。

【华盛顿二十一日路透电】 官方公告虽未提及中日问题,然据悉,远东战争爆发之危险,胡、罗会议中已有讨论。一般相信,总统胡佛对罗斯福誓言继续实行不承认由暴力攫取之领土,特别不承认"满洲国"之政策,表示欣慰云。

【柏林二十一日合众社电】 德外长纽拉斯今日在下院外交委员会演说中声称,德国出席国联代表将在十九国委员会开会时,提议希望达到解决满洲中日纠纷决解之基础。纽拉斯未指明德代表采用之实际方法,彼郑重声言,德对中日纠纷所采之态度,系严格中立。纽氏之发此言,系因下院共产党议员抨击目前德政府系袒日云。

调解之术已穷,进行二步办法

【日内瓦二十一日路透电】 十九特委会今日下午五时开会,讨论时间计二小时零十五分,决定调解程序实际上已告失败。嗣即讨论依照会章第十五条第四项之进行程序,最后决定星期一漾(二十三)日继续讨论。闻特委会对于大会报告，拟以三种草案分送特委会代表研究，惟草案之内容，尚未探悉。特委会今日研究日本提案后，认为关于某数点不能接受，故全体同意进行第二步办法，且认中日两方之意见相距太远，调解似觉无从着手。瑞士代表胡柏称，调解是否已告失败应由大会正式决定，故特委会决定大会开会之前，特委会仍将维持调解之可能，任何一方如有足为解决基础之提案，特委会无不欢迎，但将同时进行讨论关于起草报告之各项问题。至此，某代表问特委会应否先询大会，然后起草报告，特委会决定根据三月十一日大会之决议起草报告乃属特委会权限范围之内，不必先询大会。特委会旋复讨论各种程序问题，最后决定星期一（二十三日）上午十时继续讨论。众料大会须在二月初召集。至报告书之余款，尚未提到，星期一似不致能提出讨论。因十九国委员会开会，行政院由星期一延至星期二。今日午后之十九国委员会，观日本代表致议长及秘书长之宣言中可知，将邀请非会员国之可能性由草案中删去，日本政府亦不准备接受十二月十五日决议草案。日本代表团于作此宣言之后曾通知议长，昨日自动送达之拟案业被日本政府追认。该委员会于察阅日本政府之新提案以及送达于两造之中国修正案后，仅能向两造通告，该委员会欲提出一双方可以接受之决议几不可能。因中国代表团以及委员会本身对于俄美参加一节极其重视，使仅徇日本之请求而将该条款删除，同时十九国委员会倘再依循日本拟案意旨，而将十二月十五日之决议案加以修改，实不可能。该委员会已知，即令本会允将理由声明书改为议长宣言，对于此节两造仅有提出保留之权，日本政府对于该委员会十二月十五日起草之原文，亦不能毫无修正而接受之。日本政府在其最后之提案中，已将该决议案内容大加修改，使委员会不能接受。在此情形之下，该委员会觉得用大会手续以谋争论之解决之企图，此刻业归失败。今不得已而假定大会在将来开会时之手续，亦必与十九国委员会相同，即依据三月十一日决议案根据第五章第三节之使命，依盟约第十五款第四章规定，进而准备一报告草案。依据第十五款第三章之手续，除大会外不能继续结束。而该委员会之公布文结尾时，称该委员会对于两造或愿意提出之进一步建议，准备欢迎。

以李顿报告书为起草之基础

【日内瓦二十一日路透电】十九国委员会中虽有委员数人（连同极力拥护国联盟约在内），对于问题解决之目前情形较之十四个月以前并无进步，似已不能忍耐,然均审慎其步伐,以免陷入悬崖。今日一般对十九国委员会决定是否有权宣布调解失败及准备报告一节,踌躇不决,认为此种废时无结果之辩论,实罕其先例,且迹近欺骗:第一,为决定在名义上依然保留合[和]解余地,然无论如何,决难预料有贯澈之机会;第二,系准备一报告书,提出大会请其通过。风传该委员会有某某个人或小组,拟提出不一致之草案。但各委员私相接洽时,均恳切承认有联合行动之必要,且反对企图有越出得有合理结果之行动。目前可以断言者,即英国则尽力主张采用李顿报告书,最后和平之希望,在藉李顿报告所建议之方法使中日携手,所以报告书将无疑的以李顿报告书及其建议为基础。但其性质及实际效用如何,目前尚难推测云。

日阀声称不怕,准备扩大纷争

【东京二十二日日本新联电】 二十一日之十九国委员会关于中日纷争之处理,已立于适用规约第十五条第四项之情势。日本陆军当局对此,本日午后四时以当局谈之形式,发表谈话如下:"据情报,适用第十五条第四项似已实现。本项之适用固毫不足惧,亦可视为我国退出国联接近一步。此乃酿成此项结果之十九国委员会之□围气,轻视始终尽瘁于纷争之和平的解决之国联本来之任务,徒任与极东问题毫无利害关系之小国方面操纵之故。倘照此进行,中日纷争将更行扩大恶化。如不承认'满洲国'问题之决议案等,以破坏我根本方针之事态,将更有惹起之虞。似此最恶之场合,而退出国联,固毫无所惧之事,且亦无为此而踌躇之必要。然而吾人以为假使十九国委员会对于和平解决放弃努力,亦将继续作最后的努力,以清醒国联而矫正谬见"云。

我公布备忘录,重申主要两点

【日内瓦二十一日下午四时十五分专电】 十九国特委会修改决议草案之说腾诸报章,言者凿凿,而我国迄未接国联之正式通知。我代表团为求充分了解起见,乃于昨晚将上年十二月二十六日致国联请求修正决议草案之备忘录公布。同时并发表宣言,对于满洲伪组织之不应继续存在及美俄合作万不可少之两主要点,重申其意义。并主张调解委员会应为十九国委员会之小组委员会,直接对国联大会而非对国联行政院负责。申言之,应以国联之集合的权力解决争案,而不采中日直接交涉之方式,始可获得满意之解决云。

(《益世报》,1933 年 1 月 23 日,第二版)

402. 十九国特委会昨日决议派定九国起草报告书，日决依据第五项以对抗第四项，外交战如失败，最后决退出国联

【日内瓦二十三日路透电】 十九国特委会漾（二十三）上午经过二小时之讨论，议决派九国委员会起草报告书。该九国为德意志（主席）、瑞士、英、法、捷克、比、意、瑞典及西班牙。十九国特会漾（二十三）晨开会时，为起草报告书事辩论异常激烈。关于报告书初段内述中日纠纷源起，各方意见纷纷。英提□十九国特委会应追认调查团报告书所述各节，一则因调查团报告书记载极为完满正确，二则如特委会重新研究中日纠纷源起，实徒费时日耳。但讨论结果，由特委会令九国起草委员会将各方意见合而为一，酌量列入报告中。据一般人推测，九国起草委会之工作需时至少一星期。目前只讨论中日纠纷经过，搜集历史资料，于讨论报告书第二段研究解决中日纠纷之各种建议时，十九国特会势将召□会议，始能有所决定。本星期此间国际会议甚多，故何时九国起草委会可举行第一次会议，此时尚难预定，最早须在敬（二十四）日政院会议后。特委会主席海曼斯今晚即□日内瓦，随时以长途电话与国联当局交换意见。此次九国起草委会中无爱尔兰代表，颇引起各方批评。因爱尔兰代表系国联行政院主席，且近日关于中日问题之进行颇为活动也。十九国特委会下次会议将于月底举行，议定何日召集国联全体大会。小国方面主张，报告书中应有指斥日本之显明字句。有数国代表态度不明，而意大利代表爱若西（译音）态度尤为模棱两可。

【日内瓦二十二日日本电通社电】 十九国委员会中心人物已于昨晚起，就依据第□项之报告书劝告书之第一部的纷争事实记述，以秘书厅所准备之草案为基础开始研究。其内容系对满洲事变之经过，视日本为一面用外交辞令以避外部之干涉，一面则扩大其军事行动者，故自某种意义言，殆较诸李顿报告书尤为峻烈，且终非日本所能接受。此案乃由秘书厅内之反日份子所起草者，故当兹小国方面的兴奋情形尚未消除之际，其能否在提出于十九国委员会时设法缓和，殊属疑问。而其以此为基础之劝告案性质，亦不难于想象。果

尔,则国联放弃其调解的努力之日,当即属日本与国联发生正面冲突之时。

【东京二十三日日本新联电】 关于国联其后之状势,日本代表团时刻有情报致外务省。据此,日本代表团与德留蒙及海曼斯会见之际,亦露出委员会之事态尚未到最后地步之口吻,然亦难以预测。日本外务首脑部今早关于今后之对策协议结果,对于国联方面根据第四项作制报告书。日本为对抗上决,开始准备作制依据第十五条第五项之陈述书,以指摘国联对于极东问题之无能与无理解。假使国联方面今后更发动同条之第六项、第七项,日本之方针亦不能有何变更,且决定对于满洲匪贼之讨伐及其他为保护侨华日人,必定自由的行使自卫权之发动之意,向中外阐明。上述之意,已电告驻日内瓦日本代表团。

【东京二十三日日本电通社电】 关于十九国委员会采择盟约第十五条第四项之公电,日外务当局作如左之观测:在无新提案时,大会自当采取第四项办法,且帝国政府亦已早料及此,故现认为无关痛痒,而不至遽出于撤回代表或退出国联之举。惟国联当决定第四项之劝告案时,若破坏帝国政府不许第三国干预中日直接交涉之铁则,或坚主以依据李顿报告书为解纷争之限度,而否认"满洲国"之独立,则日方自当实行退出国联,否则仍拟尽力维持世界和平。

日本外务当局始终不绝望,外交方针决不变更,将起草陈述书

【日内瓦二十二日日本新联电】 对于中日纷争问题适用第十五条第四项之事,虽在慎重考究中,然移入第四项以前,显然似在苦虑对日本或将有何政治折冲之余地,故日本外务省方面,始终未抱绝望之念。盖因十九国委员会发表之宣言中,声称"关于委员会之部分目下向总会提议纷争解决之手续之企图,认为已归失败",又于结论称"十九国委员会当然有意欢迎当事国之新提案"云云。委员会之真意,显然表示尚有磋商之余地。然日本除已提示十九国委员会之方针外,绝对不作新□提案,今后国联进行准备作制劝告书之际,自能认识其不能实际的解决中日之纷争。且事实上为国联之支配者之英外相西门,将于二十四日回日内瓦,对于陷于纠纷混乱之国联,为大局上将讲究认为最妥当之方策,故今后一星期间之情势之展开,实最堪注目。

【东京二十三日日本电通①】 关于对国联策,外务省当局于本日开协议会讨论,结果已决定采取如左之方针:一、国联纵即改采盟约第十五条第四项规定,日政府亦毫无所惧,且不令日代表出于阻止国联改采该项规定之态度;二、当载有依据第四项所行劝告□报告书,提交二月一日之大会讨论时,代表松冈当作反对宣言;三、同时并根据盟约第十五条各项规定,公表日政府之陈述书,而对国联报告逐一加以反驳;四、其结果若认至为②与国联间之关系已告断绝时,当即令日代表松冈及其他各代表、各随员离开日内瓦;五、由外务省方面立即着手起草该项反对宣言与陈述案,并依此主旨向日代表松冈拍发训电。

大势转移之权悉操于英国,李顿发表正论,英如袒日有害商务

【伦敦二十三日哈瓦斯社电】《星期纪事报》登载满洲调查团主席李顿爵士一文,首先叙述远东问题各要素,然后说明补救方法,要求国联会作一决定。"但可能之方法为何乎?"李氏答称,列强方面在物质上一切行动,均可由日本认为战争之理由,惟有藉精神上之压力,方可使日本循国联会之道而行。假使列强在日内瓦一致反对日本决议案,则日本迟早必将让步。要之,英国在未来事变中,当担负最大部分之责任。全世界之视线现均集中于英国,英当自居于主动地位,原因英国系日本昔时之同盟国,欲使日本接近国联会,当由英国引导之。政治家在目下所负责任艰难,盖未有如西门外相之甚者也。

【伦敦一月二十二日路透电】 伦敦《观察报》驻日内瓦特员电称,此间咸抱一确定之观感,以为上星期中国对日本所抱之态度变强硬。众信美国方面之友谊的压力,或与此事有关。但又据英国政府由远东方面所接到之报告,对于此事不无左右之力。闻此项消息,因华人于英国对日显然左袒,异常愤懑,诚恐殃及中英商务。并称倘日本对于亚洲大陆取得过于僭越之势力,中英商务亦受危害云。

法国舆论主张予日本判决,内田演说引起反感

【巴黎二十三日哈瓦斯社电】 社会党机关报《人民报》评论中日事件,谓调解程序失败后,国联十九国委员会所当提出之建议,应具有满足世界舆论之

---

① 编者按:疑缺"社电"二字。
② 编者按:原文如此,应为"若至认为"。

性质。又日军事行动,实系世界舆论为之震动故也。对于侵略者当予以严重之判决,盖惟如此乃可使全世界舆论起而反对日本,并使经济上、外交上之裁制方法得以实现,俾以制止日本并吞满洲与热河也。国联会业已耗费宝贵时光,今则非迅速行动不可矣。

【巴黎二十二日路透电】 日外相内田二十一日在议会之演说,此间报纸予以反对之批评。据《时报》之意见,日本此种政策,应适合于一般之利益,但如何进行,如何实现以适应国联之基本原则,吾人当拭目视之。《自由报》谓自演说中表示,东京与莫斯科间之关系有惊人之进步,对远东情势似有一实质而重要之改变。该报谓日本向苏俄表示□善□□于不知英国政策之分量云。

(《益世报》,1933年1月24日,第二版)

403. 国联态度渐趋显明,报告书内容分四部,前三部除两点外起草完成,措词大体根据李顿报告书,建议难着手,下星期再讨论

【南京二十八日下午二时本报专电】 外息。九国委员会所草之报告内容,决分为四部:一、历史;二、事实;三、结论;四、建议。一、二两部均以李顿报告为根据,一则追溯东北与我国之历史关系,一则述九一八事变后之变迁及国联处理经过。结论部分述日在东北之行动是否为合法自卫及伪组织是否为真正民意组织,并宣告国联对中日争端调解失败。建议部分最难着手,小国代表则主张明白规定九一八乃日有计划之侵略,宣布不承认伪组织;大国态度则仍灰色,大约再经数度商议,即可完全确定。俾提十九国委员会通过后,再提下月初之国联大会讨论云。

【日内瓦二十七日电通社电】 十九国委员会之九国起草委员会于本日下午将第二部以前之起草告竣后,即于七时半散会。三十日当再度开会,起草劝告文。

【日内瓦一月二十七日路透电】 九国委员会今晚六时再开会议,继续讨论,闻已有长足进步。今晚之会议除于某某两点外,业将报告书前三部分之草案完成,付诸明日之宣读。序言极简单,仅有一句说明报告书。第二部分述及

该项争端在日内瓦与远东之经过情形,对于争端之起因予以连续之说明,尤以李顿报告书前八章、行政院大会决议案以及国联卷宗及远东领事报告为根据。第三章即国联秘书厅拟定之结论,内含十二点,大致基于李顿报告书之第九章及由该报告书摘出之某段,类如"'满洲国'之产生并非由于自动"等语。尚有两点未能得一致之赞成者,即排货问题与日本之行动是否合法问题。经秘书处拟就之原文,内称排货运动以之对抗以武力侵略之国家,不能视为非法。会议席上对于奋力协赞排货原则,显然尚表示相当反对。在其他方面,日人行动是否系合法自卫一节,引起法律议点,须由法律专家从事特别审查。秘书处之草案其措词如下:"纵令九一八沈变之前,使形势严重之责任似可由中日两国分担,而在一九三一年九月十八日以后事态之责任,则中国不能被视为应负任何责任"云云。会场上对于建议案并未讨论,大约留待下星期一二再谈。但秘书处方面赞成此拟案,须以李顿报告书第九章十大原则为根据。

日方所传之内容:否认伪国一点未决定

【日内瓦二十七日新联电】 九国起草委员会于本日午后之会议异常进展,迄至二月四日报告书草案可提出总会,六日后之第二周中已可举行总会。报告书之形式依据英代表之意见,采取单一之形式,内容分四部:第一,前书;第二,事实之叙述(历史的部分);第三,结论;第四,劝告等。要旨如下:第一,绪论之构成,简单说明报告书之主旨。第二,为历史的部分、事件之经纬、国联审议经过,以李顿报告之前八章为基础,并参照极东领事团之报告等予以详述,业已起草完毕,定二十八日再于非正式会议宣读。第三,以秘书厅案为议论之基础,乃相当纠纷之部分,由十二个条构成,主要引用李顿报告书第九章及其他。该十二条中最可注目者,为采用李顿报告书之第六章,即"满洲国"第一节末项对于"满洲国"成立之点,本日午后之会议卒未见决定。然对于中国之排日货运动之见解及柳【条】沟事变以后之日本军行动,委员会亦与调查团同样颇为议论。第四,即所谓用第十五条第四项之劝告,结局将以李顿报告书第十章为基础。李顿报告书之劝告案,系以和解手续为基调,对于依据第一项之报告书之劝告手续,固有加以相当重要之变更之事发生,且对于劝告案之决定,殊有请示十九国委员会而经其承认之必要,因此下星期中十九国委员会将开会。

外务省声明：采用李顿报告书决不能承认

【东京二十八日新联电】 目下于十九国委员会起草中之报告书内容，外务省尚未接到何项公电，故日本政府对此之态度，避开正式的言明。然该报告书若如外电所传之内容，殊绝对不能承服，结局将至不得已出于退出国联之最后的决意。本日外务省有非正式之言明如下：

劝告书于其历史的记述，若采用与李顿报告书相同之趣旨，则不能承服。尤其劝告书有包含否认"满洲国"现状，否认"满洲国"之自然的发生，对于行驶自卫权之疑惑，以及排货之正当等事，日本断不能默过。国联若无论如何必作制此种劝告书，而提出之际，则日本将即提出陈述书，澈底的批评国联之谬见，而离开国联或断然退出国联之用意。又当局以仅由起草委员会之形势即预测其前途，认为过早，然决定劝告书之实质的骨子之未来的总会，果有此大胆而出于此种态度与否，甚属疑问。

【日内瓦二十七日电通社电】 日代表部于本早十时十九分开全体会议，松平大使、杉村国联秘书厅次长及其他人员均行出席。首由松冈首席全权代表报告与英外相西门爵士会见情形后，经众讨论结果，佥赞成持左之意见，而于十一时五十分散会：（一）若属以日方让步为条件之妥协调停，则碍难应允。（二）苟不抹杀否认满洲现状之条项，则日方决难允依据盟约第十五条第三项之调停。（三）欲使国联撤回此种否认条项，似颇困难，故宜解释为依据盟约第十五条第三项之妥协的解决，在事实上已等于放弃。（四）如是，而由国联改采盟约第十五条第四项规定所作成之报告书与劝告文，其内容如何，实属日方最后态度具体化与否所由分。故应以该项报告书及劝告文之内容为目标，而与东京政府间保持秘[密]切联络，以便向既定方针方面迈进。

英报忠告列强：必须拥护盟约及李顿报告书

【伦敦一月二十七日路透电】 伦敦《观察报》及《新政治》两周刊，皆切言国联对于中日争端有采取坚决态度之绝对的必要。《观察报》称国联与日本之冲突，其结果或必严重，较之某一国家濒于危险尤为重要。国联一俟深信李顿报告书确已认识国联盟约已被破坏时，必须坦白声明。至于结果如何，大可不顾及，此实与国联之存亡有重大关系也。国联会员国必须全然追随李顿报告之方法。《观察报》于结尾时称，仅通过报告书中之事实纪录，而不通过其结论,乃系可鄙视与贻害无穷的脆弱。《新政治报》称,当前之悬案有两途径:(一)吾人须坚持尊重盟约,而对暴力侵略者迎头痛击;(二)通过一贫血的决议案,其结果则对日本之主张实行投降云。

日军缩代表又施恐吓手段,主偕松冈离日内瓦

【东京二十八日新联电】 军缩主席全权建川陆军代表二十六日致电陆军省,指摘国联总会基于十九国委员会之决定,关于中日纷争适用第十五条第四项有不可避之情势,并称似此情形,已无出席国联发起之军缩会议之必要,故拟偕松冈代表退出日内瓦云云,意见颇为强硬。同日松平大使亦来电称,西门外相离开日内瓦之际,所期待之断念适用第四项之事,已完全失败结果。对于最后场合之措置,敦促政府之决意与准备云,趣旨与建川相同。

【日内瓦二十八日哈瓦斯社电】 十九国委员会所任命之起草委员会,昨日举行非公开会议两次,拟提出非常大会之报告书,其起草工作有显著进步。该报告书之第一部分纪载中日冲突之原委,已将起草完竣。目下委员会正对报告书之最困难一部分交换意见。此部分即由李顿报告书而得到之建议及教训,以及中日争端之要素也。闻十九国委员会于下星期开始举行全体大会,以便审查起草委员会之工作云。

【东京廿八日电通社电】 国联大会若为解决中日纷争,而适用约盟[盟约]第十五条第四项规定时,日代表部即应自日内瓦撤回或实行退出国联,同时并使出席军缩会议中之代表亦行撤回或退出该会议说,在陆军部内虽颇为有方[力],而海军当局方面,则依左述理由,似认为撤回日军缩代表说,未免言之过早:(一)军缩会议除国联会员国外,美俄两国均行参加,故苟非至军缩会议自身发生问题,或作不利于日本之决议时,殊未可遽出于撤回代表之举;(二)帝国政府近仅向军缩会议作新提案,尚未在议场中一度加以说明或答辩,故现若遽行撤回代表,匪特没却新提案之重要性,且复对参加议会[会议]各国有失礼之嫌;(三)新提案具有法意两国及其他参加会议各小国所欢迎之内容,故宜充分加以说明,俾各参加国得了然于日方作该项提案之理由;(四)在国联情势极度恶化而至使我国之参加军缩会议成为无意义之举时,自当实行退出会议,但该方面事态既尚未迫切至此地步,则宜暂时观望形势之态度。

(《益世报》,1933年1月29日,第二版)

404. 国联报告书建议部份决根据李顿报告第九章，四五日内可完成，大会十三可开，十九委会昨议决拒绝日方提案

【日内瓦四日专电】 国联秘书处发表官报如下：

十九委员会支（四日）开会，主席比国代表布金。九国起草委员会交来报告书第一段，终将根据国联盟约十五条第四款，将该报告书提交全体大会。华代表团根据盟约十二条，请求赶速解决中日纠纷，限定延期时日。日代表团亦提出新建议。十九国委员会予日本建议以慎重考虑后，虽深感日方之诚意，但同人等最后议决，认为日方建议与特委会之决议案相差太远。特委会虽曾将决议案予以修改以就日方意见，但日之建议仍与盟约十五条第三款所规定之和解基础不能吻合，尤与调查团报告书中之建议不能接近。特委会议决请秘书长将此意通知日代表团，并告日代表团谓唯一希望即由日政府接收国联去年十二月十六日提议。但该提议已有两点曾予以修正：（一）不请非会员国参加和解委员会；（二）中日双方对于特委会主席之说明书所提各节，可予以保留。特委会并指令秘书长通知日代表团，谓在国联全体大会根据盟约第十五条第四款通过报告书前，第三款所规定之和解工作仍然有效，但其迭次商谈，需时颇久，且前次对于和解工作已曾大为努力。特会觉于和解工作进行时，同时一面进行起草报告书，该报告书于短时期内即可完成，一俟该报告书草就，立即召集全体大会。特会对报告书及建议已开始交换意见云。

【日内瓦四日专电】 国联十九委会对于中日纠纷之报告书，可于九日公布。国联全体大会或可于十三日开会。十九委会定下星期一上午十时半再开会，支（四日）会议时曾讨论建议部分，当时意见纷纭，未能有确实决议，有主张国联应提出确实建议，可彻底解决中日问题。"满洲国"问题今日未讨论，中国代表团提议确定延期时日事曾有辩论，后议决该事将由全体大会决定。有人主张引用制裁为报告书之当然最后应付手段，但反对此说者占大多数，大致主张国联建议应根据李顿调查团报告第九章之十点。各小国坚决表示建议中应痛斥日本，认为日之行动为违反国联盟约，对此点颇有争执，并无切实表示。特委会希望能于下星期四前将报告书通过，但能否办到尚属疑问，因十九委会

工作进行极缓。下星期或将起草报告书事再移交九国起草委员会，如此则进行或可较速也。又电，国联十九特会支（四日）晨十时三十分开会，至下午一时始散。对日本之最后建议，曾有一小时之辩论，结果由十九国特委会议决，认为国联不能接收日方之提议。同时该委员会决通知日首席代表松冈，谓日仍有机会接收国联去年十二月间所通过决议案。按该决议案有二点已修正：（一）国联可不请美与俄参加特会工作；（二）说明书可认为系一种宣言，日本有权对该说明书中各节予以保留。经过支（四日）上午会议后，十九国特委会之报告书已大体确定，即建议部分亦已有具体决定。对于将来处理中日问题之办法，国联当局有两种意见：（一）十九国特委会直接将报告书交中日两国政府，国联全体大会从此不直接过问中日问题，该事件将由国联行政院处理；（二）十九国特委会将报告书分发国联全体会员，十九国特委会或同样组织将长期存在，随时监视国联建议之切实履行。此种办法，法律根据在去年三月十一日之决议案。按该决议案曾表示，国联全体大会应阻止一切由违反国联盟约、九国公约及非战公约而得之土地侵略。今日上午开会时，第一件即讨论日方提议，随后从事三读报告书草案。各方均觉日方提案不足以停滞国联方面工作，但主张再与东京作更详细之磋商。

【南京四日下午十时专电】 外息。十九委会改支（四日）开会，并定鱼（六日）继续开会。对建议部分究应如何起草，经此两度会议，即可具体决定。至国联大会，则定文（十二）举行。

【日内瓦三日合众社电】 据今日此间观察，因国联秘书长德留蒙与日本首席代表松冈最近之商谈，十九国委员会对中日纠纷之最后行动势再延缓。德留蒙已将与松冈谈话之要点，分送各委员。此次谈话系从事决定调解中日纠纷，是否已完全绝望，一般相信德留蒙、松冈间之谈判不能保证尚能再从事调解。但谈话之报告，将由十九国委员会于星期六早晨会议中讨论，故九国起草委员会报告书建议部分之讨论，势将延期。据悉，松冈提出之对案，十九国委员会不能接受。迨再证实调解失败后，十九国委员会将进行建议部分之讨论，预料日本亦不能接受。星期六会议之后，一般预料中日纠纷及中日与国联之关系将转趋于顶点云。

【日内瓦四日日本新联电】 松冈代表昨日正午与美国公使威尔逊共进午餐，关于达成和解手续之最后的努力，要求美国方面谅解。

【日内瓦三日日本电通社电】 □方面近复作日本不至退出国联之宣传。

其所持理由,为日若退出国联,则不免就南洋委任统治发生重大问题,故日方对于此事,意颇踌躇。但日代表部则认此为毫无一顾价值之宣传,决置诸不理。又国联秘书厅方面,以此属无先例可援之新问题,而难遽断其是非,故认为终将提出国际法庭,请予公断。同时并有作无论其下如何判决,亦决难使日方服从之观测者。

【日内瓦三日新联电】 日本代表团为贯澈其回训之主旨,已奔走于最后之折冲。松冈昨日访问德留蒙及易登,说明日本之立场。本日松冈又访义代表亚洛支,佐藤访比代表布尔甘,长冈则访法代表马希格里及德代表克拉,反复说明日本政府之主张,就中尤致力于下列诸点之说明:(一)日本政府仍然希望达成依据第十五条第三项之和解手续,且具诚意,望其成功。(二)日本政府之训令,业对国联秘书长详细说明,相信德留蒙将于明日之十九国委员会报告。然日本政府对于绝对难以让步之点,决予以坚持,惟对于其他之点,则不吝予以让步。(三)十九国委员会前为达成和解手续,曾有欢迎日本政府提示新提案之议。由此点言之,相信十九国委员会可以考虑日本案。

日方又布谣言,在华开圆桌会,谓英使建议直接交涉,我国正式否认

【南京四日下午九时专电】 日内瓦盛传蓝浦森向我国提议在京或沪开圆桌会议,解决中日纠纷。政府负责者对此说绝对否认,谓此乃日方所传消息,当兹国联对满洲问题正拟下一判断之时,乃有此种消息之传布,适足证明日方心理上之恐慌与不安,特造谣以乱视听云。

【日内瓦三日路透电】 一当地报纸载称,驻华英使蓝浦森向南京政府建议举行圆桌会议,以谋中日直接交涉。此间任何方面均未证实,一般均认为完全无稽云。

【南京四日路透电】 外部舌人今晨正式否认日内瓦所传蓝浦森向南京当局建议开圆桌会议消息,据称英使与华当局并未讨论此事云。

【上海四日下午十时专电】 伍朝枢今晨由京抵沪。据谈,外传蓝浦森进京,鼓励中日直接交涉云云,系属无据。蓝氏曾与外交当局讨论修正上海特区法院协定,但结果如何,未悉云。

英方果然回避？西门迟迟其来,日方又猜疑英国变心,调解已成幻想

【东京四日日本电通社电】 当兹中日问题处于是否仍依据盟约第十五条

第三项规定成立调解,抑或改采第四项规定的重要时期之际,应在国联中充任要脚之英外相西门爵士,在已过昨日后,犹未由英起程回日内瓦。因是一部人士遂认其采取此种回避的态度为英方对国联态度豹变之一证。据外务省所接情报,上海之英国总商会最近曾电告本国政府,谓英外相之亲日态度,殊足引起中国官民之愤恨,而将使旅华英商蒙受巨大损害,故望即变更对华政策云云。一方英国内人士亦抨击该外相之亲日态度,以致使彼处于困难立场,而不得不采取上项态度。果尔,则复采第三项规定,企图成立调解之举,似颇难实现。

(《益世报》,1933年2月5日,第二版)

405. 今晨四时最后消息,国联报告书建议案已分发十九国代表,此为最近所得较详尽之内容

【日内瓦十五日特电】 国联建议最后之草案今已分发十九国特会各代表,内容之排布与记者日前所电者(已见昨报)相差甚微。全文引用国际文件颇多,阅者可参考各项关系件文[文件]。除此不载外,下列为最详细之报告。

第一章 甲、叙言引用国联会章第十条、非战公约第二条、九国条约第一条。乙、声明大会通过故主席白里安前年十月文(十二)日所述之原则。丙、声明行政院(除日本外)十二会员国曾与去年二月十六日向日本宣告时,重声白里安之原则,并声明已违反会章第十条破坏会员国之土地完整或更动政治独立之结果,国联皆不应承认之。丁、声明为谋依照上述国际约章解决,应能符合调查团所提出之条件(此次列入李顿报告书第九章内所开之十项原则)。

第二章 第一节 满洲主权既属中国,大会建议于相当时期内,于中国主权之下设立符合中国行政完整之满洲统治机关,规定充分地方自治,俾求实合地方情形,并顾到:(一)日本特殊权益;(二)现有国际条约;(三)第三方面之利权;(四)以及第一章内所述之原则与条件。至满洲地方当局与中国中央政府权限关系之支配,应由中国政府自行宣布。惟既经宣布后,则与国际任务有同等效力。

第二章 第二节 日军之驻扎于南满铁路区域以外,既属不合解决争案所应遵守之法律原则,大会建议日军应行撤退。下文所建议之谈判之第一目

的,即为布置日军之撤退,并决定撤退之条件、分期、办法以及期限等等。

第二章　第三节　除上述两建议所述之问题外,国联调查团尚提出有关中日好感及远东和平之其他种种问题。大会建议依照调查团报告所开之原则与条件解决此种问题。

第二章　第四节　履行上述建议进行之谈判,既不容许任何一方迫使对方接受不合上述建议之条件,大会建议双方应照下文所确定之方法开始谈判:(一)双方皆应通知秘书长能否接受国联建议,双方仅能以对方之接受为其接受之唯一条件。(二)大会将按下列办法组织委员会,援助上述之谈判。是项委员会将包含九国条约之签字国,以及自愿参加之十九国特委员会会员国。一俟两方通知秘书长接受国联建议后,各方即应指派代表,同时秘书长应通知美俄两国请其委派代表,秘书长并应于双方通知接受建议后一月内采取一切适合步骤开始谈判。(三)上述委员会为使国联会员于开始谈判断定两方之行动是否符合上述建议,应随时报告谈判之进行,尤其是关于以上一、二两节所开各款建议之谈判。无论如何,该委会应于开始谈判三月内报告关于第二节所开建议之谈判进行。此种报告应由秘书长转达国联关于解释本建议部分第二章之一切问题。该委员会应随时向大会提出,大会当依照通过本报告书之条件解释之。

第三章　大会于此所建议之解决方案与单纯恢复九一八之原状不同,并且阻止维持及承认满洲现有政体。盖维持及承认上述政体,不合现有国联任务之基本原则以及远东和平所利赖之中日好感。国联会员国于接受本报告后,应行避免(尤其关于满洲现状问题)任何有碍执行本报告所关各项建议或命令之施行迟滞之行为。此则于理甚为明显。会员国若继续于法律上或事实上不承认满洲既有政体,会员国关于满洲形势且应避免单独行动,划一步骤,并应于可能范围内与非会员国一致行动。此外,会员国中同时系九国条约签字国能赞同如有任何形势发生,该国等认为关系九国条约规定之引用宜加讨论,则九国条约缔约国间应充分并担[坦]率交换意见。大会为谋于可能范围内尽速于远东创立合于本报告结论之形势,特令秘书长将此报告检送九国条约及非战公约签字国中之非国联会员国,并转达国联大会,希令该国能与本报告之意见表示一致,并于重要时与国联采取同样行动以及态度云。

(《益世报》,1933年2月16日,号外)

406. 社论：李顿最近的演说

日本进袭东北以后，努力向世界宣传，认中国不是一个有现代组织的国家。在这点上，我们中国很坦白的承认，在现代的政治组织上，许多方面我们是不如欧美。中国二十年来继续不断的革命，目的就在使一个古老的国家成为一个有现代组织的国家。我们肯努力革命，这又证明我们在现代思想上不落伍，更不甘心落伍。国家有了适合时代潮流的思想，政治组织上的改进实为容易。至于一个国家，在组织上剽窃一点欧美皮毛，而国家政治领袖的思想绝对落伍，这才是人类的大患。我们邻居的日本，就是这样的一个例子。这并不是我们的私言。李顿本月二十日在巴黎演讲，他这样说："日本对西方思想与政治方法新近的发展，似乎是跟不上来。他虽然在形式上成立了一个民主式的政府，他的海陆军的组织依然建设在封建思想的基础上。……他们的效率固无疑问，然而日本今日的军事参谋部，是一八七零年到一九一四年普鲁士式的参谋部。现在日本人对满洲的态度，证以十八个月来的行动，似乎与一八九五年南非洲所发生的格麦森横暴案件相类似。在过去的二十年中，欧美政治思想大有变动，等于一八六零年的日本不同于一九零零年的日本。目前国际关系是受盟约与开洛克公约的支配，一个国家追求私利，一意孤行，如今是不可能的了。……这种事实，日本人似乎是不充分的了解。因为日本人缺乏这种见解，所以酿成这次远东的事变……"

上面是一个英国人说的话，是一个曾经亲身调查远东情况的英国人说的话，中国并不必耗费分文□……□道。日本人读了李顿这种演说，不知作何感想，更不知何以自处？

一九一七年美国加入欧战的时候，威尔逊总统的口号是"为民主政治在世界建立安稳的基础"。因为二十世纪的世界，个人或国家各自为谋的时代已经过去，人类的幸福有彼此互相倚赖的关系，人类的进化亦只能在人类通力合作中取得。欧洲大战，是人类通力合作、增进公共幸福的思想，与个人国家自私自利的思想相冲突。欧战结果，第一种思想取得最后胜利。十五年来，国家政治及国际政治都依据这种思想以求进展。日本目前一切行动处处证明与这种思想背道而驰。日本人、日本军人只看见一己的虚荣、帝国的虚荣，绝不顾虑全世界、整个人类的进步与幸福,所以造成今日远东及全世界不安定的局面。李顿认日本为欧洲近代思想的落伍者,实非偶然。

今日问题,又不止日本思想落伍问题而已。与世界思想潮流背驰的国家,世界人类能否容其永久享有一意孤行的权利,实为大问题。普鲁士的政治在十五年前已遭失败,欧战结束后十五年的今日,普鲁士式的政治可以保全生命,谁其相信?盲人瞎马,夜半深池,这又是我们为今日思想落伍者栗栗危惧之点。

日本在宣传上,每以阻障苏俄共产主义蔓延为进袭中国东北的口实。在这点上,李顿说:"日内瓦或莫思科,全世界都在研究这大问题。现在中国挑定了日内瓦。假使日本坚持目前的政策,假使日内瓦失败,中国的挑选或者要转变方向。……日本的行动,是增加他所要防止的危险。"

在一年以前,我们曾经很诚恳的指正日本在这方面的错误。日本自欺欺人,以为防止共产一语可以打动英美人士的观听,于是充分利用,以求一手掩尽天下人耳目。防止共产者,今乃正在努力为远东□……□。

(《益世报》,1933年2月22日,第一版)

407. 历史上一伟大公正之演说,李顿讲演亚洲之将来:日本非现代国家,政治思想行为不脱封建,只图一国私利为现代潮流所不容,军人必须受政府与国际条约支配,中国人力伟大前途有望

【巴黎二十日路透电】李顿君今日在巴黎和平协会,发表一惊人之演说,宣称以现势观之,日本并未能追随泰西最近演进之政治思想及行为。彼虽然建立一种民主政府,而其陆海军依然以封建基础而组成。其手握军国大计之首脑人物,虽号称大臣,依然为独立的,仅向政府负责。彼等之效能虽无容置疑,但日本之参谋本部俨然如一八七零年与一九一四年间之普鲁士参谋本部;而侨居满洲之日本国民,就其过去十八月以来之行动观之,似与一八九五年齐木森侵入南非之前锋队无异。欧洲政治思想在过去十年来演变之大,殆与一八六零与一九零零年日本政治思想之演变相等。而现在之国际关系,乃被国际盟约与非战公约所拘束,单凭一国肆意,谋求其国家利益,不容他人置喙之

事，今日不复再有可能。每一国家之参谋本部，现在不但须受该国政府之统御，抑且须受基于国际条约所负义务之支配。此种事实，日本似未充分承认，因其未能承认此事实，乃产生目下之远东危机。李顿谈及中国情形时，宣称目前紧急问题，即怎样帮助中国，怎样使中国建设一强有力之中央政府。李顿对于中国巨大之人力大为感动。中国之前途，似包括于下列问题中，即此种优良人类，怎样、何时及何人可以给予彼等以自觉的统一势力。日内瓦乎？莫斯科乎？此项重大问题之射影，常闪烁于东方及西方。现在中国愿意选择国联，但倘日本坚持其现有政策致使国联失败，此种选择或将逆转。此种逆转纵极可厌，亦无可如何。日本向恐苏俄共产主义蔓延于高丽，故对于中国南方"赤祸"之高潮极其焦虑。日本倘对南京讨伐"赤匪"予以臂助，当受欢迎，但日本不此之图，竟强行在满洲建造一缓冲国，此举只能增加日本所蓄意提防之危险。予用"日本"一字，万勿误会。日本人民对于拥护国联，向极诚恳热心，惟目下支配日本政府之日本参谋本部，自信大可蔑视莫斯科与日内瓦。但此种行径，决难达到和平。

（《益世报》，1933年2月22日，第三版）

408. 国联大会正式通过报告草案，日代表堂堂投唯一之反对票，松冈偕代表团会未终即退席，我代表请政府撤回驻日公使

【日内瓦二十四日专电】 我国代表团今晚电国民政府，请速撤回驻日公使。

【南京二十四日下午十时本报专电】 外交界息。国联大会敬（二十四日）晨十时三十分开会，主席海曼斯即席报告大会通［过］去之努力，并称报告草案公布后，虽曾先后接得中日两当事国之修正建议书，但以为报告书措词上无修改之必要。旋请我颜代表演说，谓对于报告书未能完全满意，但对"满洲国"背景之正确纪载表示感谢。惟为维护国联盟约之精神，乃决定接受报告书，此后倘有意外事件发生，中国不负任何责任云。松冈及其他三代表继起演说。松冈两度发言，至为愤懑。大会尚未终了时，日代表即全体退席云。

【南京二十四日下午十时本报专电】 日方二十三日向我送来荒谬节略,当经我外部立予驳斥。闻外部二十三日夜并将日荒谬节略原文及我驳斥全文急电日内瓦代表团,于二十四日之国联大会中提出,并请大会对日军犯热予以有效之制止。预料二十四日之大会中,对日之暴行必发生极大反感云。

【日内瓦二十三日专电】 又明日国联大会,我国颜代表之演说要点,除已详前电者外,将再阐明重行确定中国在满之主权,即所以巩固国际条约及国联之基础之或[义],并声明中国政府愿接受报告书,且欢迎美俄参加谈判。颜代表演说后,顾代表义[或]将发言,说明热河形势严重,请国联尽速设法阻止事态扩大云。

颜代表之演说:中国无条件接受报告草案

【日内瓦二十四日路透电】 国联大会今晨十时五十分开会,旁听席中极拥挤。松冈最后入场,态度安闲。主席海曼斯首先宣告报告书对于指派谈判委员会之措词略有修改,并谓:"自前次开会后,中日两代表团均有通牒送交国联各会员国,尤其特委会代表,对之均加慎重研究。今日大会令余(海曼斯自称)宣读下列报告:十九特委会对日之意见慎重研究,兹特声明,特委会前所郑重全体通过之报告,于措词上未有修改之必要,特委会决不再行发表意见"云。海曼斯旋即请颜惠庆博士发言。颜博士略谓:"中国政策现被拥戴,中国殊为欣慰。国联鉴于文明史中最残酷之侵略,不惜明白指摘会员国中最要之一,此种精神,非特堪加称许,且足使国联更为有力。至于报告本身,余对其所未尽之点,表示遗憾,且谓对于报告一切细目,非能完全同意,但吾人居于当事国地位,此时不欲有所争执。"颜谓李顿调查团系按会章第十一条指派,中国后虽援引会章第十与十五两条,仍依国联前年十二月十日之决议,进行该团任务。因此,调查团对于过去行动之责任问题,于避免此种行动复现之方法较少注意。但此时调解力既告失败,吾人应以另一眼光阅读李顿报告。颜认报告第二部分乃于环境所容许之可能范围内作最精确之历史背境报告,表示满意。继责日本在满违背中国主权以及条约,攫夺利权,以致南满铁路成一"国家内之国家"。颜旋述中国愿以公断解决中日争案,但日本则一味拒绝按会章第十二条之任务。颜对于报告书关于九一八事件之断语及对"满洲国"地位之坚决正直结论表示满意,并谓国联现应考虑履行依照会章第十条之任务。颜赞同中国中央政府与满洲地方政府之分权办法,应于布置日军撤退后,由中国政府自行决定。颜极力赞助美俄参加，最后声称中国无条件接受报告，将投票赞成大会通过报告，惟依照报告内容之规定，日本如不接受，中国则完全不受影响云。

松冈使气骂座，诋中国泄忿，谓将铸成大错

【日内瓦二十四日路透电】　颜代表发言后，松冈继起发言。彼谓日政府已予十九委会报告书以极慎重考虑，但很失望的议决不能接收该项报告书。十九特会未能明了远东真实情形、日本艰难地位及一切行动之目的。二十年来，中国遭遇内战，人民备受痛苦，因内战、苛政、土匪、荒年、水灾等等，人民死亡逾千万，其痛苦情况非普通西方人所臆料。中国一向不遵守国际责任，而日本受其害者最甚。自中国革命以来，满清时所有属国均一一丧失，东三省现亦随之而成独立国家。中国随时阻挠日欲与中国合作使东三省为安全土地之工作，日本始终将为远东和平治安及幸福之保护者。彼在东三省已有切实表示，国联早宜设法谋一适当解决办法，但其行动反使中国态度愈形强硬。中国军队虽较任何其他国家为多，但实不成为一国家。一名为酷爱和平之国家，屡次不遵守国际盟约，岂足以谈尊重主义？李顿调查团报告书仅顾及皮毛，而不顾实在，例如东三省人数一点，已可言一斑。十九国特会报告书，固为中国洗刷一清，但对于日本为东三省人民幸福起见，维持治安之努力，则一字不提。以东三省与中国其他各部相比，可见日为促进文化保持治安之重要主力。对李顿报告第九章之最后原则，尤盼大会予以深切研究，复派技术团往中国，辅助中央政府，定能改造中国。"余（松冈自称）请中国代表答覆：中国是否情愿接受任何形势［式］之国际共管？在表决报告书前，请颜代表正式向大会答覆此点。国联之诚意，徒使形势愈趋复杂，热河事可为显例。日本对于热河间军队交战之结果有十分把握，但不愿再有不必要之流血。十九国特委会报告书适足以与中国一种影想［响］：中国可以继续与日本相抵抗。请问美国是否准许巴拿马运河国际共管？英国是否应许埃及国际共管？报告书中关于抵制外货之判断，尤为危险。日本甚愿与中国合作维持东亚和平，余（松冈自称）以极诚恳态度，请诸君根据吾人条件，处理此事，并信任吾人。如拒绝此项请求，则定铸成大错。余（松冈自称）请各位勿通过十九国特委会报告书。"

四十二对一票通过报告书，松冈面色惨白

【日内瓦二十四日路透电】　松冈发言后，主席海曼斯征求大会意见，是否在午餐前先听三位代表作简短演讲通过报告书,或立时休会,等下午再继续讨论。大会各代表均赞成通过报告书后再休会。主席海曼斯即宣称将报告书付表决,谓"全体通过"者系指行政院全体及大会之大多数。随即点名付表决,赞成者四十二票,反对者一票(日本),暹罗未投票,其余未到,行政院各代表(中日在外)赞成者有二十三票。主席复宣读国联盟约第十五条第六款,谓凡遵守报告书建议者,各盟约国不能向该国采取敌对行为。彼并称在三月内根据盟约第十七条,无论如何不能有战争行动,希望双方接收和平建议,切勿再有行动,使纠纷行再延长。国联不能即此放手,终必谋一解决办法,必根据草创国联盟约之本意,继续尽其职守。日代表松冈起立作第二次发言,大会随即休会,定下午五时再开,讨论设立谈判委员事,且接受某项通知书。日代表松冈谓彼对于【报】告书之通过甚表遗憾及失望。日本为起草国联盟约国之一,与各国共同谋人类大同之最高超事业,实可引以自豪,但对于目前情形深为痛心。日之政策根本为保障远东和平,谋世界和平,关于中日纠纷事,日与国联之合作,可谓已至尽头,但日本仍将继续其图谋世界和平之初衷。日本代表团之突然退席,使大会有一极不良印象。松冈面色惨白,但态度异常坚决。随之退席者,有日本出席军缩会议代表及代表团人员,约七八人。拥集在大门之群众,纷纷让路。日本各代表昂然而出,目不斜视。日本宣言之用意,不十分清楚,未必即与国联完全断绝关系,日本代表团正式通知书送到国联秘书处后,即可明了。报告书全文敬(二十四日)已正式交美国与苏俄驻日内瓦代表,请美俄政府赶早与国联采同样行动。

昨日大会席上,加拿大代表赞许报告草案

【日内瓦二十四日路透电】 今日国联大会席上,加拿大代表黎尔之演辞,大略如次:加拿大政府深悉调节努力耗竭后,十九特会必须依照会章第十五条第四款起草报告,今则置于大会前之报告,诚为一公允明达而关系世界和平之委员会之审慎考虑一致通过之谳书也。自中日问题发生伊始,加拿大政府曾为协助一切,为谋和平解决之努力,加政府审慎避免任何足以阻碍和平解决之言动。对于事实是非,暂守沉默,盖恐不智之论或将发生影响,以致窒碍各国共同努力,冀谋恢复远东和平所利赖之中日两国之好感。加拿大政府声明接受国联报告,并欲表示钦服特委会之工作,特委会对于一切调解途径,试探殆尽,举世舆论业已洞悉。但调解努力之失败,吾人不得不痛惜而承认之。加拿大政府认为国联建议可为远东和平发展之巩固基础,加拿大政府希望当事两方接受,依此建议成立之状态,庶于可能范围内,使一切冲突皆可迎刃而解。今日各代表决议性质之重要,无庸赘述。世界对于和平解决满洲问题之信仰已觉动摇,若□破碎,则惨淡经营保障国际安全之工具将被牵动,军缩问题将生阻碍,国际经济合作倍感困难。为此种种原因,吾人应赞成通过报告草案云。

十九国特委会将翻新组织,约请新国参加

【日内瓦二十三日路透电】 十九国委员会本日下午已将国联大会明日(二十四)开会程序规定。明晨首由海曼斯代十九国委员会发表一公开陈叙,继请日本首席代表松冈洋右发言,预料松冈将作强硬声明,声明后日本各代表即于大会表决之前,一齐正式离开议场。非十九国委员会委员国,如加拿大温尼瑞拉,将于投票前作简单之演说,彼等演说毕,即由中国代表颜惠庆博士对大会演说。颜氏届时将追溯一切情形,并将为热河事向国联特别申诉,请大会设法顾及目下情形,并阻止其扩大。大会届时将请十九国委员会提出关于此事之拟案,该拟案将在下次会议(或于星期六举行)讨论。闻十九国委员会赞同设立一新委员会,以十九国委员会份子连同加拿大、荷兰组织之,但或尚有其他变更亦未可知。此种组织系代大会负责,并非以前拟议之谈判委员会,因谈判委会必须双方接受报告后始能组织之。美俄两国或亦将被请加入该新委员会云。

【日内瓦二十四日哈瓦斯社电】 十九国委员会昨日下午会议,各委员对远东之事件之开展极为关心。相信委员会决定请大会暂不闭幕,以观中日局势之开展。又电,十九国委员会即将解散,另以他种委员会代之。新委员会仍由原来组织十九国委员会之各国代表组成之,惟加入荷兰及加拿大两国。新委会之任务在继续视察时局,经大会允许时,并可邀请其他国家参加该会之工作。国联会秘书长发表公报,仅称十九国委员会于下午开会,讨论若干与明日非常大会开会程序相关之问题。

日退出国联期在三月中旬,待枢府会表决

【东京二十四日日本电通社电】 日政府以劝告案确将通过明日国联大会,故拟于接到松冈代表此项公电后,即于二十五日下午在首相官邸开紧急阁议,立即可决关于退出国联之事项。换言之,即关于毁弃国联盟约案,而即采咨询枢府手续。关于此事,日首相斋藤及外相内田,已在二十二日之枢府大会中表明政府决议,而获得其谅解。故可望在该项咨询案移交枢府后,即由枢府立派精查委员,赶事审查。而于三月中旬审议完毕时,即向国联秘书厅,送致退出国联通告。

【东京二十四日路透电】 国联若照外间预料,本日通过报告及建议,日内阁将于明日下午集会,决定何时并如何退出国联,然后呈报枢密院。枢密院谅将组九人小组委会慎重研究,枢密院若加通过,内阁谅将于三月十日左右正式宣布退出国联。

【东京二十日四路透电】 日本政府对于通告退出国联之期日,拟于劝告案成立后最短期间内实行,外务省目下对此正着着进行准备。然国联方面倘于该劝告案采择之后,进而为强制实施该劝告案,而设置一种监视机关之际,则外务省将不俟枢府之咨询,即将对国联秘【书】厅提出退出之通告。此种办法,政府已由枢府方面获得充分之谅解。

(《益世报》,1933年2月25日,第二版)

409. 李顿爵士再申正论:希望日本政变,推翻军人统治之政府,满洲应完全解除军备,赞成对日禁运军火

【伦敦二十四日路透电】 李顿爵士接见《先锋日报》记者,谈及中日问题。据称,英国单独不能提[采]取任何步骤,一切行动须以国联会员国之协调为前提,但关于禁止输运军火一节,英国自可发起谋国际间之一致行动。国联会员国于一国际争端仍在国联处理中,若以军火供给任何当事一方,诚为不可思议之事。此事若竟发现,则应补充国联会章,规定会员国不能以军火接济当事国。工党近要求政府禁止以军火接济日本,甚为得当。但就另一方面观之,如其他各国仍继续输出军火,英国何必单独拒绝云。李顿继言,就中日问题本身着想,日本非无理由。前希腊与布加利亚开战,国联断定希腊无理,希人遂即推翻政府,变换政策。日本于事实上诚受军人之统治,凡日人国外之友好,无不希望日本采取与希腊类似之举动。中日问题之满意解决,仍属可能。唯一

解决方法,即于满洲完全解除军备,仅设外人教练之警队,实足维持治安云。

(《益世报》,1933 年 2 月 25 日,第二版)

410. 李顿之演讲:如国联宣布适用十六条,彼将促英政府实行义务,自信彼等调查之建议为解决东案适当办法

【伦敦二十五日路透电】 李顿爵士在高登明演讲中日问题时,宣称如果国联宣布适应盟约第十□□□时期已至,彼希望本国准备履行其条约上之义务。□言彼等建议之解决办法,为唯一适合事实之办法,最须使日本信从。彼等不能竟有违反此项规律之行动,尤须使日本深信彼等用意之诚恳,而从规律以内寻求解决办法。

【高达明(英国)二十六日哈瓦斯社电】 李顿勋爵昨日在此间演说,论及中日争执案。李氏虽希望和平解决,但以为"制裁"应为进行之口号。只有国联可决定应否授[援]用盟约第十六条,如国联如此决定,则可立即实行。"余希望英国不踌躇,而实行其条约上之义务"云云。

【伦敦二十六日哈瓦斯社电】 劳工党昨日向政府呼吁,请政府实行禁止输往远东之军火,以为世界之模范。

(《益世报》,1933 年 2 月 27 日,第二版)

411. 日本向国际孤立之途迈进,昨正式通告退出国联,各国均不为动,二年义务必履行,太平洋群岛统治权将发生变化

【东京二十七日路透电】 日政府已电日内瓦,通告退出国联。

【东京二十七日路透电】 日本退出联盟之通告,今晨已经枢院通过。斋藤首相准于今日下午晋宫,呈退出联盟通告书,请日皇批准,批准后即由电报送达国联。闻该通告书之原文,同时并将送达驻外国各日本使馆云。

【东京二十七日路透电】 日本今日公布退出国联通告原文时,同时发表一日皇敕谕,大意为日本虽退出国联,但仍将尽力与国联合作,以保障和平。

其通告则作如下说明，谓国联方面似视"保持不能实现之方案，较保障和平之真实工作为重要，且以维系陈旧之约文，较拔除将来纠纷之根源为有价值"。又关于国联盟约及其他条约之解释，国联与日本亦显具有极不相同之意见。由于上列原因，"日本政府乃觉察国联与日本之意见，实有无法弥缝之裂痕存在，使彼此之和平政策判若两途，在此建立远东永久和平必须遵守之各原则上，尤为显著"。

【南京二十七日专电】 日退出国联宣言，定感（二十七）发出，外部尚未收到。刻该部正依以往事实草宣言，俟收到日方宣言即发出。据外交界要员谈，日退出国联，各国早有准备，无大影响。日退盟后对以往及退出后二年内国联各决议案均有服从义务，惟一切权利均取消。其太平洋各岛统治权近因德力争，将起变化。

【南京二十七日下午十时专电】 外交界息。日政府已决于感（二十七）日退出国联，由外务省通知国联及各国政府。此全由于在国联外交全盘失败，故不得不挺而走险，对我并无若何影响。盖日在退出之二年内，仍有履行一切国际公约及国联盟约之义务。今后国联如对日有何举动，日除仍须接受外，并狡辩之机会亦不可得矣。国联为保持其尊严计，对日政府此项倔强行动，预料必不能坐视不顾。而德国之要求收回南洋各地之统治权，尤使日政府增添一劲敌。日方今后外交，殆已经完全处于孤立地位。日政府虽仍企图向英、法、美、俄各国单独勾结，但此种计划失败于退出国联之前者，必不能收效于退出国联之后云。

御前会议通过

【东京二十七日电】 讨议退盟御咨询案之历史的临时枢府御前会议，本日午前十一时于宫中东溜间举行。各顾问官及政府侧诸员于午前九时余陆续参内，以玉座为中心，依马蹄形着席。枢府侧为仓富议长以次各顾问官，政府侧则为首相以次各阁僚，黑崎法制局长官、有田外务次官、谷亚细亚局长及松田条约局长等。至定刻，日皇着陆军通常礼服，由仓富议长及二上书记长引导于诸员最敬礼里入坐于中央之玉座，仓富议长于是宣告开会。上提"关于退出国联之措置案"，平沼审查委员长报告委员会之结果，约二十分钟，然后由各顾问官与政府当局质问应答，并开陈意见。此时日皇热心的听闻议事。问答完毕后，仓富议长问赞成者起立，结果各顾问官及各阁僚全体起立，遂一致依照审查委员会之承认,将退盟案确定通过。至此,未曾有之历史的御前会议,遂告散会。日皇遂于诸员最敬礼里进宫。又电,退盟御咨询案本日业经枢府御前会议通过,仓富议长于御前会议散会后,即以文书上奏枢府之决定意见,结果午后已发下政府。

【东京二十七日电】 关于退盟案之枢府本会议,午前十一时开会。劈头平沼审查委员长报告之后,即入于质问。水町顾问质问与退盟有关之昭和九、十两年度之财政方针,高桥藏相答覆。其次,石井顾问作赞成退盟之演说,并鞭挞督励政府。然后入于采决,经全体一致通过。又临时阁议本日午后一时半于首相官邸开会,处理经议会协赞之各法律案之公布办法后,候枢府上奏案之发下,即予以决定之后,由首相入宫上奏退盟通告之件。经御裁可,复临阁议报告经过,即由内田外相对德留蒙发出通告,同时并由内阁将通告文及政府之声明书公布。

通告国联原文

【东京二十七日电】 日本之退盟通告文如下:"帝国政府认为,确保东洋和平,伸而贡献世界和平之帝国政府之国是,乃系与企图各国间之和平安宁之国际联盟之精神与其使命相同。帝国得于过去十有三年间,以联盟国并以常任理事国协力以达成此崇高之目的之事,殊觉欣快。其间帝国常以不减于任何国之热诚参划国联之事业,乃系不破之事绩。同时,帝国政府鉴于现下国际社会之状势,为谋世界诸地方之和平,认为应依照此等各地方之现实事态而运用国联盟约之必要。如是,依据此公正之方针,确信国联始能完成其使命。昭和六年九月,中日纷争事件提出国联之始,帝国政府即始终基于上述之确信,而于国联之诸会议及其他之机会,提倡国联之处理本事件。如欲以公正妥当之方法,真正为增进东洋和平,同时并显扬其威信之际,应对于该方面之现实事态有确实之把握,然后运用盟约,以适应该事态为最要。就中中国乃系完全非统一之国家,其国内之事情与国际之关系极为复杂难涩,认为有变则例外之特异性,以此为一般国际关系基准之国际法之诸原则及其关系,对于中国之适用应加以显著之更改。其结果对此特殊而且异状之国际惯行之成立,有考虑必要之事,曾经强调的力说。然而征诸十七个月间国联对于本事件之审议经过,则多数之联盟国对于东洋之现实事态未有把握,且对于国联盟约与其他诸之条约及国际法之诸原则之适用,尤其于解释上,帝国与此等联盟国间,显然屡有重大意见之相违。其结果遂致本年二月二十四日临时总会所采择之报告书,有不顾帝国除确保东洋和平外无何项企图之精神,而陷于误谬之论断。就中且忆断九一八事件当时及其后日本军之行动,为非自卫权之发动,该事件发生前之紧张状态及事后事态之恶化完全属于中国责任之事,予以忽视,致作成东洋政局新纠纷之基因。一方对于'满洲国'成立之真相复予以无视,而否认承认该国之帝国立场,破坏安定东洋事态之基础。尤其于劝告中所揭之条件,对于确保东洋之康宁,并无有何项之贡献。此在本年二月二十五日帝国政府之陈述书曾经述过。总之,多数联盟国当处理中日事件,为确保现实之和平,反尊重适用不可能之方式,又为剪除将来之祸根,反有去拥护架空的理论之观。此等联盟国与帝国之间重大相违之事,前已述过。故帝国政府之维持和平之法策及确立东洋和平之根本方针,确认与国联完全迥异。因此,帝国政府相信无再与国联协力之余地,爰根据国联盟约第一条第三项,通告退出国联之事"云。

日本将来如何

【日内瓦二十六日电】 日本政府之退出国联,已迫近目睫之间。退盟通告将由日本政府直接送致国联秘书长德留蒙,同时并将同样电报送致巴黎之日本国联事务局,然后由该事务局再将确认该通告文之文章提出国联。国联接到通告之后,即以国联秘书长德留蒙之名义,电覆日本政府接受通告之事,同时并誊写日本之通告文,分送各联盟国。惟对于退盟通告之国联方面之兴味中心,为:一、退腾①盟理由书将使用如何辞句;二、日本对于将来,亦表明绝对不复归国联之决意否;三、或者国联改变态度之际,日本有再复归国联之意否;四、分担金将如何措置;五、日本于二个年之预告期间中,对于理事国之席将如何处置;六、退盟后谓协力于维持平和[和平]事业之事,将进行到如何程度。据综合国联事务局方面之意见,则国联方面对于因日本政府之退盟而发生之诸问题,希望于必要时□□解决。一方日本政府此际对于有发生可能之所有问题,倘若显明的表明见解,□有闭塞将来政治的解决之道。如是,则日本及国联双方均将不利。

(《益世报》,1933年3月28日,第二版)

---

① 编者按:原文如此,"腾"为衍字。

索　引

A

爱斯特（艾斯特、亚斯托）　335,339,
　　349-351,368,369

B

巴黎　6-11,13-15,19,86,129,
　　271,294,317,341,388,389,
　　392,424,426,439,454,463,
　　480,481,485,489,491,492,
　　510,534,544,545,554,555,565
白里安　5-8,10,16,17,38,88,94,
　　347,389,390,397,414,552
北大营　171,203,204,207,286
北戴河　89,127,128,145,156,161,
　　163,244,246,248,249,251-
　　260,262,265-267,270,272,
　　274,280,285,308,320,327,
　　330,331,334,338,340,342,
　　343,345,349-351,355
北京饭店　44,45,67,72,90,102,
　　123,143,144,148,149,153,
　　155,156,160,161,169,171,
　　173-176,180,184-186,247,
　　249,256,262,265,268,280,
　　286,289,291,300,304,333,
　　335,336,339,345,349,350,
　　363,368
北满　53,146,197,204,225,237,
　　243,255,257,309,355,363,490
北宁路　71,77,101,132,144,151,
　　152,156,161,165,166,168,
　　169,173,175,179,180,186,
　　187,192,196,197,213,240,
　　241,245,247-249,251,252,
　　258,267,268,286,300,303,
　　330,372
北宁路局　44,71,74,132,133,143,
　　152,168,184,245,247,259,
　　267,286,297,299,303,327,372
北平　4,25,27,32,33,41,43,44,
　　49,68,70,71,77,78,80,90-
　　92,102,107,109,116,119,123,
　　124,126,128,131,133,139,
　　143,144,147,148,153-156,
　　160-165,167-177,180,181,
　　184,186,188,191,193,196,
　　197,200,201,203,205,208,

210 - 213,217 - 220,222,225,
231,233,237,238,244 - 249,
251 - 253,255 - 258,260,262,
264 - 270,273 - 276,280 - 282,
284 - 289,291,292,295,297,
299 - 301,303 - 306,309,316,
321,323,326,327,330,331,
333 - 345,348 - 352,356,361 -
363,366 - 368,370 - 373,383,
400,407,413,419,446,448,
485,503,529

北平绥靖公署 41,44,74,180,187,
245,252,292,297,306

本庄繁（本庄） 63,78,150,152,
174,181,182,188,195,197,
198,201 - 203,207,208,212,
218,219,224,229,323,328,426

卞白眉 25,41,55,77,122,129,
130,141

柏林 354,372,424,454,488,523,
539

C

蔡元 30,43,90,133,143,253,255,
259,275,306

长城 173 - 176,187,191,257,307,
339

长春 135,137,147,149,152,156,
163,172,174,177,182,190,
191,194 - 196,200,202,203,
207 - 209,211,212,217,218,
220,221,223 - 227,230,231,
238,242,246,254,260,306,
307,310,346,348,364,375,
379,430,462,495

长冈春一（长冈） 228,229,298,
315,392,393,422,437,492,
495,513,522,551

陈公博 92,98,262,303,414,448,
449,457,464,465

陈铭枢 92,98,178,284,475

陈绍宽 82,109,303,369,448,457,
464

重光葵（重光） 3,34,35,53,54,72,
208,297

褚民谊 89,98,103,109,157,369,
373,434,439,449,464,475

D

大和旅馆 151,192,199,201,203 -
207,215,217,218,221,222,
248,263,272,375

大连 35,135,151,161,163,169,
172,173,177,182,184,187 -
189,191,192,197 - 200,211 -
215,217,218,243 - 251,254,
268,272,286,304,305,307,
308,311,312,329,356,361,
367,368,372,373,375

道维斯（道威斯） 7,10,486,491,
494,510

德和轮 72,73,75,78,82,95

德留蒙(德洛蒙、德诺蒙) 9,17,18,
　　91,147,167,223,224,229,343,
　　393,396,491,512,534,535,
　　538,539,543,550,551,564,565
德明饭店 109,118,136,137,443
狄凡勒拉(狄威拉) 379,408,494,
　　508,511,512,515－517,520－
　　522
抵制日货(抵货) 6,7,63,75,79,
　　86,105,110,111,120,125,146,
　　233,293,296,310,341,445,
　　453,456,463,469,482,496
丁超 186,187,193,196,220
东北军 161,201,502
端纳(端那、端讷、杜纳尔) 109,
　　217,222,247,267,268,282,
　　287－289,333,335,368,369,
　　371,390,394,415,473

E

"二十一条" 341,462,463

F

芳泽谦吉(芳泽) 1－4,6,8,23,34,
　　128,129,207,323,348,349,
　　391,453
非战公约(凯洛格非战公约、开洛克
　　非战公约、开洛格非战公约、凯
　　洛格公约、开洛格条约) 3,5,
　　15,45,48,51,59,69,142,227,
　　241,271,341,352,354,374,
375,381,394,400,402,405,
　　410,463,466,477－480,482－
　　484,489,496,498,501,514,
　　516,517,521,526,531－533,
　　550,552,553,555
冯玉祥 277,278,297,319,433
奉山路(伪奉山路) 151,163,166,
　　186－188,191,192,196,198,
　　204－206,245,252,253,255,
　　303,304,306,307

G

戈公振 65,80,101,115,136,158,
　　201,206,218,399
顾维钧(顾少川) 6,9,16,29－32,
　　34,37,38,42,46－48,51,57,
　　65－67,72,73,75,78,80－85,
　　90－92,97－99,101,102,104,
　　106－109,113,115,117－121,
　　123,126,127,131,132,141,
　　144,145,147－149,153,155－
　　157,160,161,163－167,171－
　　180,184,187,191,196－201,
　　203,204,206,209－211,214,
　　215,217,218,221,223,225－
　　227,230,231,237,238,242,
　　244－247,251,252,254－256,
　　261,262,266－277,279,281－
　　289,291,292,296,297,301,
　　305,306,310,320,323,327,
　　329－331,333－338,342,343,

345,349 - 351,353,355,356,
361 - 363,365 - 370,372,373,
384,398,434 - 436,441,469,
475,485,487,495,505 - 507,
509,511,512,517

关东军　78,161,195,198,203,204,
207,219,221,245,250,318,
323,328,346,353,364,437,
470,504

郭泰祺　30,31,34,35,38,40 - 42,
47,48,51,65 - 67,97,175,178,
268,271,303,305,397

国联大会　1,2,20,22,91,94,111,
112,153,163,164,208,211,
228,256,271,280,286,287,
290,292,305,308,309,311,
315,334,341,353,355,356,
361 - 363,365 - 367,370,373,
375,377,379,392,397 - 399,
412,416 - 418,421,438,440,
441,443,447,463,467,473,
478,480,483,496,500,501,
503,505,507,514,515,518,
520 - 528,531,535,536,541,
545,548,550,553,556,557,
559,560

国联理事会　3,4,45,185,230,313,
323,348,374,380,382,392,
393,412,434,435,440,449,
468,475,514,515

国联盟约　11,23,48,51,52,59,91,

142,153,155,162,181,185,
227,228,241,271,290,291,
307,341,366,380,387,394,
402,405,410,434,443,452,
454,456,463,466,467,479,
480,482,489,496,501,514 -
517,521,524,528,532,535,
540,547,549,550,556,559,
561,563 - 565

国联秘书厅　386,538,546,547,
551,561

国联行政院　2,4,6 - 9,14,15,17,
20,87,97,110,111,167,216,
223,225,228,330,365,396,
397,414,422,435,446,447,
459,468,469,483,484,486,
489 - 492,494,495,498,499,
501,505 - 507,511 - 517,520 -
522,541,542,550

H

哈尔滨(哈埠)　52,62,79,142,146,
163,193,194,206,208,209,
211,212,217,219,220,223,
224,226,227,229,235 - 239,
242 - 244,246,247,254,260,
263,268,295,299 - 301,348,
350,357,358,361,368,371,
372,375,391,505

哈斯(哈士)　21,26,37,57,72,76,
78,80,100,103,108,116,126,

127，141，153，161，184，188，
191，192，198，204，221，230，
232，238，246－251，253，254，
256，265－267，288，291，300，
305－307，310，314，316，318，
321－323，326，327，333，335－
337，339，351，356，361，362，
368，371，372，376，378，382，
394，395

海伦　181，182，236，301，357－359

海曼斯（海门斯）　166，290，408，
521，522，525，527，528，535－
539，542，543，556－560

海圻舰　184，187，188，197－199，
214

韩复榘（韩主席）　101，131，276，
278，335，345，473，475

汉口　36，46，73，88，89，91，92，107，
109，111，113，117－120，135，
138，155，157－160，219，293，
298，363，365，367，400，407，
425，443

杭州　68，72，79，83，91，101，134

何成濬（何主任）　88，113，117，118，
120，138，160

何赛（何遂、何士）　217，267，268，
287

何应钦　178，294，416，425，448，464

何柱国　187，188，192，245，247，
249，252－254，259，307

黑河　79，180，183，211，217，233，
234，236，238，268，357

黑龙江（江省）　6，45，62，153，173，
174，181－183，220，234－236，
274，277，357－359，391，504，
524

横滨　19，20，81，227，321，323，326，
348，395

胡佛　19，382，387－389，400，423，
424，447，539

胡适　169，419，420，459

华懋饭店　30，34，35，37－39，42，
49，51，57，65，67，68，76，80，81，
369，370，486，487

华盛顿（华府）　7，10，15，16，40，86，
91，92，125，162，294，351，352，
354，364，380，381，388，389，
392，396，423，424，427，429，
432，455，457，458，481，493，
494，497，501，506，523，531，
536，539

荒木　26，308，309，313，315－319，
327－330，332，348，352，354，
389，404，426，437，453

黄宗法　77，107，113，130，133，140，
141，258，306

J

吉林　45，141，152，153，163，173，
193，195，200，208，211，219，
220，224，226，227，230－232，
260

吉林自卫军　186,187,193,196,220
吉田伊三郎（吉田）　14,24,26,29,57,65,68,75,78,80,82,98,99,101,104,109,115,116,118,123,127,131,141,148,153,157,161,164,165,169,171,172,174,180,185,187,188,191,192,198,199,202,204,213,215,221,230,237,255,258,266-270,272,273,275,276,287,296,300,301,306,318,322,335,356,368,372,375,379,391,395,427,437,458,475,479,484,492
济南惨案（五三惨案）　86,111,112,234
江湾　35,36,39,57,65,66,80,81,114,234
蒋介石（蒋中正、蒋委员长）　50,75,89,92,100,289,293,294,317,363,443,466
蒋作宾　103,280,283,284,297,303,305,321,499
津浦路　54,71,83,84,99,101,107,109,127,130-132,240,273,276,287,297,333,336
锦州　10,14,53,142,172,186,193,197,205,211,215,217,220,245,246,249,252,254,376,493
九国公约（九国条约、华盛顿九国公约、华盛顿九国条约）　3,17,18,51,59,142,154,162,181,241,271,283,316,317,322,326-328,330,332,341,354,366,374,375,381,387,394,400,402,405,410,413,419,434,443,451,457-460,463,466,467,477-480,482,483,496,501,512,514,517,521-524,526,531-533,538,550,552,553
九国起草委会（九国委员会）　542,545,549
九江　116,122,157-160,293,365
九一八事变（满洲事变、满洲事件、辽案）　2-4,6,18,19,25,27-29,39,56,57,64,69,108,134,151,156,167,173,174,176,196,201,212,232,233,256,265,269,286,287,314,366,377,389,390,398,401,404,417,445,452,455,470,486,490,521,542,545
驹井德三（驹井）　152,226,227,352,390,391

K

克劳德（格老德尔、格老德耳、格老弟、格老第、格老弟耳、克洛特尔、克劳特尔、克莱尔德、克劳台、克劳特、克劳、克劳台尔、克劳尔德、克劳特台、格洛铁尔、考

莱特、瓦洛特儿）14,16,57,
65,73,75,76,78-80,83-85,
100,103,115,116,126,133,
136,138,141,144,148,153,
157,161,180,184,188,191,
192,198,199,202,204,213,
215,232,262,265,275,282,
287,291,300,303-307,318,
326,334-336,339,343,349,
356,361-363,368,371,372,
375,390,424,461

L

蓝溥森（兰浦森、蓝浦森）245-
247,249,551

李杜 186,187,193,196,220

励志社 31,50,59,61,67,69,70,
72,75,82-85,92,95,96,99,
100,102,104,106,109,110,
124,159,274,280,288,365

辽宁 45,61,62,150,151,153,201,
220,234,304

林森（林主席）30,37,46,50,68,
85,89,92,93,99,101,127,178,
280,283,284,298,367,376,473

刘崇杰 78,217,230,246,255,
266-268,270,272,274-276,
279,283,287-289,291,296,
306,340,363,367,369,370,
373,400,443,447,457

刘迺蕃 35,92,247

隆和轮 99,104,109,113,122,126,
131,157,158

庐山 158,274,275,280,282,284,
285,288,289,293,363

陆军省 353,364,412,437,440,
444,472,548

伦敦 14,21,97,124,128,208,209,
216,224,266,291,305,325,
327,334,336,341,352-354,
374,382-384,387-389,392,
394,421,428,438,446,454,
461,478,480,483,484,486,
489,492,494,497,498,502,
503,510,521,523,525,534,
535,544,547,561,562

罗文干（外罗、罗部长）82,83,85,
88,92,94,98,103,109,126,
127,157,164,178,179,224,
262,268,274,275,280,282-
284,287-289,291,292,294-
296,303,336,338,361,363,
365,367,369,370,373,374,
376,377,379,382,400,407,
414,416,425,434,436,438,
442-444,446-448,457,464-
466,473-475,487,489,499,
513,519

M

马柯迪（马勒斯哥的、马勒斯哥、马
可、马列斯柯地、马列斯柯迪、马

列斯可忒、马勒斯戈第、马列司可提、马列斯可特、马考蒂、马考迪、柯迭、阿尔特华梦蒂、华梦蒂、阿露温德、阿鲁温德、史考悌、史考蒂、史高蒂） 14,20,57,72,75,78,80,82,85,89,100,103,116,126,133,136,141,144,148,153,157,161,171,180,184,186,191,198,202,204,213,215,232,262,265,267,270,276,281,286,287,291,299,300,303-307,318,338,339,342,343,349,356,361,362,368,369,371,398,446

马占山 170,173,174,180,183,217,233-239,242,243,257,268,295,299-302,309,357,505

麦考益（麦克可、麦克古、麦克易、麦可、马柯、麦克考易、马考依、马考益、麦考一、麦克劳、麦可易） 15,16,25,40,57,65,66,72,75,76,78-81,83-85,99-101,103,114-116,120,123,126,130,133,136,138,141,144,148,157,159,191,202,213,215,216,226,250,260,262,266,282,286,287,291,300,305-307,310,339,349,361,369,371,391,398,459,521

麦克唐纳（麦克唐） 171,354,510

满蒙 61,63,64,78,112,229,230,298,332,349,352,374,470,471,511

莫斯科（俄京） 223,224,242,311,317,350,364,445,523,545,556

N

南满 53,124,166,169,173,184,191,198-200,204-206,214,235,245,252,256,375,462,490,495

南满路平行线 340

南满铁路（满铁） 3,9,35,52,53,64,123,125,165,169,172,179,190,196,198,200,202,207,216,219,223,235,248-251,312,315,319,320,385,413,470,552,557

内田康哉（内田） 179,198,235,249,250,308,311-315,319-328,330,332,333,337,343,346,348,354-356,364,366,374,378,379,382,388,400,404,407,437,440,452,453,466,467,475,518,544,545,561,564

纽约 13,19,20,132,139,302,388,394,424,427,454,469,530

P

彭可（彭考、彭古尔） 18,22,23,73, 392,393,495

皮尔特（贝尔脱） 80,81,141,156, 160,171,198,199,291,301, 305,356,372

平汉路 72,73,109,114,240,299

溥仪 79,135,174,181,182,188, 190,194,195,201,208,217, 224-226,290,298,332,364, 390

Q

齐齐哈尔 6,163,182,183,200, 211,212,217,219,220,236- 239,242,243,268,314,382

齐亚诺 42,171,365,368,369,373, 513

钱泰 32,73,76,78,82,141,291, 368,369

钱宗渊 54,71,84,117,127,130, 131

秦皇岛 165,174,184,186-188, 191,192,197,198,206,210, 213,245,247,249,252-254, 524

青岛 29,48,58,90,187,203,210, 243,244,247,248,251,262, 265-273,275,276,279-281, 285,287,309,323,325-327, 330-338

R

热河 62,152,220,310,317,337, 338,340,344-347,366,437, 440,451,463,481,545,557, 558,560

荣臻 143,148,149,153,161,176, 336

S

山海关（榆关） 10,69,78,151,152, 169,172,177,184,186-188, 190-192,196,198,213,215, 219,220,244-249,251-257, 267,270,290,299,300,303- 307,376

上海 10,19,20,22-27,29-43, 45-51,53-55,57,58,65-70, 72,73,75,76,78,80,83,85,87, 89,91,96-98,104,106,108, 110,114,115,118,123-125, 134,138,140,153,157-160, 166,167,177,181,201,202, 208-210,217,219,223,229, 234,245,251,256,265,271, 281,283,284,288,290,293, 297,298,305,317,321,323, 325,329,332,340,341,347, 350,351,355,356,362,363, 368-370,373,376,379,381,

382,386,390,394,400,407,
415,417,425,426,429,430,
439,444,449-451,457,461,
464-466,473,486,492,517,
526,532,551,552

沈鸿烈 186,191,267,269,272,
327,333

沈阳 19,48,56,59,61,79,123,
134,142,147,149-152,155,
156,171,184,188,189,191,
192,197,198,200,202-209,
211-215,217,219-222,227,
229,242-245,247-249,252-
254,260,268,300,303,305-
307,310,329,364,375,376,
379,396,419,462,495,532

施肇基 2-4,8,9,11,13,209

十九国委员会（十九国特别委会、十
九国特委会、十九国委会、十九
国特会） 307,311,380,400,
406,408,417,483,489-491,
495,498,500,505-507,509,
510,512-515,521,522,526,
534-552,558,560

史汀生 17,165,167,351,352,354,
366,374,380,382,387,389,
399,400,420,423,424,447,
483,506,536

矢野真（矢野） 143,171,174,251,
297,321,376

顺承王府 144,148,160,161,169-
171,173,176,185,288-290,
292,296,363,367,368

松冈洋右（松冈） 34,46,51,395,
422,427,435,437,444,452,
453,458,466-468,491,492,
494,495,498,499,504-518,
520-522,527,528,535,537-
539,544,547,548,550,551,
556-560

松平 290,422,492,513,522,547,
548

淞沪 35,62,70,85,86,105,111,
112,183,293,294,486

宋子文（宋部长） 30,31,35,38,42,
47,54,75,85,97,98,284,288,
289,291-295,365,368-370,
373,382,386,414-416,425,
434,439,443,444,448,449,
457,464,465,473,474,486-
488,513

孙科 20,47,298,369,414,417,465

T

泰安 273-280,295,319

泰山 177,270,272-274,276-
279,295,297,309,319

《泰晤士报》 279,302,341,438

唐有壬 436,439,464

塘沽 152,169,247,248,258,268,
286,304,368,372,373

陶德曼 143,148,153,371,499,513

天津　6,29,49,55,62,68,71,87,
　　112,123,134,135,139,142,
　　144,154,155,169,171,174,
　　181,185,194,196,213,219,
　　247,258,267,268,274,275,
　　299,306,327,333,336,368,
　　372,375,400,516
铁道部(铁部)　37,41,68,72,84,
　　85,92,98,99,108,117,120,
　　131,157,158,241,249,251,
　　269,280,297,375
土肥原贤二(土肥原)　63,151,182,
　　193,221

W

外交委员会(外委会)　60,99,298,
　　356,414,426,434,436,438,
　　442,444,447,448,457,473-
　　475,483,486,489,498,539
外务省　12,164,172,173,250,255,
　　287,300,311,314-318,324,
　　343,346,351,352,364,380,
　　388,392,396,400,401,407,
　　412,413,422,427,429,444,
　　445,447,452,467,468,472,
　　502,513,514,517,518,522,
　　523,537,543,544,547,552,
　　561,563
万宝山事件(万宝山惨案)　48,221,
　　471
万福麟　153,160,161,173,176,
　　185,289,290,364,371,372
汪精卫(汪兆铭、汪院长)　68,75,
　　85,89,93,94,99,101,103,108,
　　121,147,157,158,179,274,
　　275,283,284,288,289,291,
　　292,294,295,297,298,301,
　　317,344,350,365,370,373,
　　425,435,465,466,469,487
王承传　249,267,289,306,371,372
王广圻　32,76,78,84,116,131,
　　141,249,251-253,255,258,
　　262,267,273,276,279,287,
　　291,306,327,336,371,372
王景岐　42,57,65,78,80,82,115,
　　369
王树翰　288-290,306,364
王文典　25,41,55,122,129,141
吴淞　34-37,57,65,66,81,89,
　　105,114,115,134,394
吴铁城(吴市长)　30-32,34,38-
　　43,46,47,49,51,65-67,69,
　　78,211,284,369,370,373,382,
　　390,464,486-488
吴秀峰　65,78,80,82,162,174,
　　198,199,265,267,282,299,
　　301,305,306,336,339,349,
　　351,362,368,371,372
伍朝枢　414,415,430,448,449,
　　465,551
武汉　36,117-120,134-136,138,
　　145

X

西伯利亚（西比利亚） 15,18,247,
350,351,355,356,361－363,
366－368,371－373,375,376,
383,422,432

西湖饭店 112,113,116,122,126,
129,133,139－141

希尼（西里、希里、锡尼、苏尼、西尼、
希纳） 14,57,72,73,75,76,
78－80,83－85,100,103,116,
120,123,126,133,136,141,
144,148,153,154,157－159,
161,184,188,191,192,198,
199,202,204,213,215,216,
232,262,265－267,269,270,
272,275,276,278,281,287,
291,300,304－307,318,326,
339,342,343,345,349,356,
361－363,366,368,371,372,
375,382,390,391,420,446,
459,461,488,515,516

锡西尔（薛西尔） 1－4

熙洽 146,193,194,225,231,232,
391,504

萧继荣 78,116,192,230,266－
268,270,282,287,306,307,
335,345,363,365,366,368,
369,373

谢介石 123,146,147,172,191,
203,205－207,211,217,221,
230,231,348,364

行政院 1,2,4－18,20,23,47,50,
60,68,86,88,89,91,94,96,97,
99,125,154,157,167,185,195,
216,218,219,224,225,228,
229,255,264,280,282,288,
291－295,297,298,344,362,
374,379,392,393,407,408,
416,417,426,429,442,446－
449,457,462,464,465,473－
475,479,485－487,489－492,
494－496,498－503,505－518,
520－522,525,535,540,546,
552,559

熊希龄 79,148,149,156,161,162

徐谟 83,126,268,274,280,288,
365,370,373,400,443,447

徐州 46,67,101,117,128,130,146

Y

严恩樾 32,78,82,116,131,141,
192,199,217

严智怡 77,107,122,129,132,140,
143,252

盐崎观三（盐崎） 26,57,65,80,
115,141,266－268,301,322,
368,375,391,427,492

颜德庆 78,116,131,141,247,249,
251,255,258,270,272,278,
279,306,368,375

颜惠庆（颜代表、颜博士） 3,9,10,

15,18,23,97,179,183,208,223,231,255,256,290,311,369,392-394,396,400,408,426,435,446,447,475,491,500,510,525,527,556-558,560

一·二八事变（上海事变、上海事件、沪案） 19,21,22,24-26,37,41,55,59,69,75,88,97,99,106,110,121,142,145,209,211,265

伊藤述史（伊藤） 123,141,348,491

义勇军 79,111,206,220,245,246,296,303,309,310,323,359,368,428,437,442,462,482

游弥坚 246,248,267,268,270,273,274,276,279,283,287,288

于学忠 43,148,153,185,256,289,290,306,335,336,364,371,372,474

Z

臧式毅 150,197,205,210,218,391,504

曾仲鸣 103,288,289,291,295,297,365,425,439,449,457,464,465,474

闸北 30,36,37,39,57,65,66,70,80,81,89,105,114,134,234,265

斋藤 255,256,271,283,308,313-316,319,320,328,330,353-355,377-379,404,407,468,471,561,562

张伯苓 77,130,140,141,344

张鸿烈 131,269,273-277,279,335

张景惠 65,182,186,242,246,391,504

张汶 34,78,84,267,306,372,378

张祥麟 32,57,65,72,73,78,80,81,84,101,110,115,116,127,136,141,323

张学良（张主任、张绥靖主任） 31,34,63,73,90,91,102,122,126,130,139,143-145,148,149,153-155,160-162,169-171,174-176,180,181,185,193,220,233,244,248,252-254,256,262,273,274,282,288-292,297,306,317,333,335,336,345,350,362,363,366,368,369,371,372,390,413,417,450,493,529

真茹 36,57,65,66,80,81,114,369,429

郑孝胥 182,205,231,232,391

中东路 52,146,200,242,271

中政会 178,369,407,414,416,425,426,434,436,439,447,448,457,464,473-476

周大文 43,90,91,102,143,148,

149,153,171,185,256,289,290,336,371,372

周龙光　22,31,77,130,140,258,400

朱光沐　143,149,153,160,185,243,252,253,255,259,267,371,372

朱鹤翔　101,116,126,141,338,443,447

朱家骅　92,98,130,303,425,448,449,457,464,475

佐藤　18,23,57,91,141,388,422,437,513,522,528,551

图书在版编目(CIP)数据

《益世报》报道与评论 / 宋书强，张雅婷，陈梦玲编. — 南京：南京大学出版社，2019.12
（李顿调查团档案文献集 / 张生主编）
ISBN 978-7-305-09463-7

Ⅰ. ①益… Ⅱ. ①宋… ②张… ③陈… Ⅲ. ①中国历史—史料—民国 Ⅳ. ①K258.06

中国版本图书馆 CIP 数据核字（2019）第 232397 号

项目统筹　杨金荣
装帧设计　清　早
印制监督　郭　欣

出版发行	南京大学出版社
社　　址	南京市汉口路 22 号　邮　编　210093
出 版 人	金鑫荣
丛 书 名	李顿调查团档案文献集
丛书主编	张　生
书　　名	《益世报》报道与评论
编　　者	宋书强　张雅婷　陈梦玲
责任编辑	江潘婷　官欣欣
照　　排	南京南琳图文制作有限公司
印　　刷	南京爱德印刷有限公司
开　　本	718×1000　1/16　印张 38.75　字数 635 千
版　　次	2019 年 12 月第 1 版　2019 年 12 月第 1 次印刷
	ISBN 978-7-305-09463-7
定　　价	180.00 元

网址：http://www.njupco.com
官方微博：http://weibo.com/njupco
官方微信号：njupress
销售咨询热线：(025) 83594756

* 版权所有，侵权必究

* 凡购买南大版图书，如有印装质量问题，请与所购
　图书销售部门联系调换

ISBN 978-7-305-09463-7

定价:180.00元